心理学译丛·教材系列

现代心理学史

（第2版）

A History of Modern Psychology 2nd edition

［美］C·詹姆斯·古德温（C.James Goodwin）著
郭本禹 吕英军 司群英 王 健 等译
郭本禹 司群英 校

中国人民大学出版社
·北京·

译者序

《现代心理学史》的作者C·詹姆斯·古德温（C. James Goodwin）是美国心理学家，1968年在霍利克罗斯学院（Holy Cross College）获得文学学士学位，1971年和1973年分别在佛罗里达州立大学（Florida State University）获得实验心理学方向的科学硕士和哲学博士学位。此后，他在惠林耶稣大学（Wheeling Jesuit University）任教30年，并兼任心理学系主任，现为该校的荣誉教授、西卡罗来纳大学（Western Carolina University）的心理学教授，曾兼任西卡罗来纳大学心理学系主任。古德温的专业领域为实验心理学，研究兴趣包括空间认知、自传记忆、实验心理学史、实验室仪器史等，其发表的研究论著主要集中于人类记忆过程、心理学史和心理学教学方面。他撰写了两本重要的大学教材，一本是《心理学研究：方法与设计》（*Research in Psychology*：*Methods and Design*），自1995年以来先后出版5版，是一本广为使用的优秀教材。与该教材配套的还有《"心理学研究：方法与设计"电子版教学手册和测验题库》（*Electronic Instructor's Manual and Test Bank for "Research in Psychology*：*Methods and Design"*，2008）和《"心理学研究：方法与设计"电子版补充学习指南》（*Electronic Study Guide to Accompany "Research in Psychology*：*Methods and Design"*，2008）。另一本是《现代心理学史》（*A History of Modern Psychology*），自1998年以来已出版3版，也是一本很有代表性的心理学史教科书。与该教材配套的还有《"现代心理学史"电子版教学手册和测验题库》（*Electronic Instructor's Manual and Test Bank for "A History of Modern Psychology"*，2008）、《"现代心理学史"电子版补充学习指南》（*Electronic Study Guide to Accompany "A History of Modern Psychology"*，2008）和《现代心理学史注解读本》（*Annotated Readings in the History of Modern Psychology*，2009）。

我们现在翻译的《现代心理学史》是其第2版，在完成翻译初稿之后才知道该书的第3版已于2008年4月出版。该书的第3版在章节安排上几乎没有什么变化，正如作者在该版的“前言”中指出：“这本书的第3版仍保留第2版的总体组织结构，但我完善了本书的每一个呈现方式，澄清了以前表述不太清晰和必须精炼的观点。”

《现代心理学史》第2版具有以下五个方面的特点：

一、公正的史学观点和科学的史学方法。作者对心理学历史编纂学中的厚古说与厚今说、内在史与外在史、人格主义取向与自然主义取向等概念和问题作了详细的区分和解释。心理学史的传统取向是采用厚今的、内在的和人格主义的观点，“旧史是一种仅仅根据现在的观点来解释事件，集中于特定学科内部思想的发展，并且将进步视作重要人物的连续成就的反映的历史。”然而，近些年来史学家则倾向于更加厚古的、外在的和自然主义的观点。“新史是把厚古的、外在的和自然主义的取向结合起来，它试图根据他们自己的观点来考察历史事件，参照事件发生的时代，寻找跨学科的背景力量的影响，并且在伟人之外考察使其思想产生的背景因素。”作者对心理学史的编纂学方法坚持一种中立而不偏激的态度，正如作者指出的，“本书将采取一种融合（1）厚今与厚古的观点，（2）内在史与外在史和（3）人格主义模式与自然主义模式的观点。”对书中所介绍的具体心理学流派和代表人物，作者都是以翔实的史实资料为依据，本着客观、公正的态度去叙述，不厚此薄彼、以偏赅全。此外，作者对传统心理学史教材中经常被忽略的人物也用了相当多的笔墨加以描述，比如道格拉斯·斯波尔丁（第5章）和雨果·闵斯特伯格（第8章），女性心理学家玛丽·惠顿·卡尔金斯（第6章）和利塔·霍林沃斯（第8章）。全书的叙事与行文无不体现出作者力求给读者展现出一部真正意义上的公正、客观、翔实、鲜活的现代心理学史的初衷。

二、史料翔实，解释合理。在历史资料的来源上，作者不仅依据二手资料（secondary source），更是依据一手资料（primary sources）。前者是已经发表的文献，并且通常是对某一历史事件或时期的分析或总结，它们包括书籍、在期刊和杂志上发表的文章、百科全书的条目等。后者是从档案馆中发现的资料，它们主要是大学图书馆中收藏未发表的资料，包括大学档案、通信、笔记、原始手稿、日记、演讲、专业组织的会议记录以及与大学有某种联系的个人捐赠的书信文件集等。作者的驻地离俄亥俄州阿克伦大学的美国心理学史档案馆不远，常去那里查阅资料，并与两位馆长成为亲密的朋友。作者对所收集的资料进行适当的选择，处理遗失或不完整的资料，在此基础上对所获资料的适当性和关联性做出判断，并进一步对历史资料进行批判性的分析，通过资料的开放性交流和从各种角度考察历史事件，从而做出更为客观、合理的解释，努力探究历史真相。正如作者所指出的：“史学家的工作是找出‘真实发生了什么’的事实，并且以足以吸引读者的文体将它们置于按年代的叙述之中。”

三、语言生动，可读性强。作者在引入历史资料的时候，并不是硬生生地堆砌，而是在对资料进行合理安排的同时，不时会加入自己的阐释，其间更不乏幽默风趣之笔。同时，作者在对经典心理学家进行叙述的时候，也不是纯粹地就其生平谈生平、就其理论论理论，而是把具体理论及其演进融入了心理学家的生活轨迹中，使人感到所介绍的心理学大家们的形象不再是单一的、割裂的、死板的，而是丰富的、完整的、生动的。本书每章大标题下面都引用了该章所介绍的一位经典人物的名言作为该章的题记，让读者读后就能方便地抓住本章内容的主旨。因此，本书不仅适合于高等院校中主修心理学专业的学生，也同样适合于想要更深入地了解心理学的一般读者。

四、图文并茂，趣味性强。作者在已有史料的基础上，加入了最新的历史资料和研究发现，对一些重要的心理学人物进行了更为全面、合理、深入的解读，让读者看过之后多多少少都会有些吐故纳新之感。相信读者在读过冯特（第 4 章）、弗洛伊德（第 12 章）等等章节之后，会对自己之前的一些固有看法有所改变。此外，书中除了客观、生动地介绍那些对心理学的创立和发展做出过重大贡献的极具魅力的心理学家之外，还配有大量相关的人物照片和图表加以说明，让读者在理性的理解之外更多了一些感性的认识，这也更有助于消除读者在长时间纯文字阅读中产生的枯燥感，增添了不少趣味性和生动性。

五、编排合理，方便教学与学习。本书中的每一章均以本章预览和目标作为开篇，以概要、复习题和进一步阅读作为结篇，这样不仅有利于读者概要地了解本章所要讲述的内容，而且也便于教师教学和学生阅读。本书不仅提供了对现代特别是最近 150 年来心理学先驱者们的生平和贡献的说明，考察了其历史背景，还包括了对特别事件加以具体说明的“视窗”部分和直接取材于经典原著的“原始资料摘录”板块，其间穿插有作者自己的阐释。此外，每章还包含有“重要年份”框，在突出心理学史上的重大事件发生年份的同时，列出了同年发生于心理学之外的重要历史事件，而且书后还附有事件年表，这些都为读者更好地将心理学与其之外的世界建立起某些联系提供了便利。

本书翻译工作历时一年，经过初译、初校、复校和审校四个阶段。初译分工如下：目录、前言、致谢、人名索引、主题索引由郭本禹完成初译，其余章节均由郭本禹与以下译者共同完成初译。吕英军（第 1 章、第 2 章、第 3 章），司群英（第 4 章、第 5 章、第 6 章、第 7 章），王健（第 8 章、第 12 章、第 13 章、术语表、照片、原文与图表说明），王东（第 9 章、第 14 章、第 15 章），王艳萍（第 10 章、第 11 章）。在初译的基础上，各位译者进行相互初校。在初校的基础上由郭本禹和司群英进行复校。最后由郭本禹完成审校工作。王健通读了全书译稿，提出了许多修改意见。

本书作者古德温教授通过邮件向我介绍了许多关于他的研究和关于本书的有关信息，

中国人民大学出版社策划编辑龚洪训先生对本书的翻译工作给予了具体指导，文字编辑李艳平老师和复审徐晓梅老师对本书译稿进行了细致的编辑加工，提出了许多宝贵意见。在此一并致谢！

郭本禹

2008年6月30日

于南京师范大学

前 言

致教师

教过心理学历史与体系课程的人都深有体会，这是一门较难向学生教授的课程。学习这门课程的学生，通常对学习历史都抱有根深蒂固的成见，正如有人曾说，历史就是“接连不断的让人不胜其烦的事件”，他们会深表赞同。当他们发现杰出的心理学史大师 E. G. 波林（E. G. Boring）的名字时，也许会点点头表示有所了解。当然，这样的态度颇令人遗憾，因为在我看来，再没有比心理学史更令人沉迷的学科了，其间充满了名流巨子、重大事件，对于心理学中至今仍在探究的基本问题，也有所洞悉。

不具备学科的史学知识，就不可能成为通达的心理学家。作为教师，我们的职责就是告知学生心理学的历史知识如何有价值，帮助他们将心理学的现在和其绚丽多姿的过去相联系，使他们了解心理学从过去到现在有着怎样令人激动的旅程。我希望我的教科书对此能有所助益。

本书命名为《现代心理学史》，反映了对此课程始于何处的取舍，这是讲授这门课的人都无法回避的问题。心理学在西方哲学思想中有着很深的根源，因而，对重要而又反复出现的主题的全面把握，就需要理解这一传统。然而，各种心理学史教科书对哲学先驱所涉及的深度有所不同，由此大致可分为两类：有些教科书，投入大量精力探究哲学问题，并将其追溯到古希腊时期。这当然是一种合情合理的方法（的确，我的一位哲学家同事就认为，自柏拉图和亚里士多德以来，就没有发生多少重要的事情），但这并不是我所采用的一类教科书。相反，我的教科书属于第二类，即虽然并没有忽视心理学的哲学根源，但只给它们较少的篇幅，而把较多的篇幅留给新近的心理学史，特别是心理学过去 150 年的历史。与其他“现代”史如出一辙，本书对哲学的论述将从笛卡儿（Descartes）和英国经验主义者前后时期开始。

之所以对起始点作出如此的决定，部分出于实用的目的——这是我作为这门课程一名教师的经验，这门课程通常必须适合一个学期 15 周的课时，而如果对古希腊至笛卡儿这一期间的哲学思想进行全面论述的话，就不太可能有时间十分详尽地教授 20 世纪的内容（“已经 12 月份了，我们才刚刚讲到华生!”）。我总是提醒自己，这门课程不只是一门历史或哲学课程，同时也是心理学课程的一部分，而且，如果我希望学生能够在这门课程与其他心理学课程之间建立有意义的联系——这是我的重要目标，那么，必须尽可能快地切入到 19 世纪和 20 世纪的内容。历史课程必须把心理学先驱们的观点和研究讲授给学生，特别是那些刚刚过去大约 100 年的先驱。学生在其他课程中已经对其中的一些人有所了解[例如，青少年心理学中的霍尔（Hall），学习理论中的华生（Watson），人格课程中的弗洛伊德（Freud），测验和测量课程中的比奈（Binet)]；历史课程就是用来构筑这些初步知识，并使之相互联系起来。

本书匠心独具之处在于，设置了原始资料摘录。我认为，学生在学习心理学历史与体
iv 系课程时，应该不仅仅阅读关于心理学先驱们的介绍性文字，还应阅读先驱们的亲笔著述。为达成这一目的，通常采取的策略是，在使用教材的同时对教材进行补充，有两种方法，或者使用图书馆保存的原始资料的复印件，或者使用补充读物教本。采用这两种方法的一个问题是，即便学业优秀的学生，在阅读时也常常会遇到困难，原因在于，不同历史时期的作者有着各种的文风，所使用的词语和表达法而今已弃置不用，某些当时认为是理所当然的理论和研究现在也已束之高阁，这些都导致理解困难；而且，总体来说，这些著述多是写给他们的同代人而非今天的学生。学生们常常难以将这些读物与教材的阐述联系起来，更难以对原著进行批判性阅读；因而，许多宝贵的课堂时间就被用来解释某些短语是何含义，某篇读物的一个论点是如何针对文中并未提及的某位批评者的，等等。我尽量在本书每一章（开始一章和结束一章除外）都设置了原始资料摘录，来解决上述问题。这些原始资料摘录的大部分内容都是著名著作或论文的重点部分的重印，其间穿插我自己的阐释。这样，初学者既有机会阅读威廉·詹姆斯（William James）、约翰·华生（John Watson）、B. F. 斯金纳（B. F. Skinner）等杰出人物的著作，同时又有穿插的阐释帮助对材料内容的理解，并使材料与本章的剩余部分内容的语境相契合。因而，从某种意义上来说，本书将一组读物加入了章节之中。

本书还包含其他一些教学工具。每一章都以预览和一组本章目标作为开篇，使读者概括了解本章所讲内容；以详细的本章内容概要、一组复习题和含有注释论文和/或著作目录的进一步阅读作为结篇。每章开头都有一段精选的引文作为引子，这段引文又见之于本

章有关部分的阐述之中。在每一章中，我还标示了某个对应着心理学史上的某个特别重要事件的年份，并包括在一个“重要年份”（Key Date）框中，突出同年发生于心理学之外的重要事件。为进一步使学生将心理学与其之外的世界建立某些联系，本书后面附有大事年表。

第二版的新内容

本书对文风和内容进行了相当多的改写，增加了121项新的参考文献。第二版还有一些实质性的变化和增补，尤其是本书的最后三分之一内容，改动很大。在此需特别说明的是，初版的第12章的主要内容是早期心理疾病的治疗、弗洛伊德和临床心理学的早期历史，第13章的主要内容是认知心理学。本版已将这两章删掉，重新编写了3章，主要对第二次世界大战后心理学的历史发展作了详细说明。第12章的篇幅有所压缩，原来第二次世界大战后的临床心理学的内容并入到第13章；第13章和第14章主要是根据体现现代心理学宽泛的科学和实践范畴来组织的。第13章（“心理学的实践者”）关注的是心理学的专业实践，重点讲述临床心理学和工业心理学。第14章（“战后时代的心理科学”）着眼于科学心理学的发展，大部分篇幅用于介绍现代认知心理学的起源和演化，同时对神经心理学、社会心理学、人格心理学和发展心理学也作了详尽论述。

第二版增加了两个新的视窗（Close-Up）框：一个是关于利塔·霍林沃斯（Leta Hollingworth），她是倡导天才儿童教育的先驱，也对所谓的能力的性别差异作了重要研究；另一个是关于艾米·克雷培林（Emil Kraepelin）所创立的心理疾病的诊断系统。原始资料摘录也作了一些变动：

- 扩充了布罗卡（Broca）的摘录中有关“坦恩”（“Tan”）[①] 的内容（第3章）。
- 铁钦纳（Titchener）的摘录由桑代克（Thorndike）的迷箱研究所取代（第7章）。
- 华生（Watson）和雷纳（Rayner）的研究由华生的所谓的“行为主义者宣言”所取代（第10章）。
- 斯金纳的个案史摘录由他的著作《科学与人类行为》节选所取代（第11章）。
- 在新的第13章中，增加了新的摘录，节选自卡尔·罗杰斯（Carl Rogers）的著作 V
《个人形成论》。
- 在新的第14章中，增加了新的摘录，节选自弗雷德里克·巴特利特爵士（Sir Frederick Bartlett）的著作《记忆》。

---

① “坦恩”是布罗卡收治的一个病人的化名。这名病人的发音器官正常，也能听懂别人的话，但自己却不会说话，回答别人的问题时只能发出“Tan，Tan”的声音。——译者注

致学生

博古才能通今，这是本书最重要的主题之一。借助于所学过的其他心理学课程，你可能会对心理学现状有所了解，但对存在于你所遇到的心理学不同领域之间的许多相互联系可能就胸中无数了。阐明这些联系正是心理学史课程的一个目标。例如，我确信你对于先天—后天的争论会略知一二，但你可能并不知道，我们对这一问题的当前理解是如何受到达尔文理论、心理能力测验研究和老鼠在迷津中的行为的影响。在你学习完这门课程之后，你可能就会对我上述的话比现在有更深切的理解。

你会遇到一些极具魅力的人物，正是他们塑造了你在其他课程所学习的心理学。我们总是认为这些历史人物令我们这些凡人望尘莫及，而我力图展现的则是这些人物都是实实在在的人，常常也要与那些影响我们这些凡人的问题作斗争。在随后的篇章里，你将会遇到一些人物，他们经过努力取得了某些非凡的成就，但他们也要应对你所关注的某些问题。例如：

● 你是否对学校心生厌倦，而愿意到“真实”世界去闯荡一番？

可参阅勒内·笛卡儿（René Descartes）（第2章）。

● 你是否已不愿墨守成规，而希望自己能通权达变并挑战权威？

可学习约翰·B·华生（第10章）或B.F.斯金纳（第11章）。

● 你是否正面临人生的重大抉择，而又担心冒巨大的风险？

可参考对E.B.铁钦纳（E.B.Titchener）（第7章）或沃尔夫冈·苛勒（Wolfgang Köhler）（第9章）的讨论。

● 你是否沉迷于研究，喜欢收集、分析数据？

可参阅赫尔曼·艾宾浩斯（Hermann Ebbinghaus）（第4章）或伊凡·巴甫洛夫（Ivan Pavlov）（第10章）。

● 你是否特别乐于助人？

可参阅多罗西娅·迪克斯（Dorothea Dix）或卡尔·罗杰斯（Carl Rogers）（第13章）。

● 你是否特别渴望有所成就，却又冲不破种族歧视和性别歧视的樊篱？

可参见弗朗西斯·萨姆纳（Francis Sumner）或玛丽·卡尔金斯（Mary Calkins）（第6章）。

● 你是否起初后进，学习成绩不佳，很想知道自己能否大器晚成？

可学习对查尔斯·达尔文（Charles Darwin）（第5章）或唐纳德·赫布（Donald

Hebb)（第 14 章）生平的论述。

● 你是否担心身体羸弱或身有残疾会成为实现目标的障碍？

可参阅刘易斯·推孟（Lewis Terman）（第 8 章）或克拉克·赫尔（Clark Hull）（第 11 章）。

希望你会喜欢阅读这本书，希望你会览古达今，希望你会在阅读过程中对人类行为（包括你自己的行为）有所顿悟。在这门课程结束时，希望你还会想要继续学习更多有趣的心理学史知识。

C·詹姆斯·古德温

致 谢

我的研究生学习专攻记忆实验心理学，在很多方面都具有代表性：长时间地奋战在实验室，每次 p 小于 0.05[①] 时都会欣喜若狂。然而，与别人略有不同的是，我的学位论文导师达里尔·布鲁斯（Darryl Bruce）对心理学史怀有满腔热情，极富感染力。他不仅教导我要努力成为一名严谨的科学家，还使我牢记史学的重要真理——不能博古，无以通今。我万分感激达里尔，尽量经常去拜访他，就像在美国心理学会（APA）年会上，我们总要花近三个小时的早餐时间进行交谈。 vi

在第 1 章，你将会看到一张俄亥俄（Ohio）阿克伦（Akron）的美国心理学史档案馆（AHAP）的马里昂·怀特·麦克弗森（Marion White McPherson）和约翰·波普斯通（John Popplestone）的合影。他们非常热情，乐于帮助那些志向远大的史学家。我家距美国心理学史档案馆只有大约 2 个小时的车程，因而，我受益匪浅。约翰现已退休，马里昂则于 2000 年去世。我常常会想起他们。美国心理学史档案馆的新任馆长大卫·贝克尔（David Baker）也给予我很大的帮助，我们还成了亲密的朋友，有时会一起打打高尔夫。我还要感谢露迪·本杰明（Ludy Benjamin）、迈克·苏卡尔（Mike Sokal）、唐·迪尤斯伯里（Don Dewsbury）、劳埃·富鲁默托（Laurel Furumoto）和兰德尔·怀特（Randall Wight），他们在我孜孜不倦、研精致思于心理学史的过程中予以支持和鼓励。

约翰·威利公司（John Wiley）的全体编辑和工作人员必是出版行业中最为优秀的，他们使得整个出版过程如汤沃雪，令我倍感轻松（或者说，至少远没有我最初认为的那么艰巨）。我要特别感谢副校长安妮·史密斯（Anne Smith），她对此项目给予了一如既往的支持；还要特别感谢副总编莉莉·德格拉赛（Lili DeGrasse），她的热情、鼓励和敏锐都

---

① p 为统计学中的概率。实验结果检验得出 p 小于 0.05 时，则意味着其零假设被拒绝，即样本结果在统计水平上是显著的，也就是说，实验基本成功。——译者注

让我觉得修订工作不再那么繁重。

最后，我还要向对本书作出评论并给予支持的人士致以诚挚的谢意，他们是：

俄亥俄北方大学（Ohio Northern University）的丹尼·邦巴萨（Danny Benbassat）

加州大学多米戈兹山分校（California State University Dominguez Hills）的L·马克·卡里尔（L. Mark Carrier）

圣约翰大学（St. John's University）的约翰·D·霍根（John D. Hogan）

圣贝纳迪诺加州大学（California State University San Bernardino）的珍妮特·科特基（Janet Kottke）

克拉克亚特兰大大学（Clark Atlanta University）的维基·麦克（Vicki Mack）

北艾奥瓦大学（University of Northern Iowa）的奥托·H·麦克林（Otto H. MacLin）

路易斯安那州立大学（Louisiana State University）的约翰·诺瑟普（John Northup）

南达科他州立大学（South Dakota State University）的布雷迪·J·费尔普斯（Brady J. Phelps）

德保罗大学（DePaul University）的哈罗德·R·罗丁斯基（Harold R. Rodinsky）

鲍尔州立大学（Ball State University）的伯纳德·怀特利（Bernard Whitley）

目 录

第1章 心理学史导言

前进列车上的座位全部都面向相反的方向：你能够看到过去，但是只能够猜测未来。然而，历史知识，尽管从来都不是完整的并且根本不能预测未来，但却具有为理解现在增添意义的巨大力量。 1

——E. G. 波林，1963

本章预览与目标

本章通过描述心理学的旨趣在其过去的演变以及认识和评价历史之所以重要的原因而展开。将对传统的心理学史与一种更新的取向作一比较。前者强调杰出心理学家的贡献、著名实验的结果和不同心理学“学派”拥护者之间的争论，后者则试图将事件与人物置于更广阔的历史背景之中。本章还考察了史学家进行历史研究所采用的方法和他们从积累的资料中建构一种历史的叙述时面临的问题。阅读完本章之后，你应该能够：

- 列举20世纪60年代导致对心理学史重新产生兴趣的事件
- 解释理解历史之所以重要的一般原因
- 解释对于学习心理学的学生来说理解心理学史之所以重要的特殊原因
- 区别富鲁默托（Furumoto）使用的术语“旧”史与“新”史
- 区别厚今学者与厚古学者的历史观，并阐述厚今学者观点的危险之处
- 区别心理学的内在史与外在史以及考察每一个的优点
- 解释历史的人格主义取向的要求和问题
- 描述历史的自然主义取向，用来支持它的证据类型（例如多重性）及其局限性
- 界定历史编纂学并描述史学家面临的选择与解释问题
- 区别历史资料的一手和二手来源并描述史学家在档案中通常发现的一手资料种类 2
- 解释研究历史的过程怎样才能产生某种程度的已经获得了真相的信心

心理学及其历史

一百是一个美妙的整数，而百年纪念则是庆祝的一个充分理由。近年来，具有历史感的心理学家经常举行庆祝活动。这些庆祝活动开始于 1979 年，即威廉·冯特（Wilhelm Wundt）在德国莱比锡的实验室创立 100 周年。1992 年，美国心理学会举办了持续一年的一系列活动来纪念其成立 100 周年，该学会在 G·斯坦利·霍尔（G. Stanley Hall）的努力下于 1892 年 7 月 8 日在克拉克大学成立。在百年纪念期间，历史方面的文章出现在美国心理学会所有的杂志和《美国心理学家》聚焦历史的特刊之中；几本论述美国心理学会历史的书籍得到授权（例如，Evans，Sexton & Cadwallader，1992）；区域性的会议包含历史方面的主题；而且那一年在美国首都华盛顿召开的年度会议上，富有特色的事件包括通常的专题讨论会和关于历史的受邀演讲以及穿着美国特定时期（即 1892 年）服装的化装舞会和一块巨大的美国心理学会生日蛋糕。

对心理学史的兴趣当然没有局限于百年纪念的庆祝活动，在心理学本身出现在学术舞台之后不久就编写出了心理学史（例如 Baldwin，1913），并且至少有两本最著名的心理学书籍是永垂史册的，即 E. G. 波林的《实验心理学史》（1929；1950）和埃德纳·海德布莱德（Edna Heidbreder）的《七位心理学家》（1933）。然而，直到 20 世纪 60 年代，对作为一个专门研究领域的心理学史的浓厚兴趣才开始。在这十年间，许多作为心理学者接受训练并且对历史有着强烈兴趣的个人联合起来，从事着表明一门新的专门化学科产生的事情——他们建立了组织，创办了一份杂志，并且为研究成果建立了基地。

许多人都参与进来，但是主要的动力源自一位酷爱历史的临床心理学家罗伯特·I·华生（Robert I. Watson，1909—1980），他以一篇发表在《美国心理学家》上的题为《心理学史：被忽视的领域》（Watson，1960）的文章吹响了战斗的号角。然后，他动员了一群志同道合的美国心理学会的心理学家成立了心理学史小组，最终结果是在 1965 年建立了一个新的美国心理学会分会（第 26 分会）（Hilgard，1982）。毫不奇怪，华生成为分会的第一任主席。还是在 1965 年，约翰·波普斯通（John Popplestone）和马丽昂·怀特·
3 麦克弗森（Marion White McPherson）（另外两个喜爱历史的临床医生）在阿克伦大学建立了美国心理学史档案馆，华生被任命为档案馆顾问委员会主席；华生编辑的《行为科学史杂志》第一期出版。几年之后，作为其研究生计划改革的一部分，新汉普郡大学（University of New Hampshire）制定了第一个心理学史博士计划，猜一猜谁被任命为第一任主任？最终，还是在华生、约瑟夫·布罗泽克（Joseph Brozek）和巴巴拉·罗斯（Barbara Ross）的领导下，国家科学基金会于 1968 年在新汉普郡大学校园主办了为期 6 周的暑期学院，它产生了华生的最后一个创造物喀戎协会（Cheiron Society），即“国际行为与社会科学史协会”（International Society for the History of the Behavioral and Social Sciences）（Brozek，Watson & Ross，1970）。因此，在 10 年间，华生是将心理学史发展为一门研究专业的主要推动者。

重要年份 1892

这一年以美国心理学会的创立为标志。

还发生了下列事件：

- 第一台自动电话交换机被采用
- 狄塞尔（Diesel）取得了他的内燃机的专利权
- “绅士吉姆”科贝特（Corbett）击败约翰·L·沙利文（John L. Sullivan）赢得了重量级拳击冠军的头衔
- 柴可夫斯基（Tchaikovsky）完成了他的芭蕾舞剧《胡桃夹子》
- 图卢兹·劳特累克（Toulouse-Lautrec）绘制了《红磨坊》
- 格罗弗·克利夫兰（Grover Cleveland）当选为美国总统
- 下列人物出生：

弗朗西斯科·弗朗哥（Francisco Franco），西班牙独裁者

珀尔·S·布克（Pearl S. Buck），美国小说家，诺贝尔奖获得者

J. R. R. 托尔金（J. R. R. Tolkien），英国语言学家和作家

- 下列人物逝世：

沃尔特·惠特曼（Walt Whitman），美国诗人

阿尔弗雷德·劳德·丁尼生（Alfred Lord Tennyson），英国诗人 3

在过去的 35 年中，对心理学史的兴趣在稳步地增长。例如，与 1965 年作为创始会员入会的 234 人相比，2003 年美国心理学会第 26 分会的会员人数接近 800 人。对于喀戎来说情况同样如此。心理学家还认识到了历史课程对于心理学课程的重要性，在最近一次于 1991 年在马里兰（Maryland）的圣玛丽学院（St. Mary's College）召开的关于大学生课程的会议上，小组的一个建议是，课程应该包括一门整合学生在其他课上的经验的高年级顶级课程；历史与体系课程作为这种顶级课程的一个主要例子而被提到（Lloyd & Brewer，1992）。在最近一项关于心理学史课程“目前的地位”的调查中，芬奇斯（Fuchs）和维尼（Viney）（2002）担心，课程内容与教科书往往不能反映心理学史中最近的学术成果，但是他们发现，实际上所有的心理学系都讲授这门课程，而且一半以上要求心理学专业的学生学习这门课。总的说来，他们认为心理学史课程是“充满活力而令人满意的”（p. 12）。

尽管心理学家一致认为，学习学科史是重要的，但是，主修心理学的学生常常惊讶地发现，他们系开设了心理学史课程并可能要求选修一门。他们调查了其化学专业的朋友，并且发现在化学系没有类似的情况。他们查阅了学院的目录册，发现最接近的课程是科学

史课程，但是历史系讲授这门课，而非科学系的课程。发生了什么？为什么有心理学家讲授心理学史课程，却没有化家学讲授化学史课程？

心理学史课程的基本原理是重要的，并且我们马上会对其进行考察。然而，首先让我们考察研究任何事物的历史之所以重要这个更一般的问题。正如亨利·福特（Henry Ford）所说，“历史或多或少是一种欺骗”，这是真的吗？或者更可能的是，用亚伯拉罕·林肯（Abraham Lincoln）的话来说，“我们不能逃避历史”（两者均引自 Simonton，1994，p. 3)，以及如罗伯特·华生在其号召心理学家更多地参与他们的学科史时宣称的，“忽视历史并不意味着可以逃脱历史的影响”（1960，p. 255)。

为什么要研究历史

你曾经学习过的每一门历史课程都会向你宣称，了解历史有助于我们避免过去的错误，并且为我们提供未来的指引。这些过时而陈腐的说教中存在着真理的萌芽，但是，这两个标准的理由有点过于简单化。关于“错误”的理由，许多历史似乎都提供了人类有意忽视过去而不是从过去之中学习的证据。这种可能性使得哲学家/史学家 G. W. F. 黑格尔（G. W. F. Hegel）感到担忧，历史唯一真实的教训在于，人不能从历史中学到任何东西（Gilderhus，2000)。当然，这可能言过其实了。当试图使其他人相信某个行为方向时，部分理由通常包括参照过去，这也是事实。而且如果我们似乎更多地忽视而不是重视过去，
4 那么，了解过去只能够提供一种非常粗略的指引，这也是事实，因为历史永远不会重复自身——所有的事件都被限制在其产生的历史背景之中，并且没有任何两个是相同的。历史也是一种不太可靠的未来的指引，这是历史学家承认的一种事实，尽管它很少能够阻止他们作出冒险的预测。例如，在史学家 E. H. 卡尔（E. H. Carr）著名的《何为历史》一书中，他写道：“我怀疑，优秀的史学家们都确知未来，而不管他们是否考虑过它。除了为什么的问题之外，史学家也会询问往何处去的问题”（1961，pp. 142-143)。情况或许就是这样，但是值得注意的是，我曾读过或听过的旨在预测未来的每一篇文章，都是由千篇一律的否认开始。作家或演讲者往往以竭力使观众相信关于未来的预测是极其不准确的而开始。正如著名的心理学史学家 E. G. 波林曾写道的，“过去不是一个水晶球。它更多的是来自何处而不是去向何方。前进列车上的座位全部都面向相反的方向：你能够看到过去，但是只能够猜测未来”（1961，p. 5)。

如果了解历史不能够保证不再犯同样的错误，并且如果历史（充其量）是一种预测未来的有缺陷的手段，那么剩下的是什么？现在。在紧接着我刚才引自波林的句子中，他写道：“然而，历史知识，尽管从来都不是完整的并且几乎不能预测未来，但却具有为理解

现在增添意义的巨大力量”（1961，p. 5）。我认为，研究历史的唯一最重要的原因是，不了解有关过去的一些事情，就不能理解我们生活于其中的当前时代——现在是如何形成的。史学家大卫·麦克洛夫（David McCullough，1992）在一次学位授予典礼上富有说服力地表达了这种观点，当时他在了解历史与了解我们所爱的某人之间作了一个类比：

> 想象一个反复声称永远爱着一个女人的男人，但是对她出生在哪里，她的父母是谁，她在哪里上学或在他出现之前她的生活是什么样子一无所知——而且，不愿意去了解。你对这样一个人有什么看法？然而，我们似乎不断地遇到那些对这个国家的历史一无所知、也不感兴趣的爱国主义者。（p. 222）

考察任何当前的事件，你将会认识到，不了解导致该事件的一些历史就不可能真正地理解那一事件。例如，考察心理学的某段近代史，我肯定你听说过 APA，即美国心理学会。你可能也了解或至少听说过 APS——美国心理学协会。你甚至可能知道，美国心理学协会是一个成立相当晚的机构——它成立于 1988 年。或许你还知道，美国心理学协会比美国心理学会似乎更多地致力于科学研究，尽管你可能对此并无太大的把握，并且你可能感到奇怪，为什么有两个心理学家的组织。了解一些历史将有助于你理解这些问题。尤其是，如果你了解在研究型心理学家与主要兴趣在于心理学职业实践（例如心理治疗）的心理学家之间长期存在的紧张关系的话，那么，你对为什么美国心理学协会会存在及其目的是什么的理解就会大大地增强。这一问题可以追溯到 19 世纪晚期美国心理学会刚成立的时候，并且可以归因于 1904 年一个独立的“实验者”（Experimentalists）团体的形成（这一著名团体的故事将在第 7 章中详述）。而且，当美国心理学会在第二次世界大战后被重组的时候，这种今天仍存在的分裂的组织在某种程度上被计划用来调解科学家与实践者相冲突的目标。这一伴随战争结束的良好意愿试图把那些具有不同心理学兴趣的人联合在一起，但是这种联合并没有持续下去。不了解一些这方面的历史，你可能永远不会清楚地了解美国心理学协会，为什么它今天会存在，或者为什么美国心理学协会领导者与美国心理学会管理机构之间存在着持续的紧张关系。

过去对于理解现在的重要性的另一个方面是，了解历史有助于我们把当前的事件置于一种更正确的视角中。在前面引述的同一次学位授予典礼演讲中，大卫·麦克洛夫讲述了在华盛顿遇到一位受过良好教育的朋友的故事，这位朋友刚刚参观了越南纪念馆（Viet- 5
nam Memorial），并且像每一个参观的人一样，显然被它所感动。她问麦克洛夫是否参观过这个地方，麦克洛夫回答道，他参观过；他第一次参观那里是在靠近南北战争的安蒂特姆（Antietam）战场那里度过的一天的傍晚。麦克洛夫震惊地获悉，他的朋友不记得曾听说过这场战争，战争中的某一天比历史上任何一天有更多的美国人失去生命。麦克洛夫指出，越南纪念馆记载着在 11 年中牺牲的大约57 000名美国人的名字，而在安蒂特姆，在 1862 年 9 月 17 日就有23 000人伤亡——一天之内。了解安蒂特姆绝不会减少越南战争的悲剧性，当然，每一位美国人都应该参观越战阵亡将士纪念碑，但是通过了解恰好在附近的安蒂特姆战场可以获得一种重要的视角。这种知识可以正确评价那些其他时代的牺牲者，并且理解战争与无意义的牺牲并非只与近代史的某个时期联系在一起的观点。

了解历史来为当前提供视角还有另一种方式。我们有时认为，我们当前的时代，正如狄更斯所写，是“最糟糕的时代”。我们抱怨在 21 世纪之初伴随生活而来的似乎难以解决的问题，我们渴望“美好的过去”，一个夜不闭户并且能够从西尔斯物品公司（Sears Kit）订购到一套好房子（这是真的）的更淳朴的时代。我们认为，过去真的有一个像美国迪斯尼世界大街（Disney World's Main Street）一样的地方。但是，历史知识在这里是一种很好的矫正措施。著名史学家和前国会图书馆馆长丹尼尔·布尔斯汀（Daniel Boorstin）在一篇题为《现在的监狱》（1971）的文章中描述了这一谬误：

> 我们会气急败坏地抨击被污染的环境——似乎它是伴随着汽车时代而出现的。我们没有把我们的空气与充斥于过去城市之中的马粪和蝇疫的气味以及垃圾和人类粪便的气味相比较，而是与某种不存在的美丽之城的金银花的香气相比较。我们忘记了即使今天许多城市中的饮水并不像泉水一样纯净，……但在历史上大多数时候城市（和乡村）的水也是不适宜饮用的。我们因疾病和营养不良而指责自己，却忘记了一直以来肠炎、麻疹、百日咳、白喉和伤寒都是儿童致命的疾病，……（而且）小儿麻痹症正在肆虐。(pp. 47-48)

了解历史不会给我们提供当前问题的简单答案，但是它无疑可以使我们免于产生这些问题常常比它们过去更糟糕的信念。事实上，了解过去可以提供一种令人鼓舞的与它的联系，并且知道其他人如何努力解决类似的问题，能够为我们提供某种当代的指导。至少存在从过去学习的潜在可能。

除了使我们可以更好地理解现在之外，研究历史还提供了其他的益处。例如，它促进态度调整：它使我们保持谦虚。忽视过去有时会使我们相信，现在是几个世纪进步的顶点，并且今天的成就和思想更加复杂，远远超过了原始蒙昧的过去。然而，历史知识促使人们认识到，每一个时代都有它自己奇迹般的成就和创造性的天才。今天的神经科学家似乎每天都会有极其吸引人的发现，但是他们的发现的重要性及其科学思想的质量并没有超过皮埃尔·弗卢龙（Pierre Flouren）19 世纪大脑研究的精致性，该研究有效地证伪了颅相学（参见第 3 章）。

最后，研究历史最终意味着去寻找生活的最基本而又最令人困惑的问题的答案：人之为人意味着什么。也就是说，研究第二次世界大战的历史是为了探究偏见、侵略和暴力的基本性质。研究美国革命是要考察人类对自由和自决的渴望。研究文艺复兴艺术史是为了了解人类对审美愉悦的热爱。而且，在某种程度上，历史包含着人在各种情境中的行为，
6 研究历史即意味着研究并试图理解人的行为。仅仅由于这一原因，心理学家就自然会被这

一主题所吸引。

为什么要研究心理学史

前述研究历史的理论解释本身就是研究心理学史的充分理由，但是还存在心理学家之所以应该对他们的先辈感兴趣的其他原因。首先，与其他科学相比，心理学仍然处于初级阶段，仅有 100 多年的历史。你已经学习的其他心理学课程的大部分内容都可以向前追溯至少半个世纪的时间，并且你所了解的许多所谓的经典研究（例如，巴甫洛夫的条件作用研究）构成了 20 世纪前半个世纪心理学研究的主要部分。因此，现代心理学与它的过去紧密联系在一起，成为有文化的心理学家必然需要了解一些历史。

心理学家对心理学史感兴趣的第二个原因是，这一领域仍然在尽力解决一个世纪以前提出的许多相同的主题。因此，今天的一个重要争论是，从智力到羞耻心再到精神分裂症这些特质的遗传力。这一先天—后天问题最初是由弗朗西斯·高尔顿（Francis Galton）爵士在 130 多年前普及的（参见第 5 章），并且人类已经思考了几个世纪，这一问题贯穿于心理学史的始终。找出现在提出的有关遗传与环境的相对影响观点之间的相似之处，并将它们与较早时代提出的观点相比较，使得心理学家能够更明智地理解这一问题。了解智商（IQ）概念的起源与早期发展的一些历史使现代心理学家可以更加深入地理解与其有关的问题。

更早一些，有关存在心理学史课程和缺乏化学史课程的问题被提了出来。虽然在心理学中理解当前研究和相关问题是必要的，但在化学中情况则有些不同。尽管炼金术的历史是一个迷人的故事，并且能够教给我们许多有关科学是如何起作用和演变的知识，但是它不能告诉今天的学生铅或金的化学性质。那些倾向于把他们的科学（天真地，碰巧）看做是从过去的谬误到现在的真理稳步前进的过程的化学家，通常对用“过去的”思想填满其学生的头脑不感兴趣。在穿过历史前进时，这种科学模式具有某种真理的元素（现在没有人试图实现炼金术士将铅变成金的目标），然而不幸的是，许多科学家没有看到研究他们学科史的价值。至少学科史将会完善他们的教育，并教给他们一些科学思想是如何演变的知识。实际上，对于学习化学的学生来说，应该学习化学史课程。

心理学史课程之所以存在的第三个原因是，它能够为已变得多样化和高度专门化的领域提供某种统一性。尽管心理学是一门年轻的学科，但是在 21 世纪初期它就因缺乏统一性而为人注意。实际上，一些评论者（例如，Koch，1992）认为，单一的心理学领域不再存在，研究内啡肽机能的神经科学家与研究各种管理风格的有效性的工业心理学家之间事实上没有任何共同点。然而，所有的心理学家的确具有共同之处——他们的历史。对于学习过从发展心理学到变态心理学再到社会心理学这些表面上没有联系的各门课程的学生来说，历史课程可以作为一种综合经验。当你读到本书最后一章的时候，心理学日益专门化的问题将再次被论述，你将有足够的知识开始理解心理学不同领域之间的相互联系。

第四，理解心理学史可以使一个人成为更具批判性的思考者。了解了各种心理障碍治疗的历史，有洞察力的心理学家就更加能够评价心理治疗中“革命性的突破”的主张。对这种被说成是独一无二的疗法的严密考察可以揭示其与更早的方法的相似之处。精通历史
7 的心理学家也将意识到，在许多其他的情况中，对一种华而不实的新疗法的最初的兴奋会由于后来不能找到任何证明其疗效的证据而减弱。而且，了解历史上各种心理治疗的伪科学方法的发展过程，并且理解它们的共同特征，使心理学家能够找到一种新的方法。

最后，心理学史课程可以是一门历史课程，但它也是一门心理学课程。因此，它的目标之一是继续教给我们有关人类行为的知识。研究历史上促进心理科学发展的个人反而能够增加我们对是什么使人类按照他们的方式行动的理解。例如，我们对科学创造性的理解可以通过研究历史上具有创造性的个人（赫尔曼·艾宾浩斯是一个很好的例子，他的研究在第 4 章中介绍）的生活和著作而增强。对心理学中的争论和刻板、固执地坚持一个人信念的某种洞察，可以通过研究与其对手进行激烈辩论的科学家的行为而获得（例如，鲍德温-铁钦纳的争论，在第 7 章中描述）。一般说来，如果所有的人类行为都反映了个人与其生活环境之间复杂的相互作用的话，那么，研究为其环境所塑造并转而塑造其环境的历史人物的生活反而能够增加我们对影响人类行为的力量的理解。

心理学史中的主要问题

对历史的一种普遍误解是，历史仅仅是“找出发生了什么”，然后按照年代顺序记录下来。正如你将在本章下面两个部分了解到的那样，这一过程要复杂得多。当史学家们从事其职业时，他们必须面对几个重要的问题，并且采取一定的立场。

旧史与新史

1980 年，美国心理学会开办了 G·斯坦利·霍尔系列演讲。邀请著名的心理学家来作报告，它计划通过使教师了解心理学不同亚领域的最新发展来促进大学教育。1988 年，来自威尔斯利大学（Wellesley Colleage）的心理学家/史学家劳埃·富鲁默托（Laurel Furumoto）发表了首场关于致力于心理学史教学的演讲。她的报告的核心在于区别她所称的“旧”史与“新”史。

根据富鲁默托的观点（1989），心理学的旧史指的是强调“伟大的”哲学家和心理学

家的成就，并集中于赞颂“经典研究”与“惊人发现”的一种取向，在心理学中，这些“重大事件”的保持和复述有助于确保心理学作为一门科学学科的地位。当历史教科书的作者大量依赖于二手资料（例如，更早的历史教科书）时，不管是否进行精确的描述，这些重大事件都会在历史教科书之间传承下去。而且，先前的洞见或成就只有在它们以某种方式“预见”了某种现代观念或研究结果时，才会受到重视，与现在没有任何关系的过去的研究被认为是错误的或奇怪的，并且或者被抛弃或者作为“我们已经走出了多远”的一个例子存在下去。因此，从旧史的观点来看，心理学史的目的是强调甚至是美化今天的心理学，从而表明它是如何从其过去的黑暗的深渊中成功形成的。

在富鲁默托看来，旧史是倾向于厚今的、内在的和人格主义的。另一方面，新史则是更加厚古的、外在的和自然主义的。让我们更详细地考察这些概念。

厚今说与厚古说

更早一些，我认为，研究历史的一个主要原因是可以更好地理解现在正在发生的事情。实际上这是一个有根据的论点。另一方面，仅仅根据现在的概念和标准来解释过去则是乔治·斯托金（George Stocking）（1965）所称的厚今说（presentism）的错误。在一篇发表在《行为科学史杂志》首卷上的社论中，斯托金对比了厚今说与一种被称为厚古说（historicism）的取向。正如斯托金所描述的，厚今学者仅仅参照现代的知识和标准来解释历史事件，而厚古学者则试图根据事件发生时存在的知识和标准来理解同一事件。因为厚 8
古学者试图将历史事件置于其时代的整个背景之中，所以这一取向有时被称为历史的背景取向。

绝对地说，厚今学者的观点是不可能避免的。我们当前的观点受到我们经验的影响，而且我们不能简单地忽略这些经验。举例来说，想象一下你在两个不同的时代必须作出相同的基本决定的情境。例如，假设你刚刚购买了一台电脑来替换你5年前买的那台。此时，你可能会对自己说，“我那时怎么可能那么目光短浅，买了一台硬盘驱动只有100MB的电脑?”这样说是忘记了购买第一台电脑时的原始背景，那时100MB的驱动似乎与现在的10GB的驱动一样是一个适当的容量。因此，当依靠现在的知识时，很容易会批评过去。也很容易认为，由于你已经从100MB的硬盘驱动时代进入了10GB的硬盘驱动时代，因而作为一位决策者，你不知怎么已经变得英明了。更大的硬盘驱动实际上可能会使你现在的生活更舒适（即已经有了某种进步），但是这并不意味着作为一位决策者，今天的你比5年前的你更好一些。过去的决定现在看来可能似乎是愚蠢的，但是那仅仅是因为我们现在所知道的东西；回到当时，它与现在作出的决定一样是一个非常合理的选择。要理解过去的决定需要我们避免根据我们现在所知道的来看待它。

为了用一个比购买电脑更复杂的历史事件来说明这一点，可以考察智力测验历史的一些方面，正如你将在第8章了解到的，就在第一次世界大战的前几年，一位名叫亨利·戈达德（Henry Goddard）的美国智力测验者被邀请到纽约的艾利斯岛（Ellis Island）协助移民的筛选工作。由于某种原因被认为是“不健全的”移民被遣送回他们的原籍国。戈达德坚信，智力是一种遗传特质，并且它可以用一种崭新的技术来测量——产生于法国，并且刚开始时被称做IQ测量的技术。戈达德是用他译自法文版的一个IQ测量版本来鉴别具有“心理缺陷的”移民。他甚至使当局相信，他仅凭观看就能够辨别出有缺陷的移民。他的工作使无数人被可疑地驱逐出境，并且他的大部分移民都是“轻度低能”(morons)(他发明的用来描述“低能者”的一个亚类的术语)的结论形成了一种氛围，导致国会在1924年通过了限制性的移民配额。从今天的观点来看，根据另外75年左右的研究，我们认识到了IQ测验的问题以及在运用和解释IQ测验时需要谨慎。因此，我们发现，很难相信像戈达德一样聪明的人会带着这样明显的偏见来工作。但是，要真正理解戈达德的行为，必须从其发生而不是当前的历史背景这个角度来研究它。这意味着要了解这样一些事情：(1)达尔文的思想对那时的心理测验者的强烈影响，它很容易产生一种信念，即智力是一种已经被自然选择的特质，并且能够使一个身体虚弱的物种(人类)在“生存竞争”中适应他们的环境，并因此被遗传下来；(2)国家对于过度移民的担忧(大规模的移民在那时是一个新现象)；(3)假设任何具有“科学”保证的新技术(例如IQ测验)都必定是好的，然而这种假设还没有受到诸如原子弹和气溶胶罐之类东西的质疑。可以继续列举，但是这一观点已很清楚。戈达德的工作不能根据现代的标准进行公正的评价；它只能在其时代背景中被理解。另一方面，他的工作对我们来说确实与现在有关系。了解它可以帮助我们更好地理解当局对移民的关注；告诉我们种族歧视和其他形式的偏见的微妙影响，甚至是在聪明的人当中；使我们对在我们自己时代出现的被说成是奇迹的新技术保持适当的警惕。

9 戈达德的插曲说明，对我们来说避免厚今说倾向是多么困难。毕竟，我们是自己个人史的产物，而且让我们像一个从来没有经历过MTV、电脑、第二次世界大战或2001年“9·11”事件的人那样思考或许是不可能的。然而，对于史学家和历史的读者来说，重要的是至少要意识到严格的厚今学者的历史观的危险之处，并且不断地尝试根据他们自己的主张理解历史事件。正如历史学家伯纳德·贝林(Bernard Bailyn)(Lathem，1994)指出的，一个人必须认识到，“过去不仅是遥远的，而且是不同的”(p.53)。他指出，克服厚今说(或者如贝林所称的“时代错误”)中的主要障碍是这样的问题，即“克服对结果的了解。这是一种真正背景化的历史的严重障碍之一”(p.53)。关于一个人如何才能超越我们对结果的了解并克服厚今学者的观点，贝林给出了这样的建议：

> 一个人必须以某种方式再次体验当时的人对未来的无知，并使之成为叙述的组成部分。……一个人强调偶然性——寻找当时的偶然事件并试图避免确定当时是不清楚的而为后来的结果所决定的英雄行为或邪恶行为。而且，如果可能的话，一个人要对失败者给予同情的辩护。如果一个人能够在某种程度上充满同情地对待失败者，那么一个人就能够——至少在某种较小的程度上——克服对结果的认识。(pp.53-54)

让我举一个厚今学者著作的例子来结束这一部分，这个例子是我在阅读艾萨克·牛顿（Isaac Newton）爵士的传记时发现的，牛顿的一个强烈业余爱好是炼金术，即寻找从其他的金属中炼金的方法。作者描述了牛顿的一个前辈帕拉塞尔苏斯（Paracelsus）（此人还在医学史中著名）对炼金术的兴趣，他写道："他追随着许多炼金术士，以一种老套的定势来寻找难以得到的东西并实现不可能的事情，他游历欧洲寻找古人的秘密，一路上挥霍着他的大部分才能及他所赚到的金钱"（White，1997，p. 120）。这是一个从获知结果（炼金术失败了）的立场来写作的很好的例子，然而忽视了炼金术对于科学史的重要性，以及使炼金术一度成为受人重视的活动的历史背景。

内在史与外在史

心理学史通常是在心理学家完成的研究的基础上，由那些希望追溯不同心理学家持有的行为理论的发展的心理学家编写的。这种取向被称为内在史（internal history）；内在史所编写的内容全部发生在（内在于）心理学学科的内部。这种取向具有提供理论与研究演变的详细描述的价值，但是它忽略了外在于心理学然而对该学科有影响的那些因素。外在史（external history）集中于那些影响因素。

内在史通常被称做思想史。通常来说，它们是由在被分析的特定学科中接受过训练的人编写的，并且它们倾向于由对历史本身具有很少或没有任何专门知识的人来编写。他们是内向考察的，集中于思想的发展，排斥更广阔的世界。另一方面，外在史采取更宽泛的观点：它们考察社会的、经济的、制度的和学科以外的影响。专门的内在史是狭隘的，并且会丧失历史背景的丰富性，而专门的外在史则不能充分理解一门学科的主要人物的思想和贡献。平衡是必需的。

以动物行为的进化研究为基础的比较心理学史很好地说明了内在史与外在史之间的相互影响。比较心理学发展于 19 世纪后半叶，主要源自对证明暗含于达尔文进化论中的物种之间的连续性的兴趣。早期比较心理学家的一个兴趣是，确定其他物种表现出意识的证据的程度。从内在史的观点来看，学生认识到，研究这一问题的比较心理学家促进了从研究意识的心理学向研究行为的心理学的转变。为什么？因为研究动物行为，即使是对理解"动物意识"感兴趣，也需要发展包括可观察行为的客观测量的方法（例如迷津学习）。约 10
翰·B·华生通常被认为是作为一个思想学派的行为主义的创立者（参见第 10 章），他在比较心理学领域中找到了进行研究的有效手段，并且发现了研究动物的方法怎样才能够也用于研究人。因此，如果一个人对研究动物感兴趣，就需要使用行为方法到发现这些方法也能够用于研究人之间似乎有了一种逻辑上的进展。例如，在华生的研究中，存在着从研究动物行为到研究人类行为的逐渐转变。此外，那个时代的其他的比较心理学家，尤其是罗伯特·耶克斯（Robert Yerkes），作出了从研究动物到研究人的类似转变。

比较心理学的这种内在史存在着某种真实性。华生本人认为，他的行为主义体系最初是从他的动物研究中形成的。然而，充分理解比较心理学的影响需要了解导致研究者从研究动物转向研究人的一些外部因素。例如，考察制度背景。在 20 世纪早期，实验心理学相对来说是新兴的，并且心理学家通常身处哲学系，在争取充足的预算时，心理学家发现，必须证明其实验室的费用是合理的。这很难使系内资深的教师，通常是哲学家，感到信服。一种方法是，证明心理学知识在解决实际问题中是有用的。例如，有时可以证明心理学研究的成果能够改进教育。证明效用的问题对于在其实验室中研究人的研究者来说是非常困难的；它对于研究其他物种的比较心理学家来说则更加困难得多。他们支持其研究价值的论据甚至更加难以得到证明。此外，他们还有一个其研究旨趣所独有的问题——他们的实验室是对嗅觉的一种摧残。异味和没有任何空气调节装置使许多实验室被赶到了校园的偏僻角落（O'Donnell，1985）。因此，对许多人来说，在制度上提高其机构地位的愿望是使他们从动物心理学向人类心理学转变的一个主要驱动力。

对于动物研究者来说，罗伯特·耶克斯的经验说明了这一问题。耶克斯是世纪之交哈佛大学一位卓越的比较心理学家，他发现最初激励自己从事动物研究主要是由于政治原因。哈佛大学希望保持它在学术界的崇高地位，这意味着要与像伍斯特（Worcester）以西 30 英里的克拉克大学（Clark University）这样的新兴崛起者进行成功的竞争。克拉克大学已经制定了一份比较心理学的积极计划，哈佛大学不愿意被超越，而耶克斯则愿意为此奋斗。但是他很快发现，他的研究并没有在以三位美国最著名的哲学家乔斯亚·罗伊斯（Josiah Royce）、查尔斯·S·皮尔斯（Charles S. Peirce）和威廉·詹姆斯（William James）为代表的系里得到非常高度的重视。他没有获得提升，他在确保实验室的场地方面存在困难，并且几年过后，他被委婉地告知，他的动物研究是不合时宜的。要获得提升，他就必须研究更多的"有关人的方面"。他最初通过编写一本强调人的实验心理学与内省法的大学教科书，后来通过接受心理学对智力测验的偏好来这样做（O'Donnell，1985）。因此，理解一些心理学家从研究动物到研究人的转变不仅仅需要知道学科内部争论的观点，还需要了解更多的东西。

人格主义史与自然主义史

除了厚今/厚古和内在/外在的区别之外，在回到富鲁默托的旧史与新史之前，需要描述另外一种对比。它是人格主义史与自然主义史之间的区别，前者认为在创造历史中，个别历史人物的作用是主要的，而后者则强调特定历史时期整体的理智和文化氛围——黑格尔所称的时代精神（zeitgeist）。

根据人格主义史（personalistic history）或习惯上所称的"伟人"说的观点，历史上
11 的重要事件源自个人的英雄（或邪恶）行为，并且假如没有这些个人，历史就会有天壤之别。该取向通常与 19 世纪的史学家和小说家托马斯·卡莱尔（Thomas Carlyle）联系在一起，他写于 1840 年的《论历史上的英雄、英雄崇拜和史诗》一书，因这样一句话而被铭记："人类在这个世界上已经创造的历史实质上是已经在这里发挥作用的伟大人物的历史"（引自 Boring，1963a，p. 6）。根据这一观点，像牛顿、达尔文和弗洛伊德这样的人改变了

科学史的进程。没有他们，历史将会完全不同。从这个观点来看，编写历史的优先方法是传记法，并且作为这种方法的一个结果，产生了有时被称做名祖（eponyms）（Boring，1963a）的东西。也就是说，历史时期被等同于其行动在决定事件的进展中被认为是关键的有关个人。因此，我们读到了牛顿的物理学、达尔文的生物学和弗洛伊德（Freud）的心理学。

人格主义取向具有直观的吸引力。尽管心理学最著名的史学家埃德温·G·波林（在视窗中介绍）赞同历史的自然主义模式，认为“历史是连续的和平滑的”，但是他承认伟人“是你触摸其光滑面的把手”（Boring，1963b，p. 130）。波林认为坚持历史的人格主义取向源自几个因素，包括人类对英雄的需要和勤勉工作的科学家对个人认可的需要（谁愿意拒绝诺贝尔奖金呢?）。更重要的是，如果历史是连续的和平滑的，那么它也是非常复杂的。在试图理解它的过程中，我们尽力减少理解方面的复杂性。更一般地说，达到理解所必需的一般认知过程需要对信息进行归类。当名祖作为恢复的线索的时候，我们对像弗洛伊德的潜意识与巴甫洛夫的条件作用一样的概念的回忆就会更容易。

视窗

埃德温·G·波林（Edwin G. Boring，1886—1968）

遗憾的是，心理学最著名的史学家有着学生常常将其与历史的一般主题相联系的一个名声。实际上，E. G. 波林的著作是精致的和充满活力的。近年来，已经发现他的心理学史观点存在着缺陷，但是，心理学史学家受到了波林的开创性历史研究的巨大恩惠也是事实。

在康奈尔大学（Cornell University）学习工程学期间，由于选修了一门由著名的E. B. 铁钦纳（参见第7章）讲授的基础心理学课程，波林在1905年秋首次接触到了心理学。他把这门课描述为“不可思议的，具有如此强大的说服力以至于甚至我的室友都要求告诉他们每次课都讲了什么内容”（Boring，1961，p. 18）。然而波林并没有转向这方面，而是继续他的工程学学习，于1908年获得了硕士学位。在作为一家钢铁公司的工程师和一所高中的教师度过了勉强算是成功的两年之后，他回到了康奈尔大学并且于1914年在铁钦纳的指导下获得了哲学博士学位。在康奈尔大学期间，他的研究兴趣包括：(1) 人的迷津学习，在此期间他遇见、爱上了他的一个研究被试、博士同学露西·梅（Lucy May）（1996年她在109岁时逝世）并与她结婚；(2) 神经再生，通过切断他手臂中的一根神经并制定它的恢复计划，亲身且相当富有戏剧性地进行研究；(3) 精神分裂症患者的学习过程；(4) 他的学位论文的主题，即内脏感觉。波林通过学习吞咽胃管来改变深度，然后向管子中注入不同的物质并记录（常常是令人不愉快的）感觉反应来研究内脏感觉（Jaynes，1969）。永远没有人能指责波林没有专注于他的研究！ 12

在康奈尔大学完成了他的学位并继续留校短期担任讲师之后，波林在第一次世界大战中供职于军队的IQ测验计划（参见第8章），在克拉克大学短期任教，然后在1922年选择了哈佛大学而不是斯坦福大学。他在那里度过了他余下的学术生涯。波林在哈佛用 10 年的时间建立了实验室，并试图使当局相信心理学应该成为一个独立的系而非哲学系的一部分。这一目标直到 1934 年才实现。正是在 20 世纪 20 年代，他写作了其著名的《实验心理学史》(1929)，部分是为了推动他与哈佛的哲学家和管理者的政治斗争，部分是为了在大多数美国心理学家似乎都对应用心理学感兴趣的时期支持实验心理学中的基础研究。

在克拉克和哈佛的岁月里，波林仿效铁钦纳，其工作习惯富有传奇色彩，用他自己的话来说：

> ……我的朋友、我的孩子和我的学生都知道，我是如何谈论一年 50 周、每周工作 80 小时（一年工作4 000小时）的，以及我是如何藐视那些每周工作 40 小时且整个夏天不工作的院士。除了在我的地下工作室工作外，我没有任何嗜好。直到我利用工作室中的打印机进行了一些研究，并能够在一天中回复 8 封信以及补写了约稿时，我的假期才算是成功的。(Boring，1961，p. 14)

波林还按照铁钦纳的传统讲授心理学的入门课，他认为，学生应该从教师那里第一次接触心理学。他甚至成了电视课程的先驱：1960 年，波士顿（Boston）教育电视频道 WGBH 每期半小时共 38 期的节目播放的是波林演示各种现象，但主要是坐“在桌子的一角，以一种友好的、热情的、父亲般的方式面对镜头娓娓而谈”（Boring，1961，p. 77；
13 参见图 1—1)。

图 1—1　为观众讲授：E. G. 波林在教育电视上，引自 Boring (1961)。

我们已经知道，创立于1965年的美国心理学会第26分会选举罗伯特·华生为其第一任主席。希尔加德（Hilgard）认为，这是在波林拒绝竞选这一职位而同意被授予“荣誉主席”之后发生的。波林日益严重的耳聋使他没有参加美国心理学会1966年大会期间举行的分会的开幕会议，但是他给华生的主席演讲寄去了一份书面介绍，把自己描述为“昔日历史的幽灵，那时对心理学史的兴趣还没有像今天一样强烈”（Hilgard，1982，p. 310）。很明显，今天对心理学史兴趣的当代勃兴在很大程度上要归功于波林的示范。

不同于人格主义史的选择是自然主义史（naturalistic history），它是一种强调对个人起作用的历史力量的取向。俄国小说家列夫·托尔斯泰（Leo Tolstoy）是这种决定论取向的著名倡导者。他写作巨著《战争与和平》的目的之一是要证明，历史是由个人无法控制的力量推动的。对于托尔斯泰来说，像拿破仑（Napoleon）那样所谓的“伟人”实际上只是比他们自身更强大的历史推动力的动因。在《战争与和平》的第四卷，他把君王与臣民都视做历史的奴隶：“他们的每一次行动，对他们来说似乎是出自自己意愿的一次行动，从历史的意义上说则是偶然的，并且与整个历史进程联系在一起，是永恒注定的”（Tolstoy，1942，p. 671）。

在心理学家中，波林最有力地推动了历史的自然主义观点。尤其是在晚年，他在其著名的《实验心理学史》（1950）第二版和许多论文中都支持时代精神的概念。对波林来说，理解历史意味着理解影响生活于特定时代的男人和女人的历史力量。例如，虽然波林没有否认达尔文的天才，但是他认为在19世纪进化概念是众所周知的，并且扩展到了生物学之外（例如地质学）。没有达尔文，其他人也会提出一种生物进化理论。实际上，因为阿尔弗雷德·卢塞尔·华莱士（Alfred Russell Wallace），达尔文的理论一度被称为达尔文—华莱士进化论，华莱士是与达尔文同时代的人，他独立提出了实际上完全相同的理论（关于这一有趣的故事参见第5章）。伟大的科学家能够并且的确影响了事件，但是仅仅关注个人却留下了个人如何被他的或她的同时期的环境影响这一未回答的问题。

为了支持时代精神概念，波林指出了两类历史事件。第一类被史学家罗伯特·默顿（Robert Merton，1961）称做多重性（multiple），即两个或更多个人大约在同一时间独立作出相同的发现。达尔文和华莱士在进化思想正“在流传”的时候共同发现了自然选择就是一例。达尔文的祖父伊拉斯谟·达尔文（Erasmus Darwin）说明了第二类事件，即一项发现或一种理论被说成是“先于其时代”。像其更加著名的孙子一样，伊拉斯谟提出了一种进化理论，但是在18世纪提出的，当时甚至比19世纪更加笃信物种不变性（即每一个物种以其最终的形式被上帝所创造，并且它不会随着时间改变）。

然而，依靠时代精神作为解释历史的手段可能是有问题的。例如，无批判力的观察者可能会被吸引去具体化（即给予抽象概念以具体的和独立的存在）这个概念，并且把它看做是独立于事实上赋予其意义的历史人物的一种控制力量。也就是说，在回答“为什么在时代 Z 发生事件 X 而非事件 Y”这一问题中。一个人可能会回答“因为时代精神”。但是这种回答几乎不能解释正被谈论的事件。时代精神这一概念要求一个人考察在解释某个事件时存在的态度、标准和理论，但是它不能作为某种神秘的指引力量独自存在。正如历史学家多罗斯·罗斯（Dorothy Ross）（1969）在谈到教育心理学史时指出的：

> 例如，据认为，对于美国教育心理学的迅速发展来说，詹姆斯、杜威、霍尔、桑代克、卡特尔、高尔顿和达尔文都不是必不可少的，必要的是“时代精神”的趋势。
> 14 但是，通过詹姆斯、霍尔、卡特尔、达尔文和其他人行动的方式，我们才能了解时代精神实际上是什么。如果他们没有按照他们的方式思考和行动，那么被认为由他们体现的“时代精神”就没有了。(p. 257)

因此，平衡的历史观承认人与他们在其中活动的环境之间存在着复杂的相互关系。你将要遇到的历史人物全部都是他们生活于其中的世界的产物，但是，他们也作出了有利于形成和改变围绕他们的历史背景的决定。华莱士可能获得了灵感而撰写了一篇论文，提出了与达尔文进化论的实质相一致的进化论。但是近年来已经见到了至少三本达尔文的重要传记，而华莱士则一本没有，这绝非偶然。正是达尔文投入了数年研究时间来考察众多物种的复杂关系，并且正是达尔文以使进化获得最充分发展的不朽的教科书扩大了他最初著作的影响。

本书的观点

本章的这一部分围绕劳埃·富鲁默托对旧史和新史的区分展开。厚今的、内在的和人格主义的取向通常相配在一起，并包含着她所称的心理学的旧史。旧史是一种仅仅根据现在的观点来解释事件，集中于特定学科内部思想的发展，并且将进步视做重要人物的连续成就的反映的历史。另一方面，心理学的新史是把厚古的、外在的和自然主义的取向结合起来，试图根据心理学家自己的观点来考察历史事件，参照事件发生的时代，寻找跨学科的背景力量的影响，并且在伟人之外考察使其思想产生的背景因素。富鲁默托还指出，新史更多地依靠档案材料和一手资料，而非二手的教科书，并且它更多的是批判性分析的，而非礼节性的和赞美的。

对于从事研究的心理学史学家来说，富鲁默托对心理学新史的描述提供了有关如何进行研究的一套清晰的指导原则。今天发表的最好的历史研究都是厚古的、外在的和自然主义的。然而，对于教科书的作者和心理学史课程的教师来说，关于如何去做的描述并非同样清晰。正如迪尤斯伯里（Dewsbury）（1990）在几本心理学史教科书的评论中指出的，区分“针对同事的学术研究与……针对入门学生的教科书”（p. 372）是重要的。对于后者，需要将新史的理念吸收进课程之中，但是它们必须对告知学生与心理学课程有关的内容的需要有利。本书提出了一种倾向于富鲁默托支持的标准的心理学史，但是重要的是要记住，本书所设计的这门课程不仅仅是一门历史课程，它也是一门心理学课程。因此，尽管在 20 世纪早期俄国的历史氛围中理解巴甫洛夫的研究是重要的，理解他研究的各种经典条件作用现象以及他的研究与美国的行为主义和更近时代的条件作用研究是如何联系在一起的也是重要的。尽管理解制度背景对像耶克斯一样的比较心理学家命运的影响是重要的，对于学习心理学的学生来说，了解耶克斯能够完成的动物研究也是重要的。而且尽管纯粹的人格主义史可能会蜕变为迷人的轶事趣闻，并且可能会忽视历史事件的复杂性，但是研究人是令人感兴趣的，并且有关心理学家的生平信息可以增强学习心理学的学生对人类行为的理解，这也是事实。

总之，本书将采取一种融合（1）厚今与厚古的观点，（2）内在史与外在史和（3）人格主义模式与自然主义模式的观点。如果每一种二分方法都能够被想象成以连续统一体的形式存在的话，那么本书将采取下述的立场：

厚今的　……………… • …　厚古的
内在的　………… • ………　外在的
人格主义的　………… • ………　自然主义的　15

只有这种强烈的趋势才会避免厚今的解释。在另外两个维度上，本书将使（1）构成心理学内在史的各种思想、研究和理论与它们在其中发展的外部历史背景和（2）创造心理学历史的人物描述与他们生活于其中的时代的重要特征浑然一体。

历史编纂学：研究与编写历史

历史编纂学（historiography）最简单的定义源自该词本身的起源：编写历史。但是这一术语远不止历史叙事的写作的含义。历史编纂学还指像刚刚描述的那样的理论问题和史学家在进行历史研究时使用的方法。尽管本书的主要目的是告诉你有关心理学史的知识，但是次要的目的是使你对史学家的职业行为有一些了解。也就是说，我们将考察史学家感兴趣的那种资料和史学家在进行研究时面临的问题。

历史资料的来源

传统上，心理学史学家通常依赖二手资料来编写他们的历史，尤其是历史教科书。二手资料（secondary sources）是已经发表的文献，并且通常是对某一历史事件或时期的分析或总结。这些资料包括书籍、在期刊和杂志上发表的文章、百科全书的条目等。然而，当富鲁默托用心理学的新史取代旧史时，研究者更多地依赖通常在档案馆中发现的一手资料（primary sources）。档案馆（archive）通常是大学图书馆中收藏未发表的资料的地方。一手资料信息包括大学档案、通信、日记、演讲、专业组织的会议记录以及与大学有某种联系的个人捐赠的书信文件集。除了这些独立的大学档案馆之外，心理学史学家常常会在美国首都华盛顿的国会图书馆（Library of Congress）档案室、伦敦大不列颠博物馆图书馆（British Museum Library）以及俄亥俄州阿克伦（Akron）城的阿克伦大学的美国心理学史档案馆（AHAP）中找到一手资料。一般来说，一手资料是在某一历史事件发生时或之后不久编写或制作的条目，而二手资料则是在一个历史事件发生后的某个时候作为该事件的总结或分析而编写的。

正如前面提到的，约翰·波普斯通与马丽昂·麦克弗森（图 1—2）于 1965 年创办的美国心理学史档案馆是受罗伯特·I·华生使人们对心理学史产生兴趣所做努力的鼓舞而出现的一系列事件之一。美国心理学史档案馆收藏有 550 多位心理学家（例如亚伯拉罕·马斯洛）和组织（例如美国心理学会的历史分会，即第 26 分会）的个人书信文件集，700 多套最早的实验仪器，几千份心理学测验以及约3 000幅照片。据估计，把档案馆的资料垂直堆放在一起相当于两个华盛顿纪念馆（Washington Monuments）的资料（Cohen，1991）！

16

图 1—2 阿克伦大学美国心理学史档案馆的约翰·波普斯通与马丽昂·麦克弗森，引自 Cohen (1991)。

你能够期望在一个像美国心理学史档案馆一样的地方发现什么？几乎任何东西，例如，浏览专业组织的档案，你可能会发现官员的名单和他们之间的通信、会议记录、阐明立场的论文最初的草稿，等等。当考察个别心理学家的书信文件集时，你可能发现(1)这个人与其他心理学家之间的通信；(2)个人的日记和/或日程表；(3)授课笔记和课程表；(4)实验室记录、仪器的图样、数据总结和其他实验室有关的资料；(5)最终成为二手资料的著作最初的原稿；(6)人、地方和研究设备的照片；(7)这位心理学家参加的专业会议的会议记录。还会有一些意想不到的东西。例如，美国心理学史档案馆收藏有实验心理学家沃尔特·迈尔斯（Walter Miles）的个人书信文件集。它们包括一般的资料，但是当这些书信文件刚到档案馆时，它们还包括一块迈尔斯从一座新实验室的建筑场地带回来的砖块。国会图书馆出版的杂志《文明》中报道了一个更加令人惊奇的例子。一位研究者正在研究19世纪一位在眼科手术中试图用可卡因作为麻醉剂的维也纳（Viennese）医生卡尔·科勒（Carl Koller）。在一个文件夹中有一个药剂师的小袋，里面装有你所猜到的白色药粉。联邦当局来人拿走了这种麻醉药，但纸袋仍留在档案馆的藏品中，贴着如下标签："1884年8月，在我的第一次可卡因实验中我使用的第一剂可卡因的剩余物，科勒医生"（"书库中的贮藏物"，1996，p.15）。

一位对心理学史感兴趣的研究者在开始一项计划时，如何知道要联系或访问哪一所档案馆？因为它们的藏品是那样的广泛，美国心理学史档案馆是一个开始的好地方。即使档案馆不是被研究人物书信文件集的主要藏所，美国心理学史档案馆也可能在其实际收藏的书信文件集中包含有那个人的一些信件。另一个开始的好地方是那个人曾工作过的大学。第三，存在着文献目录资料，最著名的是《心理学史与选择性领域原著集索引》(Sokal & Rafail，1982)。例如，假设你对IQ研究者亨利·戈达德的研究感兴趣。索引简要地描述了戈达德书信文件集的内容，它恰好被收藏在美国心理学史档案馆。它还告诉你，在美国心理学史档案馆收藏的埃德加·多尔（Edgar Doll）和艾米莉·施特格迪尔（Emily Stogdill）的书信文件集以及国会图书馆收藏的发展心理学家阿诺德·格塞尔（Arnold Gesell）的书信文件集中有关于戈达德的其他资料。

历史学家还依靠他们的一般知识来帮助他们进行研究。例如，许多年前，我对克拉克大学心理学实验室的第一任主任埃德蒙·克拉克·桑福德（Edmund Clark Sanford，1859—1924）发生了兴趣（Goodwin，1987）。克拉克大学自然是研究的起点，通过与那里的档案保管员联系并两次去访问，我积累了一些资料，但不是很多。桑福德似乎没有留下多少资料，或者即使有，这些资料也没有收藏在克拉克大学。然而，大学的一些档案是有帮助的，在查看诸如实验室购置物、心理学家/大学校长G·斯坦利·霍尔的书信文件集这类东西时发现了一些其他的资料，包括一个令人兴奋的发现——一组1892年在实验室中拍摄的照片，其中几幅将会在本书后面的章节中看到。一些照片显示（或最可能是模拟）了正在进行的实验，因而可能瞥见那时进行心理学研究是什么样子。通过研究二手资料，我了解了与桑福德同时代的其他心理学家，并且我从他的讣告中了解到，桑福德与康奈尔的 E. B. 铁钦纳和韦尔斯利（Wellesley）的玛丽·卡尔金斯（Mary Calkins）关系非常密切（桑福德于 1924 年在前往韦尔斯利作报告的途中逝世）。对韦尔斯利的一次访问和康奈尔的两次访问获得了更多的资料。铁钦纳的个人书信文件集尤其有用——铁钦纳似乎保存了差不多每一件东西。我还致信给约 24 所我猜想可能收藏有桑福德的其他专业同事的书信文件集的其他档案馆，因此获得了一些桑福德的通信。一些资料的副本逐步汇集起
17 来。同时，我正在研读桑福德发表的每一篇文章（实际上不是很多）和其他一切能够清楚地了解他及其生活的世界的资料。

历史编写的问题

从访问档案馆到一篇已发表的论文或书籍的旅程是漫长的，常常也是枯燥乏味的，偶尔会令人振奋，但是决不轻松。沿着这条路，史学家必然要面对两大难点。第一个是与资料的收集相联系的问题。史学家必须评估资料的有效性，并且在历史叙事中选择这些资料的一个子集。第二个问题是关于编写历史的。史学家是人，因此，他们对资料的解释将会反映他们的信念、他们关于历史本质的理论以及他们潜在的未审视过的偏见。

资料选择问题

史学家通常总是会收集比他们撰写历史叙事所需的更多的资料。因此，他们必须对手头资料的适当性和关联性作出判断，并且他们必须选择资料的一个样本而抛弃其余的。尽管有时在访问档案馆时可能收集了大量的资料，但是可能遗失了重要的部分，使史学家的工作进一步复杂化。例如，铁钦纳和桑福德经常彼此通信，但是只有铁钦纳保留了他的通信。铁钦纳个人书信文件集包括几百封桑福德写给铁钦纳的信件，但是桑福德的个人书信文件集中则没有一封铁钦纳的来信。在试图拼合出桑福德-铁钦纳的关系时，史学家只了解了故事的一半。[①] 另一个例子是有关来自斯坦福（Stanford）的实验心理学家沃尔特·迈尔斯的，他曾经写过一篇论述迷津的早期发展的论文（Miles，1930），其中包含有他收到的一些早期先驱［例如维拉德·斯茂（Willard Small），他在克拉克大学完成了第一个老鼠迷津学习研究］来信的摘录。然而，保存在美国心理学史档案馆的迈尔斯的书信文件集没有一封与迷津历史文章有关的通信。考虑到迈尔斯收藏品的数量，这是令人惊讶的。它装满了 128 个箱子，仅目录就达到了令人吃惊的 756 页（Goodwin，1993）。

有时由于保险理算员所说的天灾，对史学家可能有用的资料可能会遗失。例如，在煞费苦心地追查美国心理学会第一任女性主席玛丽·惠顿·卡尔金斯的后代之后，劳埃·富鲁默托发现，卡尔金斯的许多个人书信文件都委托给她弟弟保管。不幸的是，他将它们放在了他的地下室，在 1938 年的一场伴随有破坏性的新英格兰飓风的洪水中这些书信文件被毁坏了（Furumoto，1991）。

---

① 实际上是一半多。约 1910 年以后，铁钦纳通常会制作并保留他所寄出信件的复写本。——译者注

资料还可能被故意地遗失。在其生命的最后一年，行为主义的创立者约翰·华生焚烧了他保留的全部笔记、通信和原始手稿。根据华生的传记作者所说，当“他的秘书反对对后代和历史来说的这种损毁时，华生只是回答道：‘当你死了的时候，你的一切都消亡了’”（Buckley，1989，p. 182）。类似地，西格蒙德·弗洛伊德也分别两次销毁了他的书信文件，在一定程度上使其他人难以追溯其思想的来源（第 12 章详述了这些事件之一）。

除了资料的遗失之外，一些资料可能会受到捐赠者的限制而使史学家难以获得。甚至具有 E. G. 波林地位的人也会被拒绝。在一封写给美国心理学史档案馆的约翰·波普斯通的信中，波林写道，甚至作为一位著名的史学家和哈佛大学的教师，他也被拒绝接触哈佛大学档案馆中的某些书信文件，用他的话说：

> 我相信哈佛大学档案保管员的一般风格，这是因为我被拒绝接触根本与我不相关的一些东西，由于我是哈佛大学的教授，因而被礼貌地拒绝了。不过，却不能查看威廉·詹姆斯的某些档案。（Popplestone，1975，p. 21）

除了要处理遗失或不完整的资料，史学家还必须就可获得的资料的适当性作出判断。我们知道，对日常事件的亲眼所见的描述可能是完全错误的，两个目击者的叙述可能明显 18
不同。如果在现代心理学实验室中能够轻易地证明亲眼所见的不可靠性，那么就有把握说，心理学家对历史事件作出的亲眼所见的叙述同样缺乏可靠性。E. G. 波林经历到了一个这方面的很好的例子。在准备铁钦纳的实验者（Titchener's Experimentalists），即一个每年开会讨论其研究的研究者团体（参见第 7 章）的历史时，波林发动了一场大规模的给与会的同事写信的运动，向他们索要第一手的描述。有许多不一致之处，包括来自一位同事的有趣的例子，他向波林详细讲述了 1917 年在哈佛大学会议上与哈佛大学的雨果·闵斯特伯格（Hugo Münsterberg）用餐时的谈话。波林回信礼貌地提醒他的朋友，闵斯特伯格在 1916 年就已经逝世了（Goodwin，2001）。一般来说，任何自传描述都容易记错。

在某人的通信或日记中发现的信息在价值上也可能是有问题的。写信者是在提供对同事人格的洞察，还是仅仅在传递令人苦恼的和无根据的闲话？当日记作者将会议描述为无意义的和浪费时间的时候，同一次会议上的其他人会得出同样的结论吗？信件与日记可能会因作者认识到史学家有一天可能会读到他或她的话而被歪曲吗？信件和日记的内容在多大程度上反映了作者个人的偏见？我想你能够看到这里面的困难。

那些制作最终存放于档案馆的档案的是人，因而易受微妙的人类信仰、先入之见和偏见的影响。那些研究档案与编写历史的也是人，易犯同样的错误。鉴于他们受到的培养，史学者当然比非专业人士受过更多的训练；然而，在决定选择什么样的资料进行历史分析和叙述的时候，史学家不是一台机器。E. G. 波林在其 1942 年论述感觉和知觉研究史的教科书的前言中富有说服力地表述了这一问题。

> 实际上，选择的材料全部都是为一本历史教科书做准备，这种责任使我保持清

> 醒。对我来说，决定某个下午要看哪本书的选择的心境是怎样（将这个关于某个特定问题的“真理”）固定在未来很多年的研究生们身上的？从我看到的这个方面来说，1929 年版的（心理学史）教科书存在的时间已经够长了。由于勤奋和耐心，一个人可以避免歪曲事实，但是这些优点并不足以使一个人在选择应该忽略什么时变得聪明。为此，一个人还需要智慧和完全的客观性，而谁确切地知道他是否需要这些？(Boring，1942，p. viii)

正如你将在一些段落中了解的那样，引自波林的这一段话是一种讽刺。现代心理学历史编纂学的主题之一是，波林歪曲了心理学的历史，并且他的著作反映了对一种特定心理学的一种强烈偏见，似乎他也至少部分地受到了他所处的政治和机构制度的驱动。

解释问题

温斯顿·丘吉尔（Winston Churchill）创造了历史，并且还编写了历史，据说他曾说过历史对他来说是亲切的，因为他将要成为书写历史的人。尽管意识到所有的历史叙事必然会反映作者的一些想法，但是史学家通常会尽力比这更客观。选择与编写历史的决定都涉及对手头资料的解释，并且这些解释受到史学家的个人特征和史学家写作时所处的历史背景特点的影响。也就是说，史学家受到他们的先入之见，他们已经拥有的知识量和他们持有的有关历史本质的理论（例如人格主义的与自然主义的）的影响。此外，甚至在没有意识到的情况下，史学家也可能在许多方面被他们正在编写的历史发生时的环境因素所影响。例如，在第 4 章你会发现，最近对威廉·冯特的研究进行了重新评价（例如，Blumenthal，1975），并且发现他的许多思想与现代认知心理学的思想相似。当然，这种相似
19 性在现代认知心理学出现之前不可能被注意到——布鲁门萧（Blumenthal）是在心理学中所谓的认知革命最兴盛时写作的。因此，历史人物不是受到他们生活于其中的历史背景影响的唯一的人，史学家也受到了影响。

E. G. 波林编写的历史是一个恰当的例子。你从本章的视窗中知道，波林是 E. B. 铁钦纳的忠实的学生，并且在 20 世纪 20 年代，他是在哈佛大学设立一个强调“纯”实验室研究而非应用研究的独立心理学系的热烈拥护者。这两个事实影响了他编写历史的方式。首先，他作为一位实验心理学家在康奈尔大学的铁钦纳实验室中接受的训练无疑影响了他对心理学的整体观念。更具体地说，它影响了波林对威廉·冯特的看法，在冯特的实验室中，铁钦纳于 1892 年获得了哲学博士学位。一般来说，波林认为，被称为构造主义的铁钦纳的实验心理学实质上与冯特的心理学完全相同，铁钦纳只不过是将其引入了美国。实际上，冯特的体系与铁钦纳的体系完全不同（冯特与铁钦纳体系的细节将分别在第 4 章和第 7 章中进行阐述），但是由于铁钦纳对波林的影响，再加上铁钦纳翻译了大量冯特的著作以及波林不熟悉冯特的一些非实验的著作这一事实，因而没有看到差别。因此，在编写他的历史时，波林对冯特的描述渗入了铁钦纳的观点，因而是有缺陷的。因为大多数在 20 世纪 50 年代至 80 年代期间接受训练的心理学家都是通过阅读波林的《实验心理学史》

(1929；1950) 来了解他们的历史的，因而冯特体系与铁钦纳体系的虚构的一致性成为常识。

波林的历史的第二个歪曲与他对基础实验心理学的强调和对应用心理学的排斥有关。正如奥东奈尔（1979）指出的，波林对应用心理学尤其是心理测验地位的不断提高感到担忧。他认为基础实验室研究处于危险之中，他采取了几种措施来恢复其地位。一个是在1929年编写了他的《实验心理学史》的第一版，该版在很大程度上忽视了忙于将心理学原理应用于教育、心理健康和工厂的大量心理学家的研究。1929年版《实验心理学史》的读者认为应用心理学几乎是不存在的，这是可以原谅的。

对历史的一个共同的误解就像这样：事件发生在过去，既然已经以一种历史叙事的方式对它们进行了描述，那么它就结束了。然而，正如E. G. 波林的证据证明的，历史分析需要根据新的资料和考察旧有资料的新方法来不断地修正。例如，近年来学者们（例如Leahey，1981）采取一种新的观点来看待（1）冯特思想与铁钦纳思想之间的关系和（2）应用心理学在美国心理学发展中的作用。因此，更新的历史更准确地描述了冯特-铁钦纳的差异，并且证明了应用心理学的普遍影响。

比较心理学史教科书的不同版本可以说明这种重新考察的过程。例如，一本流行的大学心理学史教科书其早期的版本明显受到了波林的影响，其后来的版本又显示出有关冯特的新近学术成果的影响。在《实验心理学史》的第三版中（Schultz，1981），冯特被置于标题中含有"构造主义"的一章中阐述。接下来的一章是关于铁钦纳的，谈到了冯特的心理学被铁钦纳"移植"到美国，并且含有类似这样的句子："冯特心理学的知识为铁钦纳的体系提供了一种合理准确的蓝本"（p. 87）。6年后，在《实验心理学史》第四版中，"构造主义"不再出现在冯特一章的标题中，对波林的历史叙事中存在的问题进行了清晰的描述，并且铁钦纳一章的开头即指出，冯特与铁钦纳的体系是"根本不同的"，铁钦纳"明显改变了冯特的体系，尽管他自称是一位忠实的追随者"（Schultz & Schultz，1987，p. 85）。

对心理学史的读者来说，重要的教训是要警惕这种假设的危险，即如果某事被白纸黑字地印出来，那么它不管怎样一定是真实的。更确切地说，带着适度的怀疑意识来阅读历 20
史，记住这一点是重要的，怀疑意识在叙述中可能会选择其他的资料，并且存在解释历史档案的其他方法。这产生了一个有趣的问题：历史能够揭示真相吗？

探究历史真相

从前面的讨论中，你可能会倾向于接受历史相对主义的观点，在这种观点中，五位史学家提出了五种关于真相的不同主张，并且没有任何合理的方法能够在他们之中作出判定。史学家中的相对主义是一种反对传统历史的后现代的产物，它主张，史学家的工作是找出"真实发生了什么"的事实，并且以足以吸引读者的文体将它们置于按年代的叙述之中。结果是出现了从“真实发生了什么”的观点到那些恰好处于权力与影响地位的人的立场来编写历史的趋势，而忽视了可选择的视角的丰富多样性。因此，给美国学童讲授并进行信仰命定说思想基础训练的美国西部的传统历史，颂扬的是粗鲁朴实的拓荒者，他们在面对令人胆怯的困难，包括喜欢射箭的野蛮人时能够不屈不挠。然而，很明显，可以从土著美国人的立场编写完全相同的历史，他们勇敢地保卫家园以抵抗喜欢开枪射击的野蛮人的入侵。

对传统历史的狭隘性与武断性的后现代批判对丰富我们对它的认识已经产生了有益的作用。因此，我们开始认识到，历史超越了逝者的生命、行为和罪行、白种人、欧洲男性；它必定更具包容性。另一方面，这种批判的一个令人遗憾的结果是相对主义，走向极端（一种绝对相对主义?）可能导致荒谬的论断，就像一个人偶然断定第二次世界大战中对犹太人的大屠杀根本没有真的发生，而只不过是由那些同情犹太人运动、希望促进战后犹太国建立的历史学家从一些孤立的事件（据说有种族灭绝之外的解释）中“建构”出来的一样。那些赞成大屠杀“神话”的人宣称，他们的观点与其他任何一种观点一样是有根据的。然而，这个例子使得对历史的某些看法确实比其他的更好（即更接近真相）变得很明显。一个人如何抉择?

在史学家乔伊斯·阿普尔比（Joyce Appleby）、林恩·亨特（Lynn Hunt）和玛格丽特·雅各布（Margaret Jacob）看来，通过历史分析获得事实需要一种客观性，即承认某位史学家观点的局限性，但是也要相信通过众多学者的共同努力可以产生有意义的历史叙事和分析这样的看法。在《讲述历史的事实》（1994）中，他们赞成一种历史编纂学，在其中有关历史的事实从史学家持有的竞争观念间类似达尔文主义的斗争中出现，“寻求知识包括不同的真理追求者群体之间热烈的争论”（p. 254）。于是，某种程度的事实从这种斗争中产生。因此，正如某一物种中个体变异为自然选择发挥作用提供了基础一样，历史事件的不同观点也存在着这种情况，须经竞争性的批判分析来确定哪一种观点最适合学者的环境。这并不意味着目标是一种“被固定”并且不会发生变化的唯一的事实的观点。相反，当新资料被发现并显露出来以及当旧有资料得到新的解释的时候，历史事实会继续发展。而且发展的历史事实包括各种观点。一个事件的各个目击者可能给出关于它的不同描述，但是所有人都赞同，事件的确发生了。综合他们的资料，可能会产生一种比从一种视角进行单一的描述更好的复杂事实。如果一位南北战争时期的史学家“从奴隶的观点来看待一个事件，那种描写不会抹杀掉奴隶主的观点；它仅仅是使解释的任务变得复杂”（p. 256）。

正如科学中的理论是指导未来研究的暂时起作用的真理，它们的未来取决于科学家开放和诚实的研究一样，历史事实也可以被看做是理智上诚实的、可自由接触历史资料的史
21 学家进行进一步研究的暂时而有价值的指导。而且正如科学中的一些理论比其他的更持久一样，一些历史事实也是如此：“从理论上说，一切知识都可能是暂时的，不排除某些事

实流行几个世纪、也许永远的可能性”（Appleby，Hunt & Jacob，1994，p. 284）。

推测起来，在许多心理学史学家努力工作的基础上，在过去100多年里，有关学科史的某种程度的事实可能已经显露出来，而我将在下述各章中尽力向你描述。心理学史学家之间存在着许多分歧，但是阿普尔比、亨特和雅各布（1994）认为，这是一件好事，是对于未来历史事实在心理学下一个百年期间发展的基础。将单词“A”而不是“The”置于本书的书名之中，是认识到现在存在着其他的历史，并且将来会有更多的历史存在这个事实。然而，我相信，你将要读到的东西包含着你已经选择学习的学科的某些事实。从一些事实可能是暂时的意义上说，我希望在你已经了解了这种特定观点之后的很长时间里，它会激励你继续了解心理学史。

概要

心理学及其历史

● 近年来，心理学家已经庆祝了几个百年纪念，包括创建于1879年的德国莱比锡威廉·冯特实验室的100周年纪念以及创立于1892年的美国心理学会成立100周年纪念。

● 自20世纪60年代中期以来，主要是由于罗伯特·华生的积极推动，对心理学史的兴趣稳步地增长。他帮助建立了心理学史学家的专业组织（美国心理学会第26分会，喀戎），一份杂志（《行为科学史杂志》），阿克伦大学的档案馆（美国心理学史档案馆）以及新汉普郡大学的心理学史研究生计划。

为什么要研究历史

● 了解历史有助于我们避免过去的错误并预测未来，但它更重要的价值在于，帮助我们理解现在。了解历史有助于将当前的事件置于一个更正确的视角中。

● 了解历史可以使我们避免这样的观念：与“美好的过去”相比，我们这个时代存在着难以解决的问题。每一个时代都有它的一系列问题。了解历史还可以减少那种认为现代的成就代表着我们在过去较低成就之上取得的“进步”的顶点的倾向。

为什么要研究心理学史

● 因为心理学是一门相对年轻的科学，它的大部分历史都是近期的，并且与理解心理学的概念和理论有关系。而且，早期心理学家关注的许多问题（例如遗传—环境）仍然是重要的。

● 心理学史课程提供了一种综合经验，将构成现代心理学多样性的松散的线索结合在一起。

● 了解（1）心理学研究或实践中被信以为真的突破或（2）被证明是伪科学的新理论的历史事例，学习心理学史的学生更加能够批判性地评价现代主张。

● 因为心理学史课程使学生了解了历史上在其历史背景中活动的重要的人物，这门课程提供了对人类行为的进一步理解。

历史中的主要问题

● 心理学史的传统取向是厚今的、内在的和人格主义的。近年来，史学家倾向于更加厚古的、外在的和自然主义的。

● 厚今学者根据现在的知识和标准来评价过去，通常会作出不公正的判断。厚古学者试图避免将现在的标准强加给过去，并且试图根据出现在过去的知识与标准的观点来理解过去。

● 心理学的内在史是已存在于心理学学科内部的思想、研究和理论的历史。外在史强调历史背景——制度的、经济的、社会的、政治的——以及它是如何影响心理学史的。

22 ● 历史的人格主义取向赞颂主要的历史人物，并主张历史由于英雄个人的作用而前进。自然主义取向强调时代精神，即时代的氛围或精神，是历史的主要推动力量。多重性的存在是与自然主义的观点相一致的。

历史编纂学：研究历史

● 历史编纂学指的是进行历史研究与编写历史叙事的过程。

● 历史研究通常发生在档案馆，这里收藏着诸如日记、笔记、原始手稿和通信之类的一手资料信息。对史学家来说，主要的档案馆是位于阿克伦大学的美国心理学史档案馆。

● 档案收藏可能是广泛的，但是由于因各种原因而造成重要资料的遗失，它们可能也是不完整的，可获得的资料易受许多错误来源的影响（例如日记作者的偏见）。

● 史学家面临两个重要的问题：选择他们进行历史叙事所需的资料和解释手头的资料。这些决定能够反映史学家这方面的偏见，并且它们能够反映史学家在其中写作的历史背景。然而，大多数史学家相信，通过资料的开放性交流和从各种角度考察历史事件，能够获得某种程度的事实。

思考题

1. 描述罗伯特·华生在 20 世纪 60 年代对心理学史学科的贡献。

2. 解释为什么“理解现在”对于研究历史来说是一个比传统的观点，即避免过去的错误和预测未来更令人信服的原因。

3. 解释为什么（1）任何受过教育的人要了解和正确评价历史以及（2）任何学习心理学的学生要了解心理学史是重要的。

4. 布尔斯汀在其文章《现在的监牢》中提出了什么观点？

5. 解释与可能要求化学专业学生研究化学史相比，为什么更可能要求心理学专业学生研究心理学史。

6. 举出一个厚今说的例子并解释厚今学者思想的危险之处。

7. 解释为什么历史的厚古取向有时被称做背景化的历史。

8. 区分内在史与外在史，运用比较心理学中的一个例子来说明这一点。

9. 什么是人格主义史？它是如何与名祖概念联系在一起的？它的局限是什么？

10. 什么是历史的自然主义取向？哪一类证据被用来支持这种取向？

11. 区分一手与二手来源的资料，并描述可能在档案馆中发现的一些一手资料。

12. 从心理学史中举出三个例子，说明所有的史学家都要面对的资料选择问题。

13. 运用波林著名的教科书的例子来说明史学家面对的解释问题。

14. 在《讲述历史的事实》中，阿普尔比、亨特和雅各布（1994）用达尔文主义的术语描述了获得历史事实的过程。解释它们意指什么并解释为什么他们会认为尽管不能获得绝对事实，但是某些历史叙事比其他的“更真实”。

进一步阅读

Appleby, J., Hunt, L., & Jacob, M. (1994). *Telling the truth about history*. New York: W. W. Norton.

追溯了“理智绝对论”的兴起，例如，作为事实的纯客观记述的科学与历史的启蒙思想，以及质疑历史总是可以获得事实的可能性的后现代相对主义对它们的替代；提出了一种沿着中间路线前进的“实用主义的”达尔文主义取向。

Boring, E. G. (1963a). Eponym as placebo. In Robert I. Watson & Donald T. Campbell 23
(Eds.), *History, psychology, and science: Selected paper by Edwin G. Boring, Harvard University* (pp. 5-25). New York: John Wiley & Sons.

波林的博学和他支持时代精神概念的很好的例证；主张“伟人”说的结果是创造了给我们提供一种过分简单化并且被歪曲的历史观的“名祖”；假设历史是复杂的，名祖成为划分资料类别的手段。

Furumoto, L. (1989). The new history of psychology. In I. S. Cohen (Ed.), *The G. Stanley Hall lecture series*. Vol. 9 (pp. 9-34). Washington, D. C.: American Psychological Association.

为教师也为感兴趣的学生编写的历史编纂学问题的极好的入门书；包括通过比较富鲁默托所写的有关美国心理学会第一任女性主席玛丽·惠顿·卡尔金斯的早期和更近期的文

章而举出的旧史和新史的例子。

Lathem，E. C. (1994). *Bernard Bailyn on the teaching and writing of history：Responses to a series of questions*. Hanover，NH：University Press of New England.

范围广泛的问题和一位著名史学家给出的回答，涵盖了诸如历史编纂学、研究历史的原因、厚今说和历史教学之类的主题。

O'Donnell，J. M. (1979). The crisis of experimentalism in the 1920s：E. G. Boring and his uses of history. *American Psychologist*，*34*，pp. 289-295.

最简要地描述了波林对应用心理学的担忧如何促使他尽力通过他在美国心理学会幕后的活动以及构建一种强调实验心理学的历史来重建基础研究的首要地位。

第2章 哲学背景

心理学有一个长期的过去，然而它真正的历史却是短暂的。

——赫尔曼·艾宾浩斯，1908

本章预览与目标

本章向你介绍对心理学家来说曾经是并且继续是重要的主要哲学问题和概念。这些思 24
想的实际可用的知识与对重要的哲学家们如何论述它们的理解一起，为理解现代心理学提供了必要的基础。尽管哲学家们尽力解决各种问题，但是那些与心理学特别有关的问题关注（1）心理事件与物理事件在本质上是相同的还是不同的，如果是后者，这两种事件是如何彼此联系在一起的；（2）我们关于世界的知识主要源自我们独特的推理能力，还是源自我们感觉经验的累积结果；（3）我们的遗传和环境塑造我们的状态的程度；（4）我们所思、所感和所做的事情是出自我们自己的自由选择，还是自然决定律的结果；（5）通过将其分解成组成部分，是否能够最透彻地理解复杂现象。这些问题将通过考察几位著名哲学家的思想来进行研究，特别关注的是历史上最著名的理性主义者和现代哲学之父勒内·笛卡儿、英国经验主义的创立者约翰·洛克和19世纪英国经验主义者/联想主义者约翰·斯图尔特·穆勒。原始资料摘录来自笛卡儿关于心—身问题的著作。阅读完本章之后，你应该能够：

- 解释本章开篇艾宾浩斯引语的意义
- 解释历史背景怎样影响了笛卡儿的思想（例如机械论）
- 解释为什么笛卡儿被认为是一位理性主义者并描述他关于心—身问题的论点
- 解释为什么笛卡儿被认为是现代生理学（反射模式）之“父”
- 描述洛克有关我们如何发展我们的世界知识的思想的基本特征以及他如何将这些思想应用于教育

- 区别洛克与贝克莱关于物质的第一性的质和第二性的质的问题
- 描述贝克莱的体系是如何试图反对唯物论的
- 25 区别休谟与哈特莱关于联想的基本规律的问题
- 区别 J. S. 穆勒与他的父亲有关原子论与整体论的观点
- 描述穆勒的归纳逻辑规则如何为心理学中现代的研究概念提供了基础
- 描述莱布尼茨提出的不同于洛克白纸隐喻的另一种说法
- 描述莱布尼茨提出的对心—身的解答以及他的思想是如何与潜意识与阈限的心理学概念联系起来的
- 描述康德有关知识起源的论点

长期的过去

大多数学习心理学的学生都知道，赫尔曼·艾宾浩斯（Hermann Ebbinghaus）是“无意义音节（nonsense syllable）”的发明者，是用实验研究人类记忆的第一人（第 4 章的摘录将对其进行介绍）。甚至在今天，一个人如果不知道著名的艾宾浩斯遗忘曲线，他就不能通过心理学入门教科书的记忆一章，遗忘曲线似乎解释了为什么学生在一场考试之后对这一天似乎根本记不得多少。在心理学史学家中，艾宾浩斯还因他写于 1908 年的一本简短的入门教科书开篇的一句话而为人所知。这句话就是本章开头引用的“长期的过去，短暂的历史”。

通过论述心理学“长期的过去”，艾宾浩斯提醒读者，有关人类本性和人类行为原因的基本问题不是新近出现的。相反，自从人类首次开始提出这些问题以来，就一直以不同的方式在追问。尤其是，艾宾浩斯指出，心理学家必须承认他们的根深深扎在哲学的土壤中，不了解一些哲学史，就不能充分理解心理学史。哲学家已经论述了现代心理学家关注的一切重要问题。实际上，下次去图书馆时，你可以注意一下心理学与哲学之间的密切联系——在那里你会发现心理学书籍（BF）被夹在中间，一边是普通哲学、逻辑学和认识（B、BC、BD），另一边是美学和伦理学（BH、BL）。

这种密切的关系意味着心理学仅仅是哲学的另一个名称吗？不。在 19 世纪后半叶，许多力量会聚在一起，产生了一种通过运用科学方法，而不是通过哲学分析、逻辑推理和思辨——通过在实验室中进行研究，而不是坐在椅子里空想来研究人类行为和心理过程的尝试。因此，大约 120 年前，所谓的“新心理学”开始作为一门独立的学科出现，这使得艾宾浩斯恰好在不到 100 年前宣称，作为一门新科学的心理学的历史是非常短暂的。

全面分析艾宾浩斯谈到的长期的过去需要比本章长得多的篇幅。它将带领我们穿越古希腊，埋首于柏拉图、亚里士多德和其他人的著作，直达伟大的中世纪教会哲学家，例如托马斯·阿奎那（Thomas Aquinas），他将基督教信仰与亚里士多德的逻辑学联系起来；然后进入文艺复兴时期。然而，在我们介绍文艺复兴时期的某些历史背景的时候，我们将从 17 世纪和多才多艺的勒内·笛卡儿开始，有时会考察现代哲学、数学、生理学和心理学的创始人。

笛卡儿与现代哲学和科学的开始

笛卡儿出现在文艺复兴末期的舞台上，因而受益于这一激动人心的历史时期所发生的变化。文艺复兴持续了近 200 年的时间，即 15 世纪和 16 世纪。它的名称来自对古希腊和 26
罗马文献，尤其是柏拉图和亚里士多德著作的重新发现，它们在西方世界已经遗失了数百年。这一时期以开始于意大利北部的艺术的巨大进步为标志，很快扩展到整个欧洲。这是莱昂那多·达·芬奇（Leonardo Da Vinci，1452—1519）的时代，他是典型的"文艺复兴人（Renaissance Man)"，其天赋包括艺术和科学两个方面。他的《最后的晚餐》和《蒙娜丽莎》是世界最著名的绘画作品，而且他的科学兴趣包括地质学、天文学、植物学、解剖学以及航空学、工程学和武器设计制造等应用科学。另一位文艺复兴时期的巨人是米开朗基罗·博那罗蒂（Michelangelo Buonarotti，1475—1564），他创作的艺术珍品包括梵蒂冈（Vatican）西斯廷教堂（Sistine Chapel）天花板上的绘画，是对《创世记》一书的描绘，以及 17 英尺高的巨大的大卫雕像，现在矗立在米开朗基罗·博那罗蒂的家乡佛罗伦萨（Florence）。

除了重新发现古代文献和彻底改革艺术之外，文艺复兴还在技术和科学方面取得了一些值得注意的进步。例如，15 世纪 50 年代，约翰尼斯·谷登堡（Johannes Gutenberg，1394—1468）发明了一种新式印刷机，可以比曾经能想象的印刷书籍量大得多，其结果是能够读到文学作品、哲学和圣经的人比以往任何时候都要多。还是在这一时期，钟表制造者改进了中世纪时简陋的时钟，制造出悬挂在欧洲教堂和公共建筑物上的精巧的机械时钟。例如，英国韦尔斯教堂（Wells Cathedral）在整点报时时，观众将会看到一场表演，栩栩如生的穿戴盔甲的武士在战斗，当别的穿制服的人用锤子敲钟时，其中的一个武士会把另一个挑下马（Boorstin，1983）。有关人类身体内部活动的知识在 1543 年时有了显著的进步。当时比利时医生安德烈亚斯·维萨留斯（Andreas Vesalius）以其《人类身体结构》一书确立了他作为现代解剖学奠基者的声望，该书以极其详细的图解为特色（Klein，1970）。在 16 世纪中叶的天文学方面，波兰的业余天文学者尼古拉斯·哥白尼（Nicolas Copernicus）向传统的主张地球（"geo"）位于宇宙中心的宇宙地心说（geocentric）观点提出了挑战，并且用日心说（heliocentric）取代它，日心说认为，太阳（“helio”）位于中心，地球就像其他行星一样围绕它旋转。由于充分意识到了“上帝之星（God’s planet）”毕竟不是宇宙的中心的观点必然会导致宗教论战，哥白尼直到1543年他逝世之前不久才出版他的著作，维萨留斯和哥白尼同一年出版的经典科学著作使得一位科学史学家宣称1543年是现代科学诞生的一年（Singer，1957）。

文艺复兴即将结束时出现的哥白尼的宇宙模式是其逐渐演变的一个主题的最明显的例证——质疑权威，尤其是教会与教会官方哲学家，即亚里士多德的权威。古代以地球为中心的模式将上帝最伟大的创造物——人置于宇宙的中心。哥白尼质疑了这种观点。著名的意大利科学家加利莱奥·伽利略（Galileo Galilei，1564—1642）很快提出了一个甚至更大的挑战，他借助自己于1609年制造的望远镜（20倍放大率）进行的经验观察支持了哥白尼的理论。[1] 伽利略的观察结果在他之前从未被注意，例如木星的卫星，它进一步打击了传统的权威。当亚里士多德不能看到现在能够看到的东西时，他的宇宙观怎么可能是正确的呢？伽利略这位虔诚的天主教徒（他的女儿是修女）最后被教会宗教裁判所指控为异端，并被强迫放弃他的宇宙以太阳为中心的主张，而他所做的就是祈求好运。即使他的著作上了天主教会的《禁书目录》，并且在上面被保留了将近200年，却仍在继续出版并且被广泛地阅读（Sobel，2000）。17世纪末，地心模式正如哥白尼、伽利略他们所说的已成为历史。

27 另一个对已确立的秩序的威胁出现在伽利略时代的英国，以弗朗西斯·培根爵士（Francis Bacon，1561—1626）为代表，培根是研究科学的归纳法（inductive）的热烈拥护者。也就是说，他认为，科学家必须系统而仔细地如实观察自然，而不应该遵循来自亚里士多德和其他权威的演绎分析的结论。根据许多个别案例的观察结果，可以得出有关自然的一般描述。培根还认为，科学应该在直接控制自然中发挥积极作用；实际上，对培根来说，对自然的真正认识只能够随着自由地创造和再造其结果的能力而来（Smith，1992）。当然，这是对用直接的自然实验来补充细致的观察的一种辩护。培根坚持通过经验来获得知识使他成为英国经验主义的先驱；他强调归纳和对自然的控制使他成为20世纪的行为主义者B.F.斯金纳眼中的一个英雄（第11章），斯金纳接受了培根的价值体系。

笛卡儿与理性主义者的观点

在伽利略利用他的望远镜来观测太空的那一年，勒内·笛卡儿（René Descartes，1596—1650）13岁，他的父亲是一位成功的法国律师，当时笛卡儿已经是德·拉·弗莱

---

① 望远镜的发明者是一件存在某种争议的事情，它不是伽利略发明的，他改进了现存的技术。望远镜的发明通常归功于荷兰的透镜制造者汉斯·利珀海（Hans Lipperhey）（d. 1619），其主要根据是一封写于1608年9月起着专利申请书作用的信函（King，1955）。

切学院三年级的学生，该学院是由耶稣会士在近代创办并进行管理的，他们因其作为教育者的技术而闻名。[①] 笛卡儿所接受的教育是一种经院（scholastic）传统教育，即公认的教会权威的知识与理性的谨慎运用的混合。尤其是，它依靠源自亚里士多德著作中的理性论据来支持教会的戒律。笛卡儿很快确立了自己作为一名优秀学生的地位，他是如此出色，以至于被赋予专门的特权。学院给他提供了难得的私人房间，并且免除了他的固定课程和常规作业。为了保养其明显虚弱的身体，耶稣会士还允许他只要愿意，早晨也可以待在床上。由此，笛卡儿养成了一个终身的习惯，他的最伟大的想法都是一边躺在床上，一边思考碰巧遇到的任何问题而获得的。

笛卡儿于1614年18岁时离开了学院，他对耶稣会士的教育并不完全满意。像现代的学生惊讶地发现，他们的正规教育不能给他们提供关于生命的重要问题的明确答案一样，笛卡儿对哲学的发现，即"它已经被最杰出的智者研究了几个世纪，却没有产生任何毫无争议的东西"感到沮丧（Descartes，1637/1960，p. 8）。因此，他决定自己来找出事情的真相，而不依靠权威。笛卡儿准备离开课堂，走出去进入真实的世界，"决心不再去别处寻求知识，而只从我自身寻求知识，或者它们或许在自然这本大书里面"（p. 8），这反映了与所有高年级大学生类似的情绪。

由于笛卡儿竭力保持其个人生活不为人所知，因而接下来的几年没有详细的文献记载，但是他似乎花费了一些时间来尝试巴黎所有的一切（Vrooman，1970）。1619年，他体验到了一种只能被称做转变性经验（conversion experience）的过程，在这个过程中，一系列的梦明确地告诉他，对认识做出有意义的贡献是重要的。他在巴黎及其郊区度过了之后的10年，尽力来了解尽可能多的不同的主题，尤其是自然科学，他坚信自己能够提出一种以数学为基础的"知识的统一体"。尽管在今天信息超载的时代，认为人们期望能够将所有的知识统一成一个单一的体系似乎是相当荒谬的，但在17世纪事情却不是这样。权威的削弱，加上越来越相信科学，产生了或许在一个人的一生中能够知道关于世界的一切的乐观想法。

笛卡儿的时代，即17世纪早期，被认为是以科学革命性发展的时代而著名。它是培根、伽利略的时代，而这个世纪的后半期则是无与伦比的艾萨克·牛顿爵士的时代。它以望远镜和荷兰透镜制造者安东尼·冯·列文虎克（Antonie van Leeuwenhoek）的显微镜 28
为特色，这些仪器使得观察过去从来没有看到过的天空中和水滴中的东西成为可能（Boorstin，1983）。例如，在医学上，英国医生威廉·哈维（William Harvey）的系统观察驳斥了人们普遍持有的心脏造血以供身体其他部分消耗的观点，相反证明了（在1628

① 笛卡儿的出生日期是1596年3月31日，获知这一事实仅仅是因为它出现在笛卡儿逝世后发表的一幅肖像的下面。在其一生中，笛卡儿对他的私生活守口如瓶，由于担心遭到占星术家的预测，他拒绝透露自己的生日（Vrooman，1970）。

年）心脏起到了机械泵的作用，使血液在全身再循环。

在 17 世纪 20 年代早期，笛卡儿更像是科学家而不是哲学家，他研究物理学、光学、几何学和生理学。例如，他通过摘除牛的眼睛并研究晶状体的特征而将其对光学和生理学的兴趣结合在一起，从而发现了视网膜像是倒置的这一事实（Vrooman，1970）。到 1633 年，他写了《世界》一书，计划在这方面总结他的生物研究，说明通过理性的谨慎运用并以数学为基础怎样才能够将不同学科统一起来。这本书试图描述众所周知的宇宙的起源和结构，并且它涉及地质学、天文学和人类生理学等主题。然而，有关天文学的部分是一个问题，它集中于为哥白尼的/伽利略的宇宙的日心模式进行有力的辩护。在笛卡儿准备出版《世界》一书时，他获悉教会谴责了伽利略的研究。由于害怕遭受相似的命运和希望避免声名狼藉并继续享有天主教会的恩宠，笛卡儿没有出版这本书，直到他逝世以后这本书才面世。然而，它的一些部分以各种形式出现在笛卡儿一生所发表的几篇论文中，包括我们下面要谈到的《方法论》。

笛卡儿的体系：理性主义、先天论和机械相互作用论

尽管怀疑其在学生时代学习的经院哲学的价值，但是笛卡儿始终感激耶稣会教士教会了他精确和合乎逻辑地思考。他相信真理可以从理性的谨慎运用中产生，这成为他的做法，并且表明他是一位理性主义者（rationalist）。在《方法论》（1637/1960）中，他解释了只有那种无可怀疑的东西他才能作为真理加以接受。因此，他反对把感官证据看做是绝对真实的，因为感官可能具有欺骗性；他还质疑了其他哲学家似乎合理的证据，因为存在着同样似乎合理的相反的论据。然而，他发现，他不能够怀疑的唯一的事情是他是一个正在怀疑的人这一事实。正如他在哲学最著名的段落之一中所说的：

> 我注意到，尽管我因此希望能认为每一件事情都是不真实的，但这样想的我是实有物却是千真万确的。由于这个事实，“我思故我在”这一真理是如此可靠和如此确实，以至于怀疑论者所有的最过分的假设都不能动摇它，我断定我可以把它当做我正在寻找的哲学第一原理而有把握地加以接受。(Descartes，1637/1960，p. 24)

因此，对于笛卡儿来说，达到真理的方法即是通过人类的理性能力。在《方法论》中，他描述了他用来获得某事的真理的四条基本规则。第一，他不会把任何东西当做真的加以接受，除非“它能够十分清楚明白地呈现在我的心灵之中，以至于没有任何理由怀疑它”(Descartes，1637/1960，p. 15)。第二，他将选取问题并分析它们，将其还原为它们的基本元素。第三，他将从这些最简单的元素到更复杂的元素进行系统的研究。第四，他将仔细地审视他的结论，以确信没有忽视任何方面。今天，对我们 20 世纪的思考方式来说，这些方法规则似乎并无特别之处。笛卡儿所说的似乎不过是清楚地、合乎逻辑地且无偏见地思考，将问题还原为亚问题，从简单到复杂系统地进行研究并检验你的研究。然

而，得出这些规则是普通的结论，是第1章讨论的那种厚今说思维的牺牲品。在笛卡儿所处的时代背景中，当时权威的力量被削弱，但仍然是相当强大的，他的方法规则确实是革命性的。实际上，他完全抛弃了权威。获得真理的确定性的唯一方法是依靠条理清楚地运用自己的思考能力亲自获得它。这种观念令权威感到如此不安的一个表现是这一事实，即 29
笛卡儿逝世后，天主教会通过将他的著作列入他们的《目录》，即头脑正常的天主教徒都应该避免阅读的书籍目录，而把他归入了伽利略的同伙（Vrooman，1970）。

笛卡儿理性主义的一个含义是，理性能力是天生的或先天的，某些类型的知识不是直接依赖于感觉经验，而是源自我们天赋的理性能力。例如，尽管在经验的基础上我们了解了蜡的性质（例如，受热熔化），但是也存在我们运用自己的天赋推理能力，仅仅作为逻辑分析结果而了解到的蜡的某些情况。因此，笛卡儿会说，我们可以毫无怀疑地得出结论，蜡具有"广延性（extension）"这一固有属性——它存在于空间之中，而且即使它可能会改变形状（例如，彻底熔化），但是绝不会消失。由于我们可以运用我们的天赋理性来获得广延性概念的知识，因此，笛卡儿把这一特殊的属性看做是天赋观念（innate idea）的一个例子。类似地，他认为，我们具有可以通过运用我们的推理能力而推导出的其他天赋观念。它们包括上帝的观念、自身的观念以及一些基础数学真理。另一方面，我们的许多概念源自我们在世界中的经验。笛卡儿将它们称做派生观念（derived ideas）。知道一根某一长度的蜡烛大约会燃烧10个小时，是这种观念的一个例子。笛卡儿关于天赋观念的观点意味着，他可以被看做是一位先天论者和理性主义者。他对天赋观念与派生观念的区分预示了心理学中反复出现的问题之一，即天赋与教养之间的关系。

笛卡儿也是历史上最著名的二元论者（dualist），赞成心灵（或"灵魂"）与身体之间的完全分离。在笛卡儿看来，它们可以根据上面提到的广延性特征和其他的运动特征——身体占有空间并在其中运动来进行区分。另一方面，心灵既不具有广延性也不具有运动性。非广延的心灵的核心是人类的理性能力，而身体本质上是机器。这种二元论的一个含义被称做笛卡儿二分法（Cartesian dichotomy），它把人类和动物分开。笛卡儿认为，动物是简单的机器，没有理性和语言，因此缺少心灵。人类把机械的身体与能够推理的心灵结合起来。因此，动物仅仅由身体组成，而人类则兼有身体和心灵。除了理性主义者和先天论者的称号，笛卡儿另外还被视为机械论者（mechanist），因为他相信，身体像一台复杂的机器一样运转。他也是一位相互作用论者（interactionist），认为心灵能直接影响身体（改善我们健康的决定使我们去锻炼），而且身体能直接影响心灵（胭旁腱的拉伤使我们重新制定我们的锻炼计划）。

笛卡儿在描述身体特征时使用了机器比喻绝不是偶然的。我们已经知道，在文艺复兴时期，时钟制造技术已经发展到了一定程度，在欧洲的教堂和公共建筑物上，机械制造而又栩栩如生的人物每个小时都进行一场表演。类似地，欧洲的富人建造了带有复杂的机械式喷泉和雕像的花园，这些喷泉和雕像可以通过水力驱动液压系统的机械装置运动。这些

17世纪迪斯尼世界（Disney Worlds）的参观者可能会不小心踩到隐藏的踏板，因而激活了系统，使得海神雕像从邻近水池的水中升起。充满笛卡儿时代的机械论时代精神的一个并非异想天开的例子是，哈维对心脏是一个机械泵的论证。

原始资料摘录

笛卡儿的心—身相互作用论

在其逝世的前一年，笛卡儿出版了《心灵的感情》（1649/1969），确立了他作为开拓性的心理学家和生理学家的地位。这里摘录的即是其中的一部分。它主要是一篇论述人类
30 情绪的论文，包括尝试解释我们现在所称的反射，并且它为笛卡儿有关心—身问题的观点提供了一种生理学模式。笛卡儿通过对传统的、以权威为基础的情绪研究方法的特殊的抨击开始了这本书的论述，他在开篇第一句话中指出："与他们所撰写的关于感情的东西相比，似乎没有什么东西比我们从古人那里所获得的有缺陷的科学的本质更为清晰的了"（Descartes，1649/1969，p. 331）。然后，他介绍了他的心—身区别并且开始讨论"身体机器"，包括直接提到了哈维、描述了肌肉的拮抗活动以及对神经系统进行了开放性的讨论：

> 为了使这一点更加清楚明了，我在此将用几句话来解释构成身体机器的整个方法。所有人都已经知道，我们体内有一个心脏、一个大脑、一个胃、肌肉、神经、动脉、静脉以及诸如此类的东西。……甚至那些具有最少量的医学知识的人都进一步知道心脏是怎么构成的。……同样地，所有那些没有被古代权威完全蒙蔽的人以及为了研究哈维关于血液循环的观点而愿意睁大他们的眼睛的人并不怀疑，身体的所有静脉和动脉都像溪流一样，血液沿着它们不停地快速流动。……我们进一步知道，器官（例如手臂和腿）的所有活动都依赖于肌肉，而且这些肌肉一块与另一块彼此紧密联系，以至于当一块肌肉收缩时，它就会拉动与之相联的身体的那一部分向它自身靠近，从而引起相对肌肉的拉伸。……最后我们知道，肌肉的所有这些活动也正如所有的感官一样依赖于神经，神经像……小的管道，全部从大脑中发出，而且像它一样包含着某种被称做动物精气的非常稀薄的空气或风。（pp. 333－334）

笛卡儿提到的动物精气（animal spirits）是一个可以追溯到古希腊的概念，它被认为源自血液的"压力"，而且是一切运动背后的驱动力量。笛卡儿相信，这些精气是永恒运动的微小颗粒，位于大脑、神经和肌肉之中。

> ……因为我这里命名为精气的东西只不过是物质性的物体，并且它们的一个特性是，它们是极细微的物体，并且像火把发出的火焰的颗粒一样极其迅速地运动。因此，它们绝不会在任何一点静止不动，正像它们中的一些流入脑腔一样，其他的则经由（大脑）内部的细孔流出，细孔引导它们流入神经，并从那里流入肌肉，据此它们

> 以其能够被推动的所有不同的方式使身体运动。……
>
> 所有的器官活动的唯一原因是，某些肌肉收缩以及那些与其相对的肌肉拉伸……某块肌肉而非与其相对的肌肉收缩的唯一原因在于，这块肌肉而非另一块中存在着来自大脑的另外一些动物精气，尽管它可能很少。不是直接从大脑流出的精气本身足以 31
> 使肌肉运动，而是它们限制了已经存在于这两块肌肉中的其他的精气，所有的精气极其迅速地从它们中的一块流出并进入另一块。(p. 336)

肌肉运动源自动物精气的活动，但是什么决定了哪一块肌肉将会运动？根据笛卡儿的观点，有两点。第一，心灵通过激活控制某些而非另一些肌肉的神经来发动大脑中的动物精气的运动。也就是说，心灵能够影响身体（关于这一点的更多内容将很快阐述）。第二，某些肌肉能够自动地运动，从而对某些感觉事件的结果作出反应。也就是说，反射发生了。①

笛卡儿通过提出存在着位于神经之中并延伸至大脑的像“灯丝”一样的细线，解释了感觉与自动化的运动反应之间的关系。基于其动物解剖分析，并且没有利用列文虎克已经发明出来的显微镜，笛卡儿认为，神经是包含这些细丝的中空的管道（因此允许动物精气从中通过）。根据笛卡儿的观点，每当我们的感官受到刺激时，这些细丝就会运动，使大脑中的某些“细孔”张开。这转过来又导致动物精气的流动，产生了反射运动，就像我们偶然烫到自己的时候一样。图 2—1 描绘了一幅笛卡儿所绘的一个人的脚从火上不随意（例如反射性的）缩回的著名草图，该图选自 1637 年出版的名为《人论》的较早的著作。火烧到了脚会猛拉那里神经中的细丝，这些细丝一直延伸至大脑，在这里，动物精气被释放到神经“管道”。精气依次被传输，“部分传送到使脚从火上挪开的肌肉，部分传送到转动眼睛和头以便注意它的肌肉，部分传送到使手前伸并使整个身体弯曲以保护自身的肌肉之中”（Descartes，1637，引自 Fearing，1930，p. 24）。

在《心灵的感情》中，笛卡儿将反射概念扩展到包括我们所有的自动化的机能（例如呼吸、消化），并且描述了与钟表的机械学的相似之处：

> 以这种方式，在没有我们意志作用的情况下，我们所做出的所有运动（像我们在呼吸、走路、吃饭以及实际上在完成我们和牲畜共有的所有那些活动时经常发生的那样）只能依靠我们器官的构造，依靠由心脏的压力所激发的精气在大脑、神经和肌肉中自然流动的路线，正如钟表的走动仅是依靠弹簧的强度和齿轮的形状而产生的一样。(pp. 339 - 340)

---

① 尽管笛卡儿清楚地描述了反射活动，但是他没有发明或使用“反射”这一术语。这一荣誉属于英国生理学家托马斯·威利斯（Thomas Willis，1621—1675），他命名了“反射”现象。威利斯还创造了“神经学”这一术语（Finger，2000）。

图 2—1　笛卡儿的反射动作图解，引自 Fearing (1930)。

32 除了产生反射活动之外，感觉还可以引起在产生深思熟虑的行动决定的大脑中的动物精气的运动，并且心灵能够独自引发行动。也就是说，心灵能介入感觉刺激和运动反应之间。然而，如何解释心灵与身体之间的这种交互作用的性质是一个问题。宣称心灵能直接影响身体而且反之亦然，这是一回事，但要证明这是如何发生的可就完全是另外一回事了。经过仔细的分析，笛卡儿清楚地查明：

心灵在其中直接发挥其机能的身体的那一部分，绝不在心脏之中，也不在整个大脑之中，而仅仅位于其所有组成部分的最里面，即位于其实体中间的某个非常小的腺体之中，它悬浮在管道之上，其前腔中的动物精气通过它可以与其后腔中的动物精气交流，它内部所发生的最微小的运动可能会极大地改变这些精气的流向；相反，精气流向的最小的改变可能会极大地改变这一腺体的运动。(pp. 345 - 346)

正被讨论的结构是松果腺（pineal gland)，笛卡儿选择它作为心—身交互作用的场所，因为他认为，松果腺从全局上看位于能够控制动物精气流动的地方。在图 2—2 中，笛卡儿说明了松果腺的运动怎样将动物精气传递到不同的方向（以直线表示)。松果腺也是大脑的一种结构，在大脑的左右两边不是成对的。因为心灵（或灵魂）被认为是一元的，所以笛卡儿推论道，它必定是通过一种也是单一单元的结构来发挥其作用：

使我相信灵魂除了在其中直接发挥其功能的腺体外，在整个身体中不可能有任何其他的驻所的原因是，我想到我们大脑的其他部分全部都是成对的，正如我们有两只眼睛，两只手，两个耳朵一样，总之，我们外部感官的所有器官都是成对的；并且，由于我们在同时同地对特定的事物只能产生一个单一且简单的想法，因此必然是这样一种情况，即在某处必定存在一个地方，在那里我们通过两只眼睛获得的两个表象，依靠其他感官的成对器官从单个对象上获得的两个其他的映象，在到达心灵之前能够

结合在一起，以便它们向心灵描述的不是两个物体而是一个。(p. 346)

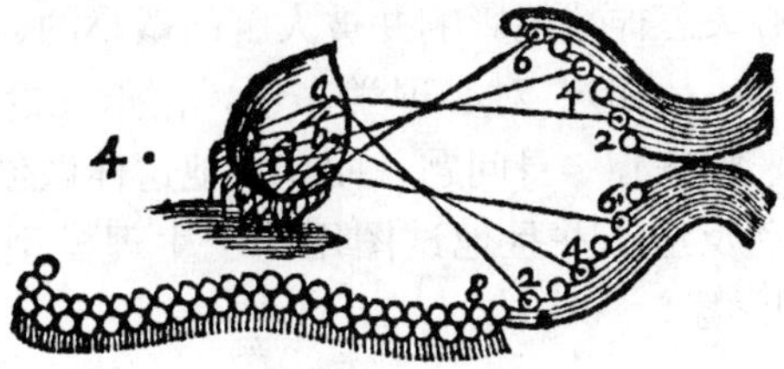

图 2—2 笛卡儿的松果腺活动的图解，引自 Finger (2000)。

值得注意的是，笛卡儿并没有证明，松果腺具有其独特的机能，因为它是只有人类才具有的大脑的一部分——在他自己的一些解剖分析的基础上，他充分意识到，其他的动物具有这一结构 (Finger，2000)。他所主张的是，人类的这一腺体具有一种动物所不具有的机能——心—身交互作用的场所。 33

笛卡儿没有坚持心灵位于松果腺之中，仅仅认为松果腺是心灵与身体彼此影响的地方。因此，感觉拉动小的细丝，打开了大脑中的细孔，从而使动物精气流动。松果腺感觉到了这些运动，并产生了“感觉”这一心理事件。动物精气也会沿着神经纤维向下继续运动，返回到肌肉，产生运动。运动也可以由直接的意志活动引起。行动的决定使松果腺运动，它反过来又引起最终使肌肉活动的精气的运动。

笛卡儿用他的神经系统模型来解释其他的心理和情绪过程。例如，他提出，记忆是更容易沿着因经验而变得更易接近的路径运动的动物精气的结果。

> 因此，当心灵想要回忆某事的时候，这种期望使（松果）腺通过连续倾向于不同的方面将精气推向大脑的不同部位，直到它们来到在那里发现了我们希望回忆的对象留下的痕迹的那个部位为止；这些痕迹不是别的东西而正是这一事实，即由于该对象的出现，精气从前沿着它们的路线流动所经过的大脑的细孔，由此比其他的部位更容易被沿着相同的路线流向它们的动物精气再次打开。因此，即将到来的与这些细孔相连的精气更容易流入这些细孔而不是流入其他的地方，通过这种方式它们刺激了腺体中向心灵描述同一个对象的特殊的运动，并且使心灵认识到，它就是心灵希望回忆的事情。(p. 350)

当然，尽管笛卡儿做出了卓越的努力，但是他关于生理学的观点是错误的。例如，分泌荷尔蒙退黑素，并且今天了解仍然很少（至少在哺乳动物中）的松果腺不是心—身的大中央车站 (Grand Central Station)[①]。笛卡儿时代的评论家几乎立即指出的一个更重要问

---

① 位于纽约曼哈顿，是美国最繁忙、最著名的铁路车站之一。——译者注

题是，他提出以松果腺作为心—身交互作用的场所实际上没有解释任何事情，而仅仅是使这一问题倒退。如果总的看来非广延的心灵怎样才能影响并被广延性的身体所影响是不清楚的，那么同样非广延的心灵怎样才能影响并被大脑的微小的、广延性部分的运动所影响也是不清楚的（Cottingham，1986）。对心理学来说，笛卡儿的研究的意义不在于他作出了认真然而是无效的努力来解决心—身问题，而在于他这样做创造了反射动作的概念，他明确区分了感觉刺激与运动反应，并且他试图用一个生理模型来解释心理概念（例如记忆）。他是第一位生理心理学家。

在 1649 年出版《心灵的感情》之后不久，瑞典女王克里斯蒂娜（Christina）说服笛卡儿移居斯德哥尔摩（Stockholm）做她的私人教师。她根本不是女性王族的样板——据说“她实际上缺少一切女性的魅力”（Vrooman，1970，p. 212）。然而，她有敏锐的头脑，能够流利地讲五种语言，并且决心使斯德哥尔摩成为欧洲的知识中心。为了这一目的，她创办了一座世界级的图书馆，并开始邀请学者们到她的宫廷，笛卡儿就是其中第一位受邀
34 者。他带着几分疑虑接受了邀请，并且很快发现，在一个甚至瑞典人都觉得寒冷的冬天里，他要每周三天，每天五个小时，从早晨五点开始与克丽斯蒂娜交谈并指导她。对于一个习惯于躺在床上直到日上三竿，同时思考一天的重要问题的人来说，这个日程表就是一个谋杀者。果然，笛卡儿于 1650 年 2 月 1 日患上了肺炎，并于 10 天后逝世，此时仅差几天就到他的 54 岁生日了。

英国经验主义者的论点与联想主义者

欧洲大陆的哲学在精神上通常是理性主义的，尤其是在笛卡儿之后。然而，大约在笛卡儿的影响不断扩大的同一时期，在英国出现了一种不同的传统。英国的这一传统具有强烈的经验主义者（empiricist）色彩，它以我们关于世界的知识是根据我们在世界中的经验而建构的观念为基础。由于这种知识是借助于我们观念之间的联想而编织在一起的，因而英国的经验主义与联想主义（associationism）学说有着密切的关系。英国哲学从 17 世纪开始的大部分历史一直关注经验如何产生知识以及联想规则如何组织那种知识的认识论问题。

英国经验主义在弗朗西斯·培根爵士的归纳科学思想和与培根和笛卡儿同时代的托马斯·霍布斯（Thomas Hobbes）的社会理论中都有其根源。然而，为了方便我们可以从通常被视为这一运动的创始人的约翰·洛克开始。然后，我们将考察其他最主要的英国经验主义者和联想主义者的研究，到 19 世纪英国主要的哲学家约翰·斯图尔特·穆勒结束。

约翰·洛克（John Locke，1632—1704）：英国经验主义的起源

约翰·洛克是一位生活于非理性时代的理性的人。他在牛津的理性学术环境中作为讲师和导师度过了他的大部分成年时光，但是，他在过着哲学家的沉思生活之余还从事过政治和外交职业。而且，他受过医学训练，但他主要是对它的科学方面感兴趣，并且他很少开业做医生。在其一生中，他经历了（1）英国的内战，它反对英国的君主政体，而支持平民议会；（2）处决了一个国王，并且推翻了另一个（他可能目睹了前者，插手了后者）；（3）英国官方宗教的几次变化，每次变化都伴随着对那些宣称信奉“邪恶”信仰的人的不同程度的迫害；（4）一场烧毁三分之二个伦敦城的大火（他能够看到牛津的浓烟）；（5）一个政治联盟，使他一度逃离了英国，并定居在安全的荷兰（Jeffreys，1967）。除了这些经历外，他还发展了一种自由主义政治哲学，这种哲学以容忍不同政见以及人民决定他们如何去过他们的世俗生活和更精神性的生活，尤其是他们怎样被管理的权利为基础。在其最著名的政治性著作《政府论》（1690/1960）中，他详细阐述了霍布斯的政府与人民之间的社会契约（social contract）的思想。政府同意实行开明的统治，并且保护其公民的权利、福利和共同的利益；反过来，公民同意支持政府并参与其中。不能这样做的公民认为他们理当受到政府的惩罚（例如，因为没有纳税而将他们投入监狱）。另一方面，不能达到契约的目标的政府理当为人民所推翻并由一个更公正的政府取代。这种观念听起来应该很熟悉。托马斯·杰斐逊（Thomas Jefferson）仿照洛克的思想起草了《独立宣言》。

洛克因在其两本著作《人类理解论》（1690/1963）和《教育论》（1693/1963）中阐述的思想而成为心理学的重要人物。在前者中洛克阐释了关于知识是如何获得的，我们作为人如何理解我们的世界的观点。后者则基于致朋友的一组信件，说明了经验主义者的思想如何才能运用于儿童教育的所有方面。

洛克论人类的理解 35

洛克像笛卡儿一样，沉迷于科学，科学是17世纪的显著特征。在牛津读书时，他被弗朗西斯·培根爵士的思想吸引，并且坚决反对笛卡儿质疑的同一种经院哲学。在学习医学时，洛克与其他的科学家成了朋友，包括罗伯特·玻义耳（Robert Boyle，1627—1692），他是现代化学的奠基人之一，英国皇家学会（British Royal Society）的创始人，该学会于1662年创立以推动对科学的关注（Boorstin，1983）。洛克也是与艾萨克·牛顿爵士同一时代的人，牛顿的《数学原理》仅比洛克的《人类理解论》早三年出版。培根、玻义耳、牛顿和其他人所研究的是物理科学，他们将物理科学从以亚里士多德为基础的“自然哲学”转变为以实验和经验为基础的学科群，洛克决定研究认识论（epistemology），即研究人类的知识及其获得。

正如洛克在书的开头《致读者的书信》中指出的，他的《人类理解论》中的思想源自在牛津时与朋友的讨论，并发展成一系列的短文，“由缺少凝聚力的一群人撰写；而且，

在长期被忽略之后，当我的心情或时机允许的时候，再重新开始”（Locke，1690/1963，p. xlvii）。最初的讨论过去 20 年后，它最终于 1690 年以《人类理解论》一书面世。

在描述我们的观念是如何产生的之前，洛克考察并反驳了天赋观念的存在。然而，在先天—后天问题上他没有完全站在后天一边，他赞同我们具有天赋的“官能”，例如思维能力，但他没有接受笛卡儿源自逻辑思维的观念（例如广延性）可以被认为是天赋观念的论点。他从主张提出天赋观念没有任何必要开始，因为可以证明观念发源于其他的来源，只需要使用我们基本的心理能力（“官能”）。例如，当我们的推理能力使我们能够得出结论认为所有的有形物体都具有广延性这一属性时，这一结论是基于我们在自己的一生中经验了许多广延性的物体这一事实。在缺少这些经验的情况下，洛克认为，我们不会得出广延性是所有物质的一种属性的结论；实际上，我们甚至不会这样想。

另一个赞成天赋观念的理由是这样的信念，即某些观念是普遍的，在所有人身上都能发现。例如，如果所有文化都包含有上帝的观念，那么可以说上帝的观念不需要任何具体的经验，而是天赋的。洛克不赞同这种观点，尽管他没有举这个具体的例子，但是洛克的回答会是，普遍信仰上帝并不必然意味着上帝的观念是天赋于我们的。相反，可能是因为所有的人都会死（即一种共同的经验），他们都担忧死亡和是否有来世，因而提出上帝的观念是这种思路的一个自然且不可避免的结果。

赞成天赋观念的最后一个理由是，某些观念似乎在生命中出现得如此之早，以至于它们必定是天赋的。洛克也反驳了这一论点，他指出，甚至在儿童能够使用语言之前，他们就从经验中获益，例如，通过学习认识到了苦与甜之间的区别。而且，洛克以一种类似后来为 20 世纪的美国行为主义者所采用的口吻指出，我们常常忽视儿童能够在早期生活中获得不少重要经验这样的事实。因此，一个两岁的孩子谈论上帝不能使我们得出上帝是一种天赋观念的结论。这个孩子在两年里可能已经接触了一些宗教。

在反驳了天赋观念的思想之后，洛克转向了我们的心灵如何产生观念的问题。在哲学上最经常引用的段落之一中，洛克宣称，我们关于世界的一切知识都源自我们在世界中的经验：

> ……那么，让我们假定心灵如我们所说的是一张白纸，没有一切符号，没有任何观念；它如何会有了那些观念呢？人的匆促而无限的想象既然能在心灵上刻画出几乎无限的花样来，那么心灵从何处得到那么多的材料呢？它在理性和知识方面所有的一切材料，都是从哪里来的呢？我可以用一句话来回答说，从经验中来的；因为，我们的一切知识都是建立在经验之上的，而且最后是导源于经验本身的。（Locke，1690/1963，pp. 82 - 83）

36 因而，心灵在出生时是一张无字的白纸（white paper）（洛克重新命名了古代亚里士多德的心灵是一块白板或蜡板的比喻），准备用一个人一生的经验来书写。而且，在洛克看来，源自我们的经验并组成心灵的观念有两个且只有两个来源。他认为，我们拥有的每一个观念，毫无例外都源自感觉和反省这两个过程，正如他描述的：

> 首先，我们的感官……将事物的几种不同的知觉传入心灵：……因此，我们获得了我们所拥有的那些黄、白、热、冷、软、硬、苦、甜以及所有那些我们称做可感知的属性的观念。……我将我们拥有的大部分观念的这一重要来源称做感觉（SENSATION），它完全依赖于我们的感官，并且由它们派生出了理解。
>
> 其次，另一个来源是对我们自己的心灵在自身内部所进行的操作的知觉，就像运用它已经获得的观念一样，通过它经验为理解提供了观念；（这些）操作……是知觉、思维、怀疑、相信、推理、了解、意志以及我们自己心灵的一切动作；……我称之为反省（REFLECTION），它提供的观念只不过就像心灵通过反思自己在自身内部的操作而获得的观念一样。(Locke，1690/1963，pp. 83 - 84)

因此，感觉指的是我们的感官从环境接收到的所有信息，反省指的是加工来自感官和记忆的信息所涉及的心理活动。因此，我们的绿的概念源自我们关于绿色物体的所有经验和我们对“绿色”的进一步反省。反省过程也可以产生最初没有被我们的感官遇到的新的观念。例如，甚至在没有直接经由感觉听说瑟斯[①]（Seuss）博士的故事的情况下，我们也能够借助结合记忆和想象的反思过程以及我们的绿色、鸡蛋和火腿的观念来想象“绿色的鸡蛋和火腿”。

在《人类理解论》的另一部分，洛克区分了简单观念和复杂观念。简单观念（simple ideas）源自经验到的基本感觉属性，例如黄、白、热等，以及所做的简单反省，例如“愉快的”。复杂观念（complex idea）包括几个其他的观念，它可能是简单观念和其他复杂观念的混合物。例如，在炎热的一天，冷饮的复杂观念是由与颜色、温度、形状、愉快、味道有关的许多简单观念和美好生活的其他的复杂观念构成的。复杂观念是混合物，并且最终能够被还原为简单观念，与由简单元素构成的化学混合物非常相似。心灵是一种结合了具有不同复杂性的观念层的复杂结构这种观念是英国所有经验主义思想的共同特征，并且反映了其他科学，尤其是物理学和化学的影响。正如水可以被还原为它的元素，光可以被分解成光谱的颜色一样，心灵也可以被分解成它的基本单元。复杂性实际上可以通过将物体还原为它们最基本的元素而被理解的观念有时被认为是原子论（atomism），它是构成许多早期心理学体系基础的一种假设，包括 E. B. 铁钦纳的构造主义（第 7 章）和约翰·华生的行为主义（第 10 章）。

在《人类理解论》的第四版中，洛克论述了简单观念如何形成复杂观念的问题，并且在这一过程中将联想（association）概念引入论述。正如重力是牛顿物理学的核心概念，

---

① 美国儿童作家（1904—1991）。其有趣的故事、诗歌和图片在儿童中很受欢迎，包括《帽子里的猫》、《绿色的鸡蛋和火腿》。——译者注

将宇宙的组成元素结合在一起一样，联想也是将一个人的生活经验结合在一起的胶结剂。然而，虽然洛克在某种程度上论述了联想概念，但是我们不久将会接触到的其他英国哲学家更充分地发展了这一概念，很明显，英国的经验主义与联想主义是联系在一起的。

最后一个值得注意的区别是洛克所称的物质的第一性的质与第二性的质的区别。这是一个在 17 世纪众所周知的区别，最初由伽利略普及。第一性的质（primary qualities）被认为是作为物体固有的属性而存在的。例如，广延性、形状和运动。这是一些被笛卡儿认
37 为是天赋观念的属性。在洛克看来，它们没有一个是天赋的，观念可能确实是源自心灵的反省，但是反省的材料来自一个人对各种物体的感觉经验。另一方面，第二性的质（secondary qualities）不是物体固有的属性，而依赖于知觉，例如，物体的颜色、气味、温暖和味道。因此，物体的红色不存在于物体本身之中而是存在于观察者的知觉经验之中。当天色变得更黑时，花园中的番茄的形状不会改变，但是它的颜色则会发生变化，逐渐从红色变为近似黑色。在下一章中，你将看到第二性的质的概念如何成为 19 世纪著名的神经系统模式的基石，该模式提出，感官在“特殊能”方面不同。第一性/第二性的区别还提出了一些问题，很自然导致对感觉系统实际上是怎样产生我们的“理解”的直接考察。如果“红”不在物体而在大脑之中，那么它是如何进入大脑的呢？

洛克的经验主义哲学有几个令人感兴趣的含义。首先，如果我们的世界知识是以我们的经验为基础的，并且感觉是那种经验的主要来源，那么，有缺陷的感官应该产生一种歪曲的关于世界的观点。这个问题是洛克在都柏林（Dublin）的一位朋友威廉·默利纽克斯（William Molyneux）以信的形式向洛克提出来的。默利纽克斯问道，一个天生的盲人，关于立方体和球体之类物体的经验都会局限于触觉，假如他的视力突然恢复了，他若是辨认物体会怎样？默利纽克斯对他自己的问题作出了否定的回答，并且洛克也表示赞同。一旦视力恢复了，这个人将不得不通过将来自视觉和触觉的信息联系在一起来再一次学习区分立方体和球体。18 世纪初，先天性白内障可以通过外科手术治愈，因而为这种经验主义主张提供了直接的检验和有力的支持（Morgan，1977）。

洛克理论的另一个含义将他的心理学与政治理论衔接起来，并且说明了他所生活的动荡时代如何促成了其思想的形成。如果人的理解源自经验，那么，生活在不同环境中的人必然具有不同的经验。其结果是导致人们从食物偏好到对最佳生活方式的信仰再到个人宗教偏好之间的差异。洛克不相信绝对的相对论——并非所有的信仰体系在理智和道德方面都具有相同的价值。但是他赞成环境在塑造心灵中的重要性及作为结果而发生的人们之间的差异是与他的政治自由主义，尤其是他认为个体差异甚至宗教信仰上的差异都应该得到宽容紧密联系在一起的。经历了几个宗教上极端的不容异说的时期之后，洛克意识到了它的破坏性影响。

洛克论教育

洛克经验主义思想的最后一个含义关注如何抚养和教育儿童。如果心灵是被其经验塑

造的，那么可以期望一份基于经验主义原则基础上的周密的教育计划可以培养出理想的人。洛克对这个问题的贡献体现在《教育论》一书中（1693/1963），这本短篇著作是以写给一位朋友的信件为基础的，洛克的这位朋友正在征询有关教育他儿子的建议。洛克的建议是广泛的，包括下述几点：

1. 接受医学训练，洛克是身体健康重要性的坚定信徒，在这本书的开始部分他主张健康的心灵需要健康的身体。他的具体建议反映了他自身受到的严格的清教徒式的教育，即培养简单性、个人的主动性和努力以及好的结果需要某种程度的苦难的信念。例如，孩子应该睡硬板床而不是睡软床；前者使人健壮，而"每天晚上睡在羽毛褥垫上，会使身体柔软和软化，这通常是虚弱的原因和早死的前兆"（Locke，1693/1963，p. 22）。他还运用迁移（inoculation）逻辑提出，孩子可以通过每天用冷水洗脚和穿有漏洞的鞋子来产生对疾病的抵抗力。

2. 训练必须较早开始，因为年幼的孩子具有更大的可塑性，而且如果他们不能在早年生活中形成良好的习惯，那么他们就会养成坏习惯。洛克认为，父母所犯的最严重的错误之一就是，他们的孩子的"心灵在起初最柔软、最容易塑造时，没有被培养得服从纪律并且能适应理性"（Locke，1693/1963，p. 27）。良好的习惯也需要练习。孩子通过反复地做而不是通过学习规则形成了这些习惯，"习惯总是会不知不觉从他们的记忆中溜走"（p. 46）。 38

3. 洛克反对使用惩罚，尤其是当孩子较大的时候。因为没有做功课而被体罚的孩子很快就会完全不喜欢学习（和老师）。而且，虽然惩罚可能会减少孩子难以控制的行为，但是严厉和反复的惩罚会带来危险，"损害心灵，接着你失去了一个目无法纪的小伙子，取而代之的是一个无精打采、闷闷不乐的家伙"（Locke，1693/1963，p. 38）。

4. 还应该避免具体的奖赏，因为良好的行为表现而奖给孩子糖果会使孩子只对获得糖果感兴趣。另一方面，洛克建议以父母赞许和反对的形式来使用奖赏和惩罚。"一旦你能够使孩子喜欢称赞并理解羞耻和耻辱，那么你就已经将正确的原则植入了他们的心灵，它将会不断地发挥作用，并使他们倾向于做正确的事"（Locke，1693/1963，p. 41）。

洛克的教育观及其经验主义哲学从总体上看与 20 世纪的行为主义非常相近，当你读到第 10 章和 11 章时，就会清楚地看到这一点。尽管洛克关注心理生活，而行为主义者关注外显的行为，但是他们之间存在着明显的相似之处。像现代行为主义者一样，洛克认为，心理的复杂性可以通过将其分解成组成部分来理解，环境直接塑造了心理和行为，并且如果你了解一个人的一些生活经历，你就能够说出许多有关这个人的事情。经验主义和行为主义也都强调联想的重要性，但正如前面提到的，是继洛克之后的经验主义者将联想学说发展至顶峰。下面我们转向洛克的理智的继承者。

乔治·贝克莱（George Berkeley，1685—1753）：经验主义应用于视觉

当 17 世纪快要结束的时候，对于知识界来说，很明显，伴随着科学的巨大进步，教

会与经院哲学的持续衰落是这个世纪的特征，并且科学的巨大进步在很大程度上推动了这个世纪的发展。从培根到伽利略到哈维到玻义耳再到牛顿，逐渐形成了一种时代精神，它把宇宙想象成一个巨大的机器，这个机器由物质元素构成，并且按照只能通过具有数学精确性的混合科学方法才能发现的规律运转。尽管被称做唯物论（materialism）的"学说"直到 19 世纪才得到充分的发展，但是它却扎根于 17 世纪。唯物论者在心—身问题上是一元论者，认为唯一的现实是物理现实，而且宇宙中的每一事件，包括我们所认为的心理事件都包含有在物理空间中运动的可测量的实物。唯物论包括上面提到的原子论，即复杂实体可以通过将其还原为它们的组成部分而被理解的思想。唯物论由于暗含着相信一切事件均有先在的原因的决定论（determinism）而对自由意志概念构成了威胁。如果我们不能自由选择，那么也许我们就不能为自己的行为承担责任。

这种唯物论的、科学的世界观未必要排除宗教（例如，玻义耳认为，科学研究就是发现上帝的意志），但是它威胁到了自由意志的概念和道德责任心，因此，一些人把它看做是一个危险物。一位尤其关注 17 世纪科学的唯物论含义的思想家就是乔治·贝克莱，他是爱尔兰国教会的主教。

贝克莱（发"Bark'-lee"音）是一个少年天才，他 15 岁时进入大学，并且在 30 岁之
39 前完成了他最重要的哲学著作。他出生于爱尔兰，在都柏林的三一学院接受教育，1709 年在他 24 岁时成为国教会的执事。他担任过几个教授职位，最后（1734）被任命为爱尔兰克罗因（Cloyne）教区的主教。中年时，他沉迷于在美洲传教的可能性。他相信，美洲是文明的巨大希望，这反映在他的题为《美洲的命运》的诗中，它包含有一行经常被引用的诗句"向着西部的帝国之路走去"。他一度居住在罗德岛（Rhode Island）的新港（Newport），并试图在百慕大（Bermuda）创办一所大学，但没有成功。美国西部附近的加利福尼亚的贝克莱市就是以他的名字命名的。

贝克莱因其在二十四五岁时出版的两本著作《视觉新论》（1709）和《人类知识原理》（1710）而成为心理学的重要人物。两本书都具有强烈的经验主义色彩，并且注重感觉过程的分析。传说贝克莱对感觉的兴趣根源于他大学时代目睹的一次绞刑。由于对伴随绞刑产生的感觉感到好奇，他在朋友的陪伴下将他自己吊在木椽上，并要求朋友几分钟后将他放下来！显然，贝克莱失去了意识，而且几乎因此而丧命，这成就了他有些古怪的名声（Klein，1970）。①

贝克莱视觉方面的著作是如何将经验主义思想应用于知觉研究的第一个系统的范例。当时光学的进步产生了新的和改良了的望远镜、显微镜和目镜，与此同时，视觉系统的知识还很原始，此时著述正合时宜。在他的书中，贝克莱试图证明我们对距离、大小和物体

---

① 这种名声在贝克莱逝世时得到了强化。他认为，明显的腐烂是死亡的唯一可靠的信号，因此他命令，在他的身体令感官作呕之前不能将他埋葬。

定位都是完全依赖于经验的判断。例如，在判断距离的时候，贝克莱使用了普通心理学教科书所称的单眼（仅需要一只眼睛）重叠线索、相对明晰性和相对大小。

> 我们对相当远的物体距离的估计是以经验为基础的判断活动，而不是感觉活动。例如，当我知觉到诸如房屋、土地、河流等许多居间的物体时，由于我看到过它们占据了相当大的空间，因此我形成了一种判断或结论，即远于它们的物体的距离更大。另一方面，当一个物体看起来模糊不清且较小时，由于在近距离内我看到过清晰和较大的物像，因而我立刻得出了距离较远的结论。(Berkeley，1709/1948，p. 171)

贝克莱还考察了相对较近的物体的距离判断的问题，并清晰地描述了今天称为辐合的一种双眼（需要两只眼睛）线索和调节现象。在辐合（convergence）中，当物体接近或远离我们时，“通过缩小或扩大瞳孔之间的间隔改变了双眼的分配”（Berkeley，1709/1948，p. 171）。这些眼睛的运动是肌肉运动的结果，它反过来产生了我们与不同距离联系在一起的感觉。类似地，通过调节（accommodation）物体被清晰地知觉，在这一过程中，水晶体形状的变化有助于保持物体聚焦于视网膜。较近处的物体比较远处的物体使水晶体产生了更大的凸起。而且，这些变化伴随着肌肉活动以及与不同距离相联系的感觉。

光学的基本原理为人所知已经有些时日，而且视网膜像是倒置的自笛卡儿以来已经成为常识，正如引自贝克莱著作的图 2—3 所示。问题是我们如何设法看到一个正立的世界。贝克莱反驳了那种我们的大脑只作出修正的过分简单化的观点，并提出了一种替代观点，即关键在于我们对世界的经验。尤其是我们学会了将我们所看到的与我们运用其他的感 40
官，特别是触觉和与身体运动有关的感官所经验到的联系起来。在贝克莱看来，我们通过触觉发展了上和下的概念，了解了“上”比“下”离地面更远。当我们触及图 2—3 中十字形的顶部和底部时，我们学会了将视网膜像较低的部分与十字形的顶端联系起来，并且我们逐渐“发现”十字形的顶端比其底部离地面更远（即更高）。当然，一切又都依赖于经验。

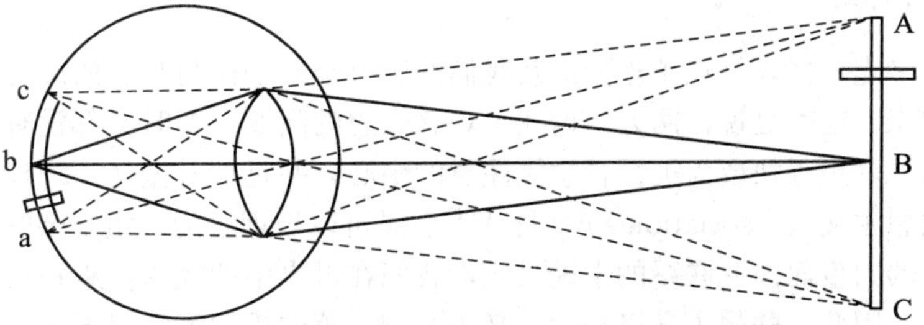

图 2—3　倒置的视网膜像，引自 Berkeley（1709/1948）。

从单眼线索引文的开头句子中可以清楚地看出，贝克莱视觉理论的一个重要主题是我们不能直接看到物体；更确切地说，我们以视觉信息和我们的经验为基础对它们作出了判断。这一主题被引入了他的另一本重要著作《人类知识原理》(1710/1957) 中，并为贝克莱对唯物论的抨击提供了基础。正如我们不能直接看到“距离”一样，我们不能直接看到“实物”也是如此。在两种情况中都是以知觉为基础作出的“判断”。因此，我们不能完全确定实物的现实；唯一确定的是我们正在知觉。贝克莱的这一观点以主观唯心主义 (subjective idealism)（有时称做“非物质论”）知名。它符合经验主义的传统，因为经验是一切知识的源头，但是它却抹杀了洛克作出的物质的第一性的质和第二性的质之间的区别。对于贝克莱来说，每一件事物都是第二性的质。正如颜色依赖于知觉的个人一样，广延性也是如此。对我们来说，唯一真实的东西就是我们自己的知觉。

这意味着我们永远不能确定世界的实在吗？只有在我们听到了森林中树木倒下去的声音后才能确定它的存在吗？不。根据贝克莱的观点，现实确实存在，因为包括森林中的树木在内的物体总是被贝克莱称为永久的感知者 (permanent perceiver) 的上帝知觉到。我们可以确信现实的永久性，但是只能够通过信仰上帝来实现。因此，贝克莱试图抨击不信神的唯物论。相反，他认为理解世界必须信仰上帝。

贝克莱反对唯物论的行动并不成功，在下一章中可以清晰地看到这一点，而且尽管他的视觉研究很复杂，但是他没有进行实验，因此不能被认为是一位早期的实验心理学家。然而，通过强调知觉在一个人理解现实中的重要性，以及直接抨击视知觉事实上如何起作用的这一问题，他推动了英国经验主义的发展进程，与此同时，将知识是如何获得的问题从一个纯粹的哲学问题转向了更加心理学化的方面。正如心理学史学家丹尼尔·罗宾逊 (Daniel Robinson) 所说，贝克莱“使认识论成为心理学的一个分支，两者自此再也没有被分开”(1981，p. 228)。一旦人类知识的问题成为一个心理学问题，人们就开始提出不同的问题。思想家现在开始问类似“视知觉研究实际上是如何增加我们所知道的”这样的问题，而不是去问“对现实的本质能够了解多少”之类的问题。这一转变最终产生了科学心理学。

英国联想主义

像约翰·洛克一样，贝克莱很少论及我们的感官经验如何与我们的反省结合而产生更
41 复杂形式的知识。也就是说，两人都论述了观念联想的问题，同时又都没有仔细地考察这一现象。然而，联想很快成为英国哲学家注意的中心，并且被看做是一种控制心理生活事件的力量。联想主义 (associationism) 是认为心灵可以被理解为一组复杂的观念，通过它们之间的联想的力量而彼此联系的学说。凭借我们在世界中的经验，事物在我们的心灵中被联系在一起；因此，联想主义以经验主义为基础。英国哲学家大卫·休谟和大卫·哈特莱都对理解联想如何操作做出了重要贡献。

大卫·休谟 (David Hume，1711—1776)：联想规则

休谟大约在贝克莱出版前面提到的两本著作的时候出生于苏格兰的爱丁堡 (Edinburgh）附近。他在12岁时考入爱丁堡大学，喜欢上了文学和哲学，但是3年后未获学位就放弃了。他尝试学习法律，但是不喜欢，然后又决定学习商业，也不喜欢。由于决心成为一位学者，他在法国的乡村[①]隐居了3年，并且写出了他的第一部著作《人性论》(1739—1740/1969)。因此，像贝克莱一样，休谟在只有20多岁的时候就出版了一本重要的著作。遗憾的是，这本书的销量不好，这使雄心勃勃的休谟感到失望，他后来说起这本书："自付梓就毫无声息，没有取得如此的名声，甚至在狂热者中也没有激起一声嘟哝"(引自Klein，1970，p.552)。他后来以不同的书名编写了《人性论》的缩写版，但是，作为作家，他最著名的不是他的哲学著作而是宏大的5卷本的英国史。该书一直受到高度重视，它超越了普通的军事史和政治史，并且在叙述中吸收了社会史和文学史的内容。

休谟毫不谦虚地认为，他的《人性论》为哲学做出了牛顿已经为物理学所做的事。实际上，《人性论》的副标题是《将推理的实验方法引入道德主题的一种尝试》。就"实验方法"来说，休谟指的不是我们今天所理解的实验的运用，而是指对人类，主要是他自己的思维和行为的仔细和系统的观察，同时为了揭示基本的心灵规律还伴随着对这一过程的逻辑分析。

按照正统的英国经验主义的传统，休谟将他的体系建立在我们的一切认识都根植于经验的基本假设之上。为了仔细研究人类经验，休谟首先试图发现类似于物理学家的原子的心灵的基本元素。根据反省，休谟认为，这些元素在数量上有两个：印象和观念。印象(impressions)是基本的感觉，经验的原始资料。例如，我们感到愉快，我们看到红色，我们尝到甜味，等等。另一方面，观念（ideas）是印象的"微弱摹本"，也就是说，虽然观念类似于印象，并且来自于印象，但是观念不像印象那样生动。为了支持他的观念源自印象的论点，休谟指出，将我们所有的观念，甚至是从未被直接经验过的复杂观念还原为印象是可能的。因此，即使我们从未找到一株真实的四个叶片的三叶草，我们也能够通过结合实际上可以追溯至印象的简单观念（例如，"四个"、"三叶草"和"绿色"）来获得它的复杂观念。

应该注意的是，休谟对印象和观念的分析是主流的英国经验主义。如果所有的观念都是印象的微弱摹本，那么所有的观念都来源于我们生活中所经验的印象。因此，没有天赋观念。而且，休谟赞同洛克的简单观念与复杂观念的区分。但是印象是怎样与观念联系的并且复杂观念是如何形成的呢？一种观念如何产生了另一种？简言之，休谟认为，从联想过程出发对之进行分析或许是他的主要成就。

休谟提出了三条联想律：相似、接近和原因/结果。有时一个物体会使我们想到另一个，因为他与另一个相像或相似（resemblance）。因此，约塞米蒂的半圆顶峰(Yosemite's Half Dome）的照片与现实的花岗岩相像，并且唤起了或许是一次参观约塞米

① 他选择了安静的拉弗莱什（La Flèche）镇，该镇因培养了笛卡儿的耶稣会学校而闻名。

蒂山谷的心理记忆（观念）。接近（contiguity）意指同时经历的事物。这样，纯粹派艺术
42 家（purist）吃到龙虾就想起了缅因（Maine）的海鲜，因为他们只是在缅因吃过龙虾。休谟的第三条联想律是关于原因和结果（cause and effect）之间的关系。如果一个事件以某种规律性跟随着另一个事件，那么我们将在两者之间形成一种联想。休谟以愈合的伤口为例。最初的伤口“使”我们体验到了疼痛；因此，现在当我们诊察旧伤口的时候，我们会想起疼痛和产生疼痛的情境。但是，是什么决定了原因和结果呢？休谟的回答使他成为他所处时代的一位富有争议的人物，但这可能是他对现代心理学做出的最大贡献。

休谟认为，我们永远不能绝对地确定事件的原因。相反，我们所能知道的全部就是事件以某种可预测的规律一起发生。他认为，要得出 A 引起 B 的结论，必须知道（1）当 A 发生时，B 有规律地发生；（2）A 先于 B 发生；（3）如果 A 不发生，那么 B 不会发生。为了激起经验主义者思考并意识到归纳存在的基本问题，休谟指出，因为我们的经验，我们仅仅知道这些规律性。而且，由于我们的经验是有限的，因此我们永远不能确定事件的原因。休谟的结论是，绝对的确定性是难以达到的，这标志着他是一位“怀疑论者”，并且使他与权威的源头如教会发生了冲突，教会自然对其结论暗含的可以怀疑上帝的存在感到愤怒。

然而，重要的是要注意，休谟没有否定现实、上帝的存在或存在事件的绝对原因的可能性。他的观点是，我们永远不能确定地获得它们。休谟认为，从日常生活的实际观点来看，重要的是能够累积足够的经验以作出最可能的预测。如果事件在过去确实一起发生过，那么，我们就有充足的理由期望它们在将来共同发生。因此，休谟没有否定因果关系，他只不过是将其从绝对原因的研究转向了比或然性更可能的规律性的研究。在这一点上，现代心理学家对行为“原因”的探究从本质上看是在效法休谟。他们认识到，多种因素对所有行为发挥作用，一个人所能期望的最好的结果就是确定能以比或然性更大的可能性预测行为的因素。

大卫·哈特莱（David Hartley，1705—1757）：生理联想主义

毫无疑问，休谟重视联想过程，但大卫·哈特莱甚至更加关注这一主题。他很少开辟新的领域，并且不是以有创见的思想家而闻名，但是他的《对人的观察》（1749/1971）一书非常清晰地概括了英国经验主义思想的要点，并且富有说服力地阐述了联想如何成为一种有关人类心灵如何被建构及其如何起作用的理论的指导原则。由于该书还试图描述心理活动的神经方面，因而它也标志着在生理心理学的发展中迈出了重要的一步。哈特莱的《对人类及其身体结构、责任和期望的观察》恰好在笛卡儿的《心灵的感情》出版 100 年后出版，是对其可贵的继承。

哈特莱出生于英国北部的约克郡（Yorkshire），就学于剑桥，准备效仿他的牧师父亲从事宗教事业，但是受到了教义问题的干扰。他发现，他不能信仰永久的毁灭的观念，即英国国教会牧师必须接受的所谓的 39 条教规之一。他接下来选择了医学，他最终以此谋

生，并且成为一位成功的从业者。在空闲的时间里，他创立了英国联想主义。

哈特莱与休谟是同时代人，但没有受到休谟的影响。他在17世纪30年代开始写作他的《对人的观察》的初稿，早于休谟1639年的《人性论》，并且他好像不知道休谟的著作（考虑到后一本书有限的销量也就不足为奇了）。在《对人的观察》最终版出版前3年，哈特莱将这本书的版本作为一本论述肾脏和膀胱结石的医学书籍的附录出版，附录是用拉丁文写的，并置于听上去不明确的标题《推测》之下；显然，哈特莱希望在正式出版该书之前，将他的思想预先展示给限定的学者团体（Webb，1988）。

哈特莱在该书开篇第一句话中清楚地表明，他在心—身问题上是一个二元论者："人由两部分构成，身体和心灵"（Hartley，1749/1971，p. i）。然而，与笛卡儿的相互作用论不同，哈特莱采取了一种被认为是心身平行论（psychophysical parallelism）的立场。也就是说，他认为心理事件与物理（生理）事件是分离的，但平行地起作用，甚至构成了这本书在心灵与身体之间交替变化的一系列命题。被广泛引用的命题5和命题6概括了他的联想主义的精髓，前一个命题是心理方面的，后一个是身体方面的。命题10的部分内容是： 43

> 任何像A、B、C等感觉如果彼此相联系，而且联系了足够的次数，就会对其相应的a、b、c等观念产生这样一种作用（Power）：单独刺激任何一个像A这样的感觉，就会引起大脑产生像b、c这样的其他的观念。
>
> 如果它们的印象在同一瞬间（Instant of Time），或在靠近的连续时刻（Instants）产生，那么可以说感觉被联系在一起。因此，我们可以把联想区分为两种：同时性的和继时性的。（Hartley，1749/1971，p. 65）

因而，对于哈特莱来说，主要的联想律是接近（contiguity），即经验到事件一起发生。如果我们反复看到亚当（Adam）（A）、布伦特（Brent）（B）和查利 Charlie（C）在一起，每种感觉经验产生了与他们（A、B和C）相对应的观念，这样如果我们在将来看到亚当（A），就会想到布伦特（B）和查利（C）的观念。这种情况发生的机会与我们看到他们三者在一起的次数有关。因此，联想的力量依赖于重复（repetition）。而且，接近发生在同时或迅速地接连经验到事件的时候。尽管哈特莱使用了同时性的和继时性的术语，但这两个概念通常分别指的是空间接近（spatial contiguity）和时间接近（temporal contiguity）。想起你的家可能会使你想到你的那只蹲在门前（空间）的狗，而你的狗流口水可能是它联想到了你立即会给它食物（时间）时的笑脸的结果。[①]

引述哈特莱的命题11没有任何必要，因为除了以"振动"一词代替"感觉"，以"轻微振动"代替"观念"之外，它与命题10完全一样。这是哈特莱从艾萨克·牛顿爵士那

① 正如你从后一个例子猜到的一样，接近是俄国生理学家伊凡·巴甫洛夫的一个重要概念，你将在第10章读到他。

里接受的神经系统活动的观点，牛顿认为一切物质都可以概念化为在空间中振动的微粒。哈特莱胜过笛卡儿之处在于认识到神经不是中空的；因而，不存在动物精气来回流动的空间。相反，神经是密集地捆扎在一起的纤维，并且他认为，它们通过振动来传递感觉信息。在大脑中，较细的神经产生甚至更小的振动，哈特莱称之为“轻微振动”或微振。它们对应于观念。像休谟将观念看做印象的“微弱摹本”一样，哈特莱认为观念（轻微振动）比感觉（振动）具有更少的“活力”。

哈特莱的心灵模式是一种累积块体结构，在这种结构中，复杂观念由个别的组成部分构成。他以马的复杂观念为例，写道“如果这种动物特有的头、颈、躯干、腿和尾巴等特定的观念不能根据经常接合在一起的印象而在想象（即我们想到的）中彼此黏合，我们就可能不能形成马的正确观念”（Hartley，1749/1971，p. 71）。这些附属部分也可以划分成甚至更小的观念（例如，腿包括足等）。如果我们经验到所有这些原子式的要素的次数足够多，那么看到马的一部分（例如马足）就会使我们想到整个马。

哈特莱的分析使原子论与“整体论”问题成为焦点。英国大多数哲学家都持有原子论的取向，在这方面哈特莱或许被认为是这些哲学家中最明显的一个。这种取向的一个问题是，一个人在能够认识整体之前需要具有关于部分的知识，换句话说，复杂观念要依据简单观念来建构。在马的例子中，哈特莱写道，部分“合并”成整体的动物。整体等于其部分的总和。另一方面，整体论（holism）主张整体相对于其组成元素具有首要性，不先认
44 识整体，部分就没有任何意义。心理学家 G. F. 斯托特（G. F. Stout）曾以金字塔由椭圆形的石头建造而成作为例子（Klein，1970）。金字塔的每一个组成部分可能都是完美的圆形，但是整个轮廓显现出其任何一个部分都不具有的总体的三角形。整体论取向通过格式塔心理学家的工作最终在心理学中得以体现（第 9 章）。

哈特莱很明显属于原子论的阵营，他对詹姆斯·穆勒（James Mill，1773—1836）产生了直接的影响，穆勒是英国经验主义者和联想主义者长长队列中的另一位。这种影响可以从穆勒在他的《人的心理现象的分析》（1829/1946）一书中提供的经常被引用的例子中清楚地看出来：

> 砖块是一个复杂观念，灰泥是另一个复杂观念，这些观念与位置和数量的观念一起构成了我的墙的观念。我的木板的观念是一个复杂观念，我的椽的观念是一个复杂观念，我的钉子的观念是一个复杂观念。
>
> 这些观念与同样的位置和数量的观念一起构成了我的地板的双重观念。以同样的方式，我的玻璃、木头和其他东西的观念构成了我的窗户的双重观念；这些双重观念结合在一起构成了我的房屋的观念。……家具观念中联合了多少个复杂或双重观念？商品观念中有多少个更多的观念？被称做一切东西的观念中有多少更多的观念？(p. 154)

穆勒是英国哲学的一位重要人物，并且像休谟一样也被认为是一位著名的史学家。他著于1817年的《英属印度史》使他在经济上获得了保证。然而，詹姆斯·穆勒不像他的儿子那样重要，这是老穆勒有意识地通过系统地把经验主义和联想主义学说运用于小穆勒的早期教育而期望产生的一个结果。阅读视窗可以了解更多有关有意识地塑造一位哲学家 45
的内容。

视窗

培养哲学家

詹姆斯·穆勒没有仅仅满足于描述经验对发展心灵的重要性。当他的儿子出生时，他决定用尽可能多的信息填充他儿子心灵的白纸，从而将经验主义付诸行动。约翰·斯图尔特·穆勒经历（忍受或许是一个更好的词）了一个不寻常的童年，并且后来在一部短小而吸引人的自传中对其进行了描写（Mill，1873/1989）。

小穆勒从未与其他的孩子一起去上学，但是在他12岁时，他的理智才能不亚于任何一个大学毕业生。在其父的严格教导下，他3岁开始学习希腊语，8岁学习拉丁语，并且到10岁的时候，他已经阅读了大部分古希腊和罗马的经典著作，从《伊索寓言》到柏拉图的《对话录》到希罗多德（史学之"父"）的希腊史再到亚里士多德的《修辞学》。他还致力于艺术和文学，并且精通代数和几何。出于消遣，他阅读了诸如《鲁宾孙漂流记》、《一千零一夜》和莎士比亚（Shakespeare）的历史剧之类的书籍。后者可能反映了他对其父亲温和的反抗，他的父亲"从来不是莎士比亚的真正的仰慕者，他过去常常有些激烈地攻击英国人对莎士比亚的盲目崇拜"（Mill，1873/1989，p. 35）。

年轻的穆勒每天有大半天时间都是在课业中度过的。他的父亲直接辅导他，但是也期望他能够独立学习一些东西。对穆勒来说，典型的做法是，阅读某本书的一部分，做笔记，然后在第二天早饭前在乡村散步时向他的父亲汇报。穆勒后来写道："我对于绿色的原野和野生花草最早的记忆是与我每天向他汇报前一天所读到的东西混杂在一起的"（p. 29）。在散步期间，他的父亲还向他讲述"文化、政治、道德（和）精神的培养，他要求我以后用我自己的话向他复述"（p. 30）。甚至在老穆勒撰写自己的著作时这种教育仍在继续。穆勒钦佩他父亲在受到桌子另一边的小孩的不断干扰的情况下写作的能力。穆勒描绘的形象无意中具有了幽默感：

> 为了我的教育，他自己情愿忍受的事情可以从下述事实判断出来，我准备希腊语课程的整个过程都是在他写作的同一个房间和同一张桌子上进行的，而且由于希腊语和英语词典在当时难以获得，因此对于我不知道的每个词的意义我都不得不求教于他。作为一个最急躁的人，他要忍受这种不断的打扰，并且要在这种干扰的情况下写

> 作几卷本的（印度）历史以及所有其他的在那些年必须写的东西。(p. 28)

约翰·斯图尔特·穆勒常常被作为才华横溢的神童的一个例证，即一个人天赋的智能使他能够在极短的时间里学习大量的内容。这里面或许有某种事实，但是穆勒从未这样认为过。因为在他成长的过程中，不允许他与其他的小孩一起玩耍，除了他的父亲，他没有任何比较的对象。实际上，他整个童年都有一种印象，正如他所说，“我在学习上相当差劲，因为与我父亲对我的期望相比我总是发觉自己就是这样”（Mill，1873/1989，p. 46)。当他最终认识到自己前进到何种程度的时候，他将其归因于他的经验而非任何天赋的能力，表现出了经验主义者的精神。实际上，他认为他的“先天禀赋要远低于中上之人”(p. 44)，并且他之所以胜过其他人是因为他们所受的劣等的教育。用他自谦的话来说，他的成就“不能归之于他自身的任何优点，而应归功于我有一个能够辅导我的父亲这种注定为我所拥有的独特的有利条件”(pp. 46 - 47)。

约翰·斯图尔特·穆勒（John Stuart Mill，1806—1873)：接近心理科学

穆勒的成年生活与他的童年一样不同寻常。踏着其父亲的足迹，穆勒 17 岁时进入了相当于是外国机构的英属东印度公司谋生，从办事员做起，并逐步升任总经理的职位；从其著作的销售中获得的版税最后确保他过上了舒适的生活。后来，他被选入议会下院，并在那里供职 3 年。他生活的其他方面极少是平淡无奇的。由于被他的父亲培养成了“有理性的机器”，他到 15 岁时成为政治与社会改良的忠实的积极分子，但是在 20 岁时经历了一场严重的“心理危机”。在陷入通常所说的“神经的迟钝状态”时，他问自己：

> “假定你生活中的所有目标都达到了；假定你所期望的所有的制度与观点的变化恰在此刻全部都实现了：那么对你来说这是一种巨大的快乐和幸福吗?”一个压抑不住的自我意识清晰地回答道“不!”说完这个我的心就开始下沉：我的生活建筑其上的整个基础轰然倒塌。……我似乎没有任何活下去的目标。（Mill，1873/1989，p. 112)

经过几年平淡的生活之后，穆勒从这种抑郁症中摆脱出来，部分是由于发现了华兹华斯（Wordsworth)。湖畔派诗歌语言的优美第一次唤醒了穆勒的感情生活，使他看到生活
46 中除了冷冰冰的理性之外，还有更多的东西。当他邂逅并疯狂地爱上哈丽亚特·泰勒(Harriet Taylor) 时，他的感情得到了进一步的发展。泰勒是一位美貌与睿智并存的非凡女性。对穆勒来说，不幸的是她已经结婚，看起来很幸福。尽管存在着障碍，但是两人之间的关系逐渐发展，穆勒甚至与泰勒一家一起居住了一小段时间并且一起度假。这种联姻关系显然是柏拉图式的，但是它却产生了少量的流言飞语。在约翰·泰勒（John Taylor)逝世两年后，他们最终于 1851 年结婚。哈丽亚特在世时对穆勒的著作，尤其是他于 1858

年出版的最著名的政治著作《论自由》起了重要的作用。在她于 1858 年突然辞世之后，她的女儿继续充当穆勒的理智的伙伴。海伦·泰勒（Helen Taylor）对穆勒的经典女权著作《论妇女的屈从》（1869）做出了贡献。该书富有说服力地论证了要平等地对待女性，包括选举，这完全超越了其所处的时代。海伦比她的母亲更加活跃，她协助创办了大不列颠首个女性选举权组织，并招募像弗洛伦斯·南丁格尔（Florence Nightingale）那样著名的女性入会（参见图 2—4）。

图 2—4　约翰·斯图尔特·穆勒与继女海伦·泰勒，引自 Mazlish（1975）。

穆勒的政见源自他的心理学并推动了其心理学的发展。作为一位经验主义者，他认为，一切知识都是通过经验获得的，并且在适当的条件下，任何人都能够变得博学。因此，他赞成政府支持普及教育，并且对于传统的偏袒地主贵族这一少数精英的英国体制感到震惊。同时，他反对给予每个人以选举权。相反，他赞成一种英才教育，在这种教育中，选举权仅仅授予那些达到某种教育水平的男女公民。简言之，对于社会来说，他的目的在于力图最大限度地填充每个人的白板。

穆勒的心理学

穆勒的心理学观点散见于几个地方，包括将要简要介绍的他的《逻辑体系》（1843/

1987)、他为其父于 1869 年再版的《分析》编写的大量注释以及他的《对威廉·汉密尔顿爵士哲学的考察》(1865)之中。对汉密尔顿的抨击是穆勒的改良热忱与其心理学观点之间密切联系的又一个注解，并且使他断然站到了先天—后天问题中的后天的一边。穆勒将汉密尔顿的理性主义等同于天赋观念，认为其结果是产生了一种反改良的哲学，正如他指出的：

> 很久以来，我一直认为流行的倾向是理性地对待重大的社会问题的主要障碍之一，并且是人类进步的最大的绊脚石之一。这种流行的倾向是将人们性格的所有显著的差异都视为先天的，并且基本上难以消除，忽视证明不管是个体、种族之间还是性别之间的比这些方面的差异大得多的差别都是……由环境的差异造成的不可否认的证据。(Mill，1873/1989，p. 203)

穆勒赞同英国经验主义/联想主义的基本原则，但是他在描述简单观念如何构成复杂观念时运用了一个化学的而非机械的比喻，扩展了他父亲和其他人（尤其是哈特莱）的思
47 想。前面摘自詹姆斯·穆勒的引文（“砖块是一个复杂观念，灰泥是另一个复杂观念，”等等）把心灵描述为被动累积的经验，在这些经验中，元素机械地结合形成了更大的整体。然而，约翰·斯图尔特·穆勒相信，心灵在综合我们的经验中是一种更主动的力量；他提出了整体论的观点，即复杂观念不仅仅是元素的被动结合：

> 当许多印象或观念在心灵中共同发生作用时，有时会产生一种类似于化学结合的过程。如果印象多次联结在一起而被经验到，以至于它们中的每一个印象都可以轻易而立即唤起全体的观念，则这些观念有时会彼此融合和合并，并且看起来不是几个观念，而是一个。……(因此)在我看来，由几个比较简单的观念混合而成的复杂观念，如果的确看起来是简单的(换句话说，其中的各个成分是无法有意识地加以辨别的)，那就应该说它是发生于或产生于这些简单观念，而不是由它们组合而成。(Mill，1843/1987，p. 39 - 40)

因此，一堵墙源自我们经验的简单观念，但超出了砖块和灰泥的基本组合，并且具有独特的属性，正如水即使是由氢和氧两种简单元素组成的，也有其独特的性质一样，用后来为格式塔心理学家普及的习惯用语来说，整体大于部分之和。

穆勒的逻辑学

1843 年，穆勒出版了《逻辑体系：演绎和归纳、证据原理的相关观点及科学研究方法》。它包含有他关于联想和心理化学的一些思想，并且赞同创造一种研究心理学的科学方法，他称之为习性学（ethology），理由是，虽然这种方法可能不能达到物理学的精确水平，但它能够与在那时被认为是科学的其他学科（例如气象学）做得一样好。《逻辑体系》还概括了在科学中试图确定因果关系时运用归纳逻辑的一系列方法。穆勒将它们称为契合法、差异法和共变化。对这些方法的描述在今天仍然很普遍——在我收集到的约 36 本现

代研究方法教科书中都有这方面的内容，其中许多本书都提到了穆勒，并且有 6 本较详细地介绍了他的方法。

运用契合法（method of agreement）时，一个人需要寻找某一事件几个实例中的共同要素。例如，假设一个研究者怀疑某一特定的基因引起了抑郁。假设 X 代表提出的原因（基因），Y 代表结果（抑郁）。研究者运用契合法研究抑郁人群的一个样本，并考察他们是否具有基因 X。如果他们具有，那么可以说，X 是 Y 发生的充分条件："如果 X，那么 Y。"这意味着 X 引起了 Y 吗？未必，这个例子说明了归纳存在的问题。样本中每一个抑郁的人可能都具有 X，但是可能一些还未被发现的人是抑郁的但不具有基因 X。而且，X 与 Y 共存本身并不意味着它们有联系。样本中抑郁的人都具有基因 X 可能是一种巧合。契合法可以支持某些假设并将其引入问题，但是它本身不能确定原因。

重要年份 1843

这一年以约翰·斯图尔特·穆勒的《逻辑》的出版为标志，该书包含有进行经验主义研究的基本规则。

还发生了下列事件：

- 英国物理学家 J. P. 约利奥（J. P. Joulo）确定了产生单位热量所需的功的数量
- 第一艘螺旋桨推动的轮船大不列颠号下水，开始穿越大西洋
- 国会拨给 S. F. B. 摩尔斯（S. F. B. Morse）3 万美元建设了第一条电报线路（华盛顿-巴尔的摩）
- 查尔斯·狄更斯（Charles Dickens）出版了《马丁·朱泽尔维特》和《圣诞欢歌》
- 威廉·华兹华斯（William Wordsworth）被任命为英国桂冠诗人
- 美国国务卿德尼埃尔·韦伯斯特（Deniel Webster）退休
- 下列人物出生：

威廉·麦金利（William McKinley），美国总统

亨利·詹姆斯（Henry James），小说家，心理学家威廉·詹姆斯的弟弟

- 下列人物去世：

约翰·特朗布尔（John Trumbull），美国画家

诺亚·韦伯斯特（Noah Webster），美国辞典编辑者 48

差异法（method of difference）也不能确定原因，在这种方法中，一个人要寻找证据证明，结果的缺乏总是伴有所提出的原因的缺乏："如果没有 X，那么没有 Y。"继续以抑郁为例，这意味着考察非抑郁的人并寻找基因 X，希望不要发现基因 X。如果这种结果出现，那么一个人可以说，基因 X 是抑郁出现的必要条件，因为没有 X（基因），就没有人是 Y（抑郁）。另一方面，也存在着问题，没有一个人具有这一基因的非抑郁人群的样本不能证明这一事实，样本之外的某些非抑郁的人仍有可能具有基因 X。

在归纳的范围内（即你不用研究每一个案例），将契合法与差异法结合起来可能能够确定原因，穆勒称其为联合法（joint method）。因此，如果能够确定每一个具有基因 X 的人也是抑郁的，并且每一个不具有基因 X 的人不是抑郁的，那么可以得出结论认为，基因 X 是抑郁出现的充分且必要的条件（即基因引起抑郁）。当然，有关原因的结论是暂时的，在将来的某个时候可能会被证明为误。

契合法与差异法的逻辑性构成了在心理学中运用现代实验方法的基础，契合法对应于实验组，差异法对应于控制组（Rosnow & Rosenthal，1993）。因此，基因（X）影响抑郁（Y）的假设实验包括建立两个等组并将基因分配给实验组而非控制组。如果实验组中的每一个人都患有抑郁（如果 X，那么 Y），并且如果控制组没有人是抑郁的（如果没有 X，那么没有 Y），那么你就有了 X 引起 Y 的证据（然而，是在你研究的样本范围内）。当然，你在为这个研究寻找志愿者时存在着困难，穆勒认识到了伦理上的限制，与对测量和控制的精确性的关注一起，使他对心理学成为像物理学一样精密的实验科学感到怀疑：

> ……运用实验法能够对性格（即人格）形成的规律进行令人满意的研究吗？显然不能，因为，即使假设我们具有使实验多样化的无限能力（从理论上讲是可能的，但是除了专制君主之外，没有人有那样的能力……），也仍然需要具有更基本的条件——进行具有科学精确性的任何实验的能力。(Mill，1843/1987，p. 50－51)

穆勒的第三种方法，即伴随变化（concomitant variation）使人联想起休谟，并且构成了现代相关法的基础。运用这种方法，一个人要考虑 X 的变化是否与 Y 的可预测的变化相联系。当在某种程度上在每个人身上都发现了 X 或 Y（或两者）时，这种方法尤其有用。例如，每个人至少都会进行一些锻炼，并且每个人多少都是健康的，运用伴随变化法，研究者可以了解经常进行锻炼的人是否比很少进行锻炼的人更健康。

约翰·斯图尔特·穆勒与此前介绍的任何一位哲学家都不同，他没有试图撰写任何一部诸如论人类理解的文章（洛克），论人类知识（贝克莱）或人性（休谟）的论文，对人进行一系列观察（哈特莱）或对心灵进行分析（他的父亲）之类的著作。换句话说，他的著作没有一本指向并且可以称为“J. S. 穆勒的心理学”。由于他首先将自己视为一个政治和经济哲学家，因而这就不足为奇了。然而，对现代心理学来说，穆勒与任何一位撰写“心理学”的
49 哲学家一样重要。他将英国联想主义发展至顶峰，并且对至今仍在指导心理学研究的科学思想进行了分析。他是从心灵哲学向心理科学转变过程中的一位重要的过渡性人物。

理性主义者对经验主义的反应

除了有关笛卡儿的部分之外，本章已集中论述了英国经验主义者和联想主义者的哲

学。这是有意义的，它赋予这种哲学方法与现代心理学，尤其是与行为主义心理学之间以紧密的联系。但是，在之前已经描述的时代，可以听到其他强烈的声音，并且这些声音也与现代心理学的一些方面产生了共鸣。两位德国哲学家与英国经验主义/联想主义形成了鲜明的对比。科特弗里德·莱布尼茨与洛克是同时代的人，并以他自己的《人类理解新论》对洛克的《人类理解论》作出了反应，该书于1765年在他死后出版，伊曼努尔·康德与休谟和哈特莱生活于同一时代，并通过著述来回应他们（尤其是休谟）。

科特弗里德·威廉·莱布尼茨（Gottfried Wilhelm Leibniz，1646—1716）

莱布尼茨具有非常广泛的兴趣，其兴趣遍及政治学、数学、工程学、炼金术和哲学。作为数学家，他最著名的是（与牛顿）共同发明了微积分。他对心理学的重要贡献在于他对洛克的回击，他对心—身问题的态度和他的“单子论”。他是洛克的狂热仰慕者，赞同经验对于知识的形成来说是必不可少的。然而，他不同意洛克的“心灵＝白纸”的比喻，相反，提出了心灵应该被看做是具有纹路的大理石的类似物（Leibniz，1765/1982）。这是对先天—后天问题的一个美妙的比喻。雕刻师可以选取一大块大理石并以许多不同的方式来塑造它，但是大理石纹路的样子限制了可能雕刻出的模型的数量。纹路实质上代表着大理石固有的属性，需要借助艺术家的技巧来显现。类似地，在莱布尼茨看来，心灵具有天赋的属性，可以帮助确定经验的范围并影响经验的效果。天赋的属性，例如理性，使个体能够获得莱布尼茨所称的“必然真理”，真理由理性和逻辑而非通过直接经验来证明。数学的基本原理（例如，三角形的三个角相加总是等于180度）是必然真理的例证。为了回应经验主义者的主张，即理智中什么也没有，它在感官中不是第一位的，莱布尼茨回答道：“除了理智本身!”像笛卡儿一样，莱布尼茨赞同动物缺少人类具有的天赋属性，因此可以被认为是纯粹的“经验主义者”。

在心—身问题上，莱布尼茨不能够接受笛卡儿的直接和交互影响的观点，因为它不可避免地会导致探究交互作用的方式，导致莱布尼茨所认为的徒劳地寻找像松果腺一样的东西。相反，他提出了一种类似哈特莱所提出的心身平行论（psychophysical parallelism）来解决心—身问题。因而，他认为，心灵（“心理的”）和身体（“物理的”）彼此平行地起作用，正如莱布尼茨所说的，借助上帝之手保持一种“预定和谐”。他借用被设定在同一时间的两座钟的比喻来说明他的平行论。像心灵和身体一样，它们彼此独立地运转，但保持一致。就意义来说，平行论使心理的（心理学的）和身体的（生物学的）事件的独立研究合法化，从而为“与同样作为一门独立科学的生物学不同的心理学的最终出现”（Klein，1970，p. 353）提供了哲学基础。

心理和物理现实的元素都被莱布尼茨称为单子（monads）。它们在数量上是无限的，并且比单个物质原子更像是能动的力。它们被认为是按某种层级，即从理性的到情感的再到简单的排列。在莱布尼茨看来，理性单子构成了人类心灵的实体，情感单子为所有非人

的生物所具有，而简单原子则构成了物理现实。理性单子是意识的原因，但莱布尼茨认
50 为，意识不是一种全或无的事件。更确切地说，他提出了一种意识连续体，因而为心理学中的两个方面的重要的发展奠定了基础。第一，连续体包含一种未被意识到的水平，即一种类似于潜意识概念的想法，它后来成为弗洛伊德理论的核心。莱布尼茨区分了他所称的统觉、知觉和微觉。统觉（apperception）是他创造的一个术语，是意识的最高水平，在统觉中，我们将注意集中于某些信息并加以充分理解。知觉是对某事的意识，但它不像在统觉中那样清晰。微觉（petites perceptions）是在意识水平之下的，但对于使较高水平的知觉发生绝对必不可少。为了说明微觉，莱布尼茨用海浪或瀑布作为例子。单个水滴产生微觉，我们永远也听不到。然而，对我们来说，为了知觉或统觉海浪这一更大的实在，将所有的水滴集中在一起是必要的。

主张意识具有不同水平的第二个意义在于，在意识连续体上必定存在一些点，在那里，一个人可以从潜意识进入意识；这些点可以称做阈限，正如我们在下一章将要了解的，确定与测量阈限成为心理学中最早的实验的重要特征。

伊曼努尔·康德（Immanuel Kant，1724—1804）

在担任外交官期间，莱布尼茨游历了整个欧洲。与之相比，伊曼努尔·康德显然从未离开他位于东德哥尼斯堡（Königsberg）市的家超过 40 英里。他出生在那里，在那里上学，并且最终在那里的大学任教。尽管具有明显的地方主义的色彩，但康德是 18 世纪德国哲学中的一位理智巨人，扩展了莱布尼茨在 17 世纪就已经提出的理性主义观点。对心理学家来说，康德最著名的是他晚年出版的三本著作：《纯粹理性批判》（1781/1965）、《实践理性批判》（1788/1959）和《判断力批判》（1790/1952）。

康德赞同经验主义者关于我们的知识是从经验中建构的观点，但是像莱布尼茨一样，他认为更重要的问题是这一过程是如何发生的。换句话说，他想知道经验本身如何成为可能，并且他得出结论，认为这需要某种有助于形成我们所拥有的经验的先验（先于经验的）知识。例如，康德指出，每当我们在世界中经验到事件的时候，我们就会参照空间和时间来组织它们。因此，我们浇灌花园，它占据空间并且要花费 X 数量的时间来完成。没有空间和时间的先验知识我们就不可能理解“浇灌花园”这一概念。这样，在康德看来，我们“直觉地”认识空间和时间的概念；我们不必“学习”这些概念，与休谟的我们永远不能确定因果关系的观点相比，康德认为，心灵必然会依据原因和结果来思考——每个人对世界的经验是它根据因果律运作（倾倒到地面的牛奶总是向下落）。像空间和时间一样，原因和结果也被康德看做是心灵的天赋属性。

关于康德的最后一点是，他认为心理学永远不能成为一门像物理科学一样的科学。他指出，与物理对象相比，心理现象不能被直接观察，它们也不能以数学的精确性来界定或测量。正如我们将要看到的，当德国心理学家威廉·冯特在 19 世纪宣称心理学是一门科

学时，他们不得不特别否定他们的同胞关于这种努力的可行性的论点。

展望

本章仅仅抓住了心理学“长期的过去”的一面。然而，从你阅读的这一材料中，你应该基本了解了现代心理学的一些哲学基础。而且，你应该开始发展出一种我们学科史中的思想的连续感。没有19世纪后期的基础，心理学不会直接出现。相反，心理学的创立者们在全力解决本章着重介绍的学者们所关注的同样的问题。他们选择与哲学家们略有不同 51
的角度即直接实验的角度来着手解决这些问题，但是他们试图回答相同的问题：我们如何积累我们关于世界的知识？心理是如何被组织的？感官是如何工作的？我们的任何知识都被建构成一种体系（即天赋的）吗？19世纪心理学的创立者们还获得了越来越多关于大脑和神经系统的其余部分如何工作的知识，并且他们开始采用客观的方法来研究心灵，你即将在第3章看到生理学及其方法方面的这些发展。

然而，在结束本章之前，关于厚今说还有重要的一点需要说明。从21世纪初的观点来看，在了解心理学演变为一门广泛而成功的科学学科时，容易回顾早期的哲学家，并且感到奇怪，为什么他们没有迈出看起来可能是很容易的一步——从对某种心理现象的细致观察与严密的逻辑分析到对其进行实验研究的一步。也就是说，当我们第一次读到像笛卡儿、洛克和穆勒这样的人时，我们倾向于把他们看做逐渐接近而不是完全达到科学心理学的“圣杯（holy grail）”。然而，认为这些人由于某种原因而未达到这一目标是一种严重的错误。事实上，他们显然是其时代最优秀和最聪慧的人，他们洞见的光辉远胜其同辈。在本章中，看待这些哲学家的正确方式是，把他们看做是在其时代背景中生活并且尽最大努力来解决其时代问题的人。这些哲学家全力解决存在至今的同样问题，它表明的不是从那时到现在的稳定的进步，而是问题的普遍性。批评他们没有看到其他人后来所看到的是无益的，而且显然是不公平的。

概要

长期的过去

● 艾宾浩斯的心理学有一个长期的过去但仅有一个短暂的历史的叙述提醒人们，即使心理学作为一门自定义的学科只有120多年的历史，但心理学家关心的问题已经被严谨的思想家论述了几千年。19世纪后期出现的“新心理学”不同于哲学，因为有关人类行为和心理生活的问题首次被带入了实验室。

笛卡儿与现代哲学和科学的开始

● 笛卡儿生活于文艺复兴末期和科学与技术取得巨大进步的时代。这是一个教会和亚里士多德的权威开始受到怀疑的时代，例如，伽利略支持以哥白尼的宇宙的日心模式取代传统的地心模式。笛卡儿生活的年代还与弗朗西斯·培根爵士重叠，培根赞同运用归纳科学策略来理解宇宙。

● 笛卡儿是一位理性主义者，认为获得真实知识的方法是通过系统地运用理性能力。由于他相信一些真理是普遍的，并且可以通过理性而获得，不一定需要感觉经验，因此他也是一位先天论者。此外，他还是一位二元论者和相互作用论者，认为心灵和身体是不同的实体，但是它们彼此直接影响。

● 为了解释心—身交互作用论，笛卡儿提出了一种神经系统活动的模式，并且他是描述反射活动的第一人。他的身体活动模式是一种机械论的模式——身体像是一部机器。根据笛卡儿的二分法，动物是纯粹的机器，但人具有理性心灵（灵魂）来弥补其类似机器的身体。

英国经验主义者的论点与联想主义者

● 英国经验主义的创立者是约翰·洛克，他反驳了先天论者信仰的天赋观念，并且认
52 为心灵像一张空白的纸，由我们的经验在上面书写。源自我们经验的观念有两个源头：感觉和反省。洛克使用了一种原子论的模式，假设复杂观念是由简单观念的基本元素建构的。第一性的质（例如广延性）独立于知觉者而存在，但第二性的质（例如颜色的知觉）依赖于知觉。洛克的信念使他建议，父母应该在教育子女中发挥积极的作用，应该用赞扬而不是具体的奖赏来鼓励儿童以及应该避免把惩罚作为一种教育策略。

● 乔治·贝克莱基于经验主义的论据撰写了一本详细分析视知觉的著作，在分析过程中他描述了视觉现象，例如辐合、调节及倒立的视网膜像的效果。他反驳了洛克的第一性的/第二性的质的区分，并且反对唯物论，他提出（主观唯心主义），除了通过信仰上帝这一永恒的知觉者，我们不能够确定物体的实在。

● 大卫·休谟是一位经验主义者/联想主义者，他因对源自感觉的印象和他所说的印象的微弱摹本的观念作出了区分而为人所知。他还将联想的规则确定为相似、接近和原因/结果。他认为，我们不能够绝对地认识因果关系，而只能知道某些事件有规律地一起发生。

● 大卫·哈特莱被认为是联想主义的创立者，因为他试图系统地总结一切有关联想的已知的东西，并且他认为联想的实质是接近（空间的和时间的）和重复。他基于牛顿的振动概念提出了一种神经系统活动的模式，他在心—身问题上的立场是心身平行论。

● 约翰·斯图尔特·穆勒是一个少年天才，是 19 世纪英国最主要的哲学家。与用机械的、原子论的、基本元素的术语描述心灵的其他人（包括他的父亲，经验主义哲学家詹

姆斯·穆勒）相比，约翰·斯图尔特·穆勒使用了更具整体性的化学比喻，认为复杂观念大于其个别的简单观念的总和。穆勒分析了科学的逻辑学，并描述了试图获得归纳科学真理的几种方法：契合法和差异法构成了现代实验法的基础，伴随变化法类似于现代的相关法。

理性主义者对经验主义的反应

● 科特弗里德·莱布尼茨挑战了洛克的白纸的比喻，并说心灵更像是具有纹路的大理石，纹路类似于塑造我们经验的天赋观念和能力。他还挑战了笛卡儿的交互作用论，主张一种平行论的观点并使用两座在同一时间的时钟的比喻来证明他的论点。他的单子论为潜意识和感觉阈限概念奠定了基础。

● 伊曼努尔·康德认识到了我们的经验对于促进我们对世界的理解的重要性，但是他认为，没有某种先验知识为我们的经验提供框架，经验本身不可能实现这一目标。康德认为，心理学不可能获得一门科学的地位。

思考题

1. 当艾宾浩斯说心理学有一个长期的过去，但有一个短暂的历史时，他的意思是什么？

2. “机械论的”时代精神如何影响了笛卡儿的思想？

3. 区别宇宙的日心模式和地心模式，并解释为什么拥护前者使伽利略被指控为异端。

4. 解释提倡用归纳法获得人类行为的知识的含义。

5. 解释为什么笛卡儿被认为是（1）理性主义者和（2）先天论者。

6. 描述笛卡儿对心—身问题的解答。“笛卡儿的二分法”是什么意思？

7. 比较理性主义者与经验主义者对我们如何获得普遍持有的观念（例如上帝）的知识的解释。

8. 比较洛克的白纸与莱布尼茨的纹路模型的比喻，并将它们与基本的认识论问题联系起来。

9. 区别物质的第一性的质和第二性的质，并比较洛克与贝克莱关于这两种性质的观点。

10. 界定唯物主义并解释贝克莱的主观唯心主义是如何抨击这一概念的。

11. 用贝克莱的例子说明英国的经验主义者如何将他们的概念应用于视知觉。

12. 区别休谟与哈特莱的联想律。 *53*

13. 描述J.S. 穆勒的心理化学并将其与他父亲的观点进行比较。

14. 说明穆勒的归纳逻辑规则与现代实验法以及相关法的概念是如何联系在一起的。
15. 说明莱布尼茨的单子论是如何与潜意识和阈限的概念联系在一起的。
16. 描述康德的理性主义对经验主义者思想的回应。

来自原始资料摘录的问题

1. 根据笛卡儿的观点，什么是动物精气？它们是如何形成的？它们如何与肌肉活动发生联系？
2. 根据笛卡儿的观点，反射是如何发挥作用的？以将脚放在火上的小孩作为例子。
3. 在笛卡儿的神经系统模式中，心灵与身体是如何相互作用的？为什么选择松果腺作为交互作用的场所？在确定以大脑的某个部分（松果腺）作为心灵与身体相互影响的地方的推理中，不可避免的缺陷是什么？
4. 笛卡儿是如何用他的神经系统模式来说明记忆的？

进一步阅读

Vrooman, J. R. (1970). *René Descartes: A biography*. New York: G. P. Putnam's Sons.

一本相对简短而非常有趣的笛卡儿传记，尤其是描述了笛卡儿所生活的时代；很好地概括了笛卡儿的思想以及他如何从其各种经验中发展出了这些思想。

Boorstin, D. J. (1983). *The discovers*. New York: Vintage Books.

包括对本章简要提到的许多科学家的大量论述，包括维萨留斯、伽利略、培根、玻义耳、牛顿和哈维，其写作的风格使布尔斯汀成为最流行的现代历史学家之一。

Mill, J. S. (1989). *Autobiography*. London: Penguin Books. (Original work published 1873)

极富吸引力地描写了穆勒的童年以及与他父亲的关系，他的心理危机以及他是如何克服的，他与哈丽亚特·泰勒的关系，以及他的思想的发展；由于没有穆勒时代英国政治历史方面的一些知识，偶尔可能会使人感到困惑。

Sobel, D. (2000). *Galileo's daughter: A historical memoir of science, faith, and love*. New York: Penguin.

生动地描述了伽利略的研究及其如何使他陷入天主教会的困境之中；细致地描写了伽利略的历史背景（因而也是笛卡儿的），部分故事是通过伽利略与其女儿之间的一组值得重视的信件来讲述的，他的女儿是一位住在修道院的修女。

第3章 神经生理学背景

［颅相学］的整个学说都涵盖在两个基本命题之中，第一个命题是，理智全部存在于大脑之中，第二个命题是每一种特定的理智官能都是由大脑中其本身特有的器官产生的。

现在，关于这两个命题，第一个当然没有任何新意，而第二个或许没有什么正确的东西。

——皮埃尔·弗卢龙，1846

本章预览及目标

54 将心理学的哲学先驱与神经生理学背景分为两章暗示着，存在两条互不交叠的路线，它们最终结合在一起形成了19世纪后期的新心理学。这里面有少许的真实性——英国经验主义者没有花时间切开脊髓或刺激与蛙腿相连的神经，而本章将要介绍的科学家没有撰写论述“人类理解”的长篇哲学论文。但是，心理学的生理学先驱与哲学先驱之间的区分是人为的，是在构思一本教科书时所作决定的产物。实际上，哲学与自然科学的发展是同步的，尤其是在18世纪和19世纪。生理学家和其他的自然科学家都深深关注哲学问题，尤其是有关人类理解的认识论问题和心理与物理现实（心—身问题）之间的关系问题。反过来，哲学家充分了解并在某些方面促进了生理学的发展（例如贝克莱的视觉研究），并且他们提出了自然会导致生理学研究的理论。

本章将集中于19世纪和20世纪早期对神经系统的性质和机能的研究。尤其是，我们将考察下列研究，这些研究探究的问题包括：（1）基本感觉运动过程和反射的生理学；（2）特定的机能是否能够被“定位”在大脑的不同区域的问题；（3）神经系统的基本单元即神经元的性质。本章将以对卡尔·拉施里有关皮层在学习中作用的研究的描述作为结束。原始资料摘录引自布罗卡著名的“坦恩”的病案史。这个病例帮助确立了确定大脑机能的临床法。阅读完本章之后，你应该能够：

■ 说明启蒙思想如何促成了心理学能够成为科学的这一观念的产生

■ 描述并解释怀特的反射动作研究的重要性 55

■ 描述并解释贝尔—马戎第定律的重要性及得出这一定律的研究

■ 描述神经特殊能说

■ 描述赫尔姆霍茨的神经冲动速度研究及其与生机论—唯物论问题的关系

■ 描述赫尔姆霍茨对视觉、听觉和知觉问题的贡献

■ 描述颅相学的基本原理，解释为什么它根本不符合科学规律，并解释它流行尤其是在美国流行的原因

■ 描述损毁法的逻辑，并说明弗卢龙如何利用它来质疑颅相学

■ 描述临床法以及它如何使人了解大脑机能的两个不同的实例

■ 描述电刺激法和它产生的结果

■ 描述神经元理论和导致得出突触一定存在的结论的研究

■ 描述拉施里对学习与大脑的研究，他的整体活动与等功原则以及与弗卢龙得出的结论的相似之处

启蒙时代的英雄科学

正如上一章讨论的，标志着文艺复兴结束的年代具有从依赖权威作为真理的源泉向依赖科学的方法论和人类的理解能力逐渐转化的特征。培根、伽利略、哈维和笛卡儿反映了 17 世纪初的这种转变。艾萨克·牛顿爵士在 17 世纪后半期巩固了这种变化。随着他的《数学原理》于 1687 年出版，严肃的思想家开始想当然地认为，通过科学的方法和理性的公正运用可以获得客观真理。由于科学和理性开始被看做是摆脱蒙昧黑暗的唯一有效的途径，因而这一时期被称做启蒙时期（Enlightenment）(Appleby，Hunt & Jacob，1994)。像牛顿一样的科学家成为英雄人物，通过将科学的方法论运用于他们的研究来探究宇宙的“客观真理”。上一章提到了牛顿对哲学家的影响——牛顿将光分析为基本组成部分以及他的万有引力理论影响了英国的经验主义者，他们试图对心灵进行类似的分析，并且将联想看做类似地球引力的力量。

启蒙思想甚至扩展到了政治领域。美国的缔造者对科学充满热情并且颇有见地，本杰明·富兰克林对电学理论做出了重要的贡献，包括发明了避雷针。在提出政府的行政、立法和司法部门之间的权力平衡的观念时，宪法本身借用了牛顿的平衡概念（Cohen，1995）。

启蒙运动在 18 世纪后半期达到了其影响的巅峰，但它的整个思想在 19 世纪仍具有强

大的力量，并延续至 20 世纪。到 19 世纪早期，信仰科学似乎产生了效益，它以最终引起
56 工业革命的那种技术革新的形式表现出来。因此，科学似乎必然会导致进步，而科学家被看做是完全客观的，他们仅仅是在寻找真理而没有以任何形式强加自己的价值，并且通过源自他们科学的发明来改善社会。在出现诸如能“有效地”减少集中营的人口的毒气和原子弹之类的技术革新之前，一直没有开始提出有关科学是否可能是完全客观的和价值中立的以及科学发现是否必然意味着进步这样重要的问题。然而，在这一时期，当心理学的科学方法的观念在像英国经验主义者那样的哲学家的头脑中成形的时候，作为英雄的科学家的模式处于支配地位。如果科学思维和人的理性能够使物理学和化学摆脱偏见，为什么不能使生物学摆脱偏见？如果生物学可以，为什么心理学不可以？

19 世纪中叶，科学心理学从第 2 章考察的哲学问题和本章将要描述的对神经系统的研究中逐渐形成。试图“阐明”感官和神经系统实际上如何工作的生理学家发展了方法，并且产生了与约翰·斯图尔特·穆勒这样的哲学家提出的关于人类知识的本质与来源的认识论问题直接有关的发现。哲学与生理科学的这种动态结合创造了一种氛围，“科学的”心理学从中产生或许就是一种必然。

感官生理学

从笛卡儿的时代起，科学家一直对神经系统活动的性质感兴趣。大多数的进展都来自试图解决大脑与神经系统损伤问题的医学界，大脑与神经系统损伤在 18 世纪中期的两次欧洲战争和 18 世纪下半期美国独立战争与法国革命中是很普遍的。在消毒外科手术和抗生素药物发展前的很长时间里，绝大多数头部受伤的人都死于感染。然而，活下来的许多人成为增加我们大脑和神经系统知识的研究个案。

令人感兴趣的一个问题是，大脑是不是意识的中心和随意动作的控制者。被斩首的士兵仍然表现出手臂和大腿的运动，提出了死后多长时间意识会离开身体以及意识位于何处的问题，利用法国著名医生约瑟夫·伊格纳斯·吉约坦（Joseph Ignace Guillotin）发明的装置执行的死刑对这一问题进行了直接研究。现在以他的名字命名的这个装置被认为是对使用斧头处决身材魁梧且毛发浓密的人的一种绝妙的改进，因为使用斧头处决犯人时，刽子手有时需要试几次才能完成将头身分离的可怕任务。虽然断头台干净而快速，因而被认为是人道的，但是处决后身体会继续抽搐一会儿。眼睛的转动和脸部肌肉的颤动也能够被看到。砍头后某种水平的意识会继续存在吗？如果是这样的话，那么这个装置或许终究不是那么人道的。19 世纪早期，西奥多·比斯考夫（Theodor Bischoff）研究了这一问题，他准备在犯人被处决后立即对被砍掉的头颅进行试验。比斯考夫推论认为，如果意识继续

存在，那么应该能够对刺向它眼睛的手指、放在它鼻子下面的嗅盐以及在它耳边所讲的“宽恕”一词作出可预知的反应。比斯考夫进行了所有这些试验，但遗憾的是，头颅没有表现出任何反应（Fearing，1930）。他得出结论认为，意识在犯人被处决的那一刻就终止了，因而支持了意识位于大脑之中的理论，同时消除了断头台投资者的疑虑。因此，死后出现的肌肉抽搐是与意识无关的不随意动作。然而，它们为什么会发生的问题毕竟仍然没有解决，导致了对基本反射动作的性质和脊髓在这些活动中的作用进行深入研究。 57

反射动作

19世纪之前，苏格兰爱丁堡（Edinburgh）的罗伯特·怀特（Robert Whytt，1714—1766）（发“White”的音）对反射的研究做出了最重要的贡献。怀特是其所处时代最主要的神经病学家，他因对不随意反射的生理学研究而主要为心理学史学家所知，但他也有充分的理由在儿科医学史上享有盛誉，因为他是第一位充分描述结核性脑膜炎的人（Radbill，1972）。关于反射，怀特于1751年出版了《动物维持生命和其他的不随意运动》一书[①]，该书是他多年研究脊髓在间接反射动作中的作用的成果。这本书第一次广泛地论述了以实验研究为基础的反射（Fearing，1930）。通过研究被砍头的动物（主要是蛙），怀特能够证明，腿部肌肉以可预知的方式对物理刺激作出反应。捏一只无头蛙的大腿会产生一种真实的肌肉收缩。另一方面，如果腿部神经与脊髓之间的联系被切断，那么这些“不随意运动”就不会出现。因此，怀特证明，脊髓在反射行为中具有明确的作用。

怀特区分了随意活动与不随意活动，前者受意志控制，活动源于并需要未受损伤的大脑，后者则由脊髓控制。随意与不随意之间的控制以及它们的连接都是由习惯形成的。因此，以随意形式开始并受意志有意识控制的活动，当它们经过足够多次的练习时就变得与反射相似。正如怀特指出的：

> 通过常规和习惯，我们不仅可以获得一种比我们惯常更容易从事某种活动的能力，而且，随着这种能力的增长，我们更少地意识到活动内部具有的任何心理成分或相关的东西。（引自Fearing，1930，p.79）

怀特还指出，习惯形成的一个结果是，仅有刺激的观念有时也足以引起反应。在将会使你想到伊凡·巴甫洛夫的一节中（第10章），怀特用最终被称做条件反射的两个日常的例子说明了这一点：“因此，看到或只是想到美食，就会引起一个饥肠辘辘的人口中唾液的不寻常分泌；看到一个切开的柠檬在许多人身上产生了同样的效果”（引自Fearing，1930，p.80）。

---

① 怀特是与大卫·哈特莱同时代的人，并且在哈特莱的《对人类及其身体结构、责任和期望的观察》问世刚好两年之后出版了他的著作。你会回想起哈特莱超越了哲学的论述，并试图借用“振动”来解释神经系统。怀特似乎没有受到哈特莱的直接影响，但两个人都关注神经系统的事实表明了这一主题对于那时的知识分子的重要性。

怀特证明的这种反射的存在需要区分某一反应的感觉成分与运动成分，它反过来表明，某些神经可能是用来传递感觉信息的，另一些则将信息传递到肌肉，指挥它们运动。感觉神经与运动神经之间的这种区别由差不多同一时代在不同国家工作的两位科学家的研究而被证实。

贝尔—马戎第定律

正如你从第1章回想起的，“多重性”指的是两个或更多人在同一历史时期作出同样的发现，但却是彼此独立获得的这一事实。E. G. 波林（1950）用这个概念来支持他的观点，即时代精神有助于决定科学家在特定历史时代的活动和思考方法。贝尔—马戎第定律有时被用做多重性的一个例子——两个在不同实验室（本例中是不同的国家）工作的科学家大约在同一时间，而且在不知道另一个人的研究的情况下获得了相似的结果。然而，在贝尔和马戎第的例子中，情况并非真的那样简单，在他们随后多年的研究中，出现了有关优先权的不愉快的争论。历史的判决是，应该将这一发现归功于马戎第，他的研究更加系
58 统，并且他在一本杂志的公开论坛上发表了他的发现。贝尔的研究虽然比马戎第的早出现了几年，但是以非公开的小册子的形式发表的，传播的范围有限，而且，更多地以来自解剖学的推论而不是真实的实验为基础（Sechzer，1983）。而且，马戎第彻底弄清楚了这个问题；而贝尔则没有。贝尔的名字被与马戎第的名字并列在一起，更多的是对在政治上具有影响力的贝尔的公开叫嚣及其同样吵嚷着的朋友的一种妥协，而不是因为他的研究的质量。

弗朗西斯·马戎第（Francois Magendie，1783—1855）成长于法国大革命的动荡年代，他的父亲是一位外科医生，在政治上是一位致力于推翻法国君主制的积极的“共和党人”。由于没有受过多少正规的教育，马戎第利用父亲的权势成为巴黎医院的一名学徒，在那里，在他16岁还未成年时，他就承担了制作解剖标本的任务（Grmek，1972）。在成为一名医学院的学生并于1808年获得学位后，他很快赢得了质疑支持用推理法收集“事实”来建构理论的有才华的科学家的声誉。他曾经这样描述这种培根式的态度：“我把自己比做一个拾破烂的人：手里拿着钉着钉子的木棍，背上背着篮子，我穿过科学的领地，拾起我所发现的东西”（引自Grmek，1972，p. 7）。

1822年，马戎第发表了一篇三页纸的论文，总结了脊髓后根和前根研究的结果。从其较早的解剖分析中，他了解到，神经纤维在结合在一起之前成对地离开脊髓，一种类型的纤维是后根，距离皮肤表面较近，另一种（前根）距离身体内部较近。不同的结构表明不同的机能，马戎第的研究旨在确定这些机能。

用一只6周大的狗作为被试，马戎第暴露它的脊髓并切断后根纤维（即那些距离表面较近的），同时使脊髓保持完整。他缝合了伤口并在其恢复后观察这只动物。正如他所描述的：

> ……我不知道这个手术将会产生什么。……最初，我认为与被切断的神经相对应的四肢将会完全瘫痪；它对刺痛和剧烈的按压没有感觉，而且，它似乎不会动；但很快使我大吃一惊的是，我清楚地看到它动了，尽管仍然完全没有感受性。(Magendie，1822/1965，p. 20)

因此，后根控制感觉，当它被破坏时，动物仍然能够移动四肢，但是其中没有任何感觉。接着，马戎第切断了另一只动物的前根，这是一项需要高超外科技术的任务。因为前根位于后根的下面，所以在不损伤后根的情况下接触到前根是很困难的。然而，马戎第设计出一种成功的步骤，并设法干净利落地切断了前根（而贝尔从未完成这一任务）。结果很清楚："没有任何可怀疑的东西；四肢完全不动并且是松弛的，尽管它保留了明显的感受性"(Magendie，1822/1965，p. 20)。因此，概括地说，现在以贝尔-马戎第定律（Bell-Magendie Law）为人所知的马戎第的发现是，脊髓的后根控制感觉，而前根控制运动反应。这是一项重要的发现，因为它为进一步研究反射的两个方面，即感觉和运动提供了解剖学的基础。而且，这种区分表明，神经在单一的方向上传递信息，并且脊髓中存在着不同的感觉与运动通路，大脑中或许存在着不同的感觉与运动区域。

关于查尔斯·贝尔（Charles Bell，1774—1842）爵士，他的《脑的新解剖学：供他的朋友参考》写于马戎第的著作出版前11年，但它私下里仅仅被分发给不超过100位同事。然而，贝尔是一位杰出的英国解剖学家，他结交了许多有权势的朋友，当马戎第的著作出版时，他们联合发动了一场反对马戎第的运动，指责这位法国人对动物所做的每一件残忍的事（马戎第进行试验时，醚还没有被发现，因此外科手术必定会使幼小的狗感到疼痛）都是对贝尔最初发现的不必要的重复。贝尔尽量更改了他较早著作中的一些措辞，并将其再版以清楚地表明他比马戎第早了10年（Gallistel，1981）。然而，马戎第不知道贝尔的 59
研究，包括脊髓的解剖学分析和对一只"被打晕的野兔"的实验。贝尔因断定后根和前根具有不同的机能而值得称赞，但是他错误地认为，两种根都具有某种感觉和运动机能，并且主要是根据它们与小脑（后根）和大脑（前根）的联系来对它们进行区分（Sechzer，1983）。

马戎第本人遭受到了从英吉利海峡那一边传过来的抨击和公开侮辱，当他听说贝尔的研究时，他承认它的价值，但拒绝让出发现感觉与运动机能之间重要（且正确）的区别的优先权。尤其是，尽管承认贝尔关于分离脊髓前后根的方法以及发现前根比后根更能影响"肌肉的收缩性"的优先权，但马戎第坚定地宣称，"就已经证实的这些根具有不同的属性、不同的机能以及前根控制运动而后根控制感觉来说，这一发现属于我"（引自Grmek，1972）。

神经特殊能

贝尔1811年的小册子的另一个特点是，他认为，不同的感觉神经具有不同的"质"。

因此，“两种不同的感觉神经产生了一个印象，虽然使用了同一种工具，但是将产生两种不同的感觉”（Bell，1811/1965，p. 24）。例如，贝尔指出，舌头上的“乳头状小体”，其中一些传递味觉，另一些传递触觉。当用锐利的钢针轻触触觉的乳头状小体时，产生的感觉是一种“尖利感”。然而，当用同样的针轻触味觉的乳头状小体时，产生的感觉是一种“金属的味道”。类似地，如果两种不同类型的刺激作用于一种神经，那么被经验到的感觉将由被刺激的感觉神经的类型决定。因此，光波刺激视神经产生视觉，但按压一侧的眼球也会产生闪光的感觉，根据贝尔的观点，当外科医生的注射针刺入白内障患者的眼睛时，他们通常报告看到了火花。

贝尔的这个观点最终以神经特殊能（specific energies of nerves）说为人所知，并且尽管贝尔 1811 年的文章从年代上看又一次具有优先性，但是赞誉却给予了别人，这次是给予了 19 世纪前半叶德国最主要的生理学家约翰内斯·缪勒（Johannes Müller，1801—1858）。缪勒是首位曾被任命为柏林大学即德国最早的大学的“生理学”教授的人，他疯狂的工作进度与几段长时间的严重的抑郁相互交替。缪勒详细阐述了特殊能说，并比贝尔更充分地发展了这一学说。除了提出不同的感觉性质的观点之外，缪勒还主张，通过知觉我们不能直接意识到外部世界；相反，我们只能够意识到我们神经系统的活动，它将世界的信息传递给我们。因此，我们关于世界的知识受到了神经生理机能的过滤。

神经特殊能说最终被更多地与缪勒而不是与贝尔联系在一起，主要是因为缪勒用这个名称命名了它，并将其作为他的大部头的（8 卷，总页数超过了 1 600 页）《人类生理学手册》中的 10 条相关原则加以阐述，该书最初于 1840 年问世。它是 19 世纪中叶权威的生理学教科书，并且它的权威性确保了缪勒而不是贝尔的名字与这一学说联系在一起（Boring，1950）。[①]

赫尔姆霍茨：生理学家的生理学家

如果缪勒是 19 世纪前半叶最主要的德国生理学家，那么在 19 世纪后半叶，这项荣誉应该归属于他的一位追随者赫尔曼·冯·赫尔姆霍茨（Hermann von Helmholtz，1821—1894）。在赫尔姆霍茨逝世后不久，另一位著名的德国生理学家卡尔·斯顿夫（Carl
60 Stumpf）称赞他是最认真负责地搭建“今天成百上千的研究者从上面来回走过的生理学与心理学之桥”的人（引自 Turner，1972）。赫尔姆霍茨成为 19 世纪视觉和听觉感觉系统方面的权威，提出了仍被认为至少部分是正确的理论。他还提供了神经冲动速度的简单验证，为心理学使用最持久的一种方法即反应时铺平了道路。尽管取得了比 19 世纪任何其

① 缪勒认为，他的地位在他著名的《人类生理学手册》出版后到 19 世纪 50 年代中期时已经降低了。他确信，他作为一位多产的科学家的岁月结束了。这使他陷入到了最终的抑郁之中，他的一些朋友几乎都认为，他 1858 年逝世根本不是有意过量服用吗啡造成的（Steudel，1972）。

他的生理学家更多的成就，但实际上他真正喜爱的是物理学，对物理学他也做出了独创性的贡献！

赫尔姆霍茨 1821 年生于德国波茨坦（Potsdam）一户中等家庭（他的父亲是一位教师）。他很快在当地的大学预科（高中）中作为一颗学术之星而崭露头角，在那里他对物理学产生了持续终生的爱好，但经济上的困难阻碍了他进入大学。然而，政府为学生提供了进入柏林医学院的全额奖学金，赫尔姆霍茨抓住了这个机会，即使它意味着要保证在军队的医疗队中服务 8 年（完成 5 年的学业之后）。1838 年，他动身前往柏林，在那里他用 4 年时间完成了 5 年的学业。在进入医学院的同时，他还在柏林大学非正式地跟随著名的约翰内斯·缪勒学习。赫尔姆霍茨很快融入了缪勒的核心圈，并与注定会成为德国科学界领袖的其他三位学生恩斯特·布吕克（Ernst Brücke）、艾米·杜波伊斯·雷蒙德（Emil du Bois Reymond）和卡尔·路德维格（Karl Ludwig）发展了终身的友谊。

尽管缪勒是其时代最主要的生理学家，但是在 19 世纪 40 年代他已经受到了来自他的学生的挑战，尤其是关于生机论（vitalism）与唯物论（materialism）的问题。缪勒认为，除了组成生理系统的物理和化学成分外，还存在一种不能被进一步还原的“生机”或生命力。这是一种具有深刻根源和明显的神学含义的观念。与生机论相对的是一种也具有长期的历史，但在 19 世纪变得特别突出的观点——唯物论（参见第 2 章，pp. 38 - 40）。根据这种观点，生机是一种虚构的东西：有形的物质是唯一的实在，一切有机体都能够被还原为运用科学方法最终将被理解的物理的、机械的和化学的过程。该运动无疑是与这一时期科学中出现的进步相适应的。缪勒的学生们被赫尔姆霍茨团结在一起，他们都是具有年轻人（所有人都不到 30 岁）的全部热情与信心的忠实的唯物论者，并且都对支持唯物论观点的生理学做出了重要的贡献。

在 1842 年获得医学学位之后，赫尔姆霍茨开始了他的军队外科医生的工作，同时与柏林保持着联系。正是在这一时期他做出了其持久贡献中的第一项贡献，它同时反映了赫尔姆霍茨对物理学的热爱及其拥护唯物论生理学的愿望。这是一篇阐述能量守恒（conservation of energy）定律的数学基础的论文，最初于 1847 年提交给了柏林科学协会，然后在被一份重要的杂志拒绝之后私下里发表（Warren，1984）。赫尔姆霍茨在今天被认为是物理学中的一条重要原理的创立者之一，该原理指出，即使一个系统内发生改变，该系统中总的能量也会保持不变。对赫尔姆霍茨来说，这个原理是与生机论进行斗争的重要武器。因此，他主张，身体热能与肌肉力量可以通过伴随消化过程的氧化过程中积累的化学能来解释——没有必要提出一种能够创造其自身能量的特殊的生命力。他通过证明肌肉收缩产生了可测量的大量热能来支持自己的论点（Turner，1972）。

神经冲动速率的测量

在被提前免除了在军队所承担的义务之后，赫尔姆霍茨于 1849 年受聘于哥尼斯堡

(Königsberg) 大学，他在那里待了 6 年。[1] 正是在这一时期，他完成了一系列的研究，它
61 们对于反射的研究具有重要的意义，并且为将成为实验心理学每个实验室的重要特征的反应时方法论奠定了基础。

当赫尔姆霍茨在 19 世纪 50 年代早期开始研究神经冲动速度问题时，冲动具有电性质已为人所知。18 世纪已经提出了一种电学理论，而且，包括赫尔姆霍茨持唯物论的朋友杜波伊斯-雷蒙德在内的几位科学家已经证明，神经能够传导电流使肌肉颤动。像缪勒这样的权威们认为，神经冲动可能是瞬间的或者至少它太快而不能予以测量，但是杜波伊斯-雷蒙德 1850 年的一项研究表明，冲动以一种比纯电流传导更慢的电化学过程沿着神经传播。如果是这样的话，那么冲动速度或许能够被测量。赫尔姆霍茨通过从蛙腿中分离出运动神经和相连的肌肉继续这项研究。他接着在与肌肉相距不同的几个点用电刺激神经，并记录从刺激到反应的时间。知道距离和时间，很容易就能计算出速率（速率＝距离/时间）。平均大约每秒 90 英尺（或者每小时恰好 60 多英里），与所估计的接近光速相比要缓慢得多。赫尔姆霍茨还通过证明人类被试的脚趾比大腿受到刺激时反应时间更长来估算感觉神经中的冲动速率。

对赫尔姆霍茨来说，这项研究的意义是明显的。它提供了更多的证据证明，生机论是错误的，唯物论是正确的。生机论者主张，意识决定移动手臂与手臂的运动是同时发生的，但是赫尔姆霍茨已经证明，这个事件花费了可测量的一定数量的时间，这是一个与神经活动包括物理的物质实体的运动的观念相一致的结论。在赫尔姆霍茨看来，这个结论足够了：他对反应时概念的任何进一步的应用不感兴趣。是其他人将这一概念发展成一种测量各种心理活动时间的技术。这个故事将在下一章讲述。

赫尔姆霍茨论视觉和听觉

在哥尼斯堡期间，赫尔姆霍茨还开始研究视觉和听觉生理学，并且发明了一种使他在眼科医生中出名的工具：检眼镜（ophthalmoscope），它是一种直接检查视网膜的仪器。他对视觉的研究以厚达三卷的《光学生理学手册》而达到顶峰，该书的出版从 1856 年到 1867 年历时 11 年多。在同一时期，他两次搬家，第一次移居波恩（Bonn），然后又移居海德堡（Heidelberg），他在海德堡度过了其人生中最多产的 13 年（1858—1871）。

赫尔姆霍茨被人们铭记或许是因为他详细阐述了最初由英国科学家托马斯·扬（Thomas Young）在 19 世纪初提出的色觉理论。该理论被称做扬—赫尔姆霍茨理论，或如赫尔姆霍茨所称的三色说（trichromatic theory），有时它被认为是多重性的另一个例子。三色说以颜色匹配实验的事实为基础。如果你将红色聚光灯照在墙上，然后照射绿

---

① 拥有与权贵有关系的朋友绝不会有害处。当赫尔姆霍茨在柏林的一个朋友布吕克离开那里的职位到维也纳（西格蒙德·弗洛伊德将是他在这里杰出的学生）接受一个职位时，哥尼斯堡的这一职位被空出来。哥尼斯堡的职位先是提供给了杜波伊斯·雷蒙德，他拒绝了，显然又推荐给了赫尔姆霍茨，他接受了（Turner，1972）。

光，使它与红光重叠，那么重叠区域的颜色将“混合在一起”，并看到一种新的颜色即黄色。扬和赫尔姆霍茨都证明，通过将三种颜色：红、绿和蓝的不同组合混合在一起可以产生与任何其他单一颜色相匹配的颜色。以此为基础，他们得出结论认为，眼睛一定含有三种不同的颜色感受器，分别对应于红、绿和蓝（或紫）这些所谓的原色。特定波长的光线被认为在不同程度上刺激了这些感受器，产生了某种颜色知觉。用赫尔姆霍茨的话说：

> ……假定图3—1中光谱的颜色按照它们固有的顺序被从红到紫水平地进行划分，三条曲线可以近似地表示三种纤维受刺激的程度，第一条表示红感觉纤维，第二条表示绿感觉纤维，第三条表示紫感觉纤维。
>
> 纯红色光强烈地刺激红感觉纤维，其他两种纤维则受到微弱的刺激；产生了红色感觉。
>
> 纯黄色光以中等强度刺激红感觉纤维和绿感觉纤维，紫感觉纤维受到微弱的刺激；产生了黄色感觉。 62
>
> 纯绿色光强烈地刺激绿感觉纤维，其他两种纤维则受到极其微弱的刺激；产生了绿色感觉。
>
> ……当所有纤维受到差不多同等程度的刺激时，产生的感觉是白色或灰色。(Helmholz，1860/1965，p. 42)

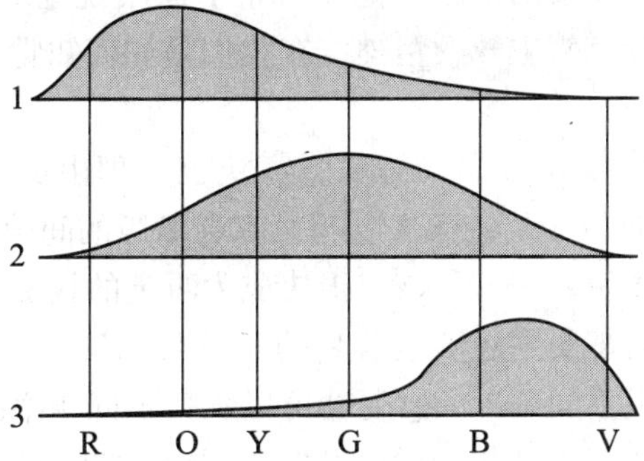

图3—1 赫尔姆霍茨提出的三种颜色感受器的相对感受性，引自他的《光学生理学手册》。

尽管赫尔姆霍茨的图3—1是一种假设，但它与现代所谓的光谱感受性曲线中所描述的数据非常近似。因此，三色说在许多年里一直有效，至少是部分有效。然而，它不能解释某些能够被其他理论很好地解释的颜色现象，其中最著名的是埃瓦尔德·赫林（Ewald Hering）的理论，它被称做拮抗过程理论（opponent process theory）。赫林提出，颜色感受细胞被设计用来对拮抗的成对颜色（即红—绿、黄—蓝、黑—白）作出反应。例如，看到红色时，赫林提出红—绿感受器中存在一种化学分解，他称之为“分解代谢（catabolic)”过程。看到绿色，产生一种“合成代谢（anabolic)”或聚集过程。如果红和绿两种颜色混合在一起，赫林认为，两种过程将彼此抵消，产生灰色知觉。三色说的问题之一是，它断言患有严重的红—绿色盲的人严格说来根本不能看到黄色。根据赫尔姆霍茨的观点，黄色依赖于对正常发挥作用的红色和绿色纤维的刺激，对患有红一绿色盲的人来说，两种纤维都存在着缺陷。然而，这样的人确实看到了黄色。而且，颜色后像现象似乎更适合赫林的而不是赫尔姆霍茨的模型。注视一个红色的正方形 1 分钟左右，然后将注视点转向白色的表面，后像会以绿色正方形的形式短暂地出现。黄色和蓝色以类似的方式互补。今天，色觉理论包含有两种理论的元素。扬—赫尔姆霍茨理论的观点在视网膜水平上的应用令人满意——似乎确实存在着三种不同的锥体，每种锥体最大程度地对应三色说的三种颜色：红、绿和蓝。至于赫林理论，他的个别感受器中的合成代谢和分解代谢过程没有获得支持，但是在视觉通路的许多部分似乎确实存在着拮抗的成对细胞。例如，在视网膜与视觉皮层之间中部附近的外侧膝状核中存在着一些细胞，每当向视网膜呈现红色时，它们就被迅速地激活；但呈现绿色时，它们就会被抑制。除了这些红＋绿－细胞外，外侧膝状核中还包含有红－绿＋、蓝＋黄－和蓝－黄＋细胞群（Goldstein，1996）。

色觉仅仅是赫尔姆霍茨视觉研究的很小的一部分。例如，他对物理学的喜爱使他考察了光学的基本问题：光线是如何被集中于视网膜的？因而，他对光线是如何被集中的提供了一种系统的分析，通过角膜和调节（accommodation）过程，在此过程中晶状体的形状发生变化，以改变不同距离物体的焦距。他还考察了双眼视觉（binocular vision）操作产生的深度知觉，并且按照贝克莱主教的精神，在我们是如何知觉空间物体的问题上采取了一种强烈的经验主义立场。

即使将他的专长限制在视觉方面，赫尔姆霍茨也有理由成为著名的人物。然而，在 1863 年，即他的《光学生理学手册》第 2 卷与第 3 卷出版的间隙，他还出版了《作为音乐理论的生理学基础的声觉学说》一书，该书很快成为听觉的权威教科书。今天它仍然在被
63 使用。在这本书中，赫尔姆霍茨阐述了他著名的听觉共鸣说（resonance theory)，该学说提出，借助位于耳蜗基底膜不同位置的感受器可以觉察不同频率的声音。

值得注意的是，色觉的三色说与听觉的共鸣说是对缪勒的神经特殊能说的详细阐述。但是，缪勒为五种基本感觉中的每一种提出了一种单一的特殊能，赫尔姆霍茨的理论则相当于为每种感觉提出了不止一种特殊能：色觉有三种，听觉有多种。

赫尔姆霍茨与知觉问题

作为一位物理学家，赫尔姆霍茨习惯于在自然界中寻找精确性。因此，他对所谓的知觉问题（problem of perception）感到困惑。一方面，人类的视听感觉系统看起来好像具有异常强大的力量。另一方面，用来传递这些感觉的结构似乎存在着可怕的缺陷。例如，赫尔姆霍茨注意到，在视觉中，角膜的畸变会使光波变形，眼睛中的液体会扭曲形状、运动和颜色知觉，而且最糟糕的是，当光线到达视网膜时，它必须穿过几层血管和神经纤维

才能到达感受器。赫尔姆霍茨曾说过"……如果一位眼镜商想卖给我一副带有所有这些瑕疵的眼镜，我想我会用最严厉的话理直气壮地谴责他的粗心，并且将眼镜退还给他"（引自 Warren，1984，p. 257）。听觉中存在类似的问题。

假定这样的设计存在着缺陷，赫尔姆霍茨问道，用什么来说明知觉的质量呢？他认为，答案可以在神经特殊能说和传统的经验主义哲学中找到。因此，由于我们的神经系统位于现实与心灵之间，我们只能间接地意识到外部世界。作为结果，他认为，经验的作用对知觉来说必定是重要的。感觉系统处理的原始信息本身是没有意义的，而只有当感觉事件的特殊结合与特定结果联系在一起时，它才具有意义。例如，考察对位于不同距离的物体的知觉。根据赫尔姆霍茨的观点，我们以与距离有关的各种线索的过去经验为基础，对距离作出他所谓的潜意识推理（unconscious inference）。例如，当一个人距离我们更近的时候，视网膜像变大，但我们知觉这个人距离我们更近，而不是更大。赫尔姆霍茨会说，因为我们通过经验知道，当人接近或远离时，他不会长大或缩小，所以我们从逻辑上（即我们潜意识地推理）得出结论认为，人肯定是距离更近了。所有这些发生得非常快，并且没有被我们意识到，因此使用了"潜意识"推理这一术语。

尽管青少年时体弱多病，但赫尔姆霍茨晚年很健壮且精力旺盛。例如，他特别喜爱爬山，并且常常徒步攀登阿尔卑斯山（Wade，1994）。这种经验使他产生了一个概括其科学研究方法的比喻。他最终建构的理论的精致性与开展研究的日常过程的杂乱和无法预知性之间形成了对比。为了解释他是如何做的，他把自己比做：

> ……一个不认识路的阿尔卑斯山的攀登者，他缓慢而艰难地向上攀登，并且常常被迫原路返回，因为前进的道路被阻塞了；有时通过推理，有时出于偶然，他找到了一条新路，再次引导他前进一点；最终，当他到达目的地的时候，他发现，令他恼怒的是，他可能错过了上山的捷径，假使他足够聪明，能够在开始时就发现正确的出发点多好。在我的自传中，我当然没有给读者描述我的曲折的道路，而是描述了现在他可以毫无困难地到达峰顶的已走出来的路。（引自 Warren，1984，p. 256）

1871年，赫尔姆霍茨在50岁时离开海德堡前往柏林，那里给他提供了一个受人尊敬的物理学教授的职位。因此，在其职业生涯的最后阶段，他回到了最初喜爱的物理学领域。他广泛地游历，甚至在1893年在芝加哥举办的世界博览会上作为德国科学界的代表参观了美国。在归航途中，由于从一段楼梯上摔下来，他患上了严重的脑震荡，并延长了他的复视①。第二年，他因大脑出血逝世。

---

① 在医学上指眼睛的散光现象。——译者注

64

脑机能定位

除了感官生理学知识的进展之外，19 世纪的科学家还探究了大脑的性质，并且争论了定位问题。甚至对大脑表面的目视观察也显示出某些明显的结构差异。很明显，存在两个大脑半球，皮层可以进一步再分成许多隆起（脑回），小脑与大脑分离，并且位置较低的脑区，即脊髓的延伸部分有其自身特有的形状和特征。科学家们难免会很自然地假设，存在着与这些结构相对应的机能差异，并且由此提出了机能定位（localization of function）问题。大脑中不同的位置在多大程度上对应着不同的生理和心理属性？也就是说，能够多准确地描述定位？答案是非常准确还是完全不准确取决于正被研究的大脑的区域。

加尔和施普茨海姆的颅相学

颅相学家提出了第一个重要的定位理论，并且他们给出的这个问题的答案恰好是“非常准确”。根据颅相学（phrenology）的鼓吹者的观点，人的“官能（faculties）”能够在大脑的精确限定区域被确定或定位。颅相学是作为一种试图研究大脑机能的合法的科学开始的，但是它逐渐蜕变成 19 世纪伪科学的最好的例证。当今天的心理学入门教科书对其进行描述时，常常把它讥讽为奇异的科学死胡同，在这里，庸医通过查看某人头颅的隆起来解释性格。实际上，这个故事要更加复杂得多，并且美国心理学的许多特征都根植于颅相学运动。

颅相学的起源可以追溯到受人尊敬而怪异的维也纳医生和比较解剖学家弗兰茨·约瑟夫·加尔（Franz Josef Gall，1758—1828）。加尔出生于德国蒂芬布罗恩（Tiefenbronn）一个极其虔诚的天主教家庭——他的父母设想他有朝一日能够成为一位牧师。相反，他的大脑理论被认为是反宗教的，他的著作被教会查禁，有关他个人的生活可以讲得最恰当的一句话是，他简直是不从习俗的，并且在 1828 年他逝世时，被拒绝举行宗教葬礼（Young，1972）。加尔早年决定从事医学职业，并且于 1785 年在维也纳获得医学博士学位。尽管他因向那些希望观看他进行外科手术的人收费而受到批评，并且他的大脑机能理论备受争议，但是加尔在那里成功地开业行医，并成为一位熟练的解剖学家。在他的公开演讲和外科演示被禁止以后，据说是因为提倡有伤风化的行为和无神论，他在旅途中进行演示，并在整个欧洲演讲，直到 1807 年定居巴黎，在那里他一直居住到逝世。

加尔以其精细的解剖学研究确保了在医学史上的地位。他确定了连接两个大脑半球的纤维，并且证实了较早的推测，即某些纤维从大脑一侧穿过到达脊髓的对侧。因此，加尔证实了对侧机能（contralateral function）的概念，即大脑的每一侧控制对侧身体的观点。

加尔还比较了不同物种的大脑结构，并且以令人信服的证据证明，不同物种的心理能力与大脑尤其是皮层的大小和复杂性有关系。他还首次提出，某一特定物种中大脑的脑回具有相同的模式。因此，大脑的表面不是随意乱堆在一起的隆起和凹陷，而是具有可靠的结构。他的解剖学研究无懈可击——著名的法国生理学家皮埃尔·弗卢龙是颅相学最严厉的批评者（下面），然而却报告说，当他看到加尔解剖大脑时，像是第一次看到这个器官一样。包括弗卢龙在内的大多数解剖学家通过从上到下切下一部分来解剖大脑，加尔与他们不同，他从脑干开始解剖，一个一个地移除组织，因而以从顶部开始时不可能具有的精确性找出组织之间的相互联系（Temkin，1947）。

尽管取得了这些显著的成就，但是加尔最著名的还是其独创的颅相学，或他所称的“颅骨学（cranioscopy）”。该理论在历史上是重要的，因为它是第一个重要的脑机能定位理论，并且加尔有理由被认为是第一个主张大脑是心灵的理智和情感成分的器官的人。然 65
而，遗憾的是，加尔确定的是错误的机能，并且将它们置于大脑中错误的地方。此外，他的逻辑与方法也存在着缺陷。

加尔在其人生很早的时候就开始发展他的定位思想——在青年时，他认为他发现了一个人头颅的形状与那个人的某种行为特征之间的关系。例如，他注意到，眼睛突出的同学似乎比他具有更好的记忆力。这种早期的经验使他开始终身寻找轶事证据以支持他的理论。因此，他主张偷窃的冲动源于“财物（property）”，后来被称为“贪得（acquisitiveness）”官能的过分发展，它位于大脑颞叶上部约1英寸和耳朵的前面。根据加尔的观点：

> ……当这些大脑部位高度发展时，它们在头部和颅骨上就会产生突起。……我经常在所有被关押在监狱中的惯偷身上，在所有对偷窃有着不可抗拒的癖好的白痴身上，在所有那些在其他方面具有良好的才智，但对偷窃有着令人难以理解的喜爱，甚至感到不能抵制迫使他们偷窃的激情的人身上发现这种突起。（Gall，1825/1965，p. 218）

加尔的信念最终发展成他的追随者称之为颅相学的理论，颅相学这一术语源自表示心灵研究（心灵学）的希腊语词。该术语是由约翰·施普茨海姆（Johan Spurzheim，1776—1832）杜撰的，他与加尔合作了一段时间，但后来与他决裂了。施普茨海姆是一个最认真负责地在欧洲和美国推广该理论的人。正如在其《颅相学大纲》和其他地方描述的那样，颅相学的主要原理可以归纳为5条：

1. 大脑是心灵的器官。

2. 心灵由许多（约36种）能力或被称做“官能”的属性构成；这些官能中的一些是理智的（认知的），一些是情感的（情绪的）。

3. 每一种官能与特定的大脑部位相连。

4. 对于一种特定的官能来说，一些人的比另一些人的更好，并且那些具有较强的特定官能的人比那些具有较弱的相同官能的人在大脑的相应部位有更复杂的大脑组织。

5. 由于颅骨大致与大脑的形状一致，因此各种官能的力量能够从颅骨的形状中推论出来。

最后一条被称做颅骨说（doctrine of the skull），并且对颅相学家来说，它是测量的关键。如果大脑不同部位的大小和形状反映了官能的力量，并且如果大脑的形状会影响颅骨的形状，那么测量颅骨就可以测量官能。简言之，通过测量其颅骨的形状就可以获知一个人一切重要的方面。图 3—2 展示了具有官能标记的典型的颅相学颅骨。

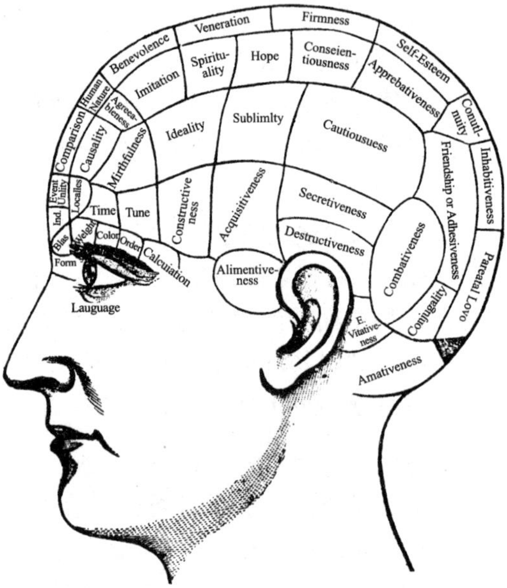

图 3—2　具有官能定位的颅相学颅骨。

在 19 世纪前 20 年里，颅骨学/颅相学是一种确定大脑定位机能的合理的尝试。到施
66 普茨海姆出版他的《颅相学大纲》的时候，已经用肉眼考察了数千个颅骨的形状与性格之间的相互关系，这一年施普茨海姆在前往美国演讲的旅途中逝世（1832）。《颅相学大纲》包括对官能的详细描述，每一种描述都确定了官能在大脑中的位置并提出了一些支持官能的证据。然而，根据严密的考察，证据明显存在着严重的缺陷。正如前面有关财物（贪得）官能所说明的，颅相学家严重依赖轶事证据（anecdotal evidence）。也就是说他们寻找特殊的事例来支持他们的理论。这种方法未必一定有缺陷——收集大量资料，然后寻找一般性结论是一种标准的归纳方法。然而问题是，颅相学家对不能支持其观点的事例不感兴趣。因此，他们的理论不符合真正科学理论的一条重要的标准：必须足够精确地阐述理

论以能够证伪它。但是，颅相学家不会这样做。贪得区很小的小偷或者被忽略，被描述为潜在的小偷（“他会在从现在起的任何一天开始偷窃”），或者用与被认为是缺乏贪得的一种补偿的其他官能相结合而对其进行解释。例如，这个小偷可能被描述成具有很强的模仿（Imitation）和自负（Self-Esteem）官能，这使他通过模仿他的扒手哥哥来维持自己的自我意象，尽管他缺乏“先天的”贪得。或许颅相学拒绝考察反证的最后一个例子是颅相学家在了解到笛卡儿的颅骨在与某些理智官能有关的区域相当小时所作的评论。颅相学家得出结论认为，笛卡儿或许根本就不那么聪明（Fancher，1990）！

颅相学作为一种理论的失败似乎并没有使颅相学家感到烦恼，但其他的科学家很快认识到它具有致命的缺陷，因此，颅相学在19世纪30年代中期被归入伪科学的行列。遗憾的是，它与其他伪科学（例如，分析笔迹来测量人格）具有一个共同的重要特征——普通民众喜欢它。颅相学在19世纪30年代中期后变得大为流行。加尔和施普茨海姆将这种信念传播到整个欧洲，并且施普茨海姆和其他人将其引入美国。

正是在美国颅相学盛极一时。由施普茨海姆引入并由他和其他人传播的这种学说完美地契合了美国的“平民（common man）”文化，尤其是在19世纪中期和后半期（Bakan，1966）。尽管加尔认为，一个人官能的大小是先天特质的展现，但施普茨海姆则主张，环境因素可以影响官能。对施普茨海姆来说，大脑类似于肌肉——它的官能可以通过教育和自助来进行训练和增强。因此，颅相学为美国传统的信念，即任何人不管有无继承遗产，都能够“依靠自己的努力成功”，并且实际上在一生中可以做到任何事（例如，从小木屋走进白宫）提供了一种表面上科学的基础。儿童的将来可以通过控制他们所处的环境和提高他们的教育来塑造，这种充满希望的观念与美国人产生了共鸣。相同的乐观性使行为主义在20世纪20年代在公众中像其一样流行。颅相学还与美国人关于每个人都是一个独特的人，拥有他或她自己特殊的才能的观念相一致。用颅相学的话来说，这变成了每个人都具有他或她自己独特的官能构造，能够用适当的颅相学工具予以测量。因此，颅相学是心理学中持续到今天的一个主要研究主题：寻找确定和测量个别差异方法的早期的一个重要的实例（Bakan，1966）。而且，如果个别差异能够被确定和测量，那么就能够知道一个人的力量和弱点，并且可以向他或她提供职业、择偶等方面的建议。另外，颅相学吸引人的最后一个原因是，它给人一种能够实际用来改善日常生活的希望。

大众对颅相学的喜爱由于纽约福勒和韦尔斯公司的积极推销而被增强。尽管事实上科学家与受过更多教育的群体非常迅速地拒绝了颅相学，但公众似乎从未对其感到厌倦。毕竟，它看起来好像给生活的难题提供了简单的答案。福勒和韦尔斯公司出版了上千本“通 67
过颅相学改善你的生活”的小册子，创办了颅相学杂志，并且出售带有清晰的官能标记的半身像、图表以及测量头颅形状的简易工具等随身用具。正如你可以从视窗中了解到的，颅相学吸引了美国公众的兴趣，一直到20世纪早期。

视窗

颅相学的推销

19 世纪 30 年代早期，当奥尔森·福勒（Orson Fowler）在阿默斯特学院（Amherst College）学习时，他通过检查同学的头颅，每个人 2 美分来赚取零花钱（Joynt，1973）。毕业时，他与哥哥洛伦佐（Lorenzo）和姐姐夏洛特（Charlotte）一起在纽约建立了一座颅相学博物馆，该博物馆以大量收集颅骨、头颅的模型以及其他的颅相学商业工具为特色。入馆免费，但一旦参观者进来后，福勒就会引诱他们花 1～3 美元来做颅相学的评估。当夏洛特与一位名叫萨缪·韦尔斯（Samuel Wells）的医学院学生结婚时，福勒和韦尔斯公司就诞生了。该公司位于百老汇（Broadway）753 号，在波士顿（Boston）和费城（Philadelphia）设有分部，从 1844 年创立到 20 世纪初它垄断了颅相学的生意。

福勒和韦尔斯公司出版了一系列似乎无穷尽的小册子，意欲使颅相学的观点进入每个家庭。他们还创办了一份通俗的《颅相学杂志》，培训并给颅相学者"发证书"。在公开演讲是一种主要的交流方式的时代，他们供养着大批有才艺的公众演讲者来传播颅相学的信仰。为使你对该公司提出的各种主题有一个大致的了解，可以考察下述能够从福勒和韦尔斯公司订购到的小册子和书籍的标题，它在 1881 年 10 月份的《颅相学杂志》上做了广告：

68 表现在头部的一般形状及脸形中的性格的迹象。图表，15 美分。

> 婚姻生活，或者健康的性关系。一篇揭示择偶的规律、胎内影响以及告知谁应该谁不应该结婚的科学文章。1.5 美元；精装版，2 美元。
>
> 多情性（amativeness）；或者过度与反常性欲的疾病与治疗；包括对已婚者和独身者的警告和建议。25 美分。
>
> 职业选择；或者做什么及为什么做。描述了 75 种行业或职业，以及每一种所需要的气质和才能。508 页，1.75 美元。

关于杂志本身，每一期都包含众所周知人物的简短的颅相学描写，有关当时其他热门话题的文章（例如催眠术、唯灵论）以及几乎涉及所有主题的短文（例如，"为什么蜜蜂在黑暗中工作"，"司阍员的道德"）。尽管今天没有什么出版物与《颅相学杂志》非常相似，但每年的老农夫年历（*Old Farmer's Almanac*）以其新英格兰东北部的常识知识介绍而与之存在某种相似之处。

杂志刊登的典型的颅相学文章会描绘某个众所周知的人物的特征，并说明颅相学评价如何"解释"那个人的性格与行为。例如，1873 年第 9 期刊登了一篇有关一个杀死三个人的臭名昭著的杀人犯的文章。下面是一位采访过杀人犯的颅相学者对他的描述：

> 我发现他的头围有 22 英寸，从个性（individuality）到枕叶脊柱有 13.5 英寸，从

破坏性（destructiveness）到头顶部坚决（firmness）上方的破坏性有14英寸。大脑的动物部分支配着所有其他部分。破坏性是其大脑中最大的器官，在耳朵上方的头部高高地隆起。我想，良心（conscientiousness）器官是我曾见过的最小的。……所有的心灵器官都是小而迟钝的，而谨慎（cautiousness）和秘密（secretiveness）器官的大小低于平均水平。

福勒和韦尔斯公司经营了很长时间，但当普通民众更加了解大脑的活动以及当其他的测量方法（例如IQ测验）开始普及的时候，对颅相学的兴趣最终在19世纪将要结束时开始减弱。1911年，《颅相学杂志》出版了最后一期。

弗卢龙与损毁法

颅相学对于美国市井民众来说似乎像是一门真正的科学，但是真正的科学家不会被欺骗。正如前面提到的，科学界在19世纪中期以前完全拒绝了加尔/施普茨海姆的理论。颅相学最大的敌人是法国杰出的生理学家和外科医生皮埃尔·弗卢龙（Pierre Flourens，1794—1867），他有意识地开始证明颅相学家是错误的。他将颅相学归纳为两个主要观点：心灵集中于大脑之中，并且心灵由许多官能组成，每一种官能都位于大脑中特定的位置。在其最初于1843年出版的措辞严厉的《颅相学考察》中，他以讥讽的笔调评论道“关于这两个命题，第一个当然没有任何新意，而第二个或许没有什么正确的东西”（Flourens，1846/1978，p. 18）。

为了证伪颅相学家的主张，弗卢龙采取了一种实验方法，即运用损毁法（ablation）来研究定位问题。尽管他没有创造这种方法，但他将其提高到一种精致的水平，以至于它现在被与弗卢龙的名字联系在一起。在意外的大脑损伤的情况中，弗卢龙切除大脑的特定部位并观察效果（“损毁”源自拉丁语“拿走”或“切除”），而不是坐等自然实验的发生。如果损毁的结果是不能看见的，那么被切除部分的区域或许与视觉有些关系。显然，这种方法需要用动物作为研究被试，弗卢龙对许多物种，如狗、鸽子等进行了实验。

弗卢龙对颅相学的抨击采取了如下的形式，即证明被断定执行X功能的大脑的特定区域实际上执行的是Y功能，并且大脑皮层是作为一个统一的整体而不是作为定位于特定位置的大量器官的集合体而发挥作用的。他研究的中心是小脑。对颅相学家来说，大脑的这个部分控制的是性行为，并且是“多情性”官能的中枢。弗卢龙没费什么力气就证伪了这个观点，相反证明小脑是运动协调的中枢。因此，被切除了小脑的鸽子不能协调翅膀的运动以便飞翔，而狗则不能正常地行走，可以看到它们摇摇晃晃、摔倒，撞到了它们通常能够避开的物体。而且，运动异常的程度与小脑损毁的数量成正比。

作为切除不同数量的大脑皮层的一个结果，弗卢龙在切除的数量与引起的问题的严重程度之间发现了一种相似的关系。然而，他没有发现不同官能位于皮层的特定区域的任何迹象，这样他得出结论认为，皮层作为一个整体起作用，并且执行知觉、智力和意志的一般机能。因此，没有皮层或其大部分被切除的鸽子似乎能够觉察它们周围的世界，但没有
69 任何迹象表明它们具有通过其经验学习的能力，并且除了呆板单调地生活外似乎不能做任何事。没有小脑与没有皮层的鸽子之间的区别是，前者试图飞行，但无法做到，而它永远不会发生在后者身上，因为飞翔是生活中的一种选择。

皮层作为一个整体起作用和能力丧失的数量与损毁程度成比例这两条一般原则，被美国著名生理心理学家卡尔·拉施里的发现所证实和扩展。他将它们分别称做等功与整体活动原则。(拉施里的研究将在本章结束时简要介绍。) 然而，尽管弗卢龙能运用这些原则抨击颅相学以致它永不复生，但至少在科学家的眼中，他夸大了事实。他反对任何程度的皮层定位，这种观点很快被运用不同于损毁法的其他脑科学家证明是不充分的。

临床法

损毁研究的结果往往不容易解释，主要是因为破坏了大脑的一个部分也会影响与之相连的部分，产生往往不能预知或始终一致的结果。而且，损毁研究有时是不可能进行的，如在以人为被试的情境中。由于某种有益的医学原因而系统地切除一个人大脑的一些部分是唯一合理的情况（例如，切断胼胝体来治疗癫痫），但仅仅为了观察发生了什么而破坏人的大脑组织则难以证明它的正当性。① 研究人类大脑机能的另一种方法被称做临床法 (clinical method)。这种方法包括（1）研究脑损伤、偶然事件如中风或疾病的行为与心理后果，或（2）确定具有某种行为或心理障碍的人，并在死后检查他们的大脑。保罗·布罗卡通常被认为是提出临床法的人，我们马上就会介绍他，但在 19 世纪中期有许多著名的临床病例的例子。或许最著名的是关于受人尊敬的佛蒙特州（Vermont）铁路工人菲尼斯·盖奇（Phineas Gage）的。

非凡的菲尼斯·盖奇

1848 年，在炸开岩石准备在佛蒙特州卡文迪什（Cavendish）附近修筑一条新铁路时，盖奇幸免于一场似乎必定会致命的事故。在将一些炸药和一根导火线放入在即将被炸掉的岩石上钻出的孔中以后，盖奇用一根“铁制捣棒”来捣实炸药。由于瞬间的分心，捣棒与孔壁岩石发生剧烈的摩擦，产生了足以引爆炸药的火花。爆炸将铁制捣棒变成了一个飞向空中的发射物，落在了 30 米远的地方，对盖奇来说，不幸的是，他的头位于飞行的路线上。这个发射物正好从他左眼下方插入，并从其左前额上部穿出，将他的左前额皮层的一部分健康组织带了出来（参见图 3—3)。不可思议的是，盖奇仅仅短暂地失去了意识，并

---

① 这种相当明显的伦理学目的对辛辛那提（Cincinnati）的罗伯茨·巴塞罗（Roberts Bartholow）医生不起作用。1874 年，他将电极插入一位不知情的移民家仆的皮层中，她找他是为了治疗已经暴露了她的一部分大脑的溃疡性头皮创伤。中等的刺激使某些肌肉收缩，但当好奇的巴塞罗将电极插得更深并增加电流的强度时，这位不幸的妇女产生了严重的痉挛，并很快死去（Hothersall，1995)。

且当他回到镇上时，就能够走进（被搀扶）医生的办公室。他居然坐在那里并与朋友聊天，直到医生到来，这时距事故发生已过去了大约 30 分钟的时间。他在两个月内充分地恢复了，能够独立地生活[①]，但他再也不能有效地工作，并且他的人格发生了戏剧性的变化。盖奇从一个可信赖的、认真的、受人尊敬的集体领导者（他是铁路工人的领班）蜕变为一个固执、外行、无责任感的令集体感到难缠的人（MacMillan，1986）。

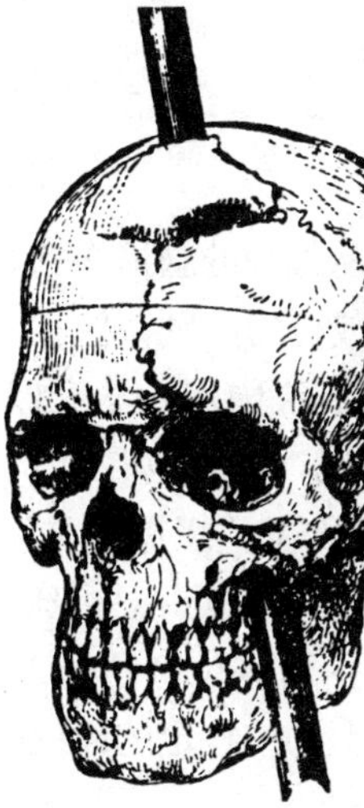

图 3—3　盖奇的颅骨草图，显示了铁制捣棒的位置，引自哈洛的原始医学报告（1869）。 70

盖奇的一位医生约翰·哈洛（John Harlow）信奉颅相学，认为这个病例为颅相学家的皮层定位信念提供了支持。哈洛对这一病例作了详细的记录，并于 1848 年和 1868 年出版了关于盖奇的记录，将这个前额叶损伤的病人描述为这样一个人，在他身上：

> ……他的理智官能和动物倾向之间的均衡或平衡……似乎已经被破坏。他时好时坏，举止无礼，有时纵情于最粗俗的语言（他以前的习惯不是这样），有但很少听从他的伙伴的建议，当与他的愿望冲突时，不能忍受压抑或劝告，有时顽固不化，却又反复无常、犹豫不决，制定了许多将来工作的计划，一安排好后就又把它们丢在了一边。……在他受伤之前，虽然没有接受过学校教育，但他具有明智的心灵，并且被那些认识他的人看做是一个敏锐而聪明的商人，在实施所有的行动计划时都非常积极并且能够坚持不懈。在这一点上，他的心灵发生了根本性的改变，这种变化如此明显，

① 在用抗生素治疗感染之前，每一次他能够活下来都简直可以说是一个奇迹，但他的恢复或许得益于这一事实，即创口提供了一个天然的引流区，使他没有患上几乎必定会致命的那种脓肿（MacMillan，1986）。

以至于他的朋友和熟人都说，他“不再是盖奇了”(Harlow，1868，引自 MacMillan，1986，p. 85)。

因此，盖奇从受伤中活下来的同时，他也被损伤根本性地改变了——大脑损伤使他的人格和行为发生了不可逆转的变化，在他死前的 12 年（37 岁）里，他经历了许多次日益严重的惊厥。今天，可以在哈佛的瓦伦解剖医学博物馆中看到铁制的捣棒和盖奇的颅骨。

原始资料摘录

布罗卡发现言语中枢

在盖奇这个病例中，对哈洛来说，从最初的脑损伤到其所导致的后果来描述事件是可能的。当一位病人表现出某种特殊的心理或行为问题，但在尸检分析之前不能将它与大脑损伤联系起来时，另一种临床病案就出现了。法国神经学家保罗·布罗卡（Paul Broca，1824—1880）在 1861 年 4 月面对的就是这种情况，当时他遇到了一个非常特殊的病人，由于很快会变得明显的原因，这个病人在历史上被称做“坦恩”（Tan)。该病人已在巴黎的比塞特尔(Bicêtre) 医院住了 21 年，在 1861 年前已经瘫痪并已卧床 7 年，当时作为一个严重的疽病例引起了布罗卡的注意。下面是引自布罗卡对这位奇怪病人描述的记录（Broca，1861/1965)，它最终导致布罗卡的名字永远地与皮层上某一特定的部位联系在一起。

> 1861 年 4 月 11 日，我被带到比塞特尔济贫院普通医院收治的一位名叫赖沃尔涅(Leborgne) 的病人床前，他 51 岁，整个右半身都患有扩散性的疽蜂窝织炎，从脚扩展到了臀部。当第二天被问到其疾病的起因时，他只能用单音节词 Tan 来回答，连续
> 71 重复了两遍并夹杂着左手的一个手势。我试图找出有关这个人经历的更多的情况，他已经在比塞特尔住了 21 年。我询问了护理他的人、他病房的病友以及那些来看望他的亲属，下面是询问的结果。
>
> 从年轻时起，他就常常发作癫痫，然而，他能够制作鞋楦头[1]，他从事这个行业直到 30 岁。正是在那时，他丧失了讲话的能力，而且那也是比塞特尔医院接纳他的原因。不可能发现他言语的丧失是缓慢的还是快速的，或者他的疾病发作时是否伴随有某种其他的症状。
>
> 当他来到比塞特尔时，他已经两个月或三个月不能讲话了。他那时很健康、聪明，而且与正常人的区别仅仅在于他丧失了语言表达能力。他在医院里进进出出，在这里他以“Tan”的名字为人所知。他理解和他说的一切。事实上，他的听力非常好，但每当一个人问他时，他总是回答“Tan、Tan”，他的话伴有各种手势，通过手势，

---

① 鞋楦头是一种脚形的木制模具，用来制作或修补鞋子。

> 他能成功地表达他的大部分想法。如果一个人没有理解他的手势，他很容易发怒，并在他的话里加上粗俗的咒骂（“Sacré nom de Dieu!”）……坦恩被认为是一个自私自利、睚眦必报和令人讨厌的人，并且他的朋友们憎恶他，甚至指责他偷窃。这些缺点可能大部分要归因于他的大脑损伤。它们并不足以被断定为是病理性的，而且，虽然这位病人住在比塞特尔，但没有人曾想到过将他转到精神病病房。相反，认为他应该对自己的行为完全负责。
>
> 他在丧失语言 10 年后出现了一种新的症状。他右臂的肌肉开始变得软弱无力，最后它们完全瘫痪了。坦恩继续毫无困难地行走，但麻痹逐渐扩大到他的右腿；在拖着腿走了一段时间后，他放弃了而躺到床上。从手臂开始麻痹到大腿麻痹充分发展到绝对不可能站立，大约经历了 4 年。到 1861 年，坦恩已经卧床将近 7 年了。(pp. 224-225)

在卧床的 7 年里，坦恩或多或少被遗忘了，并且除了他的视力开始下降之外，很少能够得到有关他的消息。由于他保持自制，他的内衣没有定期换洗，因此，使他引起布罗卡注意的疽病直到已发展得相当严重，感染了整个大腿时才被发现。布罗卡报告说，他对给坦恩作检查犹豫不决，因为他的综合状态“非常严重，检查将会使其感到痛苦”(p. 225)。然而，布罗卡继续进行了身体检查，以确认右臂和左腿的瘫痪，并且对坦恩的心理能力进行了检查：

> 坦恩的听力仍然很灵敏。他能清楚地听到手表的滴答声，但他的视力减弱了。当他要看时间时，他不得不用左手拿起手表放在离他右眼约 20 厘米的一个特殊的位置， 72
> 他的右眼视力似乎比左眼要好。
>
> 不能准确地测定坦恩的智力状态。当然，他理解和他所说的一切，但是由于他只能借助左手的运动来表达他的想法或愿望，因此这位行将就木的病人不能像理解别人那样使自己被人理解。他通过开合手指所做的许多反应都是最恰当的。我问过他几次他已经病了多少天。他有时回答 5 天，有时回答 6 天。他已经在比塞特尔住了多少年？他张开手四次，接着加了一个手指。这代表 21 年，是正确的答案。第二天，我重复这个问题并得到了相同的答案，但是，当我试着第三次问这个问题时，坦恩意识到我想做问问题的练习。他变得愤怒并发出了咒骂的声音，只有这一次我听到了他的话。我连续两天给他看我的手表……（并且）在看手表几秒钟后，他每次都能正确地指出时间。因此，毫无疑问，这个人是聪明的，他能够思考，他在某种程度上必定保持着过去习惯的记忆。他能够理解非常复杂的观念。例如，我问他有关他的瘫痪发展的次序。他先用左手食指做了一个短平的手势，意思是他明白了；然后他依次指着他的舌头、右臂和右腿。答案完全正确，因为他很自然地将他语言的丧失归之于舌头的麻痹。(p. 226)

布罗卡猜测，坦恩患有大脑损伤，在疾病最初的 10 年里仍然局限于大脑左侧一个相当有限的区域，然后扩散开来。他没有等多长时间就证实了这个诊断：

> 病人死于1861年4月17日。尽可能快地——即24小时后进行了尸检。天气很热，但尸体没有显示出任何腐烂的迹象。大脑在几个小时之后被送到了人类学学会(Société d'Anthropologie)，并被立即放入酒精之中。大脑很容易变化，因而保存时必须非常小心。仅仅两个月并更换了几次酒精之后它就开始变硬了。今天它被保存得很好，并被存放在Depuytren博物馆（Musée Depuytren）。(p. 227)

值得注意的是，坦恩的大脑仍然存放在Depuytren博物馆，左前额叶的损伤清晰可见（图3—4）。正如布罗卡对这个病例进行的总结：

图3—4 坦恩的大脑。

> 解剖检查使我们看到，在病人逝世时，损伤仍在发展。因而损伤是进行性的，但是它发展得非常缓慢，用了21年的时间才破坏了大脑很有限的一部分。因而有理由
> 73 认为，开始时，病变在相当长的时间里都没有超出患有该疾病的器官的范围。我们已经看到，疾病最初的病灶位于前额叶，并且很可能在它的第三个前额脑回。因此，从病理解剖学的观点来看，我们不得不说，有两个时期，在第一个时期，只有一个前额脑回，或许是第三个受到了侵害；在另一个时期，疾病逐渐向其他脑回扩散，蔓延到脑岛或纹状体的室外神经核。
>
> 现在，当我们考察症状出现的顺序时，我们也发现了两个时期，第一个时期持续10

> 年，在此期间，言语能力被破坏，而其他所有的大脑机能仍完整无损，在另一个时期的11年中，运动瘫痪，最初是部分的，然后是全部，接连波及右侧的手臂和大腿。
>
> 说到这里，不可能没有发现解剖学时期与症状学时期之间的一致性。每个人都知道，皮层脑回不是运动器官。在所有被侵袭的器官中，左半球的纹状体是一个人能够在此找到右侧手足瘫痪原因的唯一的器官。运动性发生变化的第二个临床时期对应于第二个解剖学时期，这时软化扩散到前额叶范围之外，并侵入脑岛和纹状体。
>
> 因此，临床上以运动性失语症（aphemia）症状为特征的第一个10年期必定对应着损伤仍局限于前额叶的时期。(pp. 228－229)

当被指出“运动性失语症”的希腊词源指的是名誉或名望，而“失语症”的词根翻译为“言语不能”时，布罗卡描述坦恩的障碍的术语很快就被“失语症”代替（Ryalls，1984)。这种障碍现在指的是表达性或运动性失语症（motor aphasia)，而且它具有即使发音器官未受损伤以及一般智力正常的情况下，也不能用言语清晰地表达思想的特征。在接下来的几年里，布罗卡接诊了其他几个像坦恩一样的失语症病人，他发现了相同的左前额叶损伤的普遍模式，并得出结论认为，产生言语的能力位于左前额叶。为了向他表示敬意，该区域现在被命名为布罗卡区（Broca's area)。

布罗卡的研究向弗卢龙在皮层发现的定位程度的结论提出了挑战。语言定位机能的另外的证据来自德国神经学家卡尔·韦尼克（Carl Wernicke，1848—1905）的临床研究。他研究了一组10个病人，他们能说出清晰的话，但所说的话倾向于无意义；他们在理解其他人的话方面也存在着困难。他将这种障碍命名为感觉性失语症（sensory aphasia)，以与运动性失语症相区别，并且在布罗卡区后面几厘米的大脑左颞叶的一个区域发现了一致的大脑损伤。

绘制大脑地图：电刺激

我们已经知道，在19世纪电流性质的发现被运用于感官生理学的研究，并且神经活动是电化学的观点逐渐形成。在这一背景中，两位在柏林大学任讲师的年轻的德国生理学家问道，皮层表面是否会对中等强度的电流产生反应。尽管在他们著名的文章中被列为第二作者，但是主要的研究者是终身研究大脑的爱德华·希齐格（Edward Hitzig，1838—1907)，他得到了爱德华·弗里施（Eduard Fritsch，1838—1927）的帮助，弗里施很快放弃了生理学而去研究颅相学。当一位受伤士兵裸露的大脑受到机械的刺激时，希齐格观察到了肌肉运动，但是通常认为，触碰大脑的表面不会产生可靠的结果。用狗作为他们的被试，希齐格和弗里施暴露皮层并用探针刺探不同的点。刺激是一种“强度刚好勉强能够引起舌头的触感”(Fritsch & Hitzig，1870/1965，p. 230）的电流。电流通过两根能够被放置在2～3毫米远的任何地方的细铂金属线传导。尽管他们的方法相对简陋——实验是在弗里施的家中进行的——但是他们在大脑前半部确定了几个运动中枢，从而为定位提供了证据。刺激图 3—5 标明的区域，在狗身体的右侧产生了始终一致的运动，如下所示：

区域 1：脖颈

区域 2 和 3：前腿（分别是伸肌和屈肌）

区域 4：后腿

区域 5：脸

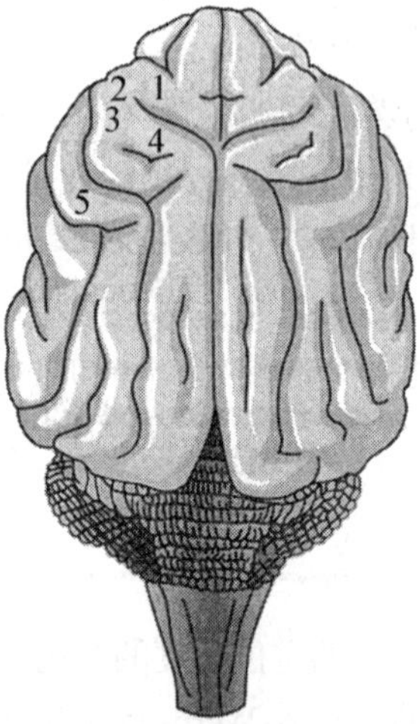

74 **图 3—5 弗里施和希齐格用电刺激确定的狗的大脑的运动中枢。**

重要年份 1861

这一年以保罗·布罗卡发现并研究了失语症病人“坦恩”以及发现了大脑言语中枢的位置为标志。

还发生了下列事件：

- 路易斯·巴斯德（Louis Pasteur）提出了细菌发酵理论
- 英国开始播报每日天气预报
- 1860 年在美国西部开办的递送邮件的小马快递被废止
- 在德国发现了连接爬虫类与鸟类的骨骼（始祖鸟）
- 美国引进了护照系统
- 俄国解放了农奴
- 美国南北战争以南部联邦在萨姆特堡（Fort Sumter）和布尔朗战役（Bull Run）的胜利而开始
- 下列人物出生：

阿尔弗雷德·诺斯·怀特海（Alfred North Whitehead），英国数学家和哲学家

内利·梅尔巴（Nellie Melba），澳大利亚女高音歌手
● 下列人物逝世：
伊丽莎白·巴雷特·布朗宁（Elizabeth Barrett Browning），英国诗人
普鲁士的腓特烈·威廉（Frederick Wilhelm）四世

弗里施和希齐格的研究激励了许多生理学家，他们继续确定其他物种的运动区，并且更加精确。这种活动被称为“新”颅相学或“科学的颅相学”：定位是目标，但现在将科学地而不是通过加尔和施普茨海姆选择的轶事来确定大脑的机能。例如，在弗里施和希齐格出版他们的著作仅仅几年后，苏格兰神经学家大卫·费里尔（David Ferrier，1843—1928）写了《脑的机能》（1876）一书，该书包括如图 3—6 所示的猴子的大脑图。将该图与图 3—5 比较可以清晰地看到，脑科学的发展有多么迅速。费里尔还将定位研究扩展到运动机能以外，确定了几个感觉区。运用电刺激与损毁法，费里尔能够确定枕叶为视觉的主要感觉区，颞叶的一部分为听觉的中枢。似乎开始更多地根据它们在皮层的投射区，而不是根据“特殊能”来区别感觉神经。

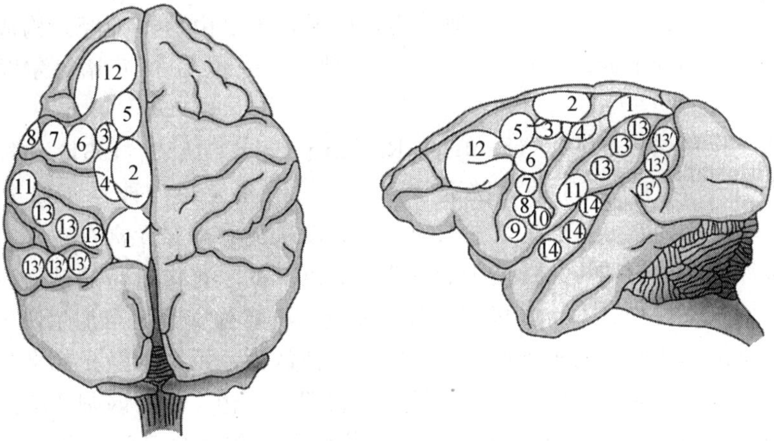

图 3—6　大卫·费里尔的猴子皮层图（引自 Boring，1950）。 75

20 世纪早期神经系统与行为的研究

当 19 世纪渐近结束的时候，神经系统的一般知识，尤其是大脑的知识快速地增长。然而，除了感官生理学和脑机能定位的研究之外，另一条研究路线在 19 世纪结束时发展

起来，并延续到20世纪。它关注神经系统本身的基本单位即神经元的性质。其本身有着漫长而复杂的历史，但在这里可以概略地介绍几个重要的方面。

神经元理论

直到19世纪后半叶，组织学的几个重要发展（植物和动物组织的微观结构的研究）出现时，作为神经系统基本成分的神经元才被发现。例如，显微镜变得更有效力，硬化大脑的技术得以完善。在发现通过将大脑浸泡在酒精中可以使其变硬之前，精确的解剖分析是不可能的。然而，一旦知道如何硬化大脑，就可以第一次很精确地找到大脑的神经通路。例如，1857年，格拉谢里特（Gratiolet）找到了从视网膜一直到大脑背面的视神经，在那里它像一把扇子一样呈辐射状进入枕叶皮质（Diamond，1985）。

还发现可以将大脑浸入石蜡中使其硬化，然后切成非常薄的薄片，这一方法被称为切片法（sectioning）。而且，如果用各种染料给这些切片染色，那么可以在显微镜下看到相同的结构，因为染料聚集到了这些结构的内部。例如，当意大利的卡米罗·高尔基（Camillo Golgi，1844—1926）开始运用他所谓的“黑色染剂”时，结果出现了第一幅完整的神经细胞图，它详细描绘了分支状的树突、完整的细胞体以及主轴突。高尔基的发现使他赢得了一份1906年的诺贝尔医学奖。他认为，神经系统是由这些神经元构成的，但他还
76 主张，这些细胞在物理上彼此连接，这一观点使他与另一位1906年诺贝尔医学奖获得者发生了冲突。

圣地亚哥·拉莫尼·卡加尔（Santiago Ramón y Cajal，1852—1934）（图3—7）是一位酷爱艺术的有才华的西班牙神经解剖学家，他的研究为现代神经元理论奠定了基础（Taylor，1972）。拉莫尼·卡加尔艺术家的一面可以从他对神经元富有说服力的描述中看出来，他把神经元描述为“身体构造中的贵族，其巨大的手臂像章鱼的触角一样延伸到外部世界的新领域”（引自Restak，1984）。像高尔基一样，拉莫尼·卡加尔认为神经元是神经系统的基本单位。然而与高尔基形成对比的是，他认为，每个神经元都是一个独立的单元，它在物理上不与其他单元相连，而仅仅是与它们相接触。具有讽刺意味的是，当他在1889年第一次提出他的神经元理论的时候，他使用了高尔基自己的染色技术来制作他的标本。因此，这两位1906年诺贝尔医学奖获得者在他们的发现即神经元的性质上完全相反。使事情更复杂的是，意大利人高尔基和西班牙人拉莫尼·卡加尔都具有强烈的爱国心，并且确信对方的研究是低劣的。1906年的诺贝尔颁奖典礼一定是有趣的。

查尔斯·谢灵顿爵士：突触

支持拉莫尼·卡加尔神经元理论而反驳高尔基理论的直接的摄影技术将不得不等待着电子显微镜的发明，但与二人同时代的英国人查尔斯·谢灵顿（Charles Sherrington，

1857—1952)[①] 爵士提供了支持神经元之间存在间隙的经验证据。正是谢灵顿创造了突触(synapse）这一术语（源自希腊语，意思是“连接在一起”），由此提出了神经元之间的间隔。他没有直接观察到间隔的存在；而是从有关脊髓反射的一系列精致的研究中推断出这一结论。该研究作为 1904 年在耶鲁大学举办的一系列闻名于世的演讲的一部分而被提出，然后于 1906 年以《神经系统的整合作用》一书出版，同一年，高尔基和拉莫尼·卡加尔分享了诺贝尔奖。谢灵顿最终于 1932 年获得了诺贝尔奖。

图 3—7　圣地亚哥·拉莫尼·卡加尔

遵循罗伯特·怀特的传统，但拥有技术进步的有利条件，谢灵顿考察了“脊髓狗”即用外科手术切断脊髓与其大脑联系的狗的反射动作。正如所有狗的主人知道的那样，刺激狗的胸腔区的肋骨会使狗的后腿产生快速和反复的抓挠反射。谢灵顿在脊髓狗身上发现的这些反射的事实，重复了怀特有关脊髓在反射动作中的作用的基本发现。而且，这种反射在脊髓狗身上比在正常狗身上甚至更明显，它使谢灵顿得出结论认为，皮层对反射动作具

① 谢灵顿的讣告将他描述为一位友好而举止得体的人。据说，他“在批评人时，态度温和，全心全意地钦佩和欣赏其他人的研究，体现了似乎是维多利亚时代特有的心与身的宁静”（Denny-Brown，1952，p. 477）。然而，这种“宁静”没有使他远离年轻时特别喜爱的运动——在伦敦圣·托马斯医院任生理学讲师时，他每个星期日的早晨都会使用降落伞从医院的塔楼上跳下来（Swazey，1972）。

有抑制效应。

谢灵顿在脊髓狗身上得到的几个观察结果使他相信，突触一定存在。首先，他观察到
77 的反射的反应时比根据众所周知的神经传递速度所预测的要慢得多。因此，一定有某种东西使冲动慢了下来。另一条证据来自时间和空间总和现象。谢灵顿发现，单独刺激皮肤上的某个点不能引起抓挠反射，但是如果这个点被连续（以每秒钟 18 次的频率）多次地刺激，那么反射就会发生（Sherrington，1906）。这是时间总和（temporal summation）——在时间上分离的刺激联合产生了一个反应。当皮肤上两个或更多相邻的点在同一时间受到刺激时，空间总和（spatial summation）就会发生。而且，反应只在刺激联合的情况下发生。谢灵顿得出结论认为，总和作用一定发生在神经末梢彼此接触的地方，即突触。每个引起神经元 A 末端的某种非特异性活动的阈下刺激自身不足以激活神经元 B，但是多次来自 A（时间的）或其他地方（空间的）的信息的联合作用引起 B 放电。实际上，谢灵顿预言了后来发现的神经递质，即我们现在知道的通过突触促进（或抑制）神经元放电的化学物质。这样，在高尔基、拉莫尼·卡加尔和谢灵顿之后，神经元被证实是神经系统的基本单位，它通过突触活动与其他神经元相互联系。

卡尔·拉施里：学习与皮层

对卡尔·斯宾塞·拉施里（Karl Spencer Lashley，1890—1958）的生活和工作作一简要的考察是结束本章的恰当方式。像到此为止所介绍的 19 世纪的生理学家、神经学家和物理学家一样，拉施里接受的训练不是心理学的。然而，与本章其他所有人不同的是，他最后认为自己主要是一位心理学家，因此，拉施里是 19 世纪的生理学家与 20 世纪的生理心理学家之间的一个过渡人物。你将会在第 10 章再次遇到他，那时他是行为主义创始人约翰·B·华生的研究同事；而且还会在第 13 章中遇到他，在那里他的“系列顺序（serial order)”的论文抨击了过分简单化的行为的 S-R（刺激—反应）模式，并帮助搭建了从行为主义向认知心理学转变的舞台。

卡尔·拉施里出生于西弗吉尼亚（West Virginia）农村，在 1911 年进入约翰·霍普金斯（University of Pittsburgh）大学攻读博士学位之前，他在西弗吉尼亚大学获得了动物学学士学位，在匹兹堡大学获得了细菌学硕士学位。在约翰·霍普金斯大学，他在著名的动物学家 H. S. 詹宁斯（H. S. Jennings）的指导下获得了哲学博士学位。对心理学的历史来说更为重要的是，拉施里还受到行为主义者华生和 S. I. 弗朗兹（S. I. Franz）的影响，弗朗兹是一位在美国华盛顿精神病医院（圣·伊丽莎白医院）工作的心理学家，他对大脑损伤对行为的影响感兴趣。拉施里与华生一起进行了动物行为的现场研究，不同物种的感觉能力的实验室实验以及唾液和运动反应的条件作用研究，改造了两位刚刚开始为美国人知道的俄国生理学家弗拉基米尔·别赫捷列夫（Vladimir Bekhterev）和伊凡·巴甫洛夫的方法。条件作用研究尤其值得注意，因为它表明拉施里决定其将来为之献身的不是生物

学而是生物学与心理学的交叉领域（Bruce，1986）。当他与弗朗兹一起完成了大脑损伤对行为的影响的博士后研究时，这个决定得以强化。到1920年，他认为，他要成为一位专门研究学习和记忆如何影响大脑的实验心理学家。

拉施里卓越的学术生涯包括在明尼苏达大学、芝加哥大学和哈佛大学执教。1942年，他成为佛罗里达耶克斯灵长类生物学实验室主任，在那里，他的动物行为研究在美国科学家偏爱的以实验室为基础的比较心理学与欧洲习性学家以现场为基础的自然方法之间架设了桥梁（Bruce，1991）。1958年，他在法国度假时死于心脏病。在心理学家中，拉施里最著名的是他于20世纪20年代在芝加哥完成的研究。当他逝世时，这一系列的实验被描述为“在近年来的实验心理学中没有堪与其匹敌的研究”（Hebb，1959）。

等功与整体活动 78

1929年对拉施里来说是一个重要的年份。他的同仁选举他为美国心理学会主席，承认了拉施里在20世纪20年代10年间进行的研究的价值。《脑机制和智力》一书总结了那些研究，该书于1929年出版。拉施里在动物学习的背景中界定了智力这一术语，用它来涵盖老鼠学习通过迷津的行为和解决简单的辨别与迷箱问题。他乐意承认，他选择的测验可能会受到批评：“它们全部涉及的是学习过程的某个方面，（但它们）与智力问题的关系仍然没有被明确地确定”（Lashley，1929，p. 14）。然而，他认为，对学习进行简单机械的或反射性的解释，例如华生和巴甫洛夫提出的解释，不能充分地理解动物如何着手解决那种使它们在其环境中生存下来的问题的复杂性。因此，他考察了给他的老鼠提出的其所能承担的足够复杂的，至少与智力存在某种关系的任务，在动物的真实世界环境中发现了适应性行为。

拉施里的方法继承了著名的法国生理学家弗卢龙的传统——他观察大脑损毁对行为的影响，系统地破坏不同数量的皮层并观察对学习和保持的影响。拉施里的一个方法是迷津学习，图3—8显示了他使用过的四种迷津中的三种。迷津Ⅰ是一个简单的T型迷津，在这个迷津中，动物必须作一个单一的左右选择。迷津Ⅱ有3个可能的死胡同，而迷津Ⅲ则有8个。[1] 训练期间，每只大脑损伤的老鼠每天通过一个迷津5次，并且学习被界定为连续10次准确无误地穿过迷津。皮层损伤的程度与每一个迷津的成绩之间的关系可以在拉施里的曲线图，即图3—9中看到。对于简单的迷津例如迷津Ⅰ来说，甚至破坏大部分皮层之后成绩也非常好。对于迷津Ⅱ，成绩稍有下降，但仍然只是轻微地受到皮层损伤的影响。只有在带有一个更困难的问题的迷津Ⅲ中，老鼠的成绩明显地受到损伤程度的影响。随着皮层被破坏百分比的增加，成绩急剧下降。因此，拉施里所报告的等于是迷津复杂性与皮层损伤程度之间的相互影响。在简单的任务中，破坏程度的影响很小，而对于困难的

---

① 迷津Ⅳ与迷津III的设计相同，但式样相反。此外，迷津Ⅳ是一个上升的迷津，它要求老鼠沿着被竖直放在桌子上的木板的边缘（仅有3/16英寸宽）奔跑，而迷津Ⅰ-III是一个小巷迷津（即它们有墙壁）。

任务，成绩直接与破坏的数量相关。

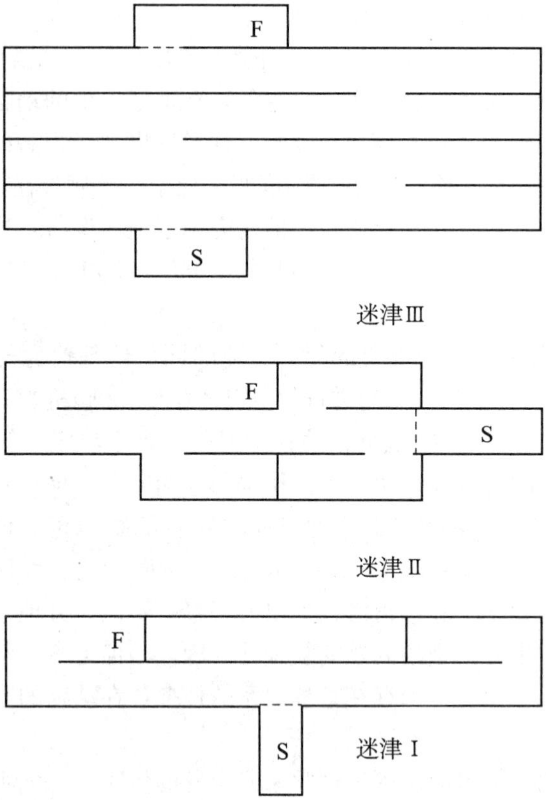

图 3—8 拉施里在其等功与整体活动研究中使用的迷津（S 代表起跑箱；F 代表食物）。

79 在迷津研究和用其他方法进行的相似实验的基础上，拉施里得到了与弗卢龙在近一个世纪以前得到的结论非常相似的两个一般结论。第一个是拉施里称做等功（equipotentiality）的原则，这一术语：

> ……被用来指一种明显的能力，即某一机能区任何未受损的部分执行因整体被破坏而丧失的机能，其功效会降低或不会降低。这种能力在不同的区域有所不同，并且随着涉及的机能的性质而变化。它或许仅适用于联合区和比简单的感觉或运动协调更复杂的机能。（Lashley，1929，p. 25）

等功是反对皮层机能定位的一个有力的论据，至少在学习的广泛区域以及在那些已知并非控制特殊的感觉—运动机能的皮层中确实如此。然而，整体活动（mass action）规律是对它的一种补充：

> 等功不是绝对的，而是受整体活动规律支配的，根据整体活动规律，整个复杂机能发挥的功效可能会随着某一区域中大脑损伤的程度而成比例地降低，该区域各部分对于一种机能的成分并不比对于另一种机能更加专门化。(Lashley，1929，p. 25)

因此，学习过程似乎没有被定位于任何特殊的皮层部位，但学习效率与皮层破坏的数量成比例。

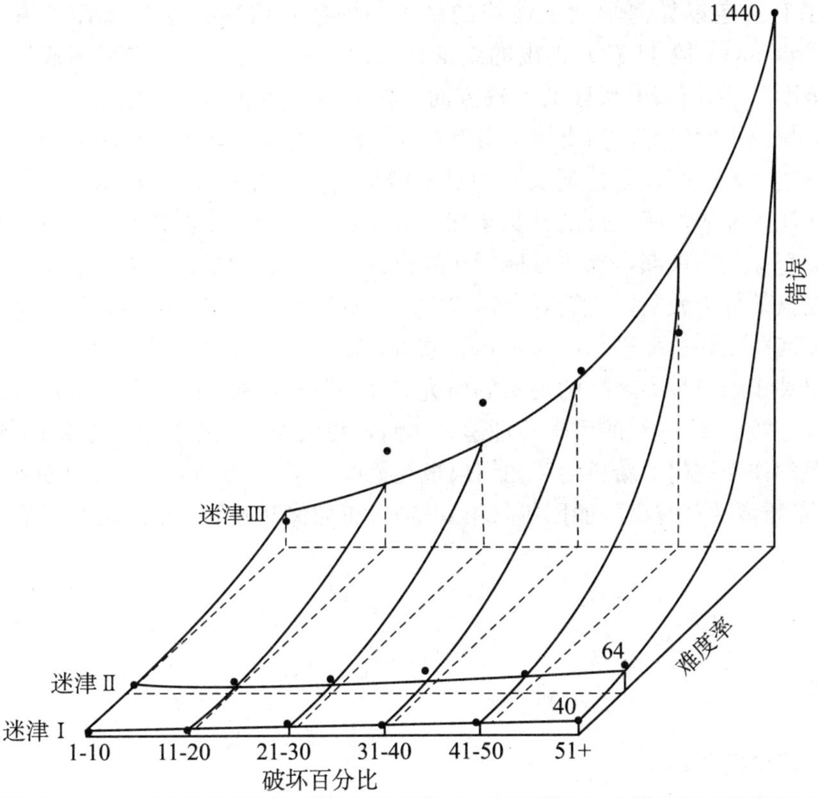

图 3—9　迷津难度与皮层破坏程度对迷津学习的影响，引自 Lashley (1929)
(三个坐标分别是：破坏百分比/难度率/错误次数)。

等功与整体活动规律是拉施里的主要发现，但是他也对迷津学习的一般过程感兴趣。例如，他充分了解了他以前的同事约翰·华生的迷津研究，并且反对华生的迷津学习包括动觉和一连串特殊运动反应的条件作用（参见第 10 章）的观点。拉施里认为，华生的模式不能说明哪些损伤影响了其运动动作的动物的奇怪行为。它们仍然能够通过迷津，即使它们的运动动作有相当大的改变： 80

> 一只用它的前爪拽着它自己通过了迷津；而另一只虽然每走一步就会摔倒一次，但是它还是通过一系列的猛冲通过了迷津；第三只在每一次拐弯时都会彻底翻倒，但是它还是成功地避免滚进死胡同，并正确地拐了一个弯。如果在获得食物的过程中所惯常使用的一系列动作不可能产生，那么另一套动作就可能直接地、有效地作出替代而没有任何随意的活动，这另一套动作不是先前所习惯使用的，它是由一种完全不同的模式构成的。(Lashley，1929，p. 136)

拉施里有关老鼠如何学会走迷津的结论与那些将由新行为主义者爱德华·托尔曼（Edward Tolman）（第 11 章）得出的结论相类似，托尔曼认为，老鼠形成了迷津的完整的“认知地图”，因而知道目标的大致方向。在描述这些地图时，托尔曼（1948，p. 203）特别提到以拉施里的研究作为支持。虽然拉施里没有使用“地图”这一术语，但是在设计迷津Ⅲ的下述变式的时候，他的头脑中具有清晰的方向性（directionality）观念。移开通常覆盖在迷津顶部的丝网，他的几只老鼠（接受测验的 20 只老鼠中的 5 只）爬上了迷津的顶部并径直穿过其顶部，到达目标所在的地方。拉施里注意到“沿着直达食物的路线前进的 5 只老鼠的行为表明，它们对食物的方向有着精确的定位，虽然它们以前从未避开沿着迷津的迂回路线到达那里”（Lashley，1929，p. 137）。

拉施里关于脑与行为之间的关系的研究是 19 世纪出现的神经生理学发展的一个自然顶峰，并且连接着 20 世纪的生理心理学。然而，我们现在有点超前，必须回到 19 世纪末来考察心理学作为一门“新科学”如何出现在德国（第 4 章）以及它如何受到了进化论这个 19 世纪最重要的理智事件的影响（第 5 章）。正如你开始发现的，心理学在美国已经扎下了根。

概要

启蒙时代的英雄科学

● 启蒙时期是 18 世纪和 19 世纪期间的一个时代，当时人们坚信科学和人的理性能够产生关于世界的真实的知识。科学家是英雄，被认为是客观的和价值中立的，牛顿是最好的范例。认为通过技术革新科学必然会导致进步。在这种背景中，心理学能够成为科学的信念开始扎根。

感官生理学

● 从笛卡儿的时代起，科学家一直对简单反射的性质感兴趣。18 世纪，怀特完成了最初的系统研究，最终证明，脊髓对于反射的发生来说是必需的。怀特预期了条件作用的概念，他还指出，刺激—反应联结可以通过习惯来发展。

● 当马戎第切断狗的脊髓后根时，被影响的区域能够运动但不能感觉到刺激。当前根被切断时，不会产生任何运动。马戎第得出结论认为，后根控制感觉，而前根控制运动动作。贝尔作出了类似的观察，并且现在以贝尔—马戎第定律为人所知。

● 根据缪勒的神经特殊能说，（1）我们直接意识到的是我们的神经系统，不是世界；（2）五种基本感觉系统中每一种都具有适合那种特殊感官的神经纤维。

● 赫尔姆霍茨反对生机论，并且以他的能量守恒学说和对神经冲动速度的测量与之进 81
行争论。作为视知觉和听知觉方面的专家没有人能与他匹敌，他因色觉的三色说、听觉的共鸣说以及强调潜意识推理的知觉的经验主义方法而闻名。

脑机能定位

● 由加尔提出并由施普茨海姆推广的颅相学是第一个重要的脑机能定位理论。颅相学家认为，大脑的不同部分具有不同的官能，执行某种官能的大脑的那一部分与该官能的力量成比例，并且官能及其力量可以通过测量颅骨来确定。

● 由于颅相学过分依赖轶事证据和不完善的逻辑，因此很快失去了科学的可信性。然而，它仍然为美国的一般民众所喜爱，与美国人的个性和自我改善的观念相一致。

● 通过发展损毁法，弗卢龙能够证伪颅相学学说，同时证明皮层作为一个整合的系统起作用。

● 支持定位的证据来自临床研究，在临床研究中，考察了那些患有各种形式的脑疾病或脑损伤的病人。菲尼斯·盖奇病例说明了严重的前额叶损伤对判断和人格的影响。布罗卡对患有运动性失语症的“坦恩”的研究表明，产生清晰言语的能力依赖于左皮层相当有限的区域。

● 通过发展用电刺激皮层表面的方法，弗里施和希齐格在德国、费里尔在大不列颠开始用一种“科学的颅相学”来绘制大脑表面的机能图。

20世纪早期神经系统与行为的研究

● 高尔基和拉莫尼·卡加尔确定了神经元是神经系统的基本单位，高尔基认为，它们在物理上彼此连接，而拉莫尼·卡加尔则认为，它们在物理上是彼此分离的。

● 拉莫尼·卡加尔的理论被谢灵顿证实，他被认为发现了突触，并且在他的反射研究中以及通过时间和空间总和证明了突触的存在。

● 拉施里的大脑与学习的研究表明，迷津学习没有被定位在皮层任何一个特定的区域。相反，皮层作为一个系统起作用，并且具有等功和整体活动的特点。

思考题

1. 启蒙时期对科学的态度是什么？这种态度怎样影响了心理学的历史？

2. 罗伯特·怀特能够证明，脊髓而不是大脑对反射的发生来说是必需的。使他得出这一结论的研究是什么?

3. 什么是贝尔—马戎第定律? 解释为什么它或许应该是“马戎第定律”。

4. 什么是生机论—唯物论问题以及赫尔姆霍茨如何为后者提供了支持?

5. 赫尔姆霍茨如何测量了神经冲动速度以及这一研究的意义是什么?

6. 比较和整合赫尔姆霍茨和赫林的色觉理论。

7. 根据赫尔姆霍茨的观点，什么是“知觉问题”? 解释他的潜意识推理如何适合了英国的经验主义思想。

8. 描述颅相学的五条基本原理，并解释为什么它最终不能成为科学。在你的答案中必须考察弗卢龙的研究。

9. 解释为什么颅相学在美国大为流行。为什么施普茨海姆的观点比加尔的观点更为美国人所喜欢?

10. 指出菲尼斯·盖奇和坦恩如何说明了大脑研究的临床法的两种变式。

11. 描述19世纪晚期被称做“新颅相学”的研究的重要性。

12. 什么是神经元理论? 1906年诺贝尔医学奖的共同获得者提出的两种观点是什么?

13. 描述使谢灵顿产生突触想法的研究。

14. 描述拉施里的研究、他的两条原则以及这一研究与弗卢龙的研究的关系。

82

来自原始资料摘录的问题

1. 描述被布罗卡分析的病人的言语缺陷。最终使这个人引起布罗卡注意的能力丧失的顺序是什么?

2. 布罗卡如何证实了坦恩具有相对正常的心理能力这一事实?

3. 在坦恩死后对其进行检查的基础上，布罗卡得出了什么结论?

进一步阅读

Bakan, D. (1966). The influence of phrenology on American Psychology. *Journal of the History of the Behavioral Sciences*, *2*, 200-220.

严密分析了颅相学的发展、科学界对它的反驳以及美国公众对它的喜爱；说明了颅相学如何适合了进步主义的气质以及如何成为强调个体差异的心理学的方法的一个早期实例。

Bruce, D. B. (1986). Lashley's shift from bacteriology to neuropsychology, 1910-1917, and the influence of Jennings, Watson, and Franz. *Journal of the History of the Behavioral Sciences*, *22*, 27-44.

描述了拉施里的性格形成时期和他跟随詹宁斯进行的博士研究、他与华生的合作以及他与弗朗兹一起进行的博士后研究如何使他最终自我定向为一位生理心理学家。

Finger, S. (2000). *Minds behind the brain: A history of the pioneers and their discoveries*. New York: Oxford University Press.

芬格尔运用传记法记述了大脑研究领域的重要先驱者的生平与工作，从古埃及人开始，延续到本章介绍的许多科学家（例如加尔、布罗卡、费里尔），一直写到20世纪的割裂脑研究，包括100多幅网目版照片和素描。

MacMillan, M. B. (1986). A wonderful journey through skull and brain: The travels of Mr. Gage's tamping iron. *Brain and Cognition*, *5*, 67-107.

尽管书名很奇怪，但是从学术的角度详细说明了盖奇这一病例，包括描述了哈洛对他进行的医学治疗并分析了这一病例如何影响了定位问题。

Ramón y Cajal, S. (1999). *Advice for a young investigator*. (Trans. N. Swanson & L. W. Swanson). Cambridge, MA: MIT Press.

拉莫尼·卡加尔的简短著作的最近译本，假借给初露头角的科学家提供建议的名义，揭示了作者对科学哲学问题的深刻思考以及他对科学的热爱。

第 4 章 冯特和德国心理学

83 在此呈现给读者的这本书，是划分出一个新的科学领域的一次尝试。

——威廉·冯特，1874

本章预览与目标

第 2 章和第 3 章已对 19 世纪现代心理学产生的背景作了介绍，那时的哲学家们对当今的心理学家致力于人类心理和行为的研究这些同样的基本问题饶有兴趣，他们开始思索对这些问题进行科学考察的必要性。至少，19 世纪的一位英国哲学家——约翰·斯图尔特·穆勒，甚至提议发展一门科学心理学。与此同时，欧洲的生理学家们和医生们在推动我们对神经系统特别是脑的生理学认识方面进展迅速。本章考察的是，在 19 世纪末的德国，实验生理学如何与哲学探究相结合而产生了一门全新的实验心理学。本章开篇先简要论述德国教育能够吸引众多美国学生前往求学的一些方面，接着考察古斯塔夫·费希纳的心理物理学如何为研究心理提供了一套标准的方法。由莱比锡大学的威廉·冯特所建立的"新心理学"及其第一个心理学实验室组成了本章中间部分的关注焦点。本章尾篇考察了其他三位重要的德国心理学家，赫尔曼·艾宾浩斯、缪勒和奥斯瓦尔德·屈尔佩。原始资料摘录节选自艾宾浩斯关于记忆的实验的名著。阅读完本章之后，你应该能够：

- 描述促进了包括心理学在内的科学的发展的德国教育哲学
- 描述韦伯所完成的心理物理学的早期研究
- 描述费希纳所发展的心理物理学方法，他的研究如何与唯物论的哲学观点相联系
- 解释为什么是冯特而不是费希纳被认为是现代心理学的建立者
- 描述冯特对他的"新心理学"的设想，区分他研究心理学的实验的和非实验的方法
- 描述在莱比锡大学冯特的实验室里可能发现的各种研究
- 描述复合实验的逻辑，解释为什么它在当时受到如此高的评价

- 比较对冯特和他的研究的传统描述和更新近的修订，并解释这种差异发生的原因 84
- 描述艾宾浩斯发展出的研究记忆的方法、他的发现及其研究的重要性
- 描述 G. E. 缪勒对早期实验心理学所做的贡献，把他研究记忆的方法与艾宾浩斯的方法作比较
- 描述奥斯瓦尔德·屈尔佩及其在符茨堡大学的学生们所做的贡献，特别是他们对内省概念所作的详细论述

德国的教育

美国学生常常把欧洲的大学看做是他们进一步深造的一个途径。甚至今日，到国外游学半年也是宝贵的经验。19 世纪时，对年轻学者来说，德国是一个极具吸引力的地方；据估计，在 1820 年之后的 100 年间，至少有9 000名美国学生在德国的这所或那所大学注册就读（Sahakian，1975），通常是学习医学或某一门科学。到 19 世纪末，他们开始到那里学习心理学。

德国的大学受欢迎的一个原因就是纯粹以量取胜。在 1815 年维也纳会议（Congress of Vienna）到 1871 年俾斯麦（Bismarck）统一德国期间，德国并不是作为一个“国家”存在，而是一个组织松散的联盟，由 38 个自治“公国”（例如，巴伐利亚、汉诺威、萨克森）组成（Palmer，1964）。当然，每一个小公国都想赶超它的那些邻国，达到这个目的的一个方法就是拥有自己的大学。因而，大学在这个公国联盟内急速增加，不过，其中的许多大学仅是一个有几间教室的建筑物和为数不多的教授。然而，有几所却赢得了国际声誉，不仅吸引了全欧洲的学生，还吸引了美国的学生前往求学。

19 世纪德国的氛围特别有助于一种新的、更科学的研究心理学的方法的发展。开始于该世纪中期，发源于柏林大学，德国的大学发展出一种与众不同的以科学（Wissenschaft）而著称的教育哲学。它是一种态度，强调与教学相结合的学术研究和教授在发展研究兴趣时无须顾虑非难的学术自由。学生可以自由地在大学间游历，只要通过特设的考试和研究论文的审查，就可以获得学位，而不必完成一门特定的课程。

对于那些想要创立新的科学心理学的教授们而言，你会在本章遇到其中的许多人，这个时机是最理想的。生理学家们的成功（第 3 章）强化了科学对以研究为基础的氛围的强调，并直接促进了德国尤其是莱比锡研究心理学的新实验方法的发展。正如布鲁门萧（Blumenthal）指出的，生理学家创设的应用于神经系统研究的方法，“包

括测量、可重复性、公开的数据和控制的测验”（1980，p. 29），恰恰也可以用来研究人类行为的其他方面。渐渐地，词语“生理学的”在德国开始作“实验的”解释。威廉·冯特把新心理学称做“生理学的心理学”，他是在心理学作为建立在科学方法之上的一门学科的广泛含义上指称它的。他使用词语“生理学的”来阐明这样的事实，即研究心理学的新实验方法中大部分是源自那些由19世纪的生理学家们最早创设的方法（Greenwood，2003）。

对于19世纪80年代那些渴望直接了解这个新研究领域的美国学生来说，有几所
85 大学可供选择（例如哥廷根大学、海德堡大学、柏林大学；见图4—1的地图），不过，冯特的实验室装备最好、名声最响，因而，到莱比锡大学游历成为最时尚的选择。在冯特任职期间，大约有36名美国学生在他的指导下取得了博士学位，还有其他许多学生至少体验了莱比锡氛围（Benjamin，Durkin，Link，Vestal & Accord，1992）。不过，在考察冯特和他对美国心理学发展的影响之前，还是先来介绍一些重要的开端。

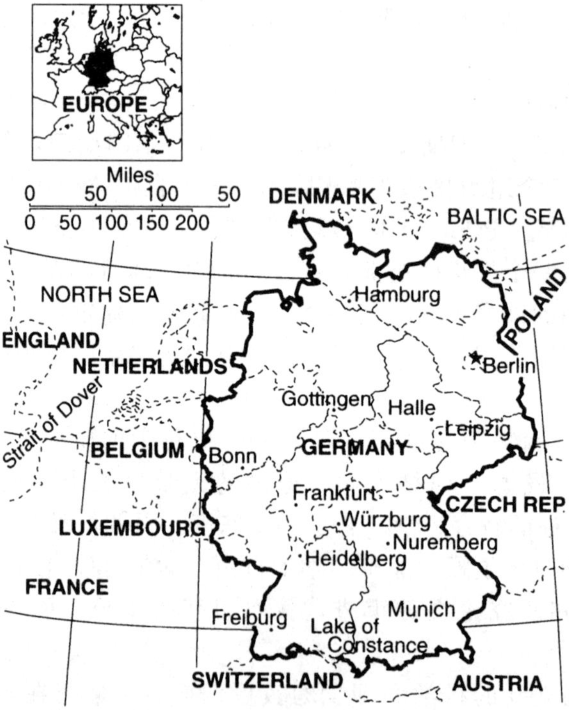

图4—1　德国地图，标示了与心理学史有关的大学所在地。

实验心理学的开端：心理物理学

有关心理课题的科学研究作为 19 世纪正在进行的生理学研究的自然延伸而开始是事出有因的。本章稍后你会在赫尔姆霍茨的神经冲动速度的生理学研究与反应时的心理学方法间的联系中遇到这样的一个例证。在本节，我们考察对感觉过程的生理学研究和心理物理学（psychophysics）的发展之间的联系，心理物理学是对刺激事件的知觉（“心理”）和正在被知觉到的刺激（“物理”）的物理维度之关系的研究。心理物理学源于恩斯特·韦伯的感觉研究，那位高深莫测的古斯塔夫·费希纳对它下了清晰的定义。

恩斯特·韦伯（Ernest Weber，1795—1878）

韦伯在莱比锡大学度过了他的大部分学术生涯，先是作为学生在此求学，之后又作为解剖学和生理学教授供职于此，从 1818 年一直到 1871 年退休。19 世纪 20 年代，生理学家们开始对视觉和听觉有了更多的了解，但对其他感觉知之甚少。韦伯通过成为研究触觉的主要权威，从而开始修正了这种不平衡（Dorn，1972）。他做出了两个主要贡献：确定了皮肤不同部位的相对感受性；证明了心理事件和物理事件间的一种数学关系，即后来著名的韦伯定律。

两点阈

韦伯用一个类似于两脚圆规的简单器械触碰皮肤这样一种方法来考察触觉的感受性。两个点之间的距离可以变动，而蒙住双眼的观察者的任务就是判断所感觉到的是一个点还是两个点。对于皮肤的任何一个特定区域，都存在一个两点阈（two-point threshold）——知觉由“一个”点变为“两个”点的临界点。韦伯发现，对于感受性高的皮肤区域，比如拇指，阈限就非常小，也就是说，两点之间的距离很小时就可被感觉到是两个点而不是一个点。相反，对于感受性低的区域，比如上臂，两点之间必须有较远的距离才 86
能被知觉为两个分开的点。图 4—2 展示了从肩膀到指尖的一系列两点阈，摘自菲罗特（Vierordt）后来（1870）的研究（引自 Boring，1942，p. 478）。

韦伯认为，不同的两点阈是由他称之为“感觉回路”（sensory circles）的大小不同而造成的，如图 4—3 所示，韦伯把感觉回路绘制成了六边形（Weber，1852，摘自 Boring，1942，p. 476）。这些是通过单一感觉神经分出的纤维来进行感觉的皮肤区域。韦伯认为，如果圆规的两个点触碰的都是一个感觉回路内的皮肤，知觉为一个点。如果圆规的两个点触及的是两个不同的回路，就会知觉到两个点。感受性越高的皮肤区域的回路越小。因而，图 4—3 中，左边的这组四个感觉回路可能来自肩膀附近的区域，而右边的这组则可

87 能更靠近指尖。触觉被证明要比韦伯描述的更为复杂，但韦伯所建立的模型对于引发有关触觉工作机制的大量研究具有有益的影响。而且，尽管韦伯并没用这些术语来考虑他的研究，但他的确是在测量心理事件（知觉）。

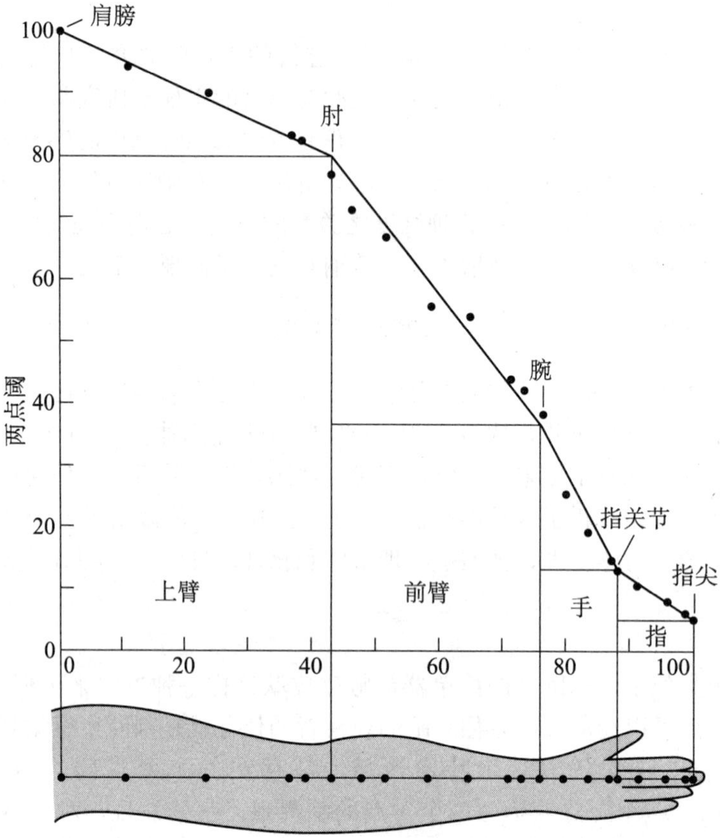

图 4—2　从肩膀到指尖不同部位的两点阈，引自 Boring（1942）。

韦伯定律

韦伯的第二个贡献源自他对“肌肉觉”的兴趣，现在我们称之为动觉。他很想知道，这种感觉在对物体的比较重量作出判断上有多重要（Heidbreder，1933）。我们来想象两个任务。第一个任务，你的手摊开平放在桌子上，不要动，将两个重量不同的圆柱体相继放在你手掌上，你的任务是判断哪个圆柱体更重些；第二个任务，这两个圆柱体放置在桌子上，你分别举起它们，然后再给出同样的判断。在进行这项实验的过程中，韦伯发现，当他们举起重物时，肌肉觉起了作用，他和其他观察者能作出更加细微的区分。对于心理学史来说，更为重要的是，韦伯还发现，区分两个重物差别的能力，并不依赖于两个重物之间重量上的绝对差别，而是取决于一个更为复杂的关系。这一关系就是后来著名的韦伯定律。

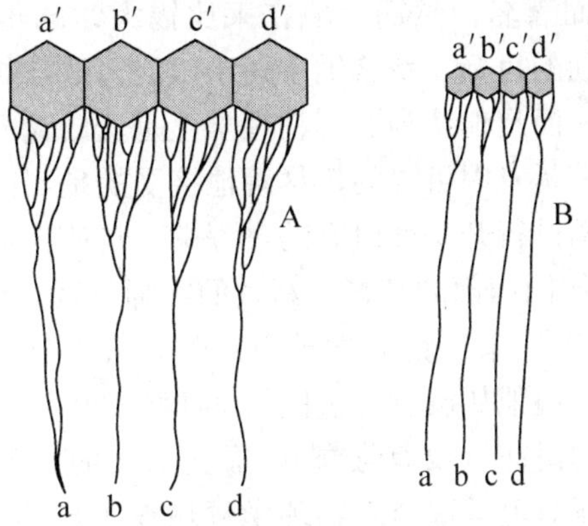

图 4—3　韦伯的感觉回路概念，引自 Boring (1942)。

在举重物实验中，韦伯再次研究了阈限。例如，如果观察者们不能对 30 克和 31 克、30 克和 32 克作出辨别（他们判断它们为同样的重量），但却能够对 30 克和 33 克作出辨别，那么，很显然，在 33 克时某一阈限被超过了。韦伯把 30 克和 33 克之间的差别称为"最小可觉差"(just noticeable difference) 或 jnd。韦伯的发现是，最小可觉差并不取决于两个重量间差别的绝对大小，而是取决于这一最小可觉差和两个之中较轻重量的关系（称之为"标准刺激"，或者 S）。当标准刺激变得更重时，两个重量间的差别必须变得更大，差别才能被觉察。换言之，韦伯定律（Weber's Law）就是：$jnd/S=k$。所以，观察者能够察觉 30 克和 33 克之间的差别，却发现不了 60 克和 63 克间的差别。如果标准刺激不是 30 克，而是 60 克，那么另一个重量至少是 66 克时差别才能被觉察到（3/30＝6/60）。类似地，如果 $S=90$ 克，最小可觉差就是 9 克。因此，最小可觉差与 S 的大小是成比例的。

韦伯定律最重要的是阈限。首先，正是因为对两点阈的研究，韦伯才将心理事件纳入测量和数学公式中。这最终会使得心理物理学成为威廉·冯特的新心理学必不可少的元素，从而能够宣称是一门科学。科学要求客观的测量，阈限研究似乎完全符合这一要求。其次，韦伯证实，在物理世界的变化与其所引起的心理经验之间并不存在一对一的关系。增加一个 3 克的重量并不总是产生相同的感觉。差别有时能觉察到（如果 $S=30$），有时则不能（如果 $S=60$）。所以，要了解心理是如何组织它的经验，不仅需要知道我们所接受到的刺激的物理维度，还需要试着确定心理是如何知觉这些物理刺激的。最后，韦伯定律表明，可以用数学的方式将心理事件和物理事件相联系。另一位莱比锡大学的科学家会将这一观点发展得更为完善。

古斯塔夫·费希纳（Gustav Fechner，1801—1889）

作为生理学家的韦伯的目标是理解触觉和肌肉觉的特性，他在这一过程中所使用的研究方法最后以心理物理学而著名。然而，他在莱比锡大学的年轻同事，古斯塔夫·费希纳，有着一个更为雄心勃勃的目标。费希纳着迷于以能击败唯物论的一种方法来解决永恒的心—身问题这样的想法，而且他认为心理物理学正是达成这一目标的方法。所以，称费希纳是第一个实验心理学家是有因可寻的，尽管他接受的是当医生的培训，以物理学家闻名，而且在他对心理物理学进行开拓性研究的过程中，自认为是哲学家。

1801 年费希纳出生于德国南部的基督教新教的牧师住区；他是一个早慧的孩子，5 岁
88 时就熟知拉丁文。16 岁时进入莱比锡大学学习医学，曾上过韦伯的生理学课。1822 年，费希纳获得医学博士学位，但他从没有行过医。19 世纪 20 年代，他的兴趣集中于数学和物理学，此间做过这方面的讲座（没有报酬），靠把法文的物理和化学教科书译成德文来维持生计。这一时期，他还对电学这个新物理学领域作了最早的研究并有许多贡献。[①] 他的研究非常著名，并因此于 1834 年在莱比锡大学谋得了物理学教授之职，同年，韦伯发表了他关于触觉的研究成果。

19 世纪 30 年代，费希纳对科学的兴趣拓展到包括对视觉后像的研究，此现象发生在一束明亮的光短时间照亮再熄灭之后。他发现了光的亮度和后像强度之间的关系，这一发现导致他对所有光中最亮的阳光短暂扫视所引起的后像的质量的考察。后来短暂扫视变成了长时凝视，尽管他观察时戴着滤色镜以减少盯视太阳的不良影响，他的视力还是严重受损。由于问题非常严重，1839 年，他被迫辞去了教授之职，并从大学领取了一笔伤残抚恤金。

在后像事件之前很长一段时间，费希纳备受头痛和一种偶尔会不能控制思维的疾病的折磨，但是失明逐渐引发了神经官能症，并持续了好几年（Balance & Bringmann，1987）。费希纳成了一个病人，很长时间都不得不待在完全黑暗之中，备受焦虑、抑郁和身体病症的折磨。他自己就说：

> 我的状况……变得越来越令人沮丧。因为我习惯于运用我的智力，没有多少社交时与别人打交道的技巧，也不擅长写作和教书之外的其他行当，很快，我就遭受着极

---

① 费希纳对电学的研究揭示了他与他父亲之间有意思的关系，他的父亲是一位基督教新教的牧师，他的信仰扩展到了科学领域。老费希纳知道本杰明·富兰克林（Benjamin Franklin）著名的电学实验，也知道他于 1787 年发明的避雷针。当他了解到教堂的尖顶极易成为雷电的目标时，他很谨慎地在教堂的尖顶上装了一个避雷针。教堂的其他人都认为他们的牧师这样做是对上帝保护教堂的能力没有表现出充分的信心，但是费希纳牧师认为物理学定理还是必须被看重的（Boring，1950）。虽然费希纳牧师在他儿子只有 5 岁时就去世了，但是，很显然，年轻的古斯塔夫继承了他父亲对于科学的热爱和尊敬。

度无聊的痛苦。……（引自 Balance & Bringmann，1987，p. 39）

1842 年，费希纳的健康状况开始有了好转，1845 年前后他完全康复了。这主要是因为他为了重新掌握自己的命运而付出了艰辛的努力，同时也得益于视力的逐步恢复。康复之后，他的注意力转向了哲学问题，1851 年，他被莱比锡的学院重新聘用。正是在这一时期，费希纳潜心研究心—身关系问题，并为击败唯物论的想法而殚精竭虑。上一章已作过介绍，唯物论认为，所有的事件都有着可以追溯到物理和化学变化的原因，这一观点受到当时大多数年轻的生理学家们的追捧（例如赫尔姆霍茨）。

费希纳把唯物论称为"黑暗说"（Nachtansicht 或 Night View），他希望用与之相对立的"光明说"（Tagesansicht 或 Day View）将其代替。光明说源自当时风行于德国哲学的唯心主义运动，此运动认为宇宙作为一个整体具有超越于其内的有机体的个体意识之上的自己的意识形式。人一旦去世，其个体意识就会融入这个宇宙意识之中。费希纳认为，这就意味着，心和身可以被看做是同一根本实在的两个方面，而心灵则是这一实在的首要的、占支配地位的特征。正是在探寻对心—身关系准确概念化的方法的过程中，费希纳建立了心理物理学。后来，他自称是在 1850 年 10 月 22 日[①]早晨醒来时，突然获得了这一灵感。他一下子意识到，心身能够和谐地统一在一起，并可以通过测量心理感觉和产生感觉的物理刺激进行数学上的精确描述。这一灵感引发了 10 年的紧张研究，89
并促成了 1860 年《心理物理学纲要》的出版，此书通常被视为第一本实验心理学著作。

费希纳的《心理物理学纲要》

费希纳了解韦伯关于阈限的研究，但一直到 1850 年他的伟大灵感产生后，他才认识到它的重要意义。对于费希纳来说，关键问题的解决是确信通过假定最小可觉差在量上主观相等，感觉就能够被精确地测量。因而，30 克与 33 克的重量之差是最小可觉差，60 克和 66 克的重量之差也是最小可觉差，两对刺激间相对应的重量差别分别是 3 克和 6 克。然而，根据费希纳的观点，30 克与 33 克之间的差别同 60 克与 66 克之间的差别，在心理上感觉是一样的（即主观相等）。主观相等假设促使费希纳把韦伯定律用公式表示为：

$$S = k \log R$$

其中，S 代表感觉，即以 jnd 为单位的某一刺激被知觉的大小，k 代表常数，R 代表刺激的物理强度。

通过假定 jnd 是心理测量的单位，费希纳构想了一个量表（scale），以感觉第一次被察觉的点作为起点。他把这个点称为绝对阈限（absolute threshold）。当刺激强度增加到

① 如果你想给你的导师留下深刻印象，那你就在 10 月 22 日给他或她寄一张"费希纳日快乐"贺卡。时至今日，实验心理学家尤其是那些研究感觉和知觉的，都还会在这一天抽出一些时间为费希纳的灵感而举杯纪念。

这个阈限之上时，人就会经验到一个又一个最小可觉差。在绝对阈限之上的这些最小可觉差就是差别阈限（difference thresholds）。我们可以想象一个熟悉的例子，一盏带有可调节亮度旋钮的灯，当灯完全关闭时，当然既没有刺激，也不会感觉到光。当慢慢拧开旋钮时，在一个极短的时间里，我们依然是零感觉，但旋即我们就会感觉到一点点极其微弱的光线，这就是绝对阈限。如果继续拧旋钮，又会到一个点，在这个点上，光线刚刚被感觉到比先前的光线要明亮一些，这就是差别阈限。

费希纳关于相等的最小可觉差的假定立刻受到了质疑，他所提出的数学关系也只在限定的条件下成立。这并无大碍。他的传世之作《心理物理学纲要》是对他确定阈限所使用的方法的一个系统总结，现在仍广泛使用于实验室以及诸如视觉和听觉之类的测查中。这些方法就是现在有名的极限法、恒定刺激法和调整法。[①] 让我们用确定绝对阈限的听觉测查的例子来对这些方法加以介绍。在极限法（method of limits）中，先呈现一个阈限之上的刺激，然后逐渐减小刺激强度，直到被试报告不再能听到为止。这一方法被称为递减序列测验，之后再用递增序列测验，即先呈现一个阈限之下的刺激，然后逐渐增加刺激强度，直到被试第一次听到为止。递减测验和递增测验交替使用若干次，计算出所有测验结果的平均数，就可以得出绝对阈限。在恒定刺激法（method of constant stimuli）中，不同强度的声音以随机的顺序呈现，而被试的任务就是辨别有没有听到声音。这一方法解决了极限法存在的问题，即被试会对阈限的位置有期望倾向。在调整法（method of adjustment）中，被试直接调节刺激强度，直到刺激达到阈限。这些例子都涉及的是绝对阈限，这三种方法也可以用在差别阈限的实验中。在这三种方法中，调整法费时最少，但也最不精确；恒定刺激法最为精确，但用时最多（Goldstein，1996）。在实际的听觉测验中，递减序列测验的极限法最为常用，实验中会插入“欺骗测验”（catch trials）以防止被试在实际没有刺激呈现时举手（“我听到了”）。

波林（1963b）把费希纳称为“心理物理学的不经意的建立者”。他认为费希纳的主要
90 目的是哲学上的：建立他的光明说，同时击败唯物论（黑暗说）。对于费希纳来说是不幸的，这个目的并没有达到，他研究中的哲学含义也大部分被忽略。对于心理学来说却是幸运的，费希纳的努力导致了一个研究项目的诞生，还创造了一套方法，使得别人发现了费希纳所没有发现的意义：心理现象能用科学的方法进行研究。1860 年，费希纳不经意间创立了心理物理学，为另一位德国生理学家威廉·冯特数年后宣告一门“新心理学”诞生铺平了道路。

---

① 费希纳把这些方法相应地称为最小可觉差法、正误法和均误法。

冯特在莱比锡建立一门新心理学

本章开篇的引文，摘自《生理心理学原理》的前言，这部划时代的两卷本巨著，出版于 1873—1874 年，由德国最常被称为实验心理学的“建立者”的威廉·冯特所著。正如冯特所做的，宣称某人在“尝试着划分出一个新的科学领域”，正是这类的声明，将建立者们从他们同时代的人中区别出来。显然，费希纳关于心理物理学的研究使他有资格获得第一个实验心理学家的称号。然而，我们已经看到，费希纳有其他的、更多哲学上的目的。因而，正如波林（1950）所指出的，建立者是促进者；他们可能不是第一个成功做某事的人，但一定是第一个大声宣称他们的成就极其显著地开辟了新天地。他们可能做出过一些重要的科学贡献，但他们的才能在于他们的传播能力。冯特具有那样的才能。

威廉·冯特（Wilhelm Wundt，1832 — 1920）：创立一门新科学

实验心理学建立者的童年时代乏善可陈。过多的白日梦和勉强及格的学业构成了他早年学习生活的特征，而且直到十八九岁他才开始对学习产生兴趣。尽管学业成绩很差，家里的亲戚却使他在 19 岁时得以进入了杜平根（Tübingen）大学学习医学；一年后，他又转至海德堡大学，并开始崭露头角。1855 年，他从海德堡大学获得了医学博士学位（以最优异的学业成绩），而且在全国医学委员会的考试（state board-certifying exam）中名列第一（Bringmann，Balance & Evans，1975）。

在海德堡求学期间，冯特对科学的兴趣越发广泛。著名的化学家罗伯特·本生（Robert Bunsen）（正是他发明了本生灯[①]）对他有持久的影响：当冯特本人终于成为教授时，他经常在课堂上运用视觉演示和示范以照搬本生的举例说明的方法。本生也激发了冯特第一个独立的科学研究项目——限制盐类摄入对尿液成分的影响的实验。在这几年间，冯特也完成了一些更为复杂的研究，包括一项关于头部神经在呼吸中所起作用的研究，这项研究需要解剖活狗和活兔子，解剖方法和过程让冯特觉得很麻烦。他得到了母亲的大力支持，她在解剖手术中作助手，手术是在冯特家中而不是大学里完成的（Bringmann，Balance & Evans，1975）。冯特还运用韦伯的两点阈方法做了关于歇斯底里病人触觉的实验；这项实验就是他的医学博士学位论文所进行的研究。

1855 年 11 月，冯特获得医学博士学位后，在海德堡大学医院作为临床助手从事了短短 6 个月时间的医疗工作，但是他已经开始觉得学术研究生活比开药方和接骨头的生活更

① 本生灯是一种煤气灯。——译者注

具有吸引力。他去了柏林，跟随杰出的约翰内斯·缪勒（第 3 章）学习了一个学期的实验生理学，一回到海德堡就决意成为一名生理学教授。1857 年，他谋得一个无薪大学教师（Privatdozent）的职位，在日耳曼语国家中，这一职位意味着他有资格开设课程，但报酬全部来自学生的学费。冯特开设的第一门课程只吸引了四名学生选修，在课程快结束的时候，他生了重病，可能是结核病（Bringmann，Bringmann & Balance，1980）。一年后，他
91 康复了，申请赫尔曼·赫尔姆霍茨（第 3 章）实验室的助手一职，备受尊崇的赫尔姆霍茨此时刚刚才开始他在海德堡的任期。冯特得到了这份工作，这对他的学术生涯是一个主要的推动。

1858—1864 年，冯特辛辛苦苦为赫尔姆霍茨做了 6 年的助手，不过，他并不只是进行实验室的工作，还做了很多事情。他继续作为无薪大学教师开设了几门课程，并开始发表文章，其写作速度令人震惊。① 除了一些专业论文和以讲稿编成的两本简短的教科书以外，冯特还出版了两本重要的著作，标志着他作为实验心理学家已初露锋芒：1862 年，《对感官知觉理论的贡献》面世，一年后，《人类与动物心理学论稿》出版。第一本书是值得注意的，因为它标志着冯特第一次提倡将精准的实验方法运用于基本的心理学问题。因而，早在他著名的 1873—1874 年的宣言之前，他就已在思考心理学成为一门科学的可能性。第二本书再次重复了其提倡的观点，并记述了一些心理物理学和反应时的早期研究。

1864 年，冯特离开了赫尔姆霍茨实验室，但其后在海德堡大学又工作了 10 年。他建立了他自己的个人实验室，并通过教书和版权费挣得了一笔还说得过去的薪水。1871 年，他的努力终于得到了学校的认可，得到了破格教授级的任命（类似于美国大学的副教授级别）。这意味着，他有生以来第一次获得了全职教席，薪水也不再取决于注册学生的人数。在近 40 岁的时候，他也终于可以安心地与他相恋多年的未婚妻结婚了。在此期间，他完成了对于心理学者来说最为著名的著作——两卷本的《生理心理学原理》（1873—1874/1910），此书的前言中就有本章开篇的引文。这本书最后发行了 6 版，为他赢得了苏黎世大学"归纳哲学"教授之职（1874—1875 学年）。仅在瑞士待了一年时间，更有声望的莱比锡大学，当时德国最大的大学，为他提供了一个类似的职位，冯特立刻接受了这一职位，并在那里一直到 1917 年退休，3 年后，他永别人世。

我们倾向于将冯特仅与莱比锡大学相联系，但我们应该认识到重要的一点，他于 1875 年到那里时，已经 40 多岁了，在海德堡作为科学家已经活跃了 17 年。他已经写了三部重要的著作和许多文章，很多教授终其一生也没有这么多的著述。此外，他还已经宣告至少心理学的一些方面可以是实验性的，他也已表明了要建立不久就被称之为新心理学的计划。因而，他已经完成了他一生工作中的许多部分。然而，冯特依然有 40 多年的多产岁月是在莱比锡大学度过的。

---

① 据统计，冯特在其学术生涯中共发表著述 53 735 页，平均每天写作 2.2 页（Boring，1950，p. 345）。

重要年份 1879

这一年通常是与在莱比锡的冯特的实验心理学实验室的建立相关联为标志。

还发生了下列事件：

- 托马斯·爱迪生（Thomas Edison）发明了电灯
- 伦敦成立了第一个电话局
- 费迪南德·德雷赛布（Ferdinand de Lesseps）成立了巴拿马运河公司
- 美国小说家亨利·詹姆斯（Henry James），心理学家威廉·詹姆斯的弟弟，出版了《黛西·米勒》
- 弗兰克·伍尔沃思（Frank Woolworth）在纽约尤蒂卡（Utica）开办了第一家 5 分～1 角（5-and 10-cent）伍尔沃思百货商店
- 玛丽·贝克·埃迪（Mary Baker Eddy）在波士顿（Boston）成为基督教的牧师，科学家
- 下列人物出生：

约瑟夫·斯大林（Joseph Stalin），苏联领导人

阿尔伯特·爱因斯坦（Albert Einstein），德国物理学家

威尔·罗杰斯（Will Rogers），美国幽默作家

- 下列人物逝世：

威廉·劳埃德·加里森（William Lloyd Garrison），美国废奴主义者

在海德堡期间，冯特积累了不少私人的实验室仪器，用于他自己的研究，也用于讲演 92
时演示各种现象（颇有他以前的化学教授罗伯特·本生的风范）。一抵达莱比锡大学，他就要求为他提供一个场所放置这些设备。尽管传统的解释是大学在 1875 年他一来就给他提供了场所，这个房间最终成了他那间著名的实验室，但仔细查阅档案（Bringmann，Bringmann & Ungerer，1980）却发现，虽然冯特一再要求，莱比锡大学却迟了一年才同意。不过，大学同意这个要求从根本上来说还是值得注意的，因为当时场所非常有限。这个小小的开端，一间大约 400 平方英尺的房间，最终成为实验心理学的第一个实验室，而且成了许多模仿者的模板。起初，冯特将实验室用于演示的目的，但到了 1879 年，他和他的学生们在这间当时他所谓的心理学研究所（Psychologisches Institut）里开始了最初的研究。这个研究所很快变得像磁石一样，吸引了众多来自欧洲各国和美国的好奇的学生。几年间，房间不断增多，1897 年，一栋全新的、更加精心设计的实验室建成，完全符合冯特的构思。1943 年，实验室在第二次世界大战中同盟国的一次炸弹袭击中毁于一旦。图 4—4 是实验室一瞥，下面我们还会讲到冯特实验室的一些内情。不过，在此之前，我们有必要先考察一下冯特对他的新心理学的看法。

图 4—4 老年的威廉·冯特（中间者）在他的莱比锡实验室中。

冯特的新心理学观

冯特尝试着在《生理心理学原理》一书中“划分出”的“科学的新领域”，是早在 12 年前他于 1862 年出版的一本关于知觉的书（《对感官知觉理论的贡献》）中第一次提出的一个构想。这个新心理学要求运用源自实验生理学并得到新方法完善的方法，对人类的意识经验进行科学考察。请注意，如今，我们看到带有“生理心理学”这个词的书时，都倾向于认为这本书主要是关于生物学和行为之间关系的论述。而冯特使用生理这个词，只是考虑到这样的事实，即他的新心理学中的许多方法（如反应时）是在生理学实验室中发展出来的（Greenwood，2003）。其实，他真应该把他的书命名为“实验心理学”。冯特的新
93 心理学包括两个主要的方面：用实验室的实验方法研究“直接”意识经验和用非实验室方法研究高级心理过程。

研究直接意识经验

为了理解冯特对直接经验和间接经验所作的对比鲜明的区分，举一个简单的例子。如果你看到窗外的温度计上的读数是 15℉，你并没有直接经验气温现象。更确切地说，气温是通过一个科学仪器传递来的。另一方面，如果之后你不穿外套走到室外，你对寒冷就有了直接经验。这是一个直接的意识经验。也就是说，没有温度计居于你和天气的中间，你正亲身感受着它。对于冯特来说，他的实验心理学的研究对象正是这种直接意识经验。

冯特认识到了伴随研究直接意识而来的问题。客观地探究间接经验是简单的。因为温

度读数是一个公共事件，两个或是更多的观察者对它都能达成一致意见，运用科学方法进行测量比较容易。环境的各个方面可以系统地操控，对温度所产生的影响也可以较为精确地估计。然而，描述直接经验就要困难得多。你怎么确定你冷的经验就比得上我的经验呢？在此，冯特对自我观察（self-observation）和内部知觉（internal perception）作了严格区分。丹齐格（Danziger）认为，多年来，两者之间的界限都是模糊不清的，因为这两个术语都被称为内省（introspection）。自我观察是通过内省式思考来分析生活经验的传统的哲学尝试。这种方式不是系统化的，由于此类观察是在经验事件发生一段时间后才开始进行，观察太倚重于不很准确的记忆。冯特抛弃了自我观察，认为它只不过是哲学思辨而已。另一方面，内部知觉虽与自我观察类似，但它是对精确控制的刺激直接作出反应的一个更加严密的过程。通过反应的直接性，以及使用受过训练能自动而没有偏见地反应的观察者（冯特和他的学生们），记忆所导致的问题得以减少。不过，得到这样的精确性是有代价的。内部知觉的结果能够重复，它才能产生有效的科学数据。在冯特看来，这就意味着实验室研究必须限定在一个较小的经验范围内。在实际研究中大都用于对基本的感觉/知觉/注意经验的研究。此类经验通过精密仪器就可以得到控制，用仪器把刺激呈现给观察者，观察者进而对这些刺激作出简单反应。在冯特的实验室里，这类内省反应“大部分都局限在对物理刺激的大小、强度和持续时间的判断上，有时用对刺激的同时性和连续性的判断加以补充”（Danziger，1980，p. 247）。当然，这些就是心理物理学实验中的判断实验，是冯特实验研究的重要组成部分。正如我们下面将要了解到的，冯特的内部知觉这一内省概念，与他的两位著名的学生——奥斯瓦尔德·屈尔佩（下节）和爱德华·铁钦纳（第 7 章）所使用的“系统的实验内省”是迥然不同的。

研究高级心理过程

尽管冯特认为，实验研究必须限定在基本心理过程的直接意识经验基础上，但他的心理学还有一个更广阔的目标。他希望考察其他的心理过程，如学习、思维、语言和文化影响等，但他认为，由于这些过程与个体的个人经历、文化背景和社会环境混杂在一起，难以在实验室进行有效控制的检验。与此相反，这些过程只能通过演绎观察技术、跨文化比较、历史分析和个案研究的方法加以考察。

这些高级心理过程是贯穿冯特一生的兴趣，最早的详细论述是在他的第二重要的著作中（《人类与动物心理学论稿》，1863）。这些研究完全占据了他生命的最后 20 年，在此期间，他出版了 10 卷本的巨著《民族心理学》（*Völkerpsychologie*，“volker”大致可以解释为“文化的”、“种族的”、“社会的”和/或“公共的”等意义的结合体），其多产作家的声 *94*
望也因而进一步提升。这部著作的内容包括对语言和文化的详细分析，所围绕的主题现在多被置于心理语言学、宗教和神话心理学、社会心理学、司法心理学以及人类心理学的名下。10 卷本中，神话和宗教占 3 卷，语言占 2 卷，社会占 2 卷，文化与历史、法律、艺术各占 1 卷（Blumenthal，1975）。

和同时代的其他思想家一样，冯特也认为，进化论的一个言外之意是文化可能也是一个按从“原始”（例如澳大利亚土著的文化）到“先进”（大概是德国）排列的连续统一体。通过研究各种水平不同的文化中的社会风俗、神话、宗教和语言，冯特认为对人类心理过程进化的理解是可以达到的（Farr，1983）。冯特对语言的兴趣特别浓厚，他对语言的论述使其可以当之无愧地获得现代心理语言学的建立者的称号。他关于语言的很多论著在当时都没有受到重视，直到 19 世纪五六十年代，心理语言学成为认知心理学发展中的一个关键因素时，冯特关于语言的很多研究才得以被重新发现（Blumenthal，1975）。例如，冯特对句子及其自身的实际结构所传递的观念和听者分析句子结构并从中提取说话者的含义的方式作了区分，他所分析的被传递的观念和句子结构之间的关系，与后来语言学家诺姆·乔姆斯基（Noam Chomsky）对语法的深层结构和表层结构所作的区分是相似的；冯特认为听者不能够忆起实际的句子但记得句子的含义，这一观点也与后来有关对所交流信息“要旨”的记忆的研究相类似。

在冯特实验室之内

一旦冯特的学生们在莱比锡大学开始进行最早的研究，发表研究成果的需要就浮现出来。1881 年，冯特创办的《哲学研究》杂志解决了这个问题。它是第一本用以发表心理学实验研究成果的杂志，冯特担任了 20 多年的主编（1881—1903 年）。这份杂志成了冯特和他的学生所做研究的喉舌，所以翻阅一下杂志内容就可以对 19 世纪最后 20 年间在莱比锡大学所进行的研究类型有一个大致了解。波林（1950）检索了这一时期在这份杂志上发表的约 100 篇实验研究，发现至少有一半的研究是有关感觉和知觉领域的，在另外一半的研究中，反应时研究最多，其次是关于注意、情感和联想的研究。

感觉和知觉

现在我们在感觉/知觉课程中所学习的感觉系统的基础知识到世纪之交时大部分都已知晓，其中的一些研究就是在冯特的实验室里完成的。正如前面所提到的，“内部知觉”的大多数研究在本质上都是心理物理学的，考察了诸如对呈现在视网膜不同位置的色彩的辨别能力和对所呈现的不同音高、响度的声音的辨别能力这类主题。在知觉方面，冯特研究了诸如正负后像、视觉对比、错觉和大小知觉、深度知觉、运动知觉等主题。

心理时间测定

当赫尔姆霍茨测量了一个神经冲动所持续的时间，并发现它比原来预料的要慢很多（第 3 章）时，他的研究促生了一个方法，就是冯特实验中著名的心理时间测定（mental chronometry），现在，我们称之为反应时。冯特早在到莱比锡大学之前就了解这项研究。神经冲动的研究完成后不久，他就成了赫尔姆霍茨的助手，而 19 世纪 60 年代时，他对测量心理时间问题也越来越兴趣十足。很多年前，这个问题就曾以天文学家所面临的实际困难的方式出现过。建立计算经度的表格需要确定各天体在一个月中某一特定时间的准确位置（Sobel，1995）。确定这些位置涉及一个复杂的程序，这个程序是测量天体“经过”望远镜目镜中的十字标线时所用时间。人们对这个过程作出判断，即使是训练有素的天文学家，他们对经过时间的判断也会有所不同，因为他们的反应时存在小小的差异。为了解决这个问题，曾尝试通过确定每一个人的人差方程（personal equation），从而使天文学家的判断得以校准。因而，如果天文学家 A 总是比天文学家 B 慢 0.12 秒，他们测得的经过时间就可以用人差方程进行比较：A＝B＋0.12 秒。 95

设计出冯特式实验者们所使用的反应时测量步骤的那个人，就是荷兰生理学家唐德斯（F. C. Donders，1818—1889）。唐德斯推测，如果神经冲动所需时间可以测量，如果心理活动又是由神经冲动所组成的，那么，各种心理事件就极有可能较为精确地得以确定。19 世纪 60 年代末，通过假定心理事件是以相加的形式结合在一起的，唐德斯提出了减数法（subtractive method）。首先，他测定一个简单反应所用的时间：例如，先按下一个电报电键，知觉到一个光刺激后，以最快的速度松开电键。增加其他的心理任务后，这个方法将变得“复杂”些。比如，要求观察者只有在看到红光时才作出反应；如果光是其他颜色，就不要作出反应。这个“辨别反应时间”（discrimination reaction time，DRT）就是由简单反应时（simple reaction time，SRT），加上辨别颜色所需时间组成，因此：

DRT＝SRT＋辨别时间

辨别时间＝DRT－SRT

与此相类似，“选择反应时”（choice reaction time，CRT）就是，如果光是某一种颜色就松开某一个键，如果光是另外一种颜色就松开另外一个键。除了简单反应时和辨别两种颜色所需时间，观察者还必须选择松开哪一个键。因此：

CRT＝ SRT＋辨别时间＋选择时间

选择时间＝CRT－（SRT＋辨别时间）

选择时间＝CRT－DRT

这个方法也被称为复合实验（complication experiment），其原因也是显而易见的；使用这个方法的研究在冯特的实验室中非常普遍，尤其是在 19 世纪 80 年代。然而，当其所依赖的相加假定过于简单化的问题越来越明显时，这个方法最终还是被抛弃了。例如，在前面所提到的程序中，与较简单的反应相比，某个更加复杂的反应其时间应该总是要长些，但是在实际实验中，这个结果并不总是出现。冯特的学生奥斯瓦尔德·屈尔佩（本章的后面将会对其进行详细介绍）就指出，通过增加辨别和/或选择改变程序，并不仅仅是增加了心理元素，更确切地说，它改变了整个实验状态。

詹姆斯·麦基恩·卡特尔（第 8 章），可能是跟随冯特学习的美国学生中最著名的，他是反应时方法的热烈拥护者（Garrett，1951）。当他就读于巴尔的摩市的约翰·霍普金斯大学时，就开始了他的反应时研究，1883 年到莱比锡大学后，继续潜心于此项研究。他的一项研究的论文（Cattell，1885/1948）较好地用例子阐明了反应时方法的逻辑和开展此类研究时需要密切注意的细节。在这篇文章中，卡特尔描述了一些关于简单反应时、辨别反应时以及选择反应时的研究，都是和他的同事古斯塔夫·伯杰（Gustav Berger）共同完成的。这些研究构成了伯杰的博士论文的基础，当时，他师从冯特研究刺激强度对反应时的影响（Sokal，1981）。

在第一次实验中，卡特尔和伯杰测出了对强度变化的光刺激的不同简单反应时。实验仪器可能类似于图4—5中所示（照片1892年拍摄于克拉克大学）。正如卡特尔所描述的："观察者坐在黑暗之中，透过一个伸缩管盯着光刺激将会出现的那个点"（1885/1948，p. 323）。卡特尔和伯杰把光的强度分为八个水平，在每一个强度水平都各做150次反应，他们发现，光的亮度增加时，反应时通常减少，同时也发现了个体差异——伯杰的反应总是迅速一些。

图4—5 克拉克大学正在进行的反应时实验。

96 用一种相似的方式，卡特尔和伯杰变化对左前臂的电击强度，以探查其对右手反应时的影响。反应时随着强度增加而加快，尽管在最高强度时，"反应可能被延迟了，因为这种电击太痛"（p. 325）。在数据总结中，卡特尔描述了平均数和变异单位（平均差，标准差的早期祖先）。另外，要特别指出的是，研究中只有两个观察者——卡特尔和伯杰。这是早期实验心理学的共同情况：很少的参与者，每个人都要贡献一大堆数据，在后来被称为实验者和被试的人之间没有明显的界限。而且，几个参与者的数据不是一起计算平均数，而是每一个被试，包括为了重复实验而追加的被试，他们的所有数据都会被报告。

报告完简单反应时后，卡特尔描述了复合实验的逻辑，又使用光刺激的八个强度水平之中的三个进行实验并报告了结果，包括简单RT("反应时")、辨别RT("包括知觉时间的反应”）和选择 RT（“包括知觉和意志时间的反应”）。因而，“知觉时间”就是辨别时间，“意志时间”就是选择时间。以下是他对复合的基本原理以及相关数据的描述：

> 当作出反应前需要区分颜色时，时间就会变长。如果不是要求反应总是尽可能地快，而是要求当呈现红色光时就作出反应，是蓝色光时就不反应，我们就能够确定辨别时间。我们继续以同样的方法在简单反应时上做加法，可以进一步让被试看到红光时举右手，而看到蓝光时举左手；那么，除了简单反应和辨别颜色所必需的时间外，我们还得到了在两个举动之间作出选择所需要的时间。表 4—1 是运用光的三个强度（五、三、一）所做的实验结果。（Cattell，1885/1948，p. 325）

表 4—1　一项复合实验的结果

	伯杰			卡特尔		
	五	三	一	五	三	一
反应时	189	218	273	189	209	303
包括知觉时间的反应	238	293	373	274	328	417
包括知觉和意志时间的反应	287	320	393	356	388	495
知觉时间	49	75	100	85	119	114
意志时间	49	27	20	82	60	78

正如你所见，卡特尔运用唐德斯法得出了他的“知觉”（即辨别）时间和“意志”（即选择）时间。例如，卡特尔作被试，刺激强度为五级：

辨别时间＝DRT－SRT
＝274－189
＝85（即 0.85 秒）

选择时间＝CRT－（SRT＋辨别时间）
＝356－（189＋85）
＝82（即 0.82 秒）

当卡特尔继续察看反应时法用以验证各种心理过程假设的有效性时，他同屈尔佩一样，最终也成了复合实验的批评者。也就是说，他最终抛弃了加法模型，但同时记住了反应时可以用来比较各种复杂程度不同的心理活动的观点。这使得他在研究个体差异时，其方法就是探查反应时以及诸如对字母表中不同字母的认知时间和词语联想的反应时间等现象（Cattell，1886）。卡特尔还对冯特实验室中的日常生活作了详尽描述，本章视窗节选了一部分。 97

视窗

莱比锡的一位美国人

由冯特指导获得博士学位的美国学生大约有 36 名，其中最知名的就是詹姆斯·麦基恩·卡特尔（（James Mckeen Cattell，1860—1944）。1886 年，在冯特指导下，他成为第一个获得莱比锡大学实验心理学哲学博士学位的美国人（Benjamin，Durkin，Link，Vestal & Accord，1992）。在莱比锡期间，卡特尔记有详细的日记，还经常与美国的父母通信。史学家米切尔·苏卡尔（Michael Sokal）对这些资料进行了非常认真仔细的收集、整理和注释，并集结出版了《心理学中的教育：詹姆斯·麦基恩·卡特尔的日记和来自德英两国的信件，1880—1888》一书（1981）。这本书是有关莱比锡冯特实验室早期生活的翔实而宝贵的原始资料集。

1881—1882 年，作为欧洲游历的一部分，卡特尔第一次到了莱比锡。其后，他在巴尔的摩市的约翰·霍普金斯大学度过了 1882—1883 学年，在斯坦利·霍尔（第 6 章）创立的实验室做研究。1883 年秋季，他又回到莱比锡大学，并于三年后获得博士学位。这里节选了一些他所观察到的冯特实验室里的研究工作，全部引自苏卡尔（Sokal，1981）。

卡特尔的研究中大部分是关于反应时问题。在 1884 年写给父母的一封信中，卡特尔简要地介绍了这项研究。基础研究在外行人看起来可能琐细而没有价值，同全身心投入到基础研究的其他人一样，卡特尔显然有一些防御心理，并认为有必要使他的父母确信他的工作是有价值的：

写给父母的信，1884 年 10 月 8 日

> 我（所做的研究）就是确定简单心理过程所需要的时间——我们看到、听到或感
> 觉到某个东西所花的时间——并对之进行理解、期望和思考。你们可能认为这不太有
> 意思或者不太重要。但是，如果我们想要描述这个世界——这正是科学的目标——那
> 98 有关心理的精确知识必定是最为重要的。……如果有人认为有哪种知识由于它自身的
> 缘故而值得追求，那有关心理的知识必定是首选。人类的心理远比其他的任何东西都
> 更有价值，也更为重要，而且整个世界也有赖于它的性质。
>
> 至于我的专门研究——无疑……测查一个人思考的速度本身就很有趣——因为，一个人度过漫长的一生所依靠的并不是他所活的年数，而是思考。（p. 125）

显然，卡特尔的父母担心他们的儿子在莱比锡时工作过度而劳累。为了使他们放心，卡特尔记述了他和同事古斯塔夫·伯杰一起度过的一个比较有代表性的工作日。卡特尔说，一天中只有一部分时间需要集中注意力，会让人觉得疲劳。

写给父母的信，1884 年 11 月 26 日

今天早晨伯杰和我又开始了工作。我认为，如果我坚持……经常练习的话，我就不会在工作中伤到自己。千真万确，以自己为被试做实验是一件难受的事，但我并不持续地这样做。如果我一天工作 6 个小时的话，可能有 2 个小时必定是用来查看仪器、做准备工作等此类的事情。这实在是非常容易的工作。然后，其他的 4 个小时中，有 2 个小时是另外一个人作被试，而我的工作也不是特别难。所以，你们看，我只有 2 个小时的工作是劳累的。如果 25 岁的我连这一点点都不能忍受，那也真太遗憾了。(p. 141)

卡特尔留出 2 个小时用于观察仪器，是说明发展一门新科学有多困难的例证。当时，绝大部分的仪器要么来自物理学或生理学实验室，要么当场发明。仪器问题一度曾是一件让人困扰的事情，正如卡特尔在下面这封信中所阐述的。

写给父母的信，1885 年 1 月 5 日

今天早晨伯杰来得很早，然后我们就开始工作。不凑巧的是，电池组发生了故障，不是一个，而是两个都坏了。你们不知道一个人看重仪器能到什么程度。麻烦在于一个人不仅必须要具有物理学知识，而且他还必须得是一个富有创造力的物理学研究者。例如，冯特教授认为，当电流通过一块软铁时，磁铁即刻就做成了。我发现，他所用的电流的时间超过十分之一秒，因而他所测得的时间都比实际的要长。现在，因为关于软铁的磁学已经发展起来，这一过程所需时间就和心理学全然无关了，然而，要是我没有花大量的时间来研究这个问题，我所有的研究就会是错误的。再者，让仪器正确地运行也是费力的事。……如果一个人太过匆忙，那么所有这一切，即获得仪器并运行它，都容易出问题。(pp. 151 - 152)

在他的研究生涯中，卡特尔总是毫不犹豫地说出自己的想法，既不谦虚，也不宽容。当他在莱比锡大学的时光接近尾声时，他作了下述评论，清楚地表达了自己对冯特实验室的看法。

写给父母的信，1885 年 1 月 22 日

今天下午可能是我最后一次在冯特的实验室工作了……冯特的实验室真是名不副实——很明显，所做的研究业余得很。所从事的研究只有两个方面——内部刺激和感 99
觉的关系（即心理物理学）和心理过程的时间（即反应时）。后者正是我所研究的课题——早在巴尔的摩（约翰·霍普金斯）时我就开始研究了，那时我还没有阅读过冯特著述的只言片语——我在那里所做的研究显然具有原创性。我非常确信，在反应时方面的研究，我所做的要比冯特和他的学生所做的有价值得多，而且，正如我前面所说的，这就是他们两个方面的研究之一。注意，我并不是认为我的研究有什么特别的重要性——我只是认为冯特的研究更少重要性。(p. 156)

重写历史：面目一新的威廉·冯特

在第 1 章中，你就知晓，我们总是根据新的资料、解释资料的新方法等对历史进行不断的修订。冯特的心理学就是一个极好的例证。假如 30 年前你上过心理学史课程的话，你学习到的冯特就会如下所述：

- 他成立了第一个心理学“学派”，称之为构造主义。
- 冯特学派的主要目标是把心理内容分析为它的基本的构造成分或元素，所使用的主要方法是对心理内容的内省。
- 他对文化心理学并不是真的有兴趣；10 卷本的《民族心理学》只是一个老人的不重要的业余消遣。
- 冯特理论的继承人是 E. B. 铁钦纳，他贯彻了冯特的方案，并在美国传播了冯特的构造主义的信条。
- 他的心理模型与英国经验主义者的相似；也就是说，他认为心理不是一个主动的力量，而是被动的联想经验的结果。

而今，像这样的描述，只有一种情况你会阅读到：它会出现在某些章节，用以指出这些描述的每一点或者是一个严重的歪曲，或者根本就是错误的。20 世纪 70 年代，历史学家们开始对冯特进行更加细致的研究（例如，Blumenthal，1975；Danziger，1980；Leahey，1979），并且发现传统的描述是有问题的。从那时起，历史资料就已开始包括对冯特的生活和工作的更加精准的描述。由此而引发三个疑问：这些歪曲是如何发生的？为什么到最近才被发现？以及冯特实际上说了什么？

问题的根源

异议部分源自这样一个事实，冯特一生的著述实在太多，绝大多数的人一生都读不完。而且，他的很多著作都没有从德文翻译过来。因而，不讲德语的人就有了这样一个倾向，即依赖其他人所写的关于冯特的文章，而不是冯特自己所说的。大部分心理学家都是从 E. G. 波林那里了解有关的历史，而波林的大多数资料是从铁钦纳得来的，而这一点正是问题的根源。你将会在第 7 章了解到，铁钦纳跟随冯特学习了两年时间，于 1892 年获得了莱比锡大学的哲学博士学位。之后，他在康奈尔大学度过他的学术生涯，在那里传播构造主义信条——这是他的学派，而非冯特的。铁钦纳还翻译过几本冯特的书，并在冯特去世后不久写了一篇很长的讣告（Titchener，1921）。实质上，铁钦纳抽取了冯特研究的一部分，并夸大其重要性，而贬低或忽略冯特研究的其余部分。这些歪曲反映在他教授有关冯特内容时的方式上，也反映在他对冯特作品的翻译中。并没有证据显示他有故意歪曲的企图。铁钦纳只不过仅强调与他自己的思考方式相吻合的内容。例如，铁钦纳对非实验的心理学不感兴趣，这就使得他很轻视冯特对文化心理学的兴趣，还在讣告中作了著名的
100 评论，冯特花 20 年心血著成的 10 卷本《民族心理学》只不过是“他老年时愉快的消遣”

(Titchener, 1921, p. 175),“冯特一生中最重要的观点……就是实验心理学观”(p. 175)。

波林是铁钦纳最著名的学生，也是最令人尊敬的心理学史学家（参见第 1 章的视窗）。他的《实验心理学史》，1929 年写就，1950 年修订，这本书对几代心理学家都产生了影响，还为其他历史教科书提供了一个模板，直到近来都还如此。他将这本书献给了铁钦纳，其中关于冯特的那一章包含有一些被铁钦纳歪曲的内容。例如，《民族心理学》就很少被提及。

重新发现冯特

之所以在 20 世纪 70 年代开始重新考察冯特的思想，有两个原因。第一个原因，你可以回想一下第 1 章的内容，正是在 20 世纪 60 年代后期和 70 年代早期，在领袖式人物如罗伯特·华生等的带领下，心理学史作为一门学科又聚集了发展的新力量。在某种程度上，指向了冯特经历的新史学反映出对心理学史兴趣的日益增加。第二个原因更加微妙一些，也给出了历史总是在被不断修订的另一个原因。正如你将在第 14 章学习到的，在 20 世纪 60 年代，认知心理学出现了。也就是说，心理学家越来越对心理过程的实验研究感兴趣，而这一课题曾于 20 世纪 30 年代至 60 年代时在美国完全销声匿迹，主要是由于行为主义的影响。一些精通新认知研究的学者，其中最著名的是阿瑟·布鲁门萧和托马斯·黎黑，他们发现了 20 世纪 60 年代的认知心理学和冯特心理学之间的联系。从本质上看，一些认知研究方法实际上就是复制了在莱比锡大学完成的研究，尽管现代研究者们似乎对此一无所知。布鲁门萧和黎黑开始根据新认知心理学来对冯特的研究进行验证，并发表了论文来展示二者之间的联系（Blumenthal, 1975; Leahey, 1979）。一个宽泛的结论是，历史可能会强烈地受到编纂时的历史背景的影响，而并不完全是其本来的面目。现代认知心理学的一个影响就是从一个新的视角来解读冯特。而在行为主义大行其道之时，对冯特进行如此的再考察是不可能发生的。

真实的冯特

对冯特传统的但错误的观点认为他是一个构造主义者。冯特实验研究的目标之一是辨明直接意识经验的元素，对于这一点，现在已是毫无疑问的。毕竟，他最早所学习的是医学和生理学，而且对分类有着天生的爱好。因而，他的实验论文就包括对于意识的基本元素的描述，他认为基本元素是感觉和情感。而且，每一个元素都还可以根据某种维度进一步细分。例如，可以根据诸如性质（比如不同的颜色）、强度和持续性等维度，对感觉进行分类。

然而，分析和分类只是冯特理论体系的一小部分，而且他的兴趣也不在此。相反，他更为关注的是心理主动通过意志行动对心理经验加以组织的方式。他把自己的体系称做意志主义（voluntarism）以反映心理的主动性质。他的意志主义体系的一个核心概念就是统觉（apperception）现象，统觉是借用了德国哲学家莱布尼茨（第 2 章）的术语。统觉到某一事件就是完全清晰地知觉到它，并将它置于注意的焦点。例如，当你正在阅读本页内容时，你全部的注意和焦点（希望如此）都集中于这句话及其含义上。它正在被统觉着。其他的信息都处于你的注意的边缘区域；冯特会说它正在被注意（apprehended），但没有
101 被统觉。[①] 因此，在任何一个特定的时间，都会有处于注意焦点的信息和处于注意边缘的其他信息。我们就可以说前者在被统觉，而后者则是在被注意。而且，统觉是一个积极、主动地把信息组织成有意义整体的过程。当我们看到单词“dog”时，我们知觉到的并不是三个单独的字母；我们知觉到的是对我们来说有意义的单一的概念。我们的视觉最初加工的可能是一些没有意义的线段和符号，但我们的心理却创造了一个有意义的整体。冯特把统觉过程称为“创造性综合”。

冯特的统觉概念与比较被动的联想主义大相径庭。不过，冯特的确也认识到，意识经验的一些元素的确像被动联想一样地相结合。正如英国联想主义者所说的，如果你总是一起看到约翰和玛丽，那么，当你看到其中一个时，就会立刻想起另一个。这种情形会因为被动形成的联想而自动发生。另一方面，如果当你看到约翰和玛丽时，你将他们一起置于注意的焦点，把他们知觉为特别的一对，或者可能知觉为相互极不般配的两个人，这时统觉就发生了。也就是说，你正超越所给的信息，清晰而又分明地知觉到他们。

冯特的遗产

因为冯特的意图就是要创造一个使心理学概念化的新方式，他无可非议地被认为是现代第一位真正的心理学家。尽管很难从早期美国心理学家中找出一个冯特主义者，但他对美国心理学的起源却有着巨大的影响。那些跟随冯特学习的美国学生回国后可能不一定是冯特的信徒，而且布鲁门萧（1980）认为大部分美国学生归国时只带回了实验室平面图和设备清单。然而，他们从莱比锡大学学成归来后，都确信有一种令人兴奋的新生事物有待开拓，他们渴望参与其中。美国心理学迅速建立起自己独具特色的、非冯特式的理论模型，但开拓新事物的动力有很多是源自冯特的范例。

新心理学的传播

知悉冯特没有垄断整个新心理学领域无须诧异。正如你记得的本章开篇所言，科学环境所营造的氛围有助于形成以经验为根据考察心理现象的观点。果然如此，几位与冯特同

① 注意（apprehension）/统觉（apperception）的差别是一个重要理论的关键组成部分，这一理论由冯特的一位较为著名的学生——精神病学家艾米·克雷培林（Emil Kraepelin，1856—1926）提出。克雷培林创设了一套心理疾病的分类表，第一次对我们现在称之为精神分裂症的疾病作了清晰的描述。有关克雷培林的更多内容，可参见第12章的视窗。

时代的德国人都积极致力于探寻理解人类心理的新方法。我们将考察其中的三位：赫尔曼·艾宾浩斯、G. E. 缪勒和奥斯瓦尔德·屈尔佩。

赫尔曼·艾宾浩斯（Hermann Ebbinghaus，1850—1909）：记忆的实验研究

费希纳的《心理物理学纲要》一书的一个间接影响是它促进了发起对人类记忆的实验研究。这发生于 19 世纪 70 年代中期的某个时间，当时，一个名叫赫尔曼·艾宾浩斯的年轻的德国哲学家，正在巴黎一家旧书店浏览图书时，偶然间发现了费希纳此书的英文译本。费希纳对心理可以用科学方法来研究的论证激励了艾宾浩斯，那时，他正在对观念联想的哲学问题进行深思。

对于赫尔曼·艾宾浩斯的早年经历，我们知之甚少。在读完大学预科后，他在几个大学就读过，并于 19 世纪 70 年代早期参加了法普战争（Franco-Prussian War），为德国效力，时间很短。他的学术兴趣从历史学转向历史比较语言学（语言的历史研究），进而又转向哲学，1873 年，最终获得波恩大学（University of Bonn）的哲学博士学位。他的博士论文主题是对“哈特曼的潜意识哲学”的分析。在 19 世纪 70 年代中期，他游历英法两国，此间发现了费希纳的《心理物理学纲要》一书，很显然，他开始思考如何研究联想的形成。

作为哲学家，艾宾浩斯完全通晓英国经验主义者和他们对联想过程的分析。你可以回忆一下第 2 章的内容，他们把联想看做一种力，与地球引力相类似，把观念吸引过来并与之建立联系。英国哲学家都认为联想是心理的组织结构必不可少的组成部分，但他们对于 102
联想的基本律持有异议（例如，是接近律就足以解释联想了呢，还是其他的原则也是必要的呢?）。在艾宾浩斯看来，费希纳运用于心理的科学方法显然触发了一个创造性的飞跃。如果感觉能够被测量，为什么其他的心理过程不能？为什么联想不能？19 世纪 70 年代末期的某个时候，艾宾浩斯决意对联想的构成和保持进行科学研究。19 世纪 80 年代中期，他出版了《记忆：对实验心理学的贡献》（1885/1964）。这本简短的书（1964 年的再版本只有 123 页）开创了一个研究传统，这个传统如今仍在延续，其研究结果也仍在普通心理学教科书中讲述。正如恩斯特·希尔加德在 1964 年再版本的引言中所指出的：“就学习和记忆的实验研究而言，有一个最为杰出的根源，那就是艾宾浩斯这本短小的专题著作。”（Hilgard，1964，p. vii）让我们通过随后的摘录对这个卓越的成就作更加细致的了解（页码出自 1913 年英文译版的 1964 年再版本）。

原始资料摘录

艾宾浩斯论记忆与遗忘

艾宾浩斯在书的开篇，讨论了记忆的各种形式和以实验的方式研究记忆过程的困难。他指出，对于记忆我们几乎一无所知，仅有的一点了解都是来自常识和“大量的特别惊人

的事件”（p. 4）的轶事。不过，至于更多有关我们的经验和记忆之间的确切关系的基本问题，“这些问题和与此相似的问题，没有人能够回答”（p. 5）。

在艾宾浩斯看来，了解记忆的唯一方式是通过“自然科学的方法”（p. 7）。在刚开始描述这个方法时，艾宾浩斯没有用你在研究方法课程中学到的那些确切的术语，但是你会发现，下列文字就是对实验方法本质内容的描述：操纵自变量，保持外部因素不变，然后测量结果，即因变量：

> 我们都知道这个方法的组成：努力使大部分条件保持不变，这些条件都得以证实和某一结果存在因果联系；将其中的一个条件从这些条件中分离出来，以一种可以用数字来描述的方式使之变化；接着，随之而来的结果改变就可以通过测量或计算来查明。（p. 7）

艾宾浩斯发现使“大部分条件”得以控制不是一件容易的事。在一次心理科学中较为著名的创造力活动中，他突然有了灵感，想到了使用一些彼此之间没有意义联系、自身也没有特别意义的材料。换言之，他创造了无意义音节（nonsense syllables），是三个字母为一个单位的音节，由两个辅音字母中间加一个元音字母组成：

> 用字母表中的辅音字母和11个元音字母及双元音组成各种可能的同一类的音节，一个元音放在两个辅音字母的中间。
>
> 这些音节大约有2 300个，混合在一起，然后随机地抽取出来组成长度不同的音节系列，每次用其中的一些组成一个测验材料。
>
> 103 ……每次使用过的音节都要仔细地放置在一旁，直到所有的音节都使用完毕，将它们混合在一起后再次使用。
>
> 用这些音节所进行的测验，其要达成的目标就是，通过对各个音节系列反复诵读，对它们留有深刻印象，之后能够立刻将它们背诵出来。第一个音节给出后，能够毫不迟疑地一次就将音节系列背诵出来，而且是以一定的速度，并自觉是正确的，就可以认为目标达到了。（pp. 22 - 23）

艾宾浩斯注意到识记像诗或散文之类的有意义的材料是存在问题的；这些材料本身就已经有大量的意义联系，这对学习它们的速度将造成影响：

> 正如以上所述，无意义材料有很多优点，一部分原因就在于它缺乏意义。首先，相对来说，它是简单而又同质的。以最常用的材料为例，即诗或散文，它们的文体要么是记叙式，要么是描述式，要么是思考式的；它的措辞或者忧郁，或者幽默；它的比喻有时优美，有时隐晦；它的韵律时而流畅，时而艰涩。因而，这就导致产生大量的影响，这些影响变化没有规则，所以必然产生干扰。比如，左冲右突的联想，不同程度的兴趣，因其鲜明性或优美而记住的几行诗句，诸如此类。使用无意义音节可以

避免所有这一切问题。在几千个组合中，其中只有很少的几十个会有意义，而在这几十个之中又只有一部分在识记时会发现其中的意义。(p. 23)

因而，艾宾浩斯虽然发现一些音节会有意义，但他对此并没有过分担心。而且，他的兴趣在于音节之间的联系是如何形成的，而不是各个音节的相对的意义，记住这一点很重要。各个音节可能会有一些意义，但两个连续的音节彼此有意义地联系在一起的机会非常少。冈拉克（Gundlach）（1986）曾指出，艾宾浩斯的一个短语①被翻译成了“无意义的音节系列”，其实，翻译为“音节的无意义系列”可能更为合适。艾宾浩斯选择系列学习（serial learning）作为他的任务，更进一步表明了他的意图是对一个固定系列的元素之间的联系的组合进行分析。系列学习，其正确回忆包括按照一系列刺激呈现时的准确顺序进行再现，是检验“音节的无意义系列”间的联系的最适宜的方法。

实际上，艾宾浩斯是如何想到使用无意义音节的已不得而知，但希尔加德（1964）的分析最讲得通。因为熟知英国的经验主义/联想主义的机械论假设和原子论假设，艾宾浩斯就想找到最可能简单的单元，同时仍能产生大量的刺激。单个的字母或数字太少了，而单词富有意义。单词的音节组成了语言中最简单的发音单元，所以，它们是最合逻辑的选择。艾宾浩斯把他的刺激称为无意义“音节”这一事实表明他对归并成一个小的功能单元是经过深思熟虑的。 104

艾宾浩斯创造了学习材料后，立刻转向对其他问题的控制，并建立了一套标准程序：

识记程序的规则如下。

1. 各个系列总是从前到后完全地阅读；不允许将系列分成几个部分分别学习然后再组合在一起；不允许将特别困难的部分分离出来以重复更多的次数。对所识记材料的背诵能力可以偶尔进行必要的测验，阅读和测验可以非常自由地交替进行。对于测验还有一个重要的规则，大意是在测验中一旦有所迟疑，就应该把后面的再通读到最后，然后再开始从头阅读。

2. 系列的阅读和背诵按照固定的速度进行，即每分钟 150 次。定时节拍器放置在较远处，开始时用来调整速度；但是很快就可以用钟表的滴答声来代替，这样一来更加简单，对注意的干扰也更少。……

3. 在学习过程中，尽快地达到所期望目标的目的在于尽可能多地识记。因而，要努力使注意集中在这个令人厌倦的任务及其目的上，在此，自觉的决心会对努力产生一定程度的影响。更无须说，应该小心地排除外界所有的干扰，以便目标实现。在各种各样的环境中进行的测验所引起的较小的分心也尽可能地避免。

4. 不要试图通过记忆术的特殊联想的创造而将无意义音节联系起来；学习只能

① 这个短语出现在第 23 页的下端，是在与识记的诗作比较的上下文中。

通过建立在纯记忆基础上的复述来进行。因为我对记忆术一无所知，做到这一点对我来说并不难。(pp. 24 - 25)

最后一点揭示了这项研究的一个重要特征——艾宾浩斯是唯一的研究参与者。他完成这项研究用了整整两年的时间：1879—1880 年和 1883—1884 年，第二组实验主要是重复第一组实验的内容。而且，为了熟悉实验任务，在开始 1879—1880 年的研究之前，他花了“较长的时间”（p. 33）进行练习，具体有多长时间他并未作特别说明。因此，在两年多的时间里，他用了相当多的时间记忆无意义音节系列（每天大约一小时或两小时），他自己也承认，这是一项“令人厌倦的任务”。仅在一组实验中，艾宾浩斯就记了1 300多个不同的系列，正是这些实验产生了他那著名的遗忘曲线。我们描绘著名科学家时所用的特征之一就是完全地沉浸在研究之中。当然，艾宾浩斯就是一个恰当的例子。

艾宾浩斯在几个不同的章节中对他的研究结果进行了描述。首先，他考察了当每个系列的音节数量改变时，识记这个系列的速度变化。所谓“速度”是指音节系列能够无差错地背诵出来所需要复述的次数。他的实验结果见表 4—2（p. 47）。
105

表 4—2　复述的次数

一个系列音节的数量	达到第一次无差错再现所需次数（不包括再现）	可能的误差
7	1	
12	16.6	+/−1.1
16	30.0	+/−0.4
24	44.0	+/−1.7
36	55.0	+/−2.8

在此，有一点需要说明。首先，学习的音节系列越长所需复述的次数就越多，尽管这一点可能并不令人惊奇，但这是有史以来第一次精确地给出了学习材料长度和学习它所需要努力数量之间的确切关系。其次，系列只有 7 个音节时所需要的努力微乎其微。

可能有人会问这样的问题：多少个音节只阅读一遍就能够准确地背诵出来？就我而言，这个数字通常是 7。实际上，我经常能够成功地再现 8 个音节，但这只是在测验刚开始时，而且也只是实验次数中的很小部分。另一方面，6 个音节时，错误几乎就没发生过。(p. 47)

这个结果在实验心理学史上经常重复，而乔治·米勒（George Miller）(1956) 对这个“神奇的数字 7”的系统调查研究成为认知心理学兴起的里程碑（参见第 14 章）。你可能还记得所学的普通心理学课程中记忆一章“短时记忆能力”标题之下的有关数字“7±2”的内容。

在证明了学习更长的音节系列需要更多的复述之后，艾宾浩斯很想知道增加首次复述的次数能否加深记忆。因而，他对一个包含 16 个音节的系列分别复述 8 次、16 次、24

次、32 次、42 次、53 次和 64 次，发现 24 小时后再学习此系列的容易度与首次复述的次数成正比。显然，他也曾考虑过复述次数超过 64 次的情况，但是深思熟虑后认为：

> 首次学习时的阅读次数超过 64 次是行不通的……因为，如果复述 64 次，每次测验就需要 45 分钟，而且如果次数再增加的话，复述到最后阶段时，通常会出现头痛或其他症状，这将使测验的状况复杂化。(p. 55)

这项研究的某些方面，甚至连令人敬畏的艾宾浩斯都觉得强度太大了。

艾宾浩斯所完成的这项研究最为著名的是对所学内容的遗忘率的考察。在此，艾宾浩斯运用了测量记忆的一个具有独创性的方法，他称之为节省法（savings method），从而能够测量出随时间的推移记忆保持量的变化，即使间隔一段时间后什么都回忆不起来也没有 106
关系。在书中，他较早地对这一方法的逻辑作了介绍：

> 学习一首诗并将它记在脑海，然后就不再复述。我们可以假定，半年后它就会被忘记了：无论怎么努力地回忆也无法把它拉回到意识中来，充其量也只能忆起一些片段。假如再次学习这首诗，那么，很显然，尽管看起来所有的一切都被遗忘了，但从某种意义上说它依然存在，而且在某种程度上还会起一定的作用。与第一次学习相比，第二次所需要的学习时间或复述次数显著减少。(p. 8)

为了考察时间对记忆的影响，艾宾浩斯先对音节系列进行识记，在固定的一段时间过去之后，试着再学习它们，然后使用他的节省法对结果进行评估。

> 该项研究于 1879—1880 年进行，由 163 个双测验组成。每一个双测验都要学习 8 个音节系列，每个系列包含 13 个音节……然后，在一个限定的时间之后对它们再学习。直到能够两次无差错地背诵该系列音节，第一次学习才能停止。再学习也是如此；而且要在下列 7 个时间段之中的一个时间段后进行，即在大约 20 分钟、1 小时、9 小时、1 天、2 天、6 天或 31 天之后。(pp. 65 - 66)

艾宾浩斯记录了 8 个系列首次学习所用的总的时间，通常大约是 20 分钟，又记录了再学习的时间。首次学习时间减去再学习时间就得到了节省的时间，然后再除以首次学习时间，从而转换为百分比。因而，如果首次学习用了 20 分钟，再学习用了 5 分钟，那么就可以说比首次学习时间节省了 15 分钟或 75%（15/20×100%）。

艾宾浩斯完成了间隔时间不同的 163 个独立实验（即"双测验"），并报告了每项实验的结果。几乎 20 世纪所有的心理学导论类教科书都会收录这项研究结果。它们通常以类似于图 4—6 这样的曲线图来表示，尽管艾宾浩斯的书中并没使用这样的曲线图（结果用一个表格来呈现）。结果很清楚——起初遗忘非常迅速，之后速度放慢。因此，在仅 20 分钟（0.33 小时）后，艾宾浩斯的记忆保持量只有所学材料的 60%，40%被遗忘了。在一小时后，所学材料的 55%被遗忘，而仅一天之后，大约 2/3 被遗忘。

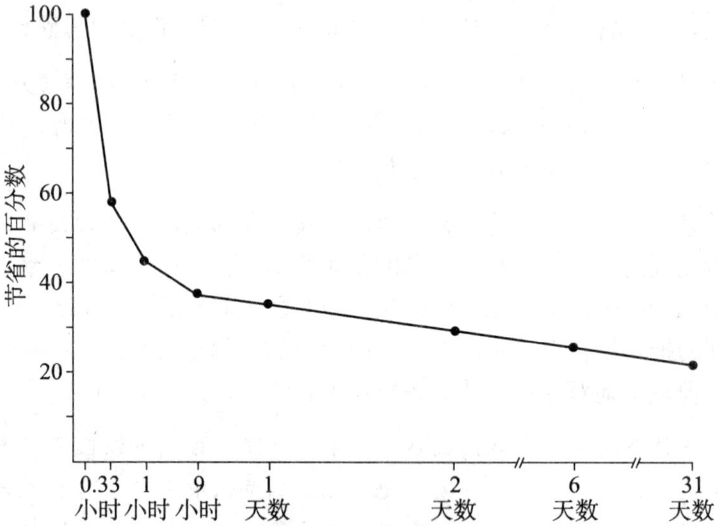

图 4—6　艾宾浩斯遗忘曲线，根据摘录中的数据制作。

遗忘曲线是艾宾浩斯最著名的研究成果，他还研究了其他的记忆现象。例如，他提供了一个较早的分散练习优于集中练习的实例：

> 因此，对于在限定时间内对一个含 12 个音节系列的再学习而言，以某种方式将 38 次复述分散在三天时间进行，其效果等同于一天进行 68 次复述。……可以作这样的假设，对于相当多次的复述，用一定的时间间隔对它们作一个合适的分散，要优于在一段时间内集中进行。(p. 89)

艾宾浩斯研究项目的最后一个例子是他对间接联想的考察。当按音节 A、B、C 的顺
107 序进行学习时，在 A 和 B、B 和 C 之间就形成了直接联想，那么，在 A 和 C 之间是否会形成联想呢？如果是这样，那么联想观点所涉及的就不仅仅是两个直接接近的事件了。艾宾浩斯设计了一个精巧的程序用以测验那些潜在的、间接的联想。他首先按照通常的系列顺序学习了一个包括 16 个音节的系列。

系列 A：1　2　3　4　5　6　7　8　9　10　11　12　13　14　15　16

接下来，他以每隔一个音节的顺序再学习这个系列：

系列 B：1　3　5　7　9　11　13　15　2　4　6　8　10　12　14　16

与上相似，他又以每隔两个音节的顺序再学习这个音节系列：

系列 C：1　4　7　10　13　16　2　5　8　11　14　3　6　9　12　15

如果在首次学习音节 1 至 16（系列 A）的过程中就形成了间接联想，那么系列 B 和系列 C 的再学习速度就会比学习一个新的 16 个音节的系列要快，而这一点正是艾宾浩斯所

发现的。而且，再学习的容易度与联想的间接程度之间存在直接关系。正如艾宾浩斯所述：

> ……使所识记的系列结合起来的联想线索，不仅贯穿于两个直接相邻的音节之间，而且也会越过中间所介入的音节，贯穿于每个音节和与其不相邻的音节之间，使之或多或少地建立起紧密而又短暂的联系。这个线索的强度随音节之间的距离不同而有所变化，不过，即便是较弱的线索，也应看到其相对重要的意义。(p. 94)

在第 13 章中，你将会了解到现代认知心理学的发展。其近来的趋势之一就是对“艾宾浩斯传统”的狭隘性和人为性的批评倾向。在现代认知心理学家看来，记忆者是在主动地加工信息，而不是在被动地通过不动脑子的复述来加强联想。而且，现在更强调生态记 108
忆（ecological memory）：是对更加真实的日常事件的记忆，而不是对抽象的音节系列的记忆。一位当代著名的研究者就曾因“我们这个领域仅仅为了克服无意义音节所付出的巨大努力”（Kintsch，1985，p. 461）而痛惜不已。批评还是有一定价值的，但就历史学家而言，批评有些控诉（presentist）的味道。考虑到艾宾浩斯记忆研究的时代背景，罗迪格（Roediger）对它的重要性作出了更为恰当的评价，他在《论记忆》一书首版 100 周年时，对其作了回顾性评论：

> 简言之，艾宾浩斯实验结果的主体是巨大的。考虑到他刚开始这项研究时，正是冯特建立心理学实验室的同一年，再考虑到他所有的实验都是由其自身进行的，却仍发现了如此规律性的、不容置疑的成果，因而，他的成就是卓然的。（Roediger，1985，p. 522）

艾宾浩斯的其他贡献

记忆研究是艾宾浩斯最伟大的成就，不过，他的成就并不止于此。他还是心理测验的先驱，他于 1895 年发明了一个句子填充测验，其精髓与其后不久比奈（参见第 8 章）在法国创立的智力测验相类似。艾宾浩斯在柏林和布雷斯劳（Breslau）的德国大学中取得了学术地位，并在每所大学中都创立了心理学实验室，他还对哈雷大学已建成但配置不适当的实验室进行了改造。1890 年，他创办了《心理学与感官生理学杂志》。冯特的《哲学研究》主要发表他的莱比锡实验室所完成的研究成果，而艾宾浩斯的杂志则主要发表全德国实验室的研究成果。这份杂志影响非常广泛，作者也都很有声望（例如赫尔姆霍茨、G. E. 缪勒），一位历史学家把它称之为“德国最重要的心理学喉舌”（Shakow，1930，p. 509）。艾宾浩斯还著有两本很受欢迎的导论类心理学教科书，其中包括一个简短的改写版（就在 1909 年他因肺炎而猝然离世之前出版），此版有一句著名的卷首语为本书的第 2 章开篇所引用：“心理学有一个长期的过去，然而它真正的历史却是短暂的”（Ebbinghaus，1908，p. 3）。

G. E. 缪勒（G. E. Müller，1850 — 1934）：实验主义者的典范

尽管冯特毫无疑义地赢得了实验心理学建立者的声誉，但实验心理学仅占据了他的兴趣的一小部分。这是一个将会被重复的主题：许多早期实验心理学先驱实际上只有很少的时间是用在实验上的。不过，有一个例外，那就是 G. E. 缪勒[①]，一位实验心理学家的典范，他将 40 年的学术生涯都奉献给了哥廷根大学（University of Göttingen）的心理学实验室。从 1881 年到 1921 年退休，缪勒的实验室在研究质量上可与德国其他的实验室相匹敌。缪勒的实验室所完成的研究以其精确性、严格的实验控制和对细节的注意而闻名。如今缪勒并不是很著名，主要是因为他的著作中翻译成英文的寥寥无几。另外，他的研究没有根本性的新突破；相反，都是对其他人的研究进行系统的重复和拓展。因而，在扩充费希纳的心理物理学研究[②]、赫林的颜色视觉研究和艾宾浩斯的记忆研究等方面，他都做出了重要贡献。在记忆领域，缪勒可称得上是令人崇敬的艾宾浩斯的称职的继任者。

在 19 世纪 90 年代的 10 年间，缪勒和他的学生重复了艾宾浩斯的许多研究，并进行了一些细致的改进，关于联想的形成还得出了不同的结论。艾宾浩斯发现，联想的形成是
109 自动的、机械的，是诸如复述次数和系列长度等刺激因素的结果，在学习过程中，记忆者所起的作用是相对被动的；而缪勒则认为，个体在形成联想时起到了更加主动的作用。这一结论是由于对过程的修改所导致——缪勒在过程中增加了内省，他的观察者报告说他们使用了一些主动的策略来学习无意义音节。例如，他们发现自己会对无意义音节按组分成不同的种类，根据不同的意义加以组织，而且，总的来看，所做的远不止按照接近性进行联想。这一研究结果预示了记忆的现代观点，即设想学习者主动地参与到记忆过程之中。

缪勒和他的学生还有一些发现超越了艾宾浩斯的研究成果。例如，他和阿方索·皮尔泽克（Alfons Pilzecker）共同发现，如果在学习系列 1 和随后尝试对系列 1 再学习之间，插入学习系列 2，系列 2 就会对再学习产生干扰。他们将这一现象命名为倒摄抑制（retroactive inhibition），从而引发了一系列相关的研究，并最终产生了遗忘的干扰理论。缪勒和另一位学生阿道夫·约斯特（Adolph Jost）一起发现，如果两个联想有相等的强度，进一步的练习将会加强两者中较早的那个联想，而不是新近的联想。这一现象后来被称为约斯特定律（Jost's Law），其证据相当少，但在对缪勒实验室研究的另外一个现象——分散练习要优于集中练习进行解释时，仍被视做重要的组成部分（Woodworth，1938）。

缪勒对记忆的实验研究的另一贡献是发明了记忆鼓（memory drum），使刺激材料的

---

① 他和第 3 章所介绍的著名生理学家约翰内斯·缪勒没有任何关系。在德国，缪勒是一个非常普通的姓，有点类似于“史密斯”。

② 根据波林（1950）的观点，E. B. 铁钦纳推迟了他著名的实验室手册第二卷（第 7 章）的出版，一直到 1903 年缪勒出版了心理物理学手册。缪勒的书面世之后，铁钦纳不得不对其手册中心理物理学的内容进行修订。直到 1905 年，实验室手册第一卷出版 4 年之后，第二卷才得以问世。

呈现自动化。缪勒和助手弗雷德里克·舒曼（Friedrich Schumann）非常巧妙地改动了记波器（kymograph），这种仪器是一个不停旋转的鼓，通常用来记录数据（正如图 4—5 的反应时照片所示）。将刺激放置在鼓上，鼓以一个固定的速度旋转，因而刺激呈现的时间是精确的（Popplestone，1987）。记忆鼓一直都是标准的实验室设备，直到近来，才出现了效率更高的计算机呈现刺激。

还有最后一点值得一提，尽管当时哥廷根大学并不授予妇女学位，但缪勒对几位知名的美国女心理学家到他的实验室来学习持欢迎态度，包括哥伦比亚大学的克利斯廷·莱德-富兰克林（Christine Ladd-Franklin）（第 6 章），斯坦福大学的里林·马丁（Lillien Martin），韦尔斯利学院的伊里诺·甘姆布（Eleanor Gamble）。正如你将会在第 6 章了解到的，妇女在试图获得研究生水平的教育时，会遇到重重障碍。这在美国是一个特别真实的状况，而在欧洲情况也是如此。缪勒认为妇女有能力从事要求很高的实验研究，在这一点上，是领先于他所处的那个时代的。

奥斯瓦尔德·屈尔佩（Oswald Külpe，1862—1915）：符茨堡学派

奥斯瓦尔德·屈尔佩先是对历史和哲学感兴趣，在 19 世纪 80 年代早期，听了冯特的课后，他逐渐对心理学产生了兴趣。之后，他先去柏林学习历史，又到哥廷根大学，在 G. E. 缪勒的实验室待了一年半时间，这使他确信，心理学是他将要从事的职业。屈尔佩最后又重新回到莱比锡大学，1887 年，在冯特的指导下取得了博士学位，其后，又和导师在一起待了 7 年，以做私人教师（privatdozent）和在实验室做冯特的助手（接替卡特尔）来维持生计。正是在此期间，他和 E. B. 铁钦纳（第 7 章）建立了一生的友谊，当时，铁钦纳也在莱比锡大学。1894 年，屈尔佩到符茨堡大学任教，并建立了实验室，该实验室一度被认为仅次于冯特的实验室，可以与哥廷根大学缪勒的实验室相媲美。正是在符茨堡，屈尔佩创立了实验心理学的一个极具特色的分支，被冠以“符茨堡学派”的名号。该学派的研究主题和研究成果导致屈尔佩与导师冯特和朋友铁钦纳都发生了分歧。

冯特曾宣称高级心理过程（如记忆、思维）都不属于实验研究的范围。他认为它们太过复杂，也太多地受到一个人的语言和文化的影响，因而不能够予以有效的控制。相反，研究此类主题应该采用非实验的方法，而实验应只限于诸如感觉/知觉和心理时间测定这类主题。不过，艾宾浩斯和缪勒在研究记忆时都设法对条件进行了较好的控制。然而，却 110
是屈尔佩，在实验室研究了思维过程，并对内省过程作了有意义的详尽阐述，从而直接挑战了他以前的导师。

屈尔佩很少有以个人名义发表实验心理学研究成果，但他总是对学生予以细致而相宜的指导。在他的美国学生之一罗伯特·奥格登（Robert Ogden）看来，屈尔佩：

> ……总是密切地关注着他的实验室里进行的所有研究。在学生的实验研究中作观察者，对他而言，是一个原则性的问题。以我自己的研究为例……他几乎每天都会来

实验室，为的是做几个小时令人厌倦的记忆无意义音节的实验。他对学生的影响从来都不是支配性的，相反，他们是一起投身于科学发现这一共同的事业。（Ogden，1951，p.9）

屈尔佩发现，要在实验室研究思维过程，就必须扩充冯特的内省概念。先来回忆一下冯特对“自我观察”和“内部知觉”所作的区分：自我观察，就是一个人经验一些事件，然后通过回忆对事件发生时的心理过程进行描述；内部知觉，是一个更多控制的内省方法，在此方法中简单刺激呈现很多次（即重复），在其呈现后立刻作出反应。冯特认为，只有后一个方法适用于实验室。然而，在屈尔佩的实验室，内省更类似于冯特的自我观察概念，被称为系统的实验内省（systematic experimental introspection）。观察者经验比冯特实验室更复杂的事件，然后把有关的心理过程都完全地报告出来。这就有可能产生记忆问题，正如伍德沃斯（1938）后来所指出的，因为对于一个10秒的事件，描述与之相关的心理事件可能要用10分钟时间。对复杂事件的内省式说明可能会被记忆歪曲，为了解决这一问题，屈尔佩和学生提出了分段法（fractionation），就是将任务分解为它的组成部分，而且每个部分都能够进行内省。例如，在瓦特（Watt）所进行的一项字词联想研究中（即看到一个刺激单词后，就说出第一个出现在脑海中的单词），任务分解为“实验准备阶段，刺激词呈现阶段，反应词搜索阶段（如果搜索发生的话），以及最后的反应词出现阶段”（Watt，1904，引自 Sahakian，1975，p.162）。

屈尔佩认为，他是在改进内省方法，使之能够运用于高级心理过程，但冯特排斥符茨堡学派的方法，认为这只不过是很多年前就被他抛弃的非系统的自我观察而已。因而，由于冯特认为符茨堡学派的研究结果是建立在错误方法之上的，他对这些结果根本就不予考虑。那么，这些结果都是什么呢？

心理定势和无意象思维

符茨堡学派关于思维的研究得出了一些惊人的结果。例如，在纳齐斯·阿赫（Narziss Ach）所进行的一项研究中，先是告知观察者将执行某项特定操作（例如，将数字相加或相减），然后呈现成对的数字。阿赫测量了反应时，同时也询问了内省的详情。他的发现是，无论要求被试进行何种类型的操作，反应时都相同，而且，观察者报告说，任务一旦开始，自己就意识不到指导语了。换言之，在听到指导语后，他们的心理就“准备好”以特定方式（如相加）执行任务，以至于数字对一呈现，加法就自动发生，根本无需深思。因而，指导语引发了符茨堡学派所称的决定倾向或心理定势（mental set）。这个概念最后对德国格式塔心理学家（第9章）来说非常重要。反应时不存在差异这一发现也是意义深远的，因为屈尔佩用其对心理时间测定实验的基础——减法假设的正确性提出了质疑，而这类实验正是莱比锡实验室研究的重要组成部分。屈尔佩认为，由于指导语引发了心理定势，辨别反应时间就不可能等于简单反应时加上辨别的心理时间。更确切地说，辨别反应时间是一种不同类型的定势造成的，而不是简单反应时。

符茨堡实验室第二重要的发现，也是一个颇多争论的发现，与无意象思维（imageless thought）现象有关。根据铁钦纳（和冯特）的观点，对思维过程的细致分析表明，所有的思维都有一个必不可少的元素，那就是某种形式的意象。例如，在心理物理学的举重物实验中，对实验过程标准的讲述是，观察者举起一个重物，形成关于它的动觉意象，然后再举起第二个重物，并将对它的感觉与第一个重物的意象作比较，从而确定二者重量是否相同。判断过程由来自两重物的感觉成分和意象成分组成。然而，在卡尔·马比（Karl Marbe）进行的一项举重物研究中，在作出判断时，根本就没有感觉或意象发生。观察者在举重物时，报告了感觉和意象，但是判断似乎是自动发生的，而没有意象的参与。也就是说，判断是一个无意象思维。此外，马比的观察者们报告说，就在进行判断之前其他的心理过程出现了，但这些过程似乎既不能归为感觉，也不能归为意象，所包括的是像犹豫、怀疑和踌躇这样的状态；它们一起被称为意识态度（conscious attitudes）。 111

无意象思维、心理定势、意识态度这些现象可能存在，这对屈尔佩的同事 E. B. 铁钦纳造成了特别严重的威胁，因为，他认为，对所有的心理内容进行分析，就会发现都包含意识经验的基本元素。然而，如果某些思维发生时没有意象，那么就不是所有的思维都能还原为元素。有关无意象思维的争论从来都没有平息过；然而，它所产生的最为著名的副效应就是，引发了对于内省作为研究方法的有效性的质疑，并为心理学上一个激进的新运动铺平了道路，这个运动就是你将在第 10 章和第 11 章学习的：行为主义。

概要

德国的教育

● 19 世纪，大量的美国学生奔赴欧洲，特别是德国，学习科学。到 19 世纪下半叶，许多学生前往德国，尤其是莱比锡大学，到那里学习正在兴起的研究心理学的新方法。

● 德国的教育制度引发了科学宗旨，它强调学术自由和研究，这就营造了一种氛围，有助于新观念的产生，包括一门新心理学的观念。

实验心理学的开端：心理物理学

● 心理物理学是对物理刺激和对其心理反应之间关系的研究。恩斯特·韦伯完成了心理物理学的首次研究，他使用两点阈考察了身体表面不同区域的相对感受性。在观察者对两个重物作比较的实验中，韦伯发现，辨别两者的能力所依靠的是它们重量的相对差别，而不是绝对差别（韦伯定律）。

● 古斯塔夫·费希纳对韦伯的研究作了详尽阐述，他的《心理物理学纲要》被视做实验心理学的第一本教科书。尽管费希纳更多的兴趣是运用他的研究击败唯物论，但他还是因以下两点而众所周知：其一是提出了几个至今仍在使用的重要的心理物理学方法（极限法、恒定刺激法、调整法)；其二是在测量绝对阈限和差别阈限时研究的精确性。

冯特在莱比锡建立一门新心理学

● 冯特通常作为实验心理学的建立者而闻名于世。他明确宣布要建立一门新心理学，该心理学着重于使用从生理学中引入的实验方法，他还创立了第一个实验心理学实验室，创办了第一份致力于发表心理学研究成果的杂志。

112 ● 冯特的新科学包括在控制的实验条件下研究直接意识经验。由于高级心理过程（如语言）难以进行实验控制和重复，所以只能通过非实验方法（如观察法）加以研究。

● 在冯特的实验室，大部分的研究与基本的感觉和知觉过程有关。这个实验室还进行了大量的“心理时间测定”研究，尝试测量不同的心理活动所需要的时间。美国学生詹姆斯·麦基恩·卡特尔是冯特的第一个正式的实验室助手，他利用 F. C. 唐德斯提出的减数法完成了许多这类研究。

● 新近的史学研究揭露了对冯特理论的传统解释中存在严重歪曲。冯特既不是一个构造主义者，也不寻求将意识还原为基本元素，他更关注心理主动组织信息的能力。他主要的兴趣之一是统觉过程，是对某个事件主动的、赋予意义的并集中注意的知觉。他把自己的体系称做意志主义以反映心理过程的主动特性。

新心理学的传播

● 心理学史上最重要的研究项目之一就是赫尔曼·艾宾浩斯关于记忆的研究。为了研究在没有联想关系的刺激之间如何产生新联想，艾宾浩斯创造了无意义音节。艾宾浩斯根据再学习时所努力“节省”的量来测量记忆的保持。他的著名的遗忘曲线显示，在刚学习完时，遗忘的速度非常快，之后逐渐变慢。他还证明了分散练习的优点和间接联想的影响。

● G. E. 缪勒和学生对同时代的颜色视觉研究、费希纳的心理物理学研究和艾宾浩斯的记忆研究进行了重要拓展。通过对无意义音节实验增加内省，他发现记忆是一个主动的过程，而不是联想强度的被动组合。他第一个发现了倒摄抑制（即遗忘是由在首次学习和回忆之间所发生事件的干扰造成的），他还发明了记忆鼓。

● 奥斯瓦尔德·屈尔佩和学生创立了心理学的符茨堡学派，他们在实验条件下研究思维和放宽对内省方法的限制，是对冯特的公然反对。他们在研究中发现了心理定势、无意象思维和意识态度的证据。

思考题

1. 描述 19 世纪产生于德国的教育的科学宗旨。其对心理学有何影响?

2. 解释如何用费希纳的三个心理物理学方法确定两点阈。

3. 解释韦伯定律和最小可觉差概念。

4. 波林把费希纳称为心理物理学的“不经意的”建立者，试对此进行解释。

5. 冯特，而不是费希纳，被认为是现代实验心理学的建立者，为什么？

6. 描述冯特在到莱比锡大学之前对心理学的贡献。

7. 冯特的心理学观关注了两个主要问题，分别对之描述。

8. 描述冯特对内省的看法。

9. 描述冯特（和其他人）如何用反应时来测量不同的心理事件的持续时间。这种方法在什么方面是有缺陷的？

10. 讲述并批判对冯特“体系”的传统解释。这种误解是如何发生的？

11. 解释冯特把他的体系称做意志主义的原因及统觉概念对他有何重要性。

12. 试述 G. E. 缪勒的记忆观与艾宾浩斯的有何不同。为什么缪勒被称做实验心理学家的“典范”？

13. 试述屈尔佩内省的观点，以及如何对一个复杂的心理过程进行内省。

14. 屈尔佩的实验室是如何研究心理定势的？这一发现对复合实验有何影响？

15. 什么是无意象思维？屈尔佩的实验室如何对之进行研究？

来自原始资料摘录的问题

1. 什么是无意义音节？艾宾浩斯为什么要使用无意义音节？为什么他对一些音节可能会比其他的具有更多的意义这一情况并不在乎？

2. 从研究的总目标来看，艾宾浩斯用系列学习作为他的任务的意义是什么？

3. 什么是节省法？为什么说它是研究记忆的非常有创造性的方法？

4. 艾宾浩斯认识到，他是唯一的研究参与者，对条件进行持续的控制可能是困难的。他使用了一套什么样的控制方法？

5. 试述艾宾浩斯研究的三个发现。

进一步阅读

Blumenthal, A. L. (1975). A reappraisal of Wilhelm Wundt. *American Psychologist*,

30，1081-1086.

可能是 20 世纪 70 年代最为经常引用的文章，本文指出了对冯特的传统描述中的错误；对冯特的研究和理论与认知心理学中的现代观点作了比较。

Ebbinghaus，H.(1964). *Memory*：*A contribution to experimental psychology* (H. A. Ruger & C. A. Bussenius，Trans.). New York：Dover. (Original work published，1885)

关于艾宾浩斯著名实验的极具趣味性又很简短（123 页）的讲解；Dover 再版本包括恩斯特·希尔加德所作的序言，对读者会有所助益；该书的一个优秀的回顾性评论可参阅罗迪格（1985）。

Leahey，T. H. (1981). The mistaken mirror：On Wundt's and Titchener's psychologies. *Journal of the History of the Behavioral Sciences*，*17*，273-282.

对冯特的和铁钦纳的心理学体系作了清晰的阐述，着重突出了他们之间的差异，并对存在多年的误解予以关注；展示了冯特和铁钦纳如何有了根本不同的科学观（对于冯特着重于因果关系，对于铁钦纳着重于描述）。

Sokal，M. M.(Ed.).(1981). *An education in psychology*：*James McKeen Cattell's journal and letters from Germany and England*，1880-1888. Cambridge，MA：MIT Press.

对卡特尔的几段经历进行了有趣而又详尽的描述：在莱比锡与冯特的那段时日，在约翰·霍普金斯大学与霍尔度过的时光，以及在英国与高尔顿一起的经历。大部分内容源自卡特尔的信件，多是写给父母的，以及他的日记/日志；苏卡尔的注解非常翔实，是有关卡特尔的第一手资料。

Bringmann，W. G.，& Tweney，R. D.(Eds.).(1980). *Wundt studies*：*A centennial collection*. Toronto：C. J. Hogrefe，Inc.

收集了 21 篇有关冯特生活和工作的文章，范围从传记体论述到翻译。主要内容是冯特在海德堡大学的时日，在莱比锡的时光，以及他的影响和对他的评价。

第5章 达尔文的世纪：进化论思想

有利的个体差异和变异得以保存，不利的个体差异和变异得以消除，我称此为自然选择。

——查尔斯·达尔文，1859

本章预览与目标

第 4 章根据大量的纪实材料介绍了 19 世纪德国科学心理学的兴起。此前几章还考察了同一世纪有关脑和神经系统的知识的爆发性增长，以及同一时期英国经验主义者和联想主义者思想的成熟。尽管 19 世纪的这些发展非常显著，但是，有一个人关于生命自身进化的理论的影响却使它们都相形见绌。生物学者乐于称查尔斯·达尔文是他们最杰出的历史人物，不过，他的思想也决定了心理学历史的进程。本章将介绍达尔文的经历和他的理论发展，然后考察他的思想在心理学史上的影响。他关于物种之间具有连续性的观点，挑战了笛卡儿对人类和动物所作的区分，还促成了系统研究动物行为的比较心理学。他强调在物种间发现的变异性，促成了个体差异的研究，这在他的表弟弗朗西斯·高尔顿爵士的研究成果中得以最清晰地展现。本章的原始资料摘录节选了高尔顿与心理学相关的各种课题研究。在后面的几章中，我们还将论述达尔文的思想在对美国心理学极为重要的机能主义运动中如何得到回应。阅读完本章之后，你应该能够： 114

- 讲述物种问题以及神学界对此如何回应
- 论述达尔文之前的进化观
- 描述达尔文所受教育和“猎犬号”航行对他进化观点形成的影响
- 描述马尔萨斯的人口论和鸽子饲养者的人工选择原则对达尔文思想的影响
- 讲述达尔文进化论的基本原则，以及他推迟近 20 年才发表的原因
- 阐明达尔文如何研究和解释情绪的身体表现

- 讲述并批判地分析罗曼尼斯的比较心理学
- 115 阐释摩尔根准则对于后来的动物（和人类）行为研究的重要性
- 描述斯波尔丁的研究成果，并说明它如何与现代习性学联系起来
- 论述高尔顿关于智力本质的信念，他是如何得出的，以及它们又如何导致他对优生学产生兴趣
- 论述高尔顿心理测验的方法
- 说明达尔文的思想如何影响了现代心理学

物种问题

自 17 世纪末期牛顿的物理学出现以来，知识分子越来越确信科学方法是通往所有真理的金光大道，它能够阐明我们所不知道的自然法则，还能够通过科技进步促成生活的必然改善。因而，正如我们在第 3 章所讨论的，18 世纪以启蒙时代而知名，此时，科学俨然成了宗教，而科学家也显得很神圣。

启蒙科学的一个表现就是质疑《圣经》译本关于地球的动植物起源的绝对真理。全球勘探发现了数以千计的动植物的新物种。地球怎样形成了如此的多样性？为什么一些物种好像消失了，它们的存在只能由化石而得知？为什么一些存在的动物在结构上看起来与化石相似却又不完全相同？而且，对于那些接受《圣经》的绝对真理的人来说，所有这些物种又是如何被装上了方舟？这些问题一起构成了著名的物种问题（species problem），有时，也被称做“谜中之谜”。

这个问题在英国学术圈中产生了巨大压力，在英国，知识分子中的精英同时也是英国国教圣公会的领导者。一个解决办法就是把这个问题变成支持上帝最高权力的论据。神创论（argument from design）总是与威廉·佩利（William Paley）牧师于 1802 年出版的《自然神学》相联系的，不过，它也可以被看做是中世纪伟大的哲学家托马斯·阿奎那（Thomas Aquinas）所提出的上帝存在的证据之一（Scott-Kakures，Castagnetto，Benson，Taschek & Hurley，1993）。神创论认为，自然界中精确性和复杂性的不断延续需要一个创造它和管理它的上帝。佩利将一个钟表的复杂设计与更加复杂的人类眼睛的巧妙设计作了一个类比，前者必然需要一个钟表制造者来制造它，而后者的制造则需要一个“眼睛制造者”，从定义上看，他无限优越于使用那些眼睛的人类（Ruse，1979）。神创论使得牧师/科学家能够在信奉最高设计者的同时研究自然的奥秘，无需再去推测物种是如何发展的；更加简单的做法是设想上帝用他无尽的智慧创造了宇宙万物并使之各得其所。因而，自然界中的秩序源自明确的设计，而这一设计出自比宇宙万物更伟大的智慧，这个智慧则

属于上帝。

尽管神创论具有神学的权威（现在它依然存在着），但在 18 世纪和 19 世纪早期，许多进化思想得到了发展。达尔文之前的两个人物值得关注。首先，达尔文并非他的家族中提出解决物种问题的进化方法的第一人。一个世纪之前，他那有点古怪的祖父伊拉斯谟·达尔文（Erasmus Darwin，1731—1802）是一位医生，他坚定地拒绝《圣经》的创世说，并提出所有的有机体都是由一个简单的具有生命的纤维进化而来的。随着时间的流逝，新的物种再由老的物种进化出来，所以后来的物种比前面的物种更加“先进”。人类物种代表了进化的顶点，但这并不意味着人类将不再继续发展。1794 年，他出版了《动物生理 116
学》，这是一本有关他那个时代的医学知识的漫谈，其间加入他对生命起源和进化的推测以增加阅读的趣味。

然而，达尔文之前最著名的进化论并不属于达尔文的祖父，而是法国重要的博物学家让·巴蒂斯特·德·拉马克（Jean Baptiste de Lamarck，1744—1829）。和伊拉斯谟·达尔文一样，拉马克认为，地球上所有的物种都可以根据它们的复杂性按线性等级进行排列，这个观点有时被称做生物链（chain of being）（Ruse，1979）。而且，他认为，每一个物种都在不断地进化为更复杂的物种，而处于最低等级的新生命又不断地由无生物创造出来。因而，在任何一个时间点，存在的各种物种都可以根据它们由最早的生命之火进化的程度来分类。拉马克还认为，进化的一个重要机制就是，一个有机体一生中所发生的变化可以遗传给后代。例如，一个动物在它的生命历程中发展出了使用简单工具的能力，这种新的能力就会被它的下一代继承。这个观点就是著名的习得性特征的遗传（inheritance of acquired characteristics）。此观点在 19 世纪的大部分时间都受到了重视，之后才被抛弃，而且还被纳入了达尔文创新的理论之中。我们下面就讲到这个理论。

查尔斯·达尔文（Charles Darwin，1809—1882）和进化论

查尔斯·罗伯特·达尔文的年轻时代没有一点迹象表明他将会成为伟人：他只是一个毫无人生目标、被富有的父母宠坏的孩子。他生长于英格兰西部的乡村希鲁兹伯里（Shrewsbury）。他的父亲罗伯特是一名成功而且富有的乡村医生，他的母亲苏珊娜·韦奇伍德（Susannah Wedgwood）从她的家族继承了一大笔财产，其家族生产著名的韦奇伍德陶瓷。与大多数成功而又雄心勃勃的人一样，罗伯特·达尔文（Robert Darwin）希望他的儿子能够成就一番大事业，但是却因儿子极差的学业成绩和毫无人生目标而苦恼不已。刚到青春期，达尔文任性的行为几乎令他父亲发狂。他咆哮着：“你整日里沉溺于游山玩水、追猫逐狗，你会让你自己和整个家族蒙羞”（引自 Desmond & Moore，1991，p. 20），

这是青少年的父母们都很容易想象到的一个场面。

一位博物学家的成长

罗伯特·达尔文决定让查尔斯子承父业，把他送到了苏格兰的爱丁堡大学学习医学，这是欧洲最好的医学院之一，在当时比牛津和剑桥更有名望。然而，父亲并没有如愿以偿。达尔文的学业成绩没有任何改善，而且他对当时的临床过程非常厌恶。那时还没有麻醉法，无菌环境的重要性也没有得到广泛认可。因而，外科手术是一个可怕的经历，其主要目的就是尽可能快地完成手术以减轻狂呼乱叫的病人的痛苦。对于年轻的查尔斯来说，医学只能是有始无终了。1827 年，他离开了爱丁堡。

接下来他进入了剑桥大学的神学院学习以便成为一名牧师。1828—1831 年，他在剑桥度过，那时候剑桥还不是像我们现在所认为的那么优秀的大学。而是一所在英国国教（英国圣公会）严密控制下的学校；教授们就是圣公会的牧师，他们通常并不对学生的学业成绩有什么期望，而学生们（全部是男性）的表现也多是无可期望的。[①] 那里大部分的学生是准备做牧师的，但他们最感兴趣的是学习如何成为合乎体统的绅士。对于富裕的英国人的儿子而言，为成为圣公会的牧师而学习是一个平常的职业准备，这种活动被称为“防止不成器的子孙变成浪荡子的安全网”（Desmond & Moore，1991，p. 47）。在古典文学和数学方面的确为认真的学生设立了优等成绩奖学金制度，不过，当时英国是世界上最
117 强大的国家，并率先发起了工业革命，不可思议的是，大学里却缺少科学和技术方面的研究（Ruse，1979）。当然，达尔文从来也没有成为英国圣公会的牧师。不过，他怀有这种打算却有好几年，甚至在他找到他的正式职业之后还有此念头。[②]

尽管他注定不会成为牧师，但对于达尔文而言，剑桥的经历还是决定性的。他在那里发现了他的职业。在乡村长大的年轻人通常都热爱大自然，达尔文也不例外。他或许是一个平庸的学生，早年在他的父亲眼中也是一个失败的人，但他也有着永不能满足的好奇心，这正是一名真正的科学家的特征。他回想起在很小的时候，自己就是一个热衷于收集自然之物的人，包括石头、甲虫、蝴蝶等。正是在剑桥，达尔文第一次认识到，他对自然界的热爱可以成为一生的事业。达尔文的楷模和导师是牧师约翰·亨斯洛（John Henslow，1796—1871），是剑桥大学的植物学教授。在牧师/科学家亨斯洛身上，达尔文看到了自己的未来：他可以成为一名体面的圣公会牧师，用他的财富获得一片宁静的乡村教区，同时又可以把大部分的时间投入到科学上。达尔文参加亨斯洛的课程，他的热情很快就引起了这位植物学家的注意。不久，亨斯洛开始邀请达尔文参加在他家举行的每周一次

---

① 英国另外一所著名的牛津大学当时的情况也是如此。

② 在自传中，达尔文讲述到，在他晚年时，德国的一个颅相学协会向他索取一张头部照片。他照做了，在对这张照片仔细测查后，这个协会的一位成员声称，查尔斯“头盖骨上的隆起部分足够产生 10 个牧师”（Darwin，1892/1958，p. 18）。

的聚会，每次，一小批热情的志同道合者，其中有一些是剑桥的著名科学家，都会对当时的科学问题进行讨论（包括进化）。在 1828—1831 年，达尔文在他为成为牧师所作的正规准备上依然是一名平庸的学生，但他定期与当时的一些杰出的科学才俊们接触，而且给他们留下了好印象（Ruse，1979）。

这些科学才俊之一就是著名的地质学家亚当·西德维克牧师（Adam Sedgwick，1785—1873）。西德维克成为达尔文的第二位导师，并于 1831 年夏季，带他穿越威尔士山进行了一次长时间的野外地质考察，教授他使用地质学专业的基本工具，增强了他进行精确观察的能力。达尔文最终抛弃了西德维克的地球形成观，但这次经历确实让他受益匪浅。达尔文开始把自己看做地质学家。

在徒步穿越北威尔士归来后，机遇敲响了达尔文的大门。前往南美洲的一次航行正在筹备之中，船长是 26 岁的罗伯特·费兹罗伊（Robert FitzRoy），他正在为寻找一个在船上一同进餐的志趣相投者而大做广告，他想找一位谈吐机智的“绅士”，以打发海上漫长无趣的时光。如果这个人接受过一些科学上的训练，那就更好了，因为会有许多机会采集南美洲动植物的标本。亨斯洛推荐了达尔文，达尔文的父亲最终也赞成了这个计划，因而达尔文参加了这次非常难得的皇家海军舰艇猎犬号（HMS Beagle）的航行。这次航行持续了 5 年时间，并带他环游了世界。达尔文在自传中谈到这次旅行时说：

> 猎犬号航行是我一生中迄今最为重要的事件，并决定了我的整个历程。……我总是认为我应该把我的第一次真正的智力训练或者说教育归功于这次航行；它引领我深深涉足于博物学的几个分支，我的观察力也因此得以提高。……（Darwin，1892/1958，p. 28）

猎犬号航行

离家 5 年间，达尔文的居所就是一个小三桅方帆船（长 90 英尺，宽 24 英尺），承载了 70 多名军官、士兵、地理学家/勘测员以及水手。达尔文和另外两位勘测军官共居在船尾一个狭小的船舱内，他就在吊床上睡觉，而脸离主甲板下侧只有两英尺，白天时则要与勘测员在小绘图桌上争抢工作空间（Thomson，1975）。图 5—1 是此船的断面图，拥挤的居住条件略见一斑。

猎犬号航行的首要目的是勘测南美洲的南部海岸，尤其是港口区域，从而使得强大的英国商船在争夺与发展中的南美洲国家的贸易权竞争中保持优势；这艘船还将环球航行， 118
使用 24 个航行表对地球上各个地区的精确经度进行查验（Desmond & Moore，1991）。猎犬号一到达南美洲，大多数的时间就是从一个海岸区到另一个海岸区，不停地来来回回。[①]

① 猎犬号共航行了 57 个月。有 42 个月是在南美洲海域度过的，其中 27 个月在东海岸，15 个月在西海岸（Browne，1995）。

这使得达尔文每次在陆地上都能待上几个月的时间，勘测大陆、观察自然和收集标本。长时间的离船是有益的还有另外一个原因——整个航程达尔文都承受着晕船的痛苦。只要在船上，他整天都晕船。

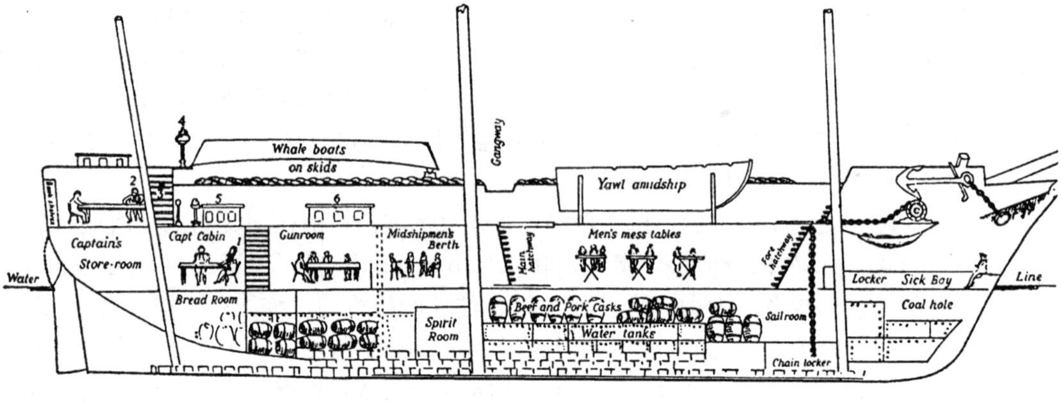

H. M. S. Beagle 1832

1 Mr. Darwin's seat in Captain's Cabin　2 Mr Darwin's seat in Poop Cabin　3 Mr. Darwin's drawers in Poop Cabin
4 Azimuth Compass　5 Captain's skylight　6 Gunroom skylight

图 5—1　皇家海军舰艇猎犬号的断面图。

地质学家达尔文

在航程刚开始时，达尔文主要的兴趣是地质学。和西德维克一起的野外考察依然历历在目，而他的行囊里有一部刚刚发行的著作的第一卷，这部著作注定会对地质学产生如同他自己的著作最终对生物学所产生的那样的影响。书名很简单，就叫《地质学原理》，这与它的革命性本质很不相称。此书的苏格兰作者查尔斯·莱尔（Charles Lyell，1797—1875）与当时盛行的被称做灾变说（catastrophism）的地质变化理论进行了争论。如同神创论一样，在解释科学家们对自然的发现时，灾变说也是试图维护上帝和《圣经》的最高权力。包括达尔文的导师/地质学家西德维克在内的灾变论者认为，地质变化发生得突然而且急剧，是上帝操控的较大灾变性事件的结果。《创世记》中的洪水就是一个标准的例子。另一方面，莱尔认为，地质变化的发生要缓慢得多，还涉及一些持续在起作用的力。这些力包括诸如火山活动、地震、侵蚀以及风化的累积作用等。这一观点被称做均变论（uniformitarianism），因为它设想是始终如一的自然法则的作用导致了逐渐的地质变化。莱尔认为，瑞士的阿尔卑斯山脉并不是因为某种灾变性的地壳隆起而突然拔地而起，它们经历了亿万年的时间才渐渐地升起来。[1]

莱尔关于地球构造的起源和发展的进化观从来都没有远离过达尔文的思想。正是在这 119
艘船在由火山构成的佛得角（Cape Verde）群岛（在非洲西海岸）第一次靠岸时，达尔文在岛上偶然发现了一些支持莱尔均变论的证据。海拔大约 30 英尺的岩石包含一层压缩的贝壳和珊瑚。在这个岛存在期间，大西洋不可能下降那么多，所以，推测起来一定是海底因为火山活动而上升了。这个地质事件看起来应该是逐渐发生的而不是灾变性的，因为达尔文观察到贝壳/珊瑚层的高度是变化的，这说明了沉降的缓慢作用；而且层面还包含着完整的而不是压碎的化石。达尔文开始以为猎犬号航行可能会让他获得像莱尔那样的地质学家的声望。事实上，尽管我们现在把这次航行看做是给予了达尔文物种进化论原始资料的事件，但他也为地质学做出了重要贡献。例如，他在智利切身体会了地震改变地形的作用，而且在太平洋航行期间，他得以证实珊瑚礁是生长在慢慢沉没的火山边上。达尔文对莱尔的地质学的关注使他确信地球的存在一定比以前所认为的更加久远。这个想法后来对达尔文的进化思想非常重要，因为物种的缓慢演变需要很长的时间，新的地质学似乎为进化起作用提供了一个足够古老的地球。

动物学家达尔文

猎犬号在南美洲海域进行勘测工作时，达尔文认真地收集标本并详尽地记录了他所做的地质学和动物学观察。到航行结束时，他记了 770 页的日记，并分期寄回了家，还做了 1 383页的地质学笔记和 368 页的动物学笔记。他还制作了一个物种目录，包括1 529种保存在酒精中的动物以及另外3 907个贴好标签的骨头、化石、兽皮或干标本（Desmond & Moore，1991）。

在航行刚开始后至少一年的时间里，达尔文坚信，他返回英国后就会成为圣公会的牧师/业余科学家，正像他所钦佩的亨斯洛那样。他还认为他的研究不会对《圣经》创世说有任何重要影响；他起初也是一个神创论的信仰者。然而，他所做的动物学观察使他渐渐对物种问题产生了疑惑。为什么一些物种与其他的相似，但在某些方面又存在差异从而使它们适宜在自己独特的环境中生存？为什么一些物种会灭绝，只能通过化石残遗才能知晓它们的存在？为什么这些化石通常与生活在同一地质区域的当代物种看起来具有惊人的相似性？他开始想到，或许，正像地球根据均变法则缓慢而逐渐地进化那样，地球上繁衍生息的有机体也经历了漫长的进化过程。

加拉帕戈斯群岛

1835 年 9 月 7 日，猎犬号历时三年半完成了勘测任务，离开南美洲并开始横渡太平

---

① 灾变说的现代形式，去除了神学成分，有不少拥护者，主要是因为彗星或大流星偶然撞击地球的证据的积累。据估计，一个这样的流星在 2.5 亿年前撞击地球时摧毁了地球上 95%的海洋物种。更近些时候（仅 6 500 万年以前），一个巨大的流星引发了导致包括恐龙在内的 70%的地球物种迅速灭绝的影响（Monastersky，1997）。

洋。一周后，它在一个偏僻的群岛靠岸，这个群岛隶属厄瓜多尔（Ecuador），由大约 20 个火山岛组成，位于南美洲以西 600 英里处的赤道上。群岛以很多稀有物种为特色，比如像恐龙一样巨大的蜥蜴，以及甲壳直径达 5 英尺的乌龟。群岛以西班牙语命名，加拉帕戈斯（galápagos）就是大乌龟之意。群岛没有什么实用价值，主要用做厄瓜多尔的罪犯充军地，以及捕鲸船补充食物和水等储备物的停靠点。① 蜥蜴、乌龟和繁多的鸟类对人类的出现并不在意，水手们捕捉它们很容易。

加拉帕戈斯为达尔文提供了有关进化的最为清晰的思路，尽管在到达那里时，以及此
120 后的一段时间，他对自己在那里所遇到的一切的重要性都还一无所知。达尔文在这个群岛度过的 5 周时间里，他徒步进行了标本收集，但是并不像他在南美洲所做的那么系统。这个罪犯充军地的副狱长断定，仅仅通过观察乌龟壳上的花纹就能说出它出生在哪个岛屿，达尔文也没有对这样的断言予以足够的重视。不过，他确实注意到了不同岛屿间各种鸟类的差异，尤其是那些他认为是模仿鸟的鸟类，而且一些鸟类和植物与南美洲大陆上的那些相似，同时又具有自己独特的特征。他后来发现几种雀科鸣鸟的嘴形为他的理论提供了一个重要线索，不过，在加拉帕戈斯时，他并没有发现这些差异，因为他将一些雀科鸣鸟错标为刺嘴莺（warblers）、鹪鹩（wrens）和"巨嘴鸟"（gross-beaks），而且他更感兴趣的是它们的色彩，而不是它们的嘴（Sulloway，1982）。他甚至都忘记标明大部分雀科鸣鸟的原产岛屿。这些鸟现在都以达尔文的雀科鸣鸟而闻名，成了那些追随达尔文而至加拉帕戈斯的博物学家们的重要资料来源②，而且它们还在继续为进化论做出贡献。例如，现代研究显示，如果气候变化足够猛烈，雀科鸣鸟类就会在短短几年内发生急剧的改变（Weiner，1994）。

猎犬号在离开加拉帕戈斯之后，继续向西横越太平洋，并在塔希提岛（Tahiti）、新西兰、澳大利亚和南非作了停靠，最后于 1836 年 10 月回到英国。返回英国之后，达尔文完全变了一个人。他非常怀疑作为英国圣公会牧师的生活是否适合自己；全身心地致力于科学似乎更为可行。在航行期间，他总是定期将成箱的物种托运给亨斯洛，在他离开的那些日子里，这些物种给科学界留下了强烈的印象。待他返回时，他已经成为动物学家和地质学家之中的著名人士，被视为后起之秀。达尔文的声望甚至赢得了他父亲的钦佩，他奖赏了达尔文一大笔津贴和可观的有价证券，使之能够继续科学研究而无需寻求有偿的工作（Desmond & Moore，1991）。

---

① 在猎犬号到达加拉帕戈斯群岛后不久，赫尔曼·梅尔维尔（Herman Melville）乘坐一艘捕鲸船也到了这里，此次航行他根据所积累的素材最终写作了《白鲸》。在提及这个群岛时，梅尔维尔写道："这里可见的活物就是两栖动物；主要的生命之音便是嘶嘶声"（引自 Moorehead，1969，p. 187）。

② 例如，在 1905—1906 年，由加利福尼亚科学院发起的一个科研项目共收集了 8 691 个雀科鸣鸟标本（Weiner，1994）。

达尔文理论的发展

在刚回来的最初几年，达尔文开始对他所收集的大量标本进行分类和编组，并得到了其他科学家和博物馆馆长尽可能多的帮助。1837 年，他迁至伦敦，两年后，他和表姐艾玛·韦奇伍德（Emma Wedgwood）结婚。尽管艾玛强烈的宗教信仰与她丈夫宗教信仰的日渐丧失最后发生了冲突，他们的结合却是长久而又幸福的。艾玛注定将成为这个家庭的力量源泉，她生育了 10 个孩子，同时还要照顾归来后不久就体弱多病的达尔文。达尔文在他的余生可以算做半个病人，遭受着慢性消化系统疾病、头痛和心脏病等疾病之苦。一度连续数月，他有大量的时间或是卧病在床，或是承受着巨大的病痛，直到 1882 年去世。达尔文一家在伦敦住了 3 年时间，但是街头持续不断的噪音、煤所产生的烟雾以及受污染的泰晤士河发出的恶臭，似乎都令达尔文的身体每况愈下，所以，1842 年，他们在伦敦南面 15 英里的达温村（Down）买了一处乡村寓所。达温成了他们永久的家，也成了达尔文的实验室。如今，达温宅成了达尔文博物馆。

尽管体弱多病，达尔文却写作了许多文章。在他回到英国的 10 年里，他发表了航海日记（Darwin, 1839），出版了几本有关珊瑚礁、火山岛和南美洲的书籍，并发表了几篇供伦敦各类科学院（例如地质科学院）阅读的科技报告。在此期间，他还系统地提出了物种进化理论，并于 1842 年写出了一个简短的摘要。两年后，他对这个摘要进行了详尽的阐述，扩充为 200 页的文献，并嘱咐妻子在他不治之时才发表（Desmond & Moore, 1991）。

达尔文的理论源自他在猎犬号上的思索。他对物种问题（species problem）感到困惑不解，而且，在摈弃了《圣经》关于上帝分别创造了每一个物种的解释之时，他却依然 121
（至少最初时如此）信仰上帝，认为是神创的一套法则来引导进化。但是那些法则是什么呢？达尔文的线索来自两个方面。首先，1838 年，他阅读了政治经济学家托马斯·马尔萨斯（Thomas Malthus, 1766—1834）所写的一篇论人口的文章，马尔萨斯挑战了这样的观念——政府为穷人提供福利只会增加穷人的数量，从而降低英国的总体生活标准。相反，马尔萨斯认为，社会必须认识到，生活是一场持续不断的“为生存而进行的斗争”，只有那些最适于生存的才能够存活。他指出，当食物供应以一个相对固定的比率增长时，如果不加控制，人口将会以一个更快的速率增长。最终，人口将会超过资源供应，其成员就会开始死亡，直到达到稳定的水平。对于达尔文而言，这个观点提供了一个可以应用到物种变化的模板。对于任何物种来说，当不加控制的数量增长导致食物短缺时，尤其是当增长伴随着剧烈的环境改变，如长久的干旱时，这个时刻就会到来。在这样的情况下，只有那些最适于生存的才能够存活。如果物种得以生存的那些特征能够遗传给后代，那么下一代就会更适于生存，也就会不同于前几代。随着时间的推移，也许这些改变足以产生一个新的物种？达尔文开始思考这个问题。

达尔文的第二个线索来自他对自己所了解的农夫及业余爱好者饲养方式的思考。例如，鸽子的饲养者已经能够培育出彼此各不相似的鸽子品种。饲养者之所以能够做到这一点，是因为他们先是观察到一个品种的鸽子间自然发生的细微变异，然后通过几代选择性喂养扩大了那些差异。效果如此显著，动物学家若是在野外见到这些鸽子品种，准会以为它们是不同的物种！既然这样的差异能够由鸽子饲养者人为地创造出来，难道它们不能自然而然地出现吗？可能存在与人工选择相类似的自然选择吗？达尔文也开始对这一问题进行思考。

在达尔文反复思考物种变化和选择性喂养等问题期间，著名的鸟类学家约翰·古尔德（John Gould）正在对他随猎犬号航行期间所收集的标本进行分类，达尔文从他那里了解到有关加拉帕戈斯群岛鸟类的一些有意思的情况。达尔文所认为的是刺嘴莺、鹪鹩和“巨嘴鸟”（gross-beaks）等雀科鸣鸟的那些鸟类，实际上是不同种类的鸣鸟。而且，古尔德“倾向于认为它们组成了一个包括 14 个种类的全新种群，而且似乎只生活在加拉帕戈斯群岛”（Gould，引自 Weiner，1994，p. 28）。这些鸣鸟的种类可以通过它们的体型大小和嘴形的明显差异辨别出来。达尔文对这些差异感到疑惑，他又重新翻阅了有关这些鸟类发源岛屿的简略笔记，并通过考察船长费兹罗伊等人所做的鸣鸟标本对这些资料加以补充。不久，他就发现了一个独特的模式——具有特定嘴形的鸣鸟通常根据可得到的食物来源而群集在不同的岛屿。例如，在有充足的某种硬壳坚果和种子的岛屿上，所居住的鸣鸟长着硬而钝的嘴，特别适于敲开这类食物。而其他鸟类长着较为纤细的嘴，更适于捕捉所在岛屿上的昆虫。

达尔文推断出，在很久以前的某个时候，某一品种的鸣鸟从大陆迁徙而来，并分散在所有的岛上。在一代又一代的繁殖中，每个岛屿上的鸣鸟所生的后代彼此之间出现了轻微的差异，正如驯养的鸽子所发生的情况，而且一些变异是有利的，使得某类鸣鸟能够在马尔萨斯所论断的周期性食物短缺中存活下来。最终，这些变异产生了新的物种。理论由此诞生了。

达尔文的推迟

事实上，在 19 世纪 30 年代末期，达尔文已经勾画出他的进化论的基本轮廓，然而，却又花了 20 年时间才发表《物种起源》（Richards，1983）。部分原因在于他的健康
122 状况：他常常一病数月。达尔文推迟发表《物种起源》的第二个原因是他担心同行的反应。1844 年，一本匿名的高度思辨的著作《创造之痕》问世，它遭到了英国动物学家、地质学家和植物学家（包括莱尔在内，此时他已是达尔文亲密的朋友之一）的奚落，正是同一年，达尔文将他 200 页的手稿交由妻子保管。其中一些反应是针对《创造之痕》一书所提出的进化演变过程含糊不清，而达尔文认为他的模式更好一些，但是更多否定的反应却是针对进化观本身的。在致他的一位密友植物学家约瑟夫·胡克尔（Joseph Hooker）的一封信中，达尔文向其透露了他的理论，他写道，提出一个进化理论如同“承认谋杀”（Colp，1986）。假如在 1844 年发表的话，他担心他的理论会与《创造之

痕》相混淆，遭到同样的谴责。

达尔文推迟发表《物种起源》的第三个原因则是他保守的科学态度。达尔文认为他拥有较好的理论，并有一些资料支持它，但是，他认为在公之于众之前需要更多的证据。因而，在发表前，他花了若干年的时间认真地收集证据使理论更加充实和完善。例如，1846 年，他开始对藤壶①的进化进行了长达 8 年的深入细致的理论研究，最终出版了四卷本的研究成果。他还加入当地的一个养鸽行家俱乐部，并亲自饲养了一些鸽子。而且，在达温宅，常常会有 12 个实验在同时进行。例如，为了确定种子是如何播撒到遥远的地方的，他测查了那种认为未消化的种子可能是通过鸟儿的胃运送的观点。他收集鸟粪，并翻弄它们，直到发现一些偶然而得的种子，然后将它们种下。当其中的一些种子破土而出、生根发芽之时，他的那种满足感是很容易想象出来的。

若不是达尔文于 1858 年 6 月 18 日收到了一封信，他推迟发表《物种起源》的时间可能还不止 20 年。这封信来自一位同样对进化感兴趣的博物学家阿尔弗雷德·卢塞尔·华莱士（Alfred Russel Wallace，1823—1913），当时他正在世界另一端的马来西亚（Malaysia）。华莱士就其信中所附的一篇简短的论文征询达尔文的意见——论文概述了一个与达尔文的理论极其相似的进化理论。达尔文大为震惊，写信给莱尔说："即便华莱士有我 1842 年所写的手稿概略，他也不可能写出比这还好的简短摘要！"（引自 Desmond & Moore，1991，p. 467）

在征求了胡克尔和莱尔的意见之后，达尔文同意在 1858 年 7 月 1 日林奈协会（Linnean Society）的会议上同时呈送两人的论文。因而，达尔文的进化论第一次公开亮相是在植物学家的专业会议上。协会秘书宣读了华莱士的论文和达尔文 1844 年写就的论文的摘要。达尔文没有出席会议，两篇论文也都没有引起人们的注意。不过，华莱士的信给了达尔文一个清楚的信号。为了确立合法的优先权，他需要将完整的理论以及这些年所积累的 123
支持证据一并发表。尽管当时达尔文仍抱病在身，而且他的一个儿子还死于猩红热，在随后的 15 个月里他依然完成了这项工作，1859 年 11 月 22 日，《物种起源》在书店销售，首印的1 250本在面市第一天即销售告罄。

重要年份 1859

这一年以达尔文的革命性著作《物种起源》的出版为标志，这可能是 19 世纪出版的最重要的著作。

还发生了下列事件：

- 美国在宾夕法尼亚州的泰特斯维尔（Titusville）钻探出第一口油井
- 发明了蒸汽压路机

---

① 藤壶是一种附在岩石、船底上的甲壳动物。——译者注

● 废奴主义者约翰·布朗（John Brown）10月在哈珀斯渡口（Harper's Ferry）攻击了联邦军火库；他被逮捕后受到审讯，然后被绞死

● 德国化学家阿尔伯特·尼曼（Albert Niemann）成功地从古柯叶中离析出了药品可卡因

● 法国杂技演员查尔斯·布隆丹（Charles Blondin）走绷索穿越尼亚加拉（Niagara）瀑布

● 萨缪·斯迈尔斯（Samuel Smiles）出版了《自我帮助》（Self-Help），是讲述有生之年如何获得成功的指南

● 丹尼尔·埃米特（Daniel Emmett）组成"美国南部各州"（"Dixie"）

● 下列人物出生：

阿瑟·柯南·道尔（Arthur Conan Doyle），英国福尔摩斯（Sherlock Holmes）的创造者

乔治斯·修拉（Georges Seurat），法国画家

● 下列人物逝世：

华盛顿·欧文（Washington Irving），美国作家（《睡谷传奇》）

亚历山大·冯·洪堡（Alexander von Humboldt），德国天文学家、地质学家和探险家

进化理论的组成部分

在《物种起源》的简要导言中，达尔文强调了猎犬号航行的重要性，并为华莱士提出的相似理论而对其大为称赞，其后的开篇两章确立了这样一个事实：任何一个物种的成员彼此间都是不同的。在第1章《驯养中的变异》中，达尔文介绍了一个物种间的个体差异如何通过精心饲养——人工选择而变得更加突出。此章为他后面的论述作了一个铺垫，正如存在人类饲养者作出的精心选择那样，还有一种在正常生存条件下作出的"自然"选择。在第2章《自然中的变异》中，达尔文强调了自然界中所发现的物种内个体差异的普遍性。他指出，这些差异"因而为自然选择提供了载体并得以积聚，与人类在其驯养的畜禽中积聚个体差异的方式相同"（Darwin，1859/1958，p. 59），从而也与第1章联系起来。

由于当时遗传科学尚未创立，对于遗传变异现象这一物种内产生个体差异的首要方式，达尔文一无所知。因而，他不得不猜想变异的原因。他认为，一些变异是自发的、偶然的，更像是突变，不过，他也同意拉马克关于有机体一生之中所获得的特征能够遗传给后代的观点。

达尔文此书的第3章和第4章分别是《生存竞争》和《自然选择》，包含了理论的精髓。达尔文援用马尔萨斯的观点，首先探讨了自然界中由于物种繁殖后代的速度超出了食物供应量，它们面临着不可避免的生存竞争。如果事实如此，那么，那些所具有的变异能使之在竞争中占据微弱优势的个体就会被自然"选择"；而那些没有这些优势的个体就会死亡。经过几代的演化，这种"适应性"变异就会变得更普遍。达尔文如是说：

> ……由于（生存）竞争，变异，不论是多么微小，也不论出自何种原因，只要在某种程度上能有利于一个物种的个体，……都会倾向于为这种个体所保持，通常也会被其后代所继承。……有利的个体差异和变异得以保持，不利的个体差异和变异得以消除，我称此为自然选择。（Darwin，1859/1958，p. 74，p. 88）

用达尔文的雀科鸣鸟这个例子来阐明生命的生存竞争（struggle for existence）和自然选择（natural selection）相结合改变物种的方式。达尔文认为，最早的单一品种的雀科鸣鸟从大陆飞到加拉帕戈斯群岛，栖息在不同的岛屿上。由于自然界中同一物种的成员间都有差异，所以鸣鸟彼此间都有微小的区别，包括鸟嘴形状的差异。假定其中一些鸣鸟恰好停落在富产某种外层包裹着硬壳的种子的岛屿上，那些长有较硬、较钝的嘴的鸣鸟在觅食这些种子时就占优势。而嘴较为纤细的鸣鸟在觅食这些种子时就困难得多，也就更有可能死亡。因此，具有更多“适应性变异”的鸣鸟就会在“生存竞争”中被“自然选择”。它们会存活下来，并将优势遗传给它们的后代。随着时间的流逝，那个特定岛屿上的鸣鸟将形成一个以特殊嘴形为特征的新种类。与此相似，在另外一个富产昆虫的岛屿上，嘴形纤细得足以探入狭小空间的鸣鸟就会得以进化。

达尔文认为，自然选择所导致的进化还可以解释灭绝以及现代物种与在相同地理范围
发现的灭绝物种的化石之所以相似的原因。例如，在南美洲，达尔文发现了已成化石的动 124
物骨骼，这种动物与现代美洲驼类似，只是体形要大 2～3 倍。他断定，随着时间的推移，那些较大的种类遭遇了环境事变（比如干旱），事变使得食物供应量减少，因而有利于那些所需食物较少的、体形更小的变异种类的生存。

在《物种起源》余下的 11 章中，达尔文列举了动物学的和地质学的证据来支持他的理论，他还试图对其预料即将到来的异议作出回应。他清楚地认识到大多数人信奉每一个物种都是神所创造的，但他恳请读者仔细考虑他已呈现给他们的证据。

丹尼特（Dennett）（1995）指出，自然选择而引起的进化——达尔文的“危险观念”，首次为与已具有牢固地位的神学上的神创论所提出的顺序相反的顺序创设了一个合理的论据。对于牧师佩利及其他人而言，是一个全能的神的智慧创造了见之于井然有序的、可预言的自然界中的错综复杂的设计，顺序是智慧→设计→秩序。另一方面，自然选择盲目运作的法则产生了秩序，秩序又进而导致设计，然后产生了智慧（因而顺序是秩序→设计→智慧）。根据丹尼特的图表，佩利的钟表和钟表制造者的智慧实际上都是设计的结果，但又未必是上天的设计。它却可能是丹尼特称之为“设计积聚原则”（p. 68）的产物，这一原则源于产生了具有制造钟表能力的视力适应的人类的进化过程。

《物种起源》之后

没过多久，人们就开始谈论达尔文的理论。尽管他并没有在《物种起源》中谈及人类，但言外之意很明显，而且直接威胁到英国国教。在 19 世纪下半叶，圣公会的权力可能已经有所削弱，但仍然有着广泛而深远的影响，因而达尔文受到了全英国宗教界的谴责。直到今天，进化论对于有些人的宗教信仰还是一个威胁。不过，科学界情况则截然不同。在其自传中，达尔文记述到，尽管最初在一些科学家（比如莱尔）中存在些许反对意见，但进化论很快就被普遍接受了。有人认为达尔文著作的成功证实了进化论题依然“悬而未决”，他驳斥了这样的看法，同时，他的确清楚地认识到了波林所说的时代精神的重

要性："我所相信的最为真实的事就是，许多仔细观察的事实一俟任何能够接受它们的理论得到充分的解释，就会存储在做好准备的博物学家们的脑海之中"（Darwin，1892/1958，p. 45）。至19世纪末，进化论已产生了巨大的影响，达尔文观点的重要性最终使得一些奉行者将整个世纪都称做"达尔文的世纪"（Eiseley，1958）。

在有关进化的辩论中，达尔文自己却没有参与争辩，情愿把这事留给别人去争论；他还有工作要做。他继续为他的理论收集证据，出版了一些有关兰花、蚯蚓的重要著作。尽管他在《物种起源》一书中回避了对人类进化的探讨，但在《人类的祖先》（1871）和《人类和动物的情绪表现》（1872）中，他正面阐述了这个论题。1877年，他在英国的《心灵》杂志发表了一篇在儿童心理学中具有开拓性的题为《一个婴儿的传略》的文章。文章的素材来自他多年前对其第一个儿子威廉的身心发展所记下的详尽笔记（图5—2）。

图5—2　1842年，查尔斯·达尔文和他的第一个儿子威廉
（达尔文《一个婴儿的传略》中的被试），引自 Desmond 和 Moore（1991）。

虽然一直体弱多病，达尔文却工作到生命的最后一刻——1882年4月19日。尽管他希望能够宁静地安葬于达温，但是他的表弟弗朗西斯·高尔顿组织了一次成功的运动，使他埋葬在伦敦威斯敏斯特大教堂（Westminster Abbey）的其他英国的英雄之中，与议院大楼隔街相望。现在，在大教堂的北侧地面上，还可以找到标志着达尔文埋葬地的大矩形石，就在艾萨克·牛顿爵士的半身塑像的下方。

达尔文与心理学史

达尔文对心理学的主要贡献就是进化论，它促进了最终以机能主义而闻名的美国心理学家们的思维方式的发展。这个学派的思想将在第 7 章和第 8 章作详细考察；现在，完全可以说，机能主义者的兴趣在于研究人类的行为和心理过程，考察它们如何发挥作用以使个体适应时常变化的环境。例如，他们认为，意识的适应机能就是使个体能评估问题情境并迅速加以解决。与此相类似，习惯可以使个体将有限的意识集中于尚未解决的问题。 125

进化论的两个特有的方面也对心理学史产生了直接影响。首先，理论有一个明显的暗示，达尔文在《人类的祖先》（1871）一书中对此作了详尽论述，即心理过程的连续性存在于人类和其他物种之间。这使得对系统地研究动物行为的比较心理学（comparative psychology）的兴趣骤增。其次，对于个体变异的强调促生了对个体差异（individual differences）的系统性研究，这个研究传统最终产生了通过智力测验和人格测验对差异的测量。这些发展都需要作进一步的详尽阐述。

比较心理学的发源

在达尔文之前就有对动物行为的研究，但是，在达尔文有关物种间连续性的支持论据的推波助澜下，对比较心理学的兴趣空前高涨。达尔文本人凭借其关于情绪的著作，可以被视为最早的比较心理学家之一。最初，达尔文准备在《人类的祖先》（1871）中辟出一章来论述情绪表现的起源，后来，他将这个论题抽离出来，独立成书，于 1872 年出版了《人类和动物的情绪表现》。这部著作是研究情绪表现的第一次科学尝试，是达尔文对心理学史最重要、最直接的贡献。其内容主要包括：对产生各种情绪反应的情境的描述，对这些情绪运用面部肌肉来表现的准确方式的详细描绘，以及情绪表现如何进化的理论。

达尔文论情绪表现的进化

在《人类和动物的情绪表现》一书中，达尔文开宗明义地赞成用进化论的方法研究情绪表现，他指出，对于人类而言，"除非相信人类曾以更低等的、像动物一样的状态存在过，否则诸如在极端恐惧时毛发竖直这样的事情……就令人难以理解了"（Darwin，1872，p. 12）。然后，他又描述了在研究正常成人的情绪时所遇到的问题。首先，除了偶然出现的极端的情绪反应以外，绝大多数的情绪都是不出声的。而且，一个人也难以研究自己的情绪，因为体验强烈情绪与对之进行理性分析是不能共存的。一个人不可能在感到恐惧的同时又不动情感地观察内心的恐惧。考察情绪表现的形式和产生原因需要一个更具创造性 126

的策略，达尔文提出了几种方法来满足这种要求。例如，他建议研究儿童和疯子可作为对情绪表现的精确模式进行分类的方法。他们对于诸如生气、快乐和害怕这些情绪的表现，不像正常成人那样受到禁忌的限制，表现得更为强烈，特征也更容易加以分类。另外一种方法则使用了所谓的电刺激的方法。如图 5—3 所示，用电极触及皮肤表面，刺激就产生了可辨别的肌肉收缩。然后，就可以准确确定在每种情绪表现中都涉及了哪些肌肉。因而，图 5—3（a）是一个正常微笑的老年男人，而图 5—3（b）则是刺激嘴唇周边肌肉的结果。达尔文用这个例子来说明笑牵动了几组肌肉。

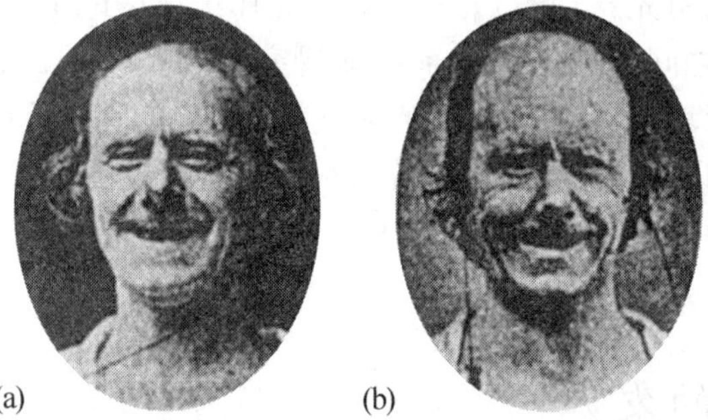

(a) (b)

图 5—3 表现情绪，自然的微笑和“刺激的”微笑，引自 Darwin（1872）。

达尔文还推测，如果情绪表现是进化的结果，那么，相同的基本情绪表现就会存在于全世界范围内。达尔文利用庞大的通信者网络进行了最早的情绪表现的跨文化研究，其中包括在猎犬号航行中结识的一些人。达尔文请他的通信者们考察广大地区不同文化中的面部表情，然后回答下列问题：

> 惊讶是通过张大眼睛和嘴巴、挑起眉毛来表现的吗？……
>
> 当一个人对另外一个人嘲笑或咆哮时，他面对所嘲笑或咆哮对象的那一边的覆盖犬齿或智齿的上唇角是上扬的吗？……
>
> 蔑视是通过微撇双唇、耸起鼻头并轻嘘一声来表现的吗？……
>
> 肯定时就上下点头，而否定时就左右摇头吗？（Darwin，1872，pp. 15－16）

达尔文的最后一种方法——研究动物的情绪表现，为他关于各种情绪表现起源的理论提供了线索。他的理论包括三个基本的原则。他各用一章分别论述了每一个原则，之后的章节是对各种类型的情绪作详尽描绘，占据了这本 366 页的书籍的大部分内容。

第一个原则是有用的联系习惯（serviceable associated habits）原则，这是最重要的原则。结合拉马克的习得性特征遗传观点，达尔文认为，一些情绪表现最初是有用的或有帮助的。也就是说，它们源于具有某种适应性机能的身体动作，帮助有机体在生存竞争中得以幸存。之后，那些动作同那些与它们最早发生的情境相似的情境建立了联系。之后这些习得的表现就被遗传下来。以蔑视的表现为例，在较为夸张的情况下，它包括鼻孔里出声的吸气，并伴随着头部的扬起及调转。根据达尔文的观点，这种情绪的独特表现源自我们进化中的祖先对身体上的臭味作出反应的情境。经由习惯和遗传，如今，每当一个人面对一个被认为讨厌的人或情境时，相同的反应就会发生："因而我们似乎可以对所鄙视的人说他的气味令人作呕，这种方式与我们通过眼睑半垂或调转脸庞以表示对他不屑一顾的方式几乎相同"（p. 255）。与此相似，嘲笑的情绪表现是针对不喜欢的对象，其特征是唇角轻挑露出犬牙，达尔文认为是源于与敌人战斗时的准备状态。

> ……我们同类人猿很相似，由此我们可能较易于相信我们的男性半人类祖先拥有大犬牙。……我们可以进一步猜想……我们的半人类祖先在准备战斗时就会露出他们的犬牙，而当我们想给人凶恶的感觉时，或者在嘲笑或蔑视某人时，我们仍会这样做，但并没有真的打算用牙齿去攻击。（pp. 251 - 252） 127

达尔文的第二个原则解释了情绪表现的形式，所依据的观点是彼此相反的情绪在身体反应上的表现也一样是相反的。他称之为对立（antithesis）原则。达尔文举了许多动物的表现作为例子。例如，当狗面对觉察到的威胁时，它就会摆出一个姿势，显得更大，对潜在的敌人具有更大威胁（例如，背部的毛竖立起来）。而与这种威胁姿势相反的则是顺从的姿势。一个陌生人可能会引发狗做出威胁姿势，而狗主人则会引发顺从的姿势。

达尔文的第三个原则涉及他所谓的神经系统的直接作用（direct action of the nervous system）。实际上，这些表现都是伴随强烈的情绪体验的生理唤醒的副产品。达尔文用一个不常见的事例作为直接作用的例子，一个即将被处死的人体验着极度的恐惧——他的头发几乎一下子就变白了。达尔文还举了颤抖这个更常见的例子，任何强烈的情绪都伴有颤抖，所以它不与任何特定的情绪建立联系。

贯穿于达尔文此书的主题是情绪表现的普遍性。他的问卷调查结果显示，在全世界范围内，基本情绪都是以相同的方式来表现的，这个发现先于现代跨文化研究的结果。无论在何处，微笑的含义都是一样的。如果情绪表现是普遍的，那么言外之意就是情绪表现是本能的，因而要理解人类的情绪行为只有通过了解它的进化史。

这部关于情绪的著作和《人类的祖先》一起阐明了人类与动物具有相同的特性，以及心理过程和情绪过程存在连续性。于是，其他的博物学家立刻开始探寻这个连续统一体的维度。许多人都参与其中，但最著名的是两位英国人乔治·罗曼尼斯和劳埃德·摩尔根。不过，在阅读有关他们的内容之前，你应该先阅读视窗，记述了另一位英国人道格拉斯·斯波尔丁的贡献，这在心理学史中很少被提及，但很值得一书。

视窗

道格拉斯·斯波尔丁和本能的实验研究

在对动物行为的系统研究中，一个重要但总是被忽略的先驱就是道格拉斯·斯波尔丁（Douglas Spalding，1840—1877）。若不是英年早逝，如今他肯定会作为现代习性学（ethology）的创立者而知名，习性学是对本能的动物行为的研究。1840 年，斯波尔丁出生于伦敦一个工人阶级家庭，他没有继承财产的舒适环境和牛津/剑桥的教育背景来支持他的科学研究。他靠修石板瓦屋顶糊口，还通过自己的努力接受了教育。在 20 岁刚出头的时候，他又设法在伦敦获得了法律学位，而正是在此期间，他得了最终夺去他性命的肺结核。19 世纪 60 年代末，他由于健康原因在欧洲南部旅行时，遇到了著名的英国哲学家约翰·斯图尔特·穆勒（第 2 章），并受到了他的影响，那时，穆勒已退休，到了法国南部的阿维尼翁（Avignon）。穆勒推荐斯波尔丁做安伯利（Amberly）勋爵夫妇的两个年轻儿子的家庭教师，这两位都是穆勒的自由主义政治哲学的热情追随者。小儿子就是成为 20 世纪最著名的哲学家之一的伯兰特·罗素（Bertrand Russell）。

128 19 世纪 60 年代，受横扫当时知识界的进化狂潮的影响，斯波尔丁显然也开始了动物研究。尽管他从未写过一本书，而且他的研究文章散见于当时流行的几份杂志，但他的研究非常显著，甚至引起了著名的美国心理学家/哲学家威廉·詹姆斯的注意（第 6 章）。在其著名的《心理学原理》第二卷中，詹姆斯（1890/1950）详尽地介绍了“斯波尔丁先生论本能的精彩文章”（p. 396）。他所指的是 1873 年斯波尔丁为《麦克米伦的杂志》（*Macmillan's Magazine*）所撰写的一篇文章。

在这篇文章中，斯波尔丁探讨了英国经验主义者所宣称的诸如深度和距离知觉、声音定位这样的技能是在很小的时候作为感觉经验的结果而习得的。他的研究显示，这与经验毫无关系——某些知觉能力并不需要经验，而是本能的结果，至少在动物身上是如此。按照这种方法，他证实了一些现在我们认为物种特有的现象，要早于 20 世纪习性学家康拉德·洛伦茨（Konrad Lorenz）和尼科·廷伯格（Niko Tinbergen）的研究。

一是本能。为了确定感觉经验对于刚出生的小鸡的深度知觉是否必不可少，斯波尔丁创设了一个精巧的程序。他说：“我挑选出那些困在其中的小鸡仔正要开始破壳而出的鸡蛋，移去蛋壳，在破壳而出的小鸡仔睁开眼睛之前，用小头罩包住它们的脑袋”（Spalding，1873，Haldane 重印，1954，p. 3）。几天都不去动那些头罩，以阻止小鸡仔产生任何视觉经验。用“树胶纸”塞住另外一些刚孵出的小鸡的耳朵以消除听觉经验。当头罩拿掉时，小鸡仔并没有显出任何不良影响。例如，它们只用了一两分钟的时间来适应光亮，之后就毫无困难地准确啄食斯波尔丁给它们的虫子。那些塞住耳朵的小鸡仔反应相似——当堵塞物去除时，它们立即对未听到的母鸡妈妈的声音作出反应，而且向正确的方向跑去。

斯波尔丁推断，本能在动物行为中起着重要作用，然而，英国经验主义者把感觉经验作为行为的决定性因素，夸大了它的重要性。

二是印刻。在几乎所有普通心理学教科书中都能看到一幅著名的图片，所呈现的画面是父亲般的康拉德·洛伦茨，这位现代习性学创立者正在走过一片原野，后面跟着一列年幼的小鹅。洛伦茨指出，禽类将会跟随它们能发现的第一个移动的物体，他把这种现象称做印刻（imprinting）。尽管斯波尔丁并没有给出一个称谓，但他对同样的行为进行了观察：

> ……小鸡仔们一会走就跟随任何移动的物体。而且，当只有视觉上的引导时，与跟随一只鸭子或一个人相比，它们似乎并没有更倾向于跟随一只母鸡。
>
> 小鸡仔们一天到晚总是跟在我身后，还有大一些的小鸡跟随我走好几英里的路，而且还能回应我的口哨声，当未加深思的旁观者看到这些情景时，他们猜想我一定拥有某种控制它们的神秘力量，而我只不过是从它们一出生就让它们跟着我而已。（Spalding，1873，Haldane 重印，1954，p. 6）

三是关键期。斯波尔丁还描述了一些行为来阐明现代习性学的关键期（critical period）概念——如果某些行为要发展的话，就必须在一个限定的时期内完成。例如，斯波尔丁发现，如果小鸡仔被阻止听到母鸡妈妈的叫声达8～10天时间，它们就再也辨认不出自己的妈妈了。另外，当小鸡仔被头罩包住三天时，它们就会依恋他，而那些头被包住四天时间的小鸡仔则害怕他。 129

1873年，当斯波尔丁开始指导安伯利勋爵夫妇的两个孩子时，他继续进行动物研究。不久，在英国的怀河谷，那座散乱的乡村居所到处是各种动物。安伯利夫人是一个不循常规的人，是女性平等的坚定拥护者，为斯波尔丁做研究助手；根据一些记叙（例如，Boakes，1984），她也向纯真的斯波尔丁传授了人类的本能之爱。正是在此期间，斯波尔丁研究了鸟类的本能，证实了鸟类不必学习如何飞翔。在孵出了燕子和其他巢居鸟类之后，他将它们放置在铁丝网围场中，以阻止它们使用翅膀。然而，它们一旦被释放出来，就立刻飞了起来。

1874年，安伯利夫人及其一个年幼的女儿死于白喉，斯波尔丁与安伯利一家的田园生活也戛然而止。失魂落魄的安伯利勋爵也于两年后去世，他指定斯波尔丁做他两个儿子的监护人。不过，安伯利的父母成功地辩驳了这份遗嘱，斯波尔丁又独自过活了（Gray，1962）。不久，他离开了英国，由于肺结核复发，1877年，他在法国去世，时年37岁。

乔治·罗曼尼斯（George Romanes，1848—1894）：轶事法

像达尔文一样，乔治·罗曼尼斯很富有，青春期时表现极差，本来想成为牧师但没有

成功，在剑桥的经历使得他投身于科学（Lesch，1972）。作为一名精通生理学的研究者，罗曼尼斯也对达尔文的进化论具有浓厚的兴趣，并决定研究那些能在其他物种中发现的心理能力的水平。显而易见，达尔文把这个年轻人看做他的门徒，经常在达温宅招待罗曼尼斯，他甚至将他的有关动物行为的笔记给了这位年轻的学者（Desmond & Moore，1991）。

罗曼尼斯把达尔文的资料与他自己独立收集的信息结合在一起，1882 年，在达尔文去世不久，他出版了《动物智慧》，是从昆虫到灵长目动物这些动物行为的详尽目录。这本书为罗曼尼斯赢得了比较心理学创立者的称号，尽管弗卢龙（第 3 章）早在 1864 年就采用了这个术语（Jaynes，1969），另外，还有与罗曼尼斯的成果相似的几本书在他之前或同时面世（Johnston，2003）。罗曼尼斯之所以获此殊荣，是因为他通过对比较心理学和比较解剖学作比较而尝试以分类学的方式界定出一个新领域。罗曼尼斯认为，正如后一门学科的那些专家对各类物种的身体特征作比较以考察身体结构的进化情况一样，那么，比较心理学家可以比较不同物种的心理特征上的差异从而考察心理的进化情况。

对罗曼尼斯研究的传统评论主要认为他过度使用了未加鉴别的有关动物行为的道听途说，即所谓的轶事法（anecdotal method），这种方法极可能夸大了动物的能力。而且，受这一时期的进化时代精神的影响，主流媒体也充斥着各种有关动物不寻常表现的报道。因而，罗曼尼斯的研究不时受到怀疑。这种做法是不恰当的，因为罗曼尼斯也清楚地意识到轶事证据的缺陷，还特意在书中加入了动物行为的可靠报道。例如，他收录了一些知名观察者（如达尔文）的记叙，而且，对于动物行为的不寻常报道，只有它们曾分别被两个或
130 更多的人叙述时，他才接受。不过，罗曼尼斯自己也承认，单单就这本书而言，只不过是一本动物传奇故事集。他希望自己随后的著作更重要，能勾画出心理进化理论的框架，而这本最早的“事实”著作可以被视做向更加系统的论文体系迈出的第一步（Boakes，1984）。罗曼尼斯的确出版了他的理论书籍，但是它们大部分都没受到重视；他的声望全仰仗这本事实著作而获得，尽管著作中一些轶事的真实性受到怀疑。

罗曼尼斯本来可以更加严谨些，《动物智慧》这本书确实主要是依赖于别人讲述的事件，而不是直接观察。这也趋近于拟人论（anthropomorphism），即将人的官能属性泛化到非人类实体上。也就是说，罗曼尼斯根本就不加鉴别地将人类特征推及到大量的物种上。例如，他认为，蚂蚁有养宠物的习惯（p. 83），蜘蛛“爱好”音乐（p. 205），蝎子被火困住时会自杀（p. 222），鸟类具有同情心，而且忠于婚姻（pp. 271－273），海狸在选择巢穴地点时非常“深谋远虑”（p. 371），而且对水坝中所蕴涵的建筑学原理具有理性的欣赏能力（p. 376）。

康威·劳埃德·摩尔根（Conwy Lloyd Morgan，1852—1936）：吝啬律

罗曼尼斯关于动物行为的第一本著作所存在的问题，以及它着重于奇闻轶事和过度的拟人论，引起了另外一位英国博物学家康威·劳埃德·摩尔根的注意。摩尔根是律师的儿

子，就读于伦敦皇家科学院（Royal College of Science）的矿业学校，以准备成为一名矿业工程师。在矿业学校时，摩尔根受到了达尔文最狂热的捍卫者之一、进化论者托马斯·赫胥黎（Thomas Huxley）的影响。这使摩尔根对动物学和地质学产生了兴趣，并于 1883 年最终成为布里斯托尔（Bristol）大学学院这些方面的教授，而且这成了他一生的职业。他出版了几本关于布里斯托尔地区地质情况的著作，但他最为著名的是比较心理学研究，这反映在《动物生活与智慧》(1890)、《比较心理学导论》(1895) 等著作中。正如罗曼尼斯是达尔文的门徒一样，摩尔根成了罗曼尼斯的追随者和仰慕者，不过，最后超过了他的导师。

现今摩尔根最为著名的是他所强调的对动物行为的解释要尽可能简单。这个“吝啬的解释”要求被称为劳埃德·摩尔根准则（Lloyd Morgan's canon)。正如他所表述的：“如果某一行为能解释为在心理等级中处于更低级的心理机能活动的结果，我们就决不要将其解释为更高级的心理机能活动的结果”（Morgan，1895/1903，p. 59)。有两个例子说明了这一点。第一，在开始布里斯托尔长期的任职之前，摩尔根在南非教了五年书，在那里他有机会亲身观察到蝎子的行为。因而，他利用这个机会检验了罗曼尼斯关于蝎子被火困住时会自杀的拟人的论断。对于蝎子偶尔会螫死自己的现象，是不是可以作出更加吝啬的解释？摩尔根认为是可以的，而且他进行了直接观察，这与罗曼尼斯依赖于别人的报告形成了鲜明对照。他的观察结果是，蝎子总是很有规律地用它们的尾巴扫去身体表面的异物或刺激物（如烟尘)。这只是一个简单的反射行为，并不是由“绝望”引发的深思熟虑而有意为之的反应。摩尔根观察到，这种反射行为有时候太过强劲而导致蝎子死亡。当这种行为可以看做某些“在心理等级中更低级的”（反射行为）因素的结果时，就无需提出一个“更高级的心理机能”(决意自杀)。

第二，摩尔根经常被誉为开启了动物行为的客观研究之门，同时也是通往行为主义之路上的重要里程碑。在第 7 章原始资料摘录中，你将会阅读到摩尔根的这个例子对爱德华·桑代克著名的迷箱研究选择装置的影响。罗曼尼斯认为猫和狗都有进行计划的心理能力，理由是他观察到一些猫和狗能打开大门然后逃出院子。然而，摩尔根认为这样的行为 131
可以作更简单的解释，并以自己的猎狐犬托尼作为例子。如图 5—4 的素描所示，这条狗能将它的脑袋穿过大门的空隙，并将门闩顶起而打开了它。于是门就开了，托尼成功地逃出了院子，“跑到了大街上，那里总有很多东西吸引着它；有可以骚扰的猫，有其他可以相互闻嗅的狗，等等”（Morgan，1895/1903，p. 292)。对于幼稚的观察者来说，这看起来好像是狗理性地“懂得了”大门的操作机关和顶起门闩这个概念，这是达到所期望的结果的有效方法。但是，摩尔根认为，这个行为只不过是由这条狗想从院子里逃到大街上的企图引发的三个星期一系列尝试—错误活动的结果。他注意到，在找到正确的解决方法之前，托尼已使出了浑身解数：沿着院墙来回地奔跑，把脑袋伸进多处栅栏之间，最后很偶然地做出了正确的行为。在它逃脱一次之后，很快就抛弃了那些不成功的行为，而学会了重复那个成功的行为。

图 5—4 托尼，摩尔根的爱犬，即将逃出院子，引自 Morgan (1895/1903)。

摩尔根的吝啬律（law of parsimony）有时被用以突出比较心理学家在如何思考动物行为和达尔文关于物种间连续性的见解上所发生的一个重要转变。通常认为，在摩尔根之前，博物学家们过度地拟人化，并寻找高级心理过程实际上存在于所有物种的证据。在摩尔根之后，研究者通过更简单的过程来解释动物行为，逐渐形成了行为主义者的格言——最好以简单的条件作用过程来理解各种行为，甚至人类的行为也不例外。换言之，摩尔根通常被视为由未经证实的动物传奇转向精确的实验研究和动物行为的机械观这个“过程”中的关键性人物。不过，这样的说法有些言过其实。的确，摩尔根应该得到赞许，因为他证实了理解动物行为必须超越对奇闻轶事的收集，并采用了更加系统的观察方法。然而，若认为摩尔根想要排除动物的意识和智慧存在的可能，则是不正确的。正如摩尔根在宣告准则之后自己所言：

>……不过，还应该加上一条，以免准则的范围遭到曲解，那就是，如果我们通过观察，已经获得了动物表现出这些更高级过程的某一独立证据，准则决不排斥以更高级过程解释特定行为的可能性。(Morgan，1895/1903，p. 59)

因此，摩尔根并未打算用吝啬律来反对动物具有更高级的心理过程的观点——他只是极力主张在方法论上要谨慎。科斯塔尔（Costall）（1993）认为，摩尔根的真正目的是想拓宽物种间连续性所依据的标准的范围。其他类型的复杂程度各不相同的心理过程都可以包括，而不是独独依赖于寻找一些物种的复杂的理性反思。摩尔根以进化术语提出，动物显示出一些不同的认知水平，所达到的复杂程度刚好使它们能在自己独特的生存竞争中幸 132
存下来。准则最重要的观点就是认为没有理由提出超过了生存所必需的心理能力水平。

美国的比较心理学

考虑到达尔文的国籍，19 世纪中期至末期比较心理学在英国有着坚实的基础也就不足为奇了，这反映在罗曼尼斯、斯波尔丁和摩尔根的研究上。在美国，这一课题的研究发展得同样迅速，你将会在后面几章中对两个典型实例有所了解。第一个是克拉克大学的动物实验室，是在林纳斯·克林（Linus Kline）、维拉德·斯茂（Willard Small）和实验室主任埃德蒙·桑福德（Edmund Sanford）领导下于 19 世纪 90 年代中期建立的。正如你将会在第 6 章视窗中发现的，可以认为是他们创建了心理学中较为经久的方法之一——迷津学习。而且，克林还写了一篇题为《对比较心理学实验课程的建议》的文章，影响了比较心理学的教学许多年。你会在第 7 章看到第二个例子——桑代克关于几个物种的迷箱研究，不过主要是猫。值得一提的是，有几位美国研究者对动物行为产生了兴趣，并遵循英国博物学家的传统进行研究。其中一位就是约翰·巴斯卡姆（John Bascom），甚至早在 1878 年他就写出了书名中有“比较心理学”的教科书（Johnston，2003）。

个体差异研究

达尔文理论的基石，也是自然选择的原始资料，是这样一个观点——一个物种中的个体成员彼此间各不相同。对于心理学来说，这个事实导致了对个体差异（individual differences）的系统性研究，一个包括测量那些差异的方法的研究传统。现今的智力测验和人格测验正是这个传统的两个成果。最早进行个体差异研究的人正是达尔文的表弟弗朗西斯·高尔顿，他痴迷于测量，以至于有位科学家把他称为 19 世纪的“定量的鼓吹者”（Gould，1981，p. 75）。

弗朗西斯·高尔顿（Francis Galton，1822—1911）：科学之子

与他那位更著名的亲戚一样，高尔顿（图 5—5）生长在富裕家庭。因为他从来不需要去养家糊口，所以能沉迷于特别广泛的兴趣之中。他那永不满足的好奇心，再加上很小就

展现出来的聪明才智[①]，使他取得了各种各样的卓越成就，只有一小部分是直接与心理学有关的。例如，他成为维多利亚时代英国著名的非洲探险者之一。1850—1852 年，他到非洲南部很少为人知晓的地区探险，第一次精确地绘制了这个地区的地图，展现了他在测量精确性方面的成就。他的辉煌成就赢得了皇家地理学会（Royal Geographical Society）颁发的金质奖章，在出版了一本介绍其探险的著作和一本非常成功（八版）的有关无经验探险者的旅行指南后，他成了公众人物。后一本著作包括有关扎营、航海、捕猎、烹饪等许多方面的建议，以及如何与当地人交往的建议："坦率、幽默而又坚决的方式，同时显示出对当地人的真诚很有信心，看起来要比你实际感觉到的还要多的信心，这是最合适的"（Galton，1855，引自 Forrest，1974，p. 64）。

图 5—5　永远好奇的弗朗西斯·高尔顿。

133 除了地质学和探险外，高尔顿还在其他几个领域做出了最早的贡献。例如，他通过收集一天之中同一时间不同地区的气象信息，绘制出了第一个系统的气象图，而且他是观察高、低气压系统之间的关系及其对气象的影响的第一人。他通过测量几百个不同人的指纹，证实了每个人都有独一无二的指纹。后来，伦敦警察厅开始运用这个"指纹印"技术达到辨认的目的。当然，这个方法是寻找个体差异的一个例子。实际上，高尔顿的指纹印

① 在这方面，高尔顿与另一位神童约翰·斯图尔特·穆勒很相似。与穆勒一样，高尔顿在幼年就表现出成人般的能力。他 3 岁时就能阅读和书写英文，5 岁时就能翻译一些拉丁文，6 岁生日时就能引用莎士比亚的文章。

研究只是他定量研究人与人之间差异的全部方法的一小部分。这也显示了高尔顿对于心理学的重要性。

智力特质

作为富裕的、上流社会的、维多利亚时代的英国白种男人，而且又生逢盛世——英国是当时世界上最强大的国家，高尔顿及其同一阶层的人自然会认为他们要优越于其他阶层、国家、种族或性别的人。而且，高尔顿也认同了与他同阶层的那些人所广泛接受的假定，即这种优越并非偶然的，而是以能力的遗传优势为基础的，并不是他刻意地认同这个观点，更多的是当时环境氛围使然。1859 年，他的表哥出版了关于进化的著作，并没有谈及人类，但高尔顿立刻看出了可以推断的结果。如果自然选择所导致的遗传下来的个体差异影响了动植物的进化，那它一定也同样影响了人类。如果人类的智力是使身体虚弱的人在生存竞争中得以幸存的关键特征，那么，这些更为聪明的人自然就成为社会的上层。从这一点出发，高尔顿不难推断出，他和他的阶层的其他人获得极高的社会地位，是凭借高度进化的、优越的智力，而不是因为偶然生在了好的家庭。他于是开始收集证据来支持智力是天生的这一信念，并于 1869 年出版了《遗传的天才》。

在考察智力是不是遗传的问题时，高尔顿对于定量和数据分析的嗜好派上了用场。首先，他查阅了许多传记词典，上面记载了在某个领域有杰出成就者的传略，他估计英国的“杰出率”大约是每4 000人中有 1 人。然后，他翻阅了这些高才智人士的家谱，发现能力有家族遗传倾向。在词典所记录的那些人中，大约有 10%的人至少有一位亲属也同样被收录，这个比例远远高于由全体人口1/4 000的概率所产生的期望值。而且，家族中的能力都比较相似——律师和律师有亲属关系，医生和医生有亲属关系，等等。此外，如果有亲属关系的两个人同时出现在词典中，那么他们是直系亲属（如父亲—儿子）的可能性要比次一级的亲属关系（如叔伯—侄子）的可能性高 4 倍。当然，现在我们认识到这不仅反映了遗传因素的作用，恰恰也反映了环境因素的作用，不过，高尔顿研究时所处的社会环境背景是倾向于接受能力遗传差异的假定，所处的文化环境是进化论占主导地位的。对于他 134
来说，这些发现都指向了同一个结论——智力是先天的，是进化的结果。

《遗传的天才》出版后，高尔顿继续对能力进行考察，创造了两个如今仍在使用的方法：问卷法和双生子研究。尽管差不多在同时他的表哥正用一个类似的方法研究情绪表现，但高尔顿被认为是使用问卷法（survey method）的第一人。在 19 世纪 70 年代初，他编写了一份问卷并分发给皇家学会（Royal Society）的 180 位成员——英国的科学精英们。问卷要求被调查者描述他们的人格、身体特征、家族特点和他们成长的详情；还要求他们描述他们的科学兴趣的起源并说出“你的科学兴趣有多少是先天的”（引自 Forrest，1974，p. 126）。高尔顿收回有效问卷约 100 份，这构成了他下一本著作的基础，这本著作的副标题普及了两个词，这两个词成为智力起源的持续辩论中的流行词。这本书是《英国的科学家们：他们的天赋与教养》(Galton，1874)。[1] 尽管一些回答显示出环境（教养）有助于这些科学家的塑造，高尔顿仍坚信被调查者绝大多数都支持科学的能力是遗传（天赋）的观点。他得出这样的结论源自于他所作的令人质疑的假定：如果被试报告说非常幼小时就对科学感兴趣，却又不能指出任何特定的环境因素促使了这样的兴趣，那么其科学能力就可以被视为是遗传的。兴趣是与生俱来的。正如一位被调查者所言："从我记事起，我就热爱自然并渴望探寻她的秘密"（引自 Forrest，1974，p. 126）。

高尔顿创造的第二个方法——双生子研究（twin studies），建立在更为坚实的科学基础之上。他向所认识的双生子发出了问卷，请他们提供其他双生子的名单；最后，他共调查了94对双生子的身心特点。正如所期望的，他找到了支持他的遗传论信念的证据——在双生子之间有许多相似之处，甚至他们长大后分别在不同的环境中生活，情况也是如此。他收集的资料多是些轶事，而且他的问卷措辞和对结果的解释都受到了他对智力的先入之见的影响，不过，历经多年，已证实双生子研究方法本身作为评价天赋与教养相对影响的方法是非常有价值的。

高尔顿在所有这些研究的基础上所得出的一般结论在《遗传的天才》的开篇就予以阐明："我想通过此书表明人的能力来自遗传"（Galton，1869/1891，p. 1）。这句话的言外之意，是高尔顿在阅读了达尔文对饲养者的人工选择与自然界的自然选择所作的比较后得出的，此书的第二句对此进行了解释。他写道，正如"通过精心选择就可能得到具有特殊奔跑能力天赋的狗或马的永久品种那样，……通过连续几代明智审慎的婚配而繁衍出具有很高天赋的人种，也是完全可行的"（Galton，1869/1891，p. 1）。这个联想最终使得高尔顿创造出优生学（eugenics）这一术语，并进而提出了社会应该采取有效措施以改善遗传物质的观念。这个观念包括鼓励某些人生育，有时以"积极"优生学著称。推测起来，这些人应该是具有极高能力的人，比如像高尔顿这样的人（颇具讽刺意味的是，高尔顿和他的妻子没有子嗣）。另一方面，他也倡导"消极"优生学，主张应该阻止穷人（即智力低劣者，否则他们就不如此贫穷了，他作如是想）生育，并且限制移民。1908年，他创立了一个优生学会（Eugenics Society），一年后，又创办了一份杂志，并将余生都用于倡导以优生为基础的社会。事实上，他确实把优生学视为一个新的宗教信仰，他的自传中的这句
135 评论可以为证："我非常热衷于优生学，认为其原则应该成为文明国家的主导宗旨之一，就像是它的一个宗教信条一般"（Galton，1908，p. 232）。正如在心理测验那章（第8章）将会看到的，高尔顿在英国和美国都找到了支持优生学观点的知音。

---

① 高尔顿有时被认为创造了"天赋—教养之争"这个词，主要是因为他1874年著作的副标题。其实，有许多人在他之前就提出来了，其中就包括莎士比亚（Conley，1984），他在《暴风雨》（第4幕，第1景）中用这些术语描绘了臭名昭著的卡力班（Caliban）：

恶魔，天生的恶魔，是与生俱来的，
教养永远无法撼动。

人体测量实验室

高尔顿意识到，为了能有选择地孕育出使英国保持世界强国地位的智力精英，必须有一些方法用以区分出最适于改善人种的那些人。这意味着要开创测量能力的方法，这是一项接近高尔顿定量实质的工作。能力测量是他着迷于测量人与人之间各种可能差异的自然而然的结果。19 世纪 80 年代，他的成果到了登峰造极的地步，当时他创建了一所人体测量实验室（Anthropometric Laboratory），最初是 1884 年在南肯辛顿（South Kensington）举行的国际卫生展览会（international health fair）的一部分。实验室后来迁至附近的博物馆，高尔顿在那里又收集了 10 年资料。1884 年，近 10 000 名展览会参观者被测量，几年中总共约 17 000 人被测量（Forrest，1974）。

进入实验室的每一个人都要完成几项测量，其中一些测量仪器是高尔顿发明的。一些是简单的身体测量：身高、体重、臂长以及肺活量；另一些是测量基本的感觉/运动能力：反应时、听觉和视觉敏锐度、色彩辨别、线段长度判断、拳头的击打力度以及握力。实验室从卫生展览会迁出后，又增加了头部大小的测量。尽管如今在我们看来这些测量似乎对智力测量是无用的，高尔顿却认为优秀的心理能力与神经系统的功效和感觉能力是相关联的："我们接收到与外部事件相关的最合适的信息似乎是通过我们感觉通道传递的；我们的感觉越能觉察差异，我们的判断力和智力运作所依据的场就越大"（Galton，1883/1965，p. 421）。高尔顿还认同 19 世纪人们普遍相信的妇女在智力上要次于男性的偏见，并将差距归于她们较差的感觉。他指出，那些需要敏锐感觉的职业全都是男人在从事，如钢琴调音师、品酒师和羊毛分类员。当然，在他生活的那个时代，不可能考虑到当时妇女根本就没有机会从事这些行业的事实。

高尔顿的测量从来没被证明是测量智力有用的指标，它们很快就被法国的阿尔弗雷德·比奈（第 8 章）在世纪之交所修订的类似测验所取代。不过，作为认真尝试测量人类能力的个体差异的第一人，高尔顿的成就是显著的。这对于统计学历史也是重要的——在他试图确定各种测量数据彼此间是否有关联的过程中，他创造了统计学的相关（correlation）概念。在 1888 年的一篇题为《相关及其测量：对人体测量资料的分析》的文章中，高尔顿认为，任何两个测量间的联系强度都可以用数学的方式表述。这个观点很快就被他的追随者之一——数学家卡尔·皮尔逊（Karl Pearson）提炼为相关系数这个现代概念，他的名字总是与相关系数最通常的表达"皮尔逊 r"相联系。

原始资料摘录

高尔顿论测验和联想

作为科学万事通，高尔顿总是坚持不懈地寻找新现象来测量。下面的摘录仅是反映他众多兴趣的一个例子，节选自高尔顿的论文集，这些论文收录在《人类才能及其发展的研

究》(Galton，1883）中。首先，他比较著名的发明之一就是后来闻名遐迩的高尔顿哨。它
是用以测量听觉阈限的，高尔顿对其用法的介绍展示出他对精确性的深入研究和对观察行
136 为的爱好。他观察了与年龄有关的对高频音（“刺耳的声音”）的听力丧失，现在这是一个
得到确认的听觉现象（“老年性耳聋”）。本摘录的出处是丹尼斯（1948）的读本集。

测量刺耳声音可闻度的哨子

我发明了一个小哨子，可以很方便地确定不同的人可听得到的最高阈限。……我用黄铜管做了一个非常小的哨子，内部直径不足十分之一英寸。在管子的下端装进了一个塞子，可以随心所欲地拉出或推入，从而可以任意改变哨子上孔的长度。孔长时声音就低，孔短时声音就高。塞子上标了刻度，这样通过读取刻度数再查阅刻度表就可以精准地确定哨子所发出声音的音高。

在测量不同的人时，我发现听高音的能力随着年龄的增长而明显下降。只要那些人在低音上听觉没有受损，他们就根本意识不到自己的这种缺陷。对不同年龄的人进行测量是非常有趣的实验，其中包括一些年龄相当大而又自鸣得意的显贵。他们对自己被认为听力上有缺陷很愤慨，然而，实验很快证明他们根本就听不到那些更年轻的人能敏锐听到的刺耳的声音，他们通常都会流露出对这个发现的厌恶。每个人都有他的阈限，对于任何一个人来说，在此阈限上，声音太刺耳就会导致根本听不到，用这个小工具很快就可以确定这个阈限。(p. 277)

高尔顿这位富有创造力的科学家，还把哨子固定在一根中空的手杖下端，使他能通过挤压手杖顶端的球状物而吹响哨子。他把这个奇妙的装置带到了伦敦动物园，用它测量各类物种的听力。他发现猫似乎在听他的刺耳（高频）声音上具有特殊的能力，这对他来说具有进化的意义：

当然，猫不得不与老鼠打交道，通过它们的尖叫声来找到它们。……自然选择使猫发生了变异，一直到它们具有了能听到它们必须捕捉的老鼠或其他小动物们发出的所有高音的能力。(p. 278)

正如我们已了解到的，在 18 世纪和 19 世纪，对于哲学家和科学家而言，联想是一个极其重要的心理过程，对高尔顿也不例外。对于有关联想特性的哲学思辨的长久历史，高尔顿当然是了解的，但是，他并不知道大约在同一时间赫尔曼·艾宾浩斯（第 4 章）正在做的研究（艾宾浩斯的《记忆：对实验心理学的贡献》比高尔顿的《人类才能及其发展的研究》出版晚两年）。高尔顿首先关注的是研究某个人自己头脑中的联想的困难——这个紧密地参与到心理操作的活动影响着想法产生的先后次序。因此，在对心理作符合科学要求的精细考察时，心理表现得就不自然了。他认为自己已经成功地解决了这个问题：

137 ……我的方法是让头脑先自由地运转一小会儿，直到两个左右的模糊想法在脑中

> 闪过，当这些想法的足迹或回声仍在脑海中盘旋时，迅速而又完全清醒地将注意力转向它们，捕获它们，细阅它们，然后记下它们准确的样貌。
>
> 我必须补充说明，我发现这些实验让人特别难受和厌烦，实验中要一丝不苟、谨慎小心，完成它们需要很大的决心。不过，实验结果会很好地补偿所付出的辛劳。
>
> ……我的第一次实验就是如此。有几次我感觉自己无法达到所需要的努力，但有一次我的感觉特别强烈，我就沿着长450码的蓓尔美尔街（Pall Mall）慢慢地散步，在这段时间里，我非常注意地细看了相继映入我眼帘的每一个物体，我任由我的注意停留在一个物体上，直到一或两个由那个物体直接联想的想法出现；然后我在心里对它们作一个简要的记录，再转向下一个物体。我从不允许我的心里信马由缰。我认为，我所看到的物体数量大概有300个，因为后来我又在相似的情境下重复了同样的散步，努力估计出它们的数量并得到了那个结果。如果不用这种模糊的方式，我不可能回忆出许多掠过我脑海的想法，但是，至少我可以肯定的是，重要的事件都已在我面前浮现，而当物体太过熟悉以至于无法唤醒注意时，一些过去的小事就会闪现，可我从来都没觉得它们已形成我所储存想法的一部分。我立刻明白了，大脑的能动性要比我以前所认为的巨大得多，它每日运作的范围之大出人意料，着实让我感到惊愕。(pp. 285 - 286)

高尔顿在后来的散步中注意到，一些联想会重复出现，这减弱了他原来对心理生活的丰富性和多样性的印象。接下来，他开始更加精确地研究联想过程，并设计出了字词联想测验（word association test），方法是先想到一个刺激词，然后记下随后想到的第一个词。他甚至试图测量产生一个联想所需要的时间：

> ……我挑选出一组合适的词，把它们写在不同的小纸片上。当不使用它们时，我就会小心地将它们从我的脑海中清除掉，过了几天之后，我才开始使用它们，我很小心地将其中一张纸片放在一本书的下面，不过书并没有完全盖住它，这样我倾身向前时就可以看到其中的一个词，但之前根本不知道会是什么词。我还拿着小计时器，词一跃入我的视线我就按下发条将它启动，而当我放开发条时它就自动停止，只要大约有两个由这个词直接联想的想法出现在我脑海时我就会放开发条。……当两个想法出现时，我停止计时，并写下它们以及所花的时间。很快，我就以非常有条理而且自动化的方式定期做这些事情，在呈现字词之前，心理保持绝对的平静和中立，但全神贯注，而且就好像一触即发。……后来我把词表的字词数量固定为75个，尽管开始时 *138*
> 要比这多。我在英国和国外四个完全不同的环境中浏览它们，时间间隔大约一个月。联想因回忆前几次所发生的事情而受任何程度的控制就绝不值得记录，因为我发现过程本身就对清除所进行事情的记忆有极大影响，当然，在实验的间隔期我总是很小心，从未让我的思想转向那些字词。在我看来，结果与其他谨慎收集的统计数据一样

真实可信。(pp. 286 - 287)

高尔顿的字词联想测验证实了联想会在人的头脑中重复出现的倾向。例如，在四次浏览他的75个单词的词表后，他发现大约有25%的词在四次实验中都引起完全一样的联想。

> ……这表明心理储存的观念并没有如我所预期的那样具有多样性，也使我们认为心理的路线总是墨守成规。根据那些已证实的微弱而几乎没有意识的想法以及它们重复出现的现象，我断定，如果我们的记忆没有留下心理的思考印记，那它永远只是在熟悉的路上游荡。它的足迹是如此的轻淡而又转瞬即逝，只有通过我所描述的那样的实验才可以完全地了解它们。(p. 288)

高尔顿观察后断言我们只能模糊不清地了解我们心理生活的过程，强烈地暗示了潜意识心理的存在，此后不久，潜意识心理就成了19世纪另一位著名才俊西格蒙德·弗洛伊德（第12章）关注的焦点：

> ……也许，这些实验给人留下的最深印象是，心理在半清醒状态下所做的工作的多样性，以及它们所提供的令人信服的理由，使人相信存在着完全处于意识水平之下的、更深层的心理意识。(p. 289)

据估计，高尔顿的研究与著作只有25%是直接与心理学有关的（Forrest，1974）。然而，他对这门学科的贡献却是不可磨灭的：他开创了人类能力个体差异的研究，创造了许多仍在使用的研究方法和统计工具，并对人类认知作了一些敏锐的观察。1909年，高尔顿因终生献身于英国的科学事业而获得了爵士身份。两年后，弗朗西斯·高尔顿爵士与世长辞。

正确评价达尔文的世纪

尽管达尔文的主要影响在生物科学上，但若是不了解他的理论及其言外之意，就不可能正确地理解现代心理学。个体差异的研究源自他对物种内个体变异的观察，比较心理学
139 的起源是对评价物种间进化接近性主张的尝试。正如将在第12章看到的，达尔文的理论还直接影响了弗洛伊德关于性动机在指引人类行为进程中的重要性的思想。最后，机能主义（在第6章、第7章和第8章中将会看到不同程度的）根据行为和心理过程使有机体适应环境的能力来对它们加以考察，进化思想中也有它的根基。事实上，达尔文用自然法则解释了心理，心理被视为人类这种动物在生存竞争中幸存的手段。

近年来，一些心理学家甚至更加直截了当地把进化视做解释人类行为的方法，由此而

产生了一个新的被称为进化心理学（evolutionary psychology）的次级领域。倡导者（如 Wright，1994）认为，如果进化力量强大到足以创造出使我们成为人类的身体特征，那么，为什么行为的和心理的特征不能也是如此？进化心理学家已将注意力主要集中于社会行为和行为上的性别差异的研究上。他们的一般方法是描述某个有规律发生的行为，之后为它寻找一个进化的解释，然后提出可实验的行为预测。例如，他们相信，很多与男—女关系有关的行为都可以还原为确保遗传物质能够传递给下一代这样的企图。他们的许多观点引起了争论，尤其是在那些倾向于强调在人类行为形成中环境的重要性的心理学家中引发了争论。然而，有关人类行为原因的争论增多正是达尔文观点具有持久影响力的又一个例证。

概要

物种问题

● 在启蒙时期，一些科学家开始质疑《圣经》的创世说。物种问题所涉及的是物种如何起源、为什么会有这么多物种以及如何解释灭绝现象等问题。神创论使科学家能够在坚持宗教信仰的同时继续科学地考察自然。

● 查尔斯·达尔文的祖父伊拉斯谟提出了进化的早期理论，排除了与神的关联。法国博物学家拉马克提出了一个更加重要的进化理论，他的理论包括习得性特征遗传的概念。

查尔斯·达尔文（1809—1882）和进化论

● 在几次不成功的事业选择之后，达尔文在剑桥读书时发现了自己喜欢的职业。最初，他认为自己是地质学者，同时也对动物学抱有极大的兴趣。两位重要的导师是植物学家约翰·亨斯洛和地质学家亚当·西德维克。

● 在持续五年的猎犬号航行中，达尔文收集了对地质学和动物学都有重要贡献的证据。他的许多发现支持了查尔斯·莱尔提出的地质变化的均变模式（地球是根据已知原理逐渐变化的，而不是周期性的地质灾变的结果），他收集了最终为他的进化论提供证据的资料。尤其是在加拉帕戈斯群岛收集的证据（如雀科鸣鸟）特别重要。

● 达尔文在发展他的理论期间受到了托马斯·马尔萨斯观点的影响，马尔萨斯指出，因为人口数量比食物供应的增长速度要迅速，在那些人口成员中就发生了生存竞争。达尔文还观察到业余爱好者和农夫通过精心饲养就能使物种发生巨变。

● 19 世纪 30 年代末，达尔文已经创建出他的理论精髓，但发表却是在 20 年之后。他之所以推迟是由于几方面的原因：疾病缠身；担心科学界对此理论的反应；谨慎的科学态度使他想积累尽可能多的证据来支持他的理论。阿尔弗雷德·卢塞尔·华莱士类似理论的出现，才促使达尔文于 1859 年发表了其理论。

140 ● 达尔文的理论认为，每个物种的成员彼此各不相同，在生存竞争中一些变异会比其他变异更有利，从而使得有机体能适应环境，自然“挑选”（自然选择）那些具有最有利于生存的变异的有机体。

比较心理学的发源

● 达尔文理论的暗含之意是物种间存在连续性。这推动了比较心理学的发展，比较心理学是对各种特征（如智力）的物种间差异与物种内相似的研究。达尔文是早期的先驱，他考察了情绪表现的进化史，并证实人类的情绪表现有进化的根源。

● 乔治·罗曼尼斯被认为是比较心理学的建立者，他收集了对许多物种的行为的详尽描述。他对其描述的行为的解释主要依据奇闻轶事，而且太过拟人化。道格拉斯·斯波尔丁提出了实验性的方法，他证实某些行为是本能的结果，而非经验的结果。C·劳埃德·摩尔根反对其他比较心理学家表现出的过度拟人论，主张更加吝啬的解释。例如，一些行为可以更吝啬地解释为试误学习的例子，而非理性思维的例子。

个体差异研究

● 个体变异是进化理论的基石，弗朗西斯·高尔顿是精确考察了人类的个体差异的第一人。他研究视觉现象的个体差异，第一次系统地使用了调查法（问卷法）。他还创造了字词联想方法来研究联想的特征。

● 高尔顿认为智力是遗传的能力，教养没有任何重要作用。他指出，某些能力有家族遗传倾向，并以这样的事实作为证据。他主张以优生学为基础的社会——应该只鼓励那些适合的人生养。为了区分出那些最适合的人，他开始测量能力的个体差异。这导致了对人类能力进行测量和区分的第一次广泛尝试。他的测量主要依据基本感觉/运动过程，并没被证明很有用。

正确评价达尔文的世纪

● 达尔文思想之力量的一个现代标志就是进化心理学的建立，其目标是用进化术语解释一些社会行为。

思考题

1. 物种问题是什么？神创论打算回答这个问题吗？

2. 讲述拉马克的进化观。

3. 哪些重要事件促成了达尔文的猎犬号之行？为什么当时他认为自己既是地质学家，又是博物学家？

4. 区分地质的灾变观和均变观，讲述达尔文所收集的与这个问题相关的证据。

5. 描述达尔文的雀科鸣鸟的一个例子，作为概括他的进化论本质特征的方式。

6. 在发展进化论时，达尔文从马尔萨斯那里借鉴了什么？

7. 在发展进化论时，达尔文从鸽子饲养者那里学习到了什么？

8. 19世纪40年代初，达尔文的理论就已成形，他为什么推迟发表？为什么最终在1859年发表？

9. 关于他的理论是否与时代精神一致这个问题，达尔文的观点是什么？

10. 讲述达尔文对比较心理学的贡献。尤其要阐明他如何将进化思想运用到情绪表现观上。

11. 讲述斯波尔丁关于本能的研究。他的研究如何证实了后来被称为印刻和关键期的那些现象？

12. 讲述并评论罗曼尼斯的比较心理学。对他的批判在哪些方面是不公平的？

13. 讲述劳埃德·摩尔根准则，并运用它来解释摩尔根的爱犬的例子。解释许多年来对于摩尔根准则的重大误解。 *141*

14. 根据高尔顿的观点，为什么一个人会比另一个人聪明？他用了什么类型的证据支持他的论断？

15. 高尔顿关于智力和优生学、智力和心理测验的信念分别有着怎样的联系？

16. 概括达尔文的思想对心理学的所有影响。

来自原始资料摘录的问题

1. 讲述高尔顿关于音高可闻度的心理物理学研究。年龄如何影响了听觉阈限？

2. 讲述高尔顿如何使用问卷法研究科学家及其他人的心理表象。令他吃惊的发现是什么？

3. 讲述高尔顿用以研究他自己的联想特征时所使用的两个不同的方法。他的发现和结论是什么？

进一步阅读

Boakes, R.(1984). *From Darwin to behaviorism: Psychology and the minds of animals*. New York: Cambridge University Press.

详尽论述了比较心理学如何从进化论的根基中发源出来及其与行为主义的联系，具有较高的可读性，因收录了独一无二的照片而著名。

Desmond, A., & Moore, J.(1991). *Darwin: The life of a tormented evolutionist*. New York: W. W. Norton and Company.

是新近出版的几本达尔文的传记之一。正如副标题所暗示的，此书详尽地讲述了达尔文为伟大理论的创设和收集支持证据所付出的艰辛努力，细述了猎犬号航行。

Ruse, M. (1979). *The Darwinian revolution: Science red in tooth and claw*. Chicago: University of Chicago Press.

将达尔文的理论发展置于 19 世纪科学和宗教的框架中，以及维多利亚时代英国的历史背景中。

Weiner, J. (1994). *The beak of the finch*. New York: Vintage Books.

一部科学的引人入胜的书，获得了普利策奖。详细叙述了达尔文有关雀科鸣鸟的研究情况，集中介绍了近来的鸣鸟研究，这些研究提供了直接的证据来证明进化改变发生于一个相对较短的时间内。

第6章 美国先驱

当……我们谈到“心理学作为一门自然科学”时，千万不要以为那就意味着这种心理学终于站立在了坚实的基础之上。……这不是一门科学，只是有希望成为一门科学。

——威廉·詹姆斯，1892

本章预览与目标

我们已经考察了现代心理学演化的哲学和科学背景，它的起源和在德国的早期发展，142
以及达尔文观点深远而重要的影响，接下来我们将把视线转向19世纪美国心理学的发展。本章开篇详述南北战争前美国官能心理学的影响，并讲述19世纪下半叶美国高等教育的发展，还将考察那个时代妇女和少数民族学生获得教育的有限的可能性。之后，介绍美国最重要的心理学家威廉·詹姆斯的生活和工作。尽管最终他更多地认为自己是哲学家而非心理学家，他的《心理学原理》却无可争议地成为短暂的心理学历史上最重要的著作，而且他的观点至今影响着心理学领域。原始资料摘录是由詹姆斯所写的——对后来被称为詹姆斯—兰格理论的讨论。本章还考察了美国第一代心理学家中其他几位成员的生涯和贡献，尤其是G·斯坦利·霍尔和玛丽·惠顿·卡尔金斯。具有开拓精神是美国人的特性，霍尔正是这方面的楷模：他通过建立实验室、创办杂志、创立美国心理学会而传播了新心理学的信条。他还鼓励并培养第一位非洲裔美国人弗朗西斯·萨姆纳获得了心理学的哲学博士学位。玛丽·卡尔金斯是少数几位女心理学家先驱中最著名的，尽管存在令人沮丧的不平等，她们的表现却使自己不容小觑，产生了重要影响。阅读完本章之后，你应该能够：

- 阐释新心理学的到来及威廉·詹姆斯的著作出版之前美国心理学的研究情况
- 描述现代大学的兴起，以及德国模式如何影响了美国的教育
- 列举19世纪末20世纪初试图获得高等教育和研究生教育的妇女与少数民族学生所面临的障碍

■ 描述威廉·詹姆斯所受到的重要影响，尤其是他研究实用主义哲学方法的产生所受到的影响

143 ■ 论述威廉·詹姆斯的心理学定义，以及他对研究心理学的新实验方法的态度

■ 提供詹姆斯关于意识及其特征的描述，阐述詹姆斯关于意识和习惯的作用

■ 论述詹姆斯—兰格的情绪理论，詹姆斯用来支持该理论的证据，以及该理论存在的问题

■ 说明在 19 世纪末期的美国唯灵论为何受欢迎，以及詹姆斯对唯灵论研究的态度

■ 论述 G·斯坦利·霍尔对美国心理学专业化的贡献

■ 阐释霍尔为何把自己看做发生心理学家

■ 讲述弗朗西斯·萨姆纳所做研究的重要性，以及他所面临的障碍

■ 解释玛丽·卡尔金斯为何被视为记忆研究的一个重要开拓者，讲述她获取研究生教育所遭遇的困难

■ 阐述玛格丽特·弗劳埃·沃斯伯恩和克利斯廷·莱德-富兰克林在美国心理学形成时期所做出的贡献

19 世纪的美国心理学

E. G. 波林（1950）曾把美国心理学说成是产生于德国的新心理学（即冯特）的产物和英国生物学（即达尔文）的产物，而且他宣称，直到威廉·詹姆斯出现，美国心理学才真正开始。当然，波林影响了整整一代心理学家。所造成的一个后果就是对詹姆斯之前的心理学的忽视。然而，尽管在美国现代科学心理学形成初期，威廉·詹姆斯显然是一位举足轻重的人物，但说到出版心理学著述或者在美国大学中教授心理学的美国思想家，他并非第一人（Fuchs，2000）。在詹姆斯之前，课堂上所教授的心理学被称为“道德哲学”或“心灵哲学”，并由官能心理学（faculty psychology）所主导，而官能心理学则源自被称为苏格兰实在论的一种苏格兰哲学运动。

官能心理学

正如第 2 章所谈到的，在 18—19 世纪，以洛克、贝克莱、休谟、哈特莱、穆勒等人的哲学为代表的经验主义和联想主义，在英国是占主导地位的理智力量。经验主义认为，知识来源于我们生活中的经验，而且我们的心灵结构通过联想律加以组织。经验主义还提出了实在概念，洛克区分了物质第一性的质与第二性的质，贝克莱认为只有第二性的质是真实的，休谟则坚称我们不能绝对确定任何事物的实在，从而将论点推至怀疑主义的边

缘。因而，当我们看到一棵树时，洛克会说，它的基本形状和外形体积（“外延”）是第一性的质，其存在是独立于我们的观察的，但颜色是第二性的质，其存在有赖于知觉者。贝克莱则会否定这种区分，他认为，树的所有方面都依赖于观察者的主观感觉，我们只有通过信仰上帝——永恒的知觉者才能确知它的存在。休谟却认为，我们甚至对于树的知觉的实在都不可能有百分之百的把握。

苏格兰实在论哲学家中，最著名的是18世纪的托马斯·里德（Thomas Reid，1710—1792）和19世纪的托马斯·布朗（Thomas Brown，1778—1820），他们不同意极端的休 144
谟的实在观，理由是这种观点完全违背常识。他们认为人对于实在世界的真实面貌有一个直觉的了解——否则人类的日常生活就没有根基。他们也拒绝心灵在本质上只不过是基于经验的联想观念的集合这样的观点。相反，他们认为心灵独立地存在于现实之中，由各种先天能力组成，他们称之为官能（faculties）。里德将这些官能分为两大类——理智的和能动的（Evans，1984）。理智的官能包括诸如记忆、抽象、推理和判断等，而能动的官能则包含情绪和意志。如果官能这个概念听着有点耳熟，这是因为你曾在第3章遇到过它。弗兰茨·约瑟夫·加尔在发展他的学说时借用了这个概念，此学说就是后来著名的颅相学。里德划分出30多种官能，加尔和其后的施普茨海姆试图将这些官能在脑中进行定位。官能心理学和颅相学在美国同时受到欢迎并非巧合。

苏格兰哲学对美国早期心理学的影响是伴随着18世纪的苏格兰移民潮而开始的。移民中有许多是受过教育的医生、教师和牧师，而且，在美国独立战争到南北战争这段时间，他们中的许多人在美国高等教育突飞猛进的发展中发挥了作用。从1636年哈佛大学成立到1776年美国独立战争的140年间，共建立了9所大学；至1861年南北战争打响时，已经有182所大学可供学生选择了。苏格兰实在论和官能心理学主导着绝大多数大学的课程。

美国的第一本心理学教科书

缅因州鲍登学院（Bowdoin College）的托马斯·阿伯翰（Thomas Upham，1799—1872），通常被认为编写了美国第一本心理学教科书，1827年，他将自己的讲稿整理出来，并以《理性哲学纲要》之名出版。这本教科书最终扩充为三卷本，并冠以更加宽泛的书名——《心灵哲学纲要》。很快，在美国各学院和大学中，这本书就成为如今我们称之为心理学导论类课程的最重要的教材（Evans，1984）。此书按照苏格兰官能方法的路线组织编写，尽管也包括相当多的联想主义内容。它还在多处提及上帝，道德也是反复出现的主题。如果了解这样一个事实，即南北战争之前美国大学的大多数教授（包括阿伯翰）都是基督教新教的牧师，这一点也就无需惊奇了。正如马上要阅读到的，随着战后像强调德国模式的研究的约翰·霍普金斯这类大学的兴起，对新类型教科书的需求就产生了。

阿伯翰细分了里德的“能动”官能，他的书分为三大部分：智力（认知）、情感（情绪）和意志（行动）。这种“心理三分法”（Hilgard，1980）并不是阿伯翰所独有的，而是代表了一个主题，上可追溯到古希腊，下可推及当今。在阿伯翰看来，他书中描述的心理是具有能动性的，此书认为心理带有明显的功能色彩，强调各种官能的目的和应用（Fuchs，2000）。下面就是阿伯翰书中每个部分所涉及的论题列举（引自 Evans，1984，pp. 40－41）：

第一编：智力

——感觉、知觉、意识、想象

——概念、抽象、推理

——联想的初级和次级定律，记忆

——障碍的智力行为：精神错乱，后来阿伯翰于 1849 年将其扩充为变态心理学的第一本教科书：《障碍精神行为大纲》

第二编：情感

——本能、欲望、嗜好

——消极的感情（如愤怒、嫉妒、报复）

——积极的感情（如爱、爱国心、同情）

——道德感或良心

145 第三编：意志

——意志律

——人类道德本质中暗含的意志自由

——意志力

一直到 19 世纪 70 年代，阿伯翰的教科书都是大学里的畅销书。然而，到 19 世纪末，美国心理学发生了急剧的改变，反映了波林所指出的本世纪中期的那些影响：德国的心理学和英国的生物学。美国的高等教育体制也发生了变化。

现代大学

尽管南北战争之前大学的发展令人瞩目，但仍无法与从南北战争到世纪之交的高等教育改革相提并论。其间，现代大学的创立是各种复杂力量相互作用的结果。第一个因素是公立高中的出现，以及对教育是职业成功之关键的期望值的提高。高中毕业生人数增加，也就意味着有更多的学生有资格上大学，他们也的确选择了继续深造。据估计，1870 年上大学的学生是67 000人，1890 年达157 000人，而 1910 年则高达335 000人（Hofstadter & Hardy，1952）。大学生人数的增加产生了对具有学士以上学位教师的需求，由此就导致了对研究生教育的需要。美国最初缺乏研究生教育，这也是 19 世纪末期学生都蜂拥到德国求学的一个原因。在那里他们接受了一种强调研究生训练、独立研究和各种可供选择的课程的教育观——正是你在第 4 章所了解到的科学（Wissenschaft）哲学。19 世纪 80 年代的 10 年正是美国学生在德国求学的高峰时期。到了 90 年代，美国有了一些较好的大学，而德国一些二流大学渐渐赢得了十足的文凭作坊的名声（例如，在哈雷大学取得哲学博士学位只需两个学期）(Veysey，1965)。

南北战争结束后，美国大学开始迅速发展起来。第二个主要的促进因素是1862年的莫里尔·兰德·格兰特法案（Morrill Land Grant Act of 1862），该法案给予每个州最少30 000英亩的联邦土地。如果该州五年内在这块土地上建立起一所大学，它就可以保留这片土地，否则就要归还政府。这就产生了许多由世俗的人而非牧师主办的州立大学，这些大学强调科学和实践应用（例如，运用科学来提高农业生产和矿业开采）。在此期间，常青藤联合会[①]的几所学校（Ivy League schools），例如，耶鲁大学于1860年、哈佛大学于1872年都开始发展研究生教育。第三个因素是19世纪下半叶少数商业巨头财富大量积聚的结果。他们之中有几位捐赠了大笔资金用以创办大学，他们之所以这样做，一部分是出于回报社会的慈善之举，一部分是对他们以剥削方式致富的直率批评的回应，还有一部分是想将他们的名字与普遍受尊重的事业联系起来。以这种方式创立的较知名的四所大学是约翰·霍普金斯大学（1876）、克拉克大学（1887）、斯坦福大学（1891）和芝加哥大学(1891)。前三所都是以主要捐助人的名字命名的，最后一所是由洛克菲勒捐资建成的。

巴尔的摩市（Baltimore）的约翰·霍普金斯大学成为美国新大学的典范。很明显，它模仿的是强调研究和新知识积累的德国模式，它自成立时就只有一小部分的本科教育，主要是致力于研究生教育。这所大学的创立者——富裕的巴尔的摩商人约翰·霍普金斯资助了350万美元，它迅速成为19世纪80年代最重要的美国大学，也是唯一能够同德国的大学相媲美的美国大学（Hawkins，1960）。这所大学富有创新精神的校长丹尼尔·库伊特·吉尔曼（Daniel Coit Gilman）为吸引优秀学生采取了两项措施：其一，创造了竞争的“大学奖学金”概念，包括500美元的定期生活津贴，外加免除学费；其二，鼓励发展实验室训练和开设研究班课程，以补充传统的讲授课程。吉尔曼还认识到不断增加的训练教育者的需求，约翰·霍普金斯大学成为这一领域的“领头羊”——在成立的头10年间，该校毕业的博士研究生中有56名被32所不同的院校聘为教授。 146

妇女和少数民族的教育

我刚刚谈到的高等教育机会增加并不是针对所有的美国人的，而是局限于中上层社会的白种男性公民。想要接受教育的妇女和少数民族学生仍面临着难以逾越的障碍。

寻求教育的妇女面临着一组顽固的信念，即作为“妇女的身份”——一组相联系的观念，集中表现在妇女作为妻子和母亲这样的信念上。19世纪，社会认为妇女天生的职责就是延续家庭，这意味着她们担负着结婚、生儿育女的职责并满足于这些角色。社会不鼓励妇女追求高等教育或是谋求一份职业，其中一个原因就是，人们认为，追求高中以上的学位可能会对妇女的身体造成有害的后果。哈佛医学院的一位教授力劝妇女到青春期后就

---

① 由美国东北部的哈佛、哥伦比亚等大学组成。——译者注

应放弃教育，他告诫说，因为在那个阶段之后，过多的脑力活动会使她们的生殖器官发育停滞（Scarborough & Furumoto，1987）。假如教育会减少生育孩子的机会，那么，如果有太多的妇女去接受高等教育，人类种族将会怎样？再者，假如大学教育有如此危险的影响，那研究生水平的教育就可能对妇女的健康更加有害。至于谋求职业，这里存在一个此消彼长的选择——人们认为，对妇女来说，既结婚又工作是不可能的，鱼和熊掌不可兼得。此外，无论未婚妇女有没有某种工作，她都有另外一个家庭义务。正是她，而不是家里的兄弟，被期望照顾年迈的父母。

除了妇女身份以外，另一个阻力是妇女在智力上低于男性这种为人们所广泛接受的观念，这个观念根深蒂固，甚至反映在《圣经》关于创造女人的故事中——女人是男人身体的一部分（一根肋骨）做成的。人们之所以持有这种观念，部分原因是他们认为妇女在每个月的月经期智力都会受损——这种受损被归因于“周期性机能”（periodic function）。进化论提出的“变异性假说”（variability hypothesis），对此更是火上浇油，我们可以回顾一下第 5 章的内容，达尔文理论的基石之一就是这样一种观念——任何一个物种的成员之间彼此各不相同，而这种变异性就导致了自然选择的发生。自然“选择”那些由于变异具有更高的生存价值的个体，这就使得某一独有的特征变异水平越高，物种质量就越优异。根据变异性假说，男性在许多特征上变异程度都要高于女性，包括智力。尽管这可能意味着发育迟缓的男性比例要高于女性，但它同时也意味着最聪明的男性要比最聪明的女性有更多的智慧。这种最高智慧上的差异就含有这样一个观念——男性要比女性更适合于大学和研究生教育。

尽管在妇女的教育上存在这些障碍，在 19 世纪下半叶，还是出现了一些转机。例如，政府赠与土地大学同意妇女入学，不过，她们往往是学习一些“适合”她们的课程，如家政。但是，她们也开始在一些学校接受培训以满足不断增长的对教师的需求，既有政府赠与土地而创办的学校，也有专门为培养教师而创办的学院，即所谓的“师范学校”。诸如哈佛和耶鲁等常青藤联合会的学校，依然不同意妇女入学，但也作出了让步，创立附属于男性学校的女性学校。例如，哈佛大学于 1879 年创立“哈佛附属学校”，1894 年改名为拉德克利夫学院（Radcliffe College）。对于追求高质量的大学教育的妇女来说，最好的机会是一个新教育现象的产生——专为妇女而建的精英学院。瓦萨学院（Vassar College）是其中最早的一所，由马什鲁·瓦萨（Matthew Vassar）于 1865 年捐资创办，他是一个观念超前的人。他写到，他之所以捐赠这所学院，是“因为他觉得妇女从造物主那里得到了与男人一样的智力素养，她们和男人有一样的权利得到智力的培养和发展”（引自
147 Brubacker & Rudy，1976，p. 66）。其他的妇女学院也相继成立——1871 年的史密斯（Smith）学院、1875 年的韦尔斯利（Wellesley）学院和 1885 年的布林·莫尔（Bryn Mawr）学院，到 1901 年，美国已经有 119 所类似的大学（Brubacker & Rudy，1976）。下面你将会看到，这些大学培养了一些重要的女性心理学家，本章将对她们作着重介绍。

如果说教育机会对妇女来说是有限的，那对于少数民族来说更是少之又少，尤其是南北战争之后的非洲裔美国人。战前的奴隶时代已经形成了黑人在本质上是劣等的这种为白人普遍接受的观念。这种白人智力优越的观念如此根深蒂固，甚至使得一些本应作相反解释的研究也遭到歪曲。例如，贝奇（Bache）（1895）的一项早期研究，对白人、黑人和土著美国人的反应时作了比较，发现白人的反应时是最慢的。高尔顿认为，反应时与心理反应速度相联系，也因而与智力相关联。而贝奇完全置高尔顿这样的观点于不顾，却得出结论认为，实验结果提供了白人智力优越的证据，因为实验表明，白人——这个更“高等”的人种，其特性是“思考的”，而更“低等”的黑人和土著美国人更加迅速的反应说明了一种不成熟的、低智力的冲动。还有一项研究与此如出一辙，斯特森（Stetson）（1897）对500个白人儿童和相同数量的黑人儿童进行比较，发现他们记忆诗歌的能力不存在差异。然而，他并没有得出两个群体在这种类型的认知技能上不存在差异这一合情合理的结论，却反而判定他的研究只不过证明了记忆作为智力测验是无效的。简而言之，固执的偏见使得一些科学家对可能动摇其信念的数据具有了“免疫力”。

对非洲裔美国人的偏见所产生的结果之一是非洲裔美国人所受教育质量低劣和获得高等教育的机会减少。南北战争前的年代，“黑人法律”禁止美国南部的黑人奴隶接受正规教育，因为当权者认为教育会将类似“自由”这类荒谬的思想植入他们脑中。南北战争后，情况稍有改观。黑人只能到种族隔离学校去上学，而接受平等教育和高等教育大都还是只限于白人。19世纪下半叶，一些专门为非洲裔美国人创建的学院和大学开始出现，然而大多数在美国南部。到1940年，此类学校有100多所，它们主要培养教师，这些教师学成之后通常返回他们的社区在种族隔离学校教书（Guthrie，1976）。

心理学成为黑人学院的典型课程，这主要是因为它适用于教育，但是这些学校几乎都不重视心理学。赫尔曼·卡纳迪（Herman Canady，1901—1970）是西弗吉尼亚的黑人学院（西弗吉尼亚州立学院）的心理学家，1936年，他对黑人学院的心理学教育状况作了一次调查，发现他所调查的50所学校中只有14所设有心理学系，而在这14所学校中，仅有4所设有心理学专业（资料引自Guthrie，1976，p.105）。几乎没有实验课程，而且，除了心理学导论之外，最普及的课程是教育心理学、儿童心理学、社会心理学和青少年心理学。因而，几乎没有黑人学生具有继续攻读心理学研究生学位所必需的资历。那些想要攻读学位的黑人学生面临着更多的障碍。美国南部的研究生教育将他们拒之门外，北部倒是有一些大学对他们（例如克拉克大学）敞开了大门，但是由于离家太远，很少有人能够负担得起路费。

对那些坚持不懈地努力争取并获得研究生学位的非洲裔美国人来说，毕业后的就业前景并不乐观。取得研究生学位的黑人心理学家的唯一机会就是回到一所黑人学院教书，而在这类学院面临的通常情形是繁重的教学负荷，微薄的薪水，没有津贴。而且，这类学院即使有研究设备，也很简陋（Guthrie，1976）。不过，许多聪明的年轻非洲裔美国人依然选择了这条艰辛之路，这极大地改善了无数黑人大学生的教育状况。

这些先驱者中最著名的就是弗朗西斯·萨姆纳（Francis Sumner，1895—1954），图 6—1 是他读研究生时的照片。萨姆纳出生于阿肯色州的派恩·布拉夫（Pine Bluff），但是
148 他家不久就迁至东部地区，他在新泽西、华盛顿和弗吉尼亚接受了早期教育。高中时期，他在家里接受了父亲的教育，因为他的父亲怀疑弗吉尼亚种族隔离学校的教育质量。1911 年，16 岁的萨姆纳通过“资格考试”获准进入宾夕法尼亚州的林肯大学（Lincoln University），这所大学成立于 1854 年，是美国第一所黑人大学。1915 年，他获得了学士学位，之后又从马萨诸塞州的克拉克学院（Clark University）获得了第二个学士学位，该学院是克拉克大学的本科部（都坐落于伍斯特校园的同一栋建筑物中）。此后，他回到了林肯大学，教授心理学和德语，同时还完成了硕士学位的学业。1917 年，萨姆纳回到克拉克（此时已是大学）跟随 G·斯坦利·霍尔研究“种族心理学”，得到了大学奖学金的资助，同时还有霍尔（本章稍后将作介绍）强烈的精神支持（Hicks & Ridley，1979）。尽管霍尔对智力上的种族差异抱有成见，但在克拉克时他还是很欢迎“天资特别高的”黑人的。霍尔在克拉克期间，有 3 名非洲裔美国学生获得了硕士学位，有 2 位获得博士学位，即萨姆纳和托马斯·布朗（Guthrie，1976）。萨姆纳的博士学位是 1920 年获得的，他是第一个获得心理学博士学位的非洲裔美国人。他的博士论文是对弗洛伊德和阿德勒的精神分析的批判式解读，受到了霍尔的称赞，他在评语中写到，萨姆纳在“把握和指出这个领域的伟大的权威者的局限和缺点时，展现了非比寻常的驾轻就熟”（引自 Guthrie，1976，p. 182）。

像其他为数不多的黑人学者一样，萨姆纳发现他只能到黑人学院教书，他先是在俄亥俄州的威尔伯福斯学院（Wilberforce College）和西弗吉尼亚州立学院（West Virginia State College）度过了一些时日，1928 年，他在华盛顿的霍华德大学（Howard University）谋求到一个职位。之后，萨姆纳一直在霍华德大学担任心理学系主任，直到 1954 年冬天，他正在铲雪时，因心脏病突发而英年早逝。在霍华德时，他成立了在全国具有领先地位的黑人院校的心理学系，可授予学士学位和硕士学位。以下数据可说明霍华德大学的重要性以及萨姆纳的影响：1975 年，已有 300 名非洲裔美国人获得了博士学位，其中有 60 人是从霍华德大学获得了学士学位和/或硕士学位（Bayton，1975）。

19 世纪末，高等教育突飞猛进，并伴随着乐于接受新的思想、教学方法和课程本身的实验倾向，为新兴大学寻找全新的方法来解决老问题提供了难得的机会。这非常有利于心理学的发展，当然，此时的心理学也正经历着由传统官能心理学向新的实验心理学的转变。这次转变的一个主要推动者是一位体弱多病的年轻人，他来自波士顿一个有教养而富裕的家庭。

图6—1 克拉克大学研究生时期的弗朗西斯·萨姆纳。

威廉·詹姆斯（William James，1842—1910）：美国第一位心理学家

威廉·詹姆斯既没有创立一个心理学“学派”，也没有进行意义深远的实验研究，更没有培养一群狂热的学生“继续他的研究”。实际上，在晚年时，他坚持自己应该被称做哲学家而不是心理学家。例如，1896年，他受邀在普林斯顿作演讲时，就声称不能介绍他是心理学家（O'Donnell，1985）。本章开篇的引文选自他不朽的著作《心理学原理》简编本的结尾部分，他明确指出，至少在他看来，心理学在它能够宣称具有科学的地位之前，还有很长的路要走——它“不是科学，……只是有希望成为一门科学”（James， 149

1892/1961，p.335)。正当《心理学原理》简编本即将付梓出版之时，他在一封致韦尔斯利学院的学生兼同事玛丽·惠顿·卡尔金斯的信中，表达了他对心理学不再抱有幻想，他在信中说，他“对观念联想和所有与心理学有瓜葛的事情都感到厌倦。无尽的心血都投入到‘简明教程’（即《心理学原理》简编本——译者注）之中，结果糟糕的校样总也不尽如人意！……还是单调的工作似乎更好些”（James，1891）。

另一方面，很显然，对于美国现代心理学的发展，詹姆斯是至关重要的，他的作用不仅为历史学家所承认，也被他同时代的人所认可。1903年，詹姆斯·麦基恩·卡特尔要求心理学家们罗列出同行中的杰出人物，詹姆斯位居第一。事实上，在每一次的投票表决中，他总是名列第一（Hothersall，1995）。他两次被同行们选为美国心理学会主席，分别是1894年和1904年。后来，第二代心理学家在为《自传体的心理学史》系列丛书撰写相关章节时，至少有12位明确提到詹姆斯和/或他的《心理学原理》是引发他们对心理学产生最早兴趣的主要原因（King，1992）。如今，詹姆斯这颗巨星依然光彩熠熠。他的几本传记已经出版（例如，Croce，1995；Lewis，1991；Simon，1998），20世纪90年代初，为纪念《心理学原理》出版100周年又出版了两本书（Donnelly，1992；Johnson & Henley，1990）。1991年，在史学家们关于心理学中最重要的贡献者的民意测验中，他排名第二（仅次于冯特）（Korn，Davis & Davis，1991）。一个不想被别人称做心理学家的人，却在“所有时代的最重要的心理学家”名单中位居前列，除了詹姆斯，还能是谁？

成长岁月

威廉·詹姆斯成长在一个非同一般的家庭中。他的父亲老亨利·詹姆斯继承了巨额遗产[①]，因而无需工作，他全身心地关注其5个孩子的教育和道德发展，他们相继出生于19世纪40年代的6年间。除长子威廉外，还有小亨利，他是美国著名的小说家，以及两个弟弟和一个妹妹艾利斯，她和哥哥们一样聪明，却因19世纪盛行的妇女应有角色（妇女的身份）的观念而没能在职业生涯中发挥她的创造性。老亨利·詹姆斯是由一个独断专行的父亲抚养长大的，父亲对他的要求就是绝对服从，因而他决意以一种更加开明的方式来教育自己的孩子，但仍以自己的方式进行掌控。表面上看，他很纵容孩子们，无论何时他们想学什么他都不加干涉，经常带他们去欧洲开阔眼界，增长见识，也很少关注他们的正规学校教育。不过，老亨利坚决要求他们把他看做最主要的教育者，他们家几次往返于美国和欧洲也是因为老亨利希望掌握控制权而促成的（Simon，1998）。他最主要的期望是孩子们能学会外国语言。与他开明的教育观相一致，他认为，“学习一门语言并不是为了加强特定的观点，而是要获得接近另一种文化和思想的方法，语言流利是为了从另一个视角

① 亨利的父亲（威廉的祖父）有着一个老套的美国人的成功传奇，一个爱尔兰移民由商店职员起步，逐步发展，后来飞黄腾达，成为商业巨头，是19世纪美国最富有的人之一（Croce，1995）。

来看世界”（Croce，1995，pp. 43－44）。因此，威廉10岁之前并没有正式到学校上学，青少年时期上学也是断断续续的。21岁之前他去过3次欧洲，每次都要在那里待上至少一年 150 的时间。18岁时，他已经掌握了拉丁语，能够阅读德文，并能说流利的法语。后来，他又学会了希腊语和意大利语。

不过，在青春期末期，还有另一个事实刻画了威廉·詹姆斯的性格，即他对自己的职业生涯茫然无措。他对艺术兴趣浓厚，而且还颇有些天赋（图6—2是这一时期他所作的自画像），在巴黎上了几堂课，又接受了美国画家威廉·默瑞斯·亨特（William Morris Hunt）的短暂指导，之后，他认识到自己在这方面将不会有所成就。不过，尽管放弃了绘画这一职业，威廉·詹姆斯却从未失去对绘画的兴趣，至少他的一位传记作者（Bjork，1983）认为詹姆斯在他余生依然保持了艺术家的气质。另外，史学家大卫·利里（David Leary）也指出，在《心理学原理》一书中，詹姆斯反复使用了艺术的比喻手法。例如，他用了一个雕塑家对一块石头的雕塑结果会是各种可能性中的一种的比喻，来说明对于种种生活经验，每个人的思想都会产生不同的观点：“对于同样一块石头，不同的雕塑家会创作出不同的塑像；对于同样单调而又无意义的事件，不同的思想会产生不同的观点”（James，1890/1950，v1，p. 289）。

图6—2 19世纪60年代初威廉·詹姆斯所作的自画像素描。

在哈佛的生活

1861 年秋天，19 岁的威廉·詹姆斯进入哈佛大学的劳伦斯科学学院（Lawrence Scientific School），主要是为了取悦父亲。尽管老亨利的教育观令他不会迫使他的孩子作职业选择，但他总是希望他的长子能够成为一名“科学家”。① 在劳伦斯学院，威廉先是学习化学，老师是不久之后成为哈佛最富有革新精神的校长之一的查尔斯·W·埃利奥特（Charles W. Eliot）。他很快就认识到自己并不喜欢这门课，他尤其不喜欢冗长乏味和沉溺于细节，而这正是实验工作的特点。而这种态度也导致他后来轻视新实验心理学的一些实验研究。

放弃化学之后，詹姆斯在劳伦斯学院又学习了几门其他的科学。在那里，著名的瑞士博物学家路易斯·阿加西斯（Louis Agassiz）是他的生物学教授之一，他坚信科学和宗教间有着紧密的关系，而且科学就是用以巩固宗教的真理的。因而，他是神创论（第 5 章）的坚定支持者和反达尔文主义者，他认为，所有的物种都是由上帝一个个地创造出来的。当然，詹姆斯在劳伦斯学院求学期间，正是对 1859 年出版的达尔文理论的争论甚嚣尘上之时。起初对阿加西斯很敬畏的詹姆斯最终成了一个坚定的达尔文主义者，并认识到历史将会判定他的老师所持的反对进化论的观点是错误的。阿加西斯还加深了年轻的詹姆斯对科学关注细节的厌恶。1865 年，他陪同阿加西斯前往亚马孙河进行收集标本的探险活动，
151 这次旅程令他产生了和对化学实验室一样的感受，也是因为相似的理由。他在给弟弟的信中写道：“我一回来将终日研究哲学”（引自 Simon，1998，p. 93）。在航行中，詹姆斯还一直晕船，引起了多种真实的和想象的疾病的相继发作，余生中常受到这些疾病的折磨（Lewis，1991）。

1864 年，詹姆斯到哈佛医学院（Harvard Medical School）就读，并于 1869 年完成了他的医学学业，但在此之前，他又去了一次欧洲（1）试图恢复健康——亚马孙之行后，他罹患背痛、严重的头痛和慢性胃炎；（2）研究已经在德国发展起来的新实验生理学。除了做水疗之外，这次旅途还包括在海德堡和柏林的逗留：在海德堡，他遇到了赫尔姆霍茨，并得知了冯特；在柏林，他聆听了杰出的生理学家艾米·杜波伊斯·雷蒙德的讲课。这次经历具有教育意义，但也加重了多年来在他内心深处一直挥之不去的严重抑郁。他取得了医学学位，但并不真正打算开业行医。他学习科学，但厌恶细节。同时，作为一个爱思考的人，他为所学的强势的科学决定论和唯物论所困。如果所有的生命都可以还原为空间中运动的物理物质，那么，自由意志又何去何从？如果自由选择是一种幻觉，那么，个

---

① 他也很高兴这个儿子不必参加同年打响的南北战争。小说家小亨利也没有参加，但另外两个弟弟都在战争中为北部的利益作战，其中一个还在南卡罗来纳州查尔斯顿附近爆发的瓦格纳堡（Wagner Fort）战役中受了重伤，这场战役被改编进 1990 年的电影《光荣》（*Glory*）中。

人的责任和道德的基础又是什么呢？詹姆斯被逼入了绝境，甚至想到自杀（Croce，1995）。

当詹姆斯发现了法国进化论哲学家查尔斯·雷诺维叶（Charles Renouvier）时，他得到了拯救（至少是暂时的拯救——他一生中都持续遭受着抑郁的周期性发作）。在1870年4月的日记中，他写下了一段经常为后人所援引的话，认为他生命中的一个转折点已经到来，因为他读到了雷诺维叶所写的一篇文章，并且"无法理解他（雷诺维叶）对自由意志的定义为什么是一个幻觉的定义——在我可能有其他想法时，某种想法由于我的选择而得以维持。无论如何，现在我要假定……自由意志决非幻觉。我的第一个自由意志行动应该是信奉自由意志"（引自 Simon，1998，p. 126）。这次洞彻使得詹姆斯能够继续研究生理学和心理学，也不再因其含义而饱受折磨。自由意志可能是一个幻觉，但是因为选择了信奉它，这个概念对他来说就是有用的，使他能够继续科学工作而不再绝望。这种对自由意志概念的"实用主义"取向，即观念的真理价值在于其机能价值或有用性，成为詹姆斯实用主义（pragmatism）哲学观的基石，这也是他被视为那些以机能主义而知名的美国心理学家们的先驱的原因。

1873年，詹姆斯接受了他过去的化学教授、此时的哈佛校长查尔斯·埃利奥特的聘任去教授生理学课程。两年后，他开设了他的第一门心理学课程，讲授生理学和心理学的关系。这门课程由于结合了德国最新的研究，完全不同于建立在官能心理学基础上的典型的心灵哲学课程，因而在美国开创了心理学的新取向。这门课程如此之新，以至于詹姆斯后来说他所上过的第一门心理学课程也就是他第一次所教授的！为了帮助学生们理解他所讲述的一些研究，他在一个小房间里添置了一些设备，于1875年建立了一个实验室，后来逐步发展为哈佛的实验心理学实验室。[1] 詹姆斯在哈佛一直工作到1907年退休。3年后他死于心脏病，在他最后一次去欧洲旅行回国的两天之后。

编写美国最著名的心理学教科书

1878年7月，36岁的威廉·詹姆斯与波士顿女子学校（Miss Sanger's School for Girls）29岁的教师艾丽丝·霍伊·吉本斯（Alice Howe Gibbens）结婚。艾丽丝成为詹姆斯生活中可依靠的力量，她那敏锐的思想使她足以胜任他的事业伴侣。实际上，当他们在纽约的阿迪朗达克（Adirondacks）度蜜月时，她就帮助他开始了《心理学原理》的写作，这是一部注定会成为心理学史上的经典中的经典（Lewis，1991）。在婚前一个月，詹姆斯 152
已经与一位名叫亨利·霍尔特（Henry Holt）的年轻而又果敢的出版商签订了一份心理学"手册"的合同。霍尔特本来希望詹姆斯一年内就能交付初稿，但还是很不情愿地同意了詹姆斯两年交付初稿的提议。然而，到1890年著作最终面世时，其间竟用去了12年的时

① 这一事件使得一些人认为詹姆斯创建了心理学的第一个实验室，比冯特早了4年。不过，这个实验室只不过是他用于讲课演示的附属物，而冯特的实验室则产生了原创的研究。

间。这是一部百科全书式的著作，包括两卷本共计近1 400页。它一面世就成为最畅销的书籍，部分是因为学术界的人士对此都已有所了解——在19世纪80年代，詹姆斯就发表了其中的许多章节，而霍尔特则在1881年开始为它大做广告（King，1992）。此书出版后不久，詹姆斯同意写一本更薄的简编本（早前在致卡尔金斯的信中曾提及），并于1892年以《心理学简明教程》之名出版。多年来，哈佛的学生都把那部厚厚的两卷本教科书称做“詹姆斯”（James），而把较薄的简编本称做“吉米”（Jimmy）[①]。

在《心理学原理》一书中，詹姆斯（1890/1950）开宗明义地将心理学定义为“心理生活的科学，既包括心理生活的现象，又包括其现象产生的条件”（v1，p. 1）。心理生活的现象包括“我们所说的情感、愿望、认知、推理、决断，以及诸如此类的事件”（v1，p. 1）。他所称的“心理生活现象的条件”既包括伴随它们的生理过程，也包括它们发生的社会的、个人的以及环境的条件。

重要年份 1890

这一年以威廉·詹姆斯所著的心理学最著名的教科书《心理学原理》的出版为标志。

还发生了下列事件：

- 在巴尔的摩的约翰·霍普金斯医院的外科手术中第一次使用橡胶手套
- 由弗兰克·劳埃德·赖特（Frank Lloyd Wright）的老师路易斯·沙利文（Louis Sullivan）设计的世界上第一栋完全钢结构的摩天大楼在芝加哥建成
- 美国革命女儿会（the Daughters of American Revolution）在华盛顿成立
- 奥斯卡·王尔德（Oscar Wilde）写了《道林·格雷的画像》
- 日本举行第一次全民公选
- 爱达荷（Idaho）与怀俄明（Wyoming）成为州
- 下列人物出生：

  德怀特·戴维·艾森豪威尔（Dwight David Eisenhower），美国将军和总统

  朱利叶斯·“格劳乔”·马克思（Julius“Groucho”Marx），美国喜剧演员

  阿加莎·克里斯蒂（Agatha Christie），英国侦探小说作家
- 下列人物逝世：

  文森特·梵高（Vincent Van Gogh），荷兰画家

  西廷·布尔（Sitting Bull），苏人的（Sioux）领袖，领导族人取得了小大角（Little Big Horn）战役的胜利

方法论

詹姆斯是一位折中主义者，很乐意把那些能阐明心理生活的研究结果都囊括于他的这本著作中，而不管它们使用了何种方法。然而，他对自己所依赖的研究心理生活的首要方

① 吉米是詹姆斯的昵称。——译者注

法却是十分明确的："内省观察是我们首先的、主要的并永远依靠的方法"（James，1890/1950，v1，p. 185）。所谓内省（introspection），他所指的是细致的自我观察，是对表明一个人的心理生活特征的意识状态的考察和反省。他认识到了这种方法的种种困难——易受偏见的影响，一个人的内省不能被第二个人所证实，而且所有的内省都必须依赖记忆，这是因为不可能在经历心理过程的同时对之进行内省。不过，他认为，要获得对人类心理活动的洞察，细致的自我反省是必不可少的。这个观点的一个后果就是他的著作招致了来自那些倾心于莱比锡所形成的新实验方法的心理学家们的严厉苛刻的评论。因此，冯特认为它更像是文学而不是科学，而 G·斯坦利·霍尔（稍后讨论）在写下一个人对这本书的总体反应一定是"感激而钦佩"（Hall，1890—1891，p. 578）的话后，又提出批评，他认为它是"自相矛盾又不连贯的"（p. 589），并把詹姆斯称做"心理学中的印象派艺术家"（p. 585）。

詹姆斯并没有忽视新实验方法。例如，他对反应时方法作了详尽的介绍，而且他还多次提及心理物理学的研究结果。然而，他本人厌恶实验研究的冗长乏味，以至于他宣称德国的心理物理学和反应时研究"将耐心发挥到了极致，在一个其国民可能感到厌烦的国度里几乎不可能产生"（James，1890/1950，v1，p. 192）。后来他还创造了一个短语以简略的形式来代表这种实验法，他讽刺地把它称为黄铜器具心理学（brass instrument psychology）。 153

除了内省和实验法之外，詹姆斯还将"比较法"列为第三种方法。这种方法既包括通过将正常人的意识与"蜜蜂和蚂蚁……野人、婴儿、疯子、白痴、聋盲人、罪犯和怪僻人"（James，1890/1950，v1，p. 194）的意识作比较，从而了解心理生活，还包括来自达尔文和高尔顿所开创的各种类型的问卷调查的数据使用。尽管詹姆斯认识到这种资料的价值，但他再一次因这种调查方法的冗长乏味而感到厌恶，觉得下一代心理学家们可能会将这些调查问卷列为"生活的公害"（p. 194）。

意识

意识（consciousness）这一章展现了詹姆斯最为雄辩的一面。这是一个核心章节，在此章中，詹姆斯明确阐述了他强烈反对那种通过将意识还原为它的基本元素就假定理解了它的分析方法。这种方法是"构造主义"所具有的特征，下一章你将会对此有所了解，但它也构成了从德国移入的反应时和心理物理学研究的基础，而且它是大多数英国经验主义者/联想主义者思想必不可少的组成部分。詹姆斯认为，试图区分出意识的各个元素，然后再观察它们如何被组织起来构成"心理"，这样做是无意义的、人为的操作。在心理学较为经常引用的段落之一中，他谈到意识不是一组相互联系的单元：

> 那么，意识本身似乎不像切碎的小片。在意识最初出现时，诸如"链"或"串"这样的词并不能恰当地描述它。意识并不是什么被连接起来的东西，意识是流动的。对它最自然的描述是用一条"河流"或"溪流"这样的比喻。今后，在谈及意识时，

让我们称之为思想流、意识流或主观生活流。(James，1890/1950，v1，p. 239)

这段引文所在章节的标题是“思想流”，而且是多次对意识本质进行论述中的第一次。詹姆斯运用艺术的比喻告诉读者，这一章是一个导言，接下来还会有更详细的论述，并描绘它“像一个画家在他的油画布上的最初的炭笔素描”(James，1890/1950，v1，p. 225)。他的初步的素描包括意识的那些附加特征：

- 意识是个人的。所有的意识都包含自我意识这一元素，思维不能独立于拥有它们的那个人而存在（“自我意识”在一个完整的章节中得到详尽阐述）。
- 意识是变动不居的。正如溪流的比喻所意指的，没有两个意识状态是完全相同的，一个状态一旦消失了，就再也不会有另外一个与它完全一致的状态。
- 意识是明显连续的。我们对意识的知觉就是它是一个连续不断的思想流，思想流可能会暂时地被中断，比如在睡眠中，但只要一醒来，睡眠者立刻重返相同的思想流。
- 意识是选择的。它可以从大量可利用的感觉信息中选择出一些，而对之更加密切注意（詹姆斯在“注意”一章中对此进行了详尽阐述）。
- 意识是主动的。意识不是对联想元素的被动收集，它具有目标指向性和目的性。

为了详尽论述最后一个特征，詹姆斯使用了一个例子，为后来布朗（Brown）和麦克尼尔（McNeill）(1966）所研究的著名的“舌尖现象”提供了一个有说服力的描述：

154 假定我们试图回忆一个遗忘了的名字。我们的意识状态是特殊的。意识里有一段空白，但又不是纯粹的空白。它有强烈的能动性。那个名字的幽灵正隐藏其中，就在某个地方召唤着我们，时而使得我们因为感觉接近了它而激动，时而又让我们因为没有捕捉到渴望的词语而沮丧。如果提供给我们的是错误的名字，这个非常确切的空白立刻行动起来予以否定。它们与它的模子不配。(James，1890/1950，v1，p. 251)

关于意识的最后一个特征表明了詹姆斯所受到的达尔文思想的影响。除了描述意识的特征外，他还对了解意识的机能感兴趣。意识是如何使我们适应环境的？它存在的价值是什么？在詹姆斯看来，答案就是，意识作用于个体，使他们能够迅速适应新环境，学会新事物，以及解决出现的新问题。

习惯

根据詹姆斯的观点，习惯也具有适应的功能。因为它们的发生或多或少都带有自动性，使意识能够将注意力集中到其他的、更加重要的（即与生存相关的）问题上。从更广义上讲，习惯的作用如下：

……习惯是社会的巨大飞轮，最宝贵的保存力量……单凭它就能使那些被养成做最艰难或最令人厌恶的工作的人不放弃他们的工作。它使得渔民……冬季还在海上工作，使得矿工待在黑暗之中，还使得农民在冰天雪地的季节依然固守在他的小木屋和孤独的农场……习惯使我们人人都按照环境安排的或我们早年选择的道路奋斗到底。

(James，1890/1950，v1，p. 121)

詹姆斯还以他典型的实用主义方式就形成好习惯提出了一些建议。第一，习惯具有动机性，通过一个告诫“以引发我们自己尽可能地具有坚决而果断的积极性”（James，1890/1950，v1，p. 123）。例如，他建议可以对要培养的习惯作一个公开的保证。第二，我们一定不能允许发生任何小错误：“决不容许有例外出现，直到习惯在你的生活里牢牢地扎根”（p. 123）。第三，他力劝读者安排他们的生活以增加按照新习惯行动的机会，只有好的意愿是远远不够的。

原始资料摘录

威廉·詹姆斯论情绪

本章这一部分有很多摘自《心理学原理》的引文，原因很简单，此书非常适于引用。不过，为了更加仔细地研读他的作品，领会他是如何展开论点的，让我们对下面这篇论情绪的较长摘录进行细致考察。它不是摘自那本详尽的《心理学原理》，而是缩写本——《心理学简明教程》（1892/1961）。所讲述的是詹姆斯比较著名的理论之一，詹姆斯承认是借用了丹麦生理学家卡尔·兰格（Carl Lange）的理论，就是现今的学生们所知道的詹姆斯—兰格情绪理论，可见之于任何一本心理学导论教科书中。

詹姆斯开篇就区分了情绪和本能。他认为前者指的是一种感觉倾向，而后者是一种行动倾向。他指出，情绪伴有身体的“表现”，不过，这种区别不是绝对地界限分明。接着，他又对“较粗糙”的情绪（例如愤怒、恐惧、欢乐、悲伤）和“较精细”的情绪（例如对艺术的审美感）作了区分，但是由于他本性就不喜欢分类，因而不愿再对情绪作进一步的分类，并写道他宁愿“阅读描述新罕布什尔农场的岩石形状的文字”（James，1892/1961， 155
p. 242）。相反，詹姆斯将注意力集中在较粗糙的情绪上以期寻找到一般规律：

> 在较粗糙的情绪中，情感（feeling）是身体表现的结果。对于这些较粗糙的情绪（emotions），我们惯常的观点认为，是某些事实引起的心理知觉所激起的被称做情绪的心理感情（affection），心理的后一种状态就引发了身体表现。与此相反，我的理论认为，先是知觉到令人兴奋的事实，紧随其后的是身体的变化，而变化发生时我们对这些变化的感觉就是情绪。从常识来讲，我们失去了财产，感觉悲伤因而哭泣；我们遇到熊，感觉害怕因而逃跑；我们受到对手的冒犯，感觉愤怒因而进攻。此处我们所捍卫的假设认为这组顺序是错误的，一种心理状态不是直接由另一种心理状态引起的，一定先有身体表现介入这两者之间，因而，更为合理的陈述是，我们并不是因为悲伤、愤怒或恐惧而哭泣、进攻或颤抖，而是根据具体情况：哭泣，因而感觉悲伤；进攻，因而感觉愤怒；颤抖，因而感觉害怕。如果没有身体变化跟随在知觉之后，知

> 觉就只是一种纯粹的、苍白暗淡的、没有情绪激动的认知。那么，我们看到一只熊并断定最好逃跑，受到冒犯并认为进攻是正确的，但我们实际上绝不会感觉害怕或愤怒。(pp. 242 - 243)

这段文字看起来似乎有些熟悉——它的部分内容经常被导论类教科书引用。以如此大胆的断言开场之后，这一章的其余部分都是对此进行论证。他先举了一些轶闻趣事作为例子，包括一个自身的事例，来支持自己的论点：

> 首先，在情绪或情绪观念被唤醒之前，某种直接的物理刺激引起的特定知觉必定会产生普遍的身体反应。在欣赏诗歌、戏剧或英雄故事时，我们常常惊奇地发现，自己浑身颤抖，像是有冲击波在身体里奔涌，过了一会儿，不经意间，我们感觉心潮澎湃，泪水夺眶而出。在聆听音乐时，这种情形甚至更加惊人地真切。如果我们在树林里出其不意地看到一个移动的黑影，我们的心会停止跳动，还会立即屏住呼吸，然后有危险的想法才会出现。如果我们的朋友走向悬崖边，尽管我们确实知道他是安全的，也没有产生清楚的他滑落下去的想象，但我们还是会有那种众所周知的“浑身不舒服”的感觉，然后我们就会害怕地向后退缩。本作者还清晰地记得他对于自己看到一匹马被放血时竟然昏厥的惊讶，当时他还是个七八岁的小男孩。血是装在一个桶里的，里面还有一根棍子，如果没有记错的话，他还用棍子搅了搅，然后看着血沿着棍子向下滴落，除了孩童特有的好奇心以外，并没有其他的感觉。突然，他的眼前一片黑暗，耳朵里嗡嗡作响，然后就失去了知觉。他从未听说过血会使人昏厥或呕吐的情形，对血也并不厌恶，而且并未担心它会引起什么危险，因而，他记得非常清楚，甚
> 156 至在那么幼小的年纪，也禁不住想知道一桶深红色液体的纯粹的物理特征怎么就能引起他如此可怕的身体反应。(pp. 243 - 244)

詹姆斯的观点是，在意识到认知上可以识别的情感之前，反映情绪的身体变化被直接感觉到：在我们感觉害怕之前，我们的心呼呼直跳。他还认为，我们能识别不同的情绪，是因为每一种情绪都对应于独特的身体行为模式：

> ……当某人因小麻烦而焦虑时，他就会发现身体知觉的集中表现是眉眼的皱缩，通常是非常微小的。当一时受窘时，变化则发生在咽喉部，或咽一口唾液，或清一下嗓子，或发出一声轻咳。如此等等，俯拾皆是，不一而足。这些器官变化受到各种情境变化的影响，因而，从总体来看，每一种情绪都伴有与心理状态本身一样独特的身体回应，这在理论上是可能的。(p. 245)

由于对情绪的生理状况的研究还不够精深，詹姆斯没能认识到前述的观点对于他的理论来说是一个致命的缺陷。詹姆斯—兰格理论认为，每一种情绪必定伴有自己独特的身体反应模式，而且也正是根据这一点才被辨别出来。现在我们知道事实并非如此。尽管情绪

间有一些生理差异，但最强烈的情绪都伴有相似的自主神经系统的生理唤醒模式。不过，毫无疑问，情绪总是与身体唤醒紧密相连的。詹姆斯让读者设想一个相反的情形以便阐述得更清楚：

> 我现在开始来谈我的整个理论中极其重要的论点，我所极力主张的就是：如果我们设想某种强烈的情绪，然后再试着把对它的身体症状的所有感觉从我们对这一情绪的知觉中抽离出来，我们就会发现没有什么遗留下来，没有组成情绪的"心理要素"，唯有客观而中性的理智的知觉依然故我。……有谁能设想在狂怒之下，依然没有怒火中烧，没有满面通红，没有鼻孔扩大，没有牙关紧咬，没有强悍行为的冲动，与此相反的却是，松弛的肌肉，平稳的呼吸，温和的面容？就本作者而言，当然是无法想象的。没有了对它所谓的表现的感觉，狂怒也就没了踪影，唯一可能取而代之的就是某种冷酷的、不动感情的公正判决，这完全限于理智的范围，限于某个人或某些人因犯罪应受惩罚的结果。悲伤也同样如此：如果没有了泪水，没有了啜泣，没有了内心的窒息感，没有了胸中的剧痛感，悲伤是什么呢？只是可叹的毫无感情的认知而已，再无他物。每一种激情都概莫能外。脱离肉体的人类情绪是根本不存在的。(pp. 246 - 247)

詹姆斯总是实用主义的。就情绪来说，实际应用是他的理论另一观点的必然结果：

> ……如果我们的理论是正确的，它的必然结果就理应如下：对某一特定情绪的所谓的表现进行有意的、不带感情的唤醒，就能够使我们产生这种情绪。现在，在能够证明的限定范围内，经验确证了而不是驳斥这个推断。我们每个人都知道逃跑会使恐慌增加，悲伤或愤怒的症状过度表现就会加强这些情绪。每一次啜泣都会使悲伤加剧，从而引起更猛烈的啜泣，如此循环往复，直到疲乏无力、精力耗尽，才能最终复归平静。处于狂怒之中时，我们会因怒气的反复宣泄而"逐步达到暴跳如雷、怒不可遏"的极点状态，这也是众所周知的。如果拒绝将情绪表现出来，那它也会平息下去。在你发怒之前先从一数到十，这时怒气就显得有些滑稽了。用吹口哨壮胆，绝不仅仅只是用来修饰文字词句的。另一方面，如果整天愁眉苦脸、唉声叹气、对任何事情都没有兴趣，你的忧郁就会持续下去。正如所有经历过的人都知道的那样，在道德教育中，没有比这更宝贵的训诫了：如果我们希望克服自身不良的情绪倾向，我们必须按我们想要培养的那些相反情绪倾向的外部动作去刻苦练习，起初是不带感情地做。持之以恒终究会如愿以偿，烦闷或抑郁会逐渐消失，真正的欢乐和仁慈就会到来将其取代。舒展双眉，明亮双眸，收缩背部而不是腹部，以高昂的声调讲话，传递友好的问候，如果这样你的心都还没有融化，那它也真是太寒冷了。(pp. 249 - 250) 157

通过故意作出特定的身体反应从而引发相关的情绪，这样的观点似乎有点儿天方夜谭，但实际上已经得到了现代一些有关情绪的研究的支持。当人们对面部肌肉加以控制并使之与某种情绪相匹配时，通常所体验到的正是这种情绪，至少是在某种程度上（例如，Izard，1977）。

这一章的结尾部分，詹姆斯考察了情绪的起源。他的描述与达尔文书中关于情绪表现（Darwin，1872）的论述别无二致，再一次显示了他与达尔文思想的类同，相关内容可参阅第 5 章。

詹姆斯的晚年

在 1890 年《心理学原理》及两年后简编本出版之后，詹姆斯的兴趣开始由心理学转向哲学。1892 年，他说服实验心理学家雨果·闵斯特伯格（第 8 章）由德国移民至美国来负责哈佛的心理学实验室，从而永远地脱离了实验研究的冗长乏味。尽管他继续参与美国心理学会的事务，并分别于 1894 年和 1902 年当选主席之职，但詹姆斯也促成了 20 世纪之初美国哲学学会（American Philosophical Association）的建立，而且，自 1900 年以后，他的著作主要专注于哲学（如 1907 年的《实用主义》）和宗教（如 1902 年的《宗教经验种种》）。

图 6—3 看起来健康的威廉·詹姆斯在纽约的阿迪朗达克山脉，摄于 19 世纪 90 年代詹姆斯的兴趣由心理学转向哲学之时，引自 Lewis（1991）。

唯灵论

在生命的最后 20 年，詹姆斯除了由心理学转向哲学外，还开始着迷于唯灵论（spiritualism），这是 19 世纪末流行的一种运动。唯灵论者认为，意识在死后依然存在，而那些已经去世的人可以和某些被称做灵媒的人联系。而且，还传说，灵媒能够预见未来，通过
传心术还能得知人们生活的细节。这一运动开始于 19 世纪中叶，但在南北战争后有愈演 158
愈烈之势——战争中的死亡人数令人震惊，这使得渴望与死去的亲朋好友联系的人数急剧增加。而且，19 世纪因工业技术的发展，如无线电报术等引起的进步对唯灵论来说更是添油炽薪。如果活着的人即使相隔万里之遥也能经由某种神秘的、无形的方式进行交流，再如果死后依然有生命，那么，为什么不可以有一种交流方式沟通阴阳两界（Coon，1992）？

19 世纪 80 年代，詹姆斯在前往伦敦的旅途中发现了心灵研究协会（Society for Psychical Research），此后，他对唯灵论的兴趣更加浓厚（Benjamin，1993）。他在美国发起成立了一个类似的组织，并成为研究这种现象的倡导者。他认为，心理学家专长于研究心理能力，对这类现象的研究应该非常得心应手。而且，他坚持对心灵现象保持开放的态度——如果它们能够被证明是有根据的，那就证明它们是有用的，这也反映了他的实用主义哲学——认为事物的价值就在于它的有用性。

1885 年，詹姆斯开始了对波士顿受人欢迎的灵媒里昂诺伊·派珀尔（Leonore Piper）女士的长期研究。尽管经过仔细调查，绝大多数的灵媒都很容易被证明是骗子，在 19 世纪更是如此，但在派珀尔女士的降神会上，詹姆斯却没有发现骗局。詹姆斯在写给《英国心灵研究协会的记录汇编》的一篇文章中记述到，他只能断定，在她的降神会上，“信息出现了，但她从来都不是通过耳闻目睹以及清醒的头脑获得信息的，至于信息的来源是什么，我无从知晓，甚至连一丝解释的建议都无法提出”（引自 Lewis，1991，p. 494）。另一方面，对于降神会上派珀尔女士从死者那里接收到的信息，詹姆斯还是有几分怀疑的。如果死者真的在传达信息，他们一定会有一些更重要的事情要说——比如人们可能期望他们描述一下来世。相反，他们却往往传达一些不重要的信息。在写给一位同事的信中，詹姆斯质疑了派珀尔女士联系死者的能力，指出，“所传达的大部分都是极其琐碎的事情。真的有魂灵的话，他终于能够再次造访尚在人世的妻子，难道除了说她改变了他的照片的位置以外，就没有更好的事情说了吗?”（引自 Benjamin，1993，p. 83）。此外，派珀尔的魂灵附体者（spirit-control，是她和亡者魂灵之间的中介）应该是一个法国医生。然而，当詹姆斯用法语提问时，他却不能作答（Murphy & Ballou，1960）。

詹姆斯并没有因为思想开放而受到医学界和心理学界同行的赞赏。当时还没有正式的
医生资格证书颁发程序，他反对为制定类似条例的立法，因而受到了严厉批评。他的理由 159
何在？这样的规定将会禁止没有许可证的灵媒和“心理治疗师”执业（Murphy & Ballou，1960）。心理学家们对他的指责同样强烈。当时，心理学正试图确立一个合法的科学学科

的身份，而它的名家之一却定期参加降神会，还公开表达相信一个灵媒诚实，这是十分尴尬的（Coon，1992）。例如，詹姆斯·麦基恩·卡特尔在发表于他的杂志《科学》上的致詹姆斯的一封信中写道，“心灵研究协会正在做许多损害心理学的事”（引自 Benjamin，1993，p.88）；至于詹姆斯，卡特尔指出，心理学界“公认他的领导，但是我们不能跟随他而深陷泥潭”（p.88）。詹姆斯一向行事独立，对于这些批评他无动于衷，还转而指责批评者们目光短浅的、非科学的草率判断。他继续被心灵现象强烈地吸引着，终其余生。

对威廉·詹姆斯的小结

威廉·詹姆斯一生经历了铸就 19 世纪后期美国特征的巨大变迁。在他的青年时代，美国是一个农业社会，西部边界就在落基山脉东面，美国人将在南北战争中自相残杀这种可能性还是难以想象的，高等教育主要局限于本科院校，其主要目的是培养牧师。而在他生命的最后 10 年，美国已经成为 20 世纪的工业化强国，西部边界也已宣告不存在，南北战争的创伤正成为一种记忆，而高等教育此时也有了致力于研究生教育的大学，正造就出各个学科的专业人员和哲学博士。

这一时期，美国的心理学也同样发生了重大变化，由心灵哲学转变为一门渴望成为科学的独立学科。尽管威廉·詹姆斯对新心理学有所保留，但对于它的出现，他依然是一个主要的推动者。由于受过生理学的训练，他理解那个领域的进展如何使新实验心理学成为可能。他在本质上是艺术家和哲学家，能够看出对于人类心理的纯科学的非难中所固有的问题。他的鸿篇巨制《心理学原理》正是这样一个转折点，巧妙地融合了生理学、哲学和新实验心理学。詹姆斯是公认的美国第一代心理学家的领袖，不过，他并不是唯一的一位。

G·斯坦利·霍尔（G. Stanley Hall，1844—1924）：使心理学专业化

与威廉·詹姆斯不同，G·斯坦利·霍尔（图 6—4）对于心理学没有一丝一毫的勉强。更确切地说，他是这个新领域强有力的推动者，使之逐渐获得独特的学术学科身份，在这一点上，他超过了任何一个美国人。正如冯特在德国所做的那样，霍尔通过建立实验室和创办杂志，使得美国的心理学专业化。另外，他还创建了美国心理学会，使得心理学专业制度化。作为心理学家，霍尔兴趣广泛，在他的职业生涯中总是有着一个又一个激发他热情的事物，因他热衷于提出各种观点，他的传记作者贴切地称他为“预言家”（Ross，1972）。他可以被描绘成富有创造力和想象力，或者说是没有系统的和定见的。一方面，

他发起了儿童研究运动，开创了青少年研究和老年研究，证明了心理学对教育的重要性，而且还将弗洛伊德和精神分析（第 12 章）介绍到美国。另一方面，他兴趣广博的结果就是他的任何一个研究没有形成一个重要的研究知识体系。他还远离了包括詹姆斯在内的同行们，一些人对他所做工作的价值表示怀疑。例如，1906 年，康奈尔的 E. B. 铁钦纳在写给克拉克大学图书馆管理学专家 L. N. 威尔逊（L. N. Wilson）的一封信中，就谈到了他对霍尔培养研究生的能力的看法：

> ……你可能根本就想象不到，无论是在这里还是在大陆，霍尔在心理学上的研究 160
> 方法和他单独培养的学生总体上所受到的那种蔑视。每当其问卷研究的论文（即使用问卷所做的研究）被人评论时，评论总是轻蔑的……他没有给接受科学训练的人留下任何印象。（Titchener，1906）

在下一章你将会看到，铁钦纳对科学训练所下的定义是相当狭隘的；对霍尔的批评可能有点夸大其词，但也并非完全言过其实。

如果说霍尔的众多兴趣中有一个共同主线和指导原则的话，那就是进化。在他的自传中，霍尔（1923，p. 357）写道："在我年轻的时候第一次听到'进化'这个词时，我想我就已经差不多对它着迷了，那真是天籁之音。"他的大部分研究都可以归在发生心理学（genetic psychology）的标题之下，发生心理学是对人类心理的进化和发展的研究，涵盖比较心理学、变态心理学，主要是发展心理学。

霍尔的早年生活和教育

霍尔于 1844 年出生在马萨诸塞州西部的小镇阿西费尔德（Ashefield）。他的母亲是一名教师和严厉的监工，他的父亲也曾教过书，但主要是经营农场。霍尔从小在农场长大，主要的好处似乎就是令他产生了要离开它的强烈欲望。他上了附近的威廉姆斯学院（Williams College），毕业时（1867）对哲学和历史有着极大的兴趣，渴望能像他的一些同学那样留学欧洲取得更高学位。然而，费用是个难以解决的问题，对于一个喜爱哲学而又无力越洋留学的年轻人来说，大学毕业后最明智的选择就是继续上学，然后做一名牧师，所以，霍尔进入了纽约的联合神学院（Ross，1972）。

对于一个来自马萨诸塞州乡村的农场男孩来说，纽约的繁华有些令人胆怯，不过，霍尔把握住了一切可资利用的机会，包括文化、教育、艺术和社会诸多方面。然而，在神学院学了一年后，霍尔借到了足够的钱，最终远赴欧洲，在那里攻读神学和哲学，也学习了科学生理学，霍尔在欧洲一直待到 1871 年。之后，他回到纽约，并完成了神学院的学业。

图 6—4 G·斯坦利·霍尔在克拉克大学，引自 Popplestone 和 McPherson (1994)。

然而，他才刚刚做了牧师，就感觉宗教正统令人窒息。[①] 放弃了做牧师，霍尔想去教授哲
161 学。在做了一段时间的私人教师之后，他在俄亥俄州的安条克学院（Antioch College）教了 4 年哲学，在那里，他读了冯特的《生理心理学原理》，决意返回德国学习这门新实验

① 霍尔（1923）很可能对他所叙述的一段经历进行了润色，这段经历是关于神学院的校长对霍尔的尝试性布道如何作出反应的。按照推测，尝试性布道可能是一个人在神学院所接受的神学教育的最顶点。根据霍尔的描述（1923, p. 178），校长并没有评论他的布道，而仅仅是跪在地上为霍尔的灵魂祈祷。

心理学。不过，他先是去了坎布里奇的哈佛大学做研究，靠教授大学二年级的学生英语写作来糊口。在那里，他结交了威廉·詹姆斯，听过几次他讲的课，并于 1878 年完成了博士论文《空间的肌肉知觉》。从根本上来讲，它是一篇哲学论文，但也包括了一些关于知觉的实验研究，这些实验是在 H. P. 布迪茨（H. P. Bowditch）的生理学实验室进行的。哈佛大学刚刚开始授予哲学博士学位，霍尔是第一个获得此学位的人。霍尔毕业论文主题所涉及的领域后来发展成为实验心理学，因此，他的博士学位有时被看做是心理学的第一个博士学位。

取得博士学位之后，霍尔再一次去了德国，1879 年，他到了莱比锡大学，恰是冯特实验室"正式"建立的那一年。他后来自称是冯特的第一个美国学生，但实际上他与冯特的接触是少之又少，连一篇可供发表的研究都没有，而且，事实上至少有另外一个美国学生在他之先（Benjamin，Durkin，Link，Vestal & Accord，1992）。霍尔对于自己在莱比锡的经历是很失望的，后来还批评了冯特，在写给詹姆斯的信中他认为冯特的实验"完全靠不住，而且方法上有缺陷"（引自 Ross，1972，p. 85）。离开莱比锡大学之后，霍尔去了柏林，跟随赫尔姆霍茨进行了短期的学习。正是在那里，他遇到了一位年轻女子，她是他在安条克学院时的旧相识，正在柏林学习艺术，他们坠入爱河并在德国结了婚。

1880 年秋天，霍尔夫妇回到了波士顿。当时，霍尔 36 岁，博学多才，新婚燕尔，深爱娇妻。同时，他又贫困失业。然而，10 年之内，他就成为大学校长和公认的美国心理学领袖之一。他的转机是来自哈佛大学校长埃利奥特的邀请，请他作一系列有关教育的演讲。当时，霍尔已经对心理学如何促进 19 世纪末期正在发生的教育改革进行了大量思考。他的系列演讲安排在每个星期六的上午，以便当地的老师们都能够参加，演讲获得了巨大成功。这也引起了约翰·霍普金斯大学校长吉尔曼的关注，最终霍尔得到他的邀请——1882 年 1 月到巴尔的摩作一系列类似的演讲。这次成功使他获得了一份哲学兼任讲师的工作。1884 年，霍尔被聘为霍普金斯大学的教授，得到了颇为丰厚（在当时）的4 000美元年薪（Ross，1972）。他最为人知的专长是运用心理学原理来介绍教育，这也反映在他的学衔上——心理学和教育学教授。在 40 岁时霍尔终于有了第一份真正的工作！

从约翰·霍普金斯到克拉克

霍尔在约翰·霍普金斯待的时间并不长，但正是在那里，他极大地推动了美国心理学事业的发展。1883 年，他还是一名兼任讲师时，就建立了美国实验心理学第一个真正做实验研究的实验室，并且，在诸如詹姆斯·麦基恩·卡特尔（第 8 章）、约翰·杜威（第 7 章）和埃德蒙·桑福德等才华横溢的学生们的帮助下，他开始进行实验研究。1887 年，他创办了《美国心理学杂志》，它主要发表霍尔实验室及其他研究成果，同时也包括心理学文献的摘要和评论，以及有关心理学和心理学家们的"备忘与新闻"。创办杂志的资金来源于一位唯灵论的拥护者的 500 美元的捐助，这位捐助者显然以为这份杂志将致力于

“心灵的”研究。这种混淆是可以理解的——那个年代，“心灵的”(psychic)和“心理的”(psychological)是可以互换使用的。霍尔没有纠正这位捐助者的误解，而且接受了这笔钱。在多年中，这份杂志偶尔会发表几篇有关唯灵论术的文章，但都只是用来嘲弄它的科学根据的。例如，霍尔认为那些被视做传心术、超人的视力等诸如此类的现象，只不过是魔术戏法和其他形式的骗术而已。实际上，霍尔已成为颇有造诣的魔术师，并用他的这些技巧来演示人们是如何被骗术轻而易举地愚弄的(Ross，1972)。

162 霍尔创办这份杂志可谓是龙头锯角之举，因为，当时还没有人能断言心理学的未来。在创刊号的社论中，他阐明了《美国心理学杂志》的意图是“记录一门科学的心理学工作，而截然不同于记录科学心理学进展的投机特征”(Hall，1887，pp. 3-4)。创刊号发表的研究文章包括《正常膝跳反射的变化》、《压力逐渐变化下的皮肤感受性》、《视野单像区实验测定方法》和《心理物理定律和星的光度》。

19世纪80年代末期，经济衰退导致约翰·霍普金斯大学财政困难(Hawkins，1960)。面对紧缩的财力，霍尔打算另谋出路，并在马萨诸塞州的伍斯特(Worcester)发现了用武之地。乔纳斯·克拉克(Jonas Clark)是一位商人，在加利福尼亚淘金热时，以高价将矿产资源贩卖给淘金者而暴富，他决定在自己的家乡开办一所培养当地年轻人的学院，通过这种方式赢得社会地位。霍尔似乎是校长一职的理想人选——雄心万丈，对高等教育具有远见卓识，而且在约翰·霍普金斯也小有成就。1888年4月，克拉克聘任了他。克拉克希望为伍斯特的年轻人创办一所学校，但是霍尔有宏图大略，他设法使克拉克信服，学校应该以约翰·霍普金斯为范型，提供研究生教育，而且应该致力于科学；大学部分可以以后再增加。因而，1889年秋天克拉克大学正式开办之时，它提供研究生教育，包括五个领域：心理学、生物学、化学、物理学和数学。成立之初，克拉克大学共有18名教职人员和34名研究生，几乎所有的教学活动都是以指导性研究的方式进行的——教学工作量只是每周两堂讲演(Ross，1972)。

三年后，克拉克大学基本实现了霍尔所设计的真正大学的蓝图。教学人员取得了最新的研究成果，甚至吸引了日本的学生不远万里前来加入这个学术精英团体，而且霍尔作为教育方面具有远见的领袖获得了国际声誉。不过，并非事事都称心如意。在第五年年底，霍尔遭遇了个人的不幸——他的妻子和8岁的女儿因意外而去世。次年，教职人员开始听说另一所新大学提供了一些新机会和更高的薪水，这所大学是由洛克菲勒资助在芝加哥建立的。整整三年时间，霍尔经常与他的教职人员发生冲突。1892年，由于财政问题(经济萧条)、教职人员的骚动以及来自芝加哥大学的诱惑等综合作用，差点使大学关闭，事态发展到了危急关头。同年，将近三分之二的教职人员和学生离开了克拉克，只剩下心理学系岿然独存。

克拉克的心理学

在1892年的惨败之后，心理学系之所以能留存下来，一部分是因为霍尔全身心地参与到这个系科的事务之中，还有一部分原因应归于埃德蒙·桑福德和威廉·伯恩海姆这两位员工的忠心。他们俩都是霍尔在约翰·霍普金斯时的学生。在克拉克大学的“心理学和教育学”系，伯恩海姆负责教育心理学，桑福德负责实验研究。不过，霍尔显然是这个系的领导，负责日常管理工作。他还指导大多数学生的博士论文，他主持的每周一晚上的讨论会成为克拉克毕业生眼中的传奇。讨论会在霍尔家的客厅里举行，晚上七点半开始，通常会持续三个小时。一些学生作陈述，其他学生作补充，然后，霍尔作总结：

> ……大约一个半小时，或时间更长些，主要取决于他赋予这个主题的重要性，他坐在中央拱廊的扶手椅中，对学生们刚刚报告的研究作出精准的评论，从全新的视角予以新的解释，有时学生们听得热血沸腾……
>
> 在充满才智的讨论会结束后，一些研究生开始向宿舍走去，但是发现自己情绪激动得难以抑制，唯有慢慢散步到午夜，然后再洗个热水澡，才能使身心放松，安然入眠。(Averill，1982，p. 342)

在 19 世纪 90 年代初，克拉克的实验室是最现代、最尖端的，部分原因是霍尔离开约翰·霍普金斯时带走了绝大多数的研究设备。由此还导致了霍普金斯实验室的关闭，直到 1903 年才恢复；与此同时，克拉克实验室却有了一个成功的开端。而且，最初两年霍尔在开支上也很慷慨大方，为桑福德购置了实验室配备所需要的所有设备；由图 6—5 (a) 可以很明显地看到昂贵的“黄铜器具”技术的丰富。这张照片拍摄于 1892 年，是为在次年芝加哥举办的哥伦比亚博览会上展示心理学展览品所拍摄的一组照片之一。由图 6—5 (b) 我们可以对当时的实验心理学略窥一斑——所呈现的是一项正在进行的实际研究项目（声音反应时）。在克拉克实验室，桑福德给予学生极大的灵活性；另外，霍尔也经常给学生提一些建议。因而，尽管克拉克的研究是无系统的、分散的，但它反映了 19 世纪 90 年代美国心理学家感兴趣的广泛的主题范围。 163

(a)　　(b)

图 6—5　1892 年的克拉克实验室：(a)“黄铜器具”，包括计时器和反应时测定装置；(b) 声音反应时研究（引自 the Clark University Archives）。

19 世纪 90 年代中期，出于对进化的浓厚兴趣，霍尔开始支持比较心理学的研究。由此产生了第一批研究，使用了后来成为实验室标准配备的工具——迷津。有关历史悠久的“老鼠走迷津”传统研究的由来，详情可阅读本章的视窗。

视窗

发明迷津学习

如果让心理学家列举著名的实验心理学设备的话，迷津准会名列前茅。在 1920—1950 年，迷津的受欢迎程度达到顶峰，尤其是在新行为主义者爱德华·托尔曼和克拉克·赫尔（Clark Hull）的研究中。多年来，已经完成了数百个迷津研究，可能有人会想知道它是怎么开始的。功劳有时会被归于达尔文主义者约翰·鲁波克爵士（Sir John Lubbock），他在 19 世纪 70 年代曾用粗糙的 Y 形迷津研究蚂蚁是如何追踪气味的；或者被归于 E. L. 桑代克（第 7 章），他将书竖直放立做了一个简单的迷津（见图 7—6），以观察小鸡如何逃脱出来。不过，对于老鼠走迷津的系统性研究开始于世纪之交，由克拉克大学的维拉德·斯茂完成。

1897 年，27 岁的斯茂作为一名研究生来到伍斯特，不久就和另外一位同学林纳斯·
164 克林（Linus Kline）一起开始进行动物研究。克林完成了有关老鼠能力的最初的一般性研究（Dewsbury，1984），他的兴趣之一是关注老鼠“寻找窝巢”的能力。他和实验室负责人埃德蒙·桑福德探讨了这个问题，桑福德启发他可以进行迷津研究，并建议他设计一个专门的迷津。克林后来讲述了这段经历：

> 我……向桑福德作了描述，几年前，我在弗吉尼亚州我父亲的农场里一个小屋走廊下面，观察到了野老鼠刨出的通往其窝巢的通道。这些通道离地面三至六英寸，挖开鼠洞之后呈现出一个名副其实的迷津。桑福德立刻建议，可以模仿汉普顿宫廷迷宫的形式，制造一个“寻找窝巢”的研究装置。（Miles，1930，p. 331）

有人可能会想探究为什么桑福德想到了汉普顿迷宫。其实，它一直就埋藏在他的心底，克林对这一点评述得很清楚，“他将我的注意引向汉普顿迷宫时显得胸有成竹，这就可以推定，在这之前他就考虑过它的使用”（Miles，1930，p. 331）。就在与克林这次交谈之前不久，桑福德极有可能已经亲自去过汉普顿宫廷迷宫了。1898 年春天，正是他的休假年①，他前往欧洲参观了许多实验室（Goodwin，1987）。他访问的最后一站是英国，因而至少可以断定他参观了汉普顿宫廷，因为它就在伦敦城外，是英国最著名的迷宫。

至于为什么是斯茂而不是克林进行了首次迷津研究，原因不太清楚。克林自己说是其

① 休假年（sabbatical，也称 sabbatical leave），是西方国家每隔七年给予若干高等院校教师一年或半年的假期。——译者注

他的工作使他没能对此继续探寻，因而他的朋友兼实验室同事开始了这个项目也就是顺理成章的事了。1899 年 1 月，斯茂建造了三个 6×8 英尺带有金属网隔墙的迷津，迷津是依照汉普顿宫廷图形而设计的，不过形状调整为矩形，如图 6—6 所示。然后，他就开始了历史上著名的对老鼠学走迷津的方法的研究。

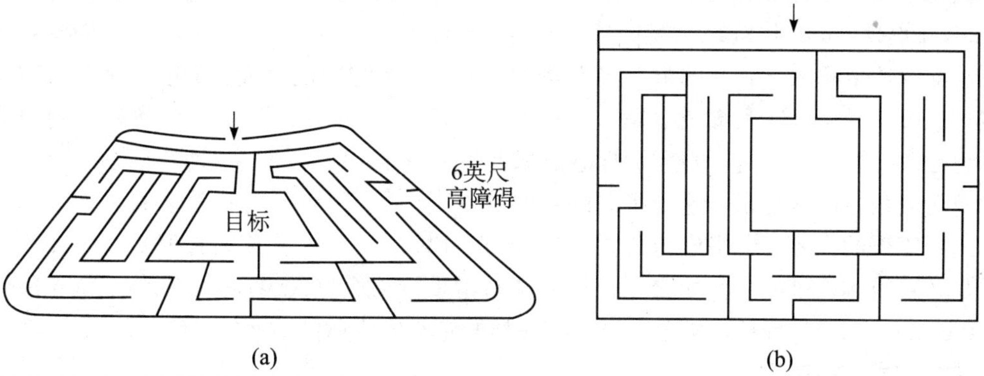

图 6—6　(a) 英国的汉普顿宫廷迷宫图；(b) 斯茂将汉普顿宫廷迷宫图调整为矩形。

在 1899 年 12 月召开的美国心理学会大会上，桑福德作了关于斯茂的研究成果的报告，1901 年，斯茂发表了一篇长达 33 页的非常详尽的文章。桑代克对斯茂早期的研究作了相当刻薄的评论（Thorndike，1900），可能是受此影响，现代的记述通常对斯茂所描述的迷津研究不作考虑，他在描述时用了一系列过度拟人化的评论，比如，他说老鼠"厌恶"走进死胡同。桑代克的批评还是有可取之处的，不过，斯茂的文章也描写了迷津学习中的尝试错误，与桑代克和劳埃德·摩尔根（第 5 章）同时期的描述颇为相似。斯茂还深入评论了他所认为的涉及的心理过程，而且他还使用盲鼠研究感觉能力对学习的影响。这些盲鼠学习迷津似乎与那些视力正常的同伴不相上下。由此，斯茂认为，"触觉的运动感觉为在关键点形成特殊的联系所需的认知和辨别提供了必要的资料"（Small，1901，p. 237）。 165

斯茂的研究之所以重要，并不是因为所得出的结论，而是因为就此引发了一大批类似的研究。在接下来的几年里，比较心理学家使用汉普顿宫廷迷宫的变体，对从罗猴（Kinnaman，1902）到英国麻雀（Porter，1904）等许多物种进行了研究。运用白鼠的研究对斯茂关于各种感觉对学习的影响的观点进行了深入的探究。其中最著名的是华生和卡尔在芝加哥所做的研究（第 10 章），他们得出了和斯茂相同的结论，动觉是最为关键的。到 1920 年，此类研究已完成了几十项，但随后的这些研究证明，过程要比这复杂得多，不过，需要指明的是，动物迷津的文献是始于对迷津学习所包括的感觉和心理过程的研究以及对有机体如何适应环境的研究。当然，这些研究主题显然适合 20 世纪初的心理学的潮流，这时的心理学关注的是心理生活，反映了进化论的影响之深入。

在克拉克大学余下的岁月里，霍尔从几个方面在心理学上留下了他的印记。首先，他通过创立心理学第一个正式组织——美国心理学会，继续使心理学专业化。1892 年 7 月，他和其他十几位心理学家在他的书房召开了学会的成立会议，并确定了 31 名创始会员 (Sokal，1992)。正如你所料，霍尔当选为学会首任主席。1892 年 12 月，18 位创始会员出席了在宾夕法尼亚大学召开的第一次年度大会。这个组织发展迅速：4 年后有 74 名会员，到世纪之交时已有 127 名会员（Ross，1972)。1894 年，正式通过了学会章程，阐明了它的角色是为一门“科学的”心理学打造训练上的同一性，使其创立一种“科学的”心理学学科身份的角色明显起来。这个组织的目的是，“作为一门科学的心理学的进步。那些致力于这项工作的人才有资格成为会员”(Cattell，1895，p. 150)。美国心理学会还加入了成立更早、更得到认可的一些学会，比如美国科学发展协会（American Association for the Advancement of Science)，从而增强了心理学的专业地位和科学地位（Camfield，1973)。

霍尔与发展心理学

除了创办杂志和成立美国心理学会，霍尔还因为提出了发生心理学而为美国心理学做出了贡献。他是发展心理学的先驱，发起了儿童研究运动，写了第一本青少年心理学教科书，晚年时写了一本有关老年人的著作。他还继续倡导心理学对教育的重要性，不仅建立了培训教育者的暑期学校，还于 1891 年创办了第二份杂志《教育研究》(即现在的《发生心理学杂志》)。

霍尔最早对儿童研究产生兴趣还是在约翰·霍普金斯大学的时候，并首次发表了有关
166 儿童的一系列研究论文，采用了由儿童、教师和家长填写的问卷结果（这些就是铁钦纳在写给威尔逊的信中所轻视的“问卷调查”论文)。他总的目标在他首次的研究论文《儿童心理的内容》这一标题中表露无遗（Hall，1883/1948)。在这个首次调查中，霍尔所收集的数据来源于 200 多个波士顿刚刚上小学的儿童。由 60 位老师分别对他们询问，问题的范围比较广泛，看他们了解的情况。他们的认识水平并不高。例如，75.5%的儿童不能辨别当时是什么季节，87.5%的儿童不知道岛屿是什么，90.5%的儿童不能指出他们的肋骨在何处。霍尔还发现，农村儿童的成绩比城市儿童的要好很多。霍尔自己就曾是个农场男孩，所以对这个结果他并不感到惊讶：

> ……当我们的教学方法变得自然起来，我们就认识到城市生活是矫揉造作的，那些在城市长大并不了解农村的孩子们都被灌输的观念欺骗了，以为没有城市生活，童年就不完满或不正常。总的来说，城市的资料在教学价值上毫无疑问是比不过农村的经验的。这个年龄段的城市儿童，在农村待上几天，他的智力水平就会得到提高，而没有这种经验的一两个学期的学校教育根本不能与之相比。也正是在农村，才能奠定

热爱自然科学的最坚实的基础。(Hall，1883/1984，pp. 261 - 262)

从这段引文我们就可以看出霍尔教育观的本质所在。他嘲笑死记硬背和课堂上刻板的纪律。相反，他赞成一种更随意的方法——把儿童对这个世界的“天生的”好奇心视做理所当然，鼓励我们现在称之为“主动学习”的做法——把具有某种特定教学价值的问题或活动交给儿童，让他们去解决、完成。

霍尔并不仅仅对儿童感兴趣。他的一些问卷调查还收集了有关青春期的资料，并在所涉主题极其广泛的两卷本巨著《青春期》(1904) 中报告了调查结果，此书还涵盖了之后他所研究的有关这个年龄群体的各方面内容。这是第一部致力于青春期研究的专著，将青春期作为一个明确的发展阶段划分出来，霍尔是第一人。将青春期描述为“暴风骤雨”时期也是源自霍尔的这本书。这部著作还包括霍尔对其复演论 (the theory of recapitulation) 的详尽论述。这个理论的首创者是德国的进化生物学家恩斯特·海克尔 (Ernst Haeckel)，他认为一个有机体从细胞到完全成形的个体，其发展阶段可以被看做是种族进化的复演。[①] 因而，在人的发展阶段中，胎儿和鱼类很相似，这反映了进化史上人类的水生祖先所处的时期。霍尔将胚胎发展的观点加以扩展，例如，他认为儿童的游戏通常反映了心理进化的早期阶段。复演论作为一个理论在进入 20 世纪之后不久就很快消失了，但是它对于激发霍尔关于发展的所有阶段的兴趣却大有裨益——检验复演论需要对人毕生的发展都予以密切关注。霍尔认为，研究人的发展可以进一步阐明种族的进化。

临近晚年时，霍尔对生命的中期和末期产生了兴趣，最后出版了一部有关老年人的专著《衰老：生命的后一半》(1922)。他再一次使用了问卷调查的资料，征询了老年人的观点，涉及诸如他们对死亡的恐惧、对衰老迹象的识别能力等主题。而且，早在现今的美国退休人员协会 (AARP) 出现之前，他就批评了退休养老金制度的缺乏，并建议成立老年人的政治组织。

霍尔和精神分析

霍尔的《青春期》有一个重要部分是关于性行为的，还辟出完整的一章来专门论述，此章有 50 页，标题为《青春期的性爱》。霍尔还在克拉克开设了一门“性心理学”课程 (Rosenzweig，1992)，而且，与他的教育观相一致的是，他认为不应该禁止性行为的自然表达。这种态度令他的同行们瞠目结舌，其中一位还忍不住发问：“难道就没有什么能让霍尔转而对这该死的性的发情期厌烦吗？我认为，如果一个人整天对性喋喋不休地谈论个没完，这从道德上和理智上来讲是很不适当的，除非他是个神经病学家” (F. 安吉尔于 1909 年 3 月 19 日写给 E. G. 铁钦纳的信，引自 Ross，1972，p. 385)。 167

霍尔对性的全神贯注，再加上对变态行为的兴趣，使得他非常着迷于弗洛伊德的理论。1909 年，为庆祝克拉克大学成立 20 周年，霍尔组织了克拉克讨论会，即由著名心理

① 在霍尔 1868—1871 年第一次访问德国期间，海克尔的理论已受到高度的关注和激烈的辩论 (Ross，1972)。

学家举行一系列公共讲座。最重要、最引人注目的就是弗洛伊德的系列讲座。[①] 这是弗洛伊德第一次也是唯一一次访问美国，他举办了五个讲座，并于1910年刊登于《美国心理学杂志》上，随后以书的形式独立出版（在第12章的原始资料摘录中有这些讲座的部分资料）。陪同弗洛伊德前来的还有他的年轻同事卡尔·荣格（Carl Jung），他作了有关字词联想技术的讲座。后来，弗洛伊德充满感激地说，克拉克讨论会是精神分析史上重要的时刻，使得他的理论第一次得到国际认可。

1920年，作为克拉克大学校长的霍尔退休了，但在生命的最后四年中，他依然活跃。1922年，他出版了一部有关老年人的著作，一年后，又出版了自传《一位心理学家的生平和自白》(Hall，1923)。1924年，他第二次当选美国心理学会主席，只有另外一个人也是两次当选（那个人就是威廉·詹姆斯）。不过，他在任职前去世了。

玛丽·惠顿·卡尔金斯（Mary Whiton Calkins，1863—1930）：挑战男权垄断

在21世纪初，职业女性经常在工作场所受到歧视，发现自己无法跨越“玻璃天花板”（“glass ceiling”）[②]。对现代女性来说，这个问题令人沮丧，而100年前，这样的问题同样存在，而且情况还要恶劣很多倍。正如本章前面所讲述的，在19世纪90年代，人们广泛地认为女性在智力上比男性差，在社会上也没什么地位（例如，在1920年前，她们是不能参加选举的）。婚姻与职业兼而有之实际上是根本不可能的——婚姻就被视做她们的职业。即使不结婚，她们也被期望照料家中的其他成员，主要是年迈的父母。尽管在19世纪末期妇女开始进入大学学习，人数也在逐渐增加，但男性统治的社会仍以怀疑的态度看待妇女的高等教育。甚至认为教育会伤害妇女——她们虚弱的体质会由于大学学习对大脑的需要量而受到永久的损害。因而，在19世纪90年代，妇女想要获得心理学博士学位几乎是不可能的，这就是美国心理学最重要的贡献者之一——玛丽·惠顿·卡尔金斯所面临的一个困境。

卡尔金斯的生平与工作

玛丽·卡尔金斯在纽约州的布法罗（Buffalo）长大，是五个孩子中的老大，父亲是这

---

① 霍尔最初希望邀请所有一流的国际心理学家，不仅包括弗洛伊德，还包括冯特和艾宾浩斯。冯特谢绝邀请，艾宾浩斯接受了邀请，但就在会议开始之前，他逝世了。

② 通常专指女性所遭遇的在工作中升级时遇到的一种无形的障碍，使她们不能到达较高阶层。——译者注

个关系紧密型家庭的核心，他是公理会的牧师。他和威廉·詹姆斯的父亲有着相同的观念，认可游历欧洲的教育价值和懂多种语言的重要性。事实上，在玛丽出生的头几年，她的父母在她面前只讲德语；成年后，玛丽的英语、德语和法语都很流利（Furumoto，1979）。玛丽 17 岁时，卡尔金斯一家搬到了波士顿地区，之后不久，她就进入西部的马萨诸塞州的史密斯学院（Smith College），这是新建的妇女学院之一。她于 1885 年毕业，之后和全家一起在欧洲度过了 16 个月，除了其他的一些事务外，她还掌握了希腊语。她一回国，就在韦尔斯利学院得到了一个教授希腊语的职位。卡尔金斯（图 6—7）在韦尔斯利度过了她以后的岁月。

图 6—7　韦尔斯利学院年轻的教员玛丽·惠顿·卡尔金斯，引自 Scarborough 和 Furumoto（1987）。

到 19 世纪 80 年代末，为了使大学跟上现代科学的动向，韦尔斯利的领导者决定，为心理学注入新的实验方法。卡尔金斯已经表达了教授哲学的兴趣，而且这几年她的教学工作也给上级留下了深刻印象，所以开设一门实验心理学课程的机会就给了她。因而，她需要外出 168
一年时间学习这个新的领域，她那令人沮丧的寻找心理学研究生教育的历程就此开始了。

妇女的研究生教育

很快，卡尔金斯就发现妇女获得研究生教育的机会实在少之又少。在考虑了欧洲和美国的一些学校之后（例如耶鲁大学、密歇根大学），她决定到哈佛就读——因为有威廉·詹姆斯在那里，而且离家也较近。她也曾考虑过波士顿以西 30 英里外的克拉克大学。哈佛很勉强地同意她参加威廉·詹姆斯和哲学家乔斯亚·罗伊斯（Josiah Royce）的研讨班，他们两位对她的申请给予了强有力的支持，但是哈佛的官员明确表示她只能是大学的非正式的“访学者”。克拉克的情况同样如此。妇女不能正式地注册入学，但埃德蒙·桑福德欢迎她到他的新实验室，而且还为她创造机会，给予指点并提供设备，后来，卡尔金斯把桑福德誉为韦尔斯利的心理学实验室真正的建立者（Calkins，1930）。

1890 年秋天，卡尔金斯进入哈佛，立即遇到了唯一难得的教育机会。卡尔金斯和四名男生在哲学系注册，跟随威廉·詹姆斯学习生理心理学，但是几天之内男生都退出了，可能是因为有女生一同上课让他们很不舒服。卡尔金斯（1930）后来回忆到，“……詹姆斯和我留了下来……千真万确，我们就在书房炉火的两边。从印刷厂出来的《心理学原理》是温暖的，在其作者的讲解下，我如饥似渴地学习那些才华横溢、学识渊博、引人入胜的著作，这就是我的心理学入门”（p. 31）。

在哈佛和克拉克一年的学习结束之后，卡尔金斯回到韦尔斯利，但她对新心理学的热爱已经被激发出来，不久她又开始谋求进一步深造的机会。1892 年，卡尔金斯又回到了坎布里奇，依然是非正式的访学者，此时威廉·詹姆斯已将哈佛实验室交给了来自德国的雨果·闵斯特伯格负责。对于卡尔金斯来说，又是一次机缘巧合——闵斯特伯格的英语很差，而她的德语非常流利。他们立即成了同事。在接下来的两年里，卡尔金斯在闵斯特伯格的实验室工作，同时，还继续在 10 英里外的韦尔斯利学院教书。在 1894—1895 学年里，她从学院获准了一个假期从而完成了学业。

卡尔金斯关于联想的研究

闵斯特伯格对卡尔金斯和别的博士生一视同仁。她的毕业论文是关于联想的研究，她完成了一系列卓越的实验研究，并将研究结果分为两部分发表（Calkins，1894；Calkins，1896），之后又于 1896 年进一步扩展为《心理学评论专题》。传统的哲学和内省的解释通常对诸如频次、近因性、鲜明性和首因性这些因素如何影响联想的强度进行描述。卡尔金斯具有与艾宾浩斯同样的精神，她决意超越“不精致的自我观察”，而用实验的方法考察这些因素。她并没有详细讲述她的程序是如何发展出来的，但是很显然，她经历了相当多
169 的尝试和错误，也就是我们现在所说的“试点研究（pilot studies）”，然后才确定了研究方法。发展出来的程序在历史上是一个非常重要的方法——尽管她并没有使用这个名字，她创造了配对—联想学习（paired-associate learning），后来成为认知研究中的标准方法。被试先学习由相继呈现的色块和数字（每个呈现四秒）组成的刺激—反应对，之后看到所呈现的颜色刺激，试着回忆出相对应的数字。卡尔金斯操控频次的方法是：呈现同一种颜色数次，与一个数字搭配一次，与另一个数字搭配两到三次。下面就是她的第 89 系列的例子：

Ⅰ. 中灰色，29；蓝色，82；紫色，61（n）；红色，23；紫色，12（f）；孔雀蓝，79；紫色，12（f）；草莓红，47；紫色，12（f）；淡棕，53；深灰，34；淡绿，72。

Ⅱ. 孔雀蓝，红色，绿色，紫色，中灰色，棕色，草莓红，深灰，蓝色。(Calkins，1894，p. 478)

在呈现部分（Ⅰ），紫色第一次是和数字 61 配对（她称为“正常”配对或“n”），之后三次（“f”是频次）和数字 12 配对。在回忆部分（Ⅱ），紫色是第四个呈现的颜色，要考察的问题是要求被试回忆出来数字 61 还是数字 12（或两个都回忆或两个都没有）。用与此类似的方法，卡尔金斯考察了近因性：对和同一个颜色配对的两个数字作比较，一个配对在序列的中间，一个则在最后。鲜明性的考察法是：以某种特别的方式呈现关键的配对，使之与其他的配对有明显的区别，比如可以改变数字的大小。考察首因性的方法则是：查看每一个序列中所呈现第一个配对的回忆成绩。总的来说，她的研究结果显示，频次、近因性、鲜明性和首因性四个因素都会增进回忆。在随后的实验中，她将四个因素结合在一个列表中直接对其进行比较，卡尔金斯发现，频次是最重要的因素。她还做了其他一些实验，在同一张卡片上同时呈现颜色和数字。这就使她能比较“同时的”联想和前面的“相继的”联想，从而考察了英国经验主义者对接近的同时形式和相继形式所作的旧区分。她发现并没有大的差异。

尽管卡尔金斯并没有提及 1885 年出版的艾宾浩斯的记忆研究（第 4 章作了摘录），显然她对此是有所了解的。她的德语非常流利，对詹姆斯的《心理学原理》更是烂熟于心，而其中的《记忆》一章中就有对艾宾浩斯研究的详尽介绍。当卡尔金斯将实验程序改为听觉呈现时，在其材料选择上，艾宾浩斯的影响也是非常明显的。在这项实验中，用以代替颜色的刺激（和她所用的术语）就是“无意义音节”。对于视觉和听觉两种不同的呈现方式，卡尔金斯发现了相同的结果，只是在后一种方式中，近因性的影响更强烈些。

卡尔金斯（1896）全面总结了她的研究结果，强调频次变量的重要性，但也告诫说，“实验结果对不精致的联想结果并不完全具有代表性”（p. 49）。她甚至对她的研究发现的实践意义作了声明，称频次具有“纠正的影响。……频次作用突出当然具有重大意义，因为这就意味着我们可以练习对富有想象的生活进行某些控制，也可以很明确地与有害的或讨厌的联想作斗争”（p. 49）。卡尔金斯思考所遵循的路线与她的老师威廉·詹姆斯是一样的，而且她的研究可以看做是为詹姆斯关于养成一个牢固习惯的建议（前面已经讲述）提供了一些经验证据。

马迪根（Madigan）和奥哈拉（O'Hara）（1992）仔细考察了卡尔金斯关于记忆的研究，包括她毕业论文之后完成的一些研究。他们发现，有明确迹象表明，卡尔金斯的研究揭示出了一些效应，在半个世纪之后，心理学家再次将兴趣转向研究认知心理学时，这些效应才又得以发现（第 13 章）。这些效应包括短时记忆中的首因效应、近因效应和负近因效应，感觉道效应，以及倒摄干扰。

1895 年 5 月，卡尔金斯通过了学位论文答辩和哲学博士考试，尽管是非正式的。闵斯特伯格、詹姆斯和其他考试委员会成员敦促哈佛官方授予她哲学博士学位，而且闵斯特伯 170

格称赞她“优异于……去年所有参加哲学博士考试的学生”，而且“无疑是本国最强有力的心理学教师之一”（引自 Scarborough & Furumoto，1987，pp. 44－45）。然而，哈佛拒绝了——毕竟，卡尔金斯是一名女性。后来，作为哈佛女子学院的拉德克利夫学院（Radcliffe College）创办后，决定授予卡尔金斯哲学博士学位。这一次是卡尔金斯拒绝了。她要的博士学位应该是她自己所就读的学校的，否则就不要。尽管卡尔斯金能够获得一些荣誉学位，哈佛却从来没改变它的决定，而她也从来没有获得过哲学博士学位。

从心理学转向哲学

在完成了无哲学博士学位的学业后，卡尔金斯回到了韦尔斯利，在桑福德的帮助下继续建设实验室，并在世纪之交发表了一系列研究成果。1898年，卡尔金斯将实验室移交给伊里诺·甘姆布（Eleanor Gamble），她是刚从康奈尔毕业的哲学博士（康奈尔是新建立的招收女博士生的学校之一）。大约从1900年起，卡尔金斯发表的文章的研究倾向开始减少，因为她主要致力于对心理学的理论贡献——自我心理学（self psychology）。这个理论体系明显受到了她的第一位导师威廉·詹姆斯的影响。卡尔金斯认为，心理学应该是对心理生活的研究，这正如詹姆斯所说过的，但是心理学的核心事实一定是所有的意识都含有一个自我元素（Strunk，1972）。

当时，关于新心理学正确的发展方向的激烈争执正逐步出现，卡尔金斯认为她的自我心理学正是解决争论的方式。例如，正如在下一章将会清楚地看到的，存在于构造主义和机能主义之间的冲突，前者强调将意识分析为它的基本元素，而后者关注的是意识如何在个体适应环境中发挥作用。1905年，卡尔金斯被同行推选为第14任美国心理学会主席，是第一位获此殊荣的女性，她（1906）发表了题为《构造主义和机能主义的折中》的主席就职演说。她说，两种观点都可以容纳于一个将自我视做基本起点的体系中。从而，构造主义者集中揭示构成自我的元素，而机能主义者则考察自我如何适应环境。

同詹姆斯一样，在这几年间，玛丽·卡尔金斯逐渐将她的兴趣由心理学转向了哲学。例如，在她当选美国心理学会主席后不久，她写了《哲学的永恒问题》，这可能是她最重要的著作。1918年，美国哲学学会推选她为组织的主席，使她成为当选两个APA[①]主席的第一位女性。1929年，卡尔金斯从韦尔斯利退休，一年后因癌症去世。

其他女性先驱：未说过的生活

在世纪之交与男性倾向的学科作斗争的女性，卡尔金斯并非唯一的。在《未说过的生活：美国第一代女心理学家》一书中，伊利莎白·斯卡伯勒（Elizabeth Scarborough）和劳埃·富鲁默托（1987）根据大量纪实材料讲述了卡尔金斯和其他几位具有开拓性的女心

① 美国心理学会（American Psychological Association）和美国哲学学会（American Philosophical Association）的英文缩写均为APA。——译者注

理学家的经历。较为有名的两位是克利斯廷·莱德-富兰克林和玛格丽特·沃斯伯恩。

克利斯廷·莱德-富兰克林（Christine Ladd-Franklin，1847—1930）

同卡尔金斯一样，莱德-富兰克林也是在新建立的女子学院接受的教育。1866 年，她进入纽约波基普西（Poughkeepsie）刚建成一年的瓦萨学院学习。她在科学和数学方面都很出色，还受到了天文学家马丽亚·米切尔（Maria Mitchell）的鼓舞，她是当时美国最杰出的女科学家（Furumoto，1992）。莱德-富兰克林于 1869 年毕业，此后 10 年间在几个中学执教，后来决定到约翰·霍普金斯接受数学研究生教育。在那里，她遇到了后来卡尔金斯所面临的障碍——霍普金斯不接受妇女作为正式的学生。不过，她得到允许可以上课，到 1882 年，她完成了申请数学博士学位的所有课程。然而，直到 1926 年，约翰·霍普金斯才正式授予她学位，虽已 79 岁高龄，莱德-富兰克林还是亲自前往接受。 171

在约翰·霍普金斯时，莱德-富兰克林遇到了数学系的教员法比安·富兰克林（Fabian Franklin），与他坠入爱河并嫁给了他，成为克利斯廷·莱德-富兰克林。在丈夫的积极支持下，她得以继续她在数学上的兴趣，并发表了几篇学术论文。19 世纪 80 年代中期，她开始对视觉产生兴趣，这一转变引领她进入新心理学。莱德-富兰克林的第一篇关于双眼视觉的文章（《视野单像区实验测定方法》）发表在 1887 年霍尔的《美国心理学杂志》创刊号上。在 1891—1892 年她丈夫休假期间，他们一起到欧洲旅行，她得以在 G. E. 缪勒的哥廷根实验室进行视觉研究，第 4 章曾经介绍过，缪勒的实验室是德国最好的实验室之一。她还到柏林的赫尔姆霍茨的实验室学习过。正是在德国的这段时间，她发展出了以进化论为基础的色觉理论，这个理论影响了几十年。

在本章考察的三位先驱女性中，莱德-富兰克林是最直言不讳地谈论妇女缺少专业机会的一位。例如，她直接挑战了一个名为“实验者”的心理学家组织的“只有男人”的规则（参阅第 7 章的视窗）。这个选择会员严格的组织由 E. B. 铁钦纳于 1904 年建立，成员每年都会在不同的实验室聚会来讨论他们当时正在进行的研究。1912 年，莱德-富兰克林想要参加他们的会议却遭到了拒绝，之后她写信给铁钦纳说她“非常震惊地得知你依然——在今年——将妇女排除在实验心理学家的会议之外。这是非常过时的观点”（引自 Furumoto，1988，p. 107）。两年后，她的固执令铁钦纳有点无奈，在一次“实验者”的会议上，她呈递了关于色觉的研究结果。在铁钦纳的有生之年这是仅有的一次，一位女性参加了会议。

莱德-富兰克林还坚持寻求大学的教员职位，但得到的只是兼职讲师的职位，先是在约翰·霍普金斯大学，之后在她和丈夫迁居纽约后，她又到了哥伦比亚大学。她的教学很少获得报酬。然而，她依然进行着她作为数学家和视觉专家的研究，从来都没有向盛行的那种认为科学只适于男人的观念屈服过。

玛格丽特·弗劳埃·沃斯伯恩（Margaret Floy Washburn，1871—1939）

除了莱德-富兰克林，瓦萨学院还培养了玛格丽特·沃斯伯恩，而且后来她又回到了这里。1890 年，沃斯伯恩从瓦萨毕业，兴趣在科学和哲学上。她决定致力于研究“实验心理学这门美妙的新科学”（Washburn，1932，p. 338），因为它看起来将她的兴趣结合了起来，所以她申请了哥伦比亚大学的研究生教育，她也遇到了和卡尔金斯、莱德-富兰克林所面临的同样的问题。作为一名认真的学生，她受到了詹姆斯·麦基恩·卡特尔的欢迎，但是，照例只同意非正式地参加他的课程。卡特尔看到了她的潜力，鼓励她向康奈尔大学申请，那里招收女研究生。在那里，她遇到的不是别人，正是 E. B. 铁钦纳（第 7 章），他刚刚在莱比锡大学跟随冯特取得博士学位。妇女也许会被排除在铁钦纳的“实验者”组织之外，但他接受她们进入他的实验室，而沃斯伯恩是铁钦纳的第一个哲学博士生。1894 年，她完成了学业，成为第一个获得心理学博士学位的女性，学位论文是研究视觉意象对触觉的影响。它是仅有的几篇能在冯特的杂志（《哲学研究》）上发表却不是在莱比锡实验室完成的研究中的一篇。

从康奈尔毕业之后，沃斯伯恩曾在几个地方任教，之后受邀回到了她的母校瓦萨。她是 1903 年回到瓦萨的，并在那里度过了她以后的职业生涯。尽管沃斯伯恩的教学生涯都是在较小的学院里度过，而且还总是伴随着繁重的教学工作量和不充足的研究设备，她却拥有一个非凡的职业生涯：1921 年当选为美国心理学会主席，担任《美国心理学杂志》的共同编辑 10 多年，1931 年入选国家科学院。1927 年，铁钦纳去世后，“实验者”重组，她是入选这个新组织的创始会员的两名女性之一，1931 年在瓦萨，她作为主持人主持了改组后的“实验心理学家协会”会议。

172 作为心理学家，沃斯伯恩出版的著述范围主要包括知觉、意象、“社会意识”（移情和助人行为），并发展了意识的运动理论，但是，她最为著名的是比较心理学的研究。她做了一些创新性研究（例如鱼的色觉），并在她著名的教科书《动物心理》中对这一研究作了总结。该书首次出版于 1908 年，历经四个版次（1917，1926，1936），成为当时的标准教科书（Dewsbury，1992）。此书因排除了仅仅建立在轶事资料基础上的证据而闻名，沃斯伯恩只保留了实验研究的结果。正如书名所表明的含义，此书的焦点是关注各类物种的行为所表现出的知觉、注意和意识的认知过程。

视点：世纪之交的新心理学

在 19 世纪最后的 20 年，美国心理学发生了剧烈变化。在此之前，传统官能心理学占主导地位，所教授的是“道德”或“心灵”哲学。到 19 世纪末，大部分大学的心理学仍附属于哲学系，但是已开始反映出德国新心理学和查尔斯·达尔文进化观的影响。在 19 世纪 80 年代早期，美国还没有心理学的研究实验室，大部分想要学习新实验研究的美国心理学家只能远赴德国。到 19 世纪 90 年代，心理学实验室已在 9 所美国大学中建成，到该世纪末，至少建立了 41 个心理学实验室（Hilgard，1987）。尽管在 19 世纪 90 年代早期，德国的心理学、哲学博士学位的地位要高于美国的，但到 90 年代末，情况就不再如此。这个转变反映在数字上：1884—1892 年，美国人在美国获得哲学博士学位的人数（9 人）与在德国获得哲学博士学位的人数（8 人）基本相等，但 1893—1899 年，63 位美国心理学者在美国获得博士学位，而仅有 10 位在德国获得博士学位（O'Donnell，1985）。

概要

19 世纪美国的心理学

● 在南北战争前，美国的心理学是作为心灵或道德哲学来教授的。它所遵循的是建立在苏格兰实在哲学基础上的官能心理学的观点。各种官能是心灵的独立的亚范畴，通常可以分为三类：认知的、感情的和行为的。

● 托马斯·阿伯翰的《理性（心灵）哲学纲要》（1827）被视做心理学的第一本教科书，是围绕官能心理学的观点而编写的。

● 南北战争后是美国高等教育大发展的时期。在这一时期，现代大学（例如约翰·霍普金斯）兴起，这些大学是建立在强调研究生教育和独立研究的德国模式的基础之上的。

● 在 19 世纪下半叶，尽管白人的教育机会在成倍增加，但对于妇女和少数民族的学生来说，机会却非常有限。高等教育被认为会伤害妇女，还会阻止她们担当更应该的角色。不过，机会存在于新建立的女子学院中。对少数民族的能力的根深蒂固的观念导致了他们的机会有限。然而，一些人仍然不屈不挠，其中就有弗朗西斯·萨姆纳，他是第一位获得哲学博士学位的非洲裔美国人（1920）。 173

威廉·詹姆斯（1842—1910）：美国第一位心理学家

● 尽管所接受的是医学教育，最后又自认为是哲学家，威廉·詹姆斯依然被认为是美国第一位现代心理学家。他将新心理学引入哈佛，他编写了可以说是心理学史上最重要的著作《心理学原理》（1890）。

● 因被 19 世纪的唯物论和决定论所困扰，詹姆斯决意相信自由意志，因为对他来说这是一个有用的信仰。由此而生发了他对哲学的总的倾向，被称做实用主义。

● 在《心理学原理》中，詹姆斯与那些把意识分析为元素的人进行了争论。相反，他认为设想意识类似于一条溪流更恰如其分。意识是个人的、变动不居的、连续的、选择的和主动的，它通过使个体迅速地适应新环境来发挥作用。习惯也有存在价值，它可以使个体不必思考一些活动，从而节省精力以研究更困难和新颖的问题。

● 根据詹姆斯—兰格的情绪理论，情绪反应被认为与伴随对某个事件的知觉而产生的身体反应一致。詹姆斯认为，当试图设想没有生理唤醒的情绪时，那就什么都不会有。情绪理论存在的问题是，它要求一个可辨别的不同的唤醒模式都应与不同的情绪相联系。

● 在晚年时，詹姆斯开始对唯灵论具有一定程度的有效性感兴趣。尽管受到批评，认为他正在动摇新心理学脆弱的科学地位，但他坚持认为应该以开放的态度对通灵术师和灵媒进行研究。

G·斯坦利·霍尔（1844—1924）：使心理学专业化

● 霍尔最为著名的是他促进心理学专业化的努力。他建立了美国第一个心理学实验室（在约翰·霍普金斯），创办了美国第一份学术杂志（《美国心理学杂志》），创立了美国心理学会。

● 作为克拉克大学的第一任校长，他模仿了约翰·霍普金斯所采用的德国的研究生教育模式。几年后，克拉克大学成为几个科学领域的研究生教育的佼佼者。然而，在1892年后，克拉克大学的研究领域就只有心理学了。

● 霍尔感兴趣的课题的范围非常广泛，但它们一般来说都可以归入发生心理学的名下，即研究意识和行为的起源和发展。在霍尔的研究中，进化非常重要，是一个贯穿始终的主题。在克拉克，霍尔鼓励发展心理学、变态心理学和比较心理学的研究。19世纪90年代，在埃德蒙·桑福德的领导下，克拉克实验室产生了重要的研究，包括第一次对白鼠学习迷津的研究。

● 作为发展心理学家，霍尔发起了儿童研究运动，他是第一个将青春期作为一个明确的发展阶段划分出来的人。他把青春期称为“暴风骤雨”时期。在晚年，他写了有关中年和老年的发展变化的著作。他信奉复演论——单个有机体的发展就是物种进化的一面镜子。

● 霍尔在发展心理学、性和变态行为方面的兴趣，促使他于1909年克拉克20周年校庆时，将弗洛伊德邀请至美国。这是弗洛伊德的唯一一次美国之行，而且他认为这次邀请是他的理论获得国际声誉的第一个迹象。

玛丽·惠顿·卡尔金斯（1863—1930）：挑战男权垄断

● 玛丽·卡尔金斯虽然不是哈佛正式的学生，但是她完成了关于联想的重要的实验论文，在此过程中，她发明了现在仍在使用的记忆方法，即配对联想学习。在论文中，卡尔金斯对频次、近因性、鲜明性和首因性这些能够加强联想的条件作了调查研究，并发现频次是最重要的。

● 1905年，卡尔金斯成为第一位当选美国心理学会主席的女性；当她的兴趣转向哲学时，1918年，她成为第一位当选另一个APA——美国哲学学会主席的女性。

● 卡尔金斯主要的理论贡献是自我心理学，主要的观点是所有的意识都是个人的。她用这个理论作为调和相对抗的思想理论流派（如构造主义和机能主义）的方法。

● 这一时期，另外两位重要的女心理学家是克利斯廷·莱德-富兰克林和玛格丽特·沃斯伯恩。她们都有过被排斥的经历，这给妇女成为专业心理学家造成了困难。莱德-富兰克林是一位优秀的数学家，提出了色觉进化理论。沃斯伯恩最著名的是比较心理学的研究。

视点：世纪之交的新心理学 174

● 在世纪之交，美国的心理学已得到长足发展，已由官能心理学转向新的以实验为基础的实验心理学。到 1900 年，学生们也大都选择在美国接受研究生教育，因而赴德国留学的学生人数迅速下降。

思考题

1. 讲述苏格兰实在论者对英国经验主义所持的异议，以及他们提出的观点。
2. 描述美国第一本心理学教科书的三大部分（阿伯翰所著）。
3. 描述德国高等教育的模式，以及它如何影响美国的大学。
4. 讲述使妇女难以获得高等教育的障碍，以及她们可资利用的机会。
5. 讲述使非洲裔美国人难以获得高等教育的障碍。
6. 讲述弗朗西斯·萨姆纳的经历和成就。
7. 讲述威廉·詹姆斯如何克服了唯物论的困扰，以及如何发展了“实用主义的”哲学。
8. 詹姆斯如何看待“新心理学”？他又提出什么可以作为心理学合适的方法论？
9. 根据詹姆斯的观点，对意识最好的比喻是什么？试解释。
10. 根据詹姆斯的观点，意识的特征是什么？意识和习惯各有何作用？
11. 19 世纪末期唯灵论为什么会受欢迎？詹姆斯对此现象的观点是什么？
12. 说 G·斯坦利·霍尔是发生心理学家意味着什么？
13. 讲述霍尔对美国心理学专业化的贡献。
14. 讲述迷津学习研究在心理学史上的重要性，并解释它的起源。
15. 讲述霍尔对人类毕生发展研究的贡献，尤其是青春期的研究。
16. 描述卡尔金斯在试图获得研究生教育时所遇到的困难。她能够完成什么样的教育？
17. 卡尔金斯是如何研究记忆和联想的？关于联想过程的特征她得出了什么结论？
18. 讲述克利斯廷·莱德-富兰克林和玛格丽特·沃斯伯恩的成就。

来自原始资料摘录的问题

1. 简要陈述詹姆斯—兰格情绪理论的实质。用在树林里遇到一只熊的例子来阐明。

2. 詹姆斯在支持他的理论时使用的一些例子是什么（例如，詹姆斯用了他童年的个人经历）？

3. 詹姆斯—兰格情绪理论的致命缺陷是什么？

4. 讲述詹姆斯如何运用他的理论给出改善个人生活的实践性建议。

进一步阅读

Croce，P. J.(1995). *Science and religion in the era of William James：Eclipse of certainty，1820-1880*. Chapel Hill：University of North Carolina Press.

根据大量纪实材料记述了威廉・詹姆斯的早期学术发展；展示了詹姆斯如何成了科学
175 和宗教关系的争辩中心，以及辩论如何受到了进化思想的影响；是一本分两部分的传记的
第一部分。

Ross，D.(1972). *G. Stanley Hall：The psychologist as prophet*. Chicago：University of Chicago Press.

美国心理学最早的促进者的权威性的学术传记；根据大量纪实材料记录了霍尔时代心理学的发展，并将其置于社会和风俗背景中。

Scarborough，E.，& Furumoto，L.(1987). *Untold lives：The first generation of American women psychologists*. New York：Columbia University Press.

考察了几位女心理学家先驱的经历、抗争和贡献，包括对玛丽・卡尔金斯、米利森特・希恩（Milicent Shinn）、埃特尔・普费（Ethel Puffer）、玛格丽特・沃斯伯恩、克利斯廷・莱德-富兰克林的详尽论述。

Special issue：The history of American psychology.(1992). *American Psychologist*，*47*（*2*），109-368.

包括下列几篇文章：《早期的美国心理学会》（*Sokal*），《早期实验室的创建》（*Capshew*），《唯灵论》（*Coon*），《威廉・詹姆斯》（*Leary*），《玛丽・卡尔金斯的记忆研究》（*Madigan* 和 *O'Hara*），《克利斯廷・莱德-富兰克林》（*Furumoto*）和《*G*・斯坦利・霍尔》（*Bringmann*，*Bringmann* 和 *Early*；*Vande Kemp*）。

第7章 构造主义和机能主义

心理学家的首要目的……就是确定心理元素的性质和数量。他对心理经验开始逐步地细分、再细分，直到无法再分解。那时，他就找到了意识元素。

——E. B. 铁钦纳，1896

本章预览与目标

本章开始先讲述了一位卓越的英国人的经历，他于 1892 年到美国一所偏僻的新建的 *176*
大学执教，开创了一个独具特色而又极有影响力、但最后无果而终的心理学体系。康奈尔(Cornell) 的 E. B. 铁钦纳在莱比锡大学跟随冯特学习，但对于一门科学的心理学的恰当定义具有自己的想法。铁钦纳认为心理学的主要目标应该是运用精确的、经过专门训练的内省形式，把成人的心理分析为基本的构造元素。对于铁钦纳而言，心理学是一门纯实证主义者的科学，只限于在实验室中进行研究，他对应用没有一点兴趣。在美国学院心理学创立初期，铁钦纳是一位富有影响力的统帅人物，不过，大部分美国心理学家都排斥构造主义。他们更感兴趣是心理如何起作用，而不是它的构造，而且，他们清楚地认识到，心理学若要在美国成功，它必须能应用于日常生活，这反映了达尔文和传统美国人的实用主义的影响。铁钦纳认为只有阐明了心理的构造之后，才能对它的机能进行研究，而大多数美国心理学家对此却不认同，他们认同后来被称为机能主义的观点。机能主义心理学家分散于各个学术领域，但与这场运动联系紧密的有两个学派——芝加哥学派和哥伦比亚学派。本章的下半部分考察的内容是，通过芝加哥学派的詹姆斯·安吉尔、约翰·杜威、哈维·卡尔和哥伦比亚学派的詹姆斯·麦基恩·卡特尔、E. L. 桑代克、罗伯特·伍德沃斯等人的努力，机能主义在这些地方是如何“发展”的。本章原始资料摘录节选的是桑代克所完成的著名的猫如何逃出迷箱的一系列研究。阅读完本章之后，你应该能够：

- 区分构造主义者和机能主义者对心理学的态度

■ 讲述铁钦纳的《实验心理学：实验手册》的大致内容和整体价值，以及一门典型的“训练课程”的内容

■ 讲述“实验者”的影响和这个组织对于妇女参与实验心理学的机会的影响

■ 明确表述铁钦纳所界定的心理学的三个主要目标

■ 阐释铁钦纳的内省方法，并阐明他认为如何才能克服内省的局限（三个策略）

177 ■ 根据铁钦纳的观点，描述人类意识经验的元素及其特征

■ 阐明关于无意象思维的争论以及铁钦纳与鲍德温的论战如何暴露出了铁钦纳内省法的局限

■ 评价铁钦纳对实验心理学的全部贡献

■ 描述进化论、社会达尔文主义和机能主义之间的联系

■ 讲述芝加哥的机能主义者杜威、安吉尔和卡尔对机能主义者思想的贡献

■ 阐述桑代克的迷箱研究和他关于动物学习的结论，并评述这项研究的意义

■ 阐明伍德沃斯的动力心理学，以及提出心理学的 S-O-R 模式的原因

■ 阐释哥伦比亚“圣经”对于训练心理学家的重要性

铁钦纳的心理学：构造主义

1898 年，一篇题为《构造心理学的公设》的文章发表在新创办的杂志《心理学评论》上。文章作者 E. B. 铁钦纳是康奈尔大学的一位年轻教授，他到美国才 6 年时间，但作为一名颇有才能的对新心理学的性质持有一些清晰而又坚定的观点的实验心理学家，铁钦纳已崭露头角。在这篇文章中，他把自己的方法称做“构造”心理学，并将它与周围其他美国大学的、被他贴上了“机能”心理学标签的心理学作了对比。他将此明晰地类比为生物学，他写道，构造主义（structuralism）正像解剖学——目的是分析。正如同解剖学家把有关身体的知识理解为成分构造那样，构造心理学家分析人类的心理并将它细分为元素单元。另一方面，机能主义（functionalism）就像生理学一样。生理学家考察身体的各个部分如何运转以及由此产生的机能如何帮助个体得以生存；与此相似，机能心理学家研究心理如何发挥作用使个体适应环境。尽管铁钦纳并没有彻底拒绝机能的方法，但他使用生物学这个比喻来表明了自己的看法，在未完全弄明白构造之前研究机能只能是徒劳的。铁钦纳坚信，解剖学为生理学提供了基础。与此相似，对人类心理构造的彻底了解是研究心理机能的必要前提。正像两年前铁钦纳在他的第一本教科书《心理学大纲》中所言，心理学家的目标“是确定心理元素的性质和数量。他对心理经验开始逐步地细分、再细分，直到无法再分解。那时，他就找到了意识元素”（Titchener，1896/1899，p. 16）。铁钦纳的体

系在美国从来没有被广泛接受过，但是，在他去世后，他最著名的学生——心理学家/历史学家 E. G. 波林（第 1 章的视窗）作出了虽有些夸大却是有根据的断言：

> ……再不会有哪一个心理学家的去世能如此改变美国心理学的局面。他不仅在美国心理学家中是一个魅力独具的人物，他的科学态度也很独特，而且在全国性的系统定位上，他是一个基准点。只有当对立存在于行为主义和铁钦纳之间、心理测验和铁钦纳之间或应用心理学和铁钦纳之间时，一方为行为主义及其盟友和另一方为行为主义之外的心理学家之间鲜明的对立才会凸显出来。因此，从某种意义上说，他的去世使美国系统的心理学产生了分类上的混乱。(Boring，1927/1961，p. 246)

从牛津到莱比锡再到康奈尔 178

从英国南部的社会底层走出来，到在美国心理学界获得如此显著的地位，这是一个漫长的过程。爱德华·布拉福德·铁钦纳（Edward Bradford Titchener，1867—1927）出生于位于伦敦西南、距离伦敦一小时车程并与英吉利海峡相距几英里的奇切斯特（Chicester）。铁钦纳早年的生活有点不安定——他的父亲是个勉强合格的商人，在他 13 岁时去世了，铁钦纳主要由祖父抚养长大。铁钦纳的祖父是一位律师，一位古板的英国乡村“绅士”，赋予了铁钦纳终生都坚持的整套的观点和准则。甚至在美国定居多年后，铁钦纳也从来都是按照这套严格的符合上流中产阶级英国绅士的行为准则来生活的（Leys & Evans，1990）。

年轻的铁钦纳是一位勤奋而又有才华的学生，非常优秀并获得了奖学金进入莫尔文学校（Malvern）就读，这是英国较好的“公学”（public schools）之一，之后，他又到牛津大学的布拉森诺斯学院（Brasenose College）求学。[1] 1885—1890 年，铁钦纳就读于牛津大学，在那里他的古典文学和哲学的学业都非常出色。他沉迷于进化生物学、达尔文主义，而且还因结识了乔治·罗曼尼斯而对比较心理学着迷。认识到自己缺乏科学方面的经历，他在牛津的最后一年的大部分时间都是在约翰·斯科特·伯顿-桑德森（John Scott Burdon-Sanderson）的生理学实验室中度过的。在那样的环境中，铁钦纳至少在一个方面证明了自己与威廉·詹姆斯刚好相反——他发现他热衷于精确而又细致的实验研究。在此后的有生之年，他对同行的评判是通过他们作为“实验者”的名望而作出的，这就可以解释他对霍尔（参见第 6 章，p. 159）贬损性的评价和他与约翰·华生（第 10 章）矛盾的亲密友谊。华生嘲笑铁钦纳的构造主义，而铁钦纳也厌恶华生的行为主义，但是，在铁钦纳

---

① 在英国，词语“公学”实际上是指特别优秀而且非常昂贵的私立高中。莫尔文并不在诸如伊顿（Eton）、哈罗（Harrow）或拉格比（Rugby）这些最顶级公学之列，但它拥有稳固的学术声望。只有一小部分英国学生在公学就读，但是像牛津、剑桥（有时合称为牛桥）这些在英国有声望大学的大部分学生都来自这些公学。因而，牛桥的毕业生代表了英国上层中产阶级的一个小的精英团体，大部分是男性。布拉森诺斯学院是组成牛津大学的几个独立的学院之一。

眼中，华生是一个不折不扣的实验科学家，那是他们之间相互尊敬和发展友谊的充分理由。第一次同华生会面后，铁钦纳在写给一位同事的信中说："我认为他拥有一项伟大的事业，就我个人而言，我非常喜欢他"（引自 Larson & Sullivan，1965，p. 340）。

在牛津时，铁钦纳获悉了莱比锡正在发展的研究"生理"心理学的新实验方法。铁钦纳的德语很流利，并倾心于德国文化，他申请并被接受在冯特的新实验室进行研究，此时，这个实验室成立仅 11 年。在那里，他遇到了一群志趣相投的实验爱好者，其中包括奥斯瓦尔德·屈尔佩（第 4 章）以及几位美国人，当时屈尔佩是冯特的助手（即负责管理实验室的日常运作）。铁钦纳在冯特的指导下仅用两年时间就取得了博士学位，返回牛津后教授一个暑期班的生物学。他希望留在牛津或转至剑桥，不过，两所学校似乎都对新心理学没兴趣——英国经验主义者/联想主义者的哲学传统有着坚固的地位，1877 年，曾有人试图创建一个心理物理学实验室，遭到了剑桥评议会的拒绝，理由是这样的实验室"把人类的灵魂置于一对量表上，将会冒犯宗教"（引自 Farr，1983）。然而，命运之神还是眷顾铁钦纳的，为他提供了横渡大西洋到康奈尔大学教书的机会。弗兰克·安吉尔是铁钦纳在莱比锡结交的美国心理学家朋友之一，他向康奈尔的校长推荐了铁钦纳。安吉尔 1891 年从莱比锡回来后就在康奈尔大学创建了一所小实验室，不过，此时他即将离开，前往加利福尼亚新成立的斯坦福大学。安吉尔推荐他的英国朋友作他的继任者，这个提议得到了采纳，而铁钦纳也接受了邀请。

179 康奈尔大学 1868 年成立于伊萨卡（Ithaca），坐落在纽约州美丽的芬格（Finger）湖群的一座山上，俯瞰着卡尤加（Cayuga）湖的南端。1892 年，这个地方非常偏远，几乎没什么火车开来。甚至今天，居民们还把他们的小镇称做"中央孤立"（centrally isolated）。如果你设想一下，你完成学业后决定接受澳大利亚一个偏远地区某个地方的工作，那么你就会了解，对于这位刚刚取得博士学位的英国青年来说，这是一个怎样的决定。然而，他接受了这次冒险，并于 1892 年来到这里，而且再也没有离开。[①] 若干年后，"铁钦纳的心理学"、"构造主义"和"心理学的康奈尔学派"成了可互换的词语。

对康奈尔实验心理学的促进

铁钦纳（图 7—1）一到康奈尔就开始行动起来，扩大实验室，吸引学生，并启动了他的研究项目。到世纪之交，他和学生已发表 60 多篇研究文章（Boring，1927/1961）。为了确保康奈尔实验室的研究成果有一个可以发表的地方，1895 年，他同霍尔签约，成为《美国心理学杂志》的编辑，得以掌控杂志三分之一的版面（其他的编辑是霍尔和桑福德，

---

① 铁钦纳最初认为他将会在康奈尔逗留几年时间，然后，当牛津醒悟过来接受实验心理学时他再回去。牛津没有醒悟，铁钦纳也就再也没有回过英国，甚至没有回过家乡。后来他还考虑过克拉克大学和哈佛的邀请，但都予以回绝。

掌控其余三分之二的版面)。另外，铁钦纳通过将冯特和屈尔佩的著作翻译成英文而传播了德国心理学，同时，他也开始编写自己的教科书。他的《心理学大纲》于 1896 年首次出版，历经几次再版，并于 1909 年修订扩充为《心理学教科书》。这部著作是对他的构造主义者体系最清晰、全面的论述。他还编写了简写本《心理学入门》，后来修订为《初学者心理学》。到 1900 年，铁钦纳已经被确认为美国心理学舞台上的一个重要角色。他出版《实验心理学：实验手册》之后，地位更加巩固了。

图 7—1 康奈尔的铁钦纳，雪茄总是不离手，引自 Popplestone and McPherson (1994)。

《实验心理学：实验手册》

在德国实验室，学生学习实验程序主要依靠自学，或者参加并进行自己的研究，或者观察并请教更有经验的同学，但是，美国大学发展了后来以训练课程（drill courses）而著称的方法。参加这些课程的学生并不进行原创研究，而是重复经典研究，学习如何准备和操作“黄铜器具”，以便适应实验室工作。随着实验心理学的拓展，这些训练课程也激增，甚至推广到了本科水平。尽管一些实验室讲师接受过充分的训练，但是，无论是在德国，还是在美国任何一所新建实验室，许多讲师对于新心理学并没有足够的学识。因而，对阐

释如何训练学生的基本实验程序的教科书的需求就产生了。克拉克的埃德蒙·桑福德于 19
180 世纪 90 年代初写了第一本这样的教科书，它开启了训练课程中实验指导标准化的进程（Goodwin，1987）。铁钦纳承认他的密友的这本手册的价值，不过，他认为它只是一个开端，而且还存在一些缺点。例如，桑福德的著作始终没有阐述清楚讲师在实验中应该如何进行指导，似乎想当然地认为讲师掌握更多的专门知识，远多于许多讲师所具有的知识就可以了。为了补救桑福德著作中存在的问题，铁钦纳开始编著他自己的手册并予以出版，书名为《实验心理学：实验手册》。这本书成为他最著名的著作，多年来一直被用做实验研究复杂程序的指南。

正如众所周知的，手册出版于 1901 年和 1905 年，都是两卷本，每本都包含独立的学生用书和讲师用书。因为铁钦纳所关切的是教师需要将程序一步步地演示出来，两卷本的讲师手册的内容几乎是学生手册的两倍。1901 年卷本的副标题是《定性实验》（Qualitative Experiments），包括关于基本感觉、知觉和情绪等过程的实验。1905 年卷本的副标题则是《定量实验》（Quantitative Experiments），主要论述了心理物理学和反应时的实验程序。

参加训练课程的学生成对操作，其角色在实验者和观察者（observer）之间互换，后者就是我们现在称为研究参加者的人。之所以称做观察者是因为他们在参加实验的同时，还要观察自己的心理过程，而且实验结束时还要对这些过程作出描述。本章稍后将对这种内省方法予以更加全面的介绍。

在定性实验中，观察者将经验到一些感觉、知觉或情绪事件，并给它一个内省的描述，然后在笔记本上回答一些特定的问题。例如，使用如图 7—2 所示的双管嗅觉测量仪对嗅觉进行研究。两根细玻璃管弯曲 40°角以便插入鼻孔。管子的另一端安装上了稍稍大一点的密闭的玻璃圆筒，里面装有不同气味的物质。这些圆筒可在细管上前后移动以改变气味的强度。铁钦纳告诫，中间的隔板必须用没有气味的木材制成——他建议用“干燥的樱桃木”（Titchener，1901，pt. 1，pp. 79 - 80）。在一个典型的实验中，观察者闻成对出现的气味强度不同的物质（如碘酊、蜂蜡、各种药草），以内省的方式描述经验，并在笔记本上回答有关“补偿”（一种气味覆盖另一种气味了吗?）和“气味混合”（这些气味混合形成一种新的气味了吗?）的问题。

正如标题所示的那样，定量实验注重收集数据资料，例如，辨别出的刺激强度，心理物理学实验中的最小可觉差，或反应时实验中的反应时间。图 7—3 展示了反应时实验中两种不同反应方式的详图。最常见的装置是一个普通的电报键（7—3a），先将它按下，然后观察者觉察到刺激时再松开。图 4—5 中的观察者的右手正按压着这种键。第二个装置（7—3b）是一个唇键，用于声音反应时实验中。第 6 章（图 6—5b）克拉克实验室的照片所展示的可能是同样的仪器。键的右边插入嘴中，闭上双唇，然后，当观察者张开嘴巴对刺激作出反应时，触点就会彼此分开，线路断开，计时钟停止。

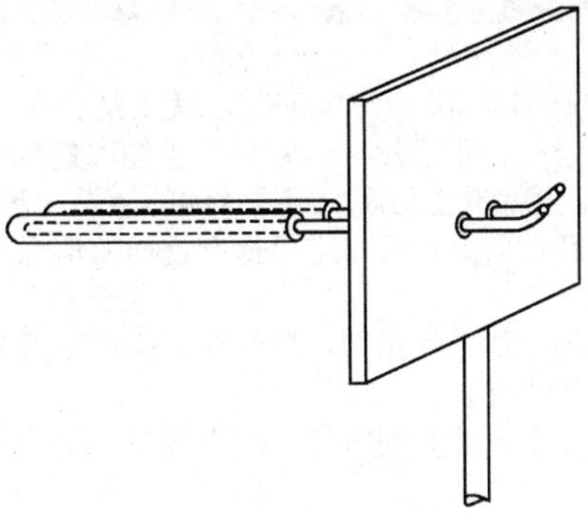

图 7—2　嗅觉测量仪的简图，引自铁钦纳的定性实验手册。

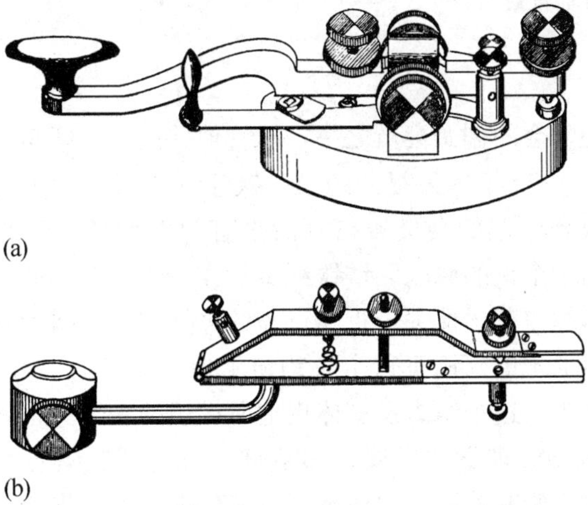

图 7—3　反应时仪器：(a) 电报键；(b) 唇键。引自铁钦纳定量实验手册。

铁钦纳的心理学体系在他去世后就迅速衰落了，不过，他的内容广博的手册为实验心理学做出了持久的贡献。一直到 20 世纪 30 年代，大学里还使用铁钦纳的手册，训练了几代心理学家。直至今天，它们还能为感知觉现象提供极好的演示。它们长期有效的一个决定性的方面在表 7—1 中得以说明。铁钦纳给学生“如何能不通过”训练课程的半开玩笑的劝告，或许会让你想起一些你学生时代的朋友。 181

表 7—1　实验心理学如何能不及格

在定性实验的讲师用书中（1901，pp. xxvii-xxviii），铁钦纳介绍了一个如何能不及格的程序表，他通常在训练课程一开始就发给学生。很显然，他希望学生能够避免每一项，他告诉讲师，只要列表“得体而又友善地”呈现出来，学生就不会犯规。用铁钦纳的话说，下列方式会导致实验失败：

- 任何情况下都不要接受一般性的解释。一定要抱有这样的信念：你的心理的运作方式完全不同于其他人的。
- 任何一点小事都要请教讲师。如果他正忙，那就在实验室中闲逛，直到他能回应你。要毫不犹豫地为其他已经开始工作的学生提出建议。
- 告诉讲师科学尚不成熟，一个人的心理所包含的内容不一定包含在另一个人的心理之中。用奇闻轶事来支持你的观点。
- 工作中尽可能地发出噪音。在实验的间歇，和你的搭档谈论当前的政治或体育纪录。
- 当你进入实验室时，解释你长久以来对实验心理学的兴趣。……讲述引起你兴趣的那些心灵感应的经验或原因。
- 养成实验训练总是迟到一刻钟的习惯。这样就可以把枯燥乏味的准备工作丢给你的搭档，同时你仍可以为自己按时上课而自豪。

实验者

铁钦纳是美国心理学会的创始会员之一，尽管他并没有出席霍尔在克拉克召开的成立会议，但他的确参加了 1892 年冬天召开的第一次年度会议。然而，没多久他对这个组织的幻想就破灭了，并放弃了他的会员资格（后来有两次他又重新加入，又都再次放弃）。铁钦纳这么做部分是出于个人的原因。铁钦纳感觉在一个“美国的”心理学会中自己像一个局外人，而且这个组织违背了他关于正当行为的严格准则，因为它拒绝指责它的一个会员，而铁钦纳（有充足的理由）谴责这个人剽窃了他所翻译的冯特一本著作的部分内容。更重要的是，铁钦纳认为，这个组织没有体现他所设想的一个真正的实验心理学，而且其会议组织方式也没有推动心理学的发展。1895 年，在为《美国心理学杂志》所写的一篇评论中，他抱怨说，对于研究的陈述“根本不可能仔细思考和领会……因为方法和结果在演讲形式中都被抛弃了，而演讲缩减到 20 分钟范围内”（Titchener，1895，p. 448）。相反，他建议，“会议应该采取学术谈话会的形式，实验所使用的仪器应该呈现在报告中，结果应该辅以图表来证明，而且图表应该安排在仪器附近”（p. 448）。

182 到 1904 年，铁钦纳准备亲自修正这个问题，他提议成立一个实验心理学者的非正式的“俱乐部”。他并不打算与美国心理学会相竞争，而是要为研究者向同行呈现他们的研究成果提供一个更好的方式。因此，一个后来以“实验者”（Experimentalists）著称的组织诞生了（Boring，1967；Goodwin，1985）。每年春天，他们都会轮流在不同地方的实验室相聚两三天。他们探讨研究进展，改进实验仪器，总的来说，就是努力保持纯实验心理学精神的活力。禁止宣读任何正式的论文，而且也不许发表聚会的记述文章。铁钦纳全权统领着这个组织，例如，东道主邀请与会人员的名单要由他审定。图 7—4 展现的是这个组织成员的合照，拍摄于 1916 年在普林斯顿（Princeton）聚会时。

图 7—4　1916 年在普林斯顿的铁钦纳的“实验者”（许多人都拿着雪茄烟），引自 Popplestone 和 McPherson（1994）。

被邀请参加春季聚会的人员包括实验室讲师和其他符合铁钦纳要求的研究者。也就是说，他们必须非常乐意致力于实验研究，不过，他们不一定是铁钦纳构造主义的坚定追随者。另外，为了有助于确保一个“纯”实验科学的思想后继有人，有才华的研究生经常陪同他们的导师参加聚会。这个组织规模虽小，影响却不小。它的成员间的通信联系常常使实验者的同僚们或他们的学生们在合适的学术职位中得到安排。

这个组织的另外一个特点是其成员的性别——“实验者”的所有成员都是男性。一部分原因是前面一章所提到的无处不在的性别歧视。不过，在铁钦纳的思想观念里，这项禁令源自他的绅士行为准则。他希望“实验者”有些像一个英国的俱乐部，在那里男人们可以随心所欲地谈论任何话题，而无需顾虑女人在场时的行为“得体”。这就意味着能够肆无忌惮地大声讨论一些问题，而双方都不会认为是冒犯；铁钦纳和他那个时代的其他男人都想当然地认为妇女会带着个人的情绪进行这样的争论（即她们会过于激动）。这个俱乐部允许抽烟，而当时的社会习俗通常是不准女人进入男人抽烟的房间的。就在这个组织成立之前，桑福德在写给铁钦纳的一封信中概述了这些观点。可能是考虑到卡尔金斯、沃斯伯恩和莱德-富兰克林（第 6 章），他指出，“科学领域的几位女性完全有权利参加，如果 183

女性不被邀请的话，她们可能会感到自尊心受了伤害（以一种普遍的非个人的方式）。另一方面，她们肯定会对抽烟加以干涉，而且会在一定程度上妨碍一个纯粹的男性集会的普遍自由”（引自 Furumoto，1988，p. 104）。宾夕法尼亚大学（University of Pennsylvania）的莱特纳·威特默（第 12 章）在致铁钦纳的信中写道，“举行一个非正式的男女都有的集会是不可行的……我们需要一个小型的朝气蓬勃的社团，此间我们可以畅所欲言……我认为女人的到场……极大地增加了（把辩论曲解为非难的）这种危险，因为她们通常在科学探讨中也会掺杂个人的感情”（引自 Furumoto，1988，p. 105）。

作为对铁钦纳反对女性的指责的回应，有人指出，他的研究生大约有半数是女性，他的第一个博士生是玛格丽特·沃斯伯恩，而且，在康奈尔时，至少有一次他坚持聘用一名女性心理学家，全然不顾校方的反对（Leys & Evans，1990）。另一方面，铁钦纳的实验室有女性的部分原因是制度上的——多年来，康奈尔是妇女想要成为一名“正式的”学生唯一能去的地方。无论如何，铁钦纳的俱乐部将女性排除在外给她们的发展设置了一道障碍，也对她们获得重要的学术职位造成了困难。在铁钦纳去世后，该组织重组并根据法律同意接纳女性，但几乎没有女性被提名成为会员（Furumoto，1988）。①

铁钦纳的构造主义体系

在本章的开篇，我就指出，在铁钦纳看来，心理学的首要目标是将人类的意识分析为它的基本元素或构造成分。因而，铁钦纳的心理学是关于人类心理构造的科学，研究的首要目的就是通过实验研究确定这个构造。不过，分析不是唯一的目的。心理学还必须要弄明白综合（synthesis）的过程，即心理元素如何结合并联结成更复杂的现象。用铁钦纳的话讲，实验者“学习系统地阐述基本心理过程的联结律。如果多种声音的感觉一起发生，它们就会混合或融合；如果多种色彩的感觉相继发生，它们就会彼此加强：而且这一切都是以相当有规律的方式发生，因而我们可以得出声音融合律和色彩对比律”（Titchener，1909，pp. 37－38）。分析和综合都能对心理现象进行详尽描述，除了这两个目标外，铁钦纳认为心理学的第三个目标是解释，他的意思是说弄明白神经系统如何产生各种各样的感觉、知觉和认知现象的，他对这些现象感兴趣。他的研究极少关注第三个目标。

为了对心理现象的分析和综合进行非常精确的描述，铁钦纳提出了一个研究方案，包括《实验心理学：实验室实践手册》中所介绍的定性研究和定量研究。为了更好地把握铁钦纳所认为的导论课程中必不可少的主题，可查阅表 7—2，表格对他的《心理学教科书》的章节安排作了概括，假若你上过铁钦纳 1909 年的心理学导论课程，你就一定使用过这

① 1953 年，著名的生理心理学家唐纳德·赫布（Donald Hebb）从协会（“实验者”重组后成为实验心理学家协会——译者注）辞职，主要的理由就是它更像是一个排外的社会俱乐部，而不是一个真正的荣誉协会。他的辞职信中有一个手写的短笺，质问“为什么没有女性？宪章承认她们”（引自 Glickman，1996，p. 243）。

本教科书。正如你所见，全书的主题是感觉和知觉。书中几乎没有神经系统的内容，却有大量关于分析和综合的目标的说明。注意，此书至少 1/3 的内容是在描述基本的感觉过程。

表 7—2　铁钦纳《心理学教科书》的内容

每章标题	页数	百分比（%）
心理学的论题、方法和问题	43	8
感觉，细分为：	179	33
视觉		
听觉		
嗅觉		
味觉		
皮肤觉		
动觉		
其他机体觉		
联觉		
感觉强度		
（心理物理学）		
情感	39	7
注意	38	7
知觉，细分为：	71	13
空间知觉		
时间知觉		
质量知觉		
复合知觉		
知觉心理学		
联想	22	4
记忆和想象	31	6
行为	42	8
情绪	33	6
思维	43	8
结语——心理学的地位	3	<1

铁钦纳完成这些研究主题所使用的方法通常是和他的名字相联系的——内省。正如你回想起的第 4 章内容，内省是莱比锡实验室的一种重要方法，不过，冯特把它称做内部知
觉，其应用仅限于心理物理学结果的简单口头报告（“这个比另一个重一点”）和其他感觉 184
研究上。然而，冯特的学生奥斯瓦尔德·屈尔佩（也是铁钦纳的朋友）将这种方法进一步深化为系统的实验内省（systematic experimental introspection），即观察者对完成某项任务（如字词联想）时所发生的意识事件给予详细的报告。铁钦纳所采取的正是后一种方

法，并将其发展到高度精确的水平。

铁钦纳非常了解内省的基本问题——在进行意识经验的同时又对它反省是不可能的。为了解决这一问题，他提出了三个方法。第一，依靠记忆，推迟内省“观察，直到要描述的经验过程全部结束，然后再对它进行回忆，根据记忆进行描述。内省因此而变成了回想，内省考察成了事后剖析”（Titchener，1909，p. 22）。第二，使用与屈尔佩实验室（第4章）相联系的分段法，将经验分解为几个阶段，以便减少记忆负载。第三，这是铁钦纳认为最重要的方法，即养成他所谓的内省习惯（introspective habit）：

> ……训练有素的观察者养成内省习惯，使内省态度（introspective attitude）与他的身体融为一体，这样，对他来说，在进行观察时，不仅可以记在脑子里且不干扰意识，甚至还可以草草写下来，就像生物组织学家做这些时他的视线仍停留在显微镜的接目镜上。(p. 23)

这是重要的一段，因为它是铁钦纳坚决要求他的观察者必须受过严格训练的主要原因。实际上，他们成了内省机器，行为非常自动化，以至于可以假定记忆问题和任何倾向性的影响都不存在。训练对于避免铁钦纳所说的刺激错误（stimulus error）也是重要的。刺激错误就是报告事件时倾向于描述所呈现的刺激，而不是描述由那些刺激所产生的意识经验。例如，当观察一棵树时，一个正确的内省描述应该包括对所有存在的感觉元素的陈述：形状、色彩、结构和运动，以及一起产生的愉快/不愉快的情感维度和任何伴随而来的头脑中的意象。在此刺激错误就是仅仅报告正观察到一棵大“树”。对我们而言，如今要领会“内省态度”是困难的，因为这种类型的实验训练已不复存在。不过，本章的视窗将会让你对内省习惯的大体情况有所洞察。

185 视窗

内省态度

当代心理学中不再有铁钦纳的内省，这使我们难以了解一个内省描述的真实面貌。查明真相的一个途径是阅读总结这类研究的文章，因为它们通常包括毫无改动的内省描述。例如，考察下面关于注意的研究。它是卡尔·达伦巴赫（Karl Dallenbach）的博士论文，达伦巴赫是铁钦纳的学生之一，而且后来成为他在康奈尔的同事。所使用的方法类似于在现代注意研究中所使用的方法，达伦巴赫（1913）的兴趣在于当注意超负荷时意识会如何。他的方法之一就是让观察者听两个设置为不同节拍的节拍器，并试着数出在重合的节拍之间的节拍数。同时，他们还要完成某项心理任务，比如连续地相加数字、唱歌或者倒背字母表。每个“实验”持续90秒。以下是一位观察者所报告的经验。注意所呈现的本章下节将论述的铁钦纳的全部基本元素——感觉、意象和情感。

……在实验过程中，节拍器的声音，像一系列不连续的滴答声，只有四五次在意识中是清晰的，而且刚开始时这种声音特别令人讨厌。还伴有极度的紧张感和不愉快。实验的其余时间，我的注意力集中在做加法上，由数字的听觉意象组成，有时呈现在我正前方三英尺的一个黑灰色的量表上，这个过程伴有眼部动觉及胸部和胳膊的紧张感。当意识中这些过程清晰时，节拍器的声音是非常模糊不清的。(Dallenbach, 1913, p. 467)

阅读这种全篇都是内省叙述的文章可能有助于了解内省，但是它们一般都倾向于冗长、重复而且令人厌烦，这也让人明白了心理学家为什么最终摈弃了这种方法。了解内省态度的一个有意思的方式是阅读那个时代实验心理学家们彼此之间所写的信件（Goodwin, 1991)。内省思想如此根深蒂固，以至于他们的通信中很自然地夹杂着与他们的经验有关的非正式的内省。例如，从新罕布什尔度假回来后，埃德蒙·桑福德就写信给铁钦纳谈了他对雷电交加的暴风雨的恐惧。他写道：

……我在今年夏天进行了充分的观察，只发现了带有不愉快色彩的器官感觉和其他感觉，而且发现，在认知方面，指向一小团观念的统觉约束与所惧怕在本能活动和思维上具有某种结果的事情联系起来。……当暴风雨即将来临时，就会出现那些可描述为心脏和内脏征兆，等等——尽管事情实际出现时，这些就如同普通的事件一样，并没有预期的——即当暴风雨迫近时——那么显著。(Sanford, 1910)

一个说明内省从来就没有远离过世纪之交的心理学家的思想的更惹人注目的例子，来自 1893 年宾夕法尼亚大学的莱特纳·威特默致哈佛的雨果·闵斯特伯格的一封信。威特默曾以一种非同寻常的方式直接研究痛苦心理学： 186

……我让一匹马把我从它的背上甩了下来，使我的肩膀和脑袋着地。在此之前我就失去了意识……我不仅不记得乘骑和奔跑的马，而且我也几乎忘记了所发生的一切……从那天起床时直到我完全恢复意识，……我不能形成连续的事件系列。我的头痛了一会儿，不过现在全好了，但是我的胳膊对大量实验都是有帮助的，因为它仍继续不时地剧痛。……我的苦恼的心理方面将会构成明年秋季的至少三个讲演的基础。(Witmer, 1893)

意识经验的构造元素

铁钦纳以他的内省分析为基础区分了三种类型的基本心理过程：感觉、意象和情感。感觉是更复杂的知觉过程的基本元素，意象是观念的基本成分，而情感则是我们情绪的元素。这些基本元素都不能再进一步分解，但是它们的确都具有各种特征或特性（attributes)。例如，所有的感觉都具有性质、强度、持续性和清晰性这些特性。性质是把一种感觉和另一种感觉区分开来的特性：红与绿的区别，冷与暖的区别，高音与低音的区别。强度是指刺激的强度，如分贝水平。持续性是不言而喻的——所有感觉持续的某一可测量的时间段。而清晰性“是赋予感觉在意识中的地位的特性：在意识背景中，较清晰的感觉是主导的、独立的、突出的，较不清晰的感觉是从属的、模糊的”（Titchener，1909，p. 53）。根据铁钦纳的观点，注意从本质上可归纳为感觉的清晰性这个特性。

铁钦纳认为，意象具有相同的四个特性，但是与感觉相比较来看，其性质是“相对暗淡的、衰弱的、褪色的、模糊的”（1909，p. 198）。[①] 另外，他认为，意象的强度和持续性“显著地小于”（p. 198）感觉。情感状态是我们情绪生活的核心，在两个重要方面不同于感觉和意象。第一，尽管确实有成千上万种不同的感觉和意象的性质，铁钦纳认为情感只有两个基本的性质——愉快和不愉快。第二，情感具有性质、强度和持续性的特性，但缺乏清晰性。例如，如果我们想在一个音乐会上体验到愉快，我们必须注意感觉元素（即音乐），而不是愉快的情感本身；如果我们的注意集中于情感，愉快就消失了。铁钦纳拒绝詹姆斯—兰格情绪理论，理由是他认为詹姆斯通过把情绪等同于身体反应而将情感还原为感觉（Heidbreder，1933）。另一方面，对于铁钦纳而言，愉快和不愉快不能还原为感觉的性质。

187 铁钦纳的构造主义随着时间流逝而继续发展，到 20 世纪 20 年代，他不再强调元素，提出了一个更加现象学的模式，从维度方面描述感觉过程。因而，感觉“由一个可观察的统一体向一个分类上的术语”转变（Evans，1972，p. 172）。铁钦纳还改变了情感是一个独立的元素的观点，这是在他的一名学生完成了学位论文之后，这篇论文看起来将情感的愉快和不愉快性质分别还原为“明亮的压力”感觉和“阴暗的压力”感觉（Henle，1974）。铁钦纳沿着这些线索不断地修正他的体系，但是在 20 世纪 20 年代他的多产岁月却戛然而止，或许正说明了脑肿瘤的早期影响，1927 年，脑肿瘤夺走了他的生命，最后的体系再也没有完成。一些导论性的篇章在他去世后以一本《系统心理学：绪论》（1929）集结出版。

评价铁钦纳对心理学的贡献

在铁钦纳看来，心理学是一门纯实验科学，目的在于发现人类意识的基本构造。系统的实验内省是其首要方法，由于这种内省形式需要广泛训练，所以只限于目的高度明确的成年观察者。因此，根据铁钦纳的观点，心理学是“一般的成人心理”的科学。这个相当狭窄的研究领域界定的两个直接后果是（1）铁钦纳对心理间的个体差异不感兴趣，（2）他将使用儿童、动物和疯子的所有研究排除在他的心理学定义之外，因为他们永远都不可能正确地内省。另外，因为这门学科要保持实验的纯粹性，铁钦纳还将诸如工业心理学和

---

① 回忆一下第 4 章的内容，冯特区分了两种元素：感觉和情感。和休谟一样，他认为，意象仅仅是感觉的微弱的摹本，最终可以还原为感觉。铁钦纳显然是沿着相似的线索在思考，甚至对称它们作为独立的元素表现出了某种不确定性，不过，至少在他思考的这个阶段，却又觉得感觉和意象的性质如此截然不同，足以证明是独立的基本成分（Hindeland，1971）。

教育心理学之类的应用课题排除在他界定的领域之外。尽管他的心理学视野由此而极端狭隘，但也直接导致了他主要而持久的贡献——促进了实验室中以严密控制为特征的实验心理学的发展。尽管他特有的内省法已经退出舞台，但是，他对于基本实验研究的价值作为一个为心理学知识提供基础的方式的坚持，为实验在所有设有心理学课程的学院和大学中争得了一席之地。恰如一位史学家所言，正是铁钦纳“使得心理学科学化——因为他将心理学限制在实验室之中并通过控制条件下的实验得出结论”（Hindeland，1971，p. 28）。

另一方面，铁钦纳的心理学是独立于美国心理学之外的，正像伊萨卡（Ithaca）与其他的研究中心格格不入一样。构造主义作为一个体系最终失败了，主要是因为内省方法的缺陷，但也是因为铁钦纳绝不妥协地坚持认为他的方法是唯一的。尽管铁钦纳相信训练有素的观察者养成了“内省习惯”，从而避免了倾向性，并能重复实验，但是，这种方法存在的严重问题很快就显而易见了。异议在围绕铁钦纳而展开的几场辩论中得以阐明。一个是第 4 章（p. 111）所描述的无意象思维问题。正如你所记得的，符茨堡的屈尔佩实验室中的内省者发现了意识思维发生时没有意象的情况。例如，在一项心理物理学的重量判断研究中，许多时刻都有意象发生，但恰恰就在判断的刹那没有意象。判断本身看起来是一个“无意象”思维。这对于将意象是所有观念的基本元素奉为教条的铁钦纳体系是一个直接威胁。为了反对这个攻击，铁钦纳将符茨堡的结果视为实验控制的失败而不予考虑，并且发现，在他的实验室，观察者在重量判断实验的所有阶段确实都能觉察到意象。然而，由于内省固有的主观性特征，根本就没有独立的方法来确定孰是孰非。内省不能产生客观的数据这个问题开始显现出来。

另一个是关于反应时的争论，产生了相似的结果——康奈尔实验室的数据与铁钦纳的观点相吻合，但其他的实验室却得出不同的研究结果。普林斯顿的一名研究者詹姆斯·马克·鲍德温（James Mark Baldwin，1861—1934）揭露出他相信在简单反应时实验中存在个体差异。在铁钦纳看来，鲍德温的错误在于使用了幼稚的（即未经训练的）观察者。当然，这样的个体差异不会在康奈尔出现，因为那里的内省者都“训练有素”。克兰茨（Krantz）（1969）的一篇文章详述了这场包括对骂在内的争论，不过，我们谈论这场争论的目的是把它作为说明内省的根本缺陷的又一个例子。 *188*

因此，心理学家开始觉得铁钦纳所坚持的广泛训练恰恰导致了倾向性，而不是消除了它——训练开始看起来像教导。在发起行为主义（第 10 章的原始资料摘录）的那篇论文中，约翰·华生概括了内省的客观性问题：

> ……以感觉为例。感觉是根据它的特性定义的。一位心理学家倾向于将视觉的特性陈述为性质、外延性、持续性和强度。另一位会增加清晰性。还有一位会增加顺序性。我怀疑任何一位心理学家还能否得出一组有关他所认为的描绘感觉的陈述，得到其他三位经过不同训练的心理学家的一致赞同……我坚信，如果内省方法不被抛弃，从现在起 200 年内，心理学将仍在诸如以下问题上争论不休：听觉是否具有“外延

性”，强度是否是适用于色彩的一个特性，意象和感觉在“构造”（texture）上以及许许多多其他相似特征上是否存在差异。（Watson，1913，p. 164）

内省的失败标志着构造主义的最后终结，但是铁钦纳的人格力量为心理学做出了最后一个贡献。正如本章开篇波林所写的讣告所认为的，铁钦纳的去世使美国心理学失去了一个反对的靶子。铁钦纳身着讲袍作讲演并说这套服装授予了他固执己见的权利，坚决主张内省心理学的有效性，而且，对于那些背离它的人来说，他是一个固执而表达力很强的批评家。他的所作所为使得反对者们必须让他们自己的体系明白易懂。如果说心理学的一些思想学派是通过他们对某个公认势力的反对而获得契机的话，那么，铁钦纳的构造主义就具有给诸如机能主义和行为主义这类运动提供一个清晰靶子的价值。

美国的心理学：机能主义

铁钦纳可能对应用心理学和个体差异或者对研究动物、儿童或疯子都没有兴趣，但是，实际上，美国其他的心理学家对此都有兴趣。出现这一情况的部分原因源自19世纪末期美国的历史背景。在该世纪的最后30年中，美国在南北战争结束后步入了持续发展的时期。正是这样一个时代——重建南部，开拓西部，修建铁路，革新技术（例如电话、打字机），大规模工业化，以及诸如名为洛克菲勒（Rockefeller）、范德毕特（Vanderbilt）、摩根（Morgan）、卡内基（Carnegie）、梅隆（Mellon）的黄金时代的创业者们积聚了巨额财富。当然，它也是这样一个时代——土著美国人被赶出他们自己的家园并惨遭杀戮，工人们为了微薄的薪水而忍受着超时劳动和危险的工作环境，妇女和少数民族被认为在智力上次于男性白种人，极少的富豪和大量的穷人间产生了巨大鸿沟。不过，大多数（白种人，男性）美国人开始形成他们国民特征的观念，即强调个人为成败负责，重视个人而不在乎他的经历，在市场中竞争并获胜，而且通常考虑的是物体和观念的有用性或实践价值。

这种正在形成的美国实用主义的个性原型与进化论思想是一致的，尽管大部分美国人
189 都坚决否认他们是达尔文主义者。然而，美国人被英国的进化论推广者赫伯特·斯宾塞（Herbert Spencer，1820—1903）的观点所吸引，他提出的一种进化论正与支持事情“获胜”方的美国人相契合。正是斯宾塞而不是达尔文创造了“适者生存”这个短语，但是，斯宾塞的适合（fitness）概念与达尔文的并不相同。[1] 对达尔文而言，任何有助于生存目

① 两人之间的另一个重要不同在于，达尔文在科学上是保守的，在缺乏大量的资料时不愿作推测。正像第5章所讨论的，由于缺乏资料而不愿意推测是他推迟出版《物种起源》的一个原因。另一方面，斯宾塞对于没有可靠证据的推测却毫不迟疑。曾传说斯宾塞认为“悲剧观点就是一个被事实否决的推论”（引自Boakes，1984，p. 10）。

标（如伪装）的物种特性都将构成适合，而斯宾塞使用这个术语的含义是幸存者是为有限的资源而激烈战斗的获胜方。作为斯宾塞使用的短语，适者生存与 19 世纪美国人特征的形成是水乳交融的，并起到了促进作用。斯宾塞的体系后来以社会达尔文主义（social Darwinism）而知名。

社会达尔文主义者认为，进化的力量是必然的、不可避免的，任何人为改变这些力量的企图都是错误的、有害的。斯宾塞认为，进化不应该受到任何抑制，这个看法对当时社会的、政治的和经济的背景都具有直接意义。例如，这就意味着政府不应该干涉经营事务——生意上的失败者之所以失败就是因为他们不“适合”。另一方面，那些积聚了巨额财富的人不应该受到任何形式的管理或处罚（如征税）——他们的财富只不过是他们适合的标志。而且，政府还不应该扶助穷人——他们的贫穷显然是缺乏适合性的结果。如果得到政府的救济，在他们生育相似的不适合的孩子们时，他们的适合性缺乏将会进一步蔓延。社会达尔文主义者信奉“适合，所以成功”，并对此进行了有逻辑错误的逆转“成功，所以适合”的推理。因此，进化的适合性成了使贫富间的巨大差距合理化的工具，成了维护男性白种人优越于其他人（如妇女、黑人、土著美国人）的信念的工具。绝大多数美国心理学家，特别是那些对心理测验感兴趣的心理学家（参阅第 8 章），通常都赞同社会达尔文主义。

心理学家们认同的进化论思想自然引起了研究个体差异、动物行为、发展和变态行为的兴趣，也导致了对心理学原理的实践应用的研究。这种比铁钦纳的构造主义倾向于更加多样化的心理学的趋势清晰地展现在詹姆斯和霍尔（第 6 章）的研究中，他们两位都受到了达尔文的影响，也都在铁钦纳由莱比锡到康奈尔之前做出了重要贡献。这场运动后来被称做机能主义（functionalism），而且，虽然它传播得如此广泛以至于被称做“美国心理学”，但它通常与两个学派——芝加哥学派和哥伦比亚学派相联系。本章下面将描述这两个学派的一些心理学家的研究。第 8 章将对应用主题这一机能主义思想的中心成分作详细说明。

芝加哥机能主义者

1889 年 5 月，因标准石油而大发横财的约翰 · D · 洛克菲勒（John D. Rockefeller）捐赠了最初的 60 万美元用以建立一所教会大学，条件是浸礼会要捐赠另外 40 万美元（Ryan，1939）。大学将建在芝加哥，这座城市已经显现出促使诗人卡尔 · 桑德伯格（Carl Sandburg）称之为“巨肩之城（City of the Big Shoulders）”那种名望。1871 年那场著名的火灾烧毁面积达1 688英亩，烧毁了价值达 1.92 亿美元的建筑物，拖垮了 64 家保险公司（Cashman，1993），芝加哥几乎被摧毁，但它却是 19 世纪末期美国发展最迅猛的城市之一。它拥有数百英亩的牛栏猪圈、屠宰场和牲畜屠宰加工厂，这使它成为牛肉和猪肉工业的中心，它的地理位置也使之成为天然的铁路枢纽及那些依靠铁路运输和北美五大湖的轮船运输的产业（如伐木业、炼钢业、农业）的基地。这所新大学远离东海岸学术界，是一项大胆冒险的事业，在校长威廉·瑞内·哈珀（William Rainey Harper）的领导下大获190 成功，哈珀是一位研究《圣经》的学者，18岁时就获得了耶鲁大学的博士学位。哈珀的主要挑战是要聘请一个高质量的教师团队，这个任务因为克拉克大学的麻烦而变得容易了。正如你回顾前一章而知悉的，哈珀聘请了对克拉克大学不满的教员和研究生担任教职，当时，他们正因经济问题和校长霍尔的反复无常而意欲寻求更好的机会。

1892年，芝加哥大学建成，虽然它离东部非常遥远，却很快就成为高等教育的“领头羊”。它包括一所研究生院和一所神学院，还包括人文学科、实用学科、文学和科学等各自独立的学院。成立之初就有一支120人的庞大的教员队伍，三年间，他们培养了534名研究生，比约翰·霍普金斯大学和克拉克大学培养的研究生的总和还要多（Ryan，1939）。

建成两年后，哈珀聘请了一位密歇根大学（University of Michigan）的年轻讲师担任芝加哥大学哲学系主任。尽管约翰·杜威是因他的有关民主的哲学著作和教育改革方法而更为知名，但他也写了一篇通常被视为美国机能主义正式起点的论文。

约翰·杜威（John Dewey，1859—1952）：反射弧

约翰·杜威出生于紧邻尚普兰（Champlain）湖的西佛蒙特（western Vermont）的一个小城市伯林顿（Burlington）。在那里，他所成长的环境赋予了他传统美国人的价值观：努力工作，尊重他人，勤俭节约，坦率真诚，热爱民主。15岁高中毕业后，杜威进入附近的佛蒙特大学（University of Vermont）学习，这所大学的8名教员仅仅教授几十名学生；1879年，杜威和16位同学一起毕业（Barone，1996）。在佛蒙特大学时，他学习了传统的古典文学，但他也通过学习地质学和动物学这些新科学而初次接触了进化论思想。

毕业后，杜威在高中教了几年书，然后决定继续他的学业。约翰·霍普金斯大学是学术界冉冉升起的新星，1882年，杜威到那里学习哲学。新心理学纳入了霍普金斯的哲学课程中，因而杜威的课程表就包括在G·斯坦利·霍尔独特的新实验室的研究。1884年获得哲学博士学位后，杜威到了密歇根。在那里他教授哲学和心理学，并于1886年将他的笔记整理出版了一本教科书《心理学》。这本书在许多大学中使用了数年，并且作为密歇根大学的标准教材达10年之久（Raphelson，1973），但是，1890年，威廉·詹姆斯的鸿篇巨作一出版，它立即被取而代之。杜威本人欣然承认《心理学原理》要比他的著作优秀。

正像前面所提及的，1894年，哈珀聘请杜威负责芝加哥大学的哲学课程。他接手后的新哲学系包括传统哲学、实验心理学和杜威极感兴趣的另一个领域——教育学。在芝加哥大学的10年间，杜威使这所大学作为机能主义中心的地位得以确立，部分是通过聘任赞同这个运动的同仁，但主要是通过发表于1896年的一篇标题为《心理学中的反射弧概念》的文章。文中，他与看待反射的传统方式进行了争论。自贝尔和马戎第将反射分离为独立的感觉通路和运动通路（第3章）以来，生理学家们都把反射弧（reflex arc）看做三个独立的基本成分：刺激产生感觉，中间过程产生观念、行为或运动反应。然而，杜威认为，将反射分解为这些“元素”是人为的，导致了一个“不是全面的或有机的整体，而是支离破碎的成分的拼凑”的反射概念（Dewey，1896/1948，p. 356）。相反，杜威提出一个以机能代替结构分析的反射模式。

杜威认为，最好把反射构想为一个具有使有机体适应其环境的机能的一体化的、协调的整体。而且，它更像是一个连续的环而不是“弧”，后者含有截然不同的起点和终点的意思。以杜威所举的触摸烛火的小孩为例进行考察。那些使用反射弧模式的人会将这个事件分析为一系列刺激—反应成分——看到火焰，触摸它，感觉烫，然后手缩回（S-R-S-R）。不过，在杜威看来，如此的分析将一个复杂的行为过于简单化了。例如，看到某物后 191
去触摸它只有置于更大的孩子学习史背景中可能才有意义：“看到和抓握总是捆绑在一起的，互相强化，互相帮助，以至于每一个动作实际上都可以被视做一个更大的协调动作的次级成分”（p. 356）。这个事件的第二步，即手被火烧灼并缩回，也是一个更大的产生学习活动的协调动作的成分；对于孩子来说，火焰现在具有了新的意义。从那一刻起，看到一个燃烧的蜡烛“不再只是看到，而是看到了一个如果触碰就会疼痛的火光”（p. 357）。因而，这个孩子适应了环境，这是经验的结果。而且，看到一根点燃的蜡烛现在具有了特定的意义，相异于有不同经验的不同孩子所看到的同一情景。正如将在第 9 章看到的，行为不是源于一个特定的刺激而是源于一个被知觉的刺激这样的观点对于德国格式塔心理学家极为重要。杜威极力主张，研究人类行为的心理学家不应该关注对元素的微观分析，而应关注行为如何发挥作用使竞争中的有机体健康强壮以适应变动不居的世界。也就是说，杜威建议改变对行为的强调，思想上由强调“什么”向关注“为了什么”转变。

世纪之交的美国正进入革新时代，这是一个彻底改革的时期和反对社会达尔文主义的开端。正是在此期间，商业垄断遭到攻击，其领导者正像曾经被称为生存竞争英雄一样，现在又被称为强权掠夺者。代表劳动者的工会取得了长足发展，联邦政府颁布了法规以保护普通美国人免遭各种虐待（例如童工、食品加工业的不卫生的环境），社会改良者开始改善那些过去因“不适合”而被取消的群体的福利。约翰·杜威在这样的情势中非常得心应手，对教育改革做出了重要贡献，并发起了后来以改良教育（progressive education）而知名的那场运动。

杜威大学毕业后曾做过很短的一段时间的中学教师。他强烈反对传统的那种强调机械学习、训练和练习以及纪律严明的教育方法。在这种氛围中教室成了尽力要逃避的地方而不是学习的地方。不过，杜威认为，教育是有效民主的关键，因为它为每个人提供了一个前进的平等机会。当时，公立教育正在飞跃发展①，教育改革势在必行。作为回应，1896

① 1871 年只有 6 个州实行义务教育，但到 1900 年，义务教育实际上就很普遍了，1890—1910 年，公立学校的学生人数增加了 4 倍（Cashman，1993）。

年，杜威在芝加哥创建了一所“实验学校”以研究儿童在课堂上如何最好地学习，并出版了《学校和社会》(1899)，这部著作确立了他作为重要教育哲学家的声望。1899 年，他还以论坛的形式发表了就任美国心理学会主席的就职演讲，呼吁心理学家运用他们有关心理学的新知识改善教育状况（Dewey，1900）。杜威认为，儿童是通过与他们的环境之间的互动进行学习的——“做中学”。因而，学校应该创造一种氛围，以鼓励儿童独立地探索、批判且富有创造性地思考并主动地融入学习之中。

1904 年，杜威离开芝加哥前往哥伦比亚大学，哲学系交由詹姆斯·安吉尔领导。在哥伦比亚，他没有对心理学做出更多的贡献，但他继续在其民主哲学的背景中为教育改革和社会改革摇旗呐喊。他是教师联合会的强有力的支持者，促成了美国大学教授学会（American Association of University Professors）的成立，是美国民权自由联盟（American Civil Liberties Union）的会员，并积极地为妇女的选举权开展运动（Hilgard，1987）。他在 80 岁高龄时依然积极投身于自由主义事业。

詹姆斯·R·安吉尔（James R. Angell，1869—1949）：机能心理学的范围

和杜威一样，詹姆斯·罗兰·安吉尔出生于佛蒙特的伯林顿（Burlington），是佛蒙特
192 大学校长之子。1871 年，他父亲就任密歇根大学校长，安吉尔一家搬到了中西部，詹姆斯成长于安阿伯（Ann Arbor）的学术环境之中。他就读于他父亲所在的大学，学习哲学、古典文学，并通过植物学课程接触了自然科学。他对心理学的了解始于跟随杜威学习的一门课程，使用了这位教授的新教科书。1890 年，安吉尔从密歇根大学毕业，之后经过一年的学习于 1891 年获得哲学硕士学位。在这最后一年中，他的课程中有一门杜威开设的研究班课程，使用了詹姆斯的新教科书《心理学原理》。他后来回忆说，这本教科书“对我其后 20 年的思想的影响毫无疑问比其他任何教科书都要深刻得多”（引自 Raphelson，1973，p. 120）。为了亲身聆听威廉·詹姆斯的教诲，安吉尔去了剑桥，接受了詹姆斯一年的指导，在此期间，他尝试进行了一些不成功的心理现象研究。之后他决定获得一个德国的博士学位。当时，美国的博士培养即使不比德国的优异，那也与其一样好了，但是，欧洲大陆的博士学位仍然有很高的声望。安吉尔显然是清楚这个身份的益处的——他想凭借着莱比锡大学的毕业证书铺平以后的道路，他的表兄弗兰克（Frank）刚因为每年 3 000美元的高价而被从康奈尔大学吸引至斯坦福大学（O'Donnell，1985）。

安吉尔本打算仿效他的表兄也到莱比锡大学，但冯特的实验室人员已满，于是他在柏林跟随艾宾浩斯学习了一段时间，之后又转至哈雷大学。在那里，他完成了博士学位的研究，但没有完成最后的学位论文（要求他提高德语水平），此前他接受了明尼苏达大学（University of Minnesota）的一个讲师职位。薪水和工作的稳定使他能够迎娶那位他在密歇根时就相识的女人，对于 24 岁的安吉尔来说，爱情和新工作足以补偿那看起来只不过是一张纸的损失。因此，尽管他以后指导过几位杰出的美国心理学家的博士科研项目，但他最终也没完成自己的博士论文。

1894 年，在明尼苏达大学待了一年时间后，杜威聘请这位年轻的讲师到芝加哥大学负责哲学课程的心理学部分，于是安吉尔一家移居到芝加哥。当 10 年后杜威前往哥伦比亚大学时，心理学已从哲学中分离出来独立成系，安吉尔担任系主任。他更喜欢从事行政管理工作，并于 1911 年被任命为教务长而远离了心理学。安吉尔最终步其父亲的后尘成为一名大学校长，20 世纪 20 年代和 30 年代担任耶鲁大学校长，一直到 1937 年退休。

安吉尔对于心理学的重要贡献在于他在 1894—1911 年的研究。在这段时间，他在诸如反应时、想象和声音定位[①]等领域进行了有价值的研究，而且他将芝加哥大学心理学系打造为全国仅有的两三个顶尖的系之一。他还因为写了一本广受欢迎的导论类教科书 193 (Angell，1904) 和 1906 年当选为美国心理学会主席后所作的一个值得纪念的演讲 (Angell，1906) 而成为机能主义最著名的代言人。杜威的反射弧论文可能已经成为机能主义思想的基础文献，但它不是“这就是机能主义的含义”这类的论文。安吉尔的却是——他称之为“机能心理学的范围”。在某种程度上，它是对 1898 年铁钦纳的《构造心理学的公设》论文的一个回应。

重要年份 1906

这一年以詹姆斯·安吉尔就任美国心理学会主席的就职演讲（《机能心理学的范围》）的发表为标志，这使得机能心理学成为关注的焦点。

还发生了下列事件：

- 厄普顿·辛克莱（Upton Sinclair）在《屠场》中对芝加哥的牲畜围场和屠宰场进行描绘之后，第一个《美国纯食品和药品法》(U. S. Pure Food and Drugs Act) 通过
- 中国和英国就缩减鸦片总产量达成一致意见
- 圣弗朗西斯科（San Francisco）地震造成 700 人丧生和 4 亿美元的财产损失
- 特迪·罗斯福（Teddy Roosevelt）参观巴拿马运河，这是美国在任总统的第一次出访
- 美国军队开始了对古巴长达三年的占领
- 第一届法国国际汽车大奖赛举行
- 下列人物出生：

格蕾塔·嘉宝（Greta Garbo），瑞典电影演员

德米特里·肖斯塔科维奇（Dmitri Shostakovich），俄国作曲家

格雷西·艾伦（Gracie Allen），喜剧演员，乔治·伯恩斯（George Burns）之妻

- 下列人物逝世：

亨里克·易卜生（Henrik Ibsen），挪威剧作家

保罗·塞尚（Paul Cezanne），法国艺术家

---

① 声音定位一部分是依靠声波到达我们两个耳朵时轻微的时间差异。安吉尔的一只耳朵是聋的，他以自己为被试研究了如何用单耳实现定位（Hunter，1949）。

论文一开篇，安吉尔作了一个谦虚的否认：机能心理学并非一个教条的心理学“流派”[①]，“充其量不过是一个观点、一项计划或一个抱负”（Angell，1907/1948，p. 439）。然后他对机能心理学和构造心理学作了鲜明对照。安吉尔陈述到，构造主义者所感兴趣的是心理内容，即意识经验的“什么?”而机能主义者则想要研究心理操作，即意识的“如何?”和“为什么?”如果构造主义者追寻意识是什么？机能主义者则追寻意识是为了什么？而且，安吉尔还挖苦了他所认为的那些铁钦纳风格研究结果的高度人为性特征，他认为，对某个假设的“意识瞬间”进行细微的分析，就无法理解意识对日常生活的重要性：

> ……如果你采用孤立的“意识瞬间”作为心理分析的材料，那就特别容易专注于确定意识的构成，以至于不经意间导致了它的人为性特征。机能主义者对构造主义最根本的指责……源自这个事实，并论及了尝试在实际经验的状态下了解意识过程是什么的可行性和价值性，而不是仅仅根据事后（内省）分析发现它看起来像什么。(p. 441)

然后，安吉尔明确否定了铁钦纳用以支持构造主义方法的首要性而在心理学和生物学之间所作的类比。正像你所记得的，铁钦纳把构造主义比做解剖学，并认为正如解剖学为生理学提供了基础一样，同样，构造主义先于机能主义。但是，安吉尔完全不同意。解剖学涉及的是可操作、可观察并可进行某种精确性测量的有形对象，而心理内容则是“转瞬即逝的”。我们可以尝试着分离它们，但是它们根本不同于解剖学家们所研究的有形体。解剖学和构造主义的类比被证明是错误的，安吉尔认为那种假定构造主义在机能主义之上的首要地位是无意义的。

安吉尔研究意识的机能主义者方法具有可在詹姆斯那里发现的同样的进化论风格。和詹姆斯一样，安吉尔把意识的机能描述为使个体得以解决问题并因而适应新环境。在文章临近结尾时，他指出了机能主义者思想和美国心理学家的兴趣之间的联系。如果这位心理学家对意识的机能感兴趣，那么，从种系发展和个体发育两方面理解那些机能是如何进化的就很重要。所以，这位心理学家自然对发展心理学和比较心理学有兴趣。与此相似，对适应失败的兴趣就自然产生对变态心理学的研究，对某些个体如何比其他个体适应得更好感兴趣就会使人研究个体差异并通过心理测验来测量那些差异，对个体如何学习适应以及如何能最好地训练其对适应感兴趣会导致对教育心理学和一般性学习的研究。简言之，美
194 国心理学家重视的所有主题都可以归结到机能主义的大旗下。而且，研究这些不同的领域需要一个对适用方法的开明态度。安吉尔对内省并无异议，但他认为对它的限定要比铁钦纳所做的要更加宽泛，而且还必须以更多的直接观察法作为补充。

---

① 传统上，心理学史是围绕“心理学流派”这个概念进行组织的，此术语是指一个主要的概念框架，包括对心理学定义的陈述、所选用的方法以及重要概念。因此，构造主义、机能主义、行为主义、格式塔心理学和精神分析通常被视做心理学最主要的流派。

在芝加哥的多产岁月中，安吉尔指导了几位后来成为心理学史中关键人物的学生，一个是约翰·华生，他通常被视为心理学的一个流派——行为主义的建立者（第 10 章）；另一个是哈维·卡尔，安吉尔系主任一职的继任者。

哈维·卡尔（Harvey Carr，1873—1954）：机能主义的成熟

1902 年，卡尔到芝加哥时差不多 30 岁了。卡尔是印第安纳州农夫的后代，他的大学教育曾因经济问题和健康状况而中断，不过，就在去安吉尔的心理学系之前，他设法获得了科罗拉多大学（University of Colorado）心理学的学士学位和硕士学位。在科罗拉多时，卡尔从阿瑟·阿林（Arthur Allin）那里知悉了新心理学和它的实验方法，阿林曾在克拉克大学跟随霍尔和桑福德学习。而在芝加哥大学时，卡尔发展了对空间知觉和迷津学习这两个不同主题的终生兴趣。他 1905 年的博士论文就是关于前一个主题的，而且最终扩充为一本书（Carr，1935）。然而，他发表的研究成果大多数是与迷津学习有关的。和斯茂一样（参阅第 6 章的视窗），卡尔研究了迷津学习的感觉基础，他和约翰·华生一起所做的两个研究将在第 10 章予以特别介绍。他还对迷津标准化的一般问题感兴趣。在迷津学习研究的最初几年，结果往往不能重复，因为从一个研究到下一个研究所使用的迷津变化相当大。卡尔发明了一种迷津，后来被称做“卡尔迷津”，使得局面大大改观（Warner & Warden，1927）。图 7—5 呈现了两个例子，正如你所见，尽管每个迷津都有不同的解决方法，但每个迷津可供选择机会的数量是固定不变的，每个通道和死胡同的长度也是如此。而且，这些迷津如此设计以便能迅速改变格局。

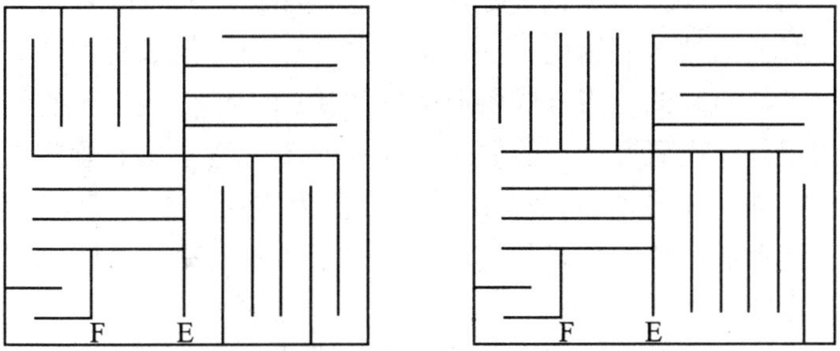

图 7—5　两个有代表性的卡尔迷津的设计图。

卡尔 1905 年获得博士学位后在其他地方教了几年书，之后于 1908 年回到了芝加哥大学。那年，由于华生离开前往约翰·霍普金斯，安吉尔聘任卡尔负责心理学实验室。卡尔在芝加哥大学一直待到他 1938 年退休，他的下半生都在那里担任系主任。他对芝加哥机能主义的演化做出了贡献，主要通过他对学生的影响和 20 世纪 20 年代中期出版的一本很受欢迎的教科书——《心理学：心理活动的研究》（Carr，1925）。在芝加哥大学的那些年，卡尔参与了不少于 131 名学生的博士研究，指导了 53 篇学位论文，其中关于比较心理学的有 18 篇，关于空间知觉的有 6 篇，关于学习的有 29 篇（Pillsbury，1955)。1925 年的教科书可以被看做是“成熟的”机能主义的声明书，它认为机能主义始终只是一种看法而不是一种系统的理论见解。

哥伦比亚机能主义者

因为机能主义是一种心理的状态而不是一个严密的体系，那它肯定存在于芝加哥以外
195 的地方。实际上，机能思想的成分可见于整个学术界中，当然，康奈尔大学可能例外。不过，甚至在那里，铁钦纳的正统观念偶尔也会有所松动。例如，E. G. 波林曾进行过一项人类的迷津学习研究，描绘了蒙住双眼的人走室外迷津的特征，他们的路径以从系在他们后背上的袋子中漏出的面粉为标志，波林报告说这项研究唯一重要的成果就是他迷恋上其中一位迷津行走者，而且后来还娶了她（Jaynes，1969)。然而，除芝加哥大学以外，世纪之交的机能主义还与纽约的哥伦比亚大学相联系。在哥伦比亚大学成立初期，詹姆斯·麦基恩·卡特尔负责心理学课程。你在第 4 章的反应时讨论中遇到过他，而且你将在下一章中对他的研究有更加广泛详尽的了解。1891—1917 年在哥伦比亚期间，卡特尔创建了一个充满活力的研究生部，这可能是全美国最好的。在他的指导下，几十位历史上重要的心理学家获得了博士学位，而且卡特尔亲自指导了 50 多篇学位论文（Joncich，1968)。他较为知名的两位学生是爱德华·桑代克和罗伯特·伍德沃斯。

爱德华·L·桑代克（Edward L. Thorndike，1874—1949)：联结主义

实际上，桑代克一生都致力于教育心理学和心理测验，但他因研究猫是如何学习从建造粗糙的迷箱中逃脱的而被人们铭记。正是由于这个原因，他被视为比较心理学——劳埃德·摩尔根就进行动物研究的恰当方式所形成的想法的一个范例——的先驱。他也会作为巴甫洛夫和华生的条件作用研究的先驱偶尔出现在有关行为主义的章节之中。从某种意义上说，他是一个从早期的比较心理学家到后来的行为主义者的过渡性人物。更为重要的是，他是机能主义运动的一位领袖，其兴趣是研究个体如何适应环境以及这种认识如何应用于改善人类的生存状态上。

桑代克的早年生活有些漂泊不定，他的父亲是卫理公会的牧师，因为他每隔两三年就要被委派到不同的教区，他们一家也总是随之从一个新英格兰小镇搬迁到另一个小镇。因为总是小镇上新来的孩子，年轻的桑代克极度羞怯，但是他很自立，而且在道德上拘谨但要求颇高的母亲的严格监管下，他成为一个优秀的学生。他很轻松地获准进入卫理公会在康涅狄格州（Connecticut）开办的卫斯理大学（Wesleyan University)，并于 1895 年以优异成绩毕业。正是在那里，桑代克阅读了詹姆斯的《心理学原理》，这本书就像对詹姆斯·安吉尔以及其他无数位他们的同代人所产生的影响那样，也使桑代克大为震动并因而确立了自己的职业志向。后来，桑代克（1936）把这本书描述为“比之前我阅读过的任何

一本书都更令人兴奋，而且与此后阅读的任何一本书相比，可能也是如此”（p. 263）。就像安吉尔 4 年前所做的，桑代克进入哈佛的研究生院以便得到詹姆斯的直接教诲。

桑代克如何对动物行为产生了兴趣并不是很清楚，但詹姆斯开设的研究班课程使用了冯特的《人类与动物心理学论稿》（刚由铁钦纳翻译出来），而且他很可能参加了前来讲学的英国最早的比较心理学家 C·劳埃德·摩尔根（第 5 章）所举办的公开讲演。同他那个时代每一个受过教育的人一样，他对进化论思想非常熟悉。他对同时代的比较心理学及其问题的认识在他对选择研究主题不太认真的解释中明显表现出来：“我的第一个研究是关于动物心理学的，并不是因为我了解动物或是对它们更为关注，而是因为我认为，我能做的比已经做的更好”（引自 Joncich，1968，p. 89）。

桑代克通过要求小鸡从竖直放立的书搭建的简单迷津中逃出来的方法第一次研究了它们的本能和智力。图 7—6 展示了他使用的三种格局。把小鸡放在迷津中的 A 点，然后观察它们能否发现出口。桑代克报告说，它们起初是跳到隔墙上，发出许多嘈杂声，而且恰恰可能是跑向迷津更深处而不是逃出来。不过，几次尝试之后，它们放弃了无用的行为并找到了它们的出路。顺便说一下，这项研究有些是在威廉·詹姆斯家的地下室中完成的。196
桑代克的房东将这些动物赶了出来，可能是由于它们在试图逃出迷津时发出的噪音而导致，詹姆斯因为无法为它们在校园中找到场地而将它们带回了家。桑代克认为，“给詹姆斯先生带来的不便……因为带给两个最小的孩子的欢乐有所减少”（Thorndike，1936，p. 264）。

图 7—6　桑代克将书直立在桌子上所创造的三个迷津的形状。

部分是出于经济的原因，部分是因为一段看起来毫无希望的爱情（和一个最终将成为他的妻子的女人，见图 7—7）所导致，桑代克申请并接受了哥伦比亚大学的一个职位。卡特尔对这位年轻的比较心理学家印象深刻，桑代克得到了每年 700 美元的资助，多于当时大多数家庭的平均年收入（Joncich，1968）。在哥伦比亚时，他将他的动物研究拓展到几个不同的物种，但他最著名的是用迷箱中的猫所做的研究，并于 1898 年以《动物智慧：

动物联结过程的实验研究》予以发表。这是一系列经典的研究，值得仔细考察。下面的摘录就是源自桑代克 1911 年所写的《动物智慧：动物联结过程的实验研究》(2000) 一书。此书包括 1898 年的专题文章和 1898—1911 年所写的另外一些章节。摘录中页码出自此书 2000 年的再版本。

图 7—7 迷箱研究时期的爱德华·L·桑代克以及最终成为其配偶的伊丽莎白·莫尔顿 (Elizabeth Moulton)，引自 Joncich (1968)。

197 原始资料摘录

桑代克论迷箱学习

一如桑代克在对之所以进行动物行为研究的解释中明显地表现出来的那样，对于他同时代的绝大多数比较心理学家来说，桑代克是一个强有力的批评家，尤其是当他们依靠毫无代表性的轶事资料来支持所声称的种种动物具有高级心理能力之时。他认为自己能做得更好，而且，迷箱研究的最重要的方面是桑代克所赋予这个科研项目的方法上的精确性 (Galef，1998)。在 1898 年学位论文开始的章节中，桑代克直截了当地论述了方法问题，阐明他的方法将会打破现有模式，并宣称他那个时代的比较心理学没有给他留下任何印象。有时他被指责为年轻气盛、狂妄自大，你将会在这个起始段中看到这种指责的一些合理之处。

尽管在这个领域（比较心理学）中所进行的研究没有一项能像这里所呈现的调查研究那样需要对它的结果予以解释，正如我所认为的，到目前为止所使用的方法由于它的明显的差别和缺点而招致了比较。首先，大部分著作呈现给我们的不是动物的心理学，而是动物的颂文。它们所谈论的都是动物的智慧，从来也没有动物的愚蠢。尽管有一位作者嘲笑动物具有推理能力这样的观点，但他又赶紧补充说它们具有形成联想的奇迹般的能力，而且很可能会谈到这样的论据：人类也几乎推理不出什么来，他们一系列的观念大部分是由联想支配的，在这个问题上，动物似乎与人类的水平是相当的。因此，关于动物心理的书籍记载就提供了一个人类非常普遍的无论在哪里都要找到奇迹的癖好的例子。……

其次，这些事实一般都源于轶事。现在，我们撇开诸如坚决认为一个人关于科学事实的言论都是无意义的，除非他是一个经过训练的科学家这类迂腐不论，这个领域的确存在对于接受源自轶事的有关动物智慧行为的声明的特殊反对。……除了一般谎报了事实（这些轶事）所报告的内容之外，它们报告的只是诸如展示水平发挥到极致的动物这一类的事实。狗儿们迷路几百次，并没有一个人注意过或对此加以解释并寄送给科学杂志。但是，若是有一只狗找到了从布鲁克林（Brooklyn）到扬克斯（Yonkers）的路，那这件事就会立刻成为广为传播的轶事。几千只猫无数次地坐在那里无助地嚎叫，并没有一个人对此作出思考或写信给他的朋友——本教授；但是，假设一只猫用爪子抓住了猜想为被放出去的信号的门的球形把手，这只猫立刻就成为所有这些书中的猫的心理的典型。……

最后，在所有的事件中，无论是由有经验的观察者还是由没有经验的观察者作出的直接观察或报告，都存在另外三个缺陷。只有单独的一个事件被研究，那么对于这一类的事而言，结果就不一定可靠；观察没有被重复，条件也没有被精确地控制；所讨论的那个动物以前的情况是不清楚的。如果观察者是完全可以信赖的，这样的观察可以告诉我们的就是某件事发生了；但是它们不可能使我们确信在那个物种的动物中 198
这件事会普遍发生，或在同一个动物身上还会普遍发生。以前经验的影响也不能被评估。(pp. 22 - 25)

桑代克鄙弃轶事法和报告独一无二的“奇迹”的倾向，相反，他提出了更加系统的方法以检验对动物智慧的断定，旨在修正刚刚提到的三个缺陷——他将研究不止一个事件，他将重复实验，而且他还将控制他所研究的动物的学习史。

……在各种条件下对动物行为进行了相当多的初步观察后，我挑选了一个作为一般方法，虽然它很简单，但除了任何一种实验所具有的那些优点外，它还拥有其他几个显著优点。这个方法就是把饥饿的动物放在一个围场里，它们可以通过某种诸如拉绳圈、压杠杆或踩平台之类的简单动作就可以逃出来。……将动物放在围场中，食物

> 放在外面它可以看到的地方，然后观察它的行为。除了记录它的一般行为之外，特别要注意它是如何成功地做那些必要动作的（如果它的确成功了），还要记录它在实现成功的拉、抓或咬之前在箱子里的时间。这个实验重复进行，直到动物已经在对那个箱子内部的感觉—印象和导致成功动作的冲动之间形成一个精确联想。(p. 26)

桑代克的方法条理清晰又具有逻辑性，从他简单而巧妙的计划来看，你可能认为这些迷箱会是机械复杂的模型，其实并不尽然。一般来说，早期实验者都是天资高又富有创造性的仪器装置制造者，但桑代克是这一规律的例外。他用竖直放立的书为小鸡做的迷津暗示了他有些缺乏机械方面的能力，而且他的迷箱证实了这个欠缺。[①] 桑代克画了他所建造的 15 个箱子中的一个箱子的素描，让人感觉是一个简洁、巧妙的设计。不过，历史学家约翰·伯恩海姆（John Burnham）（1972）发现了实际使用的箱子的照片，认为它们非常粗糙可能一点都不为过。图 7—8 展现了其中的两张照片——箱子 A（7—8a）和 D（7—8b），以及桑代克的素描（7—8c），即箱子 K。以下是桑代克对这三个箱子的描述：

> A. 一根细绳一头系在闩门的插销上，控制着箱子前棱上的一个滑轮，另一头拴在一个悬挂在距箱子中间靠前底部 6 英寸的铁环（直径 2.5 英寸）上。如果以某种方式，如抓、咬或者甚至按压，就可以打开门。我们可以把箱子 A 称做“O 在前面”（“O at front”）。……
>
> D. 门在箱子前部的最右边。一根细绳牢系在闩门的插销上，控制着顶棱上一个背对着箱子后部顶棱的滑轮……并紧紧地系牢。箱子顶部是铁丝网并在绳子上方成拱形……轻轻拉一下细绳的任何地方都可以打开门。箱子为 20×16 英寸，但左边用铁丝网隔出了一个 7×16 英寸的空间。D 可以被称为“细绳”（“String”）。
>
> 199 K. 这个箱子设计成需要三个独立的动作才能打开门，门被顶部的两个插销和外面的两个门闩闩着。一个插销和后部中间的一个平板连着，按压这个平板就可以拉起这个插销。另一个插销可以通过拉一根控制前部滑轮的细绳拉起，细绳从门闩上方 1 英寸处横过箱子，穿过靠近箱子拐角处的滑轮，然后垂到箱子底板上并系紧。拉这根细绳……就会拔起插销。如果两个插销都被拉起，而且两个中的任一个门闩被推得足够上或足够下，猫就可以逃出去了。K，或者称之为“三个一组”（“Triple”），就是（素描图）所绘制的那个箱子。(pp. 31 - 34)

除了外观之外，还有一个系统的方法解决箱子结构无秩序问题。例如，箱子 K（“三个一组”）设计成将反应结合起来，在其他三个箱子中每个都只有其中一个反应是必须的。
200 这个箱子用于已经学习过每一个单独的反应的猫，看它们是否能将信息结合起来并很快地

① 而且，桑代克从来都没学会如何使用打字机或如何开汽车，他的儿子也不能回想起见过他父亲“安装”任何东西（Thorndike，1991）。

逃出去。带有特别分隔空间的箱子 D 被用于桑代克的模仿实验。

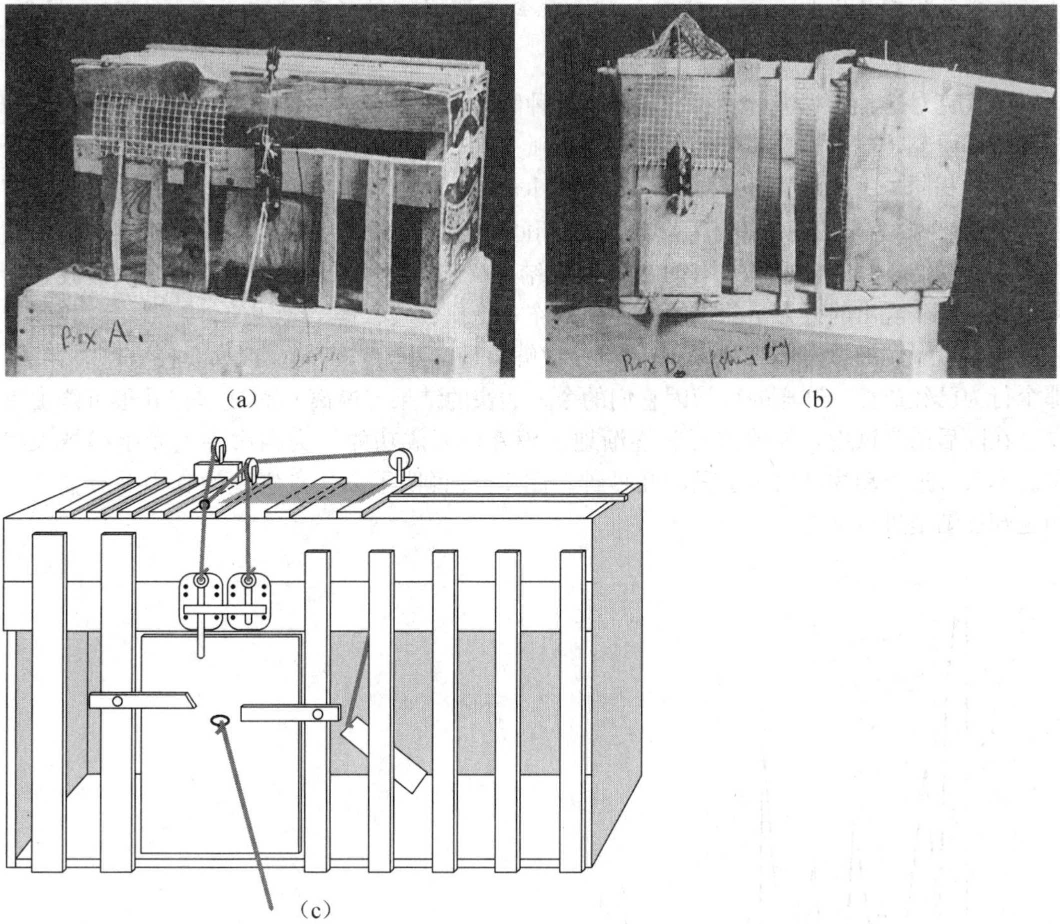

（a）　（b）　（c）

图 7—8　桑代克的三个迷箱：(a) A（需要一个铁拉手），(b) D（需要一个供模仿学习的另外的空间），(c) K（复杂，需要三个反应，由桑代克绘制）（引自 Burnham，1972）。

桑代克在他的迷箱里用了 13 只不同的猫进行实验。从他的描述并不能确知每个箱子用了多少只猫，但看起来每只猫在这些箱子中都至少被测验过好几次。它们表现如何呢？

……猫被放入箱子后，总是表现出不安和从禁锢中逃脱出去的冲动的明显迹象。它试图通过任何空隙钻出来，它抓、咬栅栏或铁丝网，从任何空隙处伸出爪子去抓每一件它够得到的东西。……它并没有很注意外面的食物，而似乎只是努力地想逃出禁锢。它挣扎的力量非凡。它可以连续 8 分钟或 10 分钟抓、咬和挤。……猫在冲动式挣扎中抓遍整个箱子，可能会抓到绳子、搭环或按钮而打开了门。逐渐地，所有那些不成功的冲动都将被排除，而导致成功动作的特殊冲动由于所带来的满足将被牢记，直到多次尝试以后，猫一被放入箱子就会立即以一种精确的方式去抓按钮或搭环。(pp. 35 -36)

桑代克对这种行为进行了解释，还将这种解释运用于小鸡走迷津实验和一小系列迷箱中的狗的研究，他的解释和摩尔根在解释猎狐犬打开大门而从院子里逃出去的行为时所给出的解释相同——试误学习（trial-and-error learning）（桑代克更喜欢"尝试并意外成功"这个短语）。因为桑代克认为猫在试误学习期间学会了在箱子中的刺激和成功的逃离反应之间建立联结，他的学习模式有时被称做联结主义（connectionism）。猫第一次被放到迷箱中时，它表现出的行为是随机的一连串动作——抓、咬、推、尖叫等。最终，它找到了正确的反应（例如抓搭环），但是它的第一次解决是意外的。然而，正如桑代克所表述的，那个行为已经成功，这样的行为因它们的令人愉快的结果（逃离）而被牢记并很可能被重复。在随后的尝试中，失败的行为逐渐地被消除，而成功的行为在次序上发生得越来越早。不久，这个动物进出箱子只需几秒钟。图 7—9 说明了桑代克实验的其中一只猫虽不稳定却逐渐地进步。

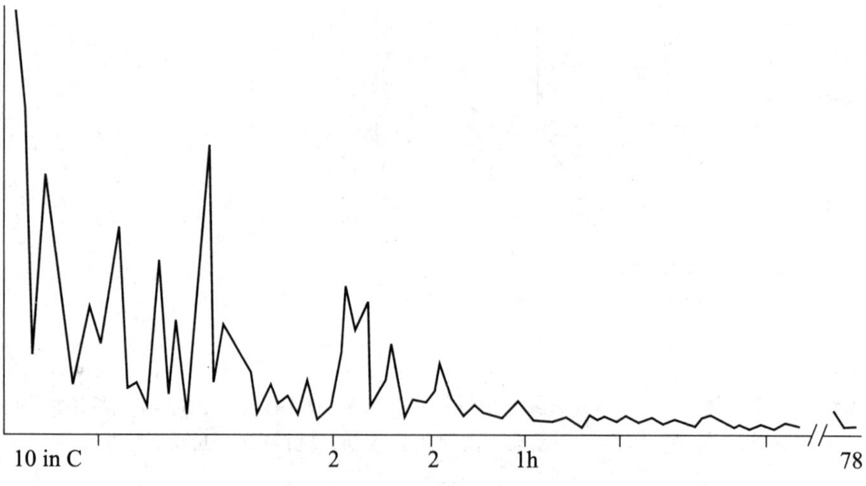

图 7—9　10 号猫在迷箱 C 中的表现。在 X 轴上，未标明的竖线表示 1 天，"2" 表示 2 天，"1h" 表示 1 小时，而 "78" 则表示 78 小时（引自 Thorndike，1911）。

桑代克完全摈弃了那种认为猫在逃出箱子时能够进行更复杂的推理或能受益于模仿的观念。例如，在将早前已学会的三个反应结合在了一起的箱子 K（图 7—8c）中，猫并没有显示出把它们前面已经习得的反应结合成更加复杂的相关联的一组行为。而且，桑代克颇具嘲弄意味地收录了罗曼尼斯试图证明猫具有建立在模仿基础上的推理能力的一长段引文。罗曼尼斯认为，猫在观察人打开闩着的门之后，它“一定会推理，按照‘情感逻辑’——‘如果一只手能做到，为什么一只爪子不可以？’”（引自 Thorndike，2000，p. 69）。桑代克摈弃了这种观念，而是支持他的更为吝啬的试误解释。他还直接测验了模仿——箱子 D（图 7—8b）有两个被铁丝网隔开的空间。一边有逃跑装置而另外一边没有。 201
桑代克把两只猫放入箱中，分别在铁丝网的两边，并记录作为“旁观者”的猫观看另一只猫成功逃离时的情况。并没有观察学习的迹象——当进行测验时，作为旁观者的猫的行为和其他首次用来做实验的猫并无二致，这使得桑代克断定：“我确信，任何观察过它们的人都不会声称它们的行为根本就是受它们所见的影响”（p. 89）。最后，桑代克甚至试着抓住猫的爪子，拉着它们完成正确的动作。连这种“直接的指导”对学习都没有丝毫影响。

在 1898 年的学位论文中，桑代克并没有提出一般的学习原理，但是他在我用于本摘录的 1911 年的专题文章中提出了一般的学习原理。他假定了两条原理——效果律（Law of Effect）和练习律（Law of Exercise）。而且，为了说明日常生活中所遇到的每种情境多少有点独特的事实，桑代克运用了一些他和伍德沃斯（稍后讨论）一起完成的有关迁移的研究结果。他提出，如果一个新的情境 S_1 和旧的情境 S_2 具有一些共同的元素，那么对 S_2 的反应将会一定程度地迁移到对 S_1 上。例如，他发现，他的一些已经学会从一个箱子里逃出来的猫，之后再被放入一个有着相似但又不完全相同的逃跑装置的箱子中时，它们将会比一只没有此类经验的猫学得更快。以下是桑代克所描述的两个定律：

> 效果律就是：在对相同的情境作出的几个反应中，在其他条件相等的情况下，那些动物觉得有愉快相伴随或紧紧跟随的反应将会与这个情境的联系更加牢固，以至于当情境再出现时，这些反应更可能再发生；在其他条件相等的情况下，那些动物觉得有不舒服相伴随或紧紧跟随的反应与那个情境的联系就会减弱，以至于当情境再出现时，这些反应很可能就不再发生了。愉快或不舒服越强烈，联结的增强或减弱就会越明显。
>
> 练习律就是：对一个情境的任何反应，在其他条件相等的情况下，会与那个情境 202
> 更加强烈地联系在一起，并且同它和那个情境联系的次数以及联结的平均强度、持续性成比例。（p. 244）

正如将在第 11 章看到的，桑代克的效果律与 B. F. 斯金纳的操作条件概念具有极大的相似性，而斯金纳也承认他受到了桑代克的影响，并称哥伦比亚大学心理学家的研究是“研究行为结果带来改变的最早的重要尝试之一”（Skinner，1953，p. 59）。

1911 年，桑代克确信他的两个定律能解释大多数的学习。然而，到了 20 世纪 30 年代初，在多年研究人类的学习之后，他修改了两个定律。对于效果律，他断定前一个结论要比后一个结论得到更强有力的支持——在产生学习上奖励要比惩罚更有效。至于练习律，他得出的结论是它的价值很有限。对于一些类型的学习（如运动技能）来说练习可能很有效，但对于更高形式的学习（如领会教科书内容）重复通常是没有多少效果的。

桑代克—米尔斯之争

桑代克为他学位论文的研究兴奋不已，乐于与批评家们进行较量，并写信给他未来的妻子说他的（1898）“学位论文非常棒……我已经获得了一些足以彻底打败旧权威的理论”（引自 Joncich，1968，p. 146）。桑代克的年轻气盛惹怒了一位权威，他就是比较心理学家威斯利·米尔斯（Wesley Mills），他在 1898 年美国心理学会年会上批评了桑代克的研究，随后又在《心理学评论》上发表了一篇批评文章。米尔斯先是批评桑代克对“长者”缺乏尊重，并特别提到，“桑代克博士在他的研究中根本就没有受到那种对过去研究者的尊重的任何牵制……这种尊重通常可以使人们在遇到和自己根本不同的意见之前暂停下来，而不是兴奋地宣称把它们交付与心理学的激情”（Mills，1899，p. 263）。更为重要的是，米尔斯不接受这项研究的结论，完全因为桑代克所创设的环境的人为性。米尔斯认为，不可能期望被放入小小围场中的猫会行为自然。因而，不可能通过它们在高度人为化的、非正常的环境中的行为来确定与它们正常的行为有关的任何事。米尔斯断定，这就如同“把一个活生生的人封入棺材，违背其意愿将他埋入地下，然后再试图从其行为表现来推断正常的心理现象”（p. 266）。

桑代克（1899）对此进行了逐条的辩驳，当然并非是为了逃避惩责。他承认对于那些建立在不加鉴别的观察和轶事基础上的动物研究他毫无印象，而且并不为此致歉。他对米尔斯断言他试验用的猫一定处于恐慌之中予以否定，并挖苦说，如果米尔斯像一个真正的科学家一样而且不厌其烦地重复进行迷箱研究，那他就会发现，即使有恐慌发生，也很少。而且，那些确实表现出非常“紧张的行为”（p. 412）的猫在学习速度上和它们那些更加自信的同伴并没有不同。至于对“不自然”的指责，桑代克只是反问米尔斯所说的“自然”指的是什么。动物们不断地面对新情境，谁又能断定这一个比另外一个更“自然”？为了彻底阐明这一点，桑代克援引了米尔斯曾使用的一个例子——“某种心理机能对小猫在获得某个休息的地方（如果我没记错的话，是在一个书柜里）的行为的影响，而不管所设置的机械障碍。此处所应付的情境和我的实验……中的情境一样‘不自然’”（p. 414）。

米尔斯—桑代克之争是直到现在依然存在的有关实验方法的适当性的不同观点的一个
203 很好的例证。一方面，一些心理学家认为理解动物的行为需要控制实验环境的精确性。在这样的环境中，各种影响对行为的作用都可以系统地进行研究。正如将会看到的，这种方法为后来以行为主义者（如斯金纳）而知名的大多数美国动物研究者所采纳。与此相反，另外一些心理学家追随米尔斯，认为只有在实验室的人为限制之外研究时才能理解动物的行为。大部分 20 世纪的欧洲研究者遵循这一路线，并产生了以习性学（ethology）而著称的领域——在动物的“自然环境”中研究其行为。这些科学家中最著名的是康拉德·洛伦茨、卡尔·冯·弗里施（Karl von Frisch）和尼科·廷伯格（Niko Tinbergen），他们因研究本能的动物行为而共同获得了 1973 年诺贝尔生物学奖。洛伦茨因一张他被小鸭们跟随着的照片而为大多数学生所熟悉。尽管你从第 5 章的视窗了解到斯波尔丁也研究了这个现象，但一般把印刻（imprinting）的发现归功于洛伦茨。

桑代克在获得了博士学位后在克利夫兰（Cleveland）的华盛顿天主教大学（Case Western Reserve）教了一年书，之后回到哥伦比亚的教师学院，并在那里度过了他余下的职业生涯。在那里，他将他的有关学习的研究扩展到人类，并成为一名主要的教育心理学家。他还设计了一系列针对中小学儿童的能力测验，从而对心理学测验运动做出了贡献。他获得的荣誉有 1912 年当选为美国心理学会主席和 1917 年入选国家科学院。他是一位多产的心理学家，平均一年发表约 12 篇文章。他还写了许多教科书，包括 1913 年三卷本的《教育心理学》，这使得他的名字“在之后许多年与教育心理学领域实际上是同义的”(Goodenough，1950，p. 295)。他的教科书大多数是讲演稿的汇编，而且，正如铁钦纳在对桑代克的一本导论类教科书的尖刻评论中所指出的，“讲演一发表就立刻出版讲演稿……不可避免地会显示出匆匆而就和意见不成熟的特征”（Titchener，1905）。不过，批评并没有使桑代克有片刻的停滞，到 20 世纪 20 年代，他的版权收入远远超过他在哥伦比亚大学的薪水。例如，1924 年，他的版权收入是 6.8 万美元，这是他的教学收入的 5 倍(Joncich，1968)。[①] 1940 年，桑代克从哥伦比亚大学退休，9 年后与世长辞。

罗伯特·S·伍德沃斯（Robert S. Woodworth，1869—1962）：动力心理学

伍德沃斯，他的名字罗伯特·塞钦斯（Robert Sessions）是以他的一位参加波士顿茶党（Boston Tea Party）的先祖之名而取的，他出生于马萨诸塞州的贝尔奇镇（Belchertown）。和桑代克一样，他也是一位牧师的儿子；他的母亲是一位教育家，毕业于霍利奥克山（Mt. Holyoke）学院，是俄亥俄州伊利湖女子学院（Lake Erie Female Seminary）的建立者（Poffenberger，1962）。伍德沃斯自己考虑从事牧师的职业，进入阿姆赫斯特学院(Amherst College）学习，但对教学产生了兴趣。在教了几年高中的科学和数学后，他发现了（舍他其谁）威廉·詹姆斯和其著作《心理学原理》，并决意寻求一个要么是哲学的要么是心理学的职业。像安吉尔和桑代克那样，伍德沃斯想要得到这位大师的直接指导，于是，1895 年他动身去了哈佛。伍德沃斯在剑桥待了 3 个学年，获得了一个第二学士学位和一个硕士学位，并在哈佛的医学院担任生理学助手。在这段时间里，他发展出两段终生的友谊，一是同著名的生理学家沃尔特·B·坎农（Walter B. Cannon）的友谊，坎农和巴德（Bard）的研究最终产生了一个能与詹姆斯—兰格理论相抗衡的情绪理论；二是同桑代克的友谊。这后一段友谊导致了伍德沃斯在哈佛之后的下一站——卡特尔给他提供了哥伦

---

① 要知道，1924 年的 6.8 万美元大约相当于今天的 17 万美元（可登陆 www. westegg. com/inflation 查找通货膨胀计算表），从而可以正确判断桑代克的版权收入。

比亚大学的一个研究员职位，部分是桑代克多次令人不胜其烦的请求的结果（Joncich，1968）。

1899 年，伍德沃斯在哥伦比亚大学取得了他的博士学位，立即被任命为那里的生理
204 学讲师。在英国受人尊敬的生理学家查尔斯·谢灵顿（第 3 章，pp. 76－77）的实验室度过了多产的一年之后，他于 1903 年接受了卡特尔的邀请加入了心理学系，他在那里一直工作到 1939 年退休。不过，退休并没有使他有丝毫的停滞，因为他一直兼职教书到 89 岁，写作到 91 岁。

伍德沃斯是一个谦虚的人，他曾写信给朋友说：“我对我的成就评价非常低，认为我属于那种尽管一生中有所贡献但名字很快就会被人们遗忘的人”（引自 Poffenberger，1962，p. 687）。确实，他没有以原创性研究的方式做出很多贡献，也并没有创立“伍德沃斯主义”这样一个思想学派，但是他对自己的影响的判断却是完全错误的。他被记住是因为（1）他和桑代克关于训练迁移的研究；（2）他的强调驱力和有机体变量的“动力”心理学，以及（3）他对学生的影响，有直接的，也有通过教科书类著作产生的，尤其是被称为“哥伦比亚圣经”的《实验心理学》的出版对许多学生产生了重要影响。这最后一项成就本身足以确保他对 20 世纪的实验心理学具有持久影响。

关于迁移（transfer）的研究源于高等教育中的一个根本问题——代表了“正统学科”的学说的主张的正确性。它是根源于 19 世纪中期官能心理学的信念，认为高等教育的课程应该设计成“练习”和增强智力官能。这要通过学习诸如拉丁语、希腊语和古典文学这些学科才能实现。一旦这些官能“成形”，那些已经形成的技能就会被假定能迁移到以后学习的其他学科上。在 19 世纪末时，这种学说受到了冲击，当时有几所学校模仿了哈佛关于选修课的激进观点，这就使得那些希望避开拉丁语和希腊语的学生如愿以偿。辩论引发了更多的口舌之争，但是，几乎没有积累的证据支持或反对认为学习科目 A（如希腊语）会使学习科目 B（如动物学）更容易的观点。桑代克和伍德沃斯在一系列作为共同作者的出版物（如 1901）中宣布发现了训练迁移的直接证据。他们的被试操作一个简单的任务，然后尝试与最初任务相似但有所变化的其他任务。例如，在估计长方形的面积之后，让他们估计三角形的面积（高相似）或物体重量（低）。简言之，他们研究发现，所发生的迁移的总量与任务间的共同元素数量成正比。尽管他们进行的研究与课程科目截然不同，但桑代克和伍德沃斯将他们的研究结果推广到正统学科之争上，断定技能可在不同学科之间迁移的学说并无可取之处。因为像希腊语这样的科目与像动物学这类科目之间极少有联系，桑代克和伍德沃斯预测学习希腊语对于动物学家毫无助益（除了一些词的起源的知识）。正像前面所提到的，桑代克还用迁移概念来解释从一个箱子逃出的猫如何发现从一个新箱子里逃脱出来会更容易些，那就是假定这两个箱子具有某些同样的组成部分。

伍德沃斯经常被称做“折中主义者”，当理论快形成时，他更愿意把各种不同体系的观点结合起来。例如，在他广受欢迎的导论类教科书中，他把心理学定义为对心理过程和

行为两方面的研究，从而将新行为主义和传统的意识心理学融合在一起。事实上，这个定义仍能在所有的普通心理学教科书中看到。伍德沃斯还认为，心理学家应该使用多种方法，从内省到心理测验再到对行为的客观观察。他不喜欢那些很狭义地定义心理学的人，并列举铁钦纳（构造主义）和华生（行为主义）作为例子，而且他通过完成了广受欢迎的心理学史著作《现代心理学派别》将他的基本观点表露无遗，其中有一章标题为《中间之路》（Woodworth，1931，pp. 205 - 219）。他特别批评了一种简单机械的刺激—反应心理学，而是支持他称之为“S-O-R模式”（S-O-R model）。也就是说，他坚持认为，心理学家必须理解的不仅仅是刺激和反应，而且还有处于中间的有机体（O）。这包括研究是什么激发了或推动了有机体。在他的著作《动力心理学》（1918）和《行为的动力》（1958）中，伍德沃斯证实了研究影响行为的动机因素的重要性。在此过程中，他把术语驱力（drive）引入了心理学。

像他的挚友桑代克一样，伍德沃斯也因写教科书而富有。他的《实验心理学》包括 205
1921年、1929年、1934年和1940年四个版本，在20多年间将几千名学生引入了这个领域。对于研究型心理学家来说，更重要的是，他的《实验心理学》确立了术语“实验”的定义。1938年，这部著作首次面世时，它已经非常著名，以至于出版商宣称“圣经出版了”（Estes，1981），也没有一个心理学家感到困惑不解。早在1909年，伍德沃斯在他的实验方法课上就分发了油印的讲义，到1920年，这些讲义已发展成一本285页的名为《实验心理学教科书》的讲义（Winston，1990）。后来成为教授的哥伦比亚的学生们在他们自己的课堂上就使用了这些材料。到1938年，这本被热切期待的著作终于面世，而且立刻大获成功，到1954年，当它被修订并增加了一个共同作者（Woodworth & Schlosberg，1954）时，已售出44 000多本。历史学家安德鲁·温斯顿（Andrew Winston）（1990）估计，在1938—1954年，有10万多名心理学专业的学生从伍德沃斯那里学习了心理学的研究。

伍德沃斯1938年出版的教科书内容广博，包括超过823页的正文和36页的参考书目。导言之后的篇章涉及了29个不同的研究主题，包括诸如记忆、训练迁移、迷津学习、反应时、听觉、色觉和思维等各类主题。使用这本教科书的学生学习了与每一个内容领域相关的方法，实际上，他们也知晓了在1938年应该了解的关于每一个主题的所有事情。他们还了解了对于未来的心理学家们来说将具有重要含义的一些区分。

在伍德沃斯之前，术语“实验”已经作为一个标签而被广泛地使用于从心理事件的内省到心理测验再到控制环境下的观察这些方法。然而，伍德沃斯缩小了这个定义，并对实验研究和他所称的相关研究作了对比。实验法的定义特征应该是对作为研究的主要焦点的因素的操纵，伍德沃斯称之为自变量（independent variable），而且这个变量将会影响某些行为的测量，或如他所称的因变量（dependent variable）。这些术语并不是伍德沃斯创造的，但他是以这种方式使用它们的第一人。伍德沃斯写到，实验法操纵自变量，而相关法则“测量同一个体的两个或更多特性，（并）计算这些特性间的相关。这种方法……没有‘自变量’而对所有测量的变量都一视同仁”（Woodworth，1938，p. 3)。而且，伍德沃斯最先提出了现在可以见之于每一本导论类教科书的开篇之中但在他的时代并没有被广泛接受的论点，即实验法是唯一能得出因果结论的方法；相关不能推出因果关系。尽管伍德沃斯同意相关研究应该具有和实验研究完全同等的地位，但他在教科书剩余的篇章中却没有谈及相关研究结果。读者认为实验法更好是可以被谅解的。事实上，伍德沃斯所作的区分结果足以成为 1957 年的一篇告诫性的美国心理学会主席就职演讲所关注的焦点。在《科学心理学的两门学科》一文中，李·克隆巴赫（Lee Cronbach）支持重建相关研究的地位。

伍德沃斯是用来说明为什么机能主义与其说是一个心理学派倒不如说是一组关于心理学的观念的一个主要例子。他会惊讶地发现自己在关于《机能主义》的一章中——与他同一阵营的大多数人一样，他仅仅认为自己是一名心理学家。这同样可以用来描述本章所详细介绍的其他心理学家和那些将其兴趣扩展到应用心理学的心理学家们。他们的研究将在下一章论述。

206

概要

铁钦纳的心理学：构造主义

● E. B. 铁钦纳在莱比锡大学跟随冯特学习并获得了哲学博士学位，之后到了康奈尔大学，他在那里创建了被称为构造主义的研究心理学的方法。它的主要目标就是把人类的意识经验分析为元素单元，然后再说明这些单元如何被综合成心理过程。

● 铁钦纳通过编写一套向学生和教师介绍精确的实验研究细节的极其详尽的训练手册，以及通过建立一个名为“实验者”的联系紧密的团体，其会员均为男性研究者，他们每年相聚一次以交流他们正在进行的研究的详情，而创立了一个研究心理学的实验室方法。

● 铁钦纳认为，构造主义心理学家的主要目标是，达到对“一般成人心理”的完全的分析，说明元素如何能结合成更加复杂的现象（综合)，并且通过了解脑和神经系统的工作机制提供一个心理过程的解释。

● 铁钦纳认为内省是心理学的首要方法，并相信只有当内省者经过严格训练而且有内省习惯时，内省才能产生正确的资料。训练也是避免刺激错误所必需的，刺激错误是一种描述有意义的刺激而不是刺激的直接意识经验的倾向。

● 根据铁钦纳的观点，意识经验的主要元素是感觉、意象和情感。感觉和意象具有性质、强度、持续性和清晰性的特性，但意象不如感觉那么清晰。情感只有两个性质——愉快和不愉快——而且它们缺乏清晰性。

● 铁钦纳的主要贡献是促进了实验心理学的发展，但他的体系忽略了大多数美国心理学家感兴趣的主要课题，而且他的内省方法被证明因缺乏客观性而存在根本性缺陷。

美国的心理学：机能主义

● 大多数美国心理学家都受到了进化论和普遍的实用主义观点的影响，兴趣更多地集中在意识的机能而非它的构造。机能主义流传很广泛，但主要是与芝加哥大学和哥伦比亚大学相联系。

● 机能主义的起源通常被追溯到芝加哥大学的约翰·杜威所写的一篇关于反射弧的论文。杜威反对将反射还原为它的元素的分析方法，而是认为应在更宽泛的背景中把反射视做一个使有机体适应其环境的协调的系统。杜威主要因他所持有的学生应该主动学习的进步的教育观点和他的有关民主的哲学著作而知名。

● 机能主义观点最早的清晰表述出自 1906 年詹姆斯·安吉尔就任美国心理学会主席的就职演讲，他接替了杜威在芝加哥大学的职位。安吉尔直截了当地比较了机能主义和构造主义，他指出，构造主义者更可能提出“意识是什么”的问题，而机能主义者则更关注“意识是为了什么”的问题。这使得他们研究主题的范围涉及发展心理学和变态心理学，也使得他们对个体差异和心理学如何用以解决日常问题产生了兴趣。

● 哈维·卡尔是安吉尔在芝加哥大学的继任者，他在那里使机能主义走向成熟。他因迷津学习的研究和将芝加哥大学发展成为全国最好的研究生院校之一而知名。

● 哥伦比亚大学的机能主义是由詹姆斯·麦基恩·卡特尔领导的，并与他的两个学生爱德华·桑代克和罗伯特·伍德沃斯相联系。桑代克成为一位主要的教育心理学家，但他年轻时因对迷箱中的猫的研究而知名。他对同时代的依赖轶事而且拟人化的比较心理学进行了严厉的谴责。他系统地研究了试误学习，并提出了学习的发生可通过在情境和那些情境中成功的反应之间建立联系（效果律）以及重复加强联系（练习律）。他同米尔斯的争论反映了在那些倡导实验方法的心理学家和那些更愿意在动物的日常环境中对它们进行研究的心理学家之间的一个根本的分歧。

● 伍德沃斯被记住的原因在于：他和桑代克一起进行的有关迁移的研究，这使得传统的教育实践受到了质疑；他的动力心理学，用 S-O-R 模式代替了 S-R 模式并强调动机对行为的影响；他的教科书著作，尤其是关于方法论的教科书。他的被称为“哥伦比亚圣经”的教科书《实验心理学》使实验研究和相关研究之间、实验研究中自变量和因变量之间的区分成为惯例。 207

思考题

1. 在1898年关于构造心理学的论文中，铁钦纳用来支持研究构造要比机能更重要的论据是什么？

2. 区分德国和美国（训练课程）训练学生如何成为实验心理学家的不同方法。

3. 讲述铁钦纳的手册的内容，区分定性手册和定量手册，并说明这部著作的重要性。

4. “实验者”是什么？他们为什么建立？他们都做些什么？以及他们为什么将女性排除在外？

5. 铁钦纳认为心理学的三个主要目标是什么？

6. 讲述铁钦纳的内省并解释严格训练对内省者如此重要的原因。确保将刺激错误概念包括在你的答案之中。

7. 铁钦纳断定人类意识经验的元素是什么？这些元素的特性是什么？

8. 铁钦纳为什么将关于儿童、动物和疯子的研究排除在他的心理学定义之外？

9. 描述无意象思维之争并说明它是有关内省问题的一个好的例证。

10. 什么是鲍德温-铁钦纳之争？它对于内省的方法论问题的意义是什么？

11. 说明机能主义学派与进化思想的关系。

12. 讲述杜威的反射弧文章的主要观点及这篇文章的意义。

13. 用安吉尔1906年就任美国心理学会主席的就职演讲对构造主义者和机能主义者看待心理学的方式作一个比较。

14. 什么是“卡尔迷津”？这个装置的重要性是什么？

15. 桑代克—米尔斯之争的实质是什么？它的意义是什么？

16. 桑代克和伍德沃斯是如何研究迁移的？他们的结论是什么？他们的研究对当时的教育哲学的意义是什么？

17. 伍德沃斯描述行为时在“S”和“R”之间插入一个“O”的重要意义是什么？

18. 伍德沃斯的“哥伦比亚圣经”的重要性是什么？他在这本书中所作的一直沿用至今的区分是什么？

来自原始资料摘录的问题

1. 概述桑代克对他那个时代的比较心理学所作的批评。

2. 讲述桑代克的迷箱研究在方法上的创新。

3. 桑代克是如何描述猫从他的迷箱中逃离的过程的？这又如何阐明了效果律和练习律？

4. 阐释桑代克如何排除猫可以通过推理和模仿而学会逃跑的观点。

进一步阅读

Furumoto，L.（1988）. Shared knowledge：The Experimentalists，1904-1929. In J. G. Morawski（Ed.），*The rise of experimentation in American psychology*（pp. 94 – 113）. New Haven，CT：Yale University Press.

考察了铁钦纳的“实验者”的起源和发展，并关注了其对那些在铁钦纳有生之年被排 208
除在这个组织之外、在他去世之后才勉强被接纳的女性心理学家们的影响。

Dewsbury，D. A.（ED.）（1998）. History of psychology：Commemorating E. L. Thorndike. *American Psychologist*，*53*，1 121-1 152.

由比较心理学家和历史学家唐·迪尤斯伯里编写，包括桑代克 1898 年论文的一部分内容的重印和有关桑代克的经历的文章，他对比较心理学和教育心理学的影响。

Heidbreder，E.（1933）. *Seven psychologies*. New York：Appleton Century Crofts.

一本著名的较早的心理学史，对哥伦比亚的机能心理学作了特别翔实的描述，由一位作为伍德沃斯的学生而有着亲身经历的女性撰写。

Krantz，D. L.（1969）. The Baldwin-Titchener controversy. In D. L. Krantz（Ed.），*Schools of psychology*：*A symposium*（pp. 1 – 19）. New York：Appleton Century Crofts.

详述了几个与铁钦纳有关的争论中的一个，这场争论是关于反应时研究中的一个问题的，实际上是探讨铁钦纳的内省方法的适当性和心理学应该如何继续进行的基本问题——构造主义地（铁钦纳）或是机能主义地（鲍德温）。

Winston，A. S.（1990）. Robert Sessions Woodworth and the “Columbia Bible”：How the psychological experiment was redefined. *American Journal of Psychology*, *103*, 391 - 401.

根据大量纪实材料记录了伍德沃斯的教科书《实验心理学》的发展和影响，着重于他对实验研究和相关研究所作的区分的影响如何使得后者在心理学中处于次要地位。

第8章 新心理学的应用

除非我们的实验室的结果会带给我们人造物，即纯粹科学的罕见物，否则，它们必须服从于逐步接近于生活情境的解释。

——约翰·杜威，1900

本章预览与目标

在第1章历史编纂学的讨论中，我指出波林写作著名教科书《实验心理学史》的部分原因是，他想让它成为实验室研究复归到美国心理学前沿中他所认为正确位置上的一种途径。波林对“纯科学”受到威胁的担忧被证明是有道理的——20世纪20年代的美国心理学家似乎都沉迷于找寻心理学原理应用到日常生活中的途径。事实上，对于应用的兴趣在美国早期心理学中就已经存在，本章将会探讨应用心理学的起源和发展。它的产生深深植根于美国人的性格及19世纪晚期和20世纪早期的经济、制度背景之中。 209

本章将从心理测验运动开始，考察应用心理学的几个事例。我们将会了解到高尔顿的方法如何被法国的阿尔弗雷德·比奈（Alfred Binet）的方法所取代，比奈的方法如何被介绍到了美国，心理能力的遗传观又如何歪曲了对智力的解释。论及的美国主要心理测验工作者是：詹姆斯·麦基恩·卡特尔，他把高尔顿的传统方法带到美国后很快失败；亨利·戈达德，他把比奈测验带到美国后迅速成功；刘易斯·推孟，斯坦福—比奈智力测验（Stanford-Binet IQ test）的发展者和心理学中最长期跟踪实验的总设计师；罗伯特·耶克斯，实际上是一名比较心理学家，他的陆军测验项目的发展是波林感到忧虑的一个主要原因，即波林认为应用心理学的扩展是对“纯”实验心理学的一种直接威胁。

心理学第二个主要的应用发生在商业或工业心理学领域。本章中的部分内容将重点介绍雨果·闵斯特伯格的研究，他跟随冯特获得博士学位，到美国后管理哈佛实验室，但是很快表现出了对应用心理学的兴趣。闵斯特伯格虽然在几个应用领域都做出了贡献，但以他写的关于工业心理学的教科书而知名。本章的原始资料摘录就是选自于闵斯特伯格的工业心理学教科书。本章将以对其他几位工业心理学家的工作的简短描述作为结束。另外一个重要的应用领域的临床心理学将会在第 12 章和第 13 章中探讨。阅读完本章之后，你应该能够：

210 ■ 明白对早期美国心理学家来说，表明他们的“新心理学”具有实用价值的重要的原因

■ 解释卡特尔的心理测验方法以及在威斯勒（Wissler）研究之后衰落的原因

■ 对比奈的个体心理学和更“普通的”心理学进行比较

■ 叙述比奈—西蒙量表的起源、内容以及最初目的

■ 描述比奈和大多数对心理测验感兴趣的美国心理学家在对心理测验与智力的看法上有什么不同

■ 描述戈达德对低能者的不同水平的划分方案

■ 描述和批判分析卡利卡克研究

■ 描述和批判分析戈达德在艾利斯岛的研究

■ 说明最初的比奈—西蒙量表和推孟的修订版即斯坦福—比奈量表的差别

■ 解释推孟的民主模式如何导致了他去研究天才儿童并叙述他的研究结果

■ 指出利塔·霍林沃斯（Leta Hollingworth）对（1）天才教育和（2）能力上的性别差异的认识的贡献

■ 叙述陆军测验项目的起源，甲种测验和乙种测验的区别，并且说明这个项目备受争议的原因

■ 叙述雨果·闵斯特伯格对应用心理学所做出的广泛贡献

■ 区分雨果·闵斯特伯格用于改进员工选拔过程的两种常规方法

■ 叙述沃尔特·万·戴克·宾格翰姆、李连·吉尔布莱斯、哈利·霍林沃斯对应用心理学的贡献

走向应用的压力

1895 年，耶鲁心理学家斯克里普彻（E. W. Scripture）出版了《思维、情感、行为》一书，目的是向一般大众介绍新实验心理学。他在前言中写到他希望自己的努力能“被作为科学渴望服务于人类这一态度的证据”（Scripture，1895，p. iii）。可能是为了吸引读者的兴趣，他将 209 张照片和图画收录在这本 295 页的教科书中。书中的大部分内容描述了

当时流行的基本的实验室程序——心理物理学、反应时、基本感觉过程等。但不寻常的是，斯克里普彻试图让读者确信基本的实验室技术可以改善日常生活。例如，在描述完有关反应时的实验室研究后，斯克里普彻指出，这种方法可以用于研究“包含在运动、体操以及各种体育活动中的心理学元素”(p. 57)。他通过运用反应程序来测量包括在诸如击剑活动中的反应时而进一步阐明了这一点，正像你在图 8—1 中看到的一样。他用一种相似的方式介绍其他标准的实验室方法，正如从书中看到的其中一些照片的说明文字那样一目了然：

> 记录一名运动员的不稳定性
> 每个人都是一定程度的聋子。寻找强度阈限
> 用电子指挥棒获取一位管弦乐队指挥者的（有节奏动作的）记录

图 8—1　用以说明反应时方法如何能提高击剑者的水平的照片，来自 Scripture's *Thinking*，*Feeling*，*Doing* (1895)。

斯克里普彻认为，让大众确信心理学的有用性是必要的仅是所有早期的美国心理学家感觉到的应用压力的一个例子。杜威在美国心理学会主席就职演说中（1900），当他警告强调纯实验室研究内部固有的危险的时候，他明确指出了这些压力。它可能“带给我们人造物，即纯粹科学的罕见物，（除非）服从于逐步接近于生活情境的解释”(p. 119)。 211

对应用的需要部分是因为传统美国人信奉实用主义的结果，结合了融入 19 世纪晚期和 20 世纪早期改革之中的进步性动力。在激动人心的技术变革时期，美国人变得越来越习惯于接受科学应该被用于改善他们的生活这一思想。在 19 世纪的最后几十年里他们见证了诸如电话、电报、打字机、电灯（和电椅）、摩天大楼、有刺铁丝网和早

期电影放映机（用于展示运动的图片）的发明。铁路扩展得如此迅速，以至于到 1900 年时几乎每个美国人都居住在能听到火车声音的距离之内。内战结束时的 35 000 英里的轨道到 1903 年已经扩展到 193 000 英里（Cashman，1993）。那时在大众看来，技术意味着进步而进步意味着一种更好的生活。为了使心理学得到大众的支持，它需要产生有用的结果。

除了科学应该是实用的这种一般期望外，心理学家在世纪之交还面临着应用的制度化的压力。例如，大多数心理学家仍然在较大的哲学系任教，当哲学家至多需要足够的图书馆预算和一个拥有舒适扶手椅的体面的办公室空间的时候，而他们之中的心理学家为了建设实验室而需要购买仪器和物理空间就明显需要更多的资金。为了证明这些花费是合理的，心理学家在表明他们的新科学会对社会有用时感到了压力。

对许多实验心理学家来说，应用的压力让他们产生了强烈的内部冲突。大多数人是为基础研究而接受训练，习惯性地重视对知识本身的利益的寻求。他们也意识到了存在于他们能去兑现的过多诺言之中的危险。然而，现实迫使他们调整自己的研究转向应用。虽然在 1900 年前后实验室数量激增，但那些具有实验室心理学博士学位的人却以更快的速度增加。历史学家约翰·奥东奈尔（John O'Donnell）（1985）指出，1894 年，心理学的哲学博士的数量正好与具备资格的美国实验室的数目相符合，于是给心理科学家提供了足够的就业机会。然而到了 1900 年，心理学的哲学博士的数量超出了实验室的数目，达到了 3∶1（按奥东奈尔的计算是 90∶33）。于是，不是每个人都能找到理想的工作——在一所学院或大学指导心理学实验室。作为一名应用心理学家去发展专业技能可以增强自身的履历并且前景看好。

一些心理学家欣然接受把他们的实验室训练用于应用目的的思想，但是，其他一些人由于持有参与应用工作就是在一定程度上“出卖”了他们的“纯实验室”原则这一信念而感到痛心。对许多人来说，这种出卖是真实的，因为较低的学院薪水迫使他们去增加收
212 入。承担额外的课程和在夏季教学很容易导致精疲力竭，而且在减轻经济负担方面也只有极小的作用。于是，许多心理学家都优先考虑并参与到和应用心理学有关的有报酬的活动中。哈利·霍林沃斯的经历说明了这一窘境。尽管他已经成为一位知名的应用心理学家的领导者，但是在他生命的尽头他写道，他已经变成了只会谋生的人。他的“真正兴趣，现在还是永远都是在我的科学的纯理论的和记述的问题上，还有我写过的 20 本书中的一些书，其中一些是我感到最自豪的，是那些……没有人读过的”（引自 Poffenberger，1957，p. 138）。

应用心理学家们把他们的专业知识应用到了教育、商业、医学以及法律领域。所有这些领域中最普通的一项活动就是心理测验。由于心理测验特别是智力测验至今还是一个争议性的话题，这项运动的早期历史值得详细考察。

心理测验运动

心理测验起源于高尔顿测量个体差异的尝试。正如你从第 5 章了解到的那样，高尔顿的目标之一是想创造一种可以识别出那些最能增强他的优生学观点的方法。他相信智力是遗传的，鼓励有才智的人生育并且认为阻止那些不能增强英国人的“种族血统”的人的生育是非常重要的。高尔顿的观点被美国心理学家们普遍接受，但之后引起的争议一直持续到今天。19 世纪高尔顿最强大的美国支持者是卡特尔。

詹姆斯·麦基恩·卡特尔（James Mckeen Cattell，1860—1944）：美国的高尔顿

你已经在第 4 章简要地认识了詹姆斯·麦基恩·卡特尔。他在冯特实验室所做的关于反应时的研究，是把“复杂事件”加入到简单反应时程序中以估计心理事件持续时间的这种技术的代表。正如你从第 4 章视窗中了解到的一样，尽管卡特尔师从冯特获得了博士学位，但是他却没有对冯特的研究操作给予很高的评价。相反，卡特尔对高尔顿在心理测量和个体差异研究方面的工作充满了兴趣，他把英国人的思想带到了美国。

卡特尔（图 8—2）成长在同詹姆斯·安吉尔相似的学术环境中——两人的父亲都是学院校长。卡特尔的父亲在宾夕法尼亚的易斯顿（Easton）主管拉斐德学院（Lafayette College），从新泽西跨过特拉华河（Delaware River）就到。少年时期的卡特尔在家中接受教育，16 岁的时候进入拉斐德学院。他在这里找到了我们在第 6 章开头提到过的教育方式——强调对学生进行能体现新教徒价值（当时情形下的长老会）的塑造和讲授基于苏格兰唯实论哲学方面的课程，强调增强学生的创造性和道德官能（faculties）。1880 年，卡特尔顺利毕业。这种教育对卡特尔的持续影响来自于弗朗西斯·马什（Francis Marsh）所教 213
的课程，他是一位知名的历史比较语言学家（即他研究语言的本质和历史）。马什是一位彻头彻尾的培根式的归纳主义者，相信详尽彻底地收集数据资料的重要性，他持有这样一种信念：只要手头上掌握了足够的数据资料，重要的模式和结论就会变得清晰（Sokal，1987）。卡特尔信奉这种信念，这为他追随另一位培根主义者弗朗西斯·高尔顿做好了准备。

图 8—2 作为哥伦比亚的一位热情又年轻的教授的詹姆斯·麦基恩·卡特尔，来自 Popplestone and McPherson (1994)。

从拉斐德学院毕业后，卡特尔到欧洲旅行了一段时间，之后他在约翰·霍普金斯大学跟随霍尔学习了一年，在那里开始了他可以在莱比锡大学继续从事的反应时研究。在他其中的一项研究中，他测量了辨别不同字母的时间，由此他提出了一个实用性的建议，即改变那些耗费大量时间去辨认的字母的形状以便提高它们的易读性。自己作为唯一被试的卡特尔也研究了各种药物对行为和意识的影响，后来他记述到，他所吸食的咖啡因、吗啡、大麻和鸦片的总量“可能是在无自杀意图下的最大剂量”(引自 Sokal，1971，p. 623)。

卡特尔计划留在巴尔的摩跟随霍尔完成博士学位，但是一年之后他们的友谊没有能继续；相反，霍尔却把机会给了另外一位有前途的学生——约翰·杜威（第 7 章)。卡特尔于是回到了欧洲，跟随冯特进行研究，于 1886 年获得了博士学位。在莱比锡大学期间，他继续进行反应时的研究，在进行有关心理时间测定的重要研究的时候，他在方法的技术方面做了改进，并且继续秉承他的培根主义原则，在诸如注意、练习、疲劳因素对反应时的影响方面获得了大量的数据资料（Sokal，1987）。

完成博士学位之后，卡特尔到了英国并在剑桥简略地学习了一下医学，但是他在那里度过的时间所产生出的最有意义的成果就是完全接触到了高尔顿那时所做的人体测量学测验。卡特尔从来没有正式地跟随高尔顿学习过，但是在他们互通信件之后两人会时不时见面。卡特尔之后写到高尔顿是他所知的最伟大的人物。两人共同持有这样一种基本的归纳信念，即一个人所做的测量越多，这个人知晓的就越多。

1889 年，卡特尔回到美国，之后被任命为宾夕法尼亚大学的心理学教授。当时在大多数心理学家仍然被看做是哲学教授的时候，这个头衔显得非同一般，成了哲学系内部将要发生改变的预兆。他迅速成立了实验室并开始继续他的反应时研究，同时也把高尔顿式的测验方法带到了美国。在 1890 年英国《心灵》杂志的一篇文章中，他总结了用 10 种不同测验测量宾夕法尼亚大学生的结果（Cattell，1890/1948）。一些测验借鉴了高尔顿的测验，但是卡特尔删除了严格的生理测量（例如身高、体重、手臂伸展的长度），这种做法导致他把自己的文章称做“心理测验与测量”。在这篇文章中，卡特尔创造了心理测验（mental test）这一术语。

文章开篇就表明了卡特尔的归纳主义：“心理学除非建立在实验和测量基础之上，否则就不能达到像物理学那样的确定性和精确性”（Cattell，1890/1948，p. 347）。他没有为测验提出任何特殊的目标，仅仅用含糊的术语表明人们可能会“发现他们的测验有意思”（p. 347）并且结果可能在一定程度上在“有关培训、生活模式或者疾病指示等方面有用”（p. 347）。卡特尔估计要花费一个小时完成的这 10 项测验被简要地总结在了表 8—1 中。

卡特尔在宾夕法尼亚大学只待了两年时间，之后接受（在 31 岁仍然年轻的时候）了主持哥伦比亚大学心理学项目这一职位，他在那里工作到 1917 年被解雇。在哥伦比亚大学，他的测验计划变得更具雄心，他扩大了测验的数量，超过了最初的 10 个，并且还恢复了一些生理测量。他在一些年中一直游说政府同意去测验每个进入哥伦比亚大学的新生，主张测验结果在“确定健康状况和学生进步的条件、所学习的不同课程的相关价值等方面”有用（引自 Sokal，1987，p. 32）。最初，他没考虑用测验去预测哥伦比亚学生的成功。相反，他仍继续坚持他的培根式程序，即尽可能地收集大量有关个体差异的信息，之后便从中思考可以得出什么结论。他认为结果最终会揭示出不同测量间的关系以及提供一些心理能力的综合指标。

表 8—1　卡特尔的心理测验 214

在他的关于心理测验的文章中，卡特尔（1890）描述了这些程序。

1. 握力计握力。这是一种测量握力的方法，卡特尔相信这不仅仅是一种生理测量，心理努力和集中都包含其中。
2. 运动速率。人手移动过规定的 50 厘米距离的速度，卡特尔相信心理努力和集中也有助于这项测量。
3. 感受区。测量握紧的右手手背的两点阈。
4. 引起痛觉的压力。用硬橡胶尖（半径 5 毫米）头按压前额直到报告疼痛。
5. 重量的最小可觉差。这是一种传统的包含举起具有轻微重量差别的小箱子的心理物理程序。
6. 声音的反应时。对卡特尔来说这是最可信的反应时变量。

续前表

7. 正确命名颜色的时间。10 种颜色的纸彼此相邻地呈现，尽可能快地正确地说出每种纸的颜色。
8. 平分 50 厘米的线段。调整一条可移动的线段直到它处于知觉到的中点位置。
9. 判断 10 秒钟的长短。实验者以 10 秒的时间间隔轻敲铅笔两下，被试必须重复这项任务。
10. 首次听到所能复述的字母数。这是短时记忆测验的一种早期版本，以便确定有多少字母可以被一字不差地复述。

在 19 世纪 90 年代末期，卡特尔和他的学生收集了大量的数据，但是这项工程在世纪之交过后很快就失去了意义。不擅长数学的卡特尔已经知晓了高尔顿的相关法。他让他的一位研究生克拉克・威斯勒（Clark Wissler）应用新技术去检验结果，希望能揭示出不同测量间的显著的数学关系并且可以把它们同学业表现联系起来。威斯勒完成了相关检验，但是结果却让卡特尔心神不安——测验之间彼此并不相关而且和任何学科都无联系。一名学生任何一门课程的成绩（包括体育!）与学业表现间的相关远高于该学生所做的卡特尔的任何测验（Wissler，1901/1965）。表 8—2 列出了其中的一些相关系数。你不久就会知道，威斯勒的研究发生在阿尔弗雷德・比奈正在法国尝试一种不同的心理测验方法的同一时间。几乎紧接着，比奈的方法成功了，而高尔顿/卡特尔的方法却从人们的视线里平静地退出了。

心理测验失败以后，卡特尔把他的注意力从研究领域转向了自己感兴趣的其他方面，即心理学的职业化。作为美国心理学会的一名创始会员，他是一位积极的参与者并且在 1895 年成为第四任主席。1894 年，他帮助创办了将成为心理学杂志中很有声望的杂志之一的《心理学评论》，一年后接任了财政状况不佳的《科学》杂志的编辑工作并且使其恢复到正常状态。到 1910 年，他已经使《科学》成为在美国出版的最重要的科学杂志（Sokal，1981b）。

世纪之交过后，卡特尔把他的大部分时间都投入到了编辑和部门管理工作中。总是直言不讳的他，由于要求在学术决策制定上的更大的学院参与权和增加学术自由方面（即一名学院成员探究和教授存在争议的问题的权利）而得罪了哥伦比亚大学的管理者。1917 年，他最终因公开抗议政府把有良知的反对者投入到第一次世界大战中去的政策而令当局对他忍无可忍。哥伦比亚大学的校长指控他有叛国罪并且辞退了他。卡特尔控告这是诽谤并且在诉讼中赢了，但是他的学术生涯实际上已经结束。不过，他仍继续着自己的编辑工作，并于 1921 年通过创立心理公司又回归到了应用心理学。在美国心理学家们对其所拥有的知识的应用抱有很大期望的时候，心理学家—顾问组织开始被设计出来。然而卡特尔被证明是一位差的管理者，虽然作为一家大出版社的营利性附属机构的心理公司存留至今，但在卡特尔的错误领导下仅仅维持到了 1920 年（Sokal，1981a）。

表 8—2　威斯勒关于心理测验研究的样本结果　215

各种心理测验间的相关（在表 8—1 的那些测验中增加了其他的一些）：

	个案数	相关
反应时与颜色命名	118	+0.15
反应时与联想	153	+0.08
标记 A 与颜色命名	159	+0.21
运动速率与颜色命名	97	+0.19

心理测验和“学院名次”之间的相关：

	个案数	相关
反应时	227	−0.02
标记 A	242	−0.09
联想	160	+0.08
颜色命名	112	+0.02
逻辑记忆	86	+0.19

不同学校课程表现成绩间的相关：

	个案数	相关
拉丁语与数学	228	+0.58
数学与修辞学	222	+0.51
德语与数学	115	+0.52
拉丁语与希腊语	121	+0.75
体育与平均成绩	119	+0.53

资料来源：Wissler（1901/1965，pp. 443－445）.

阿尔弗雷德·比奈（Alfred Binet，1857—1911）：智力测验的诞生

卡特尔/高尔顿评价个体差异的方法依赖于生理测量的分类以及简单感觉和知觉任务的结果。一种只关注于更复杂的心理现象并且只用于儿童而不再以大学生或是成人作为被试的完全不同的方法，在欧洲发展起来了。一位促进者是赫尔曼·艾宾浩斯，著名的记忆研究者（第 4 章），他在 19 世纪 90 年代中期发展出了作为评估小学生心理疲劳的方法的一种句子填充测验。他回应了一个实际问题——在德国城市布雷斯劳（Breslau）当局看来，好像 5 小时不间断的上午学校上课时间（从上午 8：00 到下午 1：00）正产生着“疲劳和神经应激性”（Ebbinghaus，1897/1965，p. 433）。城市领导者授权一个委员会去研究 216 这个问题，其首要任务是确定这 5 小时的学校时间影响到儿童的精确程度。一些高尔顿传统研究采用两点阈作为研究方法，发现在教学日期间阈限发生了改变。艾宾浩斯没有受这一方法的影响，而是质疑皮肤感觉与学校表现之间的联系：“儿童（在感觉上）表现出衰退难道在其他方面也被认为是心理疲劳吗？或者他们仅仅是不能胜任对他们来说是不熟悉的、固定的、相对不重要的工作”（p. 435）。他说道，如果目的是评估心理疲劳，那么就

应该是对认知活动而非感觉活动的测量。假设智力能力的一个重要方面是包含把不完整的信息组合成可理解的整体，艾宾浩斯提出了给予学生不完整的散文段落这一想法。也就是说，给学生呈现含有缺失音节的单词的句子并且在一些情况下整个单词会在句子中缺失。他们的工作就是补全缺口以使句子完整有意义。艾宾浩斯表明他的句子填充测验区分开了能力强的学生和能力差的学生，但他却没有在 5 小时教学日的表现上找到任何一致的差异，这一点仍然未经触动。

艾宾浩斯没有进一步发展他的测验项目，但其中最基本的方法却被另一位欧洲人，法国的阿尔弗雷德·比奈所采用。与艾宾浩斯一样，比奈对一种教育困境作出了回答。我们已经知道美国的公共教育在 19 世纪末时显著增加。不过，这种现象不是仅限于美国，同样的事情也发生在欧洲。然而，义务教育意味着即使由于心理能力不足使其不可能在正常课程中取得成功的一些儿童也要被送进学校。到了世纪之交的时候，巴黎的学校官员们面临着如何鉴别出这些儿童以使他们可以被安置在我们今天称之为特殊教育班中的问题。1904 年，一个专门研究这一问题的委员会成立，其中包括法国主要的心理学家比奈。

比奈在其同事中的地位不是一直都那么高。在 19 世纪 80 年代中期，他发表过一些关于催眠的不可靠的研究，宣称在那种状态下表现出的癔症，通过反转靠近病人的磁极可以从身体的一边转移到另一边。更多冷静的研究者证明其中的效果完全是暗示的结果，于是窘迫的比奈被迫以书面形式收回了他的主张。但是，1891 年比奈在巴黎索邦（Sorbonne）（刚成立不久）的生理心理学实验室（Laboratory of Physiological Psychology）里成为一名不计报酬的研究助手之后，他便逐渐恢复了自己的声誉。在仅仅 3 年的时间里他就被任命为实验室主管，这一职位他一直就任到 1911 年，即 54 岁英年早逝之时。

甚至在索邦开始工作之前，比奈早已对他的两个小女儿进行了仔细的观察（图 8—3）。这项工作树立起了他在实施详细个案研究价值上的信念，有助于他在研究和测量个体差异上的终生兴趣。比奈了解高尔顿的工作并且还对自己的女儿运用了高尔顿的一些感觉测验。他惊奇地发现，他女儿的分数与已报道过的成人的分数之间看起来并不存在太大的差异。成人只在关于包含超越感觉能力的心理过程的任务上显示出优势。例如，与成人相比，他女儿在颜色命名这样一项需要记忆和语言的任务中表现相当差，但是在颜色匹配这样一项纯粹的知觉任务中却表现得相当好。这些和其他相似的结果使比奈断定高尔顿的感觉测量不适合评估心理能力。① 他提出了儿童和成人的智力差异只能通过测试更复杂更高级的心理过程来确定这一重要的见解（Fancher，1985）。

---

① 19 世纪 90 年代，卡特尔在哥伦比亚大学沉迷于高尔顿式测验程序期间，他知道所有关于比奈的工作，但是由于没有明确的定义和不能充分量化而拒绝这种新的“高级”心理过程的测验（Sokal，1987）。

图8—3　阿尔弗雷德·比奈，他的妻子和被他研究过心理发展的两个女儿。来自 Popplestone & McPherson（1994）。

在索邦度过的那些岁月里，比奈发展出了一种关注于个体差异研究的项目。在与他的助手维克特·亨利（Victor Henri）合写的一篇重要的论文中，他把他的个体心理学（individual psychology）和一种更普通的心理学作了对比。后者关注一定程度上适用于每个人的一般规律的发现（例如，重复增强记忆），而个体心理学"研究不同个体间的精神过程的特性——它必须确定这些不同的特性并由此去研究它们在多大程度上以及在哪些方面不同于其他个体"（Binet & Henri，1895/1965，p. 428）。当然，研究这些差异需要能够测量它们。这些问题直接导致了比奈去发展心理过程的测验的尝试。到1904年，在巴黎，学校官员们需要一种能鉴别出低能力的学生以送到特殊班级中去的方法的时候，比奈已经有了一些有关何种测验可以使用的明确想法。 217

在比奈的时代，迟滞这个术语还没有作为精神残疾的一个范畴存在。相反，存在能力障碍的儿童被划分到了三种互相重叠而又没有明确定义的范畴中。白痴是严重的障碍而且不能自理；愚笨者是具有一定能力但仍然不能独立；第三种水平包括能学习的儿童，但不能在正常学校的班级中学习。这些就是被鉴定为需要特殊教育的儿童，比奈称之为弱智（débiles）（能力弱的人）。他对当时的诊断标准感到震惊，于是决定发展出一种更可靠的能从正常的学生中区分出"弱的"儿童的方法。他采用了12年来他对个体心理学的研究，其结果就是第一个智力测验的产生。

比奈—西蒙量表

比奈和他的研究助手西奥多·西蒙（Theodore Simon）一起，在 1905 年发表了他的测验的第一版。他们在 3 年后重新修订并且于 1911 年也就是比奈去世之前进行了第三次修订。他们一开始没有采用先前关于智力的定义，而是从他们使用的测验中得出。更确切地说，他们是凭着经验发展测验：通过划分出两组不同的学生，一组正常，另一组明显有缺陷，并给予他们一系列与智力在概念上明显相关的测验，以寻找到可以区分开这两组的测验。他们最终为 1905 年最初的测验创造出了一系列难度逐渐增加的 30 项测验。在 1908 年的修订版中，测验的数量增加到 58 项，比奈和西蒙还加入了 3～13 岁的年龄水平。表 8—3 列出了一些在不同年龄上的测验（注意与表 8—1 中卡特尔的测验对比）。

加入年龄水平是比奈解决诊断问题的途径。他认为应根据落后于他们实际年龄的距离来定义弱智儿童。因此，一个正常的 5 岁儿童可以完成 5 岁水平的任务，但是，一个弱智的 5 岁儿童也许只能完成 4 岁水平的任务。比奈把儿童所得分数的水平称为心理水平（mental level），这个术语之后被误译成“心理年龄”。他认为那些得分落后于他们实际年龄两岁的儿童，即他估计占人口的 7%的一个群体，应该被认为是弱智，需要放到特殊班级中（Fancher，1985）。大体看来，比奈是用机能术语把智力定义为“自我适应能力、良好的判断能力、良好的理解能力、良好的推理能力——这些是智力的基本源泉”（Binet & Simon，1905，引自 Fancher，1985，p. 74）。

218 表 8—3 心理水平的比奈—西蒙测验的样本

比奈—西蒙量表 1908 年修订版包含 58 种不同的测验，按 11 种不同的年龄水平排列（313)。以下是其中的一些测验。
3 岁
指出眼睛、鼻子、嘴 复述 6 个音节长度的句子 命名图片中的物体
5 岁
画一个正方形 比较两个不同重量的箱子 复述 10 个音节长度的句子
7 岁
抄写一个句子 复述 5 个数字 指出图画中遗漏之处
9 岁
说出一周的日期 阅读完毕后保持 6 项记忆 按顺序排列 5 种重量

续前表

11 岁
批评荒谬的句子*
把给定的 3 个词放进句子中
给出抽象的定义
13 岁
区分单词的意义
解决颠倒的三角形问题
解决剪纸问题

* 例如，不幸女孩的尸体被找到了，分成了 18 块。这被认为是自杀。

资料来源：Dennis (1948) .

考虑到 IQ 这一概念多年来是如何演变的，因此，注意比奈对智力及其测量的态度则具有启发意义。第一，他认为智力是多方面的，由不同的能力组成。因此，当他把测验的结果简化为单一单元，即心理水平的时候，他做得非常勉强。假如他仍活着的话，他就会为 IQ 这个概念到了意味着一个单一的智力概念的地步而烦扰。第二，他认为在宽广的范围内，心理水平通过训练可以提高，他为了帮助儿童提高他们的智力水平还发展出了一套心理矫正术。比奈藐视他那个时代的来自进化论思想的流行观点，即认为智力是一种固定的和不可改变的特质。第三，比奈认为他的量表仅在缩小鉴别智障学生的教育背景方面有用。他会对这项工具如此迅速地被更加广泛地使用而感到惊奇，正如我们即将看到的一样。

亨利 · H · 戈达德（Henry H. Goddard，1866 — 1957）：比奈测验到达美国

亨利 · 戈达德（图 8—4）是克拉克大学霍尔的发生心理学的重要人物，1899 年在此获得博士学位。在宾夕法尼亚的西切斯特师范学院（West Chester Teacher's College）教了几年的课之后，他接受了位于南新泽西的维内兰德（Vineland）弱智儿童培训学校有关发展研究项目的邀请。他最初的努力反映了他接受的训练——他建立了一所实验室，模仿了克拉克大学的实验室，并且开始用类似卡特尔用过的标准实验室任务测验儿童。戈达德 219
很快了解到他正处于一种新的环境中，并且使用基本感觉任务说起来容易做起来难。他的笔记开篇这样写道："一个男孩害怕一件不重要的事情以至于 6 个男人帮助他却不能在握力计上握下一磅的力，尽管他清楚地知道他想要什么"（引自 Popplestone & McPherson，1984，p. 242）。

图 8—4 亨利·戈达德在埃及的一座金字塔顶上，引自 Popplestone and McPherson (1994)。

为了寻找到更好的方法，1908 年，戈达德在弱智儿童机构赴欧洲旅行的时候发现了比奈的工作。起先他对比奈—西蒙测验没有印象，但是不管怎么样他把量表带了回去，还翻译成了英文，并且开始用它测验在维内兰德的儿童。在比奈—西蒙的结果和对于其他儿童的观察相匹配的时候，戈达德成了一名皈依者。在 1910 年美国弱智学会（American Association of the Feeble-Minded）的一次会议上，他报道了 400 名维内兰德儿童的测验结果并且建议在基于比奈的心理水平，即现在被称为心理年龄（mental age）的概念上改进现有的分类系统。白痴现在被定义为那些得分在1～2岁的心理年龄水平上的人，愚笨者是指那些心理年龄在 3～7 岁间的人。至于第三类，即比奈所谓的弱智，戈达德提出了一个新的名称。这些儿童有时被称为弱智，但是这个术语也被用于描述智力落后的整个范围。然而对这些儿童来说有一个清楚的范畴是非常重要的，戈达德说道，“为了使公众明白存在需要特殊帮助的一组儿童的特殊群体”（Goddard，1910，p. 395）。戈达德建议使用轻度低能（moron）这一术语，源自希腊词汇 moronia，意思是“愚蠢的”，用以指具有 8～12 岁心理年龄的人。[1] 戈达德创造的这一术语以及他对其使用的普及有助于作为一门

① 这些术语——白痴、愚笨者和轻度低能——不带有今天所谓的贬损的含义。它们是按规定用于诊断目的的临床术语，而不是被用来在校园里互相嘲笑。

专业学科的心理学的合法化。戈达德论证说，轻度低能者被认为需要对许多社会疾病负责，但对于一般人而言，他们看起来却是正常的。因此为了鉴别出他们，社会需要受过高级训练的专家的帮助。像戈达德这样的心理学家通过测验可以鉴别出轻度低能者，他们是最适合这一角色的人。

在接下来的几年里，戈达德成了比奈—西蒙测验的主要倡导者，并且其他许多人也很快使用这种测验去鉴别和划分那些心理低能者。1910—1914 年，在维内兰德大约分发了 20 000 套戈达德翻译的比奈—西蒙测验。然而，戈达德最终的目标却非常不同于比奈。与比奈的不同之处在于，戈达德是一位在最广泛意义上坚持智力是遗传的并且表现为固定的量的这一观念的坚定信徒。因意识到当时对孟德尔（Mendel）关于遗传学研究的重新发现，戈达德最终认为最弱智者是由单独的隐性基因引起的。为了支持他的遗传主义论点，他发表了其中一名维内兰德儿童的家族根源的看似结论性研究的结果。

卡利卡克家族 220

戈达德在 1912 年出版的 117 页的《卡利卡克家族：弱智的遗传研究》一书中介绍了他关于弱智有其遗传基础的个案。他在书中描述了在维内兰德其中一个病房的一项广泛的家谱研究。“德博拉·卡利卡克”那时 22 岁，在维内兰德已经居住了 14 年。她 8 岁时被送到维内兰德，据称是因为她“在学校里不适应并且很可能是弱智”（戈达德，1912，p. 1）。事实上，由于她母亲的第三任丈夫拒绝为其和包括德博拉在内的几个年幼的孩子提供抚养而促成了这种安排。在维内兰德，德博拉被定期地用比奈—西蒙量表测验，测验结果却从来没有超出过 9 岁的心理年龄。戈达德认为她是理想的适宜于维内兰德的人的代表。尽管她已经学会了缝纫、做饭并且完全胜任木工活，但是她却不能阅读和算数。如果德博拉离开了维内兰德这样一种安全和受约束的环境，戈达德认为：

> ……她会立刻成为罪恶的男人或女人所设计的牺牲品，并且会把她的生活引向邪恶、不道德、犯罪，尽管由于她自身心理上的原因本身不会负责任。没有任何东西可以阻止她被引诱，因为她不具有控制的力量，并且她所有的本能和欲望都可能直接导致她走向罪恶。(p. 12)

我们怎么理解这样的一种人？对戈达德而言，答案很简单：“‘遗传’——坏的血统。我们必须认识到人类家庭表明了不同的血统和世系，就像在动植物生命中标记和哺育的任何东西一样”（Goddard，1912，p. 12）。

戈达德按照惯例把工作人员派遣到现场以便收集被送到维内兰德的那些人的背景信息。在德博拉的案例中，许多生活在她周围的亲戚以及这个因“产生了很多身心有缺陷和违法犯罪的人而臭名昭著”的家族使这一点变得越发明显（Goddard，1912，p. 16）。戈达德的勤奋助手考察了 6 代人口并且“让人感到震惊的众多的有缺陷的人随处可见”（p. 16）。另一方面，现场工作者有时会发现，他们自己正处于受过高等教育并且生活在舒适环境中的亲戚们中间。进一步调查产生出了有关具有两个确定的不同方向分支的家族故事。

这个家族似乎有个远亲，是独立战争时期的一名士兵，跟其他士兵有时的行为一样，他与在小酒店认识的一位年轻“弱智”女孩发生了一段风流韵事。结果是有了个弱智的儿子，德博拉的高曾祖父，于是“坏的”卡利卡克家族长期的心理缺陷由此开始。与此同时，没有意识到因自己的放荡生活而制造出混乱的这名士兵，娶了“良好家庭中的一名体面的女孩”而定居下来（p. 29），于是开始延续“好的”卡利卡克家族。由于这名不幸的酒店女孩给她小儿子取了他父亲的名字，所以双方家庭使用了相同姓氏。

通过对卡利卡克家族的研究，戈达德公布了代表双方家庭的那些人的命运的一种机械比较。在德博拉一边，戈达德的现场研究者鉴别了 480 名后代，并且在历史纪录、家族史、对在世亲戚的一些直接测验的基础之上，对其中的 189 名进行了分类：发现 143 名是弱智，只有 46 名正常。另一方面，这名士兵和他体面的新娘的后代大多是社区的栋梁：医生、律师、教育家等。在 496 名后代中，仅 3 名被发现是“有些退化，但……不是（心理的）缺陷。其中有两名是酒鬼，另一名是性放荡”（p. 29）。

尽管对卡利卡克家族的研究表面上看起来详尽彻底，但是它存在着严重的缺陷。最明显的问题是戈达德没有认识到环境对双方家庭命运的重要影响。营养与卫生保健的不同这一点就可解释两组在婴儿死亡率上的差异：82（差的一方）：15（好的一方）。抛开这是一个有关弱智遗传的个案研究不说，那么，卡利卡克家族研究可以很容易地作为代表贫富
221 差异效果的一项个案研究。戈达德本人智商当然很高，但他没能考虑到环境因素在卡利卡克家族历史中的重要作用的原因，主要是当时历史背景的强大影响而不是他个人的缺点所致。实际上，智力水平是遗传的结果这一强大的信念，被世纪之交的大多数心理学家所承认，甚至让戈达德认为这两组生活的环境大致相同。

戈达德的偏见也影响到了他对数据的分析。与某人到底是属于这方家族还是那方家族的不明确事件的分析一起，有关家族成员的大部分信息是二手的和粗略的。同样，戈达德也忘记了一些基本的逻辑原则。例如，一个弱智的人可能会走向犯罪，但反过来未必如此，因为变成一名罪犯还有众多其他的原因（例如贫穷）。然而，任何来自“差的”卡利卡克家族的并带有可疑道德问题的人都被戈达德和他的助手自动地划分到轻度低能的行列。在故事的一开始，戈达德仅仅假设酒店女孩是弱智，在这种可疑的基础上显然也可以认为她在酒店工作的时候情不自禁地被一名士兵诱奸！总之，卡利卡克家族研究是一个典型的有关偏见是如何影响数据收集和分析的例证，而不是真正意义上的科学研究。

当然，卡利卡克只是个化名，是戈达德为了保护德博拉的身份而创造的。他从两个希腊单词中选取了这个名字——Kalos，意思是“好的”，Kakos，意思是“差的”。他认为这个名字很好地反映了不幸的德博拉家族的两个方面。

戈达德对心理缺陷原因的确信使他提出了一种解决这个问题的明确的方法——排除基因。于是，戈达德成了一位坚定的优生学家，认为心理缺陷应该从生育上被预防。如果这

项社会工程能实现，那么，弱智在数代之内便会消失。戈达德最初的建议是国家需要建立更多的像维内兰德那样的机构，以使白痴、愚笨者、轻度低能者可以被正确地诊断并使他们脱离社会，通过仔细地监控阻止他们产生后代。他也支持其他著名的心理学家包括桑代克、耶克斯、推孟提出的对心理不健全者进行绝育的建议，指出"手术本身对男性来说就像拔掉一颗牙齿一样简单。对女性来说也不是太严重"（Goddard，1912，p. 108）。然而，相对来说，绝育是一个新的解决办法，所以，戈达德提出警告说要等到它的长期效果被更好地了解才行。

于是，戈达德提出了一项处理美国弱智的方案。但是关于心理缺陷的输入呢？在新世纪的早期，人们日益关注对美国人的基因库——疯狂的移民——的一种显而易见的威胁。戈达德认为他也有办法去解决这一问题。

戈达德与移民

美国一直是一个移民国家，但是美国政治生活的一个一贯特点是，已经在美国生活了几代的移民常常要求限制新的移民。这在世纪之交移民的数量显著增加的时候是事实，并且这些"新的"移民看起来似乎绝对要比"老的"移民差。纵观 19 世纪的大部分时间，移民主要来自西欧和北欧。例如，788 992 名充满希望的男人、女人、还有儿童在 1882 年到达美国，其中 87%的人来自德国、英国、斯堪的那维亚，然而，只有 13%的人来自南欧和东欧国家，如意大利、波兰、俄国。但是到了 1907 年，当到来者的总体数量增加到 1 285 349的时候，比例却颠倒过来了——超过 80%的人都是来自南欧和东欧（资料来自 Cashman，1993)。随着这种转变的到来，其中祖先是来自北欧的人开始担心新移民的"质量"。老移民，一般是盎格鲁—萨克逊人、新教徒、并且至少是来自中产阶层的受过良好教育的人，与新移民形成了强烈的对比，他们一般是贫穷和未受过教育的人，拥有庞大的家庭，具有更多的文化差异，并且更可能是天主教徒或是犹太教徒。大部分美国人完全不同意诗人艾玛·拉扎鲁斯（Emma Lazarus）的观点，她写道，1886 年揭幕的自由女神 222
像象征着对"那些疲乏的和贫困的挤在一起渴望自由呼吸的大众"的欢迎。

纽约是欧洲移民的主要进驻点，为处理逐渐增加的拥挤的移民，联邦政府于 1892 年在艾利斯岛上修建了一个巨大的移民站，位于曼哈顿西南一英里处并在自由女神像的可见范围之内。到达这里的移民，在 20 世纪早期每天都达到 10 000 人次，他们在被允许进入这个国家之前必须通过一系列的评估。[①] 大多数移民在数小时内通过了在艾利斯岛的检查，但是，大约 20%的人要接受更详细的评估，有 1%～2%的人不被允许进入这个国家（Schlereth，1991)。为了被准许进入这个国家，移民们不得不证明他们是远离传染病和精神疾病的，具有工作能力，不是赤贫，并且没有心理缺陷。最后一项标准很难去测量，但

---

① 当轮船载着移民到达纽约港的时候，只有那些来时乘坐下等舱的乘客被运送到艾利斯岛接受测验。旅途中乘坐头等舱或二等舱的移民在他们甲板的船舱里给予简短的测验之后就被允许进入这个城市（Richardson，2003)。

是，艾利斯岛的考官们只关心“高级的”心理缺陷者是否被遗漏了。

在这种背景下，急于表明比奈测验诊断的有用性的戈达德登上了历史舞台。1911年，他首次访问艾利斯岛，1912年又带着两名研究助手返回艾利斯岛。其中一名助手挑选出谁“看起来像”有心理缺陷者的移民，另一名助手则负责一些比奈测验，戈达德认为，他的研究小组能以90%的正确率快速地识别出心理缺陷者。在一个例子中，戈达德的工作人员选出一名被怀疑有心理缺陷的小男孩并在一名口译人员的帮助下对其进行测验。这个男孩在比奈—西蒙量表上得了8分。戈达德报道说，“口译人员说‘在我刚到这个国家的时候我也不会做’，并似乎认为测验是不公平的。我们确信这个男孩是心理缺陷者”（Goddard，1913，p.105）。很明显，由于他在测验技术上的幼稚信念，戈达德没有考虑到移民毫无疑问是被迫的，而且对在艾利斯岛的经历感到迷惑，并且他们很可能无法理解为什么被要求完成这些奇怪的测验。

一些工作在艾利斯岛的内科医生们提出反对，认为被高度言语化了的比奈测验不足以检查出低能者（Richardson，2003）。尽管如此，对戈达德的测验印象深刻的艾利斯岛上的官员们却请戈达德扩大他的工作。1913年，两名女助手在艾利斯岛度过了两个半月的时间。通过口译人员的帮助，她们用比奈—西蒙量表和几种其他的测验测试了包括俄国人、匈牙利人、犹太人和意大利人在内的165名移民。戈达德发现了一个使人不安的大比例，大约80%的人得分在12岁的心理水平上下（即轻度低能）。即使把文化因素考虑进去进行重新调整得分之后，他估计大约样本的40%会是心理低能，他总结道，“几乎没有人能逃脱掉平均‘第三等’移民的智力是低的、轻度低能等级可能性的判定”（Goddard，1917，p.243）。

作为戈达德工作的结果，心理测验成为艾利斯岛筛选过程的一部分，可能有助于以后一些年被驱逐出境者的百分比的增加。例如在1913年，555个人因“心理低能”当场被驱逐，3倍于先前5年中每一年的数量（Richardson，2003）。没有确切的估计存在，但是可以有把握地说，在20世纪第二个十年中，数千名满怀希望并渴望自由呼吸的移民，因为他们在比奈—西蒙量表测验中表现很差而被送回欧洲。

至于戈达德，他仅仅在维内兰德逗留了几年。1918年，俄亥俄州雇他去指导专为处理青少年犯罪问题而成立的青少年研究所。4年后他成了俄亥俄州立大学变态与临床心理学教授，并且一直在那里工作直到1938年退休。在那里，他通过研究来自维内兰德的那些人的范围的另一极儿童——所谓的天才学生从而拓宽了他的兴趣。这些后来的经历使他在1928年写
223 出了一篇很有名的论文，在其中他修正了他的许多早期观点。他认为12岁的心理年龄未必就是心理低能，许多被诊断为心理低能的人可以在社会上发挥作用并且不需要被收容，他们产生心理低能后代的危险被过分夸大了。他认为轻度低能者的问题是教育中的主要问题之一，并且说道，“当我们获得一种完好的教育时，社会将不会再有不能管理自己和自己事情的轻度低能者，并且他们还能参与到生存竞争中去”（Goddard，1928，p.224）。到了他职业生涯的末期，那时，戈达德已经逐渐认同比奈有关对具有边缘能力者教育的最初观点。

刘易斯·M·推孟（Lewis M. Terman，1877—1956）：规范 IQ

同戈达德一样，刘易斯·推孟也是霍尔在克拉克大学的心理学项目的参与者。他在印第安纳大学获得硕士学位之后于 1903 年到了克拉克大学，距离他童年时代生活过的胡热尔州[①]（Hoosier State）的大农场的家不远。印第安纳大学更像是克拉克大学的一个中西部分校——它的哲学系有三位著名的心理学家，威廉·布赖恩（William Bryan）、恩斯特·林德利（Ernest Lindley）和约翰·伯格斯托姆（John Bergström），他们都是克拉克大学的毕业生。在他们的课上，年轻的推孟"对要成为一位心理学教授的抱负充满了热情并且要为科学贡献出自己的力量"（Terman，1932，p. 310）。林德利的影响尤其大，在他的研究班上，推孟写了有关"堕落者"和"伟人"的宽泛意义的论文。这个项目让他对比奈和高尔顿的研究有了接触，开始预示着他毕生的工作（Minton，1988）。在克拉克大学，他的兴趣仅在智力及其测验方面，他的博士论文比较了 14 名青春期前的男孩的心理和生理能力，"七个聪明的和七个迟钝的"（Terman，1906，p. 314）。前一组在所有的心理测验中做得都比后一组好，包括像比奈测验程序中的诸如问题解决、语言、记忆，但是迟钝组在一些与运动相关的任务上做得要比前一组好。可能是受到了高尔顿思想强烈吸引的影响，推孟认为他的研究支持了"作为个体的智力等级的一种决定因素，天资比训练相对来说更加重要"（p. 372）。推孟从来没有在他关于遗传是智力的主要决定者这一信念上动摇过。

在到克拉克大学之前和在克拉克攻读博士期间，推孟都忍受着结核病周期性发作的痛苦，这使他在 1905 年完成博士学位之后去寻找处于温和气候条件下的工作。他在加利福尼亚的圣·伯纳迪诺（San Bernardino）当了一年的学校负责人，巩固了学术地位，之后在洛杉矶州立师范学校（Los Angeles State Normal School）（后来成为加州大学洛杉矶分校，UCLA）谋得一个学术职位，教授儿童心理学和教育学。大的转机于 1910 年到来，即在他被从北部邀请到帕洛·阿尔托（Palo Alto）并加入斯坦福大学心理学系的时候。机遇是突然的又是不可预料的——推孟取代了他的前印第安纳大学的老师——约翰·伯格斯托姆，他于 1908 年到斯坦福大学，但两年后却在 42 岁的时候去世（Capshew & Hearst，1980）。12 年来，推孟一直主管心理学系，并把它建设成为这个国家中最重要的系之一。在推孟的任期中，有三位系里的工作人员和四位博士生，后来担任过美国心理学会主席（Hilgard，1957）。他是一位很受人尊敬的老师，特别是受到了在他家举办的星期一晚间研究班的影响，重新营造出了那时作为一名学生的他在霍尔的著名的研究班里所经历过的氛围。推孟 1941 年从斯坦福大学退休，但仍然从事专业活动，直到 1956 年去世，仅距离他 80 岁生日还有几星期的时间。他留给心理学的遗产包括（1）发展出了一种世界著名的智力测验；（2）毕生指导着最长时间的心理学纵向研究项目。

---

① 胡热尔州是印第安纳州的别名。——译者注

斯坦福—比奈智力测验

我们已经知道戈达德把比奈-西蒙量表翻译成英文并首次把它介绍到了美国。然而推孟所做的已经远远超越了翻译工作，他完成了修订版并首次使这个测验标准化。在关于当地中小学生一些研究的基础上，他确定比奈测验中的一些题目对小一些的儿童太容易而有一些题目又对大一点的儿童太难。例如，平均年龄为 5 岁组的儿童得分常常高于 5 岁的心
224 理年龄，而平均年龄为 10 岁组的儿童得分却小于 10 岁的心理年龄。推孟增加了一些新的测验，包括组成他的论文的一些，修订了其他的一些，并且还删除了一些。在 1910—1914 年，他把他的测验标准化，使用了大约 2 300 名被试，大部分是来自中产阶级家庭的儿童和青少年，但其中大约有 400 名成人。与比奈的最后（1911）一版中的 54 个题目相比，他最终选定了 90 个测验项目。伴随着来自于他标准化努力的一套常模的完全的建立，推孟于 1916 年出版了他称之为比奈—西蒙测验的斯坦福修订版。它以斯坦福—比奈测验而著名，并迅速占领了市场还给推孟在版权方面带来了丰厚收入。1937 年，推孟再一次对其进行完全修订并且重新标准化。在最近的一个版本中，它仍然可能是最著名的个体智力测验。

1916 年版的斯坦福—比奈测验中包含一个令比奈烦扰的概念——IQ。推孟从德国一位测验运动的领导者——威廉·斯腾（William Stern）那里借用了这一概念。斯腾早已指出一名普通的 5 岁儿童应该能够得到 5 岁的心理年龄分数，一名非常聪明的 5 岁儿童可能达到 6 岁的心理年龄或者更高，一名迟钝的 5 岁儿童在心理年龄上的得分可能低于 5 岁。他建议心理能力应该总结为“心理商数”，以代表心理年龄与实际年龄之间的关系，用前者除以后者得到。对推孟而言，这一思想很好地与他的常模程序和日益增强的智力是一种整体特质的信念相契合。他把斯腾的“心理商数”改为智力商数（intelligence quotient）或者叫 IQ，比率乘上 100 以去除小数点，并把它加入到了修订版中。随着 1916 年的斯坦福—比奈量表的修订完成，智商于是诞生了。三名心理年龄分别为 4、5、6 的 5 岁儿童各自对应的智商是 80、100、120。信息是清楚的——心理能力可以用一个单独的数字表示。

推孟研究天才儿童

比奈发展他的测验的最初目的是为了鉴别出那些需要特殊训练的儿童。但是推孟超越了这一观念，认为他的 IQ 测验可以鉴别出位于连续体两端的特殊儿童。由于他对位于量表最上端的学生的长久的兴趣导致他进行了最著名的研究，一项关于天才儿童的研究。他的最初打算是鉴别出一组天才儿童，并且在一段时间之后对他们的生活做后续的研究以确定他们是否都事业有成。然而，这个项目历时很长，推孟本人去世后又继续了很长时间。它成为心理学中马拉松式的纵向研究。

在形成他的研究计划期间，推孟被他的关于智力是遗传的观点以及美国应该是精英领导制（meritocracy）国家的强烈信念所推动。也就是说，他认为国家的领导者应该是那些具备领导才能的人。他提出 IQ 测验将是一种能鉴别出这些人的有效途径。在个人的道德可能被排除掉的问题上，他曾经写道，“一个人（是）没有什么能与他的 IQ 一样重要”（引自 Minton，1988，p. 99）。推孟认为真正的民主意味着平等的机会，但只对那些能从他们的机会中获益的人而言。那些具有低智商的人，推孟把他们称为“民主的稳定因素”（p. 99），如果能被正确地鉴别、训练，安置适合他们的工作，也可以在生活中获得满足。这样，大规模的 IQ 测验能产生出一种可以实现对不同能力水平的人实施不同类型教育的分类系统。推孟相信这种系统可以“大大有助于保证每个小学生，无论智力上是出众、中等或者较差，都将有机会去充分利用自然赋予他的任何能力”（引自 Minton，1987，p. 102）。

带着头脑中理想的精英领导制，推孟从 1921 年开始鉴别天才儿童。他的目标是挑选出存在于所有加利福尼亚中小学生中的 1%的佼佼者。但是由于计算和财政问题，他的现场小组的工作人员只集中在了一些大的和中等规模的城市地区。教师被要求在他们班上找出三个最聪明的儿童以及一个最小的孩子。之后采用一个团体智力测验和一种斯坦福—比奈测验的精简版测验这些儿童。对那些得分最高的儿童将给予完整的斯坦福—比奈测验。

结果是挑选出 824 名男孩和 646 名女孩，总共 1 470 名儿童。这些儿童大部分来自小学，但是其中有 444 名来自初级或高级中学（样本大小数据来自 Minton，1988，pp. 114－115）。小学生的平均智商是 151，中学生的平均智商为 143。非常有趣的是，研究中最可能被选中的学生不是老师在一个特殊班级所鉴别出的最聪明的三个学生之一，而是最小的 225
那个。抽样程序看起来是合理的，但样本结果却不具代表性。学生大多来自中等到上层阶级、新教徒、白人，他们的父亲大多是专业人员而不是工人阶级的一员。犹太儿童也是代表性过高，而非白人儿童和贫困儿童则代表性不足（Cravens，1992）。偏差产生于一些微妙的途径中，从教师的选择到现场工作人员不愿意去市区一些学校。例如，推孟的一位工作人员删掉了已被当局留出来“为处理那些具有微小犯罪行为的学生”的 14 所洛杉矶的学校（Minton，1988，p. 114）。

样本选择出来之后，推孟的研究组针对每个儿童收集了相当多的信息，结果收录在 600 页的《天才的遗传研究》一书中（Terman，1925）。推孟在 20 世纪 20 年代后期重测了这组儿童并且指导了分别在首次测验过后的 25 年（Terman & Oden，1947）和 35 年（Terman & Oden，1959）的两次主要的后续研究。推孟去世以后，曾经是天才小组的一名成员并且自己已经是一位著名心理学家的罗伯特·西尔斯（Robert Sears）接管了这个项目。1960—1986 年，罗伯特·西尔斯进行了五次额外的后续测验，他在 1989 年去世时正准备出版《天才儿童的晚熟》一书（Cronbach，Hastorf，Hilgard & Maccoby，1990）。

对于天才儿童的传统的观点是，他们智力上超群、生理上脆弱、社会上低能、很早就夭折，从来没有实现童年时的理想。但是推孟的研究却对这一成见进行了全方位的质疑。在一个接一个的后续研究中，他的被试组显示出不仅比其他人更聪明而且更成功、具有创造性、更好的适应性、身体健康。大多数都拥有自己的职业，但是这种现象不太可能发生在被试组中的女性身上。尽管她们比非天才的同伴更可能进入职业生涯中去，但是推孟被试组里面的女性由于世纪中叶的美国妇女缺少机会的原因而倾向于灰心失望（Minton，1988）。

这项研究值得注意的最后一个方面是推孟对被试组的投入和那些一直称他们自己为“白蚁”的人的相对的忠诚。纵向研究中的一个典型的问题是被试流失（attrition）——随着时光流逝，被试由于种种原因退出了研究。然而，被试流失对推孟而言却不是一个问题。在继续活着的被试中，完成 10 年、25 年、35 年后续研究的人数的比例分别为 92%、98%、93%（Minton，1988）。推孟定期同他的众多的“白蚁”们交流并且非常关心他们生活中的发展。当然，这并不让人非常奇怪，因为在推孟的心目中，他们是握着开启美国未来的钥匙的有功之人。

推孟常常被称为天才儿童研究的先驱，而且这是合乎情理的。但是还存在着对这一主题感兴趣的其他研究者，比如戈达德，并且有一位女性关于天才儿童的研究工作要先于推孟。她可能对天才儿童的研究没有像推孟做得那样有系统，但是有一项强有力的个案可以说明利塔·霍林沃斯（Leta Hollingworth）是有关对天才儿童进行特殊教育的第一位倡导者。本章的视窗将考察她维护天才儿童利益的工作并且还描述了她揭穿妇女在智力上低于男性这一思想的研究。

视窗

利塔·霍林沃斯：支持天才儿童和揭穿关于妇女的荒诞说法

在本章的结尾，你将了解到哈利·霍林沃斯（Harry Hollingworth）的应用心理学。然而，他只是心理学里的活力二重唱中的一半，他的妻子利塔（图 8—5）做出了和她丈
226 夫至少同样重要的贡献。那个时候妇女面临着你在第 6 章里了解到的障碍，利塔·霍林沃斯（Leta Hollingworth，1886—1939）在哥伦比亚大学获得了博士学位，用她的传记作者的话说她是“天才儿童教育之母”，直接抨击了有关男人的智力高于妇女的这一信念。

图 8—5　利塔·霍林沃斯，变异性假说的揭穿者，对天才儿童给予特殊教育机会的早期倡导者。

跟她丈夫一样，利塔·斯特塔尔·霍林沃斯是内布拉斯加（Nebraskan）本地人，她

出生和成长在边远地区的艰苦条件下，在众所周知的（而且此处毫不夸张的）一间乡村校舍里接受教育。1906 年，她从内布拉斯加大学毕业，她先教了两年书，之后嫁给哈利并且跟他去了纽约，那时正好是他在哥伦比亚大学读研究生的第二年。她很快遇到了在第 6 章描述过的性别偏见之一——婚姻与职业之间此消彼长的选择。她的计划是去纽约城市学校系统任教，以便支持哈利的研究生学习。但她发现教育部的一个政策禁止已婚妇女当教师（Hollingworth，1990）。于是，她在哈利完成博士学位以后参加并注册了全日制研究生课程班。1916 年，她在桑代克的指导下获得了哥伦比亚教师学院（Columbia's Teachers College）的博士学位，之后立即被聘为学院的讲师。

在 1918—1919 学年的春季学期中，霍林沃斯开始教授一门新课程，教育 254，被设计用来检测“幸运的随机变量，一般的与特殊的天才”（引自 Klein，2002，p. 120）。这被认为是设计用来研究天才儿童的第一门课程，标志着霍林沃斯致力于对这批人的研究的正式开始。这项工作随着她的被广泛引用的第一本关于天才教育的教科书《天才儿童：他们的天性和教育》（1926）而达到顶峰。尽管那时对待天才儿童的最主要的方法是跳级，但是，霍林沃斯却认为这样一种方法会损害那些没有太多时间和同龄伙伴相处的儿童。相反，她倡导一种完全投入的强化方法。她认为天才儿童应该和他们的同伴被安置在同一间教室中，给予一种包含一般课程主题的全部课程，并增加一种超越了教给那些非天才儿童的内容之上的强化量。

天才教育是她一生的热情所在，但是霍林沃斯也是一位坚定的女权主义者，活跃于几个倡导妇女选举权（1920 年争取到）及其他权利的团体中。例如，1912 年，她成为“非正统俱乐部”的一位创始成员，这是一个每周会面讨论妇女问题的妇女组织。霍林沃斯的女权主义观念通过资料就可得知。特别是在她两个早期的研究中，直接向先前在第 6 章（p. 146）里叙述的两种广泛持有的观念发起了挑战。这些性别差异来源于变异性假说（variability hypothesis），是一种基于进化论的观点认为女性在特质上比男性表现出了更少的变异性，因此不适合做高智力的工作，并且差异的原因在于周期性机能（periodic function），是关于妇女在月经期间智力会受损的看法（Poffenberger，1940）。

利塔发表了几项反驳这两种观念的研究，她曾经在为哈利的《职业心理学：问题与方 227
法》（1916）一书所写的一章（《妇女的职业态度》）中总结了她的工作。对于变异性假说，霍林沃斯发现这种信念建立在没有任何经验资料的基础之上。一项表明成年男性和女性在生理特质的变异性上没有差异的研究受到了批评，理由是应该调查幼儿以便获得“在变异性上的遗传的或最初的差异”（Hollingworth，1916，p. 230）。这促使利塔和一位儿科医师朋友海伦·蒙塔基（Helen Montague）研究了 2 000 个新生儿（男女各 1 000 个）。她们收集了各种生理测量值，发现男婴比女婴稍微大一些，但是在生理大小的变异性的数量上男婴和女婴是相同的（Montague & Hollingworth，1914）。

至于周期性机能，它是霍林沃斯论文的主题。流行的观点是男人和女人在遗传上就不平等，因为当男人能从事“持久的和定期的艰苦劳动时，（一个女人），在一生中最好的时光中每个月却有四分之一的时间或多或少有病而不适合于艰苦的工作”（Maudsley，引自 Klein，2002，p. 91）。这明显地激起了霍林沃斯的社会意识，促使她去答复：

> 它明确地陈述了妇女由于这种原因（即周期性机能）不适合去从事专业的和商业的活动；然而这并不意味着厨师们、清洁工妇女们、妈妈们、保姆们、女管家们、或者是舞女们应该周期性地从她们的劳动和责任中解脱。（Hollingworth，1916，p. 235）

在她的论文中，霍林沃斯仔细地研究了 23 名妇女并且把她们的表现同一组男性作了比较。在“知觉的速度和准确性、控制联想、稳定性、自主运动的速度、疲劳以及学习的速度”（Hollingworth，1916，p. 236）这些测验项目上，她发现不存在性别差异，并且对妇女来说，没有可归因于周期性机能的差异。

霍林沃斯认识到那时在她丈夫的书中她所写的有关妇女的一章里面，做的关于性别差异的事实研究太少。正如她写的那样：

> 我们可以说的是到目前为止，现代实验心理学已经揭示了在心理特质上不存在性别差异，这一事实可能暗示了心理学领域工作的分裂。……就目前……所知，妇女同男人一样具有可以去从事任何所有人类职业的可胜任的智力。（Hollingworth，1916，p. 244）

利塔·霍林沃斯对天才教育和性别的研究可能会具有更大的价值，假如在她短短 53 年生命中的最后 10 年里没有患上腹部绝症的话。

罗伯特·M·耶克斯（Robert M. Yerkes，1876—1956）：陆军测验项目

你已经在第 1 章里简要地认识了罗伯特·耶克斯，作为制度背景如何会影响到早期心理学家的职业的一个例子。正如你所回忆起来的那样，耶克斯作为一名有前途的比较心理学家在哈佛开始了他的学术生涯，他对动物的喜爱可追溯到他童年时代在农场的生活（Carmichael，
228 1957）。但是哈佛在比较心理学方面的兴趣一直不大——研究这个项目很昂贵，而且实验室气味难闻，并且看起来不是特别的有关系或者有用（Reed，1987）。因此，耶克斯如果期望晋级的话他就不得不取得更多的关于“人性方面”的成果。尽管比较心理学仍旧是他的最爱，但是，他通过写一本以意识研究为中心、甚至每章末尾都包含有内省练习的主流的导论性教科书而作出了让步（Yerkes，1911）。1913—1917 年，他通过在波士顿州立医院的精神病院里做兼职进一步充实了他的毕业文凭，在那里他通过管理给病人实施比奈测验和改进记分系统首次熟悉了智力测验。然而哈佛仍然没有提升他，即使他在同行中的声望足以让他在 1917 年当选为美国心理学会主席。就在同一年，可能厌倦了等待哈佛对他的提升，他接受了明尼苏达大学提供的主持心理学系的工作。然而命运捉弄人，耶克斯从来没有使它成为中西部最佳。

1917 年 4 月，当耶克斯正主持在哈佛举行的铁钦纳的实验心理学家的一次会议的时候，美国对德国宣战并参加了第一次世界大战。小组举行了一次临时会议，讨论心理学如何有助于战事，作为美国心理学会主席的耶克斯自然担当起了领导者。他过后说他没真想

去接手军队项目，这么做只是出于一种责任感（Dewsbury，1996）。尽管如此，他很快就显示出了极强的组织和说服能力，使军队确信心理学测验会有助于战事。

1917 年 8 月，军队已经任命耶克斯为少校并安排他管理由负责准备心理测验的心理学家（包括推孟和波林）组成的精英小组。他们的工作让人感到望而却步。首先，所有的人都要被测验，这意味着施测者一次只能测验一个的传统的比奈式测验，不得不被团体测验所取代。其次，尽管比奈传统目标的一部分是鉴别出那些不适合的人，但是在这里是为军队服务而不是为一般学校，耶克斯也有了更具雄心的计划。他希望创造出的测验可以使军队能够鉴别出那些具备特殊技能的人，以便他们可以被安置在最适合的位置上。例如，他希望能为军官培训选出最佳候选人。1917 年 10 月在四个军营进行了小规模试验性的测验，到 12 月底时，军医局局长颁令说可以对所有新兵进行心理学测验。这个项目在 1918 年早期进行得如火如荼，到那一年的 11 月战争结束时，耶克斯和他的小组已经测验了 1 726 966名士兵（Yoakum & Yerkes，1920）。

重要年份 1917

这一年以在第一次世界大战期间对美国的应用心理学给予了巨大推动的陆军测验项目的诞生为标志。

还发生了下列事件：

- 一架 100 英寸的反射望远镜安装在了加利福尼亚的威尔逊山（Mount Wilson）上
- 代表妇女选举权利益的 4 名妇女因在白宫面前示威而被捕，被判 6 个月监禁
- 演员查理·卓别林（Charlie Chaplin）的年薪达到了 100 万美元
- 联邦判处作为德国间谍的舞蹈演员玛塔·哈利（Mata Hari）死刑
- 俄国革命让布尔什维克（Bolsheviks）掌握了大权，最终产生了苏维埃社会主义联盟（U. S. S. R.）
- 美国公民权文化要求通过，越过了威尔逊总统的否决权
- 在第一次世界大战中，德国军队撤退到了西部阵线，俄国发生了二月革命，珀欣（Pershing）到达巴黎领导美国军队
- 下列人物出生：
  约翰·菲茨杰拉德·肯尼迪（John Fitzgerald Kennedy），美国总统
  I. M. Pei，中美建筑师
  安德鲁·韦思（Andrew Wyeth），美国艺术家
- 下列人物逝世：
  威廉·F（“布法罗·比尔”）·科迪（William F. Cody），美国牛仔和企业家
  奥古斯特·罗丹（Auguste Rodin），法国雕刻家　*229*

陆军甲种测验和陆军乙种测验

由于将近 30%的新兵不能“阅读和理解报纸并且写家书”（Yoakum & Yerkes，1920，p. 12），耶克斯把他的测验发展成了两种版本。读写能力足以阅读和理解书写说明

的新兵给予陆军甲种测验（Army Alpha），而陆军乙种测验（Army Beta）是为那些缺少读写能力的士兵而设计的。执行每一种测验花费不到一小时的时间。任何一名在甲种测验中失败的士兵将给予乙种测验，那些在乙种测验中失败的士兵应该进行单独测验。然而，后勤问题与时间压力常常除去了两种重测水平。陆军甲种测验包括8种不同的测验，而陆军乙种测验则有7种（见表8—4）。士兵在接受陆军甲种测验的开始被告知测验的目的是"了解你记忆、思维以及执行要求你去完成的任务的能力。我们不是在寻找疯子。目的是去帮助你找到在军队里最适合去做的工作"（Yoakum & Yerkes，1920，p.53）。相比之下，那些接受陆军乙种测验的人只是被告知遵循指导并且"不要问任何问题"（p.82），他们没有被告知为什么要进行测验。

表8—4　陆军甲种测验与陆军乙种测验的分测验

陆军甲种分测验	陆军乙种分测验
命令测验	迷津测验
算术问题	立方体分析
实际判断	对错序列测验
同义—异义测验	数字符号
词句重组测验	数字检查
数字序列完成	图形补全
类比	几何结构
信息	

为了了解士兵们所面对的问题是什么，来看一下陆军甲种测验中的第一个测验是：指示或命令测验。士兵面前有一张图8—6中的记分表，并且被告知在军队里面能遵守命令是重要的。这项测验可以确定他们会那样做的程度。他们被要求在这页纸上对12个项目中的每一个都做上特殊的记号并且只给予数秒的时间去做。以下是其中的三项命令：

> 4. 立正！看第4题。当我说"开始"时请在圆形中写上数字1而不要写在三角形或是方形里面，同时还要在三角形和圆形里面写上数字2而不是在方形里面。——开始！（不允许超过10秒）
>
> 7. 立正！看第7题。当我说"开始"时请划掉只在字母C前面的字母并且同时在位于字母H前的第二个字母下面画上一条横线。——开始！（不允许超过10秒）
>
> 11. 立正！看第11题。当我说"开始"时请画一条穿过每一个不是处在方形中的偶数的线段，同时还要穿过每一个位于方形中并且伴随有一个字母的奇数。——开始！（不允许超过25秒）（Yoakum & Yerkes，1920，pp.55-56）

陆军乙种测验中的三项测验可以在图8—7里面找到。在迷津测验中，新兵必须画出一条能正确通过迷宫的线——虚线为正确答案。在关于数字—符号的测验4中，与每个数字配对的符号必须写到空白区里面。在测验6中，新兵被要求补全每张图片中缺失的元素。他们有两分钟的时间去完成尽可能多的迷津和数字—符号项目，有三分钟的时间去做图片补全测验。

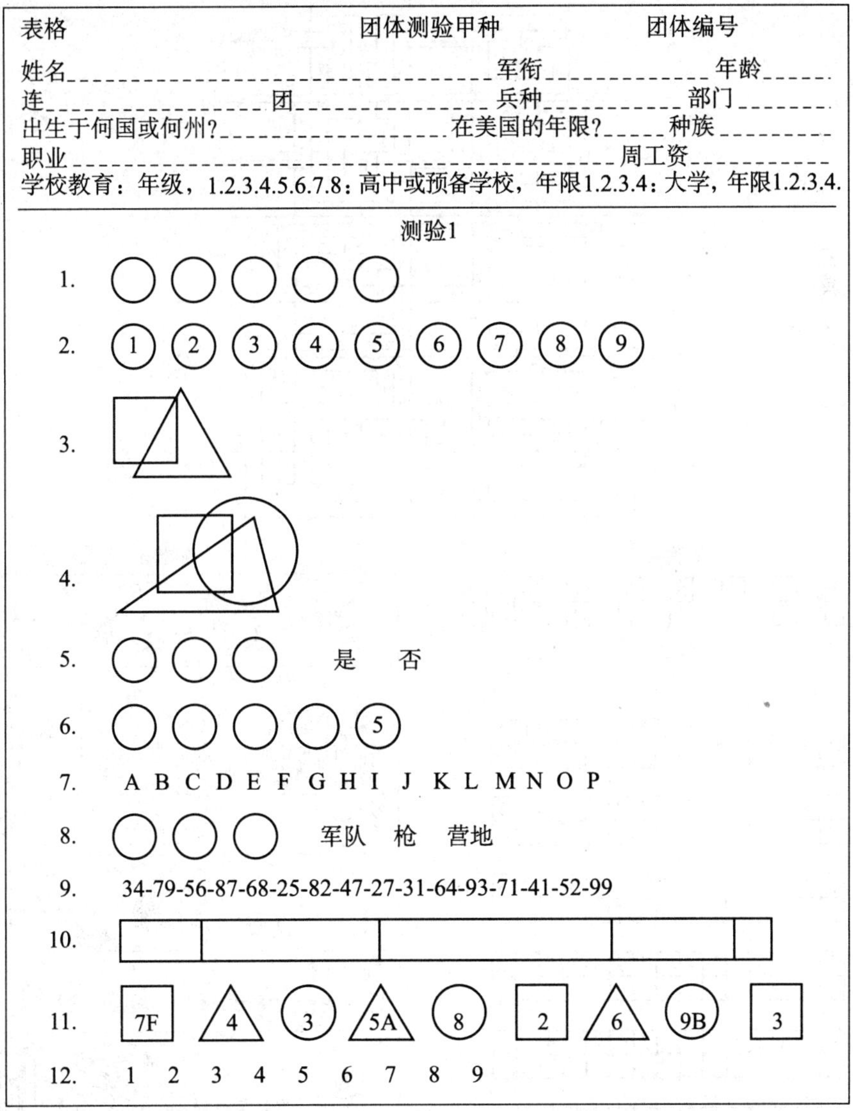
表格　　团体测验甲种　　团体编号
姓名________ 军衔________ 年龄________
连________ 团________ 兵种________ 部门________
出生于何国或何州?________ 在美国的年限?________ 种族________
职业________ 周工资________
学校教育：年级，1.2.3.4.5.6.7.8：高中或预备学校，年限1.2.3.4：大学，年限1.2.3.4.

测验1

1\.
2\. 1 2 3 4 5 6 7 8 9
3\.
4\.
5\. 是 否
6\. 5
7\. A B C D E F G H I J K L M N O P
8\. 军队 枪 营地
9\. 34-79-56-87-68-25-82-47-27-31-64-93-71-41-52-99
10\.
11\. 7F 4 3 5A 8 2 6 9B 3
12\. 1 2 3 4 5 6 7 8 9

图 8—6　遵守命令测验，陆军甲种测验的一部分，来自 Yoakum and Yerkes（1920）。

231

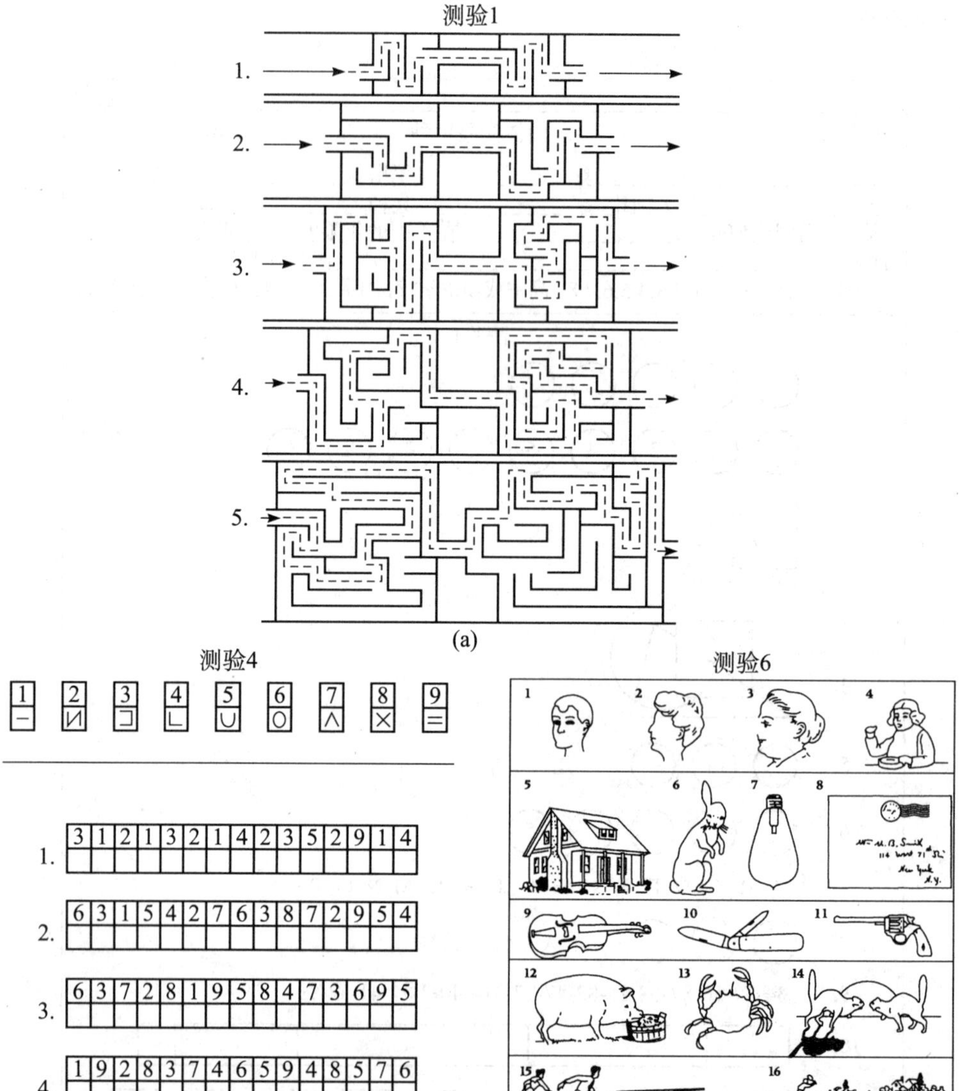

图 8—7 陆军乙种测验分测验包括（a）迷津测验（b）数字—符号测验（c）图形补全测验。

尽管事实上有近两百万的士兵接受了测验，但是在他们能被军队有效运用之前战争已经结束。实际上，大多数历史学家推断说，如果这一事业有任何利益可言的话，那么军队从中受益很少（例如 Kevles，1968）。在战争期间，军队中许多人欢迎这种比传统安置士兵的方法更有效的测验。但是其他人则顽固地拒绝使用测验结果，一些地方军官不跟给予测验的施测者合作，测验条件常常糟糕到使得结果毫无意义。恰在此时，战争委员会对阵 232
营指挥官就测验项目价值进行了民意测验，100 个回答中的大多数是否定的（Gould，1981）。军队在战争结束不久后便中止了测验，这表明它的高级官员对此项目的有用性没有太多的印象。另一方面，测验项目为军队人事工作提供一种科学的方法奠定了基础，并且许多年轻的军官看到了它的潜在价值。这个项目无疑给了心理学一次推动。正如一位历史学家写道，“尽管测验可能没有为战争做出重要的贡献，但是总体看来战争却对作为心理学副产品的测验做出了重要的贡献”（Minton，1988，p. 74）。

耶克斯相信这个项目表明心理测验可以被大规模地应用，因此，战争过后他不遗余力地去宣传测验的价值。其他的心理学家也迅速地参与进来，例如推孟，宣称测验已经“把心理学从虚幻拉回到了现实并且……把‘平凡琐事的科学’变成了‘人类工程的科学’”（Terman，1924，p. 106）。耶克斯和推孟联合其他著名的心理学家（例如桑代克）于 1920 年创立了“国民智力测验”。在图 8—8 复制的测验广告中表明了陆军测验项目所宣称的成功如何直接地用以促进在学校中的团体测验。

20 世纪 20 年代很快成为著名的“测验运动的黄金时代”（Goodenough，1949，引自 Dennis，1948，p. 23），心理测验蔓延到了学校、商业、工业领域。大学开始用测验分数筛选申请人，有关性格、人格、能力的非正式测验开始出现在大众杂志上。一位哈珀杂志（Harper's magazine）的作者把心理测验说成是“聪明的小玩意儿”，他带点讽刺意味地说道，“几乎在各行各业中……（它）正在被介绍成一种能找出人们所不知的以及他们特别不适合于哪些特殊商业的手段”（引自 Dennis，1948，pp. 23 - 24）。尽管光芒迅速暗淡下去，但测验的提倡者和诋毁者之间发起的有关智力和智商的本质的激烈争论却一直伴随我们至今。但是在继续进行关于测验的争论之前，还是先让我们对罗伯特·耶克斯作个总结。

第一次世界大战后，耶克斯辞掉了在明尼苏达大学的职位，继续留在华盛顿做了国家科学研究委员会的一名管理者，这个委员会组建的目的是为了促进美国科学的发展。1924 年，耶克斯的好友、“哈佛人”同僚——耶鲁大学校长詹姆斯·安吉尔，聘请他到耶鲁大学新成立的心理学系，他又回到了学术界。在那里他又开始了他喜欢的对动物行为的研究，并且开始了创办灵长类行为研究中心的活动。1930 年，在佛罗里达州靠近杰克逊韦尔（Jacksonville）的奥林奇公园（Orange Park），成立了耶鲁大学类人猿实验研究所。在耶克斯 1941 年退休的时候，中心更名为耶克斯灵长类生物学实验室（Yerkes Laboratories 233
of Primate Biology）。1965 年，它搬迁到了亚特兰大，现在耶克斯灵长类研究中心可能是世界灵长类研究的领导中心（Dewsbury，1996）。

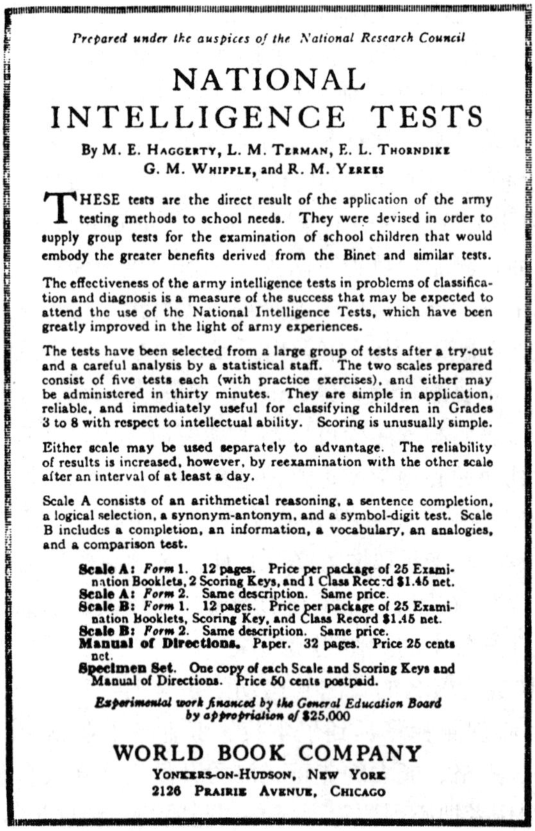

图 8—8　学校儿童国家智力测验广告，基于陆军测验，来自 Gould (1981)。

关于智力的争论

作为心理测验运动的领导者，戈达德、推孟、耶克斯共同持有的信念是：(1) 心理能力主要是遗传的结果；(2) 环境对整体能力的影响很小；(3) 智力可能是由多种能力构成的，但是在所有能力中却潜藏着一种单一的、整体的能力；[①] (4) 这种单一的、整体的能力就是智力测验所能测到的能力。20 世纪 20 年代，测验走在了先前提到过的心理测验的“黄金时期”的最前沿。然而到 20 年代中期，心理测验遭遇了来自几个方向的攻击，著名

---

① 在这一点上，大多数美国人同意英国心理学家/统计学家查尔斯·斯皮尔曼 (Charles Spearman) 的看法，他认为尽管分离的智力技能可能存在，但是在所有的智力技能中潜藏着一种单一的智力能力，他称为“g”因素即“一般”智力。

的现代测验教科书的作者安尼·阿纳斯塔西（Anne Anastasi）写道，“20世纪20年代的测验繁荣期对测验的进步的阻碍可能要大于对它的促进”（Anastasi，1992，p.17）。发生什么事了？

问题的一个早期迹象存在于耶克斯1921年总结军队测验项目的报告中。埋没在890页数据堆中的是这样的一个说明：“似乎是来自白种人军队中的主要样本的智力，在把甲种和乙种测验转化成心理年龄的术语时，大约是13岁”（Yerkes，1921，p.785）。结合当时广泛持有的观点，即成人平均的心理年龄应该是16岁，根据戈达德缺陷量表，认为那些得分在8～12岁的人为轻度低能，这些实际上是干扰信息。如果军队测验项目是有效的并且样本具有代表性的话（170万的样本无疑是足够大），那么看起来美国似乎正在变成一个轻度低能者的国家。尽管评论家过后指出了诸如极差的测验条件和没能完成重测项目以至于使结果实际上不能进行分析这样的问题，但是报告却强化了已有的偏见并且引起了警告。难道优生学家的忧虑会成为现实吗？难道由于没有限制移民和没有能控制心理低能者的生育降低了美国的整体智力？火上浇油的是，耶克斯在《大西洋月刊》上看到，基于军队测验的数据资料，只有不到10%的美国人“具备符合学士学位的智力要求”（引自Degler，1991，p.168）。

耶克斯也呈现了关于智力作为一种民族起源的作用的资料，并且发现了本土美国人具有更高的得分。为了支持对新移民的普遍担心，他报告说来自北欧的士兵的心理年龄比那些来自南欧和东欧的士兵要高。后一组平均的心理年龄是11岁。曾参与过军队测验项目的卡尔·布里格姆（Carl Brigham），在他的《美国智力研究》（1923）一书中强调了移民后果，并警告说来自南欧和东欧大规模的移民，伴随着这批人拥有庞大家族的趋向，会威胁到民族的智商。20世纪30年代，一首旋律在德国正不祥地回响，布里格姆提出金发的日耳曼民族生来就比其他民族优越。

所有这一切都发生在以日益增长的本土主义（nativism）为特征的普遍的政治风气下，即一种用怀疑和警觉的目光注视着所有外来者的防御性的民族主义。它在20世纪20年代由于几个因素的作用而更加严重。在第一次世界大战期间已经下降的移民数量重新开始增长。已经被厌恶的新移民似乎是逐渐不乐意加入到神话式的美国熔炉中。他们保留着自己的团体和语言，许多人没有留在美国的意图——他们的目的是赚足了钱之后就回家。另外，随着在俄国发生的1917年布尔什维克革命所制造的大标题，20世纪20年代见证了首次真正的“红色恐慌”，美国人常常把来自俄国的移民视为颠覆者而不是来自严酷的新苏 234
维埃政权下的难民。因此，当国会通过1924年国家起源法案（National Origins Act）的时候并不意外，根据1890年的资料制定了移民限额（即从老移民到新移民类型转换之前）。领导心理测验运动的美国心理学家们有时扮演着负责限制移民的领导角色，但是他们所反映出的时代背景和他们对那个时代所做的贡献一样多。

在对移民的担心到处蔓延的时候，不是每一个人都乐意接受戈达德、推孟、耶克斯以及其他人（例如桑代克）支持的关于智商的信念。尽管主流媒体刊登关于移民危险的文章建议社会科学家之间的团结，但是事实上在专业团体里面存在着相当多的不同意见（Satariano，1979）。例如，著名的人类学家弗兰茨·博厄斯（Franz Boas）是一位对遗传观强有力的批评者，提议改为文化对心理能力的作用（Degler，1991）。在心理学中，随着行为主义（第 10 章和第 11 章）对条件作用的强大效果的强调，开始对人们的天赋到教养观念的转变起着调解作用。此外，众多的心理学家（例如弗里曼，1922）在分析了军队资料后提出了警告，指出心理测验仍处在不成熟阶段并且在分析 IQ 数据的时候抚养者对 IQ 分数的影响不应被忽视。总体看来，行为主义在开始把心理学家的目光转向这一问题的教养方面之前，心理学家和生物学家倾向于心理能力的遗传学解释，而人类学家和社会学家偏向于对环境的强调（Hilgard，1987）。

20 世纪 20 年代，有关智力和 IQ 测验的最明显的争论来自于《新民众》中连载的 6 篇文章，作者是刊物的创办者、著名的专栏作家沃尔特·利珀曼（Walter Lippmann），来自于推孟的回应也在此杂志之中。利珀曼和推孟两人都不是在装腔作势。利珀曼承认测验在安置学生或者在选拔员工方面可能具有一些价值，但他嘲笑了测验能测量出天生的一般“智力”这一看法，认为“在我们还没能定义智力的时候我们不能测量到它，并且在它已经难以区分地融合了从概念的时间到学校年龄的上千种教育和环境的影响之后，我们不能谈及它的遗传基础”（Lippmann，1922a，p. 10）。同时，利珀曼对于测验能永远注定在他或她生命的一个 50 分钟片断碰巧没有表现好的一个孩子的命运的可能性感到非常愤怒。对牢固存在于推孟头脑中的精英领导制的含义，他认为结果可能是“教育任务被宿命论教条和婴儿的前途毁灭所取代的一个智力特权阶级体系”（1922b，p. 298）。被利珀曼在把测验同其他的“流行时尚”诸如颅相学、手掌阅读作比较时提到的推孟，在一篇文章的回应中并没有真正回答利珀曼，仅把他当做讨厌的应该少管闲事的业余人士，并且认为应该让专业人士去处理这些复杂问题因而未加理睬。这不是推孟很好的时期之一，而是他所经历的伴随着批评（特别的是被非科学家）的一个基本问题的一部分，他后来后悔写了这篇文章（Minton，1988）。实际上，尽管推孟因作为智力遗传观的最积极的倡导者之一而被人所知，但是在接近他生命尽头的时候他有了另外一些想法。在系列《自传体的心理学史》的自传体一章中，推孟写道 IQ 上的差异从来不可能全部归因于环境因素——遗传是最重要的。但是在推孟的个人文集中，他的文章的这部分内容被圈了起来，并且在页边的空白处写道“现在我很不确定（1951）！在 1955 年仍旧不确定！——L. M. T.”（引自 Hilgard，1957，p. 478）。关于遗传和环境对智力的相对影响、IQ 是否是对智力的一种有用的测量、智力的真正本质的问题，今天仍在继续争论。

把心理学应用到商业

测验的主要影响在教育方面，但是测验也被频繁地用于商业环境中。然而，把心理学应用于商业却远远超出了单纯的测验。早在1895年，斯克里普彻在《思维、情感、 235
行为》一书中指出，登广告者可以从心理学家对有关注意和记忆的了解中受益。世纪之交过后不久，沃尔特·迪尔·斯科特（Walter Dill Scott，1869—1955），他曾经跟随冯特在莱比锡大学接受过传统的实验心理学的训练，通过《广告的理论与实践》（1903）开启了应用心理学中的一个杰出历程。在书中他提到，消费者不是理性决策者而是会受到暗示与情绪吸引的影响。斯科特还写了《商业中的人力效率》（1910）一书，在书里他应用心理学的原理提出了提高生产力的方法。与此同时，雨果·闵斯特伯格，一位年轻的德国心理学家，也是冯特实验室培养的博士生，正在哈佛专注于他所谓的“经济心理学”研究。尽管去世时他已成为在美国遭到谩骂的公众人物之一，但在1900—1915年，他是心理学界最有名的应用心理学家。

雨果·闵斯特伯格（Hugo Münsterberg，1863—1916）：应用心理学的多样性

当美国首席心理学家正把他的兴趣从心理学转向哲学并且渴望使自己远离实验室的时候，作为德国新的实验心理学中的新秀之一，雨果·闵斯特伯格（图8—9）在那时引起了威廉·詹姆斯的注意。年轻的闵斯特伯格在莱比锡大学跟随冯特获得了博士学位并且从海德堡大学获得了医学博士学位，19世纪80年代晚期，他已经在弗莱堡（Freiburg）建立了一所多产的实验室。詹姆斯对闵斯特伯格的研究印象非常深刻，曾在他的《心理学原理》中频繁引用闵斯特伯格的研究。以一所配置良好的实验室和最小的教学要求作为许诺，1892年，即在铁钦纳到达康奈尔大学的同一年，詹姆斯把闵斯特伯格诱惑到了哈佛。闵斯特伯格以休假的名义离开弗莱堡大学，在哈佛待了3年，之后又回到了家乡德国，希望在那里获得教授职位。但是并没有如愿以偿，1897年，他又回到哈佛寻求发展。在那里他的成就极其卓越，尽管直到最近他的工作还是在很大程度上被忽视（Moskowitz，1977）。闵斯特伯格分别担任过美国心理学会和美国哲学学会的主席，1899—1916年间担任哈佛哲学系主任这样一个重要职位，并拥有富贵名流的朋友的身份。

图 8—9 雨果·闵斯特伯格。

尽管当他到达剑桥的时候几乎不懂英语并且在其能充分掌握它之前花费了两年时间，但是闵斯特伯格在 1892—1916 年去世前这段时间内完成了超过 24 本书的写作。他通过广泛地在流行杂志（例如哈珀的《大西洋月刊》）上写作诸如催眠术、博彩、测谎术、民主政治、男女同校和通灵术等有关主题的文章而变成了一位著名的公众人物（Benjamin，2000）。他也是一位有争议的人物：他大量写作的目的之一是对德国读者解释美国人的气
236 质和性格并对美国读者解释德国人的所有好品质。他的动机可能很单纯，其愿望是加强不同文化间的理解，他一度作为亲善大使的名声甚至让他获得了与特迪·罗斯福（Teddy Roosevelt）在白宫进餐的机会（Moskowitz，1977）。但是，当第一次世界大战临近的时候，他对德国文化的维护以及他对其所见到的反对德国的宣传资料的攻击，改变了公众对他的看法。一些报纸以社论的形式谴责他，一般大众厌弃他，他甚至被指控为一名间谍（Landy，1992）。一篇刊登在《伦敦时报》上的社论称哈佛是支持德国的煽动中心，闵斯特伯格甚至在同事中间也受到排斥，并且他的精神状况也被前哈佛校长埃利奥特所质疑（Spillman & Spillman，1993）。人们只能猜测排斥、诽谤等对闵斯特伯格所产生的影响，

但是由此而来的压力很可能促使53岁的闵斯特伯格1916年12月16号在拉德克利夫（Radcliffe）的演讲中因脑出血而死亡。①

在哈佛的多产岁月里，闵斯特伯格为美国实验心理学的发展做出了巨大贡献。他的研究兴趣是折中主义的，学生发现他乐意在一个宽泛领域中就相关问题指导研究。他欢迎任何对研究有兴趣的人，甚至像玛丽·卡尔金斯（第6章，pp.167－170）这样的因性别阻碍了她们在哈佛正式注册的学生。在他到哈佛后不久，他成功地游说校方建了一座设备优良、拥有24个房间的实验室。这对人类和动物研究都很有利，耶克斯被任命管理实验室。但是到1900年左右，闵斯特伯格待在实验室里的时间越来越少，而把更多的时间花在应用心理学的研究上。他众多的兴趣之一是司法心理学，即研究心理学如何应用到法律问题上来。他著名的畅销书《论证人席》（1908）是有关目击者的证据常常失败的原因的详细介绍，其中的许多观点已经被现代研究所证实。他警告说反对在法庭上把催眠作为一种判定有罪或是无罪的手段，在关于《犯罪的预防》的最后一章里，他提到了要反对流行的关于人类行为是遗传的观点并倡导“预防犯罪要比处理犯罪更重要”的思想（p.233）。对闵斯特伯格来说，罪犯是社会造成的，他们并不是生来就是罪犯。

除了有关法律的著作以外，闵斯特伯格也对变态心理学做出了贡献，他采用了一种以暗示为基础的治疗精神病的方法。实质上，他的策略假定，如果他暗示病人他们应该如何行动和思考，他的权威力量将会引导他们遵从并且被治愈。在他的《心理治疗》（1909）一书中，他也对当时流行的弗洛伊德主义中有关潜意识的重要性的观点进行了批评。闵斯特伯格常常走在时代前沿但在这一点上却表现落后，他认为潜意识对行为几乎没有任何影响。可是他确实认识到了弗洛伊德的后期病理学中对早期童年决定论的强调的重要性。

在工业心理学领域，或者他所谓的“经济心理学”，闵斯特伯格作为一名应用心理学家也有着重大影响。以下摘录的详细资料仅是其名著里面的一些精粹。

原始资料摘录

雨果·闵斯特伯格和员工选拔

正像他所写的大部分书一样，闵斯特伯格从一系列演讲稿中汇编出版了工业心理学教科书。1912年出版了德文版，一年后，英文版的《心理学和工业效率》出版

① 闵斯特伯格去世之后，哈佛的心理学系走向衰退。哈佛邀请铁钦纳接替闵斯特伯格的位置但是被铁钦纳谢绝，卡特尔寻求这一工作却被哈佛拒绝。哈佛把英国心理学家威廉·麦克杜格尔（William McDougall）请到美国，但是他很快被孤立起来，不得已离开了哈佛。1922年，当E.G.波林被劝说离开克拉克大学到剑桥的时候哈佛心理学系才开始恢复生机。

(Münsterberg，1913)。通过《心理学和工业效率》的目录可以看到，主题论及的范围非常广，表 8—5 列出了书的目录。

237

表 8—5　闵斯特伯格的《心理学和工业效率》目录

i.	应用心理学
ii.	实际生活的要求
iii.	方法与目标
	尽可能好的人选
iv.	职业与适合度
v.	科学的职业向导
vi.	科学的管理
vii.	实验心理学的方法
viii.	有助于电气铁路服务的实验
ix.	有助于水上航运服务的实验
x.	有助于通信服务的实验
xi.	来自商务人士的贡献
xii.	个人与团体
	尽可能好的工作
xiii.	学习与训练
xiv.	调整技术以适合心理条件
xv.	波动的经济
xvi.	有关单调问题的实验
xvii.	注意与疲劳
xviii.	关于劳动力的生理与社会的影响
	尽可能好的效果
xix.	经济要求的满足
xx.	关于广告效果的实验
xxi.	展览的作用
xxii.	关于违法假冒的实验
xxiii.	购买与销售
xxiv.	经济心理学的发展前景

闵斯特伯格以一条贯穿全书的基本原理和对书的内容的一个总体描述作为开篇：

> 我们的目标是要勾勒出作为现代实验室心理学与经济问题的中介的一种新科学的轮廓：心理学的实验被系统地应用于商业和工业的服务中。……在新运动的开始时期最需要的是证明新方法可行性的明确、具体的实例。因此，接下来的内容，我的主要目标是分析实际已进行的实验的结果，实验涉及经济生活的许多不同的方面。(pp. 3 - 4)

正如目录所示，在一些导论性的章节后面，闵斯特伯格把他的书划分为三个主要的论题："尽可能好的人选"、" 尽可能好的工作" 和 " 尽可能好的效果"。在第一部分中，他关注的是心理学的方法如何应用于员工选拔上。他通过与那时存在的对自然资源［由此很快导致了诸如黄石（Yellowstone）国家公园和约塞米蒂（Yosemite）国家公园的建立］ 238
的威胁进行有趣的比较，指出人力资源选拔效率的重要性。正如国家开始认识到"由于没有考虑以后的生活，如此丰富的森林、矿藏、河流被不计后果地浪费掉了"（p. 38），所以，经济学家开始认为，"如此浪费有价值的财产而毫不在意，以至于导致了通过偶然的方法分派劳动力代替了对工作和工人如何彼此匹配的仔细检查"（p. 38）。书的最后两部分是有关提高工人生产率的方法以及如何做广告和销售产品。

为了说明心理学如何可以有助于匹配工作与工人的这一过程，从第 8 章到第 10 章闵斯特伯格叙述了三个特殊的例子。第一个例子是在那个时期的城市中可以看到的作为主要公共运输手段的电气铁路雇用驾驶员/操作员（"电车司机"），但是现在为了体验任何比较就需要一次到圣弗朗西斯科的旅行。这种工作并不容易，因为电动机操作员要密切注视着穿梭于城市街道上的马车、汽车和行人，还被要求按时到达，常常从单节机动有轨车前穿过。发生事故是很普遍的——闵斯特伯格提到铁路公司的报道说"每年有五万起交通赔偿事件"（p. 64）！一些操作员比其他人保持有较好的纪录，闵斯特伯格于是被聘请去鉴别出胜任者的品质。如果他能做到的话，那么最初的选拔过程将会改善。闵斯特伯格认为有两种不同的方法可以使用，作为一个整体模拟成功工作中所包含的基本过程，或者把工作分解为许多子过程并对每个过程发展出一个测验：

> ……一种途径是研究由作为一种不可分解的整体的工业工作所要求的心理过程。在这种条件下，我们就不得不满足这样的实验条件，即全部的活动在一种逐步的可测量的条件下进行。职业工作的心理部分于是变得系统化并且仅仅是实验性地在一种简化的量表上实施。另一种方法是把心理过程分解为各个元素并且去测试每一种独立形式的基本功能。后一种方法具有实验心理学中所有熟悉的处理的优点，但是在前一种方法中必须为每一种特殊的职业条件设计完全新的实验性测验。（p. 59）

对于"电车司机"来说，闵斯特伯格认为应采用第二种可以进行具体分析的方法。例如，有能力的工人会被期望具有更快的反应时间。他很快就发现了一种天花板效应：优秀的司机与差的司机在反应时间上不存在差异。正如闵斯特伯格所言，"服务人员中根本就不存在迟钝的人"（p. 65）。由于否决了这种糟糕的方法，闵斯特伯格转而使用另一种方法——模拟。在观察了几个电车司机之后，他鉴别出了存在于一种相当复杂的工作中的关键过程：

> ……我发现这是注意的一种特别复杂的行为，通过注意并参照街道的快速改变景象的速度和方向持续地观察着各种物体、行人、马车和汽车。来自左右两边的运动的物体穿行过马路，陷入了和道路平行的人和车的洪流中。面对着如此纷杂的情况，当 239

> 事人的神经冲动几乎被抑制并且本能地渴望等待最近的物体的移动；这些人明显不适合这种工作，因为他们驾驶电车太慢。有些人，即使是在高速行驶的车里，也能在复杂运动的形势中适应一段时间，但是他们的注意力水平很快就会下降，当他们正集中注意在一辆距离相当远的马车的时候，可能就会忽略了在汽车前方正迅速穿过马路的一位大意的行人。总之，我们拥有一种独特的整体活动的心理类型的丰富多样性，可以理解为注意与想象的一种特殊的联合。(p. 66)

但是这种“注意与想象的联合”在实验室中如何去模仿呢？闵斯特伯格放弃了使用他称之为“迷你环境”的方法，即被试在那种环境中将操纵电车的微小模型在模拟的街道上行驶。取而代之的是，他认为创造出的任务应该要抓住被评估的心理过程的本质：

> ……心理学实验的本质不在于使用装置的外部相似性，而在于心理态度的内部相似性。伴随或存在于被执行的行动中的外部机制越是系统化，行动将会更多地以它的真实特征显现。
>
> 据此，在关于电车司机的实验方法中，我只需要满足两个要求。如果审查方法被承诺是有价值的，首先，它要显示出可信赖的电车司机的结果要好，而不值得信赖的电车司机的结果要差；其次，如果它生动地唤起了所有电车司机在实验中所经历的心理功能情感，那么，他们在电车站台前很可能有相似的经历。(pp. 68 - 69)

经过几次失败的尝试之后，闵斯特伯格制造了一种精巧的模拟装置，这种方法至少符合了他的第二个要求——他的被试确实报告说这种任务与他们“在站台前”的经历相似。他制作了一种 4.5 英寸宽、13 英寸长的卡片，卡片被分成了多个半寸宽的正方形。两条平行线从中间穿过，代表铁轨，位于铁轨间的 26 个方形分别标上字母表中的 26 个字母。在靠近“铁轨”两边的方形上是一系列随机数字组，代表着以不同的速度运动着的人、马、汽车，与电车或是平行或是垂直移动。闵斯特伯格安装了一个只显示出 4.5 英寸宽和 2.5 英寸长的区域的装置。通过转动一个曲柄，电车司机可以成功地看到卡片的各个部分而且被要求识别出可能直立在“铁轨”上危险的对象。

闵斯特伯格用 12 种不同的卡片测试了每个个体，而后在描述结果的时候把每个人所用的时间和出现的错误一起进行加权测量。令人失望的是，他对结果的叙述是不完善的。例如，读者不知道有多少人被测试，所了解的只是公司提供了“一批服务最优秀的电车司
240 机”，第二组“只是免于被开除”，第三组“既不是特好也不是特差”(p. 74)。尽管区分开了这些主要的组，但闵斯特伯格却没有能准确地报告出这三个组在模拟过程中的差别。尽管他声称获得了成功，但是看起来不同组之间并没有差异，可能要归因于今天研究者所谓的被试选择混淆。更确切地说，可信赖的工人在公司的时间更久并且他们的年龄显著大于其他工人。闵斯特伯格转而指出，老工人学会模拟程序可能会需要更长时间这一事实暗示着这些人没有像他最初所期望的那样好：

> 我们必须承认……公司自然选择那些在 20～30 年服务期中无事故的人作为模范，但是他们的年龄都比较大，已经不再有年轻人的活力，很难自然地想象自己正处在此类实验的一种人工环境之中。所以，他们在测验中表现得不如年轻人并不令人惊奇，但是有些在意料之外。当在测验中做同样的工作时，这些年纪大的模范司机都被比他们小 20 多岁的聪明、敏捷、年轻的电车司机超过了，尽管这些年轻司机并不是理想的电车司机。(p. 75)

尽管看起来各组间缺少差异，但闵斯特伯格却宣称这是一个成功的模拟，并且提出了一系列关于在成为一名潜在的被认为能胜任的电车司机之前应该获得什么样的分数的建议。虽然闵斯特伯格指出“实验可以在许多方面改进”(p. 81)，但是他推论道：

> ……一项有关这种要求每个人进行 10 分钟测验的实验调查将足以排除掉目前四分之一在职的电车司机。(p. 81)

闵斯特伯格在关于话务员的实验上有更好的运气。这些低报酬并且工作强度大的妇女每小时处理近 300 个电话，有时引起了“疲劳并最终导致职工的精神崩溃而且在服务中表现出混乱”(pp. 98 - 99)。贝尔电话公司在训练方面花费了大量的时间和金钱，所以他们要寻找到一种可以筛选出那些可能不胜任话务员工作的人的方法。闵斯特伯格登场了。

在对话务员观察了一段时间后，闵斯特伯格对她们的工作的复杂性印象深刻：

> 电话的使用者很少去考虑存在多少必须执行的动作……在连接成功和最后又断开之前。从说话人拿起听筒到挂断电话的一刻，这个典型的案例中，包括 14 种单独的心理物理过程。(p. 97)

闵斯特伯格没有像对电车司机那样提出一个模拟任务，而是采用了他的第二种方法，把一种复杂的任务分解成它的组成元素进而单独地测试每种元素。

> 在仔细地对电话总机办公室的服务观察了一段时间后，我确信不适合在实验中去重复电话交换台上的活动，但是它适合把整体的功能分解成各个元素，采取一种整体系列的基本心理倾向的实验性测验。然后依据著名的实验方法考察这些心理活动的每一个，没有必要进行与典型的电话操作有任何直接关系的实验。我对大约 30 名不久前已经进入过电话训练学校的年轻妇女进行了首轮系列实验……我测验了有关她们的 8 种不同的心理物理功能。(p. 100)

241

参加研究的年轻妇女被分成小组，对“记忆、注意、智力、精确性、速度”进行了测验（p. 101)。为了了解这些测验的特色，考虑首要两点：

> 记忆测验由关于整个分类中的 4 个数字中的头两个数字组成，再接着是 5 个数字中的两个，再接着是 6 个数字中的两个，如此继续直到 12 个数字，只要一个信号被

给出就要求她们写下来。有关注意的实验……采用了一种方法，这种方法的原理被频繁地应用在研究个体差异的实验心理学中，我对它进行了调整以适合我们的特殊需要。测验的方法是要求在一篇连续的文章中划掉一个特别的字母。教室内的30名妇女中的每一位都会得到当天早晨的相同报纸的第一页。……只要信号一出现，每个妇女必须在6分钟之内用铅笔划掉文章中的每一个字母“a”。规定的时间到后，铃声信号会响起，然后每个人必须开始一组新的测验。通过这种方法我们可以发现，首先，在6分钟之内有多少字母被正确划掉，其次，有多少字母被忽略，最后，再认和疏忽是如何在文章的各个部分上分布的。(pp. 101 - 102)

小组测验过后，妇女们进行了关于字词联想、图片分类、用铅笔碰触一张纸上的十字的准确率（类似于在接线总机上打出正确的洞）的单独测验。在这项工作进行了3个月后，闵斯特伯格检查了他所测试过的妇女的工作表现。他再次没能详细介绍测验结果，但是贝尔电话公司的一个狡猾的举动，即把一些有经验的话务员插进了被闵斯特伯格认为是30名新手的班级中，提供了出乎意外的证据：

3个月已经足以保证在最好、中等、不适合者之间有至少一种确定的区分……首先，对测验心存怀疑的电话公司把一些已经服务很长时间而且甚至已被选择作为电话学校的老师的妇女混入了。我不知道，在计算出的结果方面，被试中哪些……是这些特别有天赋的外行人。……结果表明……这些在实际服务中已经证明最有能力的妇女的成绩名列前茅。(pp. 108 - 109)

“电车司机”和话务员选拔的例子是闵斯特伯格书中所报道的最著名的研究，但是有更多
242 的例子考察了诸如关于单调和疲劳对生产力的影响的论题，是否应该把所有广告安排在杂志的一处或者分布在整个杂志之中，广告大小对产品记忆的影响。他以建议创立“应用心理学的政府办公署”(p. 306) 和描绘经济心理学研究产生的“显著改善”的美好前景结束了此书：

我们必须切记通过未来心理上的适应和心理物理条件的改善而带来的工业效率的增长，不仅关乎雇用者的利益，而且更关乎雇员的利益，他们的工作时间可以缩减，他们的薪水将会增加，他们的生活水平将会提高。而且，一旦每个人都能被安排到他的潜能得以发挥并且他的最大的自我满足感能被保证的位置上，比双方赤裸裸的经济利益更重要的是对于国家整个经济生活的教养的增进。经济实验心理学提供的不只是鼓舞人心的工作与精神的适应的思想，通过这种调整工作中的心理不满足感……在我们的社区中可能会洋溢着欢乐和完美的内心和谐。(pp. 308 - 309)

其他主要工业心理学家

闵斯特伯格绝不是孤身一人在商业和工业领域进行心理研究。商业世界为许多需要补

充微薄学术收入的心理学家提供了有利的机会。本章的这部分内容以被提及之人中的一位——沃尔特·迪尔·斯科特开始。其他著名的工业心理学家，包括沃尔特·万·戴克·宾格翰姆、李连·莫勒·吉尔布莱斯、哈利·霍林沃斯。

沃尔特·万·戴克·宾格翰姆（Walter Van Dyke Bingham，1880—1952）

你会发现宾格翰姆的职业直接和许多你已熟知或很快就会熟悉的心理学家有关。1905—1908 年，他是机能主义的芝加哥大学的一名研究生，那时他在詹姆斯·安吉尔的指导下完成了关于音调知觉的毕业论文并且还做过约翰·华生的学生助手。1907 年，宾格翰姆在欧洲做了简短的旅行，在那里他遇见了格式塔心理学家苛勒和考夫卡，在对哲学有了初步了解之后又在哈佛师从詹姆斯和闵斯特伯格学习。1908 年，宾格翰姆到哥伦比亚开始他的学术生涯的时候开始转向了应用心理学。在那里他遇到了卡特尔和桑代克，他们各自的兴趣分别是心理测验和教育心理学。两年后他又到了达特茅斯学院（Dartmouth College），在那里他一直工作到 1915 年。在接下来的 9 年时间里，他主持了一个联合的学术企业，是卡内基技术学会的应用心理学分会，即著名的卡内基·梅隆大学（Carnegie Mellon University），一所成立于 10 年前的学校。

在匹兹堡（Pittsburgh），宾格翰姆树立了他把心理学原理应用到商业上的声望。在当地的商业总裁们（例如 Westinghouse，Heinz）的充足资金的资助下，他在其公司内部成立了研究商业心理学的部门。一个例子就是推销术研究所，由沃尔特·迪尔·斯科特负责。在斯科特暂时离开西北大学期间，他是被授予应用心理学教授头衔的第一人（Landy，1993）。研究所为人事处长们提供了一本名为《销售人员选拔中的帮助》有用的指南，它包括一张标准化的申请表，一套有关面试者的问题，对申请者施行测验的一些介绍（Bingham，1952）。研究所很快成立了一个相关的企业，提供零售培训。它也获得了大量 243
资助，提供资助的是零售商业大王埃德加·考夫曼（Edgar Kaufmann）。研究所“准备了雇用测验、训练手册、买卖手册、销售人格和监督的缺陷具体矫正程序”（Bingham，1952，pp. 15 - 16）。宾格翰姆的第三项创举是生命保险推销术学校，为让人们相信他们的保险额不足，它培训出了一大批推销员代表。

除了 1915—1924 年在卡内基的工作以外，宾格翰姆在树立心理公司的信用方面也是一位关键人物。1926 年，他接替了卡特尔的职位，当时，这位作为公司总裁的喜怒无常的创办者被公司董事会罢免（Sokal，1981a）。他还同耶克斯一道在第一次世界大战中为军队服务，帮助实施陆军测验项目，他在第二次世界大战中扮演了类似的但更重要的角色。被军方当局授予首席心理学家头衔的宾格翰姆，主持了一个编制陆军普通分类测验（AGCT）的委员会，最终测验了 1 000 万名士兵（Hilgard，1987）。从 20 世纪 20 年代中期到第二次世界大战结束，宾格翰姆一直促进着工业心理学的发展，成为这一学科中最著名的倡导者。

李连·莫勒·吉尔布莱斯（Lillian Moller Gilbreth，1878—1972）

李连·吉尔布莱斯（图 8—10）的职业生涯以她丈夫弗兰克的英年早逝为界可以被分

为两部分。在不幸的事件发生之前，她是一个历来都很少见到的能把母亲和职业角色结合得很好的人。弗兰克·吉尔布莱斯，一位没有受过大学教育的砌砖工人，是时动研究这一新领域的开拓者。例如，通过仔细地观察砌砖工人，他鉴别出了无用的动作并且介绍了更有效的方法，由此提高了工人的生产率。李连与弗兰克合作，共同致力于他们成功的咨询商业——吉尔布莱斯公司的发展。在此过程中，她通过写了一篇题为《管理心理学》的论文完成了获得伯克利大学博士学位的要求，但是因为她没有符合实习要求而没有被授予学位。吉尔布莱斯到了罗德岛之后，她在布朗大学获得了她的第二个博士学位，写了有关工作效率原则如何可以应用到教学专业上的论文。她在 1915 年被授予的博士学位，是工业心理学中的第一个博士学位（Perloff & Naman，1996）。在此期间，她把最初的论文集录成书出版，通过把书署名为"L. M. 吉尔布莱斯而勉强地屈服于她的出版商为了隐瞒其性别的压力"。同时，吉尔布莱斯还出版了关于消除疲劳的方法（1916）和时动研究的运用的书（1917）。

图 8—10　作为 12 个孩子的母亲和工效学与工业心理学的开创者的李连·吉尔布莱斯。

当一个人了解到在弗兰克和李连·吉尔布莱斯 20 年的婚姻期间养育了 12 个孩子——6 个男孩和 6 个女孩的时候，人们难以相信吉尔布莱斯所取得的巨大成就。你可能熟悉吉尔布莱斯的两个孩子所写的一本书的故事的这一部分或者是电影《儿女一箩筐》（Gilbreth

& Carey，1949）。它是一个有关生活在由工作效率原则（例如，用两片刀片，每只手中一个，“刮掉”早晨刮胡子的一些时间）指导的一个大家庭中的非凡的故事。他们的家庭也 244 成为推孟的一名学生1923年所写的题为“智商耕耘”的论文的核心。通过对父母双方和他们的孩子在“天才”等级上的测验，吉尔布莱斯家庭注定成为推孟倡导的英才教育家庭的典型例子（Minton，1988）。

1924年，在她的丈夫死于致命的心脏病之后，李连·吉尔布莱斯的研究成果增加了，即使那时她独自一人抚养着12个孩子，而且继续经营咨询生意并且在普度大学（Purdue）和麻省理工学院做兼职。她成为工效学（ergonomics）领域中的一名先锋，工效学是关于系统和产品如何可以更有效地供人类使用的研究。她的思想基于她自己丰富的经验，包括家庭任务的重新设计。例如，现代厨房的设计与她有极大的关系：弹出式垃圾筒和冰箱的侧门架子都是她的发明（Perloff & Naman，1996）。她在帮助身体残疾者成为有生活能力的公民方面也是一位主力——她认为这是她最重要的工作。当她在1972年以94岁的高龄去世的时候，吉尔布莱斯在她的两个已经获得的博士学位之上又增加了16个荣誉博士学位。

哈利·霍林沃斯（Harry Hollingworth，1880—1956）

你已经在本章里认识了霍林沃斯，一位承认其研究应用心理学仅是为了生存必需的心理学家。然而不管他的动机如何，他却被公认为是工业心理学领域中的一位领导者。作为在内布拉斯加大学的一名本科生，霍林沃斯通过刚跟随霍尔在克拉克大学获得了博士学位的T.L.伯尔顿（Bolton）教授的一门实验室课接触到了新心理学。1907年，他离开内布拉斯加到哥伦比亚大学继续研究生学习，在那里他曾与卡特尔、桑代克、伍德沃斯一起学习过。一年后，他娶了内布拉斯加同乡利塔·斯特塔尔，你已经在本章的视窗里见过她了。

1908年，霍林沃斯完成了他的博士学位，然后在附近的巴纳德学院（Barnard College）获得了一个教员职位。仅仅依靠哈利的1 000美元的年薪维持生计让这对年轻的夫妇感到愈发沮丧。可口可乐公司的一个提议为他们提供了救助，1911年，可口可乐公司雇用霍林沃斯夫妇进行关于咖啡因的影响的研究。公司由于在配方中加入了咖啡因已被政府指控，因为咖啡因含有被认为是有害健康的刺激物。霍林沃斯夫妇完成了一系列精致的研究，采用了精巧的双盲程序，并且哈利在法庭上证明除了在深夜摄入相对大的剂量可能会影响睡眠之外，可乐中咖啡因的含量不存在明显的有害影响（Benjamin，Rogers & Rosenbaum，1991）。

可口可乐项目为利塔在哥伦比亚教师学院完成博士学位提供了足够资金的同时也把哈利推到了应用心理学研究的道路上。他淹没在来自各行各业的咨询良机中，从想知道哪种颜色适合喷在他们的车厢上的铁路公司，到想知道如何可以提高交通标志的易辨性的城市管理者，再到想得到嚼口香糖可以提供有效放松的一些证据的口香糖制造商（Benjamin，

1996)。在他从这些需求中谋得利益时，他做得非常勉强，他首先把自己视为一位心理学家，其次才是作为一名应用心理学家，他写道，“在我早期职业生涯中获得的对我而言只是肤浅的追寻利益的荣誉已经成了我的悲剧命运”（引自 Benjamin，1996，p. 134）。

尽管他渴望不只是以一名应用心理学家的身份出名，但是霍林沃斯的其他研究却通常被遗忘了。他的博士论文是关于击中（reaching）的运动准确性，强调了击中行为发生时的整个背景的重要性。格式塔心理学家库尔特·考夫卡曾经告诉他，这项研究已经成为了格式塔运动的“奠基石”，这将是我们的下一个论题。

245

概要

走向应用的压力

● 在19世纪晚期，当新心理学首次出现在美国的时候，心理学家们已经关注心理学的知识如何可以进行有效的运用。对应用的关注是传统美国人的实用主义和科学进步应该产生有益的技术这一信念的自然结果。

● 心理学家们为了证明他们在哲学系内部的存在和对完备的实验室的需要的合理性也经历了制度上的压力。

心理测验运动

● 高尔顿强调生理的和基本的感觉测量的心理测验方法，被詹姆斯·麦基恩·卡特尔带到了美国，卡特尔创造了“心理测验”这一术语并在哥伦比亚大学创造了一种精心设计的测验项目。但是这个项目失败了，因为测验结果和学业表现之间不存在相关性。卡特尔在美国心理学的专业化过程中扮演了一个重要的角色，主要是通过他的编辑工作。

● 强调测量认知而不是感觉过程的现代智力测验，起源于艾宾浩斯的句子填充测验和比奈—西蒙测验的创立。比奈的目标是要鉴别出学习能力差的学生（弱智），以便能为他们发展出特殊的项目。测验的得分用心理水平（之后称为心理年龄）这一术语表示，需要帮助的儿童是那些得分落后于他们实际年龄的两个心理水平的人。比奈研究心理学的方法，即他所谓的个体心理学，强调个体差异的研究而不是一般规律的寻找。

● 当比奈测验被维内兰德训练学校的亨利·戈达德翻译过来的时候，比奈测验就被介绍到了美国。戈达德以心理年龄这一术语使用测验划分了弱智的程度等级，创造了“心理低能”这一术语以区别那些心理年龄在8～12岁之间的人。他认为心理缺陷是遗传决定的，用方法上存在缺陷的卡利卡克研究支持了他的案例，追踪了在维内兰德的其中一名儿童的血统。戈达德也用测验去帮助在艾利斯岛移民中心的官员尝试去鉴别出那些心理上不适宜的人。他的鉴别结果增强了有关来自南欧和东欧的移民在心理上要比那些来自北欧和西欧的人差这一观念。

● 刘易斯·推孟通过修订使比奈测验标准化从而规范了智力测验，由此产生了作为最著名的智力测验之一的斯坦福—比奈测验。测验的分数用威廉·斯腾关于 IQ 概念的术语表示，即心理年龄比上实际年龄的比率。为了支持他的精英领导制的信念，推孟指导了一项广泛的对于天才儿童的研究，结果是他们打破了有关天才儿童智力上超群但社会技能和身体状况低下的固有观点。利塔·霍林沃斯是另一位有关天才教育领域里的先锋，她完成了对有关女性的心理能力的变异性假说和声称月经期的不利影响的质疑的研究。

● 罗伯特·耶克斯，一位实际上的比较心理学家，通过在第一次世界大战中组织陆军测验项目从而卷入了心理测验之中。他的研究小组发展出了两种智力测验，一种是给有阅读能力的士兵（陆军甲种测验），另一种是给没读写能力的士兵（陆军乙种测验）。这个项目对军队的作用很小，但却把智力测验推向了商业化的道路并且使测验在 20 世纪 20 年代成为一种流行的产业。战争过后，耶克斯对于这个项目的报道，说明了典型的美国士兵的得分只比心理低能者水平略高，由此产生了对心理测验、IQ 以及智力有多少是来自于遗传或环境的问题的广泛争论。

把心理学应用到商业

● 第一位把心理学原理应用到商业的心理学家是沃尔特·迪尔·斯科特，他写了关于做广告和如何去提高商业实践的书，来自德国的雨果·闵斯特伯格主管哈佛的实验室，但是很快就发展出了在几个应用领域的兴趣，包括司法心理学、教育心理学、心理治疗和工业（“经济”）心理学。

● 闵斯特伯格的《心理学和工业效率》包含了几个有关心理学原理如何能应用于员工选拔的例子。他推荐了两种测量方法：工人任务的关键特征的模拟，正如驾驶一辆有轨电车；分析元素技能，正像作为一名话务员。书中也包含了基于研究之上的关于改善工作场所和如何销售产品的建议。

● 其他早期的工业心理学家包括沃尔特·万·戴克·宾格翰姆，他的卡内基学院应用 *246*
心理学分会发展出了培训销售和零售人员的项目；李连·莫勒·吉尔布莱斯，一位效率专家和研究工效学的第一人；哈利·霍林沃斯，一位勉强的应用心理学家，但却是一位有影响力的人，他把精巧的实验设计应用到诸如咖啡因对行为的影响之类的实际问题上。

思考题

1. 斯克里普彻的包含说明实验室方法如何有着广泛用途的大量事例的《思维、情感、行为》一书的重要意义是什么？

2. 为什么对“新心理学”的倡导者来说表明他们的工作具有应用价值是重要的？

3. 说明高尔顿是如何影响了卡特尔的心理测验方法并描述卡特尔最初的心理测验中的任意五种。

4. 论述威斯勒的研究并解释它对高尔顿/卡特尔的心理测验方法的重要意义。

5. 在测验中小学生的疲劳的时候，艾宾浩斯所采用的是什么方法？并作出解释。

6. 比奈的心理学方法被称为“个体”心理学。用一种可选择的方法作一下解释和对比。

7. 比奈关于发展心理测验原因的思想是什么？他对有关小学生的安置所得的结论是什么？

8. 假如比奈在他去世之后还知道 IQ 测验随后的发展史，他可能要在他的坟墓里面辗转反侧。请作出解释。

9. 根据戈达德的观点定义“心理低能”这一术语，并解释一下戈达德为什么认为研究并能鉴别出这种类型的人是非常重要的。

10. 描述并批判卡利卡克家族研究。说明为什么它是有关一种预先存在的偏见如何会影响到经验研究的例子。

11. 描述并批判戈达德在艾利斯岛上的工作。

12. 论述“智商”这一术语的产生。

13. 论述推孟对智力测验的贡献。

14. 解释精英教育制的概念是如何影响了推孟完成心理学中历时最长的纵向研究的。

15. 根据利塔·霍林沃斯的看法，什么是教育天才儿童的最好方法？

16. 描述利塔·霍林沃斯在有关智力上的性别差异而产生的问题方面所完成的研究。

17. 描述陆军测验项目。为什么结果备受争议？

18. 除了他在工业心理学方面的工作，闵斯特伯格对应用心理学还做出了哪些其他贡献？

19. 描述一下沃尔特·宾格翰姆和李连·吉尔布莱斯对应用心理学的贡献。

20. 用可口可乐公司的研究作为一个例子，阐述研究型心理学家是如何把特殊专业知识带到了应用心理学领域。

来自原始资料摘录的问题

1. 描述闵斯特伯格评定电气铁路的“电车司机”的技能时所使用的方法。

2. 描述闵斯特伯格评定话务员的技能时所使用的方法。

3. 在有关话务员的研究中，一种没有想到的确定程序发生了。请作出解释。

4. 闵斯特伯格的工业心理学教科书分为三个主要的部分。它们分别是什么以及每部分的大体内容是什么？

进一步阅读 247

Fancher, R. E. (1985). *The intelligence men: Makers of the IQ controversy*. New York: W. W. Norton.

一部非常优秀的测验运动的历史，有着对高尔顿、卡特尔、比奈、戈达德、推孟、耶克斯的工作的详细描述；通过对这一问题的遗传论者一方的现代后裔的审查把这一问题提上了日程——伯特、艾森克、詹森——以及对伯特的双生子研究数据被断定是伪造结果之上的争论。

Gould, S. J. (1978). *The mismeasure of man*. New York: W. W. Norton.

一部高度可读的关于智力多年来是如何被概念化和测量的现代主义的历史，以及如何被用做一种让关于各种团体的固有信念永存的手段；包含有一篇优秀的非专业人士关于因子分析的总看法，这个统计学工具是用以考察智力是单一的还是多元的。

Sokal, M. M. (Ed.). (1987). *Psychological testing and American society*. New Brunswick, NJ: Rutgers University Press.

由测验历史上主要专家所写的论文的合集；包括关于卡特尔、戈达德、推孟以及多重选择测验版式的起源的章节。

Benjamin, L. T., Jr., Rogers, A. M., & Rosenbaum, A. (1991). Coca Cola, caffeine, and mental deficiency: Harry Hollingworth and the Chattanooga trial. *Journal of the History of the Behavioral Science*, *27*, 42-55.

对霍林沃斯关于咖啡因效果研究的叙述，很好地描述了它的历史背景；表明了霍林沃斯是如何不情愿地卷入了这一项目中，在做这种研究的时候他如何保护他的科学正直性，以及他的实验在今天如何仍被当做是实验设计的典范引用。

第9章 格式塔心理学

整体，其变化不是由它们的个别元素的变化所决定的，不过，其组成部分的变化过程本身却是由整体的内在本质决定的。

——马克斯·惠特海默，1924

本章预览与目标

248 一种新思维方式的倡导者们经常发现，他们要想让别人注意必须大声疾呼。以格式塔心理学家著称的那些人就是如此。带着传教士般的热情，这些德国心理学家倡导一种心理学取向、强烈反对流行的分析策略，这种分析策略构成了其他德国心理学、铁钦纳的构造主义、美国行为主义以及任何源自联想主义原则的理论的某些方面的特性。格式塔心理学家们认为，试图通过辨别意识经验的基本感觉因素，或将复杂的行为还原为元素的刺激—反应单元来理解心理和行为是行不通的。相反，他们强调的是整体，不久，他们的运动就与这一警言妙句相一致：经验的整体大于并不同于其部分之和。本章的第一部分主要介绍了掀起格式塔运动的三位德国人：马克斯·惠特海默，由于其对似动的精致而简单的证明而通常被视为创立者；库尔特·考夫卡，第一个将格式塔概念引荐给美国读者，并将格式塔观念扩展到发展心理学；沃尔夫冈·苛勒，他对猩猩的学习和问题解决的研究挑战了行为主义。本章的原始资料摘录源自苛勒的问题解决研究。

三位格式塔运动的先驱都离开德国来到了美国，其中两位（惠特海默和苛勒）是由于阿道夫·希特勒（Adolph Hitler）于20世纪30年代对德国科学的摧毁。来到美国的格式塔心理学有时只与知觉相关，但格式塔心理学家也对思维和问题解决心理学做出了重大贡献，并且他们的观念影响了认知心理学后来的发展。

本章的最后部分描述库尔特·勒温的生活和工作。他曾一度与德国的格式塔心理学相联系，与惠特海默和苛勒一样，他为了逃避纳粹威胁而来到了美国。然而，勒温超越了格式塔心理学，并发展出复杂的人类行为理论，他为发展心理学、社会心理学和工业/组织心理学做出了重大贡献。由于无法忍受抽象的实验室研究，他发展了“行动研究”，旨在对人的生活和解决社会问题产生直接影响。阅读完本章之后，你应该能够： 249

- 看到格式塔心理学与第2章提出的原子论—整体论争论的联系
- 用马赫和冯·厄棱费尔的观点描述格式塔心理学的直接先驱
- 描述惠特海默的似动研究，说明他是如何排除传统解释的，并解释该研究的意义
- 概括考夫卡对格式塔心理学的贡献
- 描述并运用格式塔知觉组织原则
- 区分地理环境和行为环境及其对理解行为的意义
- 描述苛勒关于猩猩的问题解决研究并将其与桑代克的方法作比较
- 描述惠特海默的创造性思维观念以及格式塔在思维和问题解决上的一般取向
- 描述勒温场论的要点
- 说明蔡加尼克效应并指明它如何适应于勒温的理论
- 描述勒温为发展心理学和社会心理学做出的贡献
- 描述格式塔心理学对美国心理学的总体影响，并说明为何它没有成为主流体系

格式塔心理学的起源与发展

格式塔心理学的开始日期通常被认为是1910—1912年的某时，即德国心理学家马克斯·惠特海默从一个新的角度考察普遍的知觉现象之时。然而，和所有的智力运动一样，它也有根源。格式塔心理学家间接受到德国的康德哲学传统的影响，这种哲学传统强调先前的知觉和认知范畴如何塑造我们的经验（参见第2章），并受到19世纪后期埃德蒙·胡塞尔（Edmund Husserl）的现象学的影响，现象学强调，依赖对我们经验的直接描述比人工内省解释重要，因为人工内省解释在尝试理解这些经验的本质时试图分割。格式塔心理学家还受到同时代的物理学，特别是马克斯·普朗克（Max Planck）的研究的影响，他是场论的重要先驱，场论强调整个力场如何决定场构成成分之间关系的本质。例如，一个磁场代表一股力量，它产生元素间的相互关系的整个模式，通过分析整个场的每一个元素是无法理解这一点的。

对格式塔心理学的创立有着直接影响的三位人物是物理学家恩斯特·马赫（Ernst Mach，1838—1916）、哲学家和心理学家克里斯蒂安·冯·厄棱费尔（Christian von Ehrenfels，1859—1932）和卡尔·斯顿夫（Carl Stumpf，1848—1936）。在一部写于1886年的论感觉的著作中，马赫认为，某些“空间形式”不能分析为更基本的元素。例如，一

个正方形具有“正方形”的基本空间特征，它不能被进一步还原。组成正方形的四条线可
250 以在尺寸上变化，但四条线间的关系必须保持不变才会出现正方形。整体关系是在识别正方形时所考虑的，而不是个别成分。奥地利的冯·厄棱费尔在 1890 年的一篇题为《论形质》的论文中得出了类似的结论。他坚信，经验的某些质超越了单个感觉元素，即使元素变化，质仍保持不变。冯·厄棱费尔这位天才音乐家以旋律为例。用不同的键或不同的乐器演奏一首歌曲，每一个单独的音符（元素）的物理性质可能变化了，但旋律本身没有变化——它具有一种形质（form-quality）（“Gestaltqualität”），不同于各个音符的总和。斯顿夫同冯·厄棱费尔一样，也是一位天才音乐家，这位著名的经验主义者做了关于音调的听觉的重要研究。他也介入了与冯特的激烈争辩中，即在音调判断实验中，谁是最称职的“观察者”。所争论的是一个具有显著的格式塔主题的听觉现象。当同时听两个纯音时，体验到的是一种独特的第三种音调，这似乎不是其两个构成成分的结合。冯特认为，训练有素的实验室工作者能够将现象分析为元素，但斯顿夫坚信，熟练的音乐家是更好的观察者，且现象不能被分析。斯顿夫认为，如果实验室分析对立于一个训练有素的音乐家的现象经验，那么，分析就是错的。在不否认实验室研究的重要性的同时，斯顿夫及其追随者极力主张，直接经验优于元素的抽象还原（Ash，1985）。正如我们将要看到的，最初的三位格式塔心理学家中的两位师从斯顿夫获得了博士学位，第三位跟随他学习过一段时间。

马克斯·惠特海默（Max Wertheimer，1880—1943）：创立格式塔心理学

马克斯·惠特海默（图 9—1）出生在布拉格，在其广泛兴趣使他转向哲学之前，他主要在布拉格大学学习法律。他选修了冯·厄棱费尔的课程，确定无疑的是，他学习了老师的形质概念，之后在柏林学习了三个学期，并遇到了斯顿夫，然后到符茨堡大学，在奥斯瓦尔德·屈尔佩（第 4 章）的指导下于 1904 年获得博士学位。他的学位论文源自早期对刑法的兴趣，并运用语词联想技术区分思维的独特模式（Newman，1944）。1904 年后的几年没有详细的记载，但家庭财富显然使得惠特海默能够沉溺于其在哲学和心理学中的各种兴趣。

1910 年左右，惠特海默痴迷于似动（apparent motion）的知觉问题。当时，这种现象是众所周知的，它是新兴的电影业的基础。我们可以用一个简单的例子来演示。在一间黑暗的房间里，两个邻近的小圆圈依次明暗闪动。如果两束光的闪烁间隔恰好（约 60 毫秒），那么，知觉到的不是两束光，而是一束单独的光来回移动。因此，虽然两个单独的
251 感觉事件发生了，但知觉到的是一个单独的连续事件。[①] 即使没有这种知觉的感觉基础，在两束光之间的空间也能知觉到圆圈。这是如何发生的呢？

---

① 如果光闪动之间的间隔太短，约 30 毫秒或更少，那么知觉到两束光同时亮，都不移动。如果间隔超过 200 毫秒，将会看到两束分别闪动的光。准确的时间安排也取决于光的强度和它们之间的距离（Goldstein，1996）。

图 9—1　马克斯·惠特海默，格式塔心理学的创立者。

对似动的传统解释围绕感觉—动力事件或高级认知推论。第一个观念是，当圆圈交替闪烁，人将从左至右转动他的眼睛，如此往复。说明源自眼动的感觉刺激产生了被体验为移动的知觉“融合”。在赫尔姆霍茨看来，第二种解释是，个体作出一种潜意识的逻辑推论，即如果一束光在 A 位置，然后在 B 位置，那么，必然是移动到那里的。这个被认为是错觉的知觉是这种“理性”推论的结果。

在法兰克福大学（University of Frankfurt）的实验室主管（而且是 G. E. 缪勒的记忆鼓的共同研发者）弗里德里希·舒曼（Friedrich Schumann）的协助下，惠特海默能够获得实验室空间和仪器以将他的似动观念发展为一项研究项目。他得到了沃尔夫冈·苛勒和库尔特·考夫卡（图 9—2）这两位当时在舒曼的实验室里工作的年轻心理学家的帮助，他俩是实验的参与者（如考夫卡的妻子所做的）。其成果为 1912 年发表的《视见运动的实验研究》一文，这通常被视为格式塔心理学的创立。在研究中，惠特海默及其同事演示了各种条件下的这种现象并对盛行的解释提出郑重的质疑。例如，在他们的一个研究中，使用同在一条直线上的 A、B、C 三盏灯，如果 A 和 C 同时明暗闪动，然后是 B 在 60 毫秒后闪烁，知觉为两盏灯（A 和 C）同时向中心点移动。

图 9—2　库尔特·考夫卡（左）和沃尔夫冈·苛勒参加 1929 年在耶鲁大学举办的第九届心理学大会，摘自 Popplestone & McPherson（1994）。

这一演示排除了眼动解释，因为眼睛不能同时朝向两个方向移动。推论解释被摒弃的理由是，运动知觉发生得太快而不可能包括这种复杂的心理事件顺序，而且，对运动的知觉是真实的，而不是虚幻的。相反，惠特海默认为，现象必须依靠其自身作为直接给予的现象经验的一个有效例子，而完全不需要涉及组成部分。其实，因为知觉发生在缺乏任何感觉信息的区域（即闪烁的灯之间的空间），分析为感觉元素可能无法解释这一现象。惠特海默将知觉到的运动称为 phi 现象（phi phenomenon）；他不喜欢“似”动这一术语，因为它暗示运动不是被真正知觉到的（Henle，1980）。正如他后来所总结的，我们知觉整
252 个有意义的图形，而不是以某种方式结合而形成整体的元素。不仅整体不同于部分之和，而且“组成部分的变化过程本身是由整体的内在本质决定的”（Wertheimer，1924/1967，p. 2）。针对原子论的抨击开始了。

惠特海默在法兰克福演讲并继续研究直至 1916 年，然后来到柏林，直至 1929 年，他一直是柏林心理学研究所的核心人物。[①] 1929 年，舒曼从法兰克福大学退休，惠特海默回到那里任系主任。他本来可以待在法兰克福直到退休，但由于世界性事件与纳粹德国的出

① 鉴于地理学意义，再次提及第 4 章中的德国地图（图 4—1）。

现的干预而无法继续待在德国。1933 年，希特勒掌权后，德国大学的学术自由迅速消失了，犹太教授，包括像惠特海默的挚友阿尔伯特·爱因斯坦这样的杰出人物都开始被迫离开他们的岗位。对于德国将失去无价的资源的争论，希特勒予以回应，据说他回答到："如果解雇犹太科学家意味着摧毁当代德国科学，那么，我们将有一段时间没有科学！"（摘自 Henle，1986，p. 226）。至少对于心理学来说，希特勒是正确的。他的领导作用有效地毁灭了德国一代人的心理学。

希特勒掌权后不久，惠特海默这位犹太人可以看到写在墙上的标语，他集合了他的妻子和三个孩子移民到了美国，在纽约定居。[①] 在那里，他加入了当时刚创立的社会研究新学院的其他一些德国难民—科学家行列。在他生命余下的 10 年里，他继续研究知觉并扩展了早期对问题解决的兴趣。其成果《创造性思维》（1945/1982）在他去世后出版，我们将在后面的格式塔的认知和学习取向部分加以描述。

考夫卡（1886—1941）和苛勒（1887—1967）：共同创立者

库尔特·考夫卡（Kurt Koffka）出生在柏林，除了在苏格兰的爱丁堡大学度过一年之外，他也在柏林接受教育。他于 1908 年在柏林大学从卡尔·斯顿夫那里获得哲学博士学位。在斯顿夫的指导下，考夫卡在颜色对比和听觉节律的知觉主题方面展开研究，这些为他接受格式塔心理学铺平了道路（Harrower-Erickson，1942）。

完成博士学业后，考夫卡研究生理学，然后到符茨堡大学待了几年时间，在那里，他在屈尔佩的实验室工作。从 1910 年起，他在法兰克福大学的舒曼实验室里度过了三个学期，就在这段时间，他遇到了惠特海默，与苛勒一起参加了著名的似动研究并转而信仰格式塔思想。正如他后来写到的，三个年轻的研究者"投身于产生了持久合作的最密切的交往之中"（摘自 Harrower-Erickson，1942，p. 279）。考夫卡于 1911 年离开法兰克福大学，在吉森大学（University of Giessen）开始其第一份教授工作，他待在那里直至 1924 年并发表了一系列数量不多但连续进行的关于声音定位和记忆这些主题的实验文章。第一次世界大战期间，他研究严重脑损伤士兵的认知结果。1921 年，他通过创作《心灵的成长》将格式塔观念扩展至发展心理学领域。

在三位早期格式塔心理学家中，考夫卡主要负责将这一运动引进美国。1922 年，他通过为《心理学公报》撰写一篇题为《知觉：格式塔理论导论》（Koffka，1922）的文章完成了这一任务。然而，文章标题的选择是不恰当的。尽管格式塔心理学家认为他们的运动适合所有心理学的新理论，但这篇文章暗示格式塔心理学只是知觉研究的新取向。这一"误解"延续至今——在现代的导论性教科书中，对格式塔心理学的讨论主要出现在知觉

① 其中一个孩子麦克尔·惠特海默，现在是科罗拉多大学的一位心理学教授。他是一位杰出的心理学历史学家，在全国被美国心理学会认定为一位首席教师，并担任为学生设立的美国国家荣誉心理学会的领导。

章节中。

253 考夫卡自 1924 年始，在一次 30 所校园的讲座旅程中，在 1925 年的美国心理学会年会上的邀请发言中，以及在康奈尔和威斯康星的两次访问教授会面中，都亲自宣传格式塔理论（Sokal，1984）。1927 年，他接受了西马萨诸塞的史密斯学院的全职学术职位，这是一所私立的女子大学文科学院，他在那里工作至 1941 年去世。在史密斯学院，研究生培养计划的缺乏极大地削弱了考夫卡的研究成果，但他影响了几位有才华的女心理学家的职业生涯，包括吉布森在内，她后来发明了作为研究婴儿深度知觉发展的工具的视崖。1935 年，考夫卡发表了其最重要的著作《格式塔心理学原理》，这确立了他作为格式塔心理学的主要理论家这一声誉，还有利于美国人心目中渐增的印象，即格式塔心理学家对理论而不是数据更感兴趣。当大多数美国心理学家坚定地站在实证主义阵营时，这种倾向被认为是虚弱的。考夫卡在其高度抽象的著作中的论述在某种程度上也很难被领会。而他更为博学的格式塔同事苛勒的著作则更为广泛地被人们所阅读。

沃尔夫冈・苛勒（Wolfgang Köhler）只比考夫卡小一岁，而比惠特海默小七岁，但他分别比他的同事长寿 25 年和 23 年。这种长寿与他对格式塔观念的深远促进使得他成为三位创立者中最著名的格式塔心理学家，特别是在美国。1958 年，他成为他们中唯一被选为美国心理学会主席的人。他的早期生涯与考夫卡没什么两样——他于 1909 年师从斯顿夫获得了博士学位。后来，他在法兰克福大学成为舒曼的助手，在惠特海默和考夫卡到来之后开始了他们的重大合作（Asch，1968）。

1913 年，一个引人注目的机遇降临在苛勒头上，即邀请他主管普鲁士科学院（Prussian Academy of Sciences）在特纳里夫（Tenerife）建立的灵长目群体研究，特纳里夫是加纳利群岛（Canary Islands）中最大的岛，位于非洲的西北海岸。他接受这一邀请并在第一次世界大战爆发前夕到达那里，这有效地将他及其家庭以及一小群猩猩放逐到了这个岛上。然而，正如本章的视窗所述，研究可能不是他这些年期间仅有的活动——有人认为他可能是一个德国间谍。且不谈间谍活动的指控，在特纳里夫的岁月使苛勒获得了科学家的声誉。他在那里进行了其最著名的研究，即研究猩猩的问题解决。这一研究将在本章的后面详加考察，届时，你将看到摘自苛勒对其研究长达一本书的解释——《人猿的智慧》(1917/1926)。

视窗

一桩间谍案

沃尔夫冈・苛勒以第一次世界大战期间在加纳利的特纳里夫岛上的研究确立了其科学声誉。这些富有洞见的研究不仅仅在历史教科书中被广为引证，即使在今天也是如此。但研究猩猩的心理能力是苛勒这些年里的唯一兴趣吗？心理学家罗纳德・利（Ronald Ley）认为不是。他在 1975 年参观这个岛时，偶遇 87 岁的曼努埃尔・冈萨雷斯・加西亚（Manuel González y García)，这次参观是为了确定苛勒研究站的最初地点，所遇之人不是别人，正是苛勒在特纳里夫期间的动物训练者和管理员！尽管岁月流逝，但老人对研究站所做的工作和猩猩的行为研究的记忆是完整的。例如，他回收的猩猩没有全部找到，他对这些猩猩的记忆并不全是美好的，他记得苛勒最聪明的猩猩苏丹（Sultan）差点咬断他的一根手指，他将与群体中其他猩猩遭遇时所留下的伤疤指给利看。关于苛勒，他指出，那个德国科学家似乎很乐意和这些动物一起工作，但他从未独自进入过动物围栏中，他的大部分观察都是在笼子外进行的。还有一件事情——苛勒是一个德国间谍。 254

间谍活动的指控很自然地使原本就对苛勒心存怀疑的利感到震惊，他最终撰写了《间谍活动的传闻：沃尔夫冈·苛勒和特纳里夫的猩猩》（Ley，1990），这是一部描述他搜寻信息以证实曼努埃尔·冈萨雷斯·加西亚的断言的科学侦探小说。为写作这部小说，利不仅从特纳里夫而且从整个欧洲以及苛勒妻儿的住所搜集档案。利没有找到直接证据证明苛勒是个间谍，但他能拼凑一些无关紧要的证据显示出苛勒可能对德国的战绩出了一份力。由于位于盟军船运航道附近，多山的加纳利群岛具有战略重要性。观察者可以轻易地描绘出盟军行船路线并将相关的信息传送给德国潜水艇。英国在整个战争中有大量的船只沉没在这个区域，他们反复谴责西班牙，声称这是该岛上的德国间谍所为。这些岛隶属于西班牙这个所谓的中立国，不过，英国宣称，岛上的德国科学家具有传送谍报的工具（无线电报机）。利认为，苛勒就是那些科学家之一，他在研究站放了一台无线收音机。

利的间谍活动指控引人注目，但也受到了批评。帕斯托雷（Pastore）（1990）认为，收音机可能只是用于和大陆作一般交流，苛勒的研究和创作量没有留下多少时间用于活跃的间谍活动，整个故事可能只是一个谣言，它最终在一个老人的心里成为"事实"。苛勒本人在他的一些通信中提及这一谣言："某些英国人……把我们当做间谍，甚至好心地散播这些谣言，说动物只是一个借口"（摘自 Pastore，1990，p. 369）。另一方面，对于任何年轻爱国的科学家来说，如果有机会的话，传送可能对其祖国有益的信息并非不正常。

利的断言可能是值得争论的，但他的研究揭开了关于苛勒在特纳里夫这些年的有趣细节，包括他的第一任妻子特克拉（Thekla）所起的作用。在抚育两个年幼孩子的同时，她也为研究做出了大量的贡献。显然，她与猩猩的相处要比苛勒轻松，而且，据她女儿所说，是"在事情进展糟糕时坚持继续工作的人"（摘自 Ley，1990，p. 226）。她是一位天才画家，她画了其中一只猩猩的侧面素描，作为《人猿的智慧》的扉页插画（图9—3）而出现，她拍摄下了这项研究。她的照片，包括在本章中出现的著名的苏丹的照片（图9—7），都出现在这部著作中。苛勒认可了她的价值，他写信给德国政府称特克拉能够自己掌管研究站，并指出，他希望她能成为这部概括研究的著作的合著者。然而，他显然改变了他在后一点上的看法。特克拉在扉页的素描下写的首字母缩写只是她对这本著作的贡献的有形标志。

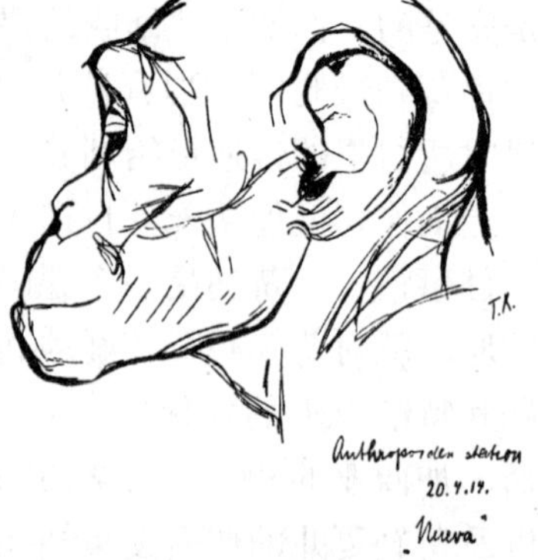

图 9—3 苛勒的一个猩猩的侧面素描，由他的第一任妻子特克拉所绘，作为扉页插画出现在《人猿的智慧》中（Köhler，1917/1926）。

255 苛勒于 1920 年回到了遭受战争蹂躏的德国，起初不能找到专职工作。然而，当他于 1922 年被任命去接替受人尊敬的斯顿夫，即他以前的导师，成为柏林大学心理学研究所主管时，作为学术界一颗正在升起的新星，其地位得到了认可。惠特海默和年轻的库尔特·勒温也在那里（在本章的后面讨论）。格式塔心理学家与一群天才学生一起为他们的运动创造了一段持续约 10 年的“黄金时代”（Henle，1986）。他们进行了重要研究，创办了《心理学研究》杂志以促进他们的工作，并将他们的学生送往德国各地以扩展他们的研究基地。然而，这一切都因纳粹而结束。

在三位进行开创性研究的格式塔心理学家中，苛勒是最后一位离开德国的，他于 1935 年移民，因为他不是犹太人，所以，他没有面临惠特海默（和勒温）所遇到的那种威胁，但他被纳粹的学术破坏所震撼，并公开谈论这一问题。例如 1933 年 4 月，他写了最后一篇反纳粹的文章，在希特勒执政期间发表，谴责解雇犹太教授。在文中，他写道，“只有一个人的品质才可以决定他的价值，无论这个人是不是犹太人，其学术成果、性格以及对德国文化的显著贡献都具有其重大意义”（摘自 Henle，1986，p. 228）。尽管苛勒没有因为这篇文章而被捕（有点出乎他的预料），但他的处境每况愈下。他被迫在开始他的演讲时要行纳粹礼（他所深深讽刺的），纳粹支持者开始“监督”他的演讲，有一次，军队出现在他的教室外，检查学生的身份证件。到 1935 年年初，拒绝在对希特勒忠诚誓言上签字后，苛勒受够了。他辞去了他深爱的主管职务并在东宾夕法尼亚的斯瓦斯摩尔学院（Swarthmore College）接受了一个职位，他在那里工作至 1958 年退休。9 年后，他去世了。除了关于猩猩的著作，他还于 1929 年撰写了《格式塔心理学》。它比考夫卡的格式塔著作更简短易读，也更为流行，以抨击美国行为主义而著称。苛勒认为，正如构造主义者和联想主义者因试图将意识分析为元素而变得衰弱一样，行为主义也将因为其相似的将行为还原为人为的刺激—反应单元的原子论策略而失败。

格式塔心理学与知觉

惠特海默以他对知觉现象，即似动的研究发起格式塔心理学，对知觉的研究成了格式塔研究的主要组成部分。他们的许多工作都是描述决定现象如何组织成整体的、有意义的图形的基本规则。这些格式塔组织原则（gestalt organizing principles）首先由惠特海默（1923/1967）系统阐述，现在成为普通心理学教科书知觉章节中令人熟悉的固定内容。在此，列出一些更主要的原则。

知觉组织原则

我们最基本的知觉倾向之一是将整个图形从它们的背景中分离出来。这为所有的对象知觉提供基础（Goldstein，1996）。丹麦心理学家埃德加·鲁宾（Edgar Rubin）于 1915 年首次详细描述了图形—背景（figure-ground）分离，他跟随哥廷根大学的 G. E. 缪勒进行研究，以确立“诡温觉”（paradoxical warmth）现象而闻名（Prentice，1951）。鲁宾不是一个格式塔心理学家，但格式塔心理学家运用他的图形—背景现象来支持他们的研究。根据鲁宾的现象学描述，图形具有几个突出特征，使得它们与背景分离开来。例如，边缘似乎“属于”图形，而背景似乎延伸到图形的背后，这一知觉印象是强烈的，即便我们“知道”并非如此。而且，图形比背景更易于记忆，似乎具有背景所缺少的恒定性（Rubin，1915/1958）。例如，在图 9—4a 中，观察者通常知觉到带有直线的部分，射线作为一个图形对立于完全同心的圆形背景。结果是对一种交叉的总体知觉。通过努力，可以转换图 256
9—4a 的图形—背景关系，用弧线组成的每个扇形构成一个交叉。这种转换在图 9—4b 中更易于实现，这是鲁宾 1915 年的文章中最著名的部分。通过改变注意焦点，图形可以是一个花瓶或两张人脸的侧面轮廓。注意，这些知觉在某一时刻只会出现一个。当花瓶是图形时，黑色区域不能被知觉为任何物，只能是不成形的背景。当脸是图形时，转换就发生了。如果你盯住图 9—4b，你会发现你的知觉在一个“整体”和另一个“整体”间迅速转换。对图形—背景转换的一个创造性的现代应用被发现在匹兹堡动物园和 PPG 水族馆的标识中（图 9—4c）。

(a) (b) (c)

图 9—4 可以相互转换的图形背景演示 (a) 和 (b)，摘自鲁宾 (1915/1958)，和 (c) 图形—背景转换的一个现代运用。

其他三个格式塔组织原则如图 9—5 所示，摘自惠特海默 1923 年写的《知觉形式中的组织规律》一文（Wertheimer，1923/1967）。在图 9—5（a）中，头两个点 *a* 和 *b* 似乎属于一体，下两个和最后的两个也一样。它们都是根据接近（proximity）原则来组织的。惠特海默（1923/1967，p. 72）鼓励读者将这些点知觉为 *a*/*bc*/*de*/*f* 而不是 *ab*/*cd*/*ef*，他用他所认为的这个不可能的任务来证实这个简单原则的力量。如果接近保持不变，刺激就可
257 能根据相似（similarity）来组织，如图 9—5（b）所示，我们不得不知觉为交替变化的竖行的空心和实心点。第三个原则，好的连续（good continuation）是一种根据平滑流动方向来组织知觉的倾向。因此，我们将图 9—5（c）知觉为 *a*—*d* 和 *b*—*c* 两条波浪线。很难将此图知觉为 *a*—*b* 或 *c*—*d* 这两条突然改变方向的线。

所有的组织原则都有共同之处，它有时被称为简单律或格式塔心理学家所说的图形优化（Prägnanz）趋势（大致译为“好的图形”）。它指的是我们尽可能确切地反应现实这一基本知觉倾向。当情境模糊时，组织原则发挥作用，为被知觉到的事物的本质提供最合理的猜测。因此，尽管图 9—6 可以根据几种不同的方法构成，但我们倾向于将图形知觉为由一个矩形和一个三角形组成，这是最简单而最有可能的假设。类似地，当我们遇到一个不完整的图形时，我们经常通过填补缺口以构成一个“好的图形”，这一现象被称为闭合（closure）。你可以将图形优化趋势定律视为劳埃德·摩尔根的吝啬律的知觉对等物。

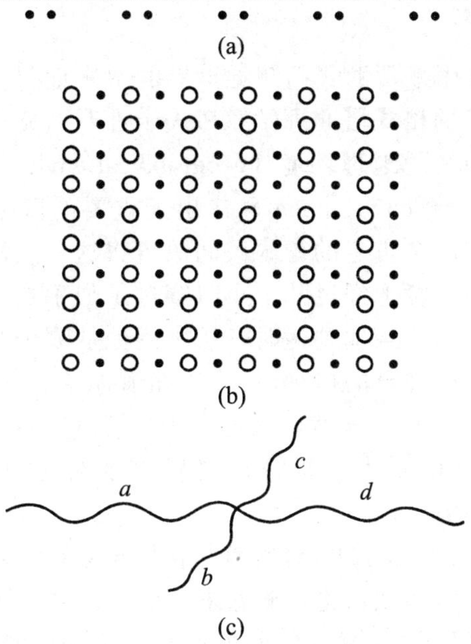

图 9—5　格式塔知觉组织原则（a）接近、(b) 相似和（c）好的连续，摘自惠特海默（1923/1967）。

关于这些知觉原则的最后一点是，心理学家在指责格式塔心理学家在知觉问题上是先天论者时经常提到这些。恰恰相反，格式塔心理学家认为，组织原则与天赋—教养问题无关。这些原则被认为是世界中物体的本质所固有的，我们的知觉系统是用来对那里所显露出来的作出最好的猜测的。正如惠特海默（1923/1967）所指出的，“人只是根据自身的‘内在需要’意识到作为结果产生的‘好的格式塔’”（p. 83）。

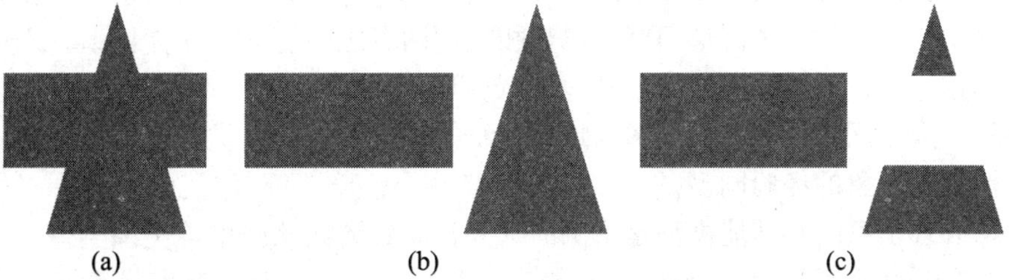

图 9—6　格式塔图形优化趋势原则。左边的图由几种方式组成。我们倾向于将它知觉为由一个矩形和一个三角形组成，即右边所显示的两种可能中较为简单的一种。

行为环境和地理环境

组织原则可能是设计用来帮助我们知觉世界的本来面目的，但并不是说我们的知觉反映物理现实。最著名的格式塔心理学家考夫卡在其《格式塔心理学原理》一书中对世界的本来面目，即他说的地理环境（geographical environment），与我们知觉的世界，即行为环境（behavioral environment）作出了重要的区分。正是后一种知觉决定我们如何行动。考夫卡用一个古老的德国民间故事将这一点解释清楚。它说的是在深冬，一位疲惫的旅客骑在马背上经过几个小时穿过了似乎是一片空旷的被冰雪覆盖的平原后，来到了一家小旅馆。当他到达时，店主问他从哪个方向来。骑马者指向那个平原，店主“以一种敬畏而惊奇的口吻说：‘你知道你骑马穿过了康斯坦湖吗？’骑马者听闻此言倒地身亡”（p. 28）。显然，知道行为环境（“这似乎是一片广阔空旷的平原”）和地理环境（“在马的重力下很容易破裂的冰冻的湖——我可能会被淹死！”）的不符会产生相当大的压力。

258 物理现实和知觉到的现实之间的区分使考夫卡得出这样的观点，库尔特·勒温很快就用他的“生活空间”（在本章后面讨论）概念来系统阐述之。如果行为和地理环境不同，那么，两个人在相同的地理环境中可能有不同的知觉。因此，地质学家和植物学家对林中漫步的描述会明显不同。

心物同型论

格式塔心理学家没有将他们局限在对知觉事件的现象的描述上，他们还将知觉和潜在的脑过程的关系理论化。他们在这个古老的心—身问题上的立场是一种心理物理平行论的观点，苛勒称之为同型论（isomorphism）：“在一种既定的情况下，经验的组织和潜在的生理事实具有相同的结构”（p. 300）。也就是说，对于一个既定经验来说，潜在的脑过程以某种方式反映了经验。这并不是说脑过程复制经验——苛勒不是指我们一经验到一个圆圈，我们脑中神经元的一个圆形组就放电。相反，两者之间有一个功能同型。用一个地理比喻来演示这一点：一块真实的超过 20 平方英里的地面看起来一点也不像地图上的地面，且代表一种完全不同的经验，但地图与地面在结构上是同型的。类似地，格式塔心理学家认为，脑活动与现象的经验同型。

格式塔心理学家的脑功能模型是推测的（并且受到诸如拉施里等美国生理心理学家的攻击），但它与他们的取向是一致的。它指出，脑作为一个力场而运行，而且，皮层的活动以复杂的方式相互作用，并与经验平行。

格式塔对认知和学习的研究

尽管考夫卡于1922年发表在《心理学公报》上的里程碑式的文章的标题给人留下的印象是，格式塔心理学家只关注知觉，但事实并非如此。相反，格式塔心理学家认为，他们的体系是普通心理学，他们对思维、问题解决和学习的研究做出了独特贡献。两个最著名的例子是苛勒对猩猩的问题解决的研究和惠特海默死后的遗著《创造性思维》（1945/1982）。这里摘录了苛勒的《人猿的智慧》（1917/1926）的一部分。这部著作首先于1917年以德语出版，后来被译为英文并于1924年略作扩充。本文的摘录来自1926年的版本。

原始资料摘录

苛勒论猩猩的顿悟

苛勒及其家庭1913—1920年居住在特纳里夫，但在《人猿的智慧》中报告的大多数研究都是在这个岛上的第一个年头里完成的。在这部著作的前面部分，苛勒就将最终目标指向桑代克的迷箱实验。正如你回顾第7章所见，桑代克总结到，学习和问题解决是尝试和“偶然成功”的过程，为了让行为奏效，不成功的行为逐渐被排除。然而，苛勒强烈反对问题解决是这样一种机械的、逐步的过程。相反，与他的格式塔取向相一致，他认为，当个体能看到整个问题场并重新安排问题元素而形成新的完形时，问题的解决方案就出现了。解决方案对它们来说具有一种知觉性质，因此，一旦元素被重构，解决方案便迅速出现。苛勒用顿悟（insight）这一术语来命名这个过程。苛勒认为，桑代克的研究的主要程 *259*
序问题是动物永远不能知觉整个场。因此，它们不能从整体完形[①]上来看设备的构成成分间是如何相关的。对于桑代克的研究，苛勒写到：

> ……设计成和我们自己的测验相同的智力测验……因此，应该符合相同的一般条件，首先，应该安排以便动物能完全看得见。因为如果实验设备的主要部分不能为动物所见，它们怎么能运用它们的智力应对情境呢？我们有些惊奇地发现（在桑代克的实验中），猫和狗经常被置于只包括一个或另一个机械的末端的笼子里，或能看见绳子或机械的其他部分的笼子里，但从此处不可能观察到整体布局。(p. 23)

---

① 苛勒因为同样的理由批判迷津学习研究，指责“美国动物心理学家让动物（或人）寻找他们走出迷津的路线，在其中的任何一个位置都无法对迷津这个整体作一个全面观察”(p. 18)。

苛勒决意在他的研究中不犯同样的“错误”。他的动物们会面对整个场，解决问题所需的所有元素都一览无余。此外，他的问题会利用动物天生的前脚—眼协调的优势而不是迫使它们以对于它们来说非天生的方式行动。也就是说，苛勒敏锐地意识到了我们现在所说的行为的生物限制：

> ……猩猩的反应……总是受到它自己非常显著的先天倾向的限制和决定。因为我必须最肯定地声称，与猩猩们完全熟悉后，那也许会成为可能……通过鞭打或类似的手段迫使它们采取行动，形成习惯、完成任务或采用程序方法，这些不是猩猩对特定条件的自发性先天反应。但是，这样把一个相异的性质与猩猩在没有压力时仍会展现出的它自己的天性结合起来，对我来说是极其困难的，也许是不可能的。我应该对能够获得这种成果的教学天赋怀有崇高的钦佩。观察改造其生物遗传的尝试，对这类聪明而易教的动物“毫无作用”，这是不断令人惊讶的来源，通常令人非常烦恼。(p. 70)

《人猿的智慧》包括对几十个问题解决实验的描述。最著名的实验之一出现在《工具的制造》这一章中，其关注的问题是获得放在笼子外面的香蕉。两根直径不同的空心竹竿可供使用，但两根都太短而够不着食物。苛勒想知道他最聪明的猩猩苏丹能否将竹竿接在一起解决问题。对这个著名实验的传统解释刻画了一个深思熟虑的动物仔细检查
260 情境的元素，然后突然间顿悟从而解决问题。实际上，动物首先尝试了其他几种策略。每一种最后都失败了，它甚至在解决办法的重要特性直接呈现给它时，也没能领会理解！

> 目标就放在笼子外，正好是动物用两根中的哪一根棒子都够不着的地方，不过，它还是费尽气力尝试用一根棒子或另一根去够，甚至将它的右肩挤出铁栏。当所有的办法都证明为无效时，苏丹犯了一个“低级错误”，或更为准确地说，干了一件大蠢事，像它有时在另一种情形下所做的。它将一个箱子从房间的后面推向铁栏；果不其然，它立即又把箱子搬走，因为这是没用的，或者更确切地说，这种方式是没用的。(pp. 130－131)

苏丹将一个箱子拖到笼子的铁栏处这一“低级错误”可能是一次早期实验的结果，实验中，香蕉悬挂在笼子的顶上，拖一个箱子放在它下面，爬上箱子再跳起来就能够得着。苏丹迅速解决了这个问题(pp. 40－41)。在意识到箱子在这个新情境中不奏效后，苏丹尝试了一种不同的策略：

> ……之后，它立刻做了一些事情，虽然没有实际用处，但必须被归入“高级错误”中：它将一根竹竿推到尽可能远的地方，然后拿起第二根，用它触动第一根，小心地接近目标，小心翼翼地在较近的一端推动，从而缓慢地推向水果。这并非总

会成功，但如果用这种方法会非常接近目标，它甚至会更加小心，它推得非常轻柔，看着放在地上的那根竹竿的移动，并确实用其顶端触到目标。因此，突然，“动物—目标”连接第一次建立了，且苏丹因为对水果有如此强大的控制力，它能通过推那根竹竿而触及和缓慢移动它而显然感到（我们人类可以共情）某种满足……但尽管在尝试小心地操纵它时，它将手中的竹竿准确地放入地上的竹竿的切口（即孔），尽管我们可能会想，这样做暗示将一根竹竿插入另一根的可能性，但没有任何迹象表明这是一个实际有效的解决办法。最后，观察者给予动物一些帮助，将一根手指放入动物鼻子下的那根竹竿的孔中（完全没有指向另一根竹竿）。这没有用，苏丹和以前一样，用一根竹竿推另一根竹竿接近目标，由于这个虚假解决方法不再满足它，它彻底放弃了努力，当两根竹竿被再次从铁栏外扔给它时，它甚至没有拿起竹竿。实验持续了一个多小时，止于目前的水平，因为像这样做似乎是没希望的。因为我们打算过一会儿再接着做，所以，就把竹竿留给了苏丹；管理员留在那里观察它。(pp. 131 - 132)

当苏丹确实设法解决了双竹竿问题时，苛勒没有在那里看到这一幕。相反，他不得不依靠动物管理员（可能和视窗中提到的曼努埃尔·冈萨雷斯·加西亚是同一个人）所给的描述。在一个脚注中，苛勒保证管理员的诚实。“不必怀疑管理员很快就‘训练好了那只动物’；那人从不敢这样”(p. 132)。那个管理员的描述是心理学中引用最多的段落之一： *261*

管理员报告：“苏丹起先漠然地蹲在箱子上，这只箱子放在栏杆后一点点；然后起身拿起两根竹竿，又坐到箱子上并漫无目的地玩起来。在这样做时，它忽然发现它一只手拿着一根竹竿，它们都成一条直线；它将细的竹竿向粗的竹竿的孔里推进一点，跳起来并已经接近栏杆，到这时，它半转其后背，并开始用双竹竿将香蕉拉向它。”(p. 132)

苏丹的著名解决办法大约在一个月后被拍摄下来并出现在苛勒的著作中；图9—7再现了这个场景。尽管管理员的报告富有戏剧性，但在先前的背景下，解决办法的突然性没能给人留下深刻印象。此外，这个解决办法远远不够理想——竹竿经常破裂。不过，苏丹不屈不挠，运用双竹竿解决办法将所及范围内的一切东西拉进它的笼子里。解决办法取决于情境的知觉方面，这一点从下面可以看清楚。甚至在很多次地解决这种问题之后，苏丹在看到某种构形的竹竿时还是会迟疑：

然而，有时，它经历困境，这是我们最不希望看到的。手抓两根管子想象平时那样连接起来，它迟疑几分钟，似乎很不确定，即当它手中的管子处于某种状况时，也就是几乎平行或相互交叉成非常狭小的“X”形时。这种困境现在几乎消失了，但起初经常发生。(pp. 135 - 136)

图 9—7 苛勒的猩猩苏丹，正在解决双竹竿问题，摘自苛勒 (1917/1926)。

除了双竹竿问题和利用一只箱子获得香蕉问题之外，苛勒的猩猩还通过搭建几个箱子
262 获得悬挂的香蕉。当苛勒将水果提得越来越高时，它们逐渐习得这项任务。它们先学会用一个箱子，然后是两个，接着是三个。因此，这种程序类似于行为主义者后来所说的“塑造”。在一次实验中，苏丹再次处于中心阶段：

> 目标仍然挂得很高，苏丹被禁食了整整一上午，因此，带着巨大的热情去完成它的任务。它将重箱子放在目标的正下方，将第二个放在它上面，然后站到顶端尝试抓目标。由于它够不着，它向下看并环顾四周，它的目光被第三个箱子吸引住了，这个箱子起初对它来说似乎没什么用处，因为它很小。它小心地爬下来，抓住箱子再爬上去，从而完成了搭建。(p. 142)

苛勒拒绝（p. 194）发展一种新的智力理论来解释他的发现，但他用了一章中的大部分篇幅来反驳“概率论”（theory of chance），他用这个短语称呼墨守以联想主义者和还原主义者原则为基础的策略的桑代克和美国其他心理学家们所采取的方法。在此过程中，他描述了他所认为的顿悟行为的几个属性。例如，在早期阶段，问题解决者系统地观察场：

> 我们能……明确区分出从一开始出于考虑情境特征而出现的举动与并非如此的举动。只有在前一种情况下我们才说顿悟，且只有那种动物行为才明确向我们展示智力，这从放置的位置开始，然后以一个顺利而连续的过程处理。因此，这一特征是：确立为顿悟的一个标准，即出现与场的整体布局相关的完整的解决办法。(p. 198)

顿悟式问题解决的另一个特征是目标指向性。桑代克的“概率论”让动物起初盲目行动，与此相反，苛勒认为，动物表现得完全不同，除非被置于一个不能观察场，使得动物不能清楚地看到目标的情境中（即桑代克的迷箱）：

> ……当猩猩被放入一个实验情境时，他会做任何随机活动，但这肯定不是它的一个特征。……只要它的努力是指向目标的，它的行为（就像人在类似情境中一样）的所有能够辨别的阶段就倾向于作为针对解决办法的全部努力而出现，没有一个阶段是作为偶然排列部分的产物而出现的。这种最终成功的解决办法大多是对的。确实，经常伴随一段迟疑或安静（经常是一段观察期）的时间，但在真实的和能说服人的情况下，这种解决办法从未表现出一种盲目冲动的紊乱。它是一种连续、顺畅的行动，只能通过旁观者的想象把它分解为部分。(pp. 199 - 200)

因此，苛勒认为，当处于一种问题情境时，动物首先观察与某个清楚的目标相关的整个场。最终，动物会顿悟地将场中的问题元素重组为一种迅速解决问题的新完形。顿悟的必要条件是问题的所有方面必须在动物的视域内。 263

苛勒的解释没能获得美国心理学家们的一致认可，他们质疑苛勒的证明在方法上强词夺理，并指出，仔细阅读这些描述会发现充足的试误学习的证据。一些重复这项研究的尝试得到了模棱两可的结果，并且显示出动物拥有类似的问题的先前经验越多，“迅速的”（即顿悟）解决办法就越有可能出现（Windholz & Lamal，1985）。另一方面，苛勒的研究将一种新的思维方式引入学习和问题解决的争论中，并扩展动物方法论使之超越迷箱和迷津。

惠特海默论创造性思维

苛勒并不是仅有的一位研究认知的格式塔心理学家。马克斯·惠特海默对思维和问题解决有着长期的兴趣，这在《创造性思维》（1945/1982）中达到了顶点，他在 1943 年去世前将这部著作寄给了出版者。其主题包括从儿童如何学会算术到爱因斯坦如何发展出他的相对论。他对格式塔原理的运用的一个最好的例子体现在他对如何教儿童几何的描述中。惠特海默探索了传统的数学教学方法，它严重依赖于要求学生去记忆规则和公式，而没有让他们真正理解符号背后的概念。

在此书的开始部分，惠特海默描述他到一个班级的参观，那位老师正在解释如何算出平行四边形的面积。老师运用图 9—8（a）中的例子解释了规则：

> “我从左上角画一条垂直线，再从右上角画一条垂直线。”
> “我向右边延伸底线。”
> “我将两个新的点标为 e 和 f。”（Wertheimer，1945/1982，p. 4）

因为学生已经记住了计算长方形面积的规则，他们现在可以用底（e-f）乘以它的高

(*d*-*e*) 来得出平行四边形的面积。然后，老师又给了学生几个问题，他们用同样的步骤解决了。老师还布置了一些问题作为课外作业。

第二天，惠特海默再次来到这个班级，经过老师的允许，他给了学生一个稍微不同的平行四边形——如图 9—8 (b) 所示。大多数学生都不能算出它的面积。有些学生立刻就
264 放弃了——"老师，我们还没学过这个"(Wertheimer，1945/1982，p. 15) ——而其他学生尝试运用他们学过的规则，作出如图 9—8 (c) 所示的绘图，但不能确定如何从那一点继续进行。一小部分学生将这个平行四边形旋转 45 度，然后成功地运用了他们的规则。老师并不奇怪，宣称惠特海默给了他的学生们"一个不同寻常的图形。他们无法处理是自然的"(p. 16)。

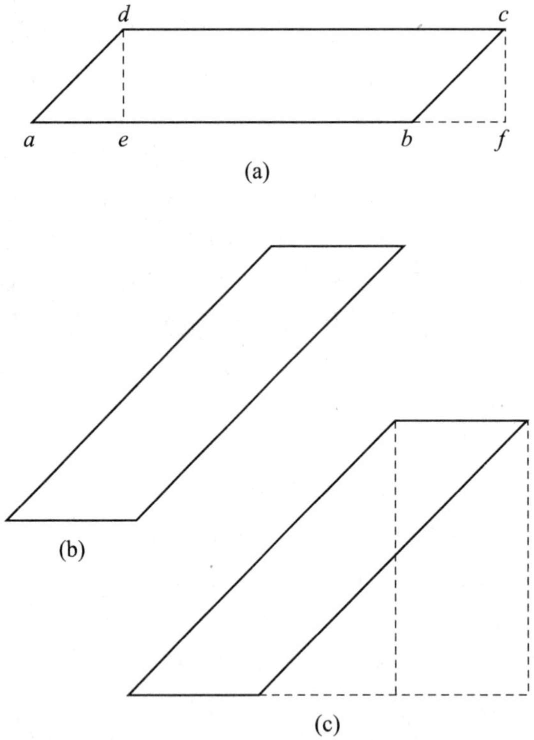

图 9—8　一个平行四边形的面积：(a) 公式教学使用的图；(b) 惠特海默给出的问题给用公式教学的学生们造成了困难；(c) 用公式教学的学生们尝试的一个解决办法，摘自 Wertheimer (1945/1982)。

惠特海默认为，如果儿童真正理解面积的概念，他们会成为更具创造性的思想者。他建议老师从简单而具体的例子开始，例如，学生能轻易地掌握的观念是两块相等的正方形

地会产出相同数量的谷物。下一步，长方形平面可以理解为正方形的组合。有了这些知识，可以教会学生任何平行四边形都可以通过切下一端并安到另一端转换成一个长方形。他证明，学生有了这些顿悟理解，就能毫无困难地解决像图 9—9 中他所说的“A 图”的面积问题，和立即认识到这种程序不能解决“B 图”中的问题。对于那些记住传统平行四边形的底乘以高的规则的学生来说，图 9—9 中似乎没有一个问题是可解答的。

因此，对于惠特海默来说，教学中的创造性思维远胜于记住“正确”解决办法的一系列规则和公式。真正的理解包括对问题的彻底重构以便获得对其解决办法的顿悟。通过将平行四边形的一部分从一端移到另一端，儿童完成了这种“重构”并因此而创立一个“好的格式塔”，一个他们对正方形和长方形的理解可以用来计算面积的更简单的图形（长方形）。

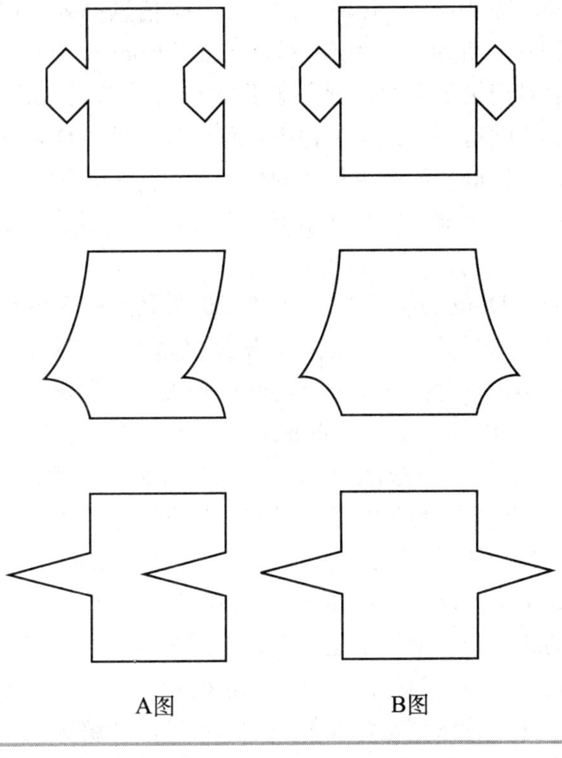

图 9—9　惠特海默用来证实创造性思维的草图。掌握关于面积的创造性知识的学生解决 A 图并意识到 B 图的问题。对于用死板程序习得面积的学生来说，两类图都无法解决，摘自惠特海默（1945/1982）。

格式塔关于认知的其他研究

正如前面所提到的，20 世纪 20 年代在柏林时，格式塔心理学家吸引了一批天才学生。他们中有路德维希·冯·雷斯托夫和乔治·卡托纳，他们对记忆研究做出了重大贡献，另外还有卡尔·邓克尔，他对问题解决和顿悟的研究在今天的普通心理学教科书中经常见到。三人都与纳粹政权纠缠不清，冯·雷斯托夫在被柏林大学解雇后，仍留在德国并死于第二次世界大战结束前（Henle，1980），卡托纳和邓克尔加入了迁往美国的学者移民中。

路德维希·冯·雷斯托夫（Hedwig Von Restorff，1901—未知）发现，如果人习得在一连串无意义音节中嵌入一个三位数数字的序列，对数字的回忆几乎总是比音节好。根据好的格式塔方式，他将这一结果解释为图形—背景关系的例证——数字相对于无意义音
265 节的背景提供了一个明显的图形（Baddeley，1990）。今天，他的研究结果被称为冯·雷斯托夫效应（Von Restorff effect）。任何时候，在一个信息排列中以某种方式突出的刺激将比其他信息更容易回忆。乔治·卡托纳（George Katona，1901—1981）有着一段漫长而杰出的职业生涯。他对记忆研究的贡献是他于 1940 年出版的《组织和记忆》这部著作，他在书中将格式塔组织原则运用到记忆过程中。和惠特海默一样，他认为机械的学习是没用的。相反，他主张，如果信息能以有意义的模式组织起来，记忆会被强化。组织在记忆中的重要性在 20 世纪 60 年代被认知心理学家再次发现，大多数人都没有意识到卡托纳的开拓性努力。

卡尔·邓克尔（Karl Duncker，1903—1940）是苛勒的一个学生，在纳粹年代，他跟随其导师来到了斯瓦斯摩尔学院。尽管他英年早逝（自杀），但他出版了一部关于思维的重要著作，将其导师的顿悟观念扩展至人类的问题解决行为领域。他的创新性著作《创造性思维心理学》于 1935 年以德文出版，并被译为英文，10 年后以《心理学专著》为书名再版（Dunker，1935/1945）。它被希尔加德（1987）称为“出版过的对顿悟的最细致分析的解释”（p. 223）。邓克尔要求大学生在他们尝试解决问题时大声说出想法，从而研究他们的认知过程。然后，他分析他们记录的写字本，寻找思维的模式和典型的问题解决策略。例如，他发现，如果学生能想象物体不同于典型用处的用途，他们经常能创造性地解决问题。邓克尔著名的蜡烛问题例证了这一点。被试必须将一支蜡烛垂直固定在墙上使它不烧焦墙。给了他们几个物体，包括一盒钉子。正确的解决办法包括不把盒子看做发挥其正常功能的一个容器，而是看做固定蜡烛的一个平台。没能解决这一问题的被试被邓克尔说成是表现出功能固着（functional fixedness），即无法超越一个物体的典型功能去思维。类似地，在他的“肿瘤”问题中，他要求被试想出如何用放射线消除一个不能动手术的胃肿瘤。困难是强度足以消除肿瘤的放射线也会损坏周围的组织。解决办法是将肿瘤暴露在来自不同方向的射线下，这些射线都聚焦在肿瘤上。每条单独的射线将会相对较弱，不会损坏健康的组织，但当射线结合在肿瘤上时，便足以杀死它。邓克尔分析，当他将图 9—

10 中的示意图展示给学生时，只有 9%的学生解决了问题。另一方面，当示意图没有展示出来时，37%的学生得出了答案（Mayer，1992）。邓克尔总结到，图示通过使被试思考使用放射线的单个方向而导致功能固着。

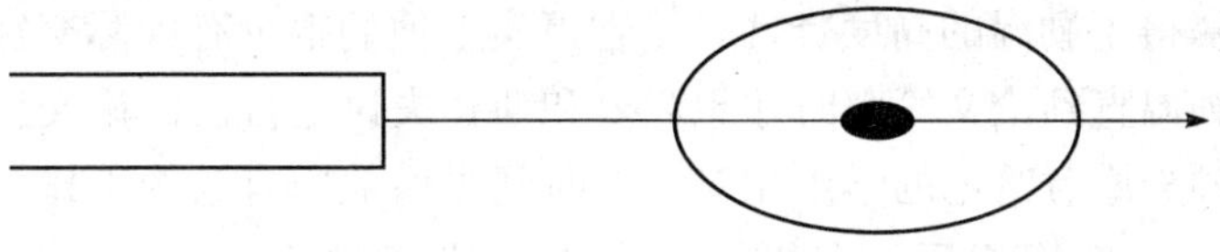

图 9—10　邓克尔在肿瘤问题中用来诱使功能固着的图，摘自 Duncker（1945）。

库尔特·勒温（Kurt Lewin，1890—1947）：拓展格式塔的观点

库尔特·勒温[1]是一个与格式塔心理学“三巨头”惠特海默、考夫卡和苛勒同时代的人，尽管他认为自己实质上不是一位格式塔心理学家，但他承认他受到了“这些杰出人物的影响……格式塔理论的基本观念是我们在意志、情感和人格领域的所有研究的基础”（摘自 Marrow，1969，p. 76）。与格式塔心理学家一样，勒温在从场理论中获得的概念上 266
建立其理论，他大胆地借鉴格式塔的知觉和认知观念。格式塔心理学家倾向于关注知觉、学习、认知和它们的神经关联，然而，勒温对动机、情绪、人格及其发展以及社会力量对人的行动的影响等更感兴趣。今天，研究这些主题的研究者，特别是发展心理学家和社会心理学家都宣称勒温是他们领域的先驱。

早期生活和职业

勒温于 1890 年 9 月 9 日出生在一个名叫莫吉尔诺（Mogilno）的普鲁士小村庄，现在是波兰的一部分。他是一位商人的儿子，在一种结合了中层阶级的相对舒适与弥漫的、政府许可的反犹太主义的环境中成长。在即将被公认的歧视结束时，勒温产生了一股强烈的社会正义感，这成为他的职业生涯的特点。勒温一家于 1905 年搬到柏林，在那里库尔特的智力潜能爆发了。作为一个大学生，勒温分别在弗莱堡大学和慕尼黑大学度过一个学

---

① Lewin 的正确德语发音是“La-Veen”，但来到美国后，他开始将之读成“Loo-in”。显然，他的孩子的伙伴和同学使用后一种美国化的发音，而勒温决意让他的孩子避免对不断地“向他的朋友们解释为何他的姓被拼作‘Lewin’却读成‘Laveen’”感到恼火（Marrow，1969，p. 177）。

期，学习医学和生物学，但没有确定职业。他决定赶超其教授并让自己成为一名教授，他回到柏林完成博士学位，这与本章最受认可的导师——卡尔·斯顿夫相关联。勒温对其导师的高度评价从他后来写的一篇讣告中可见一斑，他在文中将斯顿夫和G. E. 缪勒（第4章）……置于德国“参加研究的心理学家金字塔中的……最高层” （Lewin，1937，p. 189）。斯顿夫赢得了勒温的高度赞赏，尽管事实上他们很少有人际交往。例如，在他做博士研究期间，勒温直到论文答辩时才想起要和斯顿夫讨论自己的论文！勒温大度地认为这种疏远表明斯顿夫愿意给他的学生相对多的时间去做他们自己的工作。勒温非常钦佩斯顿夫，但他在这方面恰恰相反，在指导其学生的研究时总是起到一种非常积极的作用（Marrow，1969）。

勒温在第一次世界大战爆发的重大时刻完成了他的论文。作为一名忠诚的公民，他于1914年应征入伍，在接下来的几年里，他从毁灭一代年轻欧洲男人的残忍的战壕战争中幸存。他入伍时是一名下士，离开时是一名军官，曾经受过伤，并且获得了德国铁十字勋章。1917年，在他疗伤的休假期间，他反思自己的经验，并写作了《战争背景》，一篇包括许多他后来的概念的雏形的文章。类似于后来苛勒作出的地理环境和行为环境间的区分，勒温指出，环境中的相同物体可以因为它们是战争背景还是和平背景的一部分这一功能而在现象上不同。例如，森林中的一条狭窄小路在和平环境下可能产生愉悦和放松，在战争背景下则成为潜在的死亡，因为它能为敌人提供掩护，即相同的物理环境能够用两种完全不同的方式来知觉。

勒温在战争结束时（1918）回到了柏林的心理学研究所，1921年成为讲师，待在那里直至1933年。在这期间，他发展了自己的观念和自己的研究项目，吸引了许多有才华的大学毕业生，并开始获得国际声誉。他在此期间还与他的柏林同事惠特海默和苛勒交往甚欢，并结识了考夫卡。正如他的传记作者所写，尽管“他从来都不是一个完全正统的格式塔学家，但他在这个新的运动里的确成了一股重要的力量并用他自己独特的见解为此做出贡献”（Marrow，1969，p. 13）。

勒温待在柏林直至1933年，即当他的战争英雄的地位不足以应对他的犹太血统[①]的种
267 种不利时。被邀请在耶鲁1929年国际会议上作一次激动人心的致辞并作为访问教授在斯坦福大学推孟的公寓里度过6周的假期后，他在美国已经是众所周知。康奈尔大学的罗伯特·奥格登是一个早期转向格式塔理论的人，和很多人一样，他负责把格式塔心理学家带到美国（Freeman，1977），他安排勒温在伊萨卡度过两个学年。1935年，他和他的家人从纽约搬到了艾奥瓦，在那里，勒温加入了儿童福利研究站，这是一个与艾奥瓦大学相关联的研究机构，但独立于心理学系。这个机构创立于1917年，用于研究正常儿童的发展

---

① 随着纳粹威胁变得更加明显，当时在美国，勒温急切地尝试安排其母亲的移民事宜，计划首先到美国，然后到古巴，但没有成功。1943年，勒温的母亲死于一所纳粹死亡集中营（Marrow，1969）。

和培训儿童发展研究者（Ash，1992）。勒温在那里待了 9 年，然后在成功地为创立一个设立在麻省理工学院的团体动力学研究中心游说基金后，于 1944 年搬回东部回到波士顿。他刚开始在那里工作就于 1947 年 2 月因心脏病突发而去世。

场论

勒温做的实证研究比三位格式塔创立者加起来都要多，但和他们一样，他是第一个也是最重要的一个理论建构者——针对理论有时远离实际的应用这一批判的回应，他曾说过“没有任何东西比一个好的理论更实用”（摘自 Marrow，1969，p. 128）。勒温称他的理论为场论（field theory），因为他认为，理解一个人的行为需要知道在既定时刻在一个人身上起作用的所有力量。勒温将人在其中操作的特殊场命名为生活空间（life space）。这是他的理论的关键概念，他将之界定为心理场，它包括“在某一时刻决定个体的行为（B）的全部事实……（它）包括人（P）和环境（E）”（Lewin，1936，p. 216）。人的因素包括人格变量、需要、目标和信仰，而环境因素包括直接影响人的外部事物。此外，不仅仅是物理环境，还有个体所知觉到影响行为的环境。因此，所有行为都是个人表现的特征和个人在其中表现的心理环境的特点之间的一个共同函数。或者如勒温用一个现代著名的公式概括：

$$B=f（P，E）$$

勒温从拓扑学（topology）这种不可测量的立体几何学中借鉴，将生活空间概念符号化。他用不同椭圆代表生活空间，包括影响个体特征的符号。他的学生称之为“勒温的鸡蛋”的这些例子中的两个就画在图 9—11 中。9—11（a）是基本公式的一个简单代表。生活空间包括椭圆内的一切事物，即人（P）和环境（E）。在圆的外部，勒温称之为异质外壳（foreign hull），可以发现在特定时刻对人没有影响的所有事件、环境和刺激。

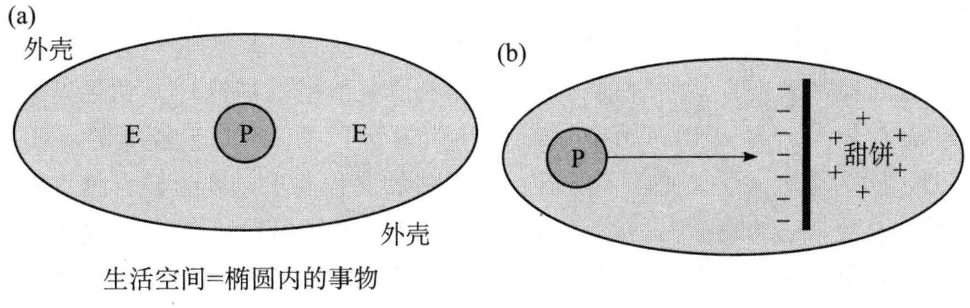

图 9—11　勒温的“鸡蛋”的两个例子：(a) 基本生活空间；(b) 一个想得到一块够不着的甜饼的儿童。

作为创始人的格式塔心理学家和勒温的主要区别是后者强调动机建构和目标导向行为。他认为，人是一个复杂的能量系统，参考系统中紧张的数量就能预测个体的行动。反

268 之，这个系统是被感受到的主导需要、这些需要的强度和生活空间里的各种阻碍的结果。当所有的需要都得到满足，个体被认为处于一种平衡（equilibrium）状态。一种需要的产生导致不平衡，因此，一个人被激发去满足这个需要以回到稳定状态。图9—11（b）就可以作为一个演示证明。它代表这样一个情境，一个饥饿的儿童渴望一块甜饼，而甜饼在一个够不着的罐子里。这种渴望在生活空间里产生一种紧张。甜饼是渴望的对象，或用勒温的术语讲，它具有一种正效价（valence）（用＋号表示）。从儿童（P）指出的箭头是一个向量（vector）——这些箭头表示一种指向一个特定的渴望目标的推动力，即一种趋近倾向，或远离一个要回避的目标，即一种回避倾向。箭头的长度对应于需要的强度。竖条是一种阻碍（甜饼罐子），它具有一种负效价。

勒温用他的拓扑系统来解释冲突，这是他最著名的贡献之一。他描述了需要之间发生冲突的三种常见情境。在勒温的体系中，每当至少有两个在不同方向施加压力的向量时，就会产生一个冲突。在双趋冲突（approach-approach conflict）中，有两个可以选择的具有同等强度的渴望目标。例如，一顿晚餐可能必须在牛排和龙虾间抉择。两个同等不渴望的目标标志着双避冲突（avoidance-avoidance conflict），如一个学生可能要面对两个不喜欢的主题中的一个来研究。在趋避冲突（approach-avoidance conflict）中，人针对一个目标同时经验趋近和回避倾向。因此，我们决定是否点圣代冰淇淋将受到趋近（它好吃）和回避（它增肥）倾向的影响。

蔡加尼克效应

勒温的系统高度理论化，因为它仅仅是纯粹描述性的而备受批判。就是说，他的图解实际上能够描述任何事件，但它们对于预测行为来说毫无用处（Frank，1978）。然而，勒温及其学生的确进行了相当多的研究，而且他们的研究所产生的结果与理论（当然，许多结果可能有不同的、非勒温的解释）一致。勒温的第一批学生之一苏联心理学家布鲁玛·蔡加尼克（Bluma Zeigarnik）（1927/1967）完成的一系列研究就是一个例子。

研究的观念经常来自日常的观察，蔡加尼克的研究似乎就是这样。勒温集结了一组活跃的研究生在他周围。约从1924年起，他的小组通常包括12～15名博士候选人（Marrow，1969）。因为德国大学体系没有规定一套严格的课程要求，博士教育的主要方式是经常组织小组讨论会，它的特征是讨论工作的进展、下一步研究什么等。勒温的小组经常在研究所对面的一家小咖啡馆里非正式地会见，一次会面长达数小时，通过偶然要求续咖啡和蛋糕来保留他们的小桌子。在那种场景下，勒温对一位不用记下订单似乎能记清楚每位同学所点东西的服务员印象颇深。然而，账单结算后不久，服务员便对此毫无记忆。对勒温来说，解释是简单的。只要账单没有结算，学生还在咖啡馆里，服务员的生活空间就有一种紧张。一旦账单结算了，紧张就消除了，就达到了闭合。

蔡加尼克的研究直接检验了勒温的解释。在她的主要实验中，她逐个检验了164位老师、学生和儿童，给他们布置 18～22 个简单任务，每一个都需要几分钟来完成。它们包括诸如制作一个卡片盒子、捏一个泥人像、猜谜和算算术及其他心理任务。允许每个被试完成任务的一半，但被打断后不允许完成另一半。为了确保打断被清晰地感受为一种打扰，蔡加尼克"总是选择在被试全神贯注于他的工作时打断他"（1927/1967，p. 303）。她发现对被打断任务的回忆是未被打断的 1.9 倍。用勒温的术语讲，记忆的加强是未完成的任务未释放紧张的结果。对未完成的任务的记忆好于完成的任务，这一现象现在被称为蔡加尼克效应（Zeigarnik effect）。 269

重要年份 1929

这一年以耶鲁第九届国际心理学会议的召开为标志，它包括苛勒和勒温做的有助于格式塔事业进展的重要讲话。

还发生了下列事件：

- "种族隔离"术语首次被使用
- 德国的格拉夫·泽佩林（Graf Zeppelin）乘飞机环绕地球飞行 20 天
- 美国股票市场于 10 月 28 日崩溃（"黑色星期五"），标志着大萧条的开始
- 柯达（Kodak）引进 16 毫米彩色电影胶卷
- 赫伯特·胡佛（Herbert Hoover）就任美国第 31 届总统
- 6 位臭名昭著的芝加哥匪徒被一伙竞争对手在"情人节屠杀"中用机关枪射杀
- 下列人物出生：

小马丁·路德·金（Martin Luther King，Jr.），美国民权领袖
阿诺德·帕尔默（Arnold Palmer），美国高尔夫球选手
杰奎琳·布维尔·肯尼迪·奥纳西斯（Jacqueline Bouvier Kennedy Onassis）

- 下列人物逝世：

索尔斯坦·维尔布雷恩（Thorstein Verblen），美国社会科学家
凯瑟琳·李·贝茨（Katherine Lee Bates），美国作家和作曲家（著有《美丽的美洲》）
怀特·厄普（Wyatt Earp），美国西部的传奇人物

作为发展心理学家的勒温

勒温于 1933 年秋来到纽约，那时，美国深陷于最严重的经济危机中，即经济大萧条。他在康奈尔大学的职位不在心理学系，而是在家政学院，而且这不是学院的任命，这使得他可以用从一个委员会得来的有限补助资金帮助逃难的欧洲学者。鉴于勒温渐增的国际地位，这可能看起来并不令人佩服，但必须根据 20 世纪 30 年代的学术工作市场来看此事。经济萧条的后果是很少有家庭能负担得起大学费用，而因入学率低，很少有学院能聘用新的教职员。因此，要找一份学术工作几乎不可能。问题的严重性在美国心理学会的一项调查中得以显现，1932 年，100 位新的心理学博士只有 32 个可用职位；1933 年的前景看起

来更糟——146 位新授予的博士竞争 46 个工作岗位（Napoli，1981)。在这种背景下，勒温的任命可能是他崇高地位的象征，而不是令人迷惑的地位的丧失。

勒温来到美国时，他被美国心理学家视为发展心理学家，他的取向与发展中的行为主义运动和研究儿童团体并和对他们的行为采取统计平均数逐渐增长的趋势形成鲜明对比（Ash，1992)。相反，勒温认为，行为主义者过度强调环境，而忽略了（对）人格因素。即与他平衡的 B=f（P，E）相反，行为主义者具有太多的 E 而没有足够的 P。勒温从方法上批评那种试图辨别出有些虚幻的普通儿童的策略，他宁愿对个别儿童进行非统计深度的个案研究。

将勒温定格为一名发展心理学家是基于他在 1929 年的耶鲁国际会议上所做的备受讨论的介绍和他为《儿童心理学手册》的第一版写了一章论发展心理学（Lewin，1931)。在后者中，他将他的 B=f（P，E）公式介绍给了美国读者。一部电影使他在耶鲁的致辞变得突出，他在影片中展示一个 18 个月大的女孩试图坐在一块石头上。她显然认为，如果她的眼睛离开那块石头，她就会错过目标，所以她绕石头转了几圈，试图想出如何准确地
270 坐上去而又不会使其眼睛从上面移开的办法。她最终想出了解决办法，将其头放在膝盖之间，然后在坐下之前缓缓地倒退向石头。用这种办法，她坐上石头之前能看到石头。在其讲话中，勒温用场力量、向量和效价描述了这个简单事件，并将它与其他运用迂回达到目标的研究联结起来。在苛勒看来，年长一点的儿童能解决迂回问题，是因为他们将问题视为一个整体并意识到第一步，即从目标处离开（即进行迂回）是解决办法的整个结构的一部分。因此，即使最初的向量离开了目标，仍能获得解决办法。一个年长一点的儿童会把坐石头问题视为一个迂回问题来解决，通过意识到将其眼睛从目标上移开，尽管是离开目标的一步，却被组织为解决办法的一部分。然而，那个 18 个月大的孩子不能做出迂回的一步，通过不让石头离开视线，从而被迫依赖于保持一种简单的目标导向向量。而在勒温看来，年幼和年长儿童的区别是年长儿童具有一种更高的分化（differentiation）水平。对这个年长儿童来说，这意味着生活空间随着时间推移变得更为复杂。因此，发展从低级向高级分化推进。

勒温在康奈尔的两年是忙碌的两年，除了让自己适应完全不同于柏林的环境，并改进他薄弱的英语技能之外，勒温还投入了一个研究项目，研究社会压力如何影响儿童的饮食习惯，并在翻译者的帮助下，出版了一本关于人格理论的论文集（Lewin，1935）和一部关于其拓扑理论的著作（Lewin，1936)。他还把由以前及现在的学生和同事构成的一个松散同盟组织成“拓扑团体”。它作为各种组织的联合于 1933 年首次召开会议，由史密斯学院的考夫卡主持。由于此次会议的成功，拓扑团体此后多次召开会议，除了第二次世界大战期间的几年外，它每年都会召开会议直至 1965 年。这些会议以一种怀念铁钦纳的实验心理学家会议的方式进行，会议的特征是非正式、友谊和对进行中的工作的讨论。不过，与铁钦纳小组不同的是，这里也欢迎女性参加会议。

然而，直到他迁往艾奥瓦并在艾奥瓦儿童社会福利站成立了一个研究组，勒温才能重新创造出他记忆中的柏林的环境。像以前一样，他的研究组将讨论会与非正式会议结合起来。勒温甚至发现了一个可以替代柏林咖啡馆的地方，在柏林咖啡馆，勒温对服务员的记忆的观察激发了蔡加尼克的研究。在艾奥瓦市，勒温及其学生在圆窗餐馆集合，在那里，他们把他们的小组叫做“吹牛俱乐部”（Marrow，1969）。

勒温在艾奥瓦继续研究儿童并产生了一项著名的研究——《挫折和退行：一项年幼儿童实验》（Barker，Dembo & Lewin，1941）。罗杰·巴克尔（Roger Barker）从斯坦福大学来到艾奥瓦，在勒温作为斯坦福大学的访问教授的短暂期间，他是那里的学生。塔玛拉·登博（Tamara Dembo）是勒温最忠诚的学生之一，伴随他辗转于柏林、康奈尔和艾奥瓦。这项研究源自登博的早期研究，其中，处于迂回问题中的儿童有时会因为不能达到目标而受挫并且放弃尝试。巴克尔、登博和勒温决定更系统地研究这个问题，目的是确定挫折对快 4 岁的儿童的玩耍性质的影响。

研究中的 30 个儿童每个人首先都会经历一段在一间房间里“自由玩耍”的时间，他们在这里可以玩一些简单的玩耍材料，而实验者记录他们的行为。半小时后，隔板去除了，展现一个更加丰富的游戏环境，这个环境包括一间大玩具室以及具有真实的水和船的“玩具湖”。每个儿童在这个丰富的环境中玩足 15 分钟，然后被领回到先前的房间，降低铁丝隔离网并上锁。然后，儿童再玩原来自由玩耍期间的玩具达 30 分钟。然而，与第一次不同的是，他们现在能看见儿童正惦念的东西！用勒温的术语讲，在房间另一边的玩具比他们现在能得到的玩具具有更高的效价，障碍具有一个负效价并产生紧张。儿童的行为体现他们的挫折。他们花费一些时间试图克服障碍或索性走出房间。如果做不到那一点， 271
他们的玩耍和最初的自由玩耍情境相比显著恶化了。他们在玩耍中变得更具破坏性，他们穿过房间时所见到的东西容易引起分心，而且情绪更加不稳定。而在高度挫折下，他们的行为退行到比早先几分钟表现出的具有更少建设性的模式。[1] 尽管年龄增长导致分化，但勒温指出，在压力下，会向相反方向暂时转变，他称之为去分化（dedifferentiation）。巴克尔、登博和勒温的研究已经成为发展心理学文献中的一个经典，并仍能在大多数现代发展心理学教科书中发现。

作为社会心理学家的勒温

勒温的美国同事可能将他定格为一位发展心理学家，但他的自我鉴定更为宽泛，这体现在他对偏见、团体影响以及领导这些主题的一般理论和研究中。这些后期研究是他被视为现代社会心理学的先驱之一的理由。领导研究仍被经常引用，它源自他对 20 世纪 30 年

---

① 尽管实验在美国心理学会采纳一种道德原则以前很久就出现，但勒温对其年轻被试的情绪状态很敏感。在他们完成最后 30 分钟的观察后，障碍再次解除，允许儿童与具有高效价的玩具想玩多久就玩多久。

代中期关于世界态势的思考。勒温注意到他的新家乡的民主与他的旧家乡逐渐独裁的环境间的鲜明对比，他开始对不同领导风格的后果感兴趣。他与罗纳德·利皮特（Ronald Lippitt）和拉尔夫·怀特（Ralph White）一起完成了关于这个问题的几个实验（Lewin，Lippitt & White，1939；Lippitt & White，1943）。

领导研究的基本程序是为5人一组的10岁男孩创造不同的环境，让他们完成各种手工制作任务（如制作面具）。主要实验对比了三种不同的领导风格——权威型、民主型和自由放任型。表9—1摘自利皮特和怀特（1943）描述的三种取向。每组男孩都经历所有三种风格，他们的行为受到指导风格的显著影响。当受权威型领导者领导时，男孩子们立刻变得顺从，没有任何积极性，不能制作出高质量的产品，并对任务表现不出真正的兴趣。当领导者离开房间，他们还有攻击的倾向，经常取笑不喜欢的小组成员，即一种寻找替罪羊的形式。自由放任组成员的结果并不更好。因为他们处于一种“无结构的场”中，他们花费了大量时间却不能成功地尝试决定做什么。缺乏成人的引导经常导致混乱、挫折和敌意。在这种领导形式下，一事无成。另一方面，置于一个更为民主的领导者之下的小组变得合作、任务明确和有动机，他们制作出质量更高的产品。一个令人困惑的发现是，当男孩们从民主型转换到权威型环境时，他们立即并不带任何反抗地屈从于专制统治。正如勒温后来描述的，“对我来说，没有任何经验像第一天在权威领导者之下的儿童的脸上的表情一样令人印象深刻。原来友好、开放、合作和生机勃勃的小组在短短半个小时内变成一个表情冷漠而没有积极性的集体”（摘自Marrow，1969，p. 127）。另一方面，同样令人苦恼的是，从权威型转向民主型情境的小组成员有一段时间难以克服被告知做什么的影响。

领导研究对勒温显然具有更广泛的意义。第一，尽管他意识到实验情境之外的普遍化问题，但他将这些结果看做对政府的民主形式的强烈赞成和对它的缺乏的控告。第二，领导研究还强化了他的信念，即科学家需要处于“这个舞台之中”，而不是局限于他们实验室那样少数人的小圈子中。最终，他成为行动派科学家的典型，成为坚定的犹太复国主义者，大力倡导在巴勒斯坦建立一个独立的犹太政府，作为犹太人建立他们自己的民主体系的地方。[①] 他还为在耶路撒冷的希伯来大学建立一个心理学研究所游说（没有成功）。第三，勒温成了隶属美国心理学会的社会问题心理学研究协会（SPSSI）的早期领导者，该协会创立于1936年，主要关注将心理学知识运用到社会问题的解决方法中，他的研究具有能动性，且他的很多研究都是特意为解决一些现实世界问题而设计的（Heims，1978）。他将这一工作称为“行动研究”。

① 以色列政府于1948年成立，即勒温去世一年后。

表 9—1　勒温的研究小组对比的领导风格 272

权威型	民主型	自由放任型
1. 所有政策由领导决定。	1. 领导鼓励并帮助小组讨论和决定所有政策问题。	1. 小组或个人决定完全自由，很少有领导的参与。
2. 技巧和活动步骤由权威规定，一次一步，以至于未来要做的在很大程度上总是未知的。	2. 活动观点在讨论期间获得。草拟小组目标的总体步骤，及何地……意见是必要的，领导提出……可以从中选择不同的程序。	2. 领导提供各种材料，领导明言有求必应。他不参与工作讨论。
3. 领导……规定每个成员的具体工作任务和工作同事。	3. 成员与他们选择的任何人一起工作，任务的分配由小组决定。	3. 领导完全不参与。
4. 统治者在其对每个成员的赞扬和批评时过于“个人化”；除了演示时从不积极参与小组。	4. 领导在其赞扬和批评中是“客观的”或“注重事实的”，在不做太多工作的情况下尝试成为一个精神上的正式小组成员。	4. 很少自发地评价成员活动，除非被问及，且不愿评价或规定事件的过程。

资料来源：利皮特和怀特（1943，p. 487）。

行动研究

领导研究只是勒温工作中持久主题的一个例子——把科学作为带来创造性社会变化的工具。心理学必然比仅仅解释行为发挥更多的作用，勒温主张，它必须“同样关注发现人们如何能改变他们的方式以至于他们学会表现得更好”（摘自 Marrow，1969，p. 158）。在艾奥瓦的几年，延续至第二次世界大战时期，他进行了几项用于直接解决现实问题的研究，这几项研究包括团体过程。例如，第二次世界大战期间，在与人类学家玛格丽特·米德（Margaret Mead）合作的一个项目中，勒温观察团体过程对于说服人们在他们的食物中包括更多的内脏（如肝、肾）的影响。这一变化将有助于战争耗资，扩大食用食物的范围就能克服更偏爱的食物的短缺。勒温和米德发现，人们更可能在小组讨论后改变而不是在听完营养讲座之后。

勒温的很多团体研究都发生在工作情境中，由于这个原因，他是工业心理学家的一位重要历史人物。例如，在一系列用于提高工业环境下工人生产率的研究中，勒温指出，让工人们在小组会议后制定生产目标会对改善士气和提高工人生产率具有双倍影响。团体过 273
程也能有效地用于培训管理者并克服男性对女工人的偏见。

为了增进他利用科学来促进社会变化的使命，勒温于 20 世纪 30 年代后期开始计划创立一个致力于行动研究的研究所，该研究所将隶属于一所大学，但具有自主性。他开始寻求资金，并意识到其中的危险——赞助者可能期望，在科学通常能提供给他们之前就看到有形的结果。不过，勒温是坚定的，他写道他“准备不惜一切代价找到一个创造性的解决方法。社会行动是改变社会世界的一部分。我知道，安全将是每天都必须再一次建立的。但我准备好去冒这个险了”（摘自 Marrow，1969，pp. 163－164）。

勒温对私人基金的不懈追求得到了回报，1944 年年末，他创立了团体动力学研究中心（Recearch Center for Group Dynamics），隶属于剑桥的麻省理工学院。他在那里迅速聚集了一支狂热的研究队伍，大多数人都来自艾奥瓦的“吹牛俱乐部”，并开始研究团体过程和社会行动。同时，他接受了美国犹太协会的邀请去组织第二个行动研究计划，即社区相互关系委员会（CCI），它将位于纽约市中心。在勒温的领导下，社区相互关系委员会开展了歧视和偏见研究，试图回答下列问题（摘自 Marrow，1969，pp. 175－176）：

在给予少数民族成员以工作时，哪些程序有助于增加、哪些程序有助于减少团体紧张？

少数民族成员的自尊的建立在什么情境下和什么程度上是改善的前提？

在少数民族成员到来时，社团会出现什么问题？

处理这些问题的哪些方法能最轻易地解决它们？

在其生命的最后两年里，勒温沉浸于其两项平行项目的研究中，麻省理工学院团体动力学研究中心和社区相互关系委员会。因此，调查诸如不同种族间的住房和组内忠诚这些主题的研究与他关于领导和团体动力的研究相结合，为现代实验社会心理学奠定了基础。进行这些研究的研究生和同事，诸如利昂·费斯廷格（Leon Festinger）、哈罗德·凯利（Harold Kelley）、墨顿·多伊奇（Morton Deutsch）和弗里茨·海德（Fritz Heider），都包括在该领域被认可的领导者之中。甚至是在今天，他们的名字在社会心理学教科书的作者索引中都显著突出。

对勒温的评价

当要求描述勒温对学生的感染力时，跟随勒温在柏林学习的杰尔姆·弗兰克（Jerome Frank）用一个词——“热忱”概括了其导师的全部人格。他继而将勒温描述为“一个身材矮小的男人，显然有着无尽的能量供给，红润的脸色暗示蓬勃的健康。尽管在我到来时他必须坐着，但在我的记忆里，他几乎总在运动”（Frank，1978，p. 223）。其他学生对勒温的工作激情有着类似的回忆，他们的记忆经常包括将黑板画满其生活空间的图形表征的勒温的身影，“空气中……充满着粉笔灰尘”（Marrow，1969，p. 137）。

勒温的拓扑理论与他的鸡蛋形理论演示从现代心理学中消失了，但对这个理论进行的研究使他成为 20 世纪最重要的心理学家之一。在美国期间，勒温从未在一所主要大学的心理学系获得一个专职的学术职位，但狂热的学生们围绕着他，他们把他的观念转化为实验现实，将其基本的和应用的研究独特地结合起来，在他于 1947 年过早地去世后很久仍保持不朽。拉尔夫·怀特是勒温的一个学生和著名的领导风格研究的作者之一，他在1976年的一次专题讨论会上承认场理论从其最严格的意义上来说是一种过去的事物——很少有心理学家再提及“效价”和“向量”，“人们不会经常看到包括所有位于椭圆轮廓中的目标、途径、障碍和小箭头的图示”（White，1978，p. 245）。另一方面，怀特主张，勒温的影响至今仍清晰可见： 274

> ……它以继续关注直接决定行为的动机和认知模式这种形式而鲜活存在。……它以这种形式而鲜活地存在，即有选择性地但又非常宽泛地使用勒温更为具体的理论和概念，如趋近—回避冲突和认知领域的分化。它在对勒温的著名公式：B＝f（P，E）的非常频繁的引用中鲜活存在。换句话说，他的场论的许多内容尽管不经常用他的话表述，但仍非常鲜活。（pp. 245－246）

展望：格式塔心理学在美国

20世纪20年代期间，格式塔心理学在德国兴起，特别是在柏林，但从其领导者的传略中可见，在同样的年代里，它也首次进入了美国心理学。在德国，格式塔心理学家通过反对他们所认为的错误的人类经验研究方法来确立自己的理论。他们主张，试图将经验分析成元素单元是徒劳的，因为经验的整体具有对组成部分的描述中不明显的特性。当他们来到美国后，格式塔心理学家在行为主义中察觉到另一种相同的元素主义劲敌，他们的许多著作都旨在察觉似乎对将行为分析为S－R单元感兴趣的美国心理学的缺点。格式塔心理学没能在美国心理学中成为一股主要势力，但其影响是可以感受到的，现在在很多方面仍然可以感受到。例如，研究诸如记忆中信息的“组织”这些主题的现代认知心理学，很多都应该归功于格式塔思维。

格式塔心理学没能成为美国主流心理学，部分原因是其早期领导者的历史环境。它的三个创始人都在小的学院里立足，没有研究生培养项目以培养格式塔继承人，在本章着重介绍的四人中就有三个在早年或50多岁去世。然而，更根本的原因是，格式塔心理学家完全不能使大部分美国心理学家信仰他们的信条。而许多心理学家发现格式塔取向是心理学中竞争观点的混合的一个引人注目的补充，几乎没有人相信所有心理学能在格式塔大旗下组成一体，许多人卷入了行为主义的新浪潮中，即下两章的主题。并且，实用的美国心理学家更倾向于具体研究而非抽象研究，并将格式塔运动视为以理论和哲学见长而疏于数据和科学。此外，美国心理学家反感格式塔心理学家传教士般的激情。例如，苛勒回忆起他与卡尔·拉施里（第3章）的一次谈话，拉施里广泛地支持格式塔观点：“有一次，当我们谈到格式塔心理学的主要宗旨时，他突然微笑着说，‘了不起的工作——但你不是对宗教有着锦囊妙计吗?’”(Köhler, 1967/1969, p. 79)。

大多数美国心理学家体现了易于接受任何有助于解释人类动作的取向的机能主义态度，倾向于更为折中而不是接受格式塔心理学家(Ash, 1985)。因此，在首次于 1931 年出版的《现代心理学派别》中描述新的德国运动时，罗伯特·伍德沃斯(第 7 章)称赞他们的“巨大重要性”，同时，温和地谴责他们过度简化其反对者的观念。特别提到桑代克的试误学习及其效果律、巴甫洛夫的条件反射研究和苛勒的顿悟研究时，伍德沃斯主张，在所有这三者中都能发现一些真理，“每一种解释的支持者都用他们自己的方式为解释所有的事实找出似乎可信的例子”(Woodworth, 1931, p. 124)。他以将格式塔心理学称为“心理学各种门类的一个强有力而有价值的补充”结束了这一章(p. 125)，并通过称赞他们强调“被行为主义者忽视而被(构造主义者)处理得非常不足的通常被称为知觉主题的
275 重要性”而促使关于该运动主要关注知觉现象这一观点永存不朽(p. 125)。

在最后的分析中，惠特海默、考夫卡、苛勒和勒温将相当多的“顿悟”补充到我们的人类经验知识中，并为那些建立在联想主义原则基础之上的心理学理论提供了一个重要的告诫。然而，通过分析理解复杂性是一个势力强大的传统，正如将在下面两章看到的。

概要

格式塔心理学的起源和产生

● 格式塔运动根植于康德和胡塞尔的哲学传统以及 19 世纪物理学的发展，特别是场物理学的先驱马克斯·普朗克的研究。力场只能根据场中物体间的关系的整体模式来理解。

● 物理学家恩斯特·马赫主张，我们的一些感觉经验是形式(如正方形)，不能被进一步还原。类似地，克里斯蒂安·冯·厄棱费尔用旋律的例子，即音符的改变来例证形质概念。在一个新的音符上演奏的旋律保持其形质，即使所有个别元素都不同。杰出的哲学家/心理学家卡尔·斯顿夫指导了本章重点介绍的四位格式塔心理学家中的三位的学位论文，并短暂地教导过第四个人。

● 格式塔心理学创立于 1910—1912 年，即马克斯·惠特海默在库尔特·考夫卡和沃尔夫冈·苛勒的帮助下完成似动研究时，惠特海默称之为 phi 现象。在特定的时间间隔内分别闪动的光，观察者知觉为一束光在移动，整个经验不能分析为其组成成分。惠特海默总结到，整体不同于部分并决定部分的本质。

● 当纳粹政党于 20 世纪 30 年代早期掌权时，对犹太教授施加直接的威胁，惠特海默从德国移民到了美国并在纽约社会研究新学院度过其余生。

● 库尔特·考夫卡，即惠特海默似动研究中的一个观察者，在斯顿夫的指导下获得了

博士学位。他以通过其著作的出版和访问将格式塔运动引进美国而著称。他是第一个永久性移民到美国的格式塔心理学家，1927 年在史密斯学院接受了一个职位。他是格式塔的主要理论家，他将格式塔心理学观念扩展到发展心理学领域。

● 沃尔夫冈·苛勒在斯顿夫的指导下获得博士学位，他也在似动实验中帮助过惠特海默。1913—1920 年，他在加纳利群岛的一个德国研究站研究灵长目动物的行为，在那里，他完成了顿悟问题解决的研究。他于 1935 年永久地移民到了美国，在那里，他成了格式塔最有影响力的代言人。

格式塔心理学和知觉

● 惠特海默描述了许多决定我们的知觉是如何组织的基本原则。这些格式塔组织原则包括图形—背景、接近性和相似性组合（grouping）以及好的连续。我们的知觉受图形优化趋势支配，即倾向于将知觉组织成最简单的有意义的整体。我们经常通过填充空隙来建构这种好的图形，这种现象叫做闭合。

● 考夫卡在存在于现实中的世界即地理环境和个体知觉的世界即行为环境间之间作出重要区分。我们的行为极为明显地受到后者的影响。

● 苛勒的同型论原理声称，神经系统的现象现实和潜在的物理现实在功能上对等。

格式塔对认知和学习的研究

● 苛勒的《人猿的智慧》概括了他对动物做的问题解决研究。他批评桑代克对动物学习的机械的试误解释，相反，苛勒主张，动物如果能知觉到问题情境的所有元素，它们就能表现出顿悟并迅速解决问题。苛勒的猩猩能通过搭建箱子获得悬挂在天花板上的水果以 276
及通过制作粗糙的工具获得其他水果来解决问题。例如，苏丹将两根竹竿结合在一起够到了笼子外的水果。

● 惠特海默的《创造性思维》描述了思维如何为依赖于机械学习和规则记忆的教育体系所抑制。不同的是，创造性思维者对关系有着真正的理解并能够解决新问题。他以算出平行四边形的面积为例证明了规则记忆的缺陷和他更为顿悟的创造性思维方法的长处。

● 其他研究认知的格式塔心理学家包括路德维希·冯·雷斯托夫，他指明，如果信息从背景中突出，将提高记忆（冯·雷斯托夫效应），乔治·卡托纳研究了组织对记忆的影响，卡尔·邓克尔研究了抑制顿悟的问题解决的因素，如功能固着，即只思考物体的常规用处的倾向。

库尔特·勒温（1890—1947）：拓展格式塔的观点

● 和考夫卡、苛勒一样，勒温在斯顿夫的实验室里获得了博士学位，然后于 20 世纪 20 年代期间在柏林加入了苛勒和惠特海默的研究。他于 1933 年从纳粹德国永久移居美国，然后在康奈尔度完余生，他在去世前不久创立艾奥瓦的儿童社会福利研究站和麻省理工学院的团体动力学研究中心。

● 勒温的场理论以生活空间概念为核心，它包括在既定时间影响一个人的行为的所有因素。这些因素包括人（P）的内部因素和环境（E）中的因素。因此，$B=f(P, E)$。勒温借鉴拓扑学来象征性地表征各种生活空间。他强调动机的重要性和行为的目标导向。

● 勒温用其体系描述各种冲突系统（如趋近—回避）。他的一个学生布鲁玛·蔡加尼克指出，系统中未解决的紧张具有行为后果。蔡加尼克效应说明对未完成的任务的记忆比完成的要多。

● 作为一位发展心理学家，勒温赞成个案研究而不是“普通儿童”，他将发展视为一种逐渐分化的过程。他通过给予儿童机会玩有吸引力的玩具，然后拿开玩具来研究挫折的影响。挫折导致他们行为的恶化（退行）。

● 勒温通常被视为现代社会心理学的创立者。他在这一领域最著名的研究包括研究不同类型的领导风格的后果。青少年男孩在一个民主的领导者领导之下比在权威或自由放任的领导者领导之下效率更高。

● 由于其社会实用性，勒温的许多研究都被称为“行动研究”。作为坚定的行动主义者，勒温总是认为，他的研究应该有助于社会的改进。他的行动研究的例子包括偏见及其减少、团体忠诚和团体过程的有效性研究。对团体行动的动力学的兴趣导致团体培训(T-Groups)的发展，团体培训用于改善团体内的交流和领导技能。

展望：格式塔心理学在美国

● 格式塔心理学是一场蓬勃的运动，不断批判建立在通过分析组成成分来理解行为和心理过程这种观念基础上的心理学。在美国，他们是行为主义经常的批判者。

● 美国心理学家要比格式塔心理学家更倾向于折中，他们愿意从格式塔原则中学习，但自己不愿意完全致力于格式塔心理学。美国人也批判格式塔心理学家倾向于更依赖于理论而不是研究和应用。

思考题

1. 冯·厄棱费尔所指的形—质是何意思？请举例。

2. 描述惠特海默的似动研究并指出该现象如何证明格式塔心理学的本质。解释惠特海默反对眼动解释和赫尔姆霍茨潜意识推论解释的论据。

277 3. 对于美国心理学家来说，格式塔心理学有时被认为只涉及知觉，这些误解的根源是什么？格式塔心理学家还在其他什么领域做出了贡献？

4. 赞成和反对苛勒是第一次世界大战德国间谍的论据是什么？

5. 什么是图形—背景知觉？图形和背景的特征是什么？

6. 描述任意三种格式塔组织原则并指出它们如何都能被看做图形优化趋势的变体。

7. 用康斯坦湖故事或勒温的"战争背景"故事证明地理环境和行为环境间的区别。

8. 用地图概念证明格式塔心理学家如何使用同型论原理。

9. 用平行四边形面积的例子证明惠特海默的思维和问题解决观念。

10. 什么是冯·雷斯托夫效应？它与图形—背景如何相关？

11. 什么是功能固着？它与顿悟如何相关？

12. 在勒温的场理论中，以儿童想要一块够不着的甜饼为例说明他的生活空间概念、异质外壳、效价、向量和平衡。

13. 描述勒温考察的三种冲突类型。

14. 蔡加尼克如何研究以她命名的效应？这一现象与勒温的平衡概念如何相关？

15. 描述勒温著名的挫折和退行研究，他从中得出了什么结论？

16. 描述勒温著名的领导研究，他从中得出了什么结论？

17. 描述勒温的行动研究的任意三个例子。

18. 考察格式塔心理学对美国心理学的影响。为什么其影响没有像格式塔心理学家希望的那么大？

来自原始资料摘录的问题

1. 解释苛勒对桑代克的迷箱研究的批判。
2. 描述苏丹成功解决问题之前所做的问题解决尝试。
3. 用格式塔术语来说，苛勒对苏丹在双竹竿问题中成功的解释是什么？

进一步阅读

Henle, M. (1986). One man against the Nazis-Wolfgang Köhler. In M. Henle (Ed.), *1879 and all that: Essays in the theory and history of psychology* (pp. 225–237). New York: Columbia University Press.

关于纳粹政治对德国科学的影响的一个恰当的刻画，正如从令人鼓舞的苛勒身上看到的独特经验；包括从苛勒寄出的那封反抗信中的摘录，以及关于这个问题的其他通信。

Ley, R. (1990). *A whisper of espionage*. Garden Park, NY: Avery Publishing Group.

关于利搜寻苛勒在特纳里夫岛上时的所谓的间谍活动的信息的有趣而值得阅读的解释；利找到了一个无关紧要的案例，但没有找到有力的武器；包括对苛勒在特纳里夫岛上的生活的有趣描写。

Marrow, A. J. (1969). *The practical theorist: The life and work of Kurt Lewin*. New York: Basic books.

一篇奉承而不批判的勒温的传记；提供确凿的关于勒温的生活事件的信息，提供关于他的研究和理论的可靠描述；然而，（过于主观和个人人格至上）作为一个历史性的叙述是不充分的。

Sokal, M. M. (1984). The Gestalt psychologists in behaviorist America. *American Historical Review*, *89*, 1240 - 1263.

关于格式塔思想和格式塔心理学家于 20 世纪 20 年代和 20 世纪 30 年代来到美国的详细报道；是对当时的历时背景和美国心理学家对于格式塔运动性质的观点转变的极好论述。

第10章 行为主义的起源

在一个精心设计的心理学系统中，根据反应就能够预测刺激；根据刺激就能够预测反应。

——约翰·B·华生，1913

本章预览与目标

20世纪的最初20年，美国心理学家越来越沉迷于第8章所描述的几类应用中。此外，一种新的力量登上了舞台——行为主义。行为主义者致力于改变美国心理学的方向，并且他们在很大程度上取得了成功。行为主义作为美国心理学的一个思想流派，其创始人是约翰·布罗德斯·华生（John Broadus Watson，1878—1958）。像冯特一样，华生也被历史学家赋予了"创始人"的称号，这并非因为他是一位发明者，而是因为他是一位有自我意识的推动者。对于华生而言，要推动的事情是一项具有似乎不可能实现的目标的事业，这个目标就是本章开篇引言中所列出的，它引自华生1913的《行为主义者宣言》。你将在本章的原始资料摘录中读到这篇著名论文的更多内容。 278

本章将阐述导致行为主义最终为大多数美国心理学家所接受的不断增长的客观化趋势。然后记述著名的俄国生理学家伊凡·巴甫洛夫的生平和研究，他的条件作用研究提供了一种为一些美国行为主义者所采用的研究学习的方法。本章将详细考察华生的生平和研究。由于受到芝加哥机能主义者的训练，华生很快达到了其职业生涯的顶点，成为约翰·霍普金斯大学心理学系的主任，不过在其职业生涯的顶峰时期，华生被迫离开了学术界。本章将考察华生的《行为主义者宣言》以及对它的反应，他的学习思想及其研究，包括著名的小阿尔伯特（Little Albert）实验。华生的中年时光大部分都献给了广告界，在这一领域，他树立了一个应用心理学的生动实例。阅读完本章之后，你应该能够：

- 描述英国经验主义和20世纪的行为主义之间的相似性
- 描述行为主义运动之前不断增长的客观化趋势
- 描述使巴甫洛夫获得1904年诺贝尔生理学奖的研究
- 描述巴甫洛夫实验室中研究的组织和操作
- 描述巴甫洛夫研究的基本条件作用现象
- 解释巴甫洛夫如何引起他所说的实验性神经症

279
- 描述巴甫洛夫与苏联官方的关系以及苏联官方为什么重视他的研究
- 描述巴甫洛夫对美国心理学家的影响
- 描述华生从迷津到自然环境对动物行为的研究，并阐释研究的意义
- 阐释华生对当代构造心理学和机能心理学的分析以及他在其《行为主义者宣言》中所提出的另一种心理学
- 描述华生对基本情绪的研究
- 描述并批判地分析华生和雷纳对条件性恐惧的验证
- 阐明华生是如何将其行为主义思想和科学培训运用到广告界的
- 描述华生普及行为科学的尝试

行为主义的先驱

美国行为主义者通常将其起源追溯到约翰·B·华生，尤其是他所谓的《行为主义者宣言》(Behaviorist Manifesto)，这是他于1913年2月为哥伦比亚大学的一次讲演而写的一篇论文，之后不久便发表了（Watson，1913）。然而，历史很少会因这样一些事件而发生巨变——它们通常是一篇更复杂记叙文的各个章节。早在华生了解芝加哥大学心理学实验室的内部之前，各方力量就在为行为主义思想被美国心理学家认可为正统心理学而不懈努力。而且，心理学界并没有仅仅因为华生“革命性的”宣言而转向行为主义。确切地说，华生极力响应了对内省心理学的日益增多的不满。然而，很少有心理学家立即转向了华生的心理学（Samelson，1981）。事实上，正是在华生远离学术界之后，行为主义才成为美国实验心理学的核心力量。

行为主义与第2章、第3章所阐述的几种哲学运动有着明显的密切关系。例如，行为主义者相信环境在行为塑造中的重要性的观点与英国经验主义/联想主义的主张，即经验是人的思想和性格十分重要的决定因素相一致。行为主义者的刺激—反应的联结与联想概念也有相似之处。你在第3章了解了19世纪机械论和唯物论思想对生理学家的影响，这些哲学思想也与行为主义思想类似。实证主义（positivism）也在19世纪开始崭露头角，

它通常与法国哲学家奥古斯特·孔德（Auguste Comte，1798—1857）联系在一起，并最终成为行为主义者的一个信条。孔德认为，我们唯一能确定的知识来自明显可观察的事实。实证知识被认为是运用系统的科学方法客观观察的结果，是由毫无偏见的（如机器般的）观察者得出的。因此，真理就是观察者之间所达成的共识。根据实证主义者的观点，对宇宙中事实（包括行为事实）的基本本质进行的形而上学思辨是一种毫无价值的操练，因为这些思辨永远无法被客观地证实。实证主义者也重视“实用的”知识，认为理解本质和控制本质之间存在着密切关系。事实上，孔德认为，控制本质的能力表明该本质得到了理解，例如，创造一台有效的蒸汽机则证明理解了物理学的多条原理。孔德对科学的信仰甚至令他建议要对社会进行审慎的再设计。控制本质这一论题实际上与 280
200 年前弗朗西斯·培根爵士（第 2 章）提出的观点相同，后来成为行为主义思想的核心成分，在斯金纳的《瓦尔登第二》（1948）等诸如此类的著作中表现明显，《瓦尔登第二》描述了一个以行为控制原理为基础的理想社会（参见第 11 章）。你会在本章将要结束时看到约翰·华生关于儿童抚养的建议，它也属于运用科学对本质实施控制这一主题。

20 世纪初，心理学家在其心理现象的测量中开始转向日益增加的客观性。正如第 5 章所述，一个重要影响因素是进化思想在科学家中被迅速接受以及随之产生的动物心理学的发展。动物当然不能内省，因此要研究人类和动物意识间的关系就需要创建客观的行为测量。19 世纪对动物行为的大多数描述都是不切实际的拟人化，但是正如我们已看到的，摩尔根确立了对动物行为进行简单解释要优于不必要的复杂解释这一原则。根据尝试错误学习，而不是根据智力和计划来解释狗开门的能力，使比较心理学从奇闻轶事转向了对刺激和反应的客观描述。桑代克在 19 世纪 90 年代末的迷箱研究（第 7 章）也许是动物心理学日益客观性这一运动在美国最明显的体现。然而，在同时期的沙皇俄国，在诺贝尔奖获得者伊凡·巴甫洛夫的实验室里可以获得甚至更高水平的精密性。美国心理学家并未立即意识到巴甫洛夫的研究对他们自己越来越渴望客观性的价值，但是，他的研究取向最终成为许多美国行为主义者效仿的榜样。

随着新世纪的到来，这种更加客观性的趋势令许多美国心理学家对实验心理学的现状，尤其是实验心理学对内省过程的依赖感到失望。第 4 章、第 7 章所叙述的对无意象思维的争论就是这种不安日益加深的很好例证。符茨堡的观察者能体验到无意象思维，而康奈尔的观察者却不能发现，这对一些美国心理学家而言没什么大惊小怪的。由于内省资料本质上是主观的，因而也就不存在评估每种观点的独立方法。詹姆斯·麦基恩·卡特尔在 1904 年的圣·路易斯（St. Louis）世界博览会上作了一次演讲，后来发表在《大众科学月刊》上，他主张，心理学不该局限于意识经验的研究，而且内省也不必成为心理学家使用的主要方法。事实上，“不存在脱离内省的心理学这一相当普遍的观念受到了既成事实这个残酷论据的批驳”（Cattell，1904，引自 Woodworth，1931，p. 48）。根据卡特尔的观点，在他自己的研究中，内省所起的作用微不足道。而且，他说，他发现“运用系统知识控制人类本性在本世纪不可能获得成果是毫无理由的，而这与 19 世纪将自然科学运用到物质世界有着异曲同工之妙”（Cattell，1904，引自 Woodworth，1931，p. 49），这反映了上述实证主义的观点。

在卡特尔在圣·路易斯世界博览会上发言的同一年，另一事件成为从沉迷于消化系统向热衷于发现大脑是如何运作这一专业转变的里程碑。这一事件是授予了俄国科学家伊凡·彼得洛维奇·巴甫洛夫（Ivan Petrovich Pavlov）诺贝尔生理学奖。

巴甫洛夫的生平与工作

巴甫洛夫长期从事细致而又精巧的消化生理学研究而荣获了诺贝尔奖。尤其是他因发
281 明或完善了许多有助于这项研究的外科技术而闻名于世。然而，当这位 54 岁的科学家在 1904 年 12 月于瑞典斯德哥尔摩（Stockholm）召开的诺贝尔颁奖典礼上发表获奖致辞时，并没有过多谈及为其赢得诺贝尔奖的研究。相反，在一篇名为《新研究道路上坚定的第一步》(Babkin，1949) 的讲稿中，巴甫洛夫描述了在过去几年里令其感兴趣并将占据其余生的研究。当然，这项研究对你而言已耳熟能详，也许还会在脑海中出现狗流口水的形象。巴甫洛夫的条件作用研究最终为美国行为科学家提供了一个重要的模式，尽管事实上巴甫洛夫本人一向坚持认为他是一位生理学家而不是一位心理学家，而且他对那些自称心理学家的人毫无敬意。他曾经指出，虽然反射研究在历史上一直由那些持有心理学（这里他指的是内省）取向的人主导，但是他更加客观的研究策略为这些反射研究“从那些邪恶的影响中解脱出来”带来了希望（Pavlov，1906，p. 618）。

一位生理学家的成长

伊凡·彼得洛维奇·巴甫洛夫（1849—1936）于 1849 年出生在俄国中西部梁赞(Ryazan) 的小农庄，生活相对贫困。他的父亲是一位牧师，他的母亲是一位牧师的女儿，然而，尽管他们享有相应的社会地位，但是父母却不得不以务农来养活其大家庭。伊凡是 11 个孩子中的老大，其中有 6 个孩子夭折了。他的早期教育是训练他追随父亲当牧师，但是当他在梁赞基督教神学院学习时，由于发现了达尔文的《物种起源》和俄国 19 世纪最重要的生理学家伊凡·谢切诺夫（Ivan Sechenov，1829—1905）于 1863 年出版的《脑的反射》，便对科学产生了兴趣。谢切诺夫认为，所有的皮质过程都涉及神经系统中兴奋和抑制过程之间的复杂关系，而且“心理”（psychological）事件既可还原为皮质中的反射动作，也可通过其来解释。这种观点是与 19 世纪机械论和唯物论的科

学氛围非常契合的典范，并且它受到了谢切诺夫与欧洲一些重要生理学家直接接触的影响。反过来，这些思想又最终成为巴甫洛夫神经系统机能模式的基础。

1870年，巴甫洛夫离开神学院，进入圣彼得堡大学（University of St. Petersburg）学习生理学，因此，简单的乡村生活转为领略俄国最重要城市的魅力。[①] 圣彼得堡坐落在俄国的西北部，靠近芬兰湾，是19世纪后期俄国的文化、政治和思想中心。它还是俄国的首都，直到1918年，苏联革命之后才被莫斯科代替。在这个生气勃勃的环境中，巴甫洛夫于1883年获得医学学位，并成为一名生理学研究者。经过数年的研究，担任了几个低级的研究职位，并饱受经济困境之苦，1891年，巴甫洛夫被任命为圣彼得堡实验医学研究所（Institute of Experimental Medicine）生理学部的首位部长。在19世纪80年代期间，巴甫洛夫系统研究了消化系统的生理学，正是该研究为他赢得了1904年诺贝尔奖。

巴甫洛夫通过隔离消化系统的不同部位并提取消化液来研究消化。各种液体的分泌数量作为喂给动物的那类物质的一项机能来测量。该研究因其精确性以及发展了几种隔离和收集其他机能正常的狗的消化分泌物的外科技术而备受瞩目。最为人熟知的就是所谓的巴甫洛夫袋。它是通过隔离胃的一小部分（大约胃的十分之一）而制成的，并将其再设计成一个小型胃。设计这种小袋是为了使食物从食道到达胃时却进不了。有一个小管或是瘘管从小袋通向外面，因而提供了一种收集小型胃分泌的液体的方法。由于这些液体并未受到食物的污染，所以可对其进行精确的测量（Gray，1979）。

除了研究胃的分泌物外，巴甫洛夫还研究了唾液反应，并将其与放在狗嘴里的物质种 282
类相联系。他用另一个瘘管测量唾液，这次是直接将一个小管连接到唾液管上。显然，正如所有狗主人都知道的，狗在食物送到嘴之前就开始分泌唾液。巴甫洛夫的学生之一S. G. 武尔夫松（S. G. Vul'fson）在一项比较潮湿食物和干燥食物的唾液分泌的研究中系统研究了这种现象。主要发现是，狗吃干燥食物时分泌的唾液更多（潮湿食物所需的唾液较少），而次要发现是，数次尝试之后，狗在食物送到嘴之前就分泌唾液了（Windholz，1997）。这一结果给巴甫洛夫出了一道难题。一方面，这些“心理的”分泌物是个麻烦，它降低了巴甫洛夫试图测量特定数量的某类食物的反应中唾液准确数量的精确性。另一方面，动物的行为是可预测的，并且这些以及其他“心理的”分泌物（例如，食物到达胃之前胃液的流动）都激起了巴甫洛夫的兴趣，从而提出了一种客观方法以研究那些他在谢切诺夫的著作中读到的“大脑反射”。一位创造性较少的科学家可能会尽力控制分泌物以集中于这一即将出现的问题，即基础消化生理学，而巴甫洛夫却选择了直接考察这个新的现象。进入新世纪以后，它成为巴甫洛夫的终生事业。

---

① 列宁于1924年逝世以后，苏联官方将该城市更名为列宁格勒；1991年，随着苏联的解体，它被重新更名为圣彼得堡。

巴甫洛夫实验室中的研究

巴布金（1949）在巴甫洛夫的传记中，概述了巴甫洛夫实验室中的迷人时光。世纪之交时，作为巴甫洛夫的学生，巴布金在条件作用研究的早期就来到了实验室。当时，实验医学研究所大约已成立了 12 年之久，尽管它在俄国国内享有盛誉，但是在早期却没有给国际访问者留下很深刻的印象：巴布金将巴甫洛夫最初的实验室描述为“又小又脏”，“只不过是间简陋小屋”（p. 68）。虽然实验室的预算按俄国的标准已相当大，但是巴甫洛夫发现，通过销售在“假饲”实验中提取的狗的胃液以筹集额外资金还是必要的。狗会正常进食，但是与食道相连的一根瘘管会使食物改道，流向收集管。狗吃了并咽下，但是食物永远无法到达胃里，而胃却会由于预期食物的到来而分泌胃液。胃里的另一根管子则收集这些胃液。巴甫洛夫将这种气味恶劣的液体作为灵丹妙药，卖给那些患有各种消化疾病的人，尤其是那些由于“自身胃液流动不足”而患病的人（p. 69）。

尽管条件艰苦，巴甫洛夫还是设法使实验室里需要的各项控制制度化，并逐渐形成一种世界级的研究环境。他对为其手术过程创造一种无菌环境尤其严格。这一点加上其外科医生的技术开创了一种显著降低感染并确保几乎所有动物在巴甫洛夫的照料下都能存活下来的环境。他还发明了一种系统方法来培训那些进入其实验室的众多研究助手。那些助手中的绝大多数已经取得行医资格，他们希望在其医学学位之外再获得生理学博士学位（Todes，1997）。每当新来的研究人员进入实验室，巴甫洛夫就会指派给这个人一个已被研究过的问题。这样一来，学生就可以毫无压力地学会实验的过程并获得新的发现，同时还提供一个正在进行项目的复制（replication）。一旦先前的研究得到成功复制，就可以给予该研究者新的研究问题。而复制的失败会导致额外的研究（但是由第三位研究人员进行）以弄清矛盾之处。当然，复制是良好科学研究的基础，那些不能被复制的结果毫无价值。

从 1910 年开始（但是直到 1925 年才完全配备好），研究所为巴甫洛夫的条件作用研究建立了一个专门的实验室。这就是后来大家所熟知的沉默塔，它的特别之处是其全面的隔音技术，以确保狗仅对当时正在研究的刺激作出反应而不对任何新异刺激反应。如图 10—1 所示，沉默塔共两层，每层楼上有四个实验室，共有八个实验室，两层之间被一个
283 中间层隔离。每一个研究室都与走廊上的其他房间完全隔绝和分离。为了更好地降低噪音和振动，建筑物本身是用埋在沙子中的柱子支撑，并且四周围绕着沙子和麦秆填充的壕沟！在图 10—2 中，显然有两层墙将实验者与狗隔离了开来。

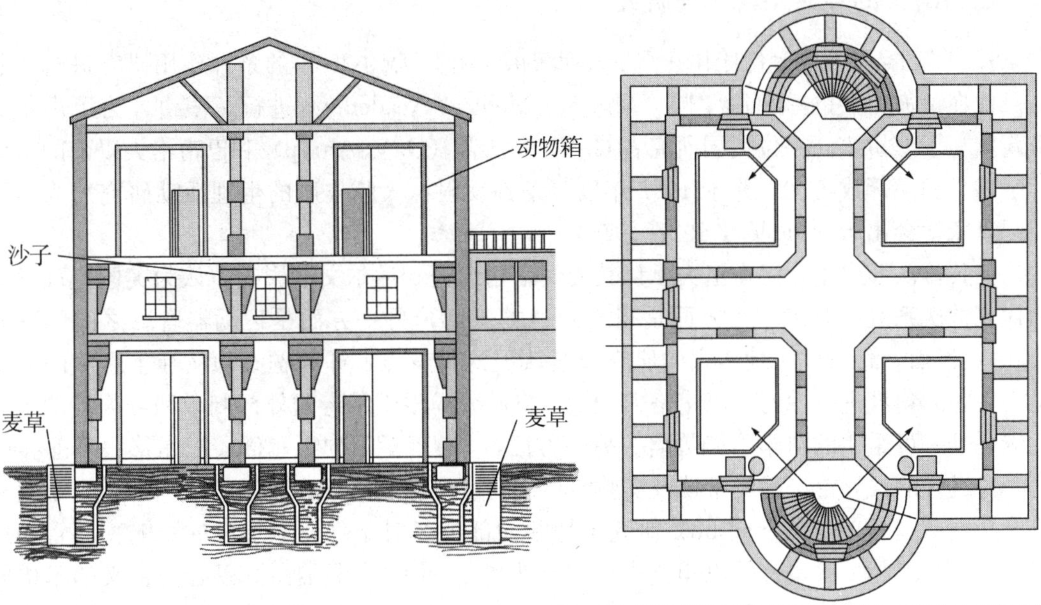

图 10—1　在圣彼得堡的巴甫洛夫实验室的剖面图和楼层平面图，引自 Pavlov（1928）。

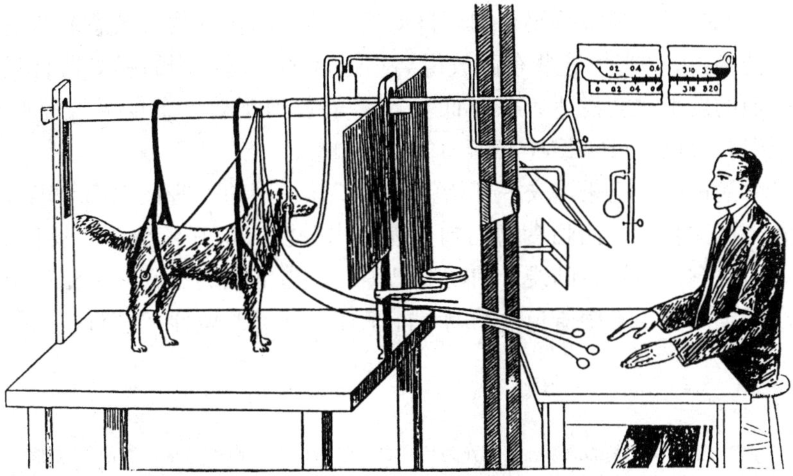

图 10—2　1915 年左右，巴甫洛夫实验室中仪器的排列，引自 Pavlov（1928）。

284

巴甫洛夫的经典条件作用研究

1924年春天，巴甫洛夫组织了一系列演讲，对其大约25年的条件作用研究进行了总结。他在圣彼得堡的军事医学院（Military Medical Academy）进行了演讲，为了出版又重新撰写了演讲稿。一位英国研究者G. V. 安雷普（G. V. Anrep）和巴甫洛夫以前的一位学生将它们翻译成英文，并于1927年以《条件反射：大脑皮质的生理活动研究》为名由英国皇家学会出版（Pavlov，1927/1960）。

在其首次演讲中，巴甫洛夫承认其受到谢切诺夫和达尔文的影响，认为美国心理学家桑代克首次系统研究了“一方面是视觉和触觉刺激，另一方面是运动器官”之间的联系（p. 6），然后，他阐述了他本人的研究及其认识的出发点，即问题必须从纯生理学的而不是心理学的角度进行探讨。巴甫洛夫认为，将研究局限于特定的外部刺激和可测量的生理反应是唯一可采用的科学防御策略。另一方面，“心理学取向”蕴涵着巴甫洛夫不愿接受的心身过程的二元论。他经常谈及实验室早期的一个小故事，当时巴甫洛夫的一个学生安东·斯纳斯基（Anton Snarskii）研究了切断面部神经对条件反应形成的影响。尽管与巴甫洛夫的观点相反（也许是巴甫洛夫后来认为的），但是，斯纳斯基以心灵主义的术语解释了其结果，并将这些过程称做“视觉联想”和“识别”（Windholz，1986）。巴甫洛夫认为，这样一种取向没有必要去深究。①

在详细描述了基本的反射行为后，巴甫洛夫附带说明了他投入25年时间进行研究的唾液分泌的条件作用，结束了其首次演讲。巴甫洛夫首先描述，如果将任何食物或一些难吃的东西放入狗的嘴里，唾液分泌是如何自动发生的，消化食物或厌恶刺激的过程是如何开始的，然后他指出，“当把这些东西放得离狗远远的，起作用的感受器官只有嗅觉和视觉器官时，类似的反射也会发生；……而且，甚至看到拿着食盆的人或是听到他的脚步声，都可能会引起分泌”（Pavlov，1927/1960，p. 13）。

在其第二次演讲中，巴甫洛夫一开始就描述了其程序的一些技术细节以及用以控制实验条件的措施。他解释到，面临食物的狗会表现出分泌（即唾液分泌）反射和运动反射。它会流口水，但是它也会转转脑袋，动动嘴巴等。巴甫洛夫决定研究分泌反射而忽略运动反射是他关注精确测量，希望避免对动物可能正在“琢磨”做什么进行拟人化推测的另一个表现。

---

① 巴甫洛夫经常讲述斯纳斯基的故事，将其作为纯“心理学取向”失败的例证。然而，托德斯（1997）仔细考察了原始事件，发现巴甫洛夫的记忆随着时间发生了改变。在斯纳斯基研究的当时（1901），巴甫洛夫实际上是一位思维比较主观的人，而斯纳斯基则正在提出一种更加机械论的和联想主义的模式。随着时间的推移，巴甫洛夫明显感到有必要远离早期的心理学理论。巴甫洛夫坚信，他自己一直是位客观的研究者，而斯纳斯基一直是位主观的研究者，当故事的反面更贴近事实时，巴甫洛夫重新组织了记忆，使其与他后来的观念相一致。你不能总是相信自传叙述的准确性，这是一个有趣的史学观点。

条件作用与消退

在设定了阶段后，巴甫洛夫描述了条件反应习得的基本程序。这一技术的要素是给已知会产生某一特定反应（即唾液分泌）的刺激配对一个中性刺激，如一种声音或一个节拍器。那么，在习得期间，其起点就是一个已经存在的反射。对巴甫洛夫而言，这种反射是，当食物也就是无条件刺激（unconditioned stimulus），或 UCS 呈现给动物时，唾液分泌的无条件反射（unconditioned reflex，UCR）。条件作用包括，呈现一个中性刺激，然后 285
是无条件刺激。巴甫洛夫称这种中性刺激为有条件的刺激（conditional stimulus，后来译为条件刺激），或 CS，因为随之产生的反射取决于（是“有条件的”取决于）条件刺激—无条件刺激的配对。这种因此产生的反射称为条件反射（conditioned reflex），或 CR。

在描述了习得后，巴甫洛夫说明了如果节拍器（条件刺激）在响后没有伴随食物（无条件刺激），条件反射是如何消退（extinction）的。巴甫洛夫让节拍器每隔两分钟响 30 秒，记录唾液的分泌量和他所称的“潜伏期”——即节拍器开始响到唾液分泌开始之间的时间。正如巴甫洛夫所描述的，“重复了一定次数却没有得到强化的条件刺激反射的削弱可以恰当地称之为条件反射的实验性消退”（Pavlov，1927/1960，pp. 48 - 49）。巴甫洛夫对精确性的关注可以从其呈现的如下结果中窥见一斑（p. 49）。

潜伏期 秒		唾液分泌 滴/30 秒
3	— — — — — —	10
7	— — — — — —	7
5	— — — — — —	8
4	— — — — — —	5
5	— — — — — —	7
9	— — — — — —	4
13	— — — — — —	3

那么，随着这些连续的消退期，动物开始分泌唾液所花费的时间更长（即更长的潜伏），而且唾液的分泌量稳定下降。

泛化与分化

巴甫洛夫在随后的演讲中描述了其用来证明各种条件作用现象的程序，包括许多你在心理学导论课程中学到的。最为熟悉的两个是泛化和分化（discrimination）（后者巴甫洛夫称之为 differentiation）。当一种与刺激 A 建立了条件关系的反应，至少在某种程度上，在对与刺激 A 相似的刺激反应时也会出现时，泛化（generalization）就发生了。因此，如果 60 周/秒的声音的条件刺激产生了 8 滴唾液，那么动物也许会对 70 周/秒的声音作出产生 6 滴唾液的反应。这还存在一个泛化梯度——唾液的分泌量与条件刺激和试验刺激的相似性成比例。分化（differentiation）是通过 60 周/秒的声音出现时配以食物，而 70 周/秒的声音出现时却没有食物而产生。最终，狗只在 60 周/秒的声音出现时分泌唾液。

巴甫洛夫还竭尽所能地将谢切诺夫的皮质兴奋和抑制的概念融入其描述中。例如，在习得和泛化中涉及了兴奋过程，而抑制的皮质过程有助于消退和分化。总之，巴甫洛夫并不是对条件作用现象本身感兴趣，而仅仅是对它们明确地显示出的大脑如何运作感兴趣。

实验性神经症

巴甫洛夫对泛化和分化研究的一个有趣结果是，他发现了分化的衰退如何能产生实验性神经症（experimental neurosis）或“病理性失调”，这正是他第 17 次演讲时所用的标题。他先是在狗面前的屏幕上投影一个圆形，圆形出现的同时给予食物。不久，圆形成为唾液分泌条件反射的标准条件刺激。在形成了这个条件反射后，巴甫洛夫接着训练狗对圆形和两轴比率为 4∶3 的椭圆形（8 月 4 日的数据）进行简单区分。然后，改变椭圆形的形状，直到其两轴比率为 9∶8，也就是说，椭圆形变得看上去越来越像圆形。一开始，狗表现出了分辨的能力，但是随后越来越差，最后，狗表现得甚至对两轴比率为 2∶1 的椭圆
286 形和圆形进行简单区分都有些困难。下面是巴甫洛夫呈现圆形和椭圆形所得的结果（Pavlov，1927/1960，p. 292）：

时间	30 秒内所用的条件刺激	30 秒内的唾液分泌量（滴）
	1914 年 8 月 4 日的实验	
下午 4：10	圆形	4
下午 4：22	圆形	6
下午 4：37	4∶3 的椭圆形	0
下午 4：55	圆形	4
	1914 年 9 月 2 日的实验	
下午 1：10	圆形	2
下午 1：27	圆形	8
下午 2：06	圆形	10
下午 2：16	9∶8 的椭圆形	1
下午 2：30	圆形	6
下午 2：48	圆形	8
	1914 年 9 月 17 日的实验	
下午 3：20	圆形	4
下午 3：31	圆形	7
下午 3：54	9∶8 的椭圆形	8
下午 4：09	圆形	9

1914年9月25日的实验

下午2：17	圆形	9
下午2：47	2∶1的椭圆形	3
下午3：08	圆形	8
下午3：22	圆形	8
下午3：46	2∶1的椭圆形	3

那么，在8月4日的实验中，动物对区分圆形和两轴为4∶3的椭圆形毫无困难。在实验2中，动物对圆形和两轴为9∶8的椭圆形表现出明显的区分能力，但是在实验3中，其行为表现急剧变坏（9月17日），甚至对实验4也造成了影响，此时，动物甚至不能成功地避免在两轴为2∶1的椭圆形出现时分泌唾液。因此，在巴甫洛夫看来，神经症行为意味着正常分化能力的丧失。神经症也会通过其他方式表现出来，正如巴甫洛夫对它的描述：

> ……同时，动物的整个行为都经受了突然的变化。迄今一直很安静的狗开始在台上嘶叫着，不停地扭动着，用牙扯掉对皮肤有机械刺激的仪器，并咬穿了连接动物房间和观察者的管道，这一行为是以前从未发生过的。现在，狗一被带进实验室，就开始猛烈地咆哮，这也与其平常的习惯相反；简而言之，它表现出急性神经症的所有症状。(Pavlov，1927/1960，p. 291)

在对实验性神经症的研究过程中，巴甫洛夫注意到，尽管所有的狗都受到了不利影响，但是它们在如何表现其病状方面显示出了个体差异。而且，这些变化似乎反映了狗在性情方面的所有差异。因此，一些狗总是要比其他的狗更易兴奋——它们倾向于像刚才描述的那只狗那样对实验性神经症程序作出反应。然而，其他平时性情比较温和的狗对程序的反应变得甚至更加内向。正如他对其所有结果所作的分析，巴甫洛夫是根据兴奋和抑制的皮质过程来阐释这些结论的。他认为，性情方面的个体差异与兴奋或抑制过程是否在它们中更占主导地位有关。因此，他得出结论认为，第一种类型的狗的兴奋过程要比抑制过程具有相对较高的比例，而第二种类型的狗则相反。

研究程序

巴甫洛夫多年的研究是一个经典的实例，它表明实验无法孤立地进行，而要孕育于一个不断发展的系统研究程序之中。一个研究的结果本身具有意义，但是它也会提出新的问题，并总是导致下一步研究。例如，习得研究很自然引出了条件刺激和无条件刺激的精确时间安排的问题，通过精心变换条件刺激和无条件刺激间隔的时间长短和先后顺序，巴甫洛夫及其学生完成了许多研究。同样，多年来，在如下主题的研究上也都取得了发展：
(1) 高级顺序条件作用，它涉及如何为一个已经条件化的刺激配对一个新的刺激。(2) 条 287
件反射消退的持久性，研究发现，如果狗在消退后数天重返实验室，其条件反射会在某种程度上重现（即发生了自然恢复）。(3) 各种条件刺激的有效性，即条件作用要多快才能建立。[①] 事实上，巴甫洛夫实验室的庞大规模和持续的创造力，让人很容易忽略在巴甫洛夫最初研究之前或同一时期对同类条件作用的其他实验论证。美国心理学家 E. B. 特威姆耶（E. B. Twitmyer）和维也纳生理学家阿洛伊斯·克雷德（Alois Kreidl）都在他们的实验室中产生了经典条件作用（Logan，2002）。然而，无论是研究了膝关节反射的特威姆耶还是正在研究鱼的感觉能力的克雷德，都没有提出任何像巴甫洛夫所完成的一样的研究程序。

巴甫洛夫与苏联官方

巴甫洛夫是那些生活即是工作的科学家的典范，他在临终前写给苏联青年组织的一篇文章中就反映了这一人生观。巴甫洛夫告诉他们，科学家必须有条不紊、谦虚谨慎、热情洋溢地对待自己的工作，而且"科学需要一个人奉献其一生。即使你有两次生命，也是不够的。科学需要付出艰巨的努力和极大的热情"（引自 Babkin，1949，p. 110）。巴甫洛夫一年到头一周七天都待在实验室里工作，当在实验室时，他全神贯注于手边的研究，同时也期望其他人都能和他一样热情地对待工作。因此，他有时是位严厉的监督者，众所周知，在出错时，他经常会发一下脾气，但很快就会过去。然而，他的研究人员却都完完全全地忠实于他，因为他们知道，巴甫洛夫的怒火很快就会过去，而且从来都不针对他们个人。

一个关于巴甫洛夫的著名故事表明了他对工作的一心一意奉献。尽管故事虚构的可能性要大于真实性，但是它清楚地说明了巴甫洛夫优先考虑的事情。据说，在 1917 年俄国革命的高潮时期，巴甫洛夫曾因一位研究人员迟到了 10 分钟而轻责了他。当这位研究人员告诉他，圣彼得堡的街道上的血腥冲突使他要绕更远的路到实验室时，巴甫洛夫并没有被说动。毕竟，他也和往常一样走了三英里才到实验室，而且在 9 点钟安全、准时地到达了。巴甫洛夫使这位研究人员明白，仅仅一场革命是不能干扰实验室的重要工作的。这位助手被告知在随后的革命期间要早点儿出门（Babkin，1949）。

当然，1917 年的革命对俄国的一切都产生了深远的影响，包括巴甫洛夫的工作。巴甫洛夫起初对苏联革命的胜利者，即列宁的布尔什维克充满敌意，曾公开发言，"如果布尔什维克对俄国所做的是一场实验的话，那么对这样的实验，我只会遗憾地给个不及格"（引自 Babkin，1949，p. 161）。20 世纪 20 年代，他还直接抗议斯大林只允许共产党员教授进入苏联科学院的政策，他告诫俄国领导人："由于你们的所作所为，我羞于被称为一个俄国人"（引自 Gantt，1973）。巴甫洛夫的矛盾态度不难理解：苏联没收了其获得诺贝尔

① 出乎意料的是，尽管大多数学生都认为，巴甫洛夫的典型条件刺激是铃声，但是巴甫洛夫却声称"猛烈地摇铃声"很少能成为有效的条件刺激，因为狗往往会被这样的铃声吓到（Pavlov，1906，p. 616）。

奖的奖金，而且，当他于 1923 年申请移民时，官方也拒绝了。然而，到其人生晚期，巴甫洛夫已适应了苏联的现实，并在 20 世纪 30 年代的一次公开场合上，甚至提议为“伟大的社会实验者”干杯。

巴甫洛夫对苏联现实的接受也是由于受到了政府对其工作有力支持的影响。早在 1921 年，当时的俄国陷入内战之中，时局非常混乱，苏联仍确保全力支持巴甫洛夫继续研究。 288
例如，官方宣布，成立一个专门的委员会以“尽可能快地创造最有利的条件来保护学会成员巴甫洛夫及其合作者的科学工作”（引自 Babkin，1949，p. 165）。这些条件包括额外的给养以及确保巴甫洛夫实验室的完善配备。

在巴甫洛夫于 1936 年因肺炎逝世后，苏联官方给予了他战斗英雄般的礼遇。在圣彼得堡（那时已更名为列宁格勒）为他树立了纪念碑，将医学研究所命名为巴甫洛夫研究所，还给了他的妻子一笔丰厚的养老金，并且他的大脑被保存了下来。

巴甫洛夫与美国人

西方科学家因诺贝尔奖而知道巴甫洛夫，但是对其条件反射研究的影响的了解却是缓慢的。大多数美国心理学家都是通过 1909 年发表在《心理学公报》上的一篇文章来认识巴甫洛夫的，这篇文章由罗伯特·耶克斯和一位俄国学生谢尔久斯·莫尔古利斯（Sergius Morgulis）共同撰写，罗伯特·耶克斯当时的兴趣主要是比较心理学（参见第 1 章和第 8 章）。该文章的一大特色是带有一系列仪器草图，这也最终导致延续至今的对巴甫洛夫仪器的错误描绘。该故事参见视窗。

视窗

错画的巴甫洛夫仪器

你可能会认出图 10—3（a）中的草图。它以这样或那样的形式在大多数的普通心理学课本中都出现过，也许包括你用过的课本，通常认为它就是巴甫洛夫的条件反射仪器。但它不是。确切地说，它是由一位德国生理学家 G. F. 尼科莱（G. F. Nicolai）发明的，此人在巴甫洛夫的实验室工作过一段很短的时间（Goodwin，1991）。他希望对巴甫洛夫实验室里早期的唾液记录方式进行改善，那时，当唾液滴入图 10—3（b）所描绘的有刻度的圆柱形容器时，简单地数一下唾液的滴数。这种早期的仪器很不方便，巴甫洛夫认识到了这一问题，最后，他发明了如图 10—2 所示的更加精密的仪器。那么，将尼科莱发明的仪器误认为是巴甫洛夫发明的是如何发生的呢？

耶克斯和莫尔古利斯（1909）的这篇向美国心理学家介绍巴甫洛夫研究的文章包含了图 10—3 中的两幅草图。两者都没有任何标注，但是文章的正文将图 10—3（b）描述为一只狗在巴甫洛夫的实验室里准备进行条件作用研究，而图 10—3（a）则被描述为展示“对 289

该实验技术的改进，这是由尼科莱在柏林发明的”（p. 259）。

约翰·华生看出了尼科莱和巴甫洛夫程序之间的差别，他在其 1914 年著名的比较心理学教科书中复制并正确标注了这两幅图。最初的错误似乎出自沃尔特·亨特（Walter Hunter）（1919）所著的通俗的入门教科书；该书仅仅包含了图 10—3（a），并把它当做巴甫洛夫发明的仪器，而且还引用了耶克斯和莫尔古利斯的文章。从此，尼科莱的实验装置草图成了巴甫洛夫仪器的标准图，在某种程度上，这不仅是因为它与巴甫洛夫最终将狗和实验者分隔在两个独立的房间相一致，而且还因为它的确是比图 10—3（b）更加有趣的草图。

这个错误多年来一直延续，它为任何一位教科书编写者提供了一个深刻的教训：谨防太过严重地依赖二手资料。许多后来的作者也许仅仅是因为这张错误的草图在其他课本中使用的如此广泛也就照搬了过来。由于反反复复看到的都是同一幅图，也就很容易认为它一定是准确无误的了。

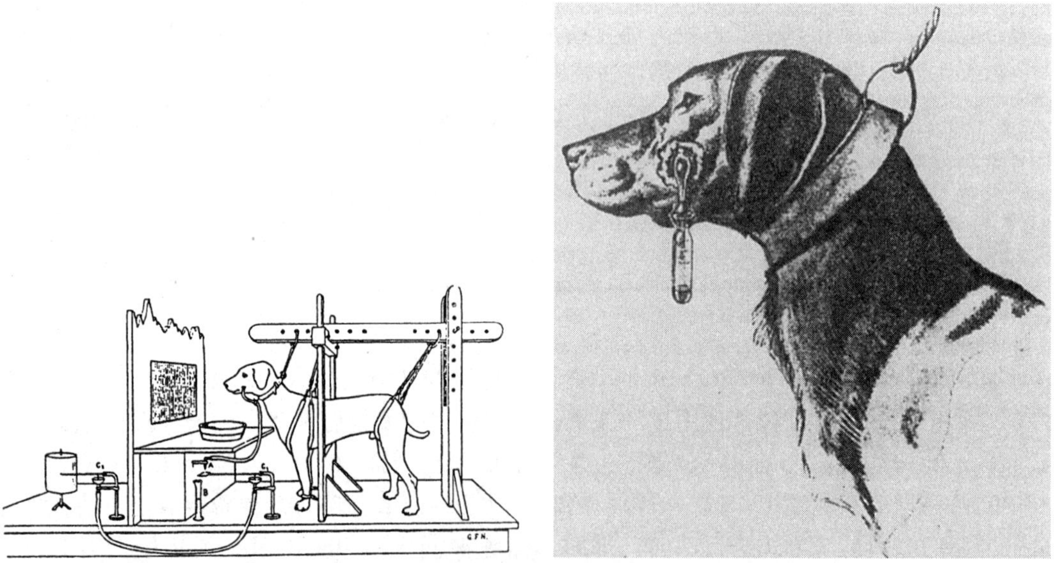

（a）　　　　（b）

图 10—3　（a）德国生理学家尼科莱发明的条件作用装置，但是通常被认为是巴甫洛夫发明的；（b）巴甫洛夫用来记录唾液分泌反应的早期装置（这两幅都引自 Nicolai，1907）。

尽管耶克斯和莫尔古利斯（1909）的文章进行了详尽的阐述，但是巴甫洛夫的研究并未对美国心理学家产生多少直接的影响。虽然那些研究动物行为的学者对这一研究颇感兴趣，但是当时的美国心理学仍在研究人类的意识经验，与分泌唾液的狗似乎没有特别的关联。1920年以前的大多数心理学入门教科书要么根本不提巴甫洛夫（包括耶克斯1911年 290
的版本)，要么仅仅简略地提及他的研究（Goodwin，1991)。甚至约翰·华生，你很快就会读到其行为主义的宣言，也没有发现巴甫洛夫的研究与其学习模型的直接相关性。相反，他最初更多地受到另一位俄国生理学家，巴甫洛夫的竞争对手弗拉基米尔·别赫捷列夫的条件作用研究的影响（Skinner，1981)。别赫捷列夫研究的是运动条件作用而不是唾液分泌条件作用，在运动条件作用中，肌肉运动对各种刺激都建立了条件关系。这就使其更容易符合华生对外显行为的兴趣。

巴甫洛夫对美国心理学的重大影响始于20世纪20年代，当时他的许多研究首次被翻译成英文。巴甫洛夫还两次访问美国，一次是1923年为了参加在纽约洛克菲勒研究所（Rockefellor Institute）召开的会议和系列讲座，另一次是1929年为了参加在耶鲁大学召开的第九届国际心理学会议。在耶鲁大学，他做了一场重要的讲座（Duncan，1980)，这是一场（用俄语）向美国和国际广大心理学家阐述其条件作用研究的慷慨激昂的讲座。正如一位观察者所述："听众完全着迷了，而接下来的起立欢呼并未让这位会议的主宾微笑和鞠躬致谢"（Withington，引自Duncan，1980)。

美国心理学家，尤其是行为主义者，最终认识到了巴甫洛夫的研究对他们自己的学习理论的重要性。一篇出自恩斯特·希尔加德的著名《学习论》的文章表明，到20世纪40年代，巴甫洛夫的重要性已得到了认同。希尔加德指出，"多年来，巴甫洛夫对狗的条件唾液反射进行了系统研究，并且发现了后来进行的更充分研究的大多数关系。在学习文献中，对其术语的翻译已经司空见惯"（Hilgard，1948，p. 55)。

最后，巴甫洛夫对年轻的B. F. 斯金纳的职业生涯选择产生了直接影响（第11章)，斯金纳从事行为研究的决定受到了阅读巴甫洛夫《条件反射》（1927/1960）译本的深刻影响。斯金纳曾经写道，他科学生涯的一项指导原则就是巴甫洛夫的这一简单格言：如果你"控制了你的环境……你就会看到秩序"（Skinner，1956，p. 223)。一位像巴甫洛夫一样热衷于可测量行为的系统研究的美国心理学家的著作也曾使斯金纳兴奋不已。此人就是约翰·B·华生，通常他被认为是后来以行为主义著称的美国思想流派的创始人。

约翰·B·华生和行为主义的建立

本章的开篇部分曾提及，20世纪初，许多美国心理学家主张，心理学应该采用比内省更加"客观的"方法。一个例子是卡特尔1904年给圣·路易斯世界博览会的观众所作的演讲。而且，在圣·路易斯，听卡特尔讲演的观众中也许就有约翰·B·华生，一位刚刚从芝加哥大学获得哲学博士学位的年轻心理学家。心理学中客观化的发展趋势在这位年轻人的思想和著作中开始得到具体体现，而且他很快就成为后来被称为行为主义运动的代言人。

芝加哥的年轻机能主义者

华生于 1878 年出生在南卡罗来纳的格林维尔（Greenville）郊外的农村地区，这是一个在今天可以称为“机能障碍”的家庭。他的父亲是一位不大称职的农夫，花天酒地、滋事斗殴都是其人生乐事。他经常离家很长一段时间。华生的母亲则对宗教很虔诚，以至于为她的儿子以著名的原教旨主义者浸礼会传教士约翰・布罗德斯来取名，而且坚持让其儿子立志成为牧师。在这种环境中长大的华生也势必会有他自己的行为问题，他在青春期是出了名的捣蛋王，而且至少被拘留过两次。然而，当他 16 岁考上格林维尔的弗曼大学
291 （Furman University）时，他则被认为是位聪明的年轻人了。1900 年，华生以获得硕士学位毕业。

华生的母亲在他就读弗曼大学的最后一年去世了，这让他从立志成为牧师的义务中解脱了出来。相反，由于受到弗曼大学一位教授的影响，他申请就读芝加哥大学并被录取了。1900 年，芝加哥大学以洛克菲勒石油资金建校，并由威廉・瑞内・哈珀（William Rainey Harper）管理了 8 年之久。当你回忆第 7 章机能主义的讨论时，哈珀曾展望了这样一所“务实”的大学，它将为美国这一正在崛起的阶级——促进社会进步和工业生产力提高的职业精英、专家培养领导者。华生最初打算学习哲学和心理学，这两个专业都属于芝加哥大学的哲学系。他很快发现，无论是哲学还是内省心理学都不能吸引他（他没有内省的天赋），但是他喜欢机能主义心理学的基本规则。华生尤其对比较心理学感兴趣——如果考虑到他的农村生活背景和对动物的熟悉，你就不会惊讶了。多年以后，华生的儿子还无比悲伤地回忆，他的父亲“大多数时间都宁愿陪伴动物而不是人”（Hannush，1987，p. 150）。

总体而言，华生对动物行为的兴趣开始形成了他对心理学的信念。当反思在芝加哥大学的岁月时，他后来写到，除了动物被试外，他一直对内省方法和人类被试感到不舒服，他“在家里……思如泉涌：难道我不能通过观察它们的行为而发现其他同学通过使用（人类被试）而所发现的一切吗？”（Watson，1936，p. 279）这种信念随着华生与雅可丘斯・洛布（Jacques Loeb）和亨利・唐纳森（Henry Donaldson）的接触而得到加强。洛布是一位德国生理学家，他研究的是趋向性（tropisms），即环境的某一因素自动迫使动物或植物运动。例如，花总是面向着太阳，这被认为是表现出了积极的向日性（helio 即太阳）。洛布是一位坚定的唯物论者和机械论者，他认为，所有有机生物都可以理解为一系列对刺激的自动反应。唐纳森则是一位神经病学家，专门研究白鼠的神经系统。

华生的博士论文是由唐纳森和詹姆斯・安吉尔共同指导的，研究的是年幼白鼠的皮质发展与学习之间的关系。这是一项重要的研究，因为当时许多重要的生理学家都认为，老

鼠不能进行真正的"联想性学习"，因为即使它们的大脑含有任何"有髓鞘的"纤维①，那也是微乎其微的。经过一系列煞费苦心的研究，这显示了他作为一名认真谨慎的科学家的才能，华生证明，老鼠在最初约三周的生活中表现出极小的学习能力，但是在第四周，它们形成联想的能力急剧提高。而且与此同时，有髓鞘的纤维的数量显著增长。因此，华生总结到，年幼白鼠可以形成联想，而且这些联想与皮质的发展有关。华生向唐纳森借了 350 美元，以《动物教育：白鼠的生理发展及与其神经系统发育相关的实验研究》（Watson，1903）为题出版了这一成果。这使他获得了博士学位，而且还为他提供了留在芝加哥大学任讲师的机会。华生接受了这一机会。

华生/卡尔的迷津研究

华生 1903—1908 年在芝加哥大学任职。在此期间，他开始树立起作为一名优秀教师和严谨科学家的声誉。他在这一时期最重要的研究是对迷津中老鼠的研究，这是与哈维·卡尔共同完成的，卡尔当时是芝加哥大学的一名研究生，后来是机能主义运动的重要领导人，并最终成为芝加哥大学心理学系主任（第 7 章）。

华生/卡尔的研究目的（Carr & Watson，1908；Watson，1907）是要确定老鼠学习迷津需要哪些感觉。虽然维拉德·斯茂在克拉克大学所做的迷津研究激起了华生的兴趣（参见第 6 章的视窗），但是华生认为，斯茂在试图确定那些促进老鼠学习迷津能力的因素时 292
并不是非常系统的。例如，斯茂喜欢让老鼠晚上也待在迷津里，这样就不可能评估学习是如何发生的。华生和卡尔对这个问题以及其他方面的问题进行了改正，产生了一系列在方法学上很杰出的研究，（至少在一段时间内）确立了动觉对迷津学习的重要性。

在第一个研究中（Watson，1907），华生和卡尔系统地排除了动物在解决汉普顿王宫形式的迷津时运用其感觉的能力。华生摘除了一些老鼠的眼睛，另一些老鼠的中耳，以及第三组老鼠的嗅球，展现了其精湛的外科手术技巧。尽管被剥夺了各种感觉，然而，这些老鼠仍然轻而易举地学会了迷津。华生和卡尔还发现，去除老鼠的胡须或是麻醉老鼠的脚不能明显地阻碍其学习能力。通过这一排除过程（确实如此），他们总结到，在习得联想的形成中，唯一重要的因素是"把动觉印象与某些其他内部器官的印象联系起来"（Watson，1907，p. 84）。也就是说，动物要学习将肌肉运动的次序与迷津中的各个拐角联系起来。实质上，它们就是要学习走 10 步，然后右转弯再走 5 步，接着左转弯，如此等等。

在连续排除了几种感觉后，华生和卡尔开始着手为其剩余的动觉假设提供直接的证据。在第二个研究中（Carr & Watson，1908），他们想到了缩短或延长老鼠已经学过的迷津的聪明办法。图 10—4 显示的是他们所使用的正常长度的迷津，阴影即为可删除的部分。效果显著——原本在正常长度的迷津中训练的老鼠竟然撞到了缩短的迷津的墙壁。例 293
如，根据华生的实验室记录，有一只老鼠"全力以赴地撞上了（墙壁）。撞得摇摇晃晃，

① 今天，这些纤维称为"鞘化纤维"。

直到它已走了 9 英尺，才恢复到正常的行为”(Carr & Watson，1908，p. 39)。同样，在缩短的迷津中训练而在长的迷津中测试的老鼠通常也会在那些原本是正确的拐弯处开始转弯。

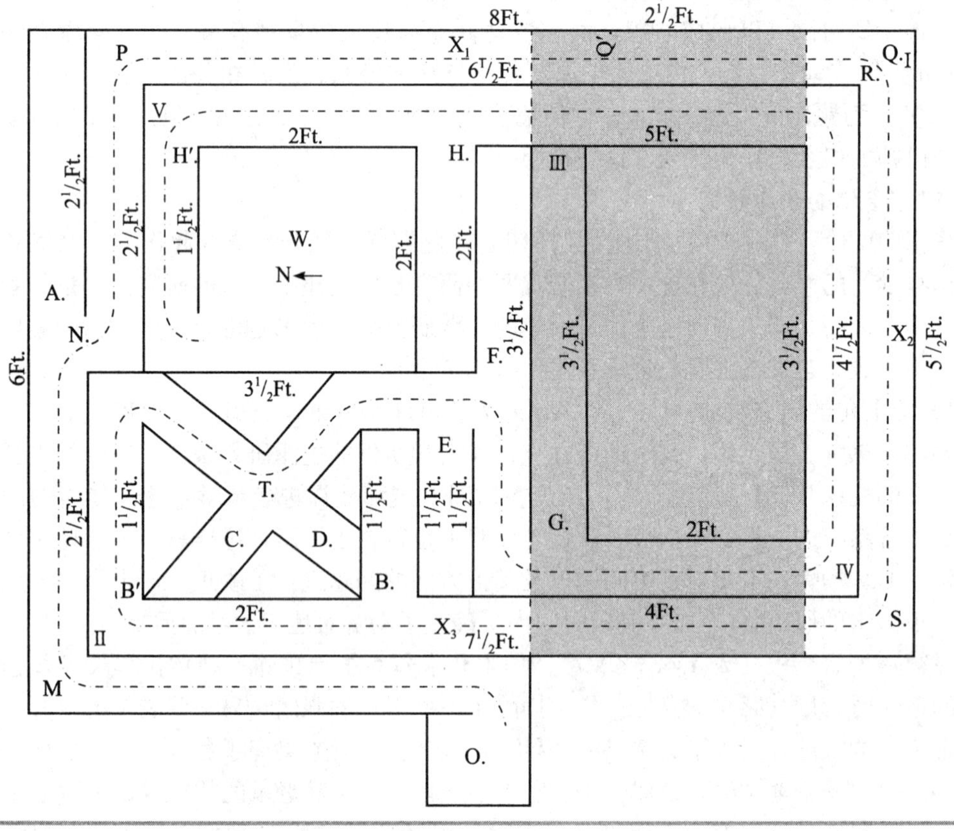

图 10—4　华生和卡尔用来测试迷津学习动觉模式的迷津；阴影部分可以移去以产生一个缩短的迷津，引自 Carr & Watson (1908)。

华生/卡尔的研究是科学研究的典范，首先通过一项一项地排除可选假设，然后对剩余（动觉）假设的有效性进行直接证明，最后得出经验结论。他们还提供了一个很好的例证，即科学家在使其研究在公众的心目中被接受方面是如何的天真。华生可能会认为，他仅仅是在研究一项有关学习的重要问题，但是在公众眼中，他成了反对动物实验手术者[①]的眼中钉，1906 年 12 月 30 日的《纽约时报》将他刻画成了一个对无助的白鼠下手的屠

① 和今天的动物权益保护活动者一样，反对动物实验手术者抗议将动物用做研究目的；迪尤斯伯里（Dewsbury，1990）已记载了他们对早期比较心理学的影响。

夫，为了满足那些似乎毫无价值的科学好奇心而将它们大卸八块。

进入约翰·霍普金斯大学的机遇

到 1908 年，华生在实验心理学界已成为其专业同事中出类拔萃的佼佼者（参见图 10—5）。他也开始感到在芝加哥大学没有受到重视，5 年来，他在这里仍担任讲师这一低级的学术职位。因此，当约翰·霍普金斯大学为其提供正教授的职位，管理一个实验室，还有两倍多的薪水时，华生难以拒绝。而且，他到达巴尔的摩不到一年时间，心理学系主任詹姆斯·马克·鲍德温（James Mark Baldwin）因道德原因（在一次警方突袭某一卖淫屋中遭逮捕，他声称他在做研究）被开除了。那时，不到 30 岁的华生竟发现自己已在约翰·霍普金斯大学掌管心理学系了。在接下来的 12 年时间里，在他也因道德原因被开除前，他（1）巩固了其作为动物心理学界重要研究者的声誉，（2）宣告了行为主义的诞生和（3）提出了一项发展心理学的研究程序，强调对情绪发展的研究。

图 10—5　1908 年，30 岁的约翰·B·华生。

华生与动物行为

华生一在约翰·霍普金斯大学的新职位上稳定下来，就开展了一项广泛的研究动物行为的程序。与他的毕业论文和在芝加哥大学与卡尔进行的迷津研究一样，一些研究是基础实验的变式，包含了对动物心理物理学的研究。例如，通过训练动物在有轻微差异的刺激配对物之间作出选择（Watson，1909），并通过运用巴甫洛夫的俄国同事别赫捷列夫的运动条件作用程序（Watson，1916），华生研究了几个物种的视觉能力。华生心理物理学研究的逻辑很简单——如果动物能够被训练成或有条件地对一种刺激（如红光）作出正确

294 反应，而对另一种刺激（如较暗的红色阴影）不作出反应，那么，动物必定有能力知觉出两者间的差异。尽管华生在其 1915 年美国心理学会的主席讲演中对这项研究阐述颇多，但似乎结果总是不太明确，而且在进行了一年左右的研究后就放弃了（Rilling，2000）。

华生在实验室外继续进行了一系列他还在芝加哥大学时就开始的自然研究。他在佛罗里达群岛附近的一个小岛（鸟岛，干龟岛之一）上待了几个夏天，观察几种燕鸥的行为。与华生后期的著作贬低行为本能控制的重要性，尤其是人类行为相反，这个研究看起来像是一种早期的习性学研究，这类研究后来的代表人物有康拉德·洛伦茨和尼科·廷伯格等，强调本能行为对物种生存的重要性（Dewsbury，1994）。他详细记录了鸟岛上燕鸥的交配行为，筑巢、守卫领地以及在孵化前后与抚养后代有关的行为（Todd & Morris，1986）。他还观察到，刚孵化不久的鸟经常会在岛上一直跟着他走。当然，这正是斯波尔丁所研究的同一种行为（参见第 5 章的视窗），后来被洛伦茨称为印刻现象。

重要年份 1913

这一年以华生的行为主义者宣言《行为主义者心目中的心理学》的出版为标志。还发生了下列事件：

- 尼尔斯·博尔（Niels Bohr）阐明了其原子结构论
- 阿尔伯特·史怀哲（Albert Schweitzer）在法属殖民地刚果开办了医院
- 亨利·福特（Henry Ford）在其汽车工厂开创了新的生产线流程
- 纽约大中央车站开始运营
- 宪法的第十六条修正案通过了联邦收入税
- 印度消极抵抗运动的领导者马哈特马·甘地（Mahatma Ghandi）被捕。
- 下列人物出生：

美国总统理查德·尼克松（Richard Nixon）和杰拉尔德·福特（Gerald Ford）
法国作家和哲学家阿尔伯特·加缪（Albert Camus）
美国民权运动的先驱罗莎·帕克斯（Rosa Parks）

- 下列人物逝世：

美国奴隶制度废除论者和改革者哈利雅特·塔布曼（Harriet Tubman）
美国富有的企业家 J·皮尔庞特·摩尔根（J. Pierpont Morgan）

原始资料摘录

华生的行为主义者宣言

1913 年，华生接受了卡特尔的邀请到哥伦比亚大学做演讲。这时，华生认为他已具有了足够的实力来宣布他已坚信了至少 10 年的信念——即心理学领域是时候从研究意识的内省心理学转向行为心理学了。华生以《行为主义者心目中的心理学》(Watson, 1913)这一煽动性标题在哥伦比亚大学发表的演讲被称为行为主义者的宣言。华生宣布了什么呢？开篇第一段就定下了基调：

> 行为主义者心目中的心理学是自然科学的一门纯客观的实验分支。它的理论目标是对行为的预测和控制。内省既不是其方法的本质部分，而且其资料的科学价值也不取决于根据意识来解释的意愿。行为主义者认为人兽之间不存在分界线，通过努力可 295
> 以得到动物反应的一元公式。…… (p. 158)

这是心理学最常引用的篇章之一。在这五句话中，华生坚定地将心理学归入了自然科学；清楚地表述了科学心理学的一组明确目标；彻底否定了其大多数同行以内省为基础的研究；完全接受了行为的进化模式。论文的其他部分基本上都是对这几点的详细阐述。通过直面内省规则，华生先是以几段篇幅阐述将心理学界定为意识的研究所固有的困难。然后，他特别关注了由铁钦纳的构造主义策略（第 7 章）所支持的内省法的主观性问题，同样言辞委婉：

> 我并不想过多地批评心理学。我认为，心理学作为实验性学科诞生 50 多年以来，很显然一直没能以一门毫无争议的自然科学在这一领域取得自己的地位。众所周知，心理学在方法上有些深奥。如果你不能重复我的发现，并不是因为你的仪器或是你的刺激控制出现了某种错误，而是因为你没有经过内省训练。……如果你不能专注地观察到 3～9 种清晰的状态，那么你的内省是不行的。另一方面，如果一种感觉对你而言似乎非常清晰，那么你的内省也是错误的。你领会得太多了。而感觉从来都是不清晰的。
>
> 心理学必须抛弃所有对意识的关注，这一时刻似乎已经到来；它再也不必自欺欺人地认为观察目标就是心理状态。……我坚定地认为，从现在起 200 年，除非抛弃内省的方法，否则，心理学还会为听觉是否具有“外延”的特性，强度是否能成为颜色的特性，表象和感觉之间是否存在“本质”差异，以及许许多多具有类似特征的其他问题而争论不休。(pp. 163 - 164)

在批判了构造主义和内省之后，华生并未就此罢休。由于机能主义还是不愿放弃内省的方法，并且由于他们还在研究意识（然而，是从意识的适用价值角度而不是确定其内容），机能主义心理学家也成为华生的批判目标。有人也许会认为，华生可能会更赞同深深扎根于进化论思想的取向，而且也许会对他自己的思想根源比较尊敬，但是事实并非如此：

> 我对心理学的争论并不是单单针对体系心理学家和构造心理学家。过去的 15

年已见证了所谓的机能心理学的发展。这种心理学极力反对构造主义者在平衡觉中使用元素。它强调意识过程的生物学意义，反对将意识状态内省地分析为孤立的元
296 素。我已竭力去理解机能心理学和构造心理学之间的不同。不但没弄清楚，反而越来越混淆了。对术语感觉、知觉、情感、情绪、意志的使用，机能主义者和构造主义者一样多。……可以确定的是，如果这些概念从内容的视角考察是难以界定的，那么从机能的角度考察则会更加不可取，尤其在机能是通过内省方法获得的情况下，更是如此。……不久前，当我打开皮尔斯伯里（铁钦纳的学生）的著作，看到将心理学界定为“行为的科学”时，不由得大吃一惊。最近也有一篇文章写道，心理学是“心理行为的科学”。当我看到这些我认为是很有远见的观点时，现在很肯定我们是基于不同的立场来写作的。在翻过几页后，行为科学就没有了，看到的是对感觉、知觉、意象等的传统论述，只是侧重点略有不同，体现了作者的个人特色而已。(pp. 165 - 166)

在否定了构造主义和机能主义的心理学取向后，华生转向了对其行为主义方案的论证。一种核心的观点是，华生简明而公开地主张，行为主义的基本目标就是能够详细说明刺激—反应的联结（下列包含了你在本章一开始就读到的引语）。

这使我想要提出有建设性的观点。我认为，我们可以创建一种心理学，像皮尔斯伯里那样对它进行界定，但不能违背我们的定义：永不使用意识、心理状态、心理、内容、内省验证、意象等诸如此类的术语。……这可根据刺激和反应、习惯形成、习惯整合等实现。而且，我相信现在的确值得一试。

我试图创建的心理学，首先会把这一可观察到的事实作为起点，即有机体、人类以及类似的动物都要借助遗传的和习惯的本领使自己适应于环境。这些适应可能已足够，抑或它们可能根本不足以使有机体仅仅维持其存在；其次，一定的刺激会促使有机体作出反应。在一个精心设计的心理学系统中，根据反应能够预测刺激；根据刺激能够预测反应。正如所有此类概述都必定具有的通病一样，这样一组观点也太过于言简意赅了。但是，它们绝不会比当今心理学书籍中所出现的观点更不成熟，更不具有可行性。(pp. 166 - 167)

值得注意的是，华生认为，所有的人类行为都可以根据刺激—反应术语来理解，甚至像思维这样的心理活动也是如此。根据华生的观点，思维在本质上不过是无声言语（subvocal speech），而且这种思维的主体不仅由直接的刺激情境决定，而且还由他称之为“喉部习惯”的习惯来决定。后来，他甚至表示（Watson，1926），支持其观点的某种证据是，可以观察到当我们喉咙疼痛时，思维就会受阻！

297 在宣言的后半部分，华生强调了一点，即会让心理学家和所有的美国公众最终喜欢上行为主义。他坚信，和内省心理学不同，行为主义具有付诸于直接应用的潜能，从而对人

们的生活产生积极影响。注意，华生明确区分了应用以及使这些应用成为可能的应用研究。应用很重要，但是这些应用背后的研究也同样重要。

> 这些心理学分支在某种程度上已经从其试验心理学母体中分离出来，因而对内省的依赖较小，而且现在都正处于最为繁荣的时期，这一事实给我带来了希望，即行为主义者的立场是可以捍卫的。实验教育学、药物心理学、广告心理学、司法心理学、测验心理学以及精神病理学也都在茁壮发展。有时，这些心理学会被误称为“实践的”或“应用的”心理学。肯定没有比这更糟糕的用词不当了。将来，可能会出现真正将心理学付诸应用的专业部门。而现在，这些领域还完全是学术上的，正在寻求广泛的推广以实现对人类行为的控制。例如，我们通过实验发现，如果一次性学习整首诗，那么一系列诗节的学习是否会更容易，抑或先将每段诗节分开学习，然后再进行后面诗节的学习是否会更有利。我们并没有打算应用我们的发现。这一原则完全是由老师自愿使用的。在药物心理学中，我们可以证明一定剂量的咖啡因对行为产生的影响。我们可得出结论，咖啡因对工作的速度和准确性有很好的效果。但这些都是一般性原则。对于测验结果的应用与否，我们由个人来决定。而且，在司法证词方面，我们测试了近因对证人报告内容的可靠性的影响。我们还测试了有关动态物体、静态物体、颜色等报告内容的准确性。这取决于国家司法机构决定是否将这些事实付诸实践。至于“纯理论的”心理学家会说，他对这些科学分支所提出的问题毫无兴趣，因为那些问题与心理学的应用没有直接联系，这表明，首先，他没有理解这些问题的科学目的，其次，他对和人类生活息息相关的心理学不感兴趣。(pp. 168 - 170)

在举例阐述了如何将行为主义的方法运用于研究感觉（将不同的反应与差异不大的刺激建立条件关系——动物心理物理学）和记忆（对无意义音节的回忆是一种行为动作）等认知过程后，华生结束了其论证：

> 总而言之，我认为，我必须承认对这些问题极其偏爱。我用了将近12年的时间来进行有关动物的实验。很自然，这样的人会逐渐形成与其实验研究相一致的理论观点。……当然，在目前，我所倡导的观点还缺乏权威性，而且会遭到多方观点的抨击。然而，即使承认这一点，我仍然觉得，我所强调的这些观点应该会对即将创建的心理学产生广泛的影响。我们所要做的就是开始使用行为而不是意识来进行心理学的研究，意识是我们攻击的目标点。毫无疑问，有许多行为控制方面的问题需要我们花费几辈子的时间来一直研究，根本不允许我们有时间考虑意识。……一旦从事这样的研究，我们很快就会发现自己就会像当前的心理学脱离官能心理学一样，远远地脱离内省心理学。(pp. 175 - 176) 298

华生的行为主义者宣言是一次强有力的声明，有时被视为心理学中行为主义者“革命”的起点，也被视为促使华生当选1915年美国心理学会主席一职的助推器。然而，萨姆尔逊（1981）却表示，宣言的直接影响是，绝大多数心理学家都忽略了它，或仅仅将之视为对内省越来越多攻击中的又一次攻击。只有两位心理学家——铁钦纳（1914）和卡尔金斯（1913）——以书面形式对此作出了反应，而且两人都进行了猛烈的批判。[①] 至于华生任美国心理学会主席一职，更有可能是他凭借10年的研究在其同行中所赢得的根深蒂固的地位，他与那些有影响力的美国心理学会成员的友谊，他在约翰·霍普金斯大学任心理学系主任一职，以及他任《心理学评论》编辑的结果。而且，在宣言发表之前，华生被任命为美国心理学会主席职位的提名就已经通过了（Samelson，1981）。另一方面，虽然宣言可能并非是一个革命事件，但是它的确激励了华生。在20世纪20年代剩下的时间里，他极力主张行为主义，最后还详细阐述了宣言，使之成为一本论文专著——《从一个行为主义者的立场看心理学》(1919)。根据史学家詹姆斯·托德（James Todd）(1994）的观点，正是这本书以及华生在20世纪20年代的竭力推动，而不是早期的宣言，促使了行为主义在20世纪20年代即将结束之际对美国心理学家的影响力不断提高。

情绪发展的研究

通过宣言以及其他方式，华生对行为主义付诸于应用以提高生活质量的能力进行了大肆渲染。然而在提出宣言的时候，华生自己的研究在很大程度上还局限于动物。因此，当一个研究婴儿的机会出现时，华生将之视为应用行为主义的一次重大机遇，通过这种方式，不但可以说服怀疑者，更重要的是，可以在心理学原则应用于改良社会方面确保华生作为领导者的地位。而且，华生也感到了一些其他比较心理学家同样都感到的压力，这些心理学家发现，要维持学校对其动物行为基础研究的资助越来越困难了。大学行政人员越来越不愿意为那些似乎深奥、没有什么实用价值、还会让设备带上强烈而让人讨厌的气味的研究提供预算资助（Buckley，1989）。

华生会得到这个机会是因为著名的精神病学家阿道夫·梅耶（Adolf Meyer）邀请他在约翰·霍普金斯大学医学院的梅耶诊所里成立人类研究实验室。这个新的实验室毗邻医
299 学院的产科病房，因而可以为华生提供用于研究的婴儿。结果是华生对反射、基本情绪反应和条件情绪反应进行了一系列研究。

① 尽管铁钦纳和华生的心理学有着明显的差异，但是他们仍彼此尊重对方——两人都是“在实验室工作的人”。他们还时有通信，当华生于1910年主持一次铁钦纳的“实验者”会议时，铁钦纳还是华生的座上宾。1920年，当华生被约翰·霍普金斯大学解雇时，铁钦纳是少有的几个公开支持其同事的心理学家之一。

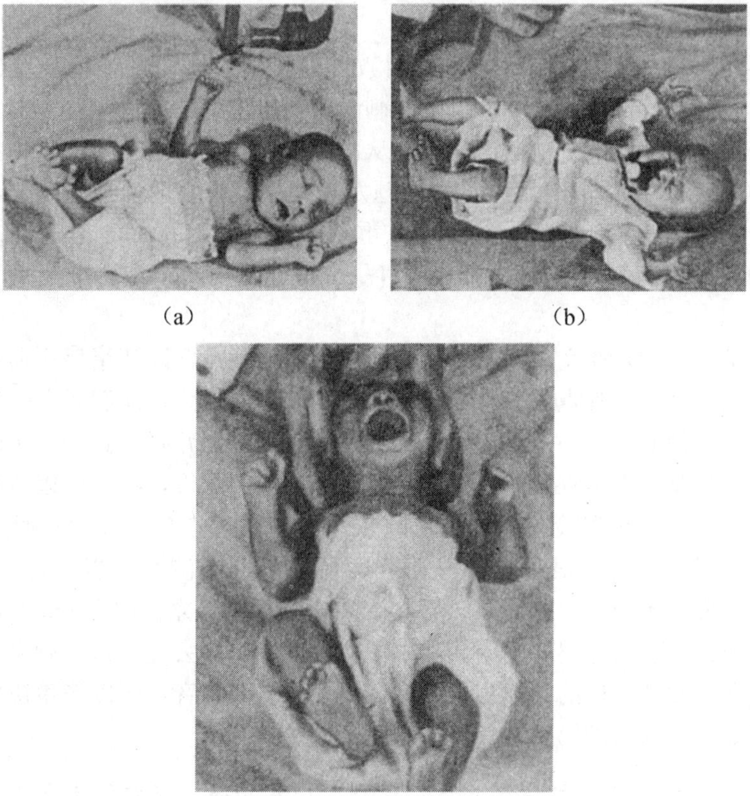

（a）　（b）

（c）

图 10—6　华生认为，恐惧反应可以通过（a）高度噪音建立，或（b）撤去支助而建立。愤怒（c）由活动受阻而引起。引自华生（1928）论儿童抚养的著作。

论基本情绪的著作是华生与 J. J. B. 摩尔根（J. J. B. Morgan）合著完成的。他们打算确定人类的基本情绪反应以及引起这些反应的刺激。他们确定了三种基本情绪：恐惧、愤怒和亲爱。根据华生和摩尔根的观点（1917），恐惧反应，从行为上可以界定为"突然屏住呼吸，双手胡乱握紧，……眨着眼，抿起嘴，然后哭起来"（p. 166）。当对两类刺激中的任何一种作出反应时，就会出现恐惧反应。这两类刺激是：突然很高的噪音（在婴儿头部的正后方，用铁锤重击一根钢棒而产生）和撤去支助（放下婴儿或当婴儿要睡着时拿掉婴儿的毛毯而产生）。第二种情绪即愤怒是由限制婴儿的活动而造成的："如果脸或头部保持哭的姿势，很快就会出现尖叫声。身体僵直，双手和手臂却能相当协调地挥动或敲打着"（pp. 166 - 167）。第三种情绪即亲爱，被界定为当温柔地抚摸婴儿的皮肤或温柔地摇动或轻拍儿童时而发出的微笑、咯咯的笑或喃喃声。华生将他的一些婴儿研究制成了电影，图 10—6 所示的静止图片就来自那些说明产生恐惧和愤怒刺激的电影。

职业生涯的顶点和低谷：小阿尔伯特

华生从婴儿研究总结出，仅有少数的刺激可以引起恐惧、愤怒和亲爱这三种本能情绪。为什么大一点的儿童能够对更大范围的刺激表现出这些情绪反应呢？对华生而言，答案很简单：条件作用。他尝试证明这一点，从而直接导致了所谓的小阿尔伯特的研究。这一研究于 1920 年以《条件情绪反应》为标题发表在《实验心理学杂志》上，并由华生和约翰·霍普金斯大学的一名研究生罗莎列·雷纳（Rosalie Rayner）合著完成。正如即将要看到的，她在华生 1920 年的另一重大事件——被迫从约翰·霍普金斯大学辞职中起着举足轻重的作用。

华生和雷纳（1920）在文章一开始就阐明了他们的观点，即情绪反应通过条件作用形成，但是“缺乏支持这一观点的直接实验证据”（p. 1）。因此，他们研究的目的就是为了提供这样的证据。他们选了一个 11 个月大的婴儿，取假名为阿尔伯特·B·阿尔伯特来进行研究，因为“他基本上感觉迟钝、情感冷淡。……我们觉得，我们可以给他带来相对少的伤害”（pp. 1 - 2）。在实验开始之前，阿尔伯特（那时才 9 个月大）通过了一系列测试——这是华生早期和摩尔根进行婴儿研究时所用的同一测验。当呈现“白鼠、兔子、
300 狗、猴子、带头发和不带头发的面具、棉絮、燃烧的报纸等东西时”（p. 2），阿尔伯特没有表现出任何恐惧。和其他婴儿不同，阿尔伯特也没有对撤去支助这一刺激表现出恐惧反应。然而，和其他婴儿一样的是他害怕高的、出乎意料的噪音，所以华生决定使用这一刺激来产生恐惧。华生和雷纳第一次仅进行了两个试验：

> 1. 突然将老鼠从篮子里拿出来，呈现给阿尔伯特。他开始用左手去摸老鼠。就在他的手刚触摸到动物时，立即敲响他头部后面的棒子。婴儿猛烈地跳起来，向前跌倒，将他的脸埋在床垫上。然而，他没有哭。
>
> 2. 当右手刚摸到老鼠时，再一次敲响棒子。婴儿再一次猛烈地跳起来，向前跌倒，并开始抽泣。
>
> 为了不对孩子造成过于严重的干扰，一周内没有进行进一步的测验。(Watson & Rayner，1920，p. 4)

一周后，阿尔伯特又连续体验老鼠，有三次试验是老鼠加上高度噪音，然后单独呈现老鼠，再两次“联合刺激”，接着再单独呈现老鼠。在最后一次试验时，这些发生了：

> 单独呈现老鼠。老鼠一出现，婴儿就开始哭起来。他几乎立刻就向左急转，跌倒在一边，撑起四肢，开始迅速地爬离，以至于在他到达桌子的边缘前，很难将他抓住。(p. 5)

现代教科书在叙述阿尔伯特研究时，通常将其描述成一个经典条件反射的人类研究实例，将高度噪音称为无条件刺激（UCS），而对噪音的恐惧则称为无条件反应（UCR）。老

鼠是条件刺激（CS），通过将条件刺激和无条件刺激配对，产生了恐惧的条件反应（CR），就像在标准的巴甫洛夫程序中将声音（CS）与对声音产生唾液分泌的食物（UCS）配对一样。然而，仔细阅读华生和雷纳的实验室记录可见，至少在最初的两个实验中，发生的反而是一种操作性惩罚程序。婴儿触摸老鼠的行为导致了高度噪音这一直接结果。同样的事件顺序是否会在其他仅仅称为“联合刺激”的试验中出现并不太清楚。显然，阿尔伯特受到了程序的影响，变得对老鼠害怕起来，然而，正是对所发生事件的不确定性导致该研究受到批判（Harris，1979）。

在阿尔伯特建立了恐惧老鼠的条件作用（不管通过什么程序）后，华生和雷纳的下一步目标就是要考察反应是否会“迁移”到其他刺激上（或如巴甫洛夫所说的“泛化”）。在刚才描述的著名实验后 5 天，阿尔伯特再次来到实验室，首先测试的是积木和老鼠。他玩着积木，仍然害怕老鼠。在表明条件反应仍然存在后，华生和雷纳呈现了其他刺激，使刺激呈现与儿童玩积木交替进行。阿尔伯特对兔子、狗、毛皮大衣表现出了一定程度的恐惧。而且，在一个表明阿尔伯特的原始恐惧可能是实验者的实验中，华生“低下头来观察阿尔伯特是否会玩弄他的头发。而阿尔伯特完全拒绝了。其他两个观察者也同样低下头来。他立即开始玩弄他们的头发”（Watson & Rayner，p. 7）。

在确认迁移已经得到证实之后，华生和雷纳转向第三个研究问题：反应能够维持一段相当长的时间吗？从实际考虑，保持间隔仅限于一个月——阿尔伯特要从医院搬走了（华生和雷纳没有提供细节）。在此间隔期间，他们用其他方式对阿尔伯特进行了测试（例如，对偏手性进行了一些研究），月末，再次给他呈现老鼠和其他一些用以泛化的刺激。他再一次表现出恐惧反应。

在他们论文的结尾部分，华生和雷纳提出了如果有更多时间的话，阿尔伯特的恐惧该如何消除的问题。尽管他们给人的印象是，他们希望能够和阿尔伯特待更长的时间，但是很显然，他们在一个月前知道阿尔伯特将要离开，没有尝试消除恐惧，而是选择测试恐惧 301
的持久性。然而，他们的确对如何让恐惧具有“非习得性”提出了几条建议。

尽管华生和雷纳并未尝试消除阿尔伯特的恐惧，但是华生后来通过督导玛丽·卡沃·琼斯（Mary Cover Jones，图 10—7）的研究在某种程度上履行了自己的承诺。那时，华生退出了学术界，从事广告业（在本章后面讨论），但是，他的儿童研究却激发了一位年轻的哥伦比亚大学研究生琼斯的兴趣，她是罗莎列·雷纳的朋友。在研究几个对各种物体恐惧的儿童时，琼斯尝试了许多种方法（1924a），但大多数都未成功。例如，(1) 仅仅随着时间的推移；(2) 运用言语请求的方法（即努力说服儿童恐惧是毫无根据的）；(3) 让同伴嘲笑儿童，都没有减轻恐惧。然而，她所做的都是在华生和雷纳的论文中提及的方法。在一个常常被引证为开系统脱敏（systematic desensitization）行为治疗技术之先河的研究中，当小男孩吃东西时，先将兔子放在离儿童有一定距离的地方，然后逐渐将兔子靠得越来越近，通过这种方法，琼斯（1924b）降低了小男孩对兔子的恐惧。与吃东西相联系的愉快反应显然替代了与兔子相联系的恐惧反应。

图 10—7 哥伦比亚大学的玛丽·卡沃·琼斯，拍摄于对恐惧的非习得性研究期间。

实际上，在所有现代心理学入门教科书的有关学习的章节中都能找到有关小阿尔伯特的研究。这一研究通常堪称"经典"，显示了行为主义原则使我们的情绪建立条件作用的力量。如果学习是由经验引起的行为变化，那么，很显然，这个研究说明了某种学习。阿尔伯特由于遇到华生和雷纳而必然受到影响。然而，该研究有几点严重不足。第一，最初的程序实际上是否让阿尔伯特对动物产生了强烈恐惧还存在某种问题（Harris，1979）。阿尔伯特的影片显示，甚至在测验开始前，他就对动物有些犹豫，而在测验后，虽然他似乎关注动物，但好像并不惊恐。第二，在开始泛化测验（"迁移"）期间，阿尔伯特的反应通常很冷淡，致使需要将动物和高度噪音进行额外的配对以使其"振奋起来"。这些额外配对构成了进一步学习的试验，因而使得泛化测验变得毫无意义。第三，即使有人认为儿童形成了恐惧，但是他所害怕的对象仍不明确。正如前面所提到的，可以想象，让阿尔伯特变得害怕的不是动物，而是华生本人。在看电影时给人留下的印象是华生对婴儿相对有些粗暴。第四，在仅使用了一个婴儿做研究的基础上，就得出关于恐惧条件作用的普遍结论是不恰当的。研究局限于个体被试是可以接受的，这代表了心理学研究的一个重要传统，但是，结果的普遍性只有连续地重复获得了基本发现才可信。然而，在 20 世纪 20 年代和 30 年代，几个试图产生条件情绪反应的研究都没有得出明确的结论。例如，恩吉斯

(English)（1929）没能让一个 14 个月大的婴儿对木制的鸭子建立恐惧的条件作用，主要是因为儿童没有对高度噪音作出敌对反应。而且，瓦伦丁（Valentine）（1930）也未能让一名儿童对观剧用的小望远镜建立恐惧条件作用，但是对毛毛虫却明显成功了。同样，布 302
雷格曼（Bregman）（1934）也未能对包括窗帘和一些木制积木等在内的生物学上的中性刺激建立恐惧条件作用。然而，瓦伦丁和布雷格曼两人在研究在方法上都存在严重的缺陷，很难判断是否进行了重复（Todd，1994）。

因此，总的来看，小阿尔伯特的研究不能认为是对条件作用原理的普适性的结论性证明。为什么它会如此出名呢？一个是政治原因。为了让行为主义成为美国科学心理学中公认的重要势力，需要有条件作用威力的实例。华生所要做的一件事就是宣扬行为主义，但是还需要证明其有效性。小阿尔伯特的研究似乎很符合需要，华生和其他支持行为主义的人后来对它进行描述时，忽略了方法上的弱点，使其最终获得了“起作用的条件作用”的确切例证的地位（Prytula，Oster & Davis，1977）。该研究普及的第二个原因与第一个有关，就是它对身负生活重任的人具有一定的巨大吸引力和适用性：我们该怎样抚养我们的孩子。如果儿童所遇到的经历会对其生活造成如此显著的影响，那么，控制儿童的环境就成了塑造儿童未来的重要途径。

因此，小阿尔伯特的研究在使新的行为主义取向能在 10 年内名正言顺地成为美国心理学的主导力量中发挥了重要的作用。然而，在 20 世纪 20 年代的 10 年间，华生注定成不了领军人物。小阿尔伯特的研究发表的这一年，即 1920 年，也正是华生被约翰·霍普金斯大学解雇的那一年。

新的广告生涯

当华生还是芝加哥大学一位年轻的单身讲师时，他爱上了上其心理学导论课的学生玛丽·伊克斯（Mary Ickes），他们最终结婚了。作为约翰·霍普金斯大学的正式实验心理学家，他有了相似的经历，却存在着两个重大差异。这次的学生是研究生（罗莎列·雷纳）而不是本科生，更重要的是，这次华生已经结婚了——大约 17 年前，他和那名本科生结了婚。这次不幸境遇的细节可以在其他资料中看到（例如，Buckley，1989）。完全可以说，华生与雷纳的相爱导致（1）他与玛丽·伊克斯的离婚受到了高度关注，其焦点是华生写给罗莎列的情书被玛丽发现并公开了，（2）他被迫从约翰·霍普金斯大学辞职，和（3）他和罗莎列结了婚。

从约翰·霍普金斯大学辞职对华生是一个致命的打击。而且，随之产生的关注也葬送了让他获得另一份学术职位的任何机会。相反，通过一位朋友的说情，他进入了商业界，加入了位于纽约市的 J·沃尔特·汤普森广告公司。在学徒期间，华生（图10—8）要为公司的所有部门服务，而在此之后四年内，他就荣升到副总裁一职（Buckley，1989）。

图 10—8 担任广告总监的约翰·B·华生。

作为一名广告总监，华生有机会去实践其所宣称的一些行为主义的适用性。例如，他开展了一些主题广告活动，这些主题均来自于他对恐惧、愤怒和亲爱这三种基本情绪的研究。华生认为，为了将产品销售给顾客，销售员必须“告诉顾客一些让他感到恐惧的东西，一些会激起轻度愤怒的东西，一些能唤起有感情的或爱的反应的东西，或者冲击其深层的心理需要或习惯需要的东西”（引自 Buckley，1989，p. 137）。例如，一则为“约翰逊 & 约翰逊婴儿爽身粉”所做的广告活动就明确传达了一个用来吓唬年轻父母购买产品的信息：如果他们不使用婴儿爽身粉，他们就会冒着让孩子受到严重感染的危险。华生还非常擅长使用来自知名人物和专家的证明书来销售产品。例如，婴儿爽身粉的广告活动就使用了医生提供的证明。

华生以他对科学方法的同样热情投入到了全新的职业生涯中，而这种热情是其学术生
303 涯的特色。例如，他在自传中声称：“看到新产品销售曲线的增长就如同看到动物或人的学习曲线一样让人兴奋”（Watson，1936，p. 280）。事实上，他对消费心理学的主要贡献并不是引进了新的广告技巧——历史学家德伯拉·库恩（Deborah Coon）曾表示，他只不过是采用了由沃尔特·迪尔·斯科特（第8章）开创的、当时在使用的策略。确切地说，他更为持久的影响是，将科学思维应用到了销售领域（例如，使用人口统计学资料来锁定某些顾客），以及为销售人事部门发明了培训方案和生产率评估方法（Coon，1994）。

然而，在 20 世纪 20 年代，广告并未占据华生的所有时间。他在纽约的社会研究新学院进行关于行为主义的演讲，加入卡特尔心理公司的董事会，并通过督导由劳拉・斯佩尔曼・洛克菲勒纪念基金会拨款资助的研究而重新开始了他对婴儿的研究（Buckley，1989）。洛克菲勒纪念基金会为哥伦比亚大学提供了 15 000 美元，以继续他在约翰・霍普金斯大学开始的研究，而且前面提及的由玛丽・卡沃・琼斯进行的著名研究就在拨款资助的实验之列，该研究成功消除了一个小男孩的习得性恐惧。在 20 世纪 20 年代，华生还继续进行关于行为主义的写作，以确保其作为行为主义普及人的声誉。

普及行为主义

华生在其学术生涯的早期就通过在通俗杂志（如《哈珀月刊》）上发表诸如标题为《动物行为的新科学》（1910）发表文章，开始与普通公众进行交流，但是这种活动在 20 世纪 20 年代大量增加，他为其他杂志写文章，参加无线电广播，并出版了两本书：《行为主义》（1924/1930）和《婴儿和儿童的心理护理》（1928）。前一本成为最广为人知的对华生思想的阐述。尽管哥伦比亚大学的罗伯特・伍德沃斯（1931）曾将之恰当地描述为“绝不是（华生）从心理学家的观点创作的最具科学性的著作之一”（p. 91），但是《纽约时报》却评述道，它将会开创“人类思想史的一个新纪元”（引自 Buckley，1989，p. 173）。正是这本书让年轻的 B. F. 斯金纳对行为主义思想产生了兴趣。这本书收编了华生最著名的引文之一，反映了他关于环境在塑造我们的生活中具有重要性的信念：

> 因此，我们的结论是，我们没有特征遗传的任何真实证据。精心地抚养生来就有可能成为骗子、杀人犯、小偷以及妓女的健康而无缺陷的婴儿，我十分有信心最终会得出令人满意的结果。……
>
> 现在我想更进一步地说明：“给我一打健康而没有缺陷的婴儿，让我在我的特殊世界中教养，那么我能保证，从他们中任意挑选一个，不管他的才能、嗜好、倾向、能力，以及他祖先的职业和种族如何，我都能将其训练成为我所挑选的任一类型的专家——医生、律师、艺术家、商界领袖，甚至是乞丐和小偷。”（Watson，1924/1930，pp. 103 - 104）

华生承认，在提出“一打婴儿”的主张中言过其实了，而且为了将他的观点与那些包括大多数心理测验者在内的心理学家的观点进行比较，他可能夸大了事实（参见第 8 章），心理测验者倡导的是遗传特征在个体行为中的作用。尽管华生一直承认先天和后天在行为产生中的交互作用，但是他的“一打婴儿”的引文已成为心理学入门教科书中的一大经典 304
特色。华生通常被刻画为完全否定先天—后天二分法中先天重要性的人，但这是不正确的（Todd，1994）。

华生作为极端环境论者的声誉由于《婴儿和儿童的心理护理》（1928）一书中的许多

建议而得到了加强，该书是在“罗莎列·雷纳·华生的帮助下”（卷首插图）完成的。此书包含了华生关于如何使行为技术对儿童抚养这个最重要的任务产生影响的最强硬的观点。他将此书献给“抚养幸福儿童的、初为人母的女性”，书的开篇阐述了这一任务的紧迫性：健康的婴儿可以克服生理剥夺的短期影响，但是“一旦孩子的性格由于不良的养育而变坏，这在几天内就能做到，谁又能说这种伤害可以修复呢?”（p. 3）

在一篇标题为《母亲过于溺爱的危险》的章节中，华生对过于宠爱儿童发出了警告。结果是“一无是处”——孩子无法在生活中变得有责任心、独立，无法最终走向成功。他告诫道，“过于溺爱的孩子前途会困难重重”（p. 71）。那么该怎么做呢?

> 有一种对待儿童的明智之举。就是像小大人一样对待他们。细心谨慎地为他们沐浴装扮。让你的行为始终保持客观和温柔的坚定。不要拥抱和亲吻他们，不要让他们坐在你的腿上。如果你必须吻他们，那就在他们说晚安的时候吻一下他们的前额。早晨和他们握手。如果他们在解决困难的任务时干得特别出色，那就拍拍他们的头。试一下吧。在一周内，你就会发现和孩子完全客观同时又很温柔地相处，是多么的舒适惬意。你将会为自己曾使用的自作多情的、感情用事的做法感到十分羞愧。(Watson，1928，pp. 81 - 82)

华生（1936）后来说，他很遗憾写了儿童抚育这本书，它并未得到数据的充分支持。然而，此书却是他所持有的对行为主义能够影响日常生活这一信念的最好例证。广而言之，此书表明了理解和控制相互作用的实证主义信念。

对华生行为主义的评价

在某种意义上，华生的行为主义是一个伟大的失败。给予刺激，能够预测所有反应的宏伟蓝图从未实现过。华生的大多数理论都脱离了可获得的经验证据——数据永远无法证明极端的主张。那么，华生的理论体系有什么影响呢?

第一，华生对心理学经久不衰的重要意义来自他对其坚定信念的传播。正如先前所述，行为主义当然并未立即产生影响力。事实上，学术界最初的反应错综复杂。但是，华生强有力而反复的论证开始了让行为主义在20世纪30年代中叶成为美国实验心理学主流的过程。因此，行为主义的“奠基人”这一称号他当之无愧。

第二，华生通过直接攻击内省心理学，来揭露其致命的弱点，即缺乏客观性，促使心理学逐渐从对直接意识经验的研究转向了对行为的研究。通过使用可观察的、可测量的行为，而不是内省报告作为因变量，华生最终促使心理学领域植根于更加坚实的科学土壤之中。

第三，华生在普通大众中享有盛誉表明，他的思想与美国人产生了共鸣。他认为调整环境可以塑造人们未来发展的思想与美国人认为通过对儿童进行适当的抚养和教育，人能够追求任何目标的观念相一致。正如我们之前所见（第 3 章），这种积极的态度使得颅相学在科学家放弃研究后很长时间内仍能经久不衰。在 20 世纪 20 年代，华生的行为主义尤其具有吸引力，此时正是美国的繁荣时期，也是普通美国人对其未来满怀信心，根本不知道 20 世纪 30 年代的大萧条近在眼前的时期。华生本人就是具有这种态度的鲜活榜样，这位贫穷的农场小子两次达到了职业的顶峰——一次是在心理学方面，一次是在商业界。这 305
一信息对普通美国人而言要比他们从心理测验者那里得到的更具诱惑力。正如你从第 8 章回想的，心理测验的倡导者鼓吹的是建立在智商基础之上的精英教育，而智商在很大程度上被认为是天生的。

第四，华生的行为主义有效地跨越了基础心理学和应用心理学之间的鸿沟。诸如条件作用和迷津学习等领域的实验室研究越来越具有科学的严密性，从而实现了科学心理学的目标。与此同时，华生反复强调的应用的可能性也结出了果实，因为行为主义的思想最终对儿童抚养、教育、工业，甚至心理治疗产生了影响。

那么，华生本人又如何呢？作为一名广告总监和心理学的普及者，当 1935 年他此生的最爱罗莎列突然去世后，他的创作力急剧降低。同年，他离开 J・沃尔特・汤普森广告公司到威廉・埃斯蒂公司担任类似的职位，10 年后退休。在其余生里，他变得越来越隐居。1957 年，华生逝世的前一年，美国心理学会在其周年大会上嘉奖华生，尽管他计划从康涅狄格的家赶到纽约参加会议，但是却在最后一刻宣布退出，没有参加典礼，而是让儿子代替他参加典礼。根据其传记作者的观点，“华生害怕他会在那一刻激动得不能自控，害怕行为控制的倡导者会崩溃而哭泣”（Buckley，1989，p. 182）。

概要

追求更大的客观性

● 在华生之前，许多心理学家开始关注其测验的客观性。进化论是一个影响因素，它导致了对动物行为的研究。研究动物意味着要发展行为测量，美国心理学家做的正是这些（例如桑代克的迷箱研究）。

● 经验主义哲学和联想主义哲学两者都强调经验的重要性，它们为行为主义思想奠定了基础。实证主义也做出了贡献，实证主义认为，通过归纳的、系统的观察可以获得唯一有效的知识。

● 许多心理学家都对对心理现象进行更客观的测量感兴趣，因为他们越来越对内省持批判态度。

巴甫洛夫的生平与工作

● 巴甫洛夫更多地将自己视为生理学家而不是心理学家，1904 年，他就因消化的生理学研究而获得了诺贝尔奖。他尤其以对外科手术过程的发展而著称（例如巴甫洛夫袋），这些过程确保了对活的、完好无损的动物进行消化过程的研究。

● 巴甫洛夫的条件作用研究是从消化研究发展而来的，当时他决定研究为什么狗通常会在食物到达它们嘴里之前就分泌唾液。他系统地考察了大量的条件作用现象，包括习得、消退、泛化、分化以及实验性神经症（丧失了辨别刺激的能力）。他根据大脑兴奋和抑制的交互过程解释了这些现象。

● 从20世纪早期起，美国心理学家一般都知道巴甫洛夫的研究，但是直到20世纪20年代其研究被翻译成英文后，才开始对巴甫洛夫的研究有了广泛的了解和重视。

约翰·B·华生与行为主义的创立

306 ● 华生曾在机能主义的芝加哥大学接受培训，在那里他开始讨厌内省而喜欢动物研究。他的毕业论文研究的是老鼠的皮质发展与学习能力之间的关系，后来还进行了几次关于老鼠是如何借助于动觉来学习迷津的重要研究。

● 博士毕业后，华生在芝加哥大学执教了几年，之后于1908年进入了约翰·霍普金斯大学，他在那里一直待到1920年。在其行为主义者宣言（1913）中，华生宣称，内省心理学应该被具体阐述刺激和反应之间关系的心理学所取代。在其就任美国心理学会主席的就职演讲（1915）中，他说明了如何通过使用与巴甫洛夫相似的程序使行为建立条件作用。

● 在约翰斯·霍普金斯大学的最后一年，华生对新生儿和年幼儿童，尤其是他们的情绪发展进行了研究。他认为，恐惧、愤怒和亲爱是三种基本情绪，每一种都由特定的刺激引起。更为复杂的情绪反应则由条件作用引起。

● 在著名的小阿尔伯特实验中，华生试图证明情绪反应的条件作用。通过将高度噪音和白鼠相配对，华生和雷纳让婴儿对白鼠产生了恐惧。恐惧泛化到了相似的刺激（例如兔子），并且至少持续了一个月。后来，玛丽·卡沃·琼斯证明恐惧是非习得性的。

● 华生最后的职业生涯是广告总监，将行为主义原则应用到营销上。在此期间，他还成为行为主义哲学，尤其是儿童抚养领域的普及者。

思考题

1. 约翰·洛克的经验主义思想和约翰·华生的行为主义思想之间有何相似之处？
2. 什么是实证主义，它对美国心理学有什么意义？
307 3. 比较心理学对行为主义思想的发展有什么影响？
4. 当巴甫洛夫在接受牧师培训的时候，是什么影响他转向科学？

5. 描述为巴甫洛夫赢得诺贝尔奖的研究。

6. 描述巴甫洛夫实验室的操作和管理。

7. 本章脚注 2 中得出的历史要点是什么?

8. 巴甫洛夫是如何证明条件作用、消退、泛化、分化的基本现象的?

9. 巴甫洛夫通过实验性神经症说明了什么?他又是如何证明实验性神经症存在的?

10. 美国心理学家是怎样知道巴甫洛夫思想的?巴甫洛夫对美国心理学产生了什么影响?

11. 本章视窗中所提出的历史编纂学的要点是什么?

12. 描述让华生在芝加哥大学时转变成行为主义者的因素。

13. 从方法学和伦理学的角度描述华生和卡尔的迷津研究。

14. 在干龟岛上，华生了解了鸟行为的哪些方面?

15. 描述华生是如何确定三种基本情绪存在的。这三种情绪是什么?什么刺激能引起它们?

16. 描述并批判地分析小阿尔伯特研究。

17. 华生和雷纳并没有试图消除阿尔伯特的恐惧，但是琼斯却表明恐惧可以消除。她是如何做到的?

18. 描述华生是如何运用其一般的科学态度和行为主义的思想来影响广告界的。

19. 描述华生的儿童养育的方法。

来自原始资料摘录的问题

1. 华生对构造主义心理学批判的本质是什么?

2. 除了攻击构造主义外，华生还批判了机能主义。为什么?

3. 根据华生的观点，心理学的目标应该是什么?

4. 在其宣言中，华生必须对应用说些什么?

进一步阅读

Babkin, B. P. (1949). *Pavlov: A biography*. Chicago: University of Chicago Press.
从一位以前学生的视角对巴甫洛夫的生平和研究进行了独一无二的考察。尤其是有效刻画了20世纪早期巴甫洛夫实验室里的生活。

Buckley，K. W.(1989). *Mechanical man：John Broadus Waston and the beginnings of behaviorism*. New York：The Guilford Press.

唯一现存的华生学术传记，详细而批判性地分析了华生思想是如何形成的以及这些思想又如何反过来影响了美国的心理学思想。好的传记例证就是要将其核心特征融入时代的社会、文化和思想背景。

Harris，B.(1979). Whatever happened to Little Albert? *American Psychologist*，*34*，151-160.

对小阿尔伯特研究如何成为条件作用原理应用的“经典研究”进行了批判性的考察，尽管事实上该研究存在严重的缺陷，而且重复的努力也并不成功。教科书对该实验的描述通常都不正确，这主要是因为作者参考的是二手资料而不是原文。

O'Donnell，J. M.(1985). *The origins of behaviorism：American psychology，1870-1920*. New York：New York University Press.

对美国心理学的形成期以及导致行为主义发展的诸因素从学术上进行了描述和分析，具有很高的可读性，是一部外部的、厚古的、前后关联的历史的优秀例证。

第11章 行为主义的发展

我认为，通过对老鼠在迷津中某一选择点上行为的决定因素进行不断的实验和理论分析，可以从本质上研究心理学中一切重要的东西。

——爱德华·奇斯·托尔曼，1938

本章预览与目标

本章将继续描述行为主义思想的发展，集中于三位被视为“新行为主义者”的研究型心理学家的工作——爱德华·托尔曼、克拉克·赫尔和 B.F. 斯金纳。但是，本章开篇首先考察华生行为主义的命运，并描述为美国实验心理学家接受行为主义铺平道路的几个趋势（例如操作主义），行为主义从 20 世纪 30 年代至 50 年代一直都在心理学学科中占据主导地位，至少在美国是如此。然而，你也将了解到，在此期间，并非所有的美国心理学家都是行为主义者，而且行为主义在很大程度上是一种美国现象。 308

本章要考察的学习理论彼此之间存在很大差异——例如，关于强化在学习中的界定和作用。但是，所有的学习理论都是基于使用动物为被试的研究，并且都致力于发现条件作用的基本规律。尽管并未轻视生物学因素的重要性，但根据英国经验主义者的传统，新行为主义者认为，理解人类行为在很大程度上意味着发现生活经验（即条件作用史）是如何塑造个体的。本章原始资料摘录强调的是 B. F. 斯金纳称之为操作条件作用的学习形式的思想。阅读完本章之后，你应该能够：

■ 区分行为主义革命的神话与从华生 1913 年的宣言到 20 世纪 30 年代行为主义崛起之间真实发生的事

■ 描述逻辑实证主义和操作主义之间的关系是如何为新行为主义者托尔曼和赫尔的理论铺平道路的

■ 解释在心理学中使用操作定义的重要性

- 描述新行为主义者共同持有的信念
- 描述托尔曼学习理论的主要特征
- 描述并解释托尔曼关于潜伏学习、位置学习和认知地图研究的重要意义
- 309 描述赫尔在其学习理论形成之前对心理学的贡献
- 描述赫尔的假设—演绎学习理论，特别是公设 4 的主要特征
- 描述斯金纳的心理学取向与托尔曼和赫尔的取向有何不同
- 根据斯金纳的观点，描述一个行为实验分析的基本成分
- 解释弗朗西斯·培根爵士对斯金纳思想的影响
- 描述斯金纳试图将其操作原理应用到现实生活事务中的例子
- 评价新行为主义对心理学史的影响

华生之后的行为主义

心理学史的传统叙述通常将华生的行为主义视为革命性的。这种神话一般如此叙述：华生之前，是内省心理学的黑暗时代。由于其强烈的主观性，所以内省主义不能使心理学成为一门真正客观的科学。然后，华生与其 1913 的“行为主义者宣言”出现了。除了少数目光短浅的不认同者外，各地的心理学家都看到了曙光，心理学从意识的准科学急剧转变成为一门真正的行为科学。华生之后，行为主义迅速成为实验心理学家的主要思维方式。这可能是一个富有戏剧性的情节，但是它并未发生。真实的故事要更加复杂得多，并与传说极其不符。

正如前一章所述，华生的行为主义并未立即受到欢迎，对其 1913 年行为主义者宣言的最初反应更可能是冷漠或批评而不是支持（Samelson，1981）。大多数美国心理学家只是忙于各自的事业：如果他们对无意象思维感兴趣，他们就会通过将认知任务和内省结合起来继续研究它们；如果他们对视觉系统的机能感兴趣，那么他们就会继续研究诸如后像和错觉之类的现象；如果他们对比较心理学感兴趣，他们就会继续研究动物行为。当然，第一次世界大战后，许多心理学家都卷入了心理测验运动（第 8 章）。事实上，通过考察心理测验的发展要比研究行为主义思想的发展能够更多地了解 20 世纪 20 年代美国心理学的本质（Samelson，1985）。而且，心理学的非行为取向在华生宣言之后和 20 世纪 20 年代期间并未完全消失。默奇森（Murchison）的《1925 年的心理学》（1926）和《1930 年的心理学》（1930）中至少考察了十几种心理学，而且格式塔心理学（第 9 章）和行为主义一样引起了广泛关注。直至 1931 年，罗伯特·伍德沃斯的广为阅读的《现代心理学派别》才在行为主义章节之前有了内省心理学，并包含了格式塔心理学、弗洛伊德

的精神分析和"策动"（即集中于本能）心理学的章节。伍德沃斯准确地预言，50年后历史学家将赋予行为主义运动许多意义，但是他"对准确猜出（历史学家）将从何处发现其意义感到迷惑"（p. 89）。他承认，行为主义对一些比较年轻的心理学家有吸引力，但他也指出，对客观方法的倡导并非华生独有，尽管华生发表了其观点，但是内省研究仍在继续。

然而，20世纪30年代初期，行为主义的确开始在美国实验心理学中受到重视。当然，华生发挥了重要作用，尤其是他代表行为主义所进行的持之以恒的说教，甚至在他离开学术界后仍是如此。尽管《行为主义》（1924/1930）"不是华生从心理学家的观点创作的最具科学性的著作之一"（Woodworth，1931，p. 91），但在20世纪20年代，在美国充满极 310 大乐观主义的10年期间，该书以及他对儿童抚养的建议提出了关于塑造下一代的重要主张。在兴旺的20世纪20年代，美国从第一次世界大战中蹿升为一个世界强国，直至20世纪20年代末，由于股市崩溃所引起的大萧条，它的自信才开始动摇。一贯保守的《纽约时报》认为，华生的著作"标志着人类思想史的一个新纪元"（引自 Woodworth，1931，p. 92）。伍德沃斯认为，行为主义的重要意义可能主要在于它吸引了那些相信科学可用于提高大众利益的人。因此，行为主义能够发展成为美国心理学的一种势力，在某种程度上来自于公众的一种乐观信念，总的来说，即认为已找到有效养育子女、改善其婚姻和事业、帮助他们获得更加丰富多彩的生活的方法。

然而，公众对行为主义的热情并不能解释其上升为主导力量的整个事实。在行为主义占据美国心理学前沿的过程中，20世纪20年代的其他事件同样起了重要的作用。首先，正如前一章指出的，巴甫洛夫的大量研究首次被翻译成了英文。美国人知道巴甫洛夫，但在20世纪20年代之前，他们对巴甫洛夫的研究范畴及其精确性和意义还知之甚少。如果美国心理学家要寻找一个关注外显、可测量的行为的系统研究程序的模型，那就是行为主义。正如前一章所讨论的，到1929年的耶鲁大学国际大会时，巴甫洛夫作为一名重要人物受到了美国心理学家的广泛认可。为行为主义铺平道路的另一事件是一位哈佛大学的物理学家出版的一本著作。在《现代物理学的逻辑》（1927）一书中，珀西·布里奇曼（Percy Bridgman）向美国心理学家介绍了操作主义。操作主义和与其有紧密联系的逻辑实证主义为新行为主义提供了思想基础。

逻辑实证主义与操作主义

当一小组哲学家、数学家和科学家每周四晚在维也纳的一个咖啡屋开会讨论科学逻辑和科学哲学的同时，操作主义诞生了。他们以维也纳学派著称，提出了后来被称为逻辑实证主义（logical positivism）的一种实证主义思想（Gillies，1993）。自19世纪以来，实证主义者都严格遵循经验主义的立场，认为对自然现象的确定知识只能来自对可测量事件的公开观察。这种哲学非常适合华生，因为它与华生认为心理学必须研究可观察的行为而不是主观内省的观点不谋而合。其困难在于，即便强调可观察的事物，当创建一种理论时，回避讨论不可观察的概念仍是非常困难的。例如，如果你认为可通过降低对强烈动力，如饥饿的需要来驱动人类行为，那么你就不得不阐述饥饿意味着什么，并且它是如何驱动我们行动的问题。然而，饥饿是不可观察的事件，似乎局限于内省的描述（“我的胃现在觉得空空的，我觉得有点头晕”）。逻辑实证主义者会在物理学的情景中处理这个问题——像磁力或引力等力量也都是不可直接观察到的——通过区分可观察的和理论的事件，但仍坚持认为这两类事件彼此紧密相连，从而满意地解决这一问题。尤其是，他们认为，只要抽象的、不可观察的概念与某些可观察的事件紧密联系起来，这些概念就可应用于科学理论。因此，如果某些物体（如金属屑）以可预知的方式运动，并可进行客观的观察和测量，那么磁力就可被认为是具有明确特性的理论力量。同样，如果饥饿能与可观察的行为联系起来，那么它就可应用于动机理论。操作主义提供了这种连接。

操作主义（operationism）的基本思想是，科学概念不能以绝对的术语加以限定，而应根据测量它们的操作来界定。例如，长度的概念是通过协商一致的程序来界定的。正如布里奇曼在其《现代物理学的逻辑》（1927）中所述，“当测量长度的操作确定下来的时候，长度的概念……就确定了；也就是说，长度的概念仅仅是包含了多达一组的操作而已”(p. 5)。布里奇曼还探讨了他所谓的“伪问题”，即那些可能很有趣，但通过科学观察又无法回答的问题。时间是否有起点或终点便是一例。

311

布里奇曼在哈佛大学的同事，实验心理学家 S. S. 史蒂文斯（S. S. Stevens）是心理学界最活跃的操作主义倡导者。在 20 世纪 30 年代早期，史蒂文斯是 E. G. 波林的博士生，并成为 20 世纪最著名的心理物理学研究者。他还创建了测量量表的分类表（又称为名称量表、顺序量表、等距量表、比率量表），所有那些学过统计学课程的人都知道。他 1935 年的论文《概念的操作定义》是试图使心理学家确信采用操作性策略是明智之举的几篇论文中的第一篇。史蒂文斯认为，操作主义回答了逻辑实证主义者所面临的问题——如何去界定无法直接观察的科学概念。通过使用操作定义，即对测量的程序和确定实验变量的程序进行精确描述的概念，心理学家能够研究那些诸如饥饿、焦虑、攻击以及记忆等似乎无法看到的概念，同时又忠于实证主义哲学的信条。现在，研究者可以根据一组操作来界定诸如饥饿之类的动机状态或诸如响度之类的知觉特性，而这组操作被假定可以带来这些状态或特性。因此，饥饿就可界定为几个小时没有进食的结果，而知觉到的响度可界定为对参与研究者制造出的不同音量进行的一系列辨别，等等。

史蒂文斯也发现了布里奇曼所提出的实验心理学“伪问题”的适恰性。布里奇曼所举的例子之一是，人物 A 的蓝色感觉是否与人物 B 的蓝色感觉相同这一问题。而这根本无法确切地知道，所有能做的就是确定人物 A 和人物 B 是否对一系列已知波长的视觉刺激作出了相似的辨别。因此，操作思维的一个结果是，提出了一些关于内省观察有效性的其他问题，并认为应该用行为观察（即在刺激之间进行辨别）来代替它们。

时至今日，操作定义仍在心理科学家中被广泛使用，但是严格的操作主义却未能在心理学中维持多久。操作主义的内涵之一是，概念的意义不能超越用来测量它的操作。因此，饥饿只不过是 24 小时没有进食。问题在于研究者们往往无法对一个术语的“最佳”操作定义达成一致。一个定义必定比另一个定义更好的观点意味着，研究者们相信诸如饥饿之类术语的意义超越了单纯的一组操作。为了使问题进一步复杂化，许多心理学的概念都拒绝简单的操作定义。例如，研究攻击的研究者们已创造了多种操作定义，如从一个主体向另一个发起攻击到十字路口的司机们把汽车喇叭按得直响。那么，可以在这两种情况下研究攻击吗？一种现象的各种非常不同的方法能测量同一个事物吗？一位严格的操作主义者必须坚持，不同的操作测量不同的现象。因此，要么所有的研究者必须对攻击的单一定义达成一致，要么所有的人必须同意他们在使用不同的方法研究不同的现象。

希尔加德（1987）认为，操作主义的本质只是要迫使实验心理学家更加精确地界定其术语。其主要优势是复制（replication）。如果术语界定得足够明确，其他研究者就能重复这一特定研究。成功的复制能增加对某一研究结果的信任；而不成功的复制则需要进行另外的研究以排除矛盾。而且，如果研究者采用操作定义上有细微差异的术语得出相同的结论（例如，挫折常常伴随着攻击），那么结论的普遍性就会增加。聚合操作（converging operations）所指的观念是，当几个各使用不同操作定义的研究“聚合”于同一个基本结论时，就能增强我们对某个心理现象的理解。根据希尔加德的观点，对世界上现象的“真 312
实”意义的形而上学辩论可以留给哲学家。因此，他声称，心理学家很大程度上忽略了对操作主义的优点及其哲学兄弟逻辑实证主义的辩论（Hilgard，1987，p. 779）。对他们而言，精确界定方法是非常必要的。直至今天，操作定义仍是任何研究方法学书籍的典型特征。

新行为主义

在 20 世纪 20 年代后期和 30 年代早期，公众对行为主义前景的热情，对巴甫洛夫大量的条件作用研究之重要性的认可，对操作主义和逻辑实证主义的普遍接受，以及几个孜孜不倦、极具创造性的实验心理学家的出现共同促生了被称为新行为主义（neobehaviorism）的心理学运动。这场运动在美国实验心理学中占据了主导地位，大约从 1930 年一直持续到 1960 年。不管怎样，这场运动并不是一个统一的思想流派，你将会了解到，新行为主义的三大模型之间存在着巨大的差异。尽管如此，新行为主义者之间仍达成了一定的共识。

首先，所有的新行为主义者都认为物种之间具有连续性的进化论假设是理所当然的。那些适用于某一物种的行为法则，至少在某种可标准化的程度上，也应该适用于其他物种。因此，可以通过在研究中使用非人类被试来考察与人类行为相关的现象。1930—1960 年，在实验心理学中，使用动物被试进行学习或条件作用基础研究的成果急剧增长。尽管爱德华·托尔曼在其美国心理学会主席就职讲演上所说的有些半开玩笑的性质，但他的评论——“我认为，通过对老鼠在迷津中某一选择点上行为的决定因素进行不断的实验和理论分析，可以从本质上研究心理学中一切重要的东西”（Tolman，1938，p. 34）——反映了新行为主义者对通过研究动物行为而获得的经验的信任。托尔曼（1932）甚至将其最重要的著作献给了“M. N. A.”（穆斯·诺尔维克斯·阿尔比努斯，Mus Norvegicus Albinus——一只白鼠），而且他的藏书标签也进一步反映了他研究的重点（图 11—1）。

图 11—1 托尔曼的藏书标签。

新行为主义者共同持有的第二个信念是，学习对理解行为至关重要。简单地说，新行为主义者严重倾向于先天—后天连续统一体的后天因素，认为要知道人们为什么这么做，需要对如何习得事物的基本原则进行彻底分析。当然，这就是华生进行小阿尔伯特实验的主导原则和动机之一。对学习的重视也将行为主义和英国经验主义的思想联系了起来。当约翰·洛克恢复了亚里士多德的心灵白板说，并宣称“经验”就是作者时，他也提出了与华生相同的观点，即声称恐惧是学习的结果。对于新行为主义者而言，我们所生活的世界，即环境，塑造了我们特有的行为方式。

对学习的重视也与美国心理学对实际应用的强调不谋而合。华生对普通大众的吸引力
313 是，他在展示如何将学习原则应用于改善教育、促进儿童抚养和提高销售数字方面的才能。如果我们就是我们所要了解的对象，如果学习就是在一定环境中获得特定经验的结果，那么，通过一定方式安排环境，就能从各种创造性的方面来塑造行为。

新行为主义要做的一件事是宣布学习的重要性；另一件事则是要明确了解这些学习是如何发生的。因此，在新行为主义时代，研究和理论的重点都集中于学习发生的方式。这

一基本问题在新行为主义者中造成了最尖锐的分歧，但最终也产生了关于各种学习现象的重要知识。我们将考察三位最重要的新行为主义者的思想：爱德华·托尔曼、克拉克·赫尔和B.F. 斯金纳。

爱德华·C·托尔曼
(Edward Chace Tolman，1886—1959)：目的行为主义

爱德华·奇斯·托尔曼出生在波士顿郊区马萨诸塞州的牛顿市一个上流的中产阶级家庭。年少时，他从父亲那里学到了百折不挠、艰苦奋斗的美德，他的父亲是一名成功的商业主管，从具有贵格会教徒背景的母亲那里学到了需要以强烈的道德基本原则来反思生活。尽管有一些要进入家族企业的压力，但是托尔曼还是考入了麻省理工学院（MIT），并于1911年获得电化学学位而毕业。然而，他并未在该领域谋职，部分原因是他不想和其能干的哥哥理查德竞争，理查德要早他五年就读于麻省理工学院（Crutchfield，1961）。理查德·托尔曼（Richard Tolman）是一位著名的物理学家，对第二次世界大战期间原子弹的研发做出了贡献。爱德华从物理学和化学转行的第二个原因是，他在大学的最后一年发现了威廉·詹姆斯。《心理学原理》为托尔曼的生活指明了全新的方向。

1911年，托尔曼刚从麻省理工学院毕业就参加了哈佛大学的两个暑期班，一个是哲学课，另一个是心理学导论课，后者由罗伯特·耶克斯授课。耶克斯让他从此爱上了心理学，他考上了哈佛大学的研究生院，并于1915年获得博士学位。在他上耶克斯的第二门课时，托尔曼通读了华生的《行为：比较心理学导论》（1914）一书，尽管他没有立即转向行为主义的立场，但是托尔曼将行为主义视为他在雨果·闵斯特伯格实验室所遇到的传统内省心理学的另一有趣选择。正如他后来所述，他对内省问题感到困惑，而“耶克斯的华生行为主义导论课程成了一种巨大的刺激和安慰”（Tolman，1952，p.326）。在研究生院期间，当他为准备外语能力考试而访问德国时，托尔曼遇到了库尔特·考夫卡，并接触到了格式塔心理学（第9章）。格式塔的“整体”概念后来在托尔曼的行为理论中发挥了重要作用。（图11—2显示，托尔曼与勒温和考夫卡在1935年的勒温拓扑学团体会议上。）最后一位对托尔曼在哈佛大学期间产生重大影响的是他的另一位老师，即心理学家埃德温·霍尔特（Edwin Holt，1873—1946），他的行为主义学习融入了目标和目的观念。霍尔特认为，华生的行为主义太过简化，不能将行为有意义 314
地还原为简单的物理刺激和肌肉或腺体的反应。相反，他主张，应该更加宽泛地将行为界定为服务于某一目的的动作。也就是说，行为是有目的的、目标指向的。这些思想成为了托尔曼学习理论的核心。

图 11—2 托尔曼在 1935 年的勒温拓扑学团体会议上与勒温和考夫卡在一起，引自 Marrow（1969）。

第一次世界大战期间，托尔曼在西北大学（Northwestern University）执教了三年。他于 1918 年被辞退，据说是由于缺乏教学技巧，但更可能是由于他鲜明的反战立场（Tolman，1952）。这绝不是反映其母亲贵格会教徒影响的道德信念第一次影响到他的职业生涯。

1918 年，托尔曼到伯克利大学就职，并在此度过了以后的学术生涯。他到伯克利大学后不久就得到一个开设一门新课程的机会，他想起了“耶克斯的课程和华生那本提出'比较心理学'的教科书。正是这个机会，使托尔曼最终走向了行为主义”（Tolman，1952，p. 329）。这门课进行了一些对动物迷津学习的研究，托尔曼很快就吸引了有才能的研究生到他的实验室来。20 世纪 20 年代早期，托尔曼开始创建其独一无二的行为主义模式，发表了标题为《行为主义的新公式》等诸如此类的文章（Tolman，1922）。他的主要著作《动物和人类的目的性行为》于 1932 年出版。在伯克利大学后来的学术生涯中，托尔曼继续发展并修正了他的体系，还进行了支持该体系的研究。

托尔曼的体系

托尔曼的著作说明了逻辑实证主义传统下经验研究和理论化过程之间复杂的相互作用。理论生成可检验的预测，从而引起研究，其结果可能是支持理论，或是重塑理论，进而又引起更多的研究，如此反复。由于这些理论会因研究结果而发展，所以，托尔曼 1932 年出版《动物和人类的目的性行为》时的学习理论，与他 1959 年为西格蒙德·科克（Sigmund Koch）的七卷本丛书《心理学：科学的研究》撰写一个章节（《目的性行为的原则》）时的理论不同。尽管如此，托尔曼的著作仍存在一些共同的主题。他的理论强调（1）整体行为而不是分子行为，(2) 行为的目的性或目标指向性，以及 (3) 中介变量的使用。

整体行为与分子行为

由于受到他的格式塔朋友和哈佛大学的一位导师霍尔特的启发，托尔曼认为，学习单元必然大于华生强调的“分子的”肌肉运动、腺体反应或神经反应。例如，托尔曼的一位学生指出，教会游过迷津的老鼠后来能够准确地跑过迷津（Macfarlane，1930）。因此，所学会的不仅仅是一系列单个的动觉反应。更确切地说，动物必须对迷津的格局有某种整体理解，而且需要根据其意义大于部分运动的整体反应模式来理解行为。正如一位格式塔心理学家所言，整体行为大于其部分之和。因此，正如即将要看到的，整体行为（molar behavior），是指向某一目标的行为的广泛模式。托尔曼举了几个例子：

> 老鼠跑迷津；猫逃脱迷箱；男人开车回家用餐；小孩躲避陌生人……——这些都是行为（作为整体行为而言）。而且必须指出的是，在提到我们以上谈论的任何一种行为时，我们很大程度上都不知道它涉及哪些确切的肌肉、腺体、感觉神经和运动神经，抑或我们羞于承认这一点。(Tolman，1932，p. 8)

托尔曼将其理论称为场论（field theory），以区别于更为分子性的刺激—反应模式的取向，他将这一取向比做电话交换台。学习并不只涉及呼入电话（刺激信息）和呼出电话（运动反应）之间的联结的增强和削弱。相反，他认为，大脑更像“一张操控空间的地图，而不是一台老式的电话台”，而且在学习的过程中，动物形成了一张“环境的场地图” 315
(Tolman，1948，p. 192)。

目标指向性

前面的整体行为的例子都具有另一个特征：它们都指向某一目标。对托尔曼而言，目标指向性或目的性（purposiveness）是我们所要了解的一般行为特征。尽管术语“目的”似乎回归到了主观的，甚至是内省的心理学，但托尔曼仅仅是指，行为“似乎通常具有指向或离开某一特定目的物的特性”(1932，p. 10)。在这里，托尔曼显然受到了进化论思想的影响，目标指向的行为具有适应性，因此对物种而言，具有生存价值。作为一个术语，托尔曼将“目的性”用做描写性的，而不是因果关系的。也就是说，当饥饿的老鼠不断地穿越迷津直至到达食物时，这一术语仅仅是给从行为观察中推导出的东西贴上标签。这个行为的原因还要从动物的特定学习史及其本能行为等其他方面来探寻。

中介变量

由于引入了在心理学中已被广泛使用的概念——中介变量，托尔曼理应受到赞赏。刺激条件，即自变量，由实验者直接控制；而行为，即因变量，由实验者精确地测量。中介变量（intervening variables）是不可直接观察到的假设因素，但是可以从界定自变量和因变量的方式中推导出来。假设它们“介于”刺激和行为之间，并以这种方式影响学习。例如，“渴”是一个中介变量。虽然永远无法直接观察到它，但是可推断出它的存在，这是由于（1）创造某种刺激条件，如不允许动物饮水达 12 个小时，或者（2）测量动物为饮水而表现出的某种行为。正如你从先前的探讨中猜到的，托尔曼的中介变量明显反映了逻辑实证主义的影响，他坚持认为抽象的、理论的术语（即中介变量）与可观察的事件（即刺激和反应）密切相连。

托尔曼的中介变量在本质上通常是认知的，从其场论发展而来。例如，在研究迷津时，托尔曼认为，老鼠逐渐习得了一组关于迷津是如何被组织的“期待”。当它遇到迷津的各个部位时，它就会知道，一定的环境线索（视觉、嗅觉、触觉等）与一定的结果相联系。托尔曼用术语符号—格式塔（sign-gestalt）来指称这些线索与动物对如果它选择了路径 A 而不是路径 B 将会发生什么的预期之间的习得关系。最终，老鼠形成了迷津整体的场地图或“认知地图”以指导其未来的目标指向行为。符号—格式塔、期待和地图都是丰富托尔曼理论的认知中介变量的所有例子。

正如术语“目的性”强烈暗含着似乎与行为主义思想不同的主观性一样，术语“期待”和“认知地图”等也是如此。然而，托尔曼精心地将这些认知中介变量与操作界定的刺激情境和行为联系了起来，从而又一次反映了逻辑实证主义的宗旨。也就是说，他认为，他仅仅对老鼠是否会在大脑中以某种方式形成地图感兴趣。更确切地说，他从其创造的特定刺激条件及其观察和测量到的后续行为中推论出了这个假设地图的存在。

以期待这一认知中介变量为例，托尔曼认为，学习的一个结果是产生一定的预期。在迷津终点找到过食物的老鼠会期待将来还在那儿找到食物。而且，有理由假设它们期待的是某一特定类型的食物，埃利奥特（Elliott）（1928）在托尔曼实验室中用一个巧妙的研究验证了这一假设。11—3（a）使用的是一个有 14 个单元的 T 字形迷津，埃利奥特教两组老鼠穿过这个迷津。实验组在目标箱中发现了糠糊，而控制组则在那里发现了葵花籽。在研究的最初 9 天里（即 9 个实验，每天一个），两组都有了提高，尽管喂糠糊的实验组表现得更好。第 10 天，埃利奥特改变了对实验组老鼠的奖赏——现在它们在目标处发现
316 的是葵花籽而不是糠糊。如图 11—3（b）所示，它们的行为陷入了混乱。用托尔曼的话说，它们原本期待的是糠糊；当这一期待遭到破坏时，它们的行为就会发生变化。总之，期待是介于刺激和反应之间的一个过程，但是它又与明确界定的实验刺激特征和观察到的、易于测量的行为密切相关。

托尔曼的研究程序

托尔曼及其学生完成了老鼠学习迷津的许多重要研究。这些研究都发表在 20 世纪 20 年代至 30 年代期间的一系列《加利福尼亚大学心理学出版物》上和《目的性行为》（1932）一书中，而且以《老鼠和人的认知地图》（1948）为题发表在著名的《心理学评论》上。尽管大多数研究都是与理论有关的，但托尔曼还是花了相当多的时间和精力来使迷津学习的程序标准化。

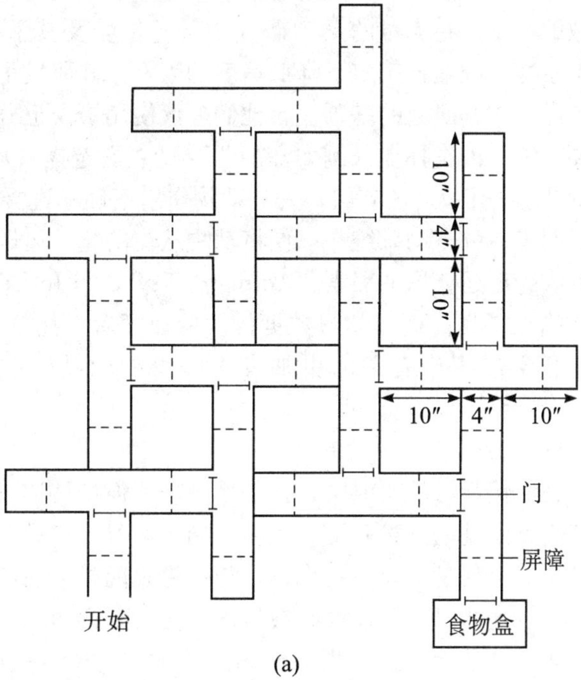

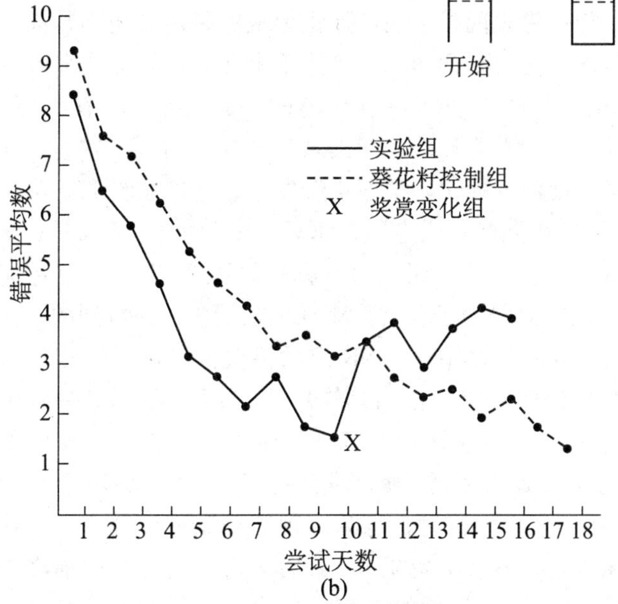

图 11—3　(a) 14 个单元的复式 T 型迷津，埃利奥特用以研究潜伏学习；(b) 埃利奥特潜伏学习的研究结果，引自 Tolman (1932)。

20 世纪 20 年代早期，心理学家开始质疑迷津作为一项研究工具的信度（reliability）。317 当重复测验产生了几乎相同的结论时，任何测量都是可信的，这个问题很重要。自从维拉德·斯茂采用了汉普顿王宫的设计（第 6 章的视窗）以来，迷津在形状和尺寸上都有了各种各样的发展。然而，不同的迷津经常会产生不同的结论，有时甚至同样的迷津都会得出不一致的数据。在大量的系列研究中，托尔曼及其学生（例如，Tolman & Nyswander）开始考察这个问题，确定了降低信度的因素，并研发了可以确保最佳信度的标准化的迷津学习程序。在其研究的基础上，他们建议使用错误记分，而不是时间完成长短记分，而且迷津要有统一的选择点（例如，“T”型的左右选择点），多个选择点（例如，一个有 14 个单元的 T 型迷津），还有门，一旦动物作出正确的选择就要关闭以防止动物后退。他们甚至还发明了一种自动系统，以便将动物从住的笼子运送到迷津的起点，再从终点移走，从而消除人为搬运老鼠的因素（Tolman，Tryon & Jeffress，1929）。

在确立了提高迷津学习数据信度的程序后，托尔曼及其学生将他们的注意力集中到了与进化学习理论有关的更加发人深思的问题。下面将描述托尔曼几个比较著名的实验。

潜伏学习

在其潜伏学习的研究中，托尔曼抨击了强化是学习发生所必需的观点。他认为，老鼠在迷津终点发现的食物并不会直接影响到学习，它只会影响动物尽可能快而准确地跑完迷津的动机。也就是说，需要将学习与行为表现相区别，强化影响的是后者而不是前者。每当动物穿越迷津时，即使没有在目标箱内找到食物，对迷津整个布局的学习或多或少也会自动发生。托尔曼将这一现象称为潜伏学习（latent learning），因为它是“在表面以下”发生的，也就是说，没有立刻在动物行为上明显地表现出来。

要考察潜伏学习就需要表明，即使没有强化，学习也会发生。通过在图 11—3（a）所示的同一个有 14 个单元的 T 字形迷津中测验三组老鼠（每天一个测验），托尔曼和亨泽克（Tolman & Honzik，1930）证明了这一点。第一组老鼠（没有奖赏或“NR”）在跑完迷津后从不给予食物奖赏。第二组（“R”）总是给予奖赏。正如你从图 11—4 看到的，在仅两周的过程中，这两组的错误分数完全在意料之中——NR 组的错误很多，而 R 组的行为表现有稳定的提高。然而，第三组是关键的一组。正如其代号“NR-R”所示，一开始没有对这一组的老鼠给予奖赏（如在前 10 天），但是从第 11 天开始，它们在目标箱中发现了食物。托尔曼推论道，如果强化对学习是必需的，那么第一天至第十天就不会有学习发
318 生。假设学习从第 11 天才开始，并且只有到此时，行为表现才开始逐渐提高。然而，正如图表清晰显示的，这一模式并未发生。相反，在第 11 天后，行为表现立即提高了。对托尔曼而言，证据是显而易见的——在前 10 天的时间里，老鼠对迷津有所学习，尽管学习并未反映在行为表现上。也就是说，学习是“潜伏的”，强化并不是学习发生所必需的。正如托尔曼（1948）所述：

> 在拟人化地解释这些结论时，我们会说，只要动物在迷津终点得不到任何食物，它们就会继续不慌不忙地穿越迷津——它们会继续闯进许多盲区。然而，一旦它们知

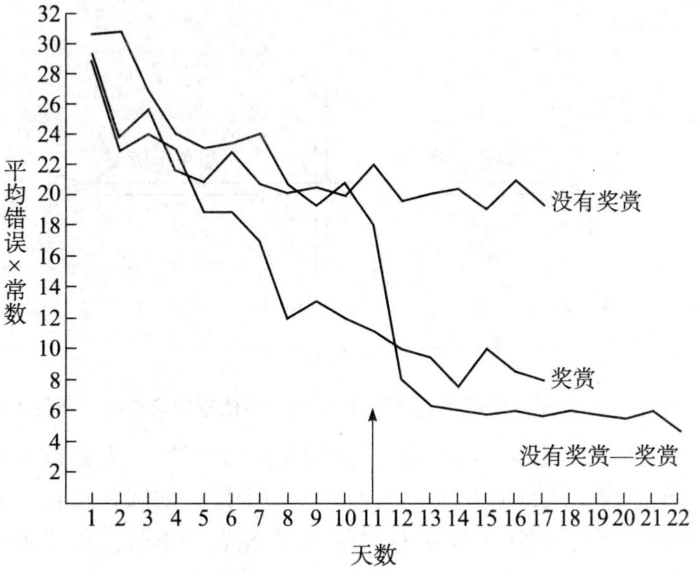

图 11—4　托尔曼和亨泽克对潜伏学习的研究结果，引自 Tolman（1932）。

道会得到食物，它们就会表现出了解在先前这些无奖赏实验中所学到的许多盲区所在。它们已经建立了一张“地图”，并且一旦它们有动机要这样做时，就会利用后者。(pp. 194 - 195)

这些让我们可以直接探讨托尔曼为证明认知地图的存在而做的尝试。

认知地图

如先前所述，托尔曼认为，老鼠在学习迷津时，并没有习得刺激—反应的联结。更确切地说，他认为，老鼠形成了迷津的认知地图（cognitive map）——一种对迷津的结构和空间图式的整体知识，这让老鼠对在迷津中该去何处有了整体把握。有两个精巧的研究证明了这些认知地图的作用。① 在一个研究中（Tolman，Ritchie & Kalish，1946a），老鼠遇到了如图 11—5 所示的迷津，可以从 S_1 或 S_2 开始。一些老鼠，即“反应学习”组，向右跑总能发现食物。另一些老鼠，即“位置学习”组，在同一个地方，即 F_1 处也总能发现食物。托尔曼、里奇和卡利什（Tolman，Ritchie & Kalish，1946a）发现，位置学习组的老鼠学得更快，这一结果当然契合于托尔曼的理论，即老鼠习得的是认知地图而不是一系

① 托尔曼的认知地图观点与卡尔·拉施里（参见第 3 章）的相似，在其标题为《老鼠和人的认知地图》的论文中，托尔曼特别谈到了拉施里对几只老鼠的观察，“在学会了一个通道迷津后，这几只老鼠会推开起点箱附近的遮盖物，爬出来，径直穿过顶部跑向目标箱，接着又爬进去吃东西”（Tolman，1948，p. 203）。

列对特定刺激的反应。①

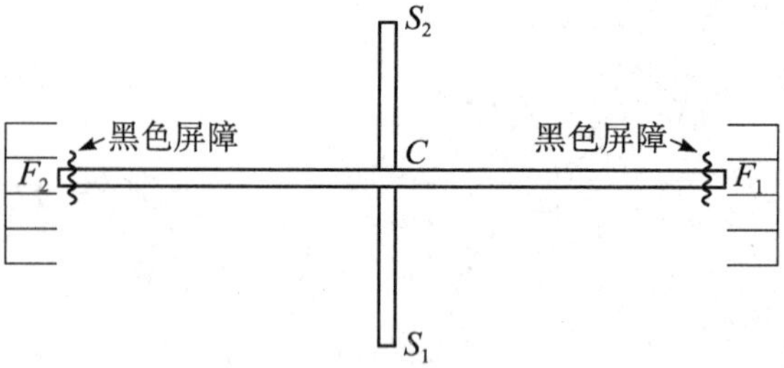

图 11—5 托尔曼、里奇和卡利什（1946a）在位置学习实验中所使用的迷津。

319 在第二个研究中（Tolman，Ritchie & Kalish，1946b），老鼠首先学习穿越如图 11—6（a)所示的简单迷津。从 *A* 点出发，它们穿过一个敞开的圆台跑到 *C* 点，这是唯一由边墙组成的迷津部分，最后到达目标箱 *G*。在 *H* 点亮着一盏灯。由于没有出什么错，所以老鼠很快就学会了从 *A* 点快速跑到 *G* 点。经过 12 次试验后，图 11—6（b）所示的迷津替换了这一简单的迷津。现在通往 *C* 点的路径被堵塞，老鼠不得不选择其他路径到达食物。刺激—反应的行为主义者可能期望老鼠会选择路径 9 或 10，这些路径与 *C* 点的原始路径最为相似，但是托尔曼、里奇和卡利什则报道说，路径 6 是老鼠最常用的，它是到达食物总体方位的最佳选择。托尔曼（1948）主张，“老鼠……习得的不仅仅是一幅航空地图以实现按原本特别训练好的路径到达食物，确切地说，它们习得的是一幅更为宽泛的综合地图以确定食物位于房间的某一方位”(p. 204)。

320 在其 1948 年的《老鼠和人的认知地图》论文的最后部分，托尔曼详细阐述了狭窄的“航空地图”与更为宽泛的“综合地图”之间的区别，并试图表明所有这些如何适用于人类行为。根据托尔曼的观点，狭窄的航空地图是由于在环境太过局限，看不到整个布局的原本路径中进行了太多次盲目的重复，以及较高的动机或挫折水平而产生的，因此从长远来看是不利于适应的。而综合地图则更为合适。在阐明了与其思想息息相关的理想主义和道德敏感性，以及倾向于将世界也视为一个大迷津的观点后，托尔曼（1948）以这一呼吁结束了其论文：

> ……儿童教育者和世界策划者请注意，没有谁的孩子会过于雄心勃勃或过于灰心丧气。只有这时候，这些孩子才会学会瞻前顾后，学会明白总会有各种各样比较安全

① 由于托尔曼的结论并非总是具有可重复性，尤其是在克拉克·赫尔的学习理论的支持下，“位置”学习和“反应”学习成为一个颇具争议的问题。最后，雷斯托（Restle，1957）总结道，这两种学习都是可能的，无论是依靠位置线索还是反应线索得出的结论都会在某一特定情境中更占优势。

的途径通往其非常适合的目标——也就是说，学会认识到白人和黑人，天主教徒和新教徒，基督教徒和犹太教徒，美国人和俄国人（甚至男人和女人）的幸福都是彼此相依相存的。……

总而言之，每当我们让孩子和自己面对上帝赐予的这个巨大迷津，即我们的人类世界时，我们必须让我们的孩子和自己（正如友善的实验者让其老鼠）适应于具有中等动机和缺乏不必要的挫折的最佳情境。……（p. 208）

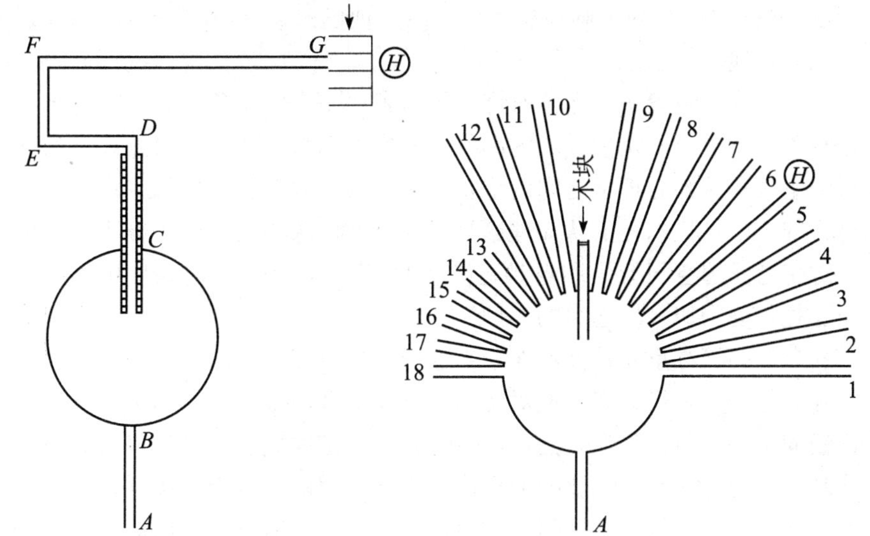

图 11—6　(a) 托尔曼、里奇和卡利什在对老鼠的空间能力进行实验时所使用的仪器；(b) 用以研究空间学习的"旭日形"装置，引自 Tolman (1948)。

对托尔曼的评价

在新行为主义的全盛时期，托尔曼的研究及其理论阐述赢得了关注，尤其是来自克拉克·赫尔的追随者（很快就会看到），托尔曼和他们一样，除了赞成中介变量的有用性和逻辑实证主义的普遍规则外几乎反对任何事物。他的理论错综复杂，因而缺乏持久的影响力，但是，托尔曼的研究程序却极富创新性，有利于将迷津规范化为标准的研究设备。他的学生都对其极为忠诚，反过来，托尔曼也待他们如知己。另一方面，尽管他们对托尔曼尽忠职守，无私奉献，但是当托尔曼的学生离开伯克利大学后却很少有人按照"托尔曼的传统"继续进行研究。20 世纪 40 年代至 60 年代，当赫尔主义者和斯金纳主义者在学术界人才荟萃之际，事实上却鲜有"托尔曼主义"出现。而且，托尔曼对迷津中老鼠的研究并未在实际应用方面产生多少影响。例如，他主张训练儿童使其具有宽泛的认知地图的观点，并没有为父母们带来明确的指导。这个例子没能证明托尔曼的研究对日常问题具有适用性，相反，似乎更像是一个存在过度推断个人资料危险的很好例证。

托尔曼对目的性的强调，以及对心灵主义变量的大量使用都受到其同时代人的批判。尽管托尔曼审慎地将这些术语操作性地与刺激条件和反应联系起来，但是一些评论家仍将其对这些主观性术语的使用视为一种倒退。学习理论家埃德温·古斯里（Edwin Guthrie）抱怨，托尔曼的理论提出如此多的中介认知因素，致使面对迷津中某一选择的老鼠会不知所措："当托尔曼关注老鼠的大脑在思考什么时，他已经忽略预测老鼠会如何行动了。就理论而言，老鼠被遗忘在思维里了"（Guthrie，1935，p. 172）。这种批评并不公平——托尔曼的著作有充分的资料表明，老鼠有许多行为表现——但是这也证明，许多新行为主义者更偏爱可观察的行为而不是假设的内部状态。另一方面，托尔曼自愿提出认知中介变量使其成为行为主义和认知心理学之间的重要连接（第14章）。更要特别指出的是，在那些研究动物行为的人中，托尔曼的认知理论与当今对动物认知的广泛兴趣不谋而合。奥尔顿（Olton）在研究老鼠的空间行为和短时记忆（如Olton，1979）时，使用放射状迷津就是一个让人想起托尔曼的旭日形迷津的实例。

也许，托尔曼的持久重要性并不在于其独特的学习理论，而在于他所展现出来的一种
321 态度和价值观。作为一名研究者，他对待工作严肃认真，做研究时谨慎细微。他对发展和论证其理论锲而不舍、激情洋溢。然而，他还有一种使他能够全身心投入研究又不过于苛求自己的非凡洞察力。他知道，比他的理论更优秀的理论一定会齐头并进，更新颖的研究也将会取而代之。他所著的最后几篇论文中，有一篇在其逝世那年出版，正如他在该论文中说道：

> 我的理论体系也许完全站不住脚……但是我毫不在乎。我喜欢以一种适合我的方式来思考心理学。既然……心理学仍深陷于如此巨大的不确定和未知范畴之中，那么任何一位科学家……所能做的最佳选择似乎是遵循自己的爱好，追逐自己的理想，然而它们也许还不够。实际上，我认为，这的确也是我们大家所要做的。最后，唯一确定的准则是要能乐在其中。我就乐此不疲。（Tolman，1959，p. 152）。

托尔曼除了具有非凡的洞察力外，还具有另一个持久的显著特点——强烈的道德感。这使得他抗议美国卷入第一次世界大战，很显然也使其于1918年被从西北大学辞退。第二次世界大战期间，他再次对战争满怀愤慨，这次促使他创作了《导向战争的驱力》（1942），在书中，他将自己的一些观点与弗洛伊德的观点相结合来解释导致战争的原因，并为消除这一问题出谋划策。他的一条建议是，创建一个"世界联盟"以取代民族主义壁垒，鼓励全世界人民之间的合作而不是竞争，但是他认为这不太可能实现。国际联盟和联合国的历史都清楚地表明，要克服民族主义情感是多么艰难。

在其活跃的学术生涯即将结束之际，托尔曼的信念面临最后一次考验。在 20 世纪 50 年代早期，美国正处于所谓的冷战初期，与苏联进行长期的意识形态斗争。

人们也害怕共产主义者潜入美国，影响青少年，并最终接管国家。一位无名的威斯康星州议员约瑟夫·麦卡锡（Joseph McCarthy）声称认识那些已潜入政府的共产主义者，从而加剧了这些恐惧。参议院听证会充斥着流言飞语、含沙射影，任何人只要被指控为“红色分子”，就足以毁掉其职业生涯。麦卡锡还暗示，共产主义者正潜入电影界（这非常危险，因为电影影响着态度）和高等教育（影响力甚至更大）。

在这种氛围下，加利福尼亚大学的教授们遭到那些大学系统管理者的告诫，被要求签署效忠美国的誓约，并宣称他们不是共产党员。教授们被告知要么签署誓约，要么辞职。作为伯克利大学的资深教员，当时美国重要的实验心理学家之一，托尔曼本可以很潇洒地离开伯克利，他在任何地方都会受到欢迎。然而，他勇敢地拒绝了签署誓约，因为它违背了第一条修正案的自由言论权这一普遍原则。而且出于对比较年轻的、更易受到影响的（即没有任期的）教师的爱护，他还拒绝离开伯克利。确切地说，他领导了一场斗争，在加利福尼亚大学成功地废除了誓约，保护了学术自由的观念。1957 年，托尔曼获得了美国心理学会颁发的卓越科学贡献奖，而且就在其 1959 年逝世之前，加利福尼亚大学董事会授予了他一个荣誉学位，从而认可了他为学术自由而战的重要意义（Crutchfield，1961）。

克拉克·赫尔
(Clark Hull，1884—1952)：假设—演绎体系

克拉克·伦纳德·赫尔的生平和职业生涯是一个研究坚韧毅力和刻苦勤奋如何能战胜似乎不能逾越的障碍的案例。赫尔在“极其简陋的条件”下长大成人，他出生在纽约的一个农场小木屋，身世贫寒，在密歇根州的一个“经营良好但未经开发的”农场上成长，并在只有一间房屋的校舍内接受了教育（Hull，1952，p. 143）。除了这些恶劣的环境外，他在上大学 322
前夕还几乎死于伤寒症发烧。在阿尔玛学院（Alma College），即密歇根州一所小规模的长老制学校，读完二年级后，他患上了小儿麻痹症，这让他在 24 岁时半身不遂。而当时，他正致力于成为采矿工程师的人生规划，但是小儿麻痹症让他不可能符合这一职业所需的身体要求。

在家休息了一年，并在某种程度上恢复了健康后，赫尔决定从事心理学。为什么是心理学呢？用他的话说，他当时正在寻求一个涉及理论性工作的与哲学有关的领域，“这个领域是全新的，足以飞速发展，这样年轻人就不必等到前辈们仙逝后，才能使其研究获得

认可，而且……提供了设计和运用自动化仪器的机会”（Hull，1952b，p. 145）。这段引文表露了赫尔的两个持久性的特征：他的雄心壮志和他设计并制造实验仪器的天赋。后者在其患小儿麻痹症期间就首次得到了体现，当时赫尔设计了自己的拐杖。

在中学教学并结婚后两年，赫尔进入密歇根大学学习。他最重要的经历是上了整整一年的实验心理学课，由曾和华生有过短暂合作的约翰·谢泼德（John Shepard）和铁钦纳的博士生沃尔特·皮尔斯伯里（Walter Pillsbury）共同执教。毕业后他继续从事教学工作，这次是在肯塔基州的一所师范学校。随后，赫尔申请到研究生院学习，遭到了康奈尔大学和耶鲁大学的拒绝，但是威斯康星大学录取了他，在那里，他在约瑟夫·贾斯特罗（Joseph Jastrow）的指导下获得了哲学博士学位，约瑟夫·贾斯特罗曾是约翰·霍普金斯大学 G·斯坦利·霍尔的学生。

通过博士论文通常可以发现学者们进行长远而系统研究的方向，但是赫尔的论文（1920）最终成为涉及学习新概念过程的著名研究。[①] 赫尔使用的刺激是中文汉字，包括图 11—7 中的汉字。请注意，每一行的汉字都具有一个被称为“词根”的共同特征。赫尔的被试必须学习将每个词根和一个无意义的语音联系起来（例如，词根“oo”看上去像一个大的复选标记）。在经过几组（“套”）刺激后，被试学会观察汉字并给出正确的无意义语音；最后，他们都能识别出以前从未见过的刺激。该研究有许多发现，但是让赫尔印象最为深刻的是学习曲线的形状——绩效逐步但又稳定地提高。学习是“习惯强度”逐渐增加的结果的观点最终成为赫尔学习理论的显著特征。

赫尔于 1918 年 34 岁时获得了博士学位，并在威斯康星大学又任教 10 年。在此期间，他形成了两种截然不同的兴趣爱好，两者都来自他所教的课程。在其职业生涯早期，他被要求教授一门心理测验课程。尽管他对测验知之甚少，但是他对这个主题很感兴趣，尤其是测验效度中所涉及的数学。他专心致志地查阅有关测验的文献，特别是与职业指导测验有关的方面，并在几年内写作了一部名为《能力倾向测验》的权威教科书（Hull，1928）。他制造了一台能自动计算相关数据的机器，这再一次显示了他在机械方面的能力倾向。这为他省去了人工计算用以证明测验有效性的大量相关数据（例如，测验得分与一些绩效测量之间的相关）的单调乏味。然而，这台机器很精密，这也是阻碍其广泛使用的一个问题。[②]

---

① 起初，这个研究受到了其他研究者的忽视，这使赫尔受到了巨大的打击。然而，20 世纪 20 年代末，通俗的普通心理学教科书中出现了对该研究的简短描述，这是由于教科书的作者倾向于彼此借鉴的缘故，从此以后，该研究被引用得越来越多（Hilgard，1987）。

② 1928 年，在与赫尔坐火车去参加会议后，斯坦福大学的沃尔特·迈尔斯在日志中写道，赫尔制造了三台机器，但是“它们很难保持良好状态，所以（他）不会送出任何一台”。因此，迈尔斯原本打算购置一台的订单不得不取消了（Miles，1928）。

这里所列的是赫尔使用的六个中文词根。首先，向被试呈现一个中文汉字，并猜测它的“名称”（例如，oo），然后，实验者给出正确的名称，如此等等。拥有相同词根的汉字通常冠以相同的名称，这样，在经历几组汉字后，被试可以提高其绩效，并最终能正确地说出他们以前从未见过的汉字的名称。

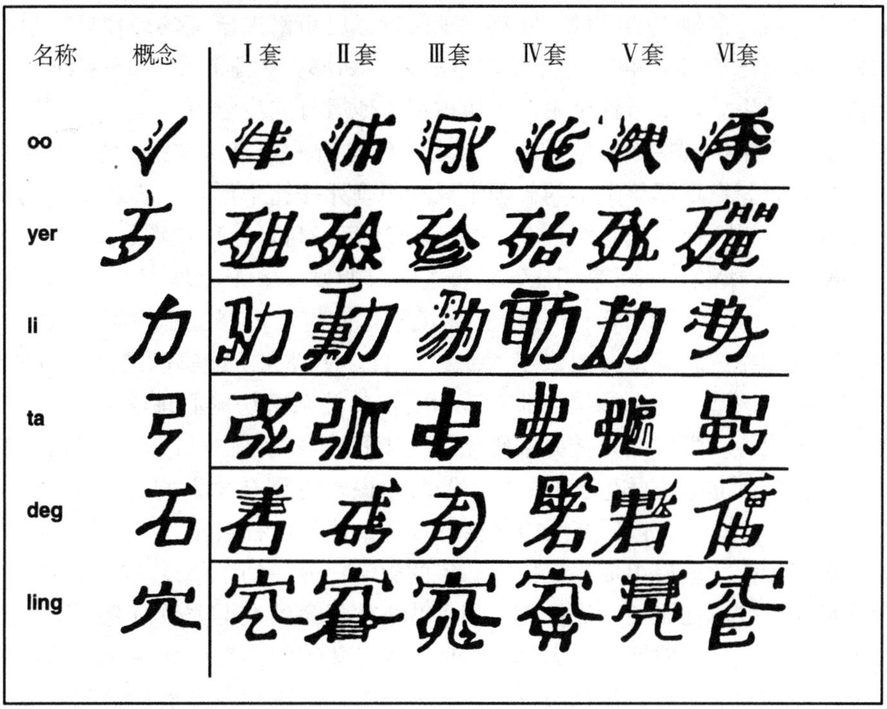

图 11—7　在赫尔研究概念学习的博士论文中用做刺激物的中文汉字，引自 Hull（1920）。

开始讲授测验课后不久，赫尔便被指派给医科大学预科学生上一部分心理学导论课。由于他认为暗示和医生的权威会影响许多医学治疗的效果，所以他决定将这一主题融入讲课之中。这让他产生了第二个兴趣，即催眠，他简评道，“这个主题在很大程度上以一种特有的非科学类型的取向吸引着实验者”（Hull，1952b，p. 152）。在下定决心更正这一问题后，赫尔花了 10 年时间系统研究了这一现象，并最终写作了《催眠与暗示：一种实验方法》（Hull，1933）。他总结道，催眠是一种极易受暗示性的状态，一种分析思维的降低，可通过催眠式的诱导放松而产生。他认为，催眠和正常意识并无质的差别，而是仅有程度上的不同。因此，只要给予适当的指导，没有被催眠的被试也能表现出各种催眠的现象（例如疼痛的减轻）。赫尔还认为，医学界高估了催眠的治疗价值。例如，他发现，与医学界普遍持有的观点相反，记忆并不能通过催眠得到显著提高。 323

尽管赫尔在 20 世纪 20 年代主要研究的是能力倾向测验和催眠，但是他并没有忽略其论文的学习主题。实际上，虽然赫尔对能力倾向测验、催眠和学习的兴趣通常被刻画为其人生的三个不同阶段，但是它们互相交织在一起，三者都反映了赫尔系统的、分析的研究
324 取向（Triplett，1982）。20 世纪 20 年代，赫尔还熟读了华生的著作，而且很熟悉托尔曼所做的研究。然而，在他于 20 世纪 20 年代末阅读了巴甫洛夫研究的译作后，学习成了其人生的主要中心。1929 年，赫尔离开威斯康星大学到耶鲁大学接受（45 岁时）一个全新的重大挑战，从此以后，学习这个主题很快占据了他所有的注意力。

当原芝加哥大学机能主义团体的领导人之一詹姆斯·安吉尔（第 7 章）于 1921 年到耶鲁大学任校长时，发现耶鲁大学的心理学只能用垂死挣扎来形容。心理学家仍属于哲学系，实际上没有进行任何研究，而且在 1903—1921 年，与哥伦比亚颁发了 46 个心理学博士学位，芝加哥大学颁发了 51 个相比，耶鲁大学仅颁发了 8 个心理学博士学位（Morawski，1986）。1924 年，在罗伯特·耶克斯的帮助下，安吉尔创建了心理学研究所。劳拉·斯佩尔曼·洛克菲勒纪念基金会提供了大量的资金，使研究所能够聘请到一流的研究员，并配备了实验室，该基金会由一位与耶克斯和安吉尔关系密切的心理学家领导。1929 年，该研究所已拓展成为多学科的人类关系研究所（IHR），其崇高的目标是，“在理解人类生活方面可以取得更多进步的相关领域中，联系知识，协调技术”（Angell，1929，引自 Morawski，1986，p. 219）。该研究所由包括心理学、法律、社会学、人类学和经济学在内的各门学科的耶鲁大学教授组成；他们在耶鲁的教学任务降到了最低，以确保他们能将大部分的时间用于研究所的研究。克拉克·赫尔就是被任命到人类关系研究所工作的耶鲁大学心理学家之一，他刚从威斯康星大学被聘请到现已关闭的心理学研究所。赫尔在耶鲁大学度过了其余下的职业生涯，退休后仅三周，因第二次心脏病发作而逝世。在耶鲁，他形成了自己的学习理论，在实验室进行了大量的验证，并产生了一小批“赫尔主义者”的学生（以及他们的学生）和同事，他们的研究程序远远超越了纽黑文[1]。最出名的是肯尼斯·斯彭斯（Kenneth Spence，1907—1967），他在耶鲁跟随耶克斯学习时认识了赫尔。斯彭斯为赫尔理论做出了卓越的贡献，以致在追随者中被尊称为赫尔—斯彭斯理论。在艾奥瓦大学，斯彭斯在 1940—1963 年至少培养了 73 名哲学博士，从而传承了赫尔的遗产（Hilgard，1967）。

赫尔的体系

赫尔的偶像之一是艾萨克·牛顿爵士。他的书桌上一直放着一本牛顿的《数学原理》，并且他还敦促研究生阅读此书，这样他们才能理解赫尔心理学研究取向中所反映出的牛顿的物理学方法。牛顿将宇宙视为一架用精确的数学定律操控的巨型机器，而赫尔也以同样

① 纽黑文位于美国的康涅狄格州，是耶鲁大学的所在地。——译者注

的机械方式思考人类。事实上，他认为，只有建造一台与人类一模一样的机器，才能最终理解人类行为。这一态度毫无疑问受到了赫尔自己作为一名机械制造者所具有的精湛技艺的影响。

牛顿还影响了赫尔关于科学进步和理论重要性的信念。赫尔认为，科学的进步是通过发展精密的理论，然后验证和修改它们，再验证修改过的理论，如此反复。这个体系被称为假设—演绎体系（hypothetico-deductive system），托尔曼也曾使用过，而且与逻辑实证主义的基本原则相吻合。这种人类行为理论的核心是一组公设：这些公设是对基于累积知识的行为的阐述，而这些知识来自于那些认为是正确但无法直接加以检验的研究和逻辑。然而，可以从这些公设中逻辑地推导出明确的定理，并且这些定理直接导致了实验。这些实验的结果无论是支持定理抑或不支持定理，反过来又会增强或削弱基础理论，并最终修改其公设。因此，理论是在经验支持或不支持的基础上随着时间而不断发展的。

除了仿效牛顿外，当看到与格式塔心理学家所进行的广泛理论研究相比，美国心理学
家对体系理论建构相对缺乏时，也促使赫尔发展其理论（Mills，1988）。美国心理学奋起 325
直追的时候到来了。正如赫尔所言：

> ……这些格式塔心理学家非常能说会道。事实上，他们每一个人都写了几本书。结果是，尽管他们在本国从事心理学的人口中仅占了相当少的比例，但是他们在理论领域的创作却是美国的10倍之多。（Hull，1942，引自Mills，1988，p. 393）

赫尔一直到临终都在从事理论研究，其最后一本理论著作《行为的体系》（1952a）在他逝世后面世。然而，他最著名的体系理论研究可在《行为原理》（1943）一书中看到，此书包含了16组公设，以文字和数学的形式同时呈现，还有对支持这一理论的研究的描述。虽然对赫尔理论的完整阐述远远超出了本章这部分的篇幅，但是通过考察其最著名的公设4，仍可以获得一些真知灼见。

公设4：习惯强度

公设4体现了赫尔对学习发生的必要条件的思想核心。它也说明了赫尔致力于理论的精确性和正式性的程度——《行为原理》并不容易读懂。下面是赫尔对第四公设所作的第一部分阐述：

> 每当效应器活动（r→R）和感受器活动（S→s）的发生在时间上接近（sCr），而且这个sCr与需要（G）的降低或者与需要（G）降低有紧密而稳定联系的刺激密切相关时，就会导致冲动传入在后来的情境中引起那种反应的倾向（$\Delta_S H_R$）增强。连续强化的增量会累计产生一个综合的习惯强度（$_S H_R$），这是一个正增长的强化量（N）的一元函数。……（Hull，1943，p. 178）

这里的关键要素是接近和强化。根据赫尔的观点，当刺激和反应非常接近时，学习就会发生。例如，老鼠学习将迷津中X的方位与“右转”的反应联系起来。然而，接近是一

个必要条件，但不是充分条件。此外，强化也是学习发生的必备条件。在赫尔看来，强化物是降低驱力的刺激，例如，食物降低饥饿。S-R 的接近和强化逐渐增强了$_{S}H_{R}$，或是习惯强度（habit strength）。因此，通过反复到达 X，右转，然后找到食物，老鼠随着每一次的强化试验累积了习惯强度。学习就是增强$_{S}H_{R}$。这种学习是递增而不是突发的，这契合于赫尔在关于概念学习的博士论文中所得出的结论。公设 4 中的观点对赫尔的重要性可从图 11—8 中推断出来，这是一幅在赫尔职业生涯后期完成的肖像。背景上的曲线图是一条理想的学习曲线，其中习惯强度随着强化试验量的函数而增长。

那么，对赫尔而言，强化可根据驱力的降低（“需要的减少”）来界定，因此，他的理论有时又以驱力降低（drive reduction）理论著称。原始驱力是指那些与生存直接相关的驱力，它们会随着像食物和水之类的初级强化物（primary reinforcers）的减少而降低。但赫尔也描述了次级强化物（secondary reinforcers），他在公设 4 中将其描述为那些与初级强化物相联系的刺激。例如，已与食物这一初级强化物配对的声音本身可以成为一种强化物。

图 11—8　克拉克·赫尔的肖像，引自 Popplestone and McPherson (1994)。

326

反应势能

尽管赫尔反对托尔曼使用的中介变量类型，但是他承认从新行为主义者的同伴那里借鉴了这个概念（Hull，1943，p. 131）。对赫尔而言，一个重要的中介变量是他所说的反应势能（reaction potential），或$_{S}E_{R}$。$_{S}E_{R}$ 是在公设 7 中介绍的，指的是反应在既定时间发生的可能性（“势能”），它可以从几种可测量的行为中推断出来（例如，反应潜伏期，动物在特定情境中要花多长时间才会作出反应——当反应势能高时，潜伏期就短）。赫尔认为，$_{S}E_{R}$ 受到几种因素的影响，其中驱力和习惯强度是最重要的因素。也就是说，如果习惯强度和驱力高，反应最有可能发生。而且赫尔认为，这两者间是乘法（$_{S}E_{R}=D\times{}_{S}H_{R}$）而不是加法关系。因此，如果驱力或习惯强度为零，反应就不会发生。只有当老鼠有动机

（例如饥饿），而且被强化进行了足够多的有经验的试验，它们才会正确地跑迷津。图 11—9 表明，赫尔设想了驱力和习惯强度（即强化试验的数量）如何从理论上对反应势能起作用。为了获得经验支持，赫尔采用了来自两个研究（Perin，1942；Williams，1938）的数据，并将它们相结合，形成了图 11—9（b）。

对赫尔的评价

在整个 20 世纪 40 年代至 50 年代早期，克拉克·赫尔是美国富有争议的重要的研究型心理学家。对其研究的引用往往比其他任何心理学家的（远远比托尔曼的研究频繁得多）经常得多，而且他的学生（以及他们的学生）对赫尔主义进行了深远而广泛的传播。例如，在 1941—1950 年，在学习和动机领域的所有研究文章中有近 70%都谈到并参考了赫尔的研究（Spence，1952）。对于赫尔时代的心理学家而言，他的理论满足了对未来明确定位的需要。内省心理学在 20 世纪 20 年代走向了终结，但是没什么能够取代它。此时，华生的行为主义出现了，但是格式塔心理学、弗洛伊德学说、心理测验以及许多其他形式的心理学也出现了。为了寻求作为一门科学所需的成熟和受人尊重，心理学家们采纳了一种似乎是公式化理论的东西，它以较为古老的科学，尤其是物理学为特色。

十分矛盾的是，今天的大学生不但没有重视赫尔的地位，他们甚至很少知道他的名字。赫尔的大起大落可由古特曼（Guttman）（1977）所作的一项分析来说明。他对 1940 年、1950 年、1960 年和 1970 年在《实验心理学杂志》上发表的所有文章的参考文献部分进行了考察，计算出对赫尔或其最著名的合作者斯彭斯研究的参考数量。在那四年中，引用赫尔和/或斯彭斯研究的文章百分比分别是 4%、39%、24%和 4%。

赫尔理论的衰落有几个原因。一方面，它过于雄心勃勃，试图建构一种具有异常复杂性和数学精确性的理论，而这种理论却建立在一种必然是很狭窄的经验基础之上，即简单有机体在人为的、高度受控的、简单环境中的行为。赫尔主义者反驳道，其他科学也在做同样的事情，例如，生物学家使用单独的组织培养来研究细胞过程，尽管这些培养相对于现实的生物环境来说是“人为的”。而且，赫尔生前还在计划一项重大研究，将其体系拓展到复杂的人类行为上，但是直到他逝世前，也没能取得很大的进展。另一方面，他的几位学生和耶克斯的人类关系研究所的其他成员的确成功地将赫尔和弗洛伊德的思想融入了可检验的攻击理论中。在《挫折与攻击》（Dollard，Doob，Miller，Mowrer & Sears，1939）一书中，赫尔的学生提出了著名的挫折—攻击假说，并用动物被试和儿童对其进行了检验。后来，这个小组还写了《社会学习与模仿》（Miller & Dollard，1941），开创了当代社会学习理论。

对赫尔理论的另一个批判是，它忽视了研究的真正人类本质。对理论经验支持的争论可通过冷静的、完全客观的科学家聆听他们的数据加以解决，这对赫尔而言是理所当然的，也与赫尔把人类视做机器，并在逻辑实证主义背景中形成的潜在假设相一致。有人认 327

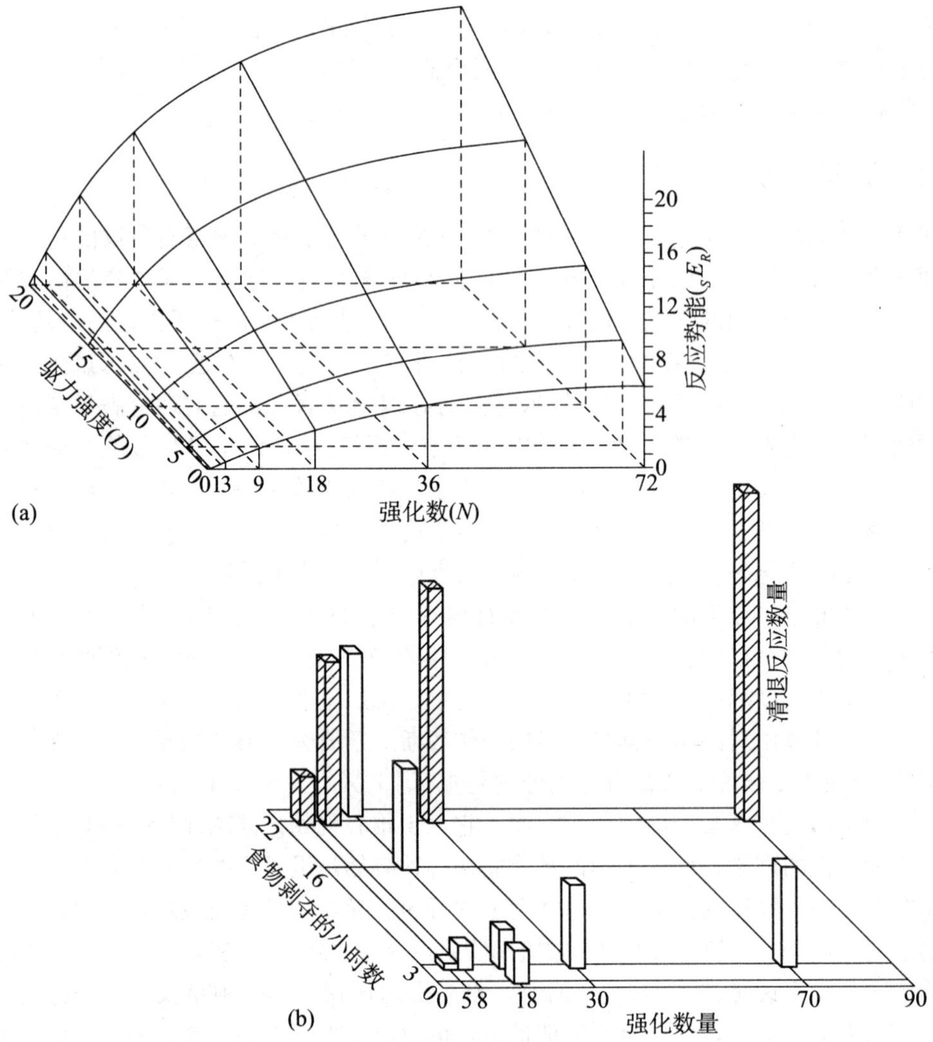

图 11—9 (a) 习惯强度和驱力对反应势能的理论作用;
(b) 实验研究数据表明的习惯强度和驱力对反应势能的作用,引自 Hull (1943)。

为,“重要的实验”会决定某些问题的“真相”,但是有争议的问题似乎不断出现。例如,在 20 世纪 30 年代和 40 年代期间,赫尔和托尔曼对学习的本质进行了一系列争论。托尔曼团体进行了一个似乎能驳斥赫尔理论某些方面的研究,接着,赫尔团体赶忙针对障碍,出示了一些似乎能搪塞托尔曼的结论同时又能维持赫尔模式的资料。每一位理论家的追随者都觉得他们拥有支持自己的资料,而对于那些两大阵营之外的人而言,似乎什么都没有解决。而且，正如将在第 13 章中看到的，解决这些关于学习争论的失败引发了越来越多的怀疑，即行为主义作为一个体系是有缺陷的，并质疑行为主义是否适合于促进 20 世纪 60 年代认知心理学的发展（Segal & Lachman，1972）。

尽管赫尔的理论可能没有流传下来，但是其实证主义的研究方法却保留了下来。也 328
许，再也没有众多的赫尔主义者聚集于此来试图验证公设 4，然而，有程序的研究这一遗产却通过赫尔的学术继承者保存了下来。在实验心理学的研究生院，都要求学生系统地做研究，也就是说，他们要学习从有效的理论中推导出可检验的假设，操作性地界定术语，收集与假设有关的资料，以及根据经验结论修正理论。这些理论不再具有赫尔理论那样的正式性或精确性，但思维方式是相同的。

赫尔的最后一个问题也和托尔曼一样，这也许是为什么三位人物在 20 世纪后半叶逐渐变得相对默默无闻的最重要原因。这一问题是，B. F. 斯金纳作为后起之秀出现了，他将约翰·华生的热情和事业心以及与托尔曼或赫尔不分伯仲的科学创造力、职业道德和吸引有才能学生的能力集于一身。

B. F. 斯金纳
(B. F. Skinner，1904—1990)：激进行为主义

伯哈斯·弗雷德里克·斯金纳于进步党时期出生在美国的一个小城镇（宾夕法尼亚州的萨斯奎汉纳）。他成长在这样一个时代，当时美国新兴的白人中产阶级的乐观情绪正高涨——国家刚刚从 19 世纪 90 年代的经济困难时期中走出来，而且在美西战争中刚击败了劲敌西班牙。总统西奥多·罗斯福（Theodore Roosevelt）是勇敢的战斗英雄和当时最年轻的执政者。父母们只要不是穷人和/或非白人，都完全有理由期盼为他们的孩子提供极好的机会。斯金纳的父亲是一位小有名气的律师，母亲则是位家庭主妇，她向年幼的弗雷德灌输了吃苦耐劳和不断关注"别人之所想"的新教徒价值观。

吃苦耐劳的确是斯金纳一生的特色，但是关注别人对他行为的看法并没有成为其持久的特征之一。相反，独立自主的思考，除非有充分的证据，否则不愿接受"长者的智慧"则更像是他的风格。这很早就表现出来了：他的中学校长写信强烈推荐他到纽约的汉密尔顿学院（New York's Hamilton College）学习，但同时告诫，年轻的弗雷德"极其喜欢和老师们争辩。他是一位博览群书的读者，虽然我认为他实际上并没有觉得自己比老师聪明，但我还是感到他给人留下了那种印象"（引自 Bjork，1993，p. 28）。

起初，斯金纳在汉密尔顿学院充满联谊的氛围中并没有感到快乐，但他很快就发现了自己的兴趣所在，对文学创作产生了浓厚的兴趣。他甚至给在作家讨论会上遇到的诗人罗

伯特·弗罗斯特（Robert Frost）寄了一些短篇小说。弗罗斯特给予的高度赞赏促使其对以后的职业生涯作出了决策。在决定要成为一名著名的作家后，斯金纳告知父母，他希望在 1926 年毕业后休假一年，专心进行创作。这当然也为斯金纳的父母带来了麻烦，他们其实很关注别人会如何看待这位刚毕业的大学生整天待在家里，却似乎没有一份真正的工作。不难想象他从父母那里感受到的压力有多么大（"弗雷德，今天你写什么了?"），一年后，他还是越发觉得，他没法取得那些他正在阅读其著作的著名作家所取得的那样的成就。尽管斯金纳后来将这段时间称为"黑暗的一年"，但是他所阅读的一些书籍成为让其最终成为哈佛大学心理学研究生的一系列事件的开始。例如，在这段时间，他阅读了大量有关行为主义的通俗文章，这让其了解了华生和巴甫洛夫。他对行为主义产生了兴趣，并于 1928 年秋天前往马萨诸塞州的
329 剑桥。图 11—10 所示的是两年后在哈佛大学实验室进行研究的斯金纳。

图 11—10　1930 年，成为哈佛大学研究生的 B. F. 斯金纳，引自 Malone (1991)。

斯金纳在哈佛大学时形成了其行为主义体系，先是作为一名研究生，然后是一位享有盛誉的大学院士。他对待权威的一般态度并没有发生显著的变化。实验室主任 E. G. 波林的研究并未给他留下深刻的印象，正如我们所见，波林是铁钦纳最杰出的学生，最著名的心理学史学家。他称上波林的知觉课程"只有痛苦"（Skinner，1979，p. 47），并为波林花了整整三次课来解释一个单眼视错觉感到惋惜。反过来，波林也不赞同行为主义，并离开了斯金纳的博士委员会。在其博士论文答辩期间，当著名的人格理论家戈登·奥尔波特（Gordon Allport）要求斯金纳阐述他认为行为主义有哪些缺点时，斯金纳回答说他认为没有（p. 75）。

斯金纳的第一部著作《有机体的行为》（1938）总结了他在哈佛 8 年的研究。在明尼苏达大学进行了 9 年研究，又在印第安纳大学心理系当了 3 年主任后，斯金纳于 1948 年回到了哈佛，在这里，他仍然很活跃，甚至在 1974 年退休后仍是如此。1990 年，在他因白血病逝世前 8 天，他还在波士顿的美国心理学会年会上作了开幕演讲。我也在那晚的听众之列，回想起他需要（女儿的）搀扶迈上台阶，走向讲台，但是一旦坐定，当他清晰明确、热情洋溢地阐述其行为主义，攻击他视之为认知心理学家误入歧途的努力时，他便很少瞥一下稿子。这次演讲在斯金纳逝世后不久便以《心理学能成为一门意识的科学吗?》（Skinner，1990）为题发表了。

原始资料摘录

斯金纳和操作性条件作用：行为的实验分析

斯金纳认为，心理学应该有两个目标——预测和控制人类和非人类的行为。这可以通过“行为的实验分析”来实现，也就是对行为的充分描述（例如，让鸽子啄取钥匙），这些行为发生的环境（例如，一个有灯的小箱子，用来啄取的钥匙和一个伸缩自如的食物盘——这就是后来称之为斯金纳箱的装置——参见图 11—11），以及这些行为的直接结果（例如，食物强化了对钥匙的啄取）。他认为这种分析同样适合于人类（例如，在玩具店的环境中，大发脾气的行为导致得到一个玩具的结果）。在认识到行为会受到个体先天的行 330
为倾向和能力影响的同时，斯金纳还关注行为是如何由环境塑造的。因此，从这个意义上说，斯金纳不仅与华生的环境论有联系，而且还说明了新行为主义对学习中心性的强调。

图 11—11　为鸽子设计的斯金纳箱（还有一种为老鼠设计的较小箱子，其特色是有一根用以按压的杠杆，而不是用来啄取的钥匙）。

1953 年，斯金纳创作了名为《科学与人类行为》的著作，对其所谓的操作性条件作用进行了最佳总结。以下的摘录包含第5章（操作性行为）、第6章（操作性行为的塑造和保持）以及第7章（操作性辨别）的内容。在第4章，斯金纳阐述了巴甫洛夫的条件作用，即条件反射。在第5章，他开篇就对这些条件反射与“操作性”行为进行了区分：

> 反射，无论是条件的还是其他形式的，都主要与有机体的内部生理有关。然而，我们通常最感兴趣的是对周围环境有一定影响的行为。这种行为会在人类事务中引起诸多的实际问题，也因其特有的特征而具有独特的理论意义。行为的结果会“反馈”给有机体。当反馈给有机体时，行为的结果会改变产生这些结果的行为再次发生的可能性。英语中包含了很多指称这种结果的单词，如“奖赏”和“惩罚”，但是只有通过实验分析，我们才能清楚地理解它。(p. 59)

然后，斯金纳赞誉桑代克是一位率先“研究行为结果所引起的改变”的学者（p. 59），接着描述了鸽子单独在实验箱内的简单操作性条件作用（operant conditioning）的情景：

> 为了研究桑代克所谓的印刻过程，我们必须有一个“结果”。给饥饿的有机体食物就能做到。……
>
> 我们选择了一个相对简单一点的行为，它可以自由而迅速地加以重复，也容易对其观察和记录。例如，如果我们的实验被试是一只鸽子，那么把头抬到一定高度以上的行为是容易做到的。这可以通过观测鸽子的头是否越过钉在离箱子较远墙壁上的刻度来观察到。我们首先研究头可以正常抬到的高度，随后在刻度上选择一条几乎很少能达到的线。然后，我们密切注意观察刻度，每当头抬到高于这条线时，开始迅速地打开食物盘。如果实验按照说明来进行，那么结果就是必然的：我们观察到，头越过
> 331 这条线的频率立刻发生了变化……在决定什么时候呈现食物时，我们也几乎立刻将刻度线提升到了一个更高的水平。在一两分钟后，鸽子的姿态发生了改变，它的头顶很少会低于我们第一次所选定的那条线。……
>
> 当然，已经发生的反应是无法预测和控制的。我们唯一能预测的是相似反应在将来的发生。因此，预测性科学的单元不是一个反应，而是一类反应。单词“操作”可用来形容这一类型。这个术语强调的事实是：行为对环境进行操作以产生结果。……该术语既可以用做形容词（操作性行为），也可以用做名词来指称由某一特定结果界定的行为。
>
> 鸽子抬头的单个例子是一个反应。这是可以用我们所希望使用的任何参考框架加以说明的一点事实。不管那些具体的例子何时发生，这个称为“抬头”的行为就是一个操作。(pp. 63-65)

因此，在这个简单的例子中，观察的是动物，当它把头抬到一定高度以上时，就立刻得到食物。因此，抬头行为的频率就增加了。斯金纳选择术语操作（operant）来描述这个抬头的活动，因为行为对环境进行了“操作”——当操作发生时，就会对鸽子产生一个

可预测的结果（即食物来了）。由于强化的结果，行为已经发生了变化。抬头行为也可通过消退（extinction）使其消失。

> 当不再有强化时，反应的频率就会变得越来越少，这种现象称为“操作性消退”。如果不再给予食物，鸽子最终会停止抬头。总之，当我们从事的行为不再“带来利益”时，我们会发现自己越来越不再喜欢以那种方式行动。如果我们丢掉了自来水笔，就会越来越少地把手伸进以前那个装笔的口袋。(p. 71)

因此，如果一个行为得到了强化，那么它就会有条件地更加频繁地出现。如果将强化取消，行为的频率就会降低。但是，如何界定强化物（reinforcer）呢？答案是——视情况而定，而且还必须区分出积极强化物和消极强化物。

> 要知道某一特定事件是否在对某个特定有机体进行强化的唯一方法是进行直接的测验。我们先观察某个特定反应发生的频率，然后根据它进行研究，并观察频率所发生的任何变化。如果有变化，我们就将此活动列为在现有条件下对有机体的强化。……
>
> 这些被认为是强化的活动有两类。一些强化在于呈现刺激，即向情境增加某物——例如食物、水或是性接触。这些我们称为积极强化物。而另一些强化则要从情境中消除某物——例如高噪音、强光、寒冷、酷热或是电击。这些我们称为消极强化物。在这两种情况下的效果是相同的——反应发生的可能性增加了。(p. 73)

在这个鸽子更加频繁地有条件抬头的例子中，操作性行为（抬头）是鸽子的一个相当典型的行为。研究者必须做的所有事情就是等待鸽子抬头，并强化它。但是，新行为产生了，却很少发生该怎么办呢？那么，在所期望的操作发生之前，研究者只有漫长地等待。而答案就在斯金纳在第 6 章所阐述的塑造（shaping）概念中： 332

> 操作性条件作用对行为的塑造就像雕刻家使一块黏土成形一样。虽然在某种程度上，雕刻家似乎创造了一件全新的物体，但是我们通常也将这一过程追溯到原始的未分化的泥团，在接下来的步骤中回到我们所希望的那么小的状态。任何事物都不会与先前的事物有天壤之别。尽管最后的产物似乎具有设计的独特统一性或完整性，但是我们发现这绝不是突然形成的。同理，一个操作也不是完全从有机体的行为发展而来的。它是这一不断塑造过程的结果。
>
> ……对鸽子而言，啄实验箱壁上某一点的反应似乎与伸长脖子不同，因为鸽子没有其他与此相似的行为。……为了让鸽子尽可能快地啄那一点，我们采取了如下步骤：首先，当鸽子从笼子的任何位置向那点方向稍微转身时，我们就喂它食物。这就增加了此类行为发生的频率。然后，我们只有在鸽子向那点稍微移动时，才给予食物。这又一次改变了行为的一般分配而没有产生一个新单元。我们继续对更加靠近那

点的位置的行为进行强化，然后只有当鸽子的头稍微向前伸时才进行强化，最后，仅仅当鸟嘴真正接触到那点时才给予强化。……最初的反应在最后的反应形式中出现的可能性非常低，在某些情况下甚至为零。我们以这种方式塑造了在其他有机体的技能中从未出现过的复杂操作。通过强化一系列相继的近似反应，我们在短时间内就使罕见的反应的发生有了很高的可能性。这种（塑造）是一个非常有效的过程，因为它认识并利用了一个复杂动作的连续本质。从箱子的任何位置转向那一点，到走向它，抬起头，啄那一点的整套动作在功能上似乎是一个连贯的行为单元；但它是通过对无分化的行为进行分化强化的一个连续过程而形成的，正如雕刻家将一块黏土塑造成塑像一样。(pp. 91－93)

斯金纳将第 6 章命名为《行为的塑造和保持》。在行为已经通过操作性条件作用程序进行塑造后，为了保持该行为而一直进行强化是否有必要呢？在斯金纳看来，答案是否定的，他所称的强化时间表（schedules of reinforcement）的研究也许是其最伟大的研究贡献，其研究成果是长达 739 页的名为《强化时间表》的巨著（Ferster & Skinner，1957）。此书基本上是许多不同种类的强化程序的图表集，每一个程序都附有描述行为的图表
333 （“累积记录”）——竟达 921 张！在《科学与人类行为》一书中，斯金纳介绍了这些程序的主题，并描述了两种基本类型：

对有机体以外的体系所组织的程序与那些由行为本身控制的程序进行区分非常重要。第一种程序的例子是，由时钟决定的强化程序——我们每隔五分钟对鸽子进行强化，并且对所有的中介反应不予强化。而第二种程序的例子是，在作出一定数量的反应后才对反应进行强化的程序——鸽子每作出 15 次反应，我们才进行强化。我们对这两种程序进行的都是间歇强化，在这个意义上，这两种情况是相似的，但是在依随方面的细微差异却得出了截然不同的结果，通常具有极大的实际意义。(p. 99)

这两种强化程序是间时强化程序和比率强化程序，同时这两者又分别具有“固定的”和“非固定的”两类。这就产生了四种强化程序——固定间时的、非固定间时的、固定比率的和非固定比率的——每一种都产生了一种不同的行为模式。回想普通心理学中有关学习的章节：

固定间时：
- 在固定的时间段后对行为进行强化
- 时间间隔刚要结束之前的行为反应速度快，而时间间隔刚开始的速度慢

非固定间时：
- 对行为进行强化的时间段随着试验的不同而不同
- 行为反应速度相对慢但是稳定

固定比率：
- 在作出固定数量的反应后对行为进行强化
- 行为反应速度快

非固定比率：● 在作出一定数量的反应后对行为进行强化，而作出反应的数量随着试验的不同而不同
● 行为反应速度非常快

通过强化来塑造和保持操作性行为，通常要按照程序进行间歇强化，但是行为也受到环境的控制。刺激控制（stimulus control）是一个核心的操作性概念，在《科学与人类行为》的第 6 章有详细的阐述。通过追溯到最初的鸽子抬头实验，斯金纳开篇便对诱发行为和自发性行为进行了重要区分：

> 操作性条件作用可以在不提及任何反应作出之前起作用的刺激的情况下进行阐述。在强化鸽子伸脖子的过程中，等待伸脖子的出现是非常必要的，我们不能诱导它。……刺激通常对有机体起作用，但是它们与操作性行为的机能联系并不与反射中的那种联系相同。简而言之，操作性行为是自发的，而不是诱发的。……
>
> 然而，绝大多数操作性行为都与周围的环境有重要的联系。我们可以在鸽子的实验中展示这是如何相联系的，在此实验中，当一盏灯亮着时对伸脖子予以强化，而当灯灭了时任其消失。最后，只有当灯亮着时，鸽子才会伸脖子。那么，我们就证明了一个堪比条件反射或无条件反射的刺激—反应的联结：灯光的出现很快就伴随着头向上的运动。但是这种关系是完全不同的。它有着不同的历史和不同的现有特征。我们通过说明刺激（灯光）是个诱因，根据这个诱因作出反应（伸脖子）后伴随的是强化（给予食物），来描述这种依随性。我们必须具体说明这三个术语。对鸽子的影响是，最后只要灯亮，反应就很有可能发生。这种行为产生的过程称为分化。它对理论分析以及行为的实际控制的重要性显而易见：一旦形成了分化，我们就可以通过呈现或消除辨别刺激，而立刻改变反应发生的可能性。(pp. 107 - 108) 334

在本摘录的开头，我曾提及，斯金纳认为心理学应该有两个目标——对行为的预测和控制。从这段话中，你可以理解他所说的意思。如果我们能理解行为的依随——行为所在的环境产生了可预测的结果，那么我们就能预测和控制。如果每当灯亮时，都对鸽子的抬头行为进行强化，那么我们就能（1）预测灯亮就会抬头，没有灯就不会行动和（2）通过开灯或关灯控制行为。

这只不过是斯金纳这本很厚的著作（449 页）中的一个小例子。我选取了阐述斯金纳一些基本思想的专业文章，但是此书纵深涉猎很广，从其他章节的一些标题可见一斑：《厌恶、躲避和焦虑》、《自我》、《宗教》和《设计一种文化》。最后这个例子是斯金纳将之统称为《人类行为的控制》的结尾部分三分之一篇章的一部分，这表明在其职业生涯的早期，他的思维就远远超越了斯金纳箱，考虑到如何将其思想应用到生活领域。更多关于该议题的内容不再赘述。

斯金纳和解释的问题

我们已经知道，托尔曼和赫尔两人都认为，提出存在中介变量以解释习得行为是必要的，而且这些变量通过操作性定义审慎地与刺激和反应联系了起来。然而，斯金纳却反对这个概念，主要是因为它为斯金纳所谓的解释虚构（explanatory fictions）敞开了大门。这些解释虚构是指，提出某一介于可观察刺激和可测量行为之间的假设性内部因素，然后利用这一因素对行为进行虚假解释的一种倾向。这是我们一直在做的事，至少非正式地做过。例如，假设你发现你的新室友在晚上学习到很晚，似乎比你认识的其他任何人在实验室花费的时间更多。你向他的朋友打听他的情况。他们说他具有很高的成就需要。根据斯金纳的观点，当我们通过将学习行为归因于高成就需要来解释它时，我们可能在这一点上想错了。然而，事实上，这种“成就需要”只不过是概括学习和去图书馆行为的一个标签，并没有为解释它们添加什么内容。斯金纳主张，解释存在于个人的整个学习史和具体
335 的强化依随中，这些强化依随会在与成就有关的行为发生时变得明显。

解释虚构的问题导致了斯金纳对生理心理学家的批判，在斯金纳看来，他们试图通过将行为还原为神经系统的活动来解释行为。尽管斯金纳承认研究大脑机能和神经系统活动的重要性，但是他确信，即使不参照神经系统，也有可能充分阐述行为，并能够预测和控制它。在这方面，斯金纳反映了哈佛大学生理学家 W. J. 克罗泽（W. J. Crozier）① 的态度。同样，他也反对大多数当代认知心理学，原因是它也采用了解释虚构（例如，将记忆失败归因于短时记忆的局限）。1990 年，在美国心理学会的最后一次演讲中，斯金纳有点讽刺地将认知心理学称为生物学中科学神造论的同义词，其主要理由还是在于这个解释虚构的问题。

这并不是说斯金纳否定思维、记忆和语言发生的明显事实。然而，他反对这种观点，即公事和私事之间存在质的差别，正如一些行为主义者所主张的，私事不能进行科学的研究。相反，他认为，公事和私事在本质上是相同的，可以通过对它们的实验分析来理解它们（Skinner，1953）。跑步是公事，而问题解决是私事，但两者都是人类所做的事情，因此受制于强化依随和刺激控制。例如，斯金纳对问题解决的分析强调，不同的问题解决行为是如何在不同环境中出现的，这些行为又是如何在个体学习史中得到强化的。在其 1945 年的一篇名为《心理学术语的操作性分析》的论文中，斯金纳首次概述了其公事和私事的观点。在那篇论文中，他明确地将其取向标榜为“激进行为主义”，这是一直伴随着其体系的标志。

---

① W. J. 克罗泽（W. J. Crozier，1892—1955）是哈佛大学的生理学教授，洛布以前的学生，洛布强烈主张，行为能以机械论的术语来解释，并与神经系统根本无关。斯金纳（1956）曾写道，“他‘讨厌神经系统’这句话曾是洛布所言，也可能曾是克罗泽所言。无论这是真还是假，事实是，这两个人在讨论动物行为时都没有提到神经系统，而且都取得了令人惊奇的成功”（pp. 222 - 223）。

重要年份 1953

这一年以斯金纳颇具影响力的《科学与人类行为》的出版为标志。

还发生了下列事件：

- 第二次世界大战中的美国战斗英雄德怀特·艾森豪威尔（Dwight Eisenhower）将军开始担任其两届总统中的第一届
- 南斯拉夫的马歇尔·铁托（Marshall Tito）统治时期开始
- 伊丽莎白二世（Elizabeth Ⅱ）被加冕为英国女王
- 罗森堡一家（Rosenbergs）被发现犯有为苏联做间谍的罪行而被处决
- 埃德蒙·希拉里（Edmund Hillary）爵士成为登上珠穆朗玛峰的第一人
- 研究报告指出肺癌与吸烟有关
- 波士顿勇士队搬迁到了密尔沃基，成为密尔沃基勇士队，与此同时，圣路易斯布朗队搬迁到了东部，成为巴尔的摩金莺队（美国人连续五次赢得了世界职业棒球大赛的冠军）
- 下列人物出生：

英国首相托尼·布莱尔（Tony Blair）

美国演员皮尔斯·布鲁斯南（Pierce Brosnan）

美国电影制片人肯·伯恩斯（Ken Burns）

- 下列人物逝世：

美国天文学家 E. P. 哈勃（E. P. Hubble）

美国本土运动员吉姆·索普（Jim Thorpe）

美国剧作家尤金·奥尼尔（Eugene O'Neill）

行为技术学

斯金纳的科学哲学取向与托尔曼和赫尔的有着非常大的差别。斯金纳不是从理论阐述中推导出假设，然后设计研究以检验假设，他更喜欢采用一种较少结构性的（但仍很严谨）、归纳式的研究方法。也就是说，他的方法是要在各种环境下彻底地研究行为，然后得出一般性的结论。强化程序的著作（Ferster & Skinner，1957）是这一策略的经典实例——对强化依随的各种结合进行测试，然后探寻行为的规律性（例如，在定时程序中，反应会在强化后停止）。归纳策略属于弗朗西斯·培根爵士的传统，斯金纳经常将培根作为其榜样（Smith，1996a）。正如你从第 2 章中回忆的（p. 27），培根主张，要了解自然，需要在没有预构理论框架的情况下对其进行系统的观察。一般原则来自于这些系统观察。培根还认为，对自然的控制是科学的一个重要目标。 *336*

培根提供了史密斯（1992）所谓的技术理想的原型——科学家不仅要了解自然，而且要控制自然。实际上，培根主张，只有当一个人通过操纵环境的某一方面并观察预测的结果，或是通过创造某个确实有效的技术，证明控制了某一现象，才会有真正的理解。因此，根据各种物理法则创造出机器，就能证明对物理学有了透彻的理解。对斯金纳而言，心理学的推理很容易。他表示，可以对行为进行预测，并且他将在强化原则的基础上创造一种行为技术学以说明如何对行为加以控制。

斯金纳对发展一种行为技术学的首次全面尝试是训练鸽子项目（Skinner，1960）。第二次世界大战期间，他从政府获得了一笔适量的资金和各种私人资源，以探究导航系统的发展，即利用鸽子使导弹指向目标。和一组尽心尽责的学生一起，他能够训练鸽子啄取目标屏上的钥匙。当鸽子啄向目标时，导弹会改变方向，直到目标出现在屏幕的十字准线上。作为一项支持性的测验，每个导弹头锥都装了三只鸽子，每一只都有其自己的目标。当然，鸽子只能飞一次。虽然斯金纳能够建立一个复杂的原型并证明其有效性，但军队最终还是终止了这项研究。[①] 尽管如此，这次经历却让斯金纳深信，他的行为主义可以应用于实验室以外的广阔领域。1947 年，在一个关于心理学当前动态的研讨会上，他直截了当地主张，“将实验科学的实践活动扩展到整个世界范围。只要我们想做，就一定能做到”（引自 Capshew，1996，p. 144）。

尽管训练鸽子项目遇到了挫折，但是斯金纳还是受到了鼓舞，正如前面引文所解释的，这次经历比以前更加确定地表明，操作性技术可以产生有用的结果。在接下来的几十年里，他（1）遵循华生的号召，深入研究了儿童发展和养育领域，（2）挑战教学实践，并远在个人电脑出现以前就发明了一台程序教学机器来促进学习，（3）满足了其长久以来创作小说的愿望，出版了《瓦尔登第二》（Skinner，1948），讲述的是一个建立在操作性原则基础上的乌托邦公社。在本章的视窗中将对这部小说进行更加充分的阐述。他的思想还被其他人拓展到了心理治疗和商业领域。

最后，尽管斯金纳没有直接参与，但是操作性技术的确被成功地应用到了导弹项目中。作为美国国家航空航天局空间计划的一部分，猩猩至少在两次早期空间飞行中学习了各种操作性任务。一位参与该项目的心理学家写道，“我们在当时以及后来所使用的每一项技术、程序表、程序编制和记录设备都可追溯到（斯金纳）或其学生”（Rohles，1992，p. 1 533）。

337 视窗

斯金纳的乌托邦

如果行为完全由强化依随控制，那么，为什么不操纵那些依随而使人们愉快、有用和富有创造力呢？斯金纳当然认为完全有理由这么做，他毫无畏惧地要求根据操作性原则重新设计社会。他首次尝试提出改善世界的行为技术学是在 1948 年出版的《瓦尔登第二》，

---

① 终止训练鸽子项目的负责人之一是托尔曼的物理学家兄长，他是国防研究委员会的委员。很显然，斯金纳认为，理查德 · 托尔曼“对其兄弟的行为主义心理学缺乏尊重……”（Bjork，1993，p. 123）才导致该项目的失败。

这是一个根据操作性条件作用的思想建立公社的故事。

和所有的乌托邦小说一样，《瓦尔登第二》故事情节很空洞，作者只用了一种手法来描述勇敢的新世界。在书中，一位名叫伯里斯（Burris）的教授来到一个有 1 000 个左右社员的乡村公社，同行的有两位以前的学生、他们的女友以及一位哲学家同事。他们在瓦尔登第二待了一段时间，大多数时间都是由弗雷泽（Frazier）这位公社的创建者和指定的旅游向导陪同。在整篇小说中，哲学家（当然）持怀疑态度，坚信瓦尔登的居民都已被洗脑，并处于弗雷泽恶魔般的控制之下。伯里斯一开始也怀疑，但逐渐相信了，在小说的结尾部分，他决定退出学术界，待在瓦尔登第二。

在瓦尔登第二的生活似乎无忧无虑。社员可以在其能力范围内选择他们会做的工种。为了享受公社的所有福利（例如免费的卫生保健、教育、文化机会），每个成员每年都必须挣得一定的工分；像收集垃圾之类的吸引力较小的工作要比那些护理花园之类的比较享受的工作挣更多的工分。大多数社员都能通过每天不超过 4 小时的劳动挣到所需的工分。由 6 位"计划者"组成的委员会轮流管理公社，另外还有一大组"管理人员"，他们都是诸如营养或儿童护理等领域的专家和"科学家"，他们的研究会被纳入公社决策。每一个人无论在公社中的地位如何，每天都要从事一些体力劳动。

在瓦尔登第二，儿童养育并没有委托给个体的父母，而是由公社分担——这与华生的观点相呼应，弗雷泽声称，"家不是养育孩子的地方"（p. 132）。儿童富有创造性的行为是通过积极强化塑造的——不使用厌恶条件作用。例如，儿童学习挫折耐受性，是通过将儿童置身于一个非常小的挫折经验中，这个挫折经验他们能够应付，而且要是应付了就会得到奖赏。然后，他们再经历一系列稍稍更具挫折性的事件，从而逐步地发展出应对挫折的技能（即塑造）。

公社的其他两个方面表明，和所有优秀的乌托邦作者一样，斯金纳也期待着多年来一直在发展的运动。第一，在瓦尔登男女严格平等，这通常通过三位男性和三位女性的计划者来保持，并且体现在了公社的儿童养育观念中。女性能够追求任何其感兴趣的事物。第二，竭力保护瓦尔登周围的自然环境资源。过简单生活、保护地球的价值观贯穿整本书，这也是为什么斯金纳认为他的书与梭罗（Thoreau）的原著《瓦尔登湖》有联系的原因。

《瓦尔登第二》的销售一开始很不景气。当时正值美国人刚从第二次世界大战中走出来，又进入冷战时期，他们明显对听起来有些共产主义，又似乎否定竞争精神和个体首创精神重要性的思想不感兴趣。然而，在 20 世纪 60 年代和 70 年代，《瓦尔登第二》的销售 338
上升了，这是一个反对战争和"建设"的时代，当时美国年轻人信奉不同于传统行为的反主流文化的行为。与此同时，此书在某些方面也颇具争议，备受谴责，尤其是关于自由和行为控制的不可分割的问题（Rutherford，2003）。斯金纳借弗雷泽之言，阐明了其立场，弗雷泽和哲学家谈论了这个问题：

……如果人类是自由的，那么行为技术学也就不需要了。但是我要你考虑一下其他情况……我否认自由无时无刻都存在。我必须否认——否则我的计划就荒唐可笑了。你不可能拥有一门其主题总是变幻莫测的科学。也许我们从来都没能证明人类是不自由的，这只是一种假设。但是行为科学的不断成功使其越来越有可能成真了。(Skinner，1948，pp. 241－242)

斯金纳在其余生不断重复这一要旨。选择的自由是虚假的，它与行为遵循着可预测的规律并受到强化依随的控制这一假设背道而驰。如果行为总是要受到控制，那为什么不为大众谋利益呢？可是，斯金纳似乎从未理解“谁是控制者？”这一问题的重要性。而评论家却做到了，他们将《瓦尔登第二》抨击为极权主义的专题论文，对待人类就像对待斯金纳箱中的老鼠一样。斯金纳认为，鉴于其专业技能，行为主义科学家理应在社会的设计中扮演领导角色，但是这如何在一个民主国家中得以实现却很不明确。

对斯金纳的评价

与托尔曼和赫尔不同，斯金纳从未当选过美国心理学会的主席。他的研究很少在诸如《实验心理学杂志》这样的美国心理学会主流杂志上被引用。他吸引了许多热情洋溢的研究生，一些人一直是忠实的操作研究者，并分布在许多大学里，在这些大学仍存在一些真正的信仰者，但是斯金纳的激进行为主义是（并且仍是）偏离美国心理学主流的。今天，很少有心理学系有一两个以上的“操作”心理学家（Robinson & Woodward，1996）。斯金纳本人很关注其行为主义体系的寿命，害怕在其死后会衰落。早在1974年，他就写到，他觉得“缺乏年轻的操作训练者”（引自Bjork，1993，p. 224），而且正值认知心理学“当道”之际，他们很难找到工作。但很显然，他对心理学的影响超过了托尔曼和赫尔，以及大部分在本书中提及的心理学家。例如，在科恩、R. 戴维斯和S. F. 戴维斯（1991）的一项调查中，要求心理学的系主任和历史学家根据声望对心理学家进行排序。得到了两组等级评定：一组是前十位“当代的”心理学家，另一组是“所有时期的”前十位心理学家。在当代心理学家中，系主任和历史学家都将斯金纳列为第一；在“所有时期的”名单中，系主任仍将斯金纳位列第一，但历史学家将他列为第八位。尽管由于该调查在时间上接近于1990年其逝世时，对斯金纳的评定可能过高，但是心理学家和历史学家同样都将其视为本学科的重要人物之一仍是显而易见的。顺便提一下，托尔曼和赫尔都没有进入前十位。

在现代心理学的整个历史中，我们已经见证，美国心理学家已感到证明其体系能够应
339 用于提高大众福利的压力。这也是铁钦纳的心理学失败而机能主义和行为主义心理学普遍成功的一个原因。在这一点上，斯金纳所做的贡献在心理学史上是无可匹敌的。他在哈佛大学的早期研究产生了《有机体的行为》，在20世纪50年代的工作产生了《强化时间表》，这些都属于基础实验研究的范畴，然而其大量著作都旨在让世界相信，行为的实验

分析是为人类未来谋幸福的唯一希望。当然，这也使斯金纳成为华生的真正继承人，华生也曾不遗余力地宣传行为主义的“完美世界”。强烈而坚定的鼓吹使斯金纳成为颇具争议性的人物，[①] 但这也促使其思想被应用到了比托尔曼或赫尔曾设想过的更多的领域。

对行为主义的展望

行为主义已经成为美国心理学的中坚力量。它产生了一些最著名的心理学人物（例如华生、斯金纳），它在20世纪中叶主导这一研究领域长达几十年，而且其应用仍继续广泛运用于商业、教育、心理治疗甚至日常生活中。然而，重要的是在行为主义的发展过程中有两个限制条件。第一，行为主义在很大程度上已经成为一种美国现象。例如，行为主义的思想并没有在欧洲产生广泛的影响力。虽然继承了英国的经验主义，但是由忠诚的行为主义者组成的英国团体并不多，而且在欧洲，这场运动几乎没有影响力。例如，我们已经看到，在讨论桑代克以及他与迈尔斯对实验方法的争论时（pp. 202－203），欧洲的动物心理学家（例如洛伦茨、廷伯格）要比美国人更加倾向于在自然环境中而不是在实验室研究动物行为，而且他们对本能要比对学习更感兴趣。行为主义更多以美国为中心的关键原因在于其适用性。我们一次又一次地见证，美国的实用主义在塑造美国心理学中发挥了强大的作用。

第二，尽管行为主义在20世纪三四十年代甚至进入50年代都占据着美国实验心理学的主导地位是个事实，但是仍有许多在美国实验室进行的研究与行为主义毫无关系。在这些年间，许多重要的杂志上仍发表了许多阐述记忆、知觉、注意、语言和思维等认知主题研究的文章。在其他方面，1935，田纳西州乔治·皮博迪学院（George Peabody College）的一位不出名的研究生J·里德利·斯特鲁普（J. Ridley Stroop，1935/1992）发表了一篇最著名的心理学论文，这篇论文是对三个实验的总结。“斯特鲁普效应”，即由于自动阅读过程的干扰妨碍了颜色命名的问题（例如，单词红色用绿颜色的墨水打印出来时，正确的反应是“绿色”而不是“红色”），已被称为最具重复性的心理学发现（MacLeod，1992）。因此，在行为主义的全盛时期，并非所有的研究都涉及迷津中的老鼠或斯金纳箱中的

---

① 斯金纳从未动摇过其信念，猛烈的鼓吹让许多人认为他傲慢自大，故意屈尊，而且游离于美国的核心价值观之外。然而，卢瑟福（Rutherford，2003）曾有说服力地声称，斯金纳改善社会的思想有时也与当代文化价值观相吻合，这是值得赞扬的。例如，他在第二次世界大战后尝试建立一个用于改善婴儿床的市场就被许多人看好，其背景是正值有助于家庭生活的技术进步受到重视之际。而且，那些熟悉斯金纳的人一致将其形容成一位热心、体贴、谦虚和温雅的人。他也远不是一位目光短浅的科学家，其研究占据了他所有清醒的时间——他阅读广泛，是一位发表过作品的诗人，狂热的歌剧迷，而且是剑桥剧本朗读团体的成员。

鸽子。

在其关于所谓的 20 世纪中叶心理学认知革命的著作中，伯纳德·巴尔斯（Bernard Baars）(1986）在开篇评述道，行为主义“通常要用过去时态指称”（p. 1)，而且再也没有太多的心理学家将自己称为行为主义者。这个声明反映出部分真相——我们将在第 14 章了解到，带有大写字母“B”的行为主义在几十年来已经衰落了，认知心理学让心理过程的研究重获了受人尊敬的科学地位，并且在一定程度上，已替代行为主义成为美国心理
340 学的主流观念框架。不过，巴尔斯的声明言过其实了。它忽略了这一事实，即对学习和条件作用的研究几乎仍在美国每一所重要的大学中继续进行，而且行为主义原则仍构成了许多成功应用的基础（例如行为治疗）。更重要的是，仍有迹象表明行为主义的影响力有多么大，现在，每一位研究型心理学家都认为行为主义的中心要旨是理所当然的。也就是说，不管研究者是否认为自己是“行为主义者”，他们都会以行为术语审慎地界定心理学概念，即使他们对内部的、不可观察的过程（例如问题解决中的顿悟）感兴趣，他们也会将其论据局限于行为现象（例如问题的解决方法)。而且我知道，没有一本入门教科书在其心理学的定义中不包含术语“行为”。巴尔斯本人在其著作的前言中也认识到了这一点，他写道，从刚才所描述的意义上来说，“我们都是行为主义者”（p. ix)。

概要

后华生行为主义

● 与传统的历史记述相反，美国的心理学并没有因为华生的程序而立即转变为以行为主义者为主导。然而，在 20 世纪 30 年代，行为主义开始占据上风，部分是因为华生的不断宣传，而且还因为巴甫洛夫研究的全部译著首次面世。

● 逻辑实证主义允许理论包含抽象的概念，但坚持认为这些概念与可观察的事件相联系，从而为行为主义的发展创造了一个浓厚的氛围。20 世纪 20 年代末，起源于物理学的操作主义也有助于创造一种促生客观的、行为主义思想的环境。操作定义是在研究者的控制下，根据一组操作来界定概念，并假设这些概念会产生正在讨论的术语（例如，24 小时没进食会引起饥饿)。当各种研究的每一个都采用一种略有不同的操作定义，却得出同样的结论时，会增加对某一研究结论的普适性的信任。

● 新行为主义者反对很多问题，但是却赞同（1）物种间的连续性使行为的普遍规则可以从非人类物种得出，（2）要理解行为就需要掌握有机体如何学习的详尽知识和（3）研究结果应该有实际的应用。

爱德华·C·托尔曼（1886—1959)：目的行为主义

● 托尔曼的许多研究都使用了迷津学习，而且他研究了迷津作为一种设备的普遍可靠

性及老鼠学习迷津的方式。根据托尔曼的观点，老鼠在迷津中并没有学习一系列的刺激—反应联结；确切地说，它们学习的是迷津的整体认知地图。这种空间能力可以在潜伏学习的研究中得到体现，在此研究中，尽管学习直到给予了强化才在它们的行为表现中反映出来，但仍可以说明动物学习了迷津。而在位置学习中，动物学习去某一方位要比学习作出某一具体的反应更快。

● 托尔曼认为，行为是有目标指向的或是有目的的，而且学习的单位应该是整体的而不是分子式的行为。他认为，强化并不是学习发生所必需的。他提出了中介变量的概念，这是一个介于刺激和反应之间的有机体内部的假设因素，可从操作上进行界定。托尔曼体系中的许多中介变量（例如期待）都是认知的。

克拉克·赫尔（1884—1952）：假设演绎行为主义

● 尽管赫尔主要是因为基于动物研究的学习理论而出名，但是他还研究了人类概念学习的发展、能力倾向测验和实验性催眠，并根据第一项研究写作了博士论文，撰写了有关后两个主题的著作。

● 通过模仿牛顿的物理学，并遵循逻辑实证主义的原则，赫尔的假设—演绎行为体系发展了一种理论，在理论中产生各种具体的实验以检验从高度公式化的公设中得出的假设。然后，研究结论将增强对公设的信任或导致对它们的修正。 341

● 赫尔的学习理论是一种驱力降低理论。公设 4 提出，学习（即习惯强度的增加）涉及的是伴随强化的刺激—反应的接近。强化物是降低驱力的刺激。它们可以是原始的或有生物学基础的（如食物），或者是次级的（即通过与原始强化物相联系而习得的）。

● 赫尔使用了大量的中介变量。最重要的一个是反应势能${}_{S}E_{R}$，即反应在既定时间内发生的可能性。据证明，它受到包括驱力（D）和习惯强度（${}_{S}H_{R}$）在内的许多因素的影响，赫尔认为，这两者都是行为发生所必需的。

B. F. 斯金纳（1904—1990）：激进行为主义

● 斯金纳反对托尔曼和赫尔的较为公式化的理论，而主张一种更加归纳性的、描述性的行为主义，而这种行为主义仅仅是为了寻找行为可以被预测和控制的证据。斯金纳因对经典条件作用和操作性条件作用进行了区分，并研究了后者而享有盛誉。为了研究操作性条件作用，他创建了斯金纳箱，这是一种通过累加记录器连续记录某个反应比率（例如，按压杠杆，啄取钥匙）的实验箱。当行为的直接结果塑造了行为时，操作性条件作用就发生了。如果结果是积极的，那么在某一特定环境中发生的行为就更有可能将来在那种环境中发生；如果结果是消极的，行为则不太可能发生。

● 斯金纳反对使用他所谓的解释虚构，即那些似乎解释了某一现象，但是事实上除了重新命名外什么也没做的假设因素。由此，他还批判了对行为的神经系统解释，而且他从不接受这一观点，即行为的解释是由认知心理学家发现的。

● 斯金纳倡导一种行为技术学，并通过使用各种行为技术改善儿童养育、教育和社会整体。在《瓦尔登第二》中，他勾勒了一个如何根据操作性原则运作的整体社区。

对行为主义的展望

● 在 20 世纪 30—50 年代，行为主义一直是心理学的主导力量。然而，它的影响力主要是在美国，即使在美国，许多实验心理学家所致力于研究的现象也与条件作用相去甚远。行为的一个持久遗产是，研究者之间达成了一个共识，即无论对其进行研究的客观性程度如何，心理学现象都必须以行为术语加以界定。

思考题

1. 描述行为主义革命的“神话”。

2. 描述为新行为主义在 20 世纪 30 年代成为主导力量铺平道路的 20 世纪 20 年代的事件。

3. 解释逻辑实证主义如何与操作主义一起解决了如何客观地研究抽象而不可观察的现象（例如饥饿）的问题。

4. 举例说明你知道什么是操作定义，并解释在心理学研究中使用操作定义的重要性。

5. 新行为主义者之间对一些问题达成了一定的共识。描述它们。

6. 描述格式塔心理学和埃德温·霍尔特对托尔曼学习理论的影响。

7. 界定中介变量，并举例说明托尔曼和赫尔是如何使用这个概念的。

8. 描述托尔曼的潜伏学习研究，并解释托尔曼认为该研究证明强化在迷津学习中起了什么作用。

9. 描述托尔曼的认知地图研究并说明它是如何应用到其学习理论的。

10. 描述托尔曼的位置学习实验并解释其意义。

11. 描述赫尔关于概念学习的博士论文，并说明它是如何与其后来的学习理论相联系的。

12. 描述如何运用假设—演绎的方法进行研究。

13. 描述赫尔的公设 4。

14. 反应势能对赫尔的理论具有什么样的重要性？驱力和习惯强度之间是乘法关系而不是加法关系的意义是什么？

342 15. 解释为什么赫尔在 20 世纪 40 年代和 50 年代的美国心理学中是一位主导性的人物，而在今天却完全被遗忘了。

16. 描述弗朗西斯·培根爵士对 B. F. 斯金纳思想的影响。

17. 描述斯金纳所看到的解释虚构的危险。举一个例子。

18. 描述斯金纳如何将操作思想运用到其乌托邦小说《瓦尔登第二》中。

19. 写一篇简短的散文，要联系这些概念：技术理想、训练鸽子项目。

20. 在其关于认知心理学史的著作中，巴尔斯总结道，“我们都是行为主义者。”解释一下。

来自原始资料摘录的问题

1. 举鸽子抬头的例子说明斯金纳操作性条件作用的模式。
2. 举例说明斯金纳的塑造概念。
3. 区别（1）间时强化程序和比率强化程序以及（2）固定程序和非固定程序。
4. 总结行为的实验分析的必要因素。

进一步阅读

Boring, E. G., Langfeld, H. S., Werner, H., & Yerkes, R. M. (Eds.), *A history of psychology in autobiography Vol*. 4. Worcester, MA: Clark University Press.

一系列自传中的一部分。第四卷包含赫尔（pp. 143 - 162）和托尔曼（pp. 323 - 339）所写的有趣的自传章节。

Bjork, D. W. (1993). *B. F. Skinner: A life*. New York: Basic Books.

简短又具可读性的斯金纳传记。没有对斯金纳以及其他操作科学家的研究进行很详细的阐述，但是对斯金纳作为一名操作科学家的早期发展及其对行为工程的投入进行了出色的阐述。

Delprato, D. J., & Midgley, B. D. (1992). Some fundamentals of B. F. Skinner's behaviorism. *American Psychologist*, *47*, 1507 - 1520.

对斯金纳心理学的要素进行了全面的介绍，用以反驳对其研究的一些误解。这正是 1992 年 11 月美国心理学家特别专栏中关于斯金纳的 25 篇文章之一。

Malone, J. C. (1991). *Theories of learning: A historical approach*. Belmont, CA: Wadsworth Publishing Company.

从历史的角度对学习的主要理论进行了全面阐述。除了托尔曼、赫尔和斯金纳外，该书还包含了其他重要的学习理论（即桑代克、巴甫洛夫、华生、古斯里）。

Smith, L. D., & Woodward, W. R. (1996). *B. F. Skinner and behaviorism in Amer-*

ican culture. Bethlehem, PA: Lehigh University Press.

这卷由两位著名的心理学史学家编撰，包含 14 个不同的章节，这些章节又排列在这些主题之下，即“作为社会哲学家的斯金纳”，“作为科学家的斯金纳”，“斯金纳的个人世界”以及“行为主义的多样性和扩展”。

第12章 心理疾病及其治疗

我乐意把我们已然所学的确切表述如下：我们的癔症病人遭受着记忆恢复的痛苦。他们的症状是特殊（精神创伤的）经历的残余和记忆的象征。

——西格蒙德·弗洛伊德，1909

本章预览与目标

当学生首次开始探索心理学的时候，他们通常会把这个领域等同于“心理疾病”的诊断和治疗。当然，他们很快就发现心理学是一门更广泛的学科——在通常的导论性的课程中，在他们接触到有关精神病理学及其治疗的章节之前，他们必须很费劲地学完有关诸如脑与行为、知觉、学习和认知此类主题的大约12个章节。相似的是，大多数心理学史教材，包括本书，都关注于这门学科是如何开始把科学方法应用到古老的哲学问题上以及它如何在学术环境中发展成为一门科学的。但不管怎样，简要地说，没有一本心理学史可以不论述精神病理学多年来构思和探讨的各种方法就结束。本章的大部分内容将论述西格蒙德·弗洛伊德的贡献和他对精神分析的促进，精神分析是他对其人格理论和治疗变态人格的方法的命名。我们将会探索他的一些著名的概念的产生和演变。而且，本章的原始资料摘录是来源于弗洛伊德1909年唯一一次访问美国期间所作的一系列著名的讲演。但是在讨论弗洛伊德之前，本章将会考察心理疾病的一些早期的概念和对精神病院的各种各样的改革尝试，并简要地讨论一下催眠那令人饶有兴趣的历史。 343

本章的最后一部分追溯了美国临床心理学从它卑微的起源到第二次世界大战前的岁月这一段早期历史。它的战后发展，当时是作为心理学中的一种主要力量出现，将会在第13章中考察。与在医学背景下发展起来的精神分析不同的是，临床心理学的早期形式产生于以19世纪晚期的新心理学为特征的实验室环境中。像莱特纳·威特默（Lightner Witmer）这样的开拓者适应了已有的实验室程序，并创造出了诊断和治疗存在各种阻碍其学校表现问题的儿童的新方法。现代临床心理学在早期的心理诊所、在 20 世纪早期的心理卫生学和心理测验运动中都有其渊源。阅读完本章之后，你应该能够：

- 说明启蒙思想是如何影响了皮尼尔对心理疾病治疗的改革
- 描述皮尼尔和图克所使用的“道德治疗”方法的特征
- 344 描述一种像拉什所开创的那样的医学治疗方法
- 论述迪克斯和比尔斯对改革所做的努力以及他们的工作成果
- 阐述克雷培林在心理疾病的分类和诊断上所做出的早期努力
- 阐述麦斯麦治疗癔症的方法并解释偶尔成功的原因
- 比较利埃博与伯恩海姆的催眠理论和沙可的催眠理论
- 论述弗洛伊德神话并且说明它是如何被促进的
- 说明唯物论和进化论观点如何影响到了弗洛伊德的思想
- 描述并批判对安娜 O. 案例的传统分析并且说明弗洛伊德认为他从这一案例中所获得的东西
- 论述弗洛伊德的人格理论的本质特征并说明它多年来是如何演变的
- 阐述阿德勒和荣格各自对精神分析理论所作出的修正
- 批判地分析弗洛伊德对心理学所做的贡献
- 总结威特默对临床心理学的贡献并解释为什么他也被认为是学校心理学的先驱
- 描述第二次世界大战前的临床心理学的状况

心理疾病的早期治疗

每个社会都不得不去面对处理那些思维过程、情绪和行为标志着他们是有别于正常人的异常者的需要。从大量有记录的历史来看，那些人，是如此地不同于“我们”中的其他人，有时已成为了恐惧和厌恶的来源，对他们的治疗很不人道。他们被认为是邪恶的或者是魔鬼附身，被拷打和杀死，可能会在火刑柱上被烧死或者作为“女巫”被淹死。一方面，他们要么被认为是道德堕落者，要么被认为是不可治愈的麻烦者，由于他们的罪恶是社会的危险品，因此需要被锁在远离体面人的地方，可能会被拴在墙上，没有释放的希望。眼不见，心不烦。另一方面，这种景象不像心理疾病的正史中通常描绘的那样凄凉（例如，Zilboorg，1941）。相关论文提出了存在于中世纪的心理疾病的合理的生物学原因，同时鬼神学也是一种很有竞争力的假说，并且存在着积累起来的关于精神病患者在他们社区的同情下和通过有组织的政府干预被经常治疗的证据（Neugebauer，1978；Kroll，1973）。然而，正像今天的事实情况一样，社区规模和社会经济地位是治疗的重要前提。

贫穷者，特别是生活在人口稠密地区的那些人，如果他们接受了什么帮助的话，那也是最糟糕的治疗。

“启蒙的”改革：皮尼尔、图克和拉什

在 18 世纪晚期和 19 世纪早期出现了几次改善心理疾病治疗的努力，是启蒙运动结束时期的产物，这一时期是“撒播光明到人类心理的黑暗角落”的时期（Appleby，Hunt &
Jacob，1994，p. 36）。正如你从第 3 章了解的一样，启蒙思想的一个总的特点是进步与改 345
革的思想和一种关于科学可以改善社会的强烈信念。正是这种思想促使美国和法国产生了政治革命，它把作为进步引擎的“科学”提升到了宗教的地位。在那种背景下，心理疾病开始以自然主义的思想方法被看做是有着生物学基础并且有责任去治疗。

那个时代最著名的改革家是法国医生菲利普·皮尼尔（Phillipe Pinel，1745—1826），他在巴黎开始了人道主义改革，首先在收容男病人的比塞特尔（Bicêtre）精神病院（1793），然后在收容女病人的萨伯特（Salpêtrière）精神病院（1795）。多年来在一些例子中，皮尼尔最具历史意义的行为是为被禁锢的病人去掉了身上的枷锁。尽管已经表明（例如，Weiner，1979，引自 Micale，1985）被解放了的病人的数量还是相对较少（大约占精神病院总人数的 15%），而且，对许多病人而言，锁链只是被更现代化的束缚形式所取代（例如，一种紧身衣的早期版本），但皮尼尔值得尊敬的原因是因为他把改革的理念带到了精神病院中。他把他的全部计划称为特质道德（“道德治疗”），它以病人的营养、卫生以及一般生活条件的改善和运用奖惩将秩序引入病人生活的一种早期的行为矫正形式为特征。出现在法国革命背景下的皮尼尔的努力，提供了治疗精神病人的一种“启蒙”方法和对被认为是压制自由的机构的攻击的联合作用的一个鲜明例子。他的改革兼具对进步的启蒙信念和解放受压迫者的革命意愿。

当皮尼尔正影响法国的变化的时候，由威廉·图克（William Tuke，1732—1822）的研究所统领的类似改革也正在英国发生。作为一名教友派的茶叶商人，图克倾向于为受压制群体提供援助（教友派也变成了反奴隶运动的领导者），特别是对那些忍受着心理疾病痛苦的人。1792 年，即在皮尼尔被任命为比塞特尔精神病院院长的前一年，图克在英国北部成立了约克郡收容所（York Retreat），致力于精神病人的慈善治疗。收容所坐落于一种乡村环境中并被设计成为类似于一个工作农场而不是一所监狱，它还设立了一种实质上类似于皮尼尔所用过的治疗项目。表现良好的病人会被给予更大的活动自由，允许更多的探访者去探访，还会提供更多的娱乐和工作机会；另一方面，那些表现差或失去控制的人会被惩罚，常常通过与其他病人隔离的方法，但有时也会把他们绑在床上（Bell，1980）。这些治疗在教友派中的宗教渊源意味着约克郡收容所及其治疗哲学在世界的其他地区会被具有类似改革动机的教友派信徒所知晓。根据格鲁布（Grob）（1994）的资料，图克的约克郡收容所在 19 世纪前四分之一的时间内是至少半数美国私立精神病院所仿效的模式。

本杰明·拉什（Benjamin Rush，1745—1813）被认为是在美国把科学方法应用于心理疾病治疗的第一人，一位著名的美国独立宣言签署者和美国独立战争的陆军军医总长。他被称为现代精神病学“之父”，主要是因为他的《对心理疾病的医学探究和观察》一书，在 1812—1835 年五次再版。作为那个时代的极少数受过大学医学训练的“医生”之一，[①]拉什成了那个时代认为许多疾病来源于血液和循环系统的问题这一信念的一位坚定的支持者。相应地，一种通常的治疗方法是放掉有病的或是过多的血液，拉什成了一名作为治疗多种疾病的放血疗法（bloodletting）的促进者。其中就包括心理疾病，拉什认为它们来源于“脑部血管的过度紧张”（Bell，1980，p. 9）。于是为了减少紧张，就需要割破血管以便放出血液直到病人达到一种更平静的状态为止。作为一种临时的使暴躁病人平静的方法常常很有效，很可能是因为这些不幸的个体减少了一些品脱的血液，由于太虚弱而不能再度亢奋。拉什记述过一个对一名暴躁的病人进行了 47 种不同的放血治疗的案例，病人总计
346 被放掉了 400～500 盎司的血液。这名病人最终被宣布已经治愈并回到了社区。他为了感谢拉什的治疗还写了一封热情洋溢的证明信，但他被释放出来不久后却再度发作并自缢而亡（Bell，1980）。

除了放血疗法之外，拉什还发明了两种平静血液的装置。回转器（gyrator）是一种病人躺在上面可以被快速旋转的木板，其中的思想是重新分布流向头部的血液。镇定椅（tranquilizer），图 12—1 所示，是一种带有能绑住胳膊和腿的皮带以及能牢牢地固定住头部的盒状装置的椅子。通过消除运动，目的是为了降低脉搏跳动的速率。两种装置成为革命后的精神病院中的标准化的治疗形式，尽管今天对我们而言它们可能看起来很残酷和不正常，但是它们却反映出那时的一种重要的新思想——心理疾病患者可以从治疗中获益的一种信念。

改革疯人院：迪克斯和比尔斯

在 19 世纪的前 30 年中，由于受到了像皮尼尔、图克和拉什这些人的改革的影响，美国成立了许多私立精神病院。然而因为它们是私人化的，收容的病人一般相对富裕并且精神病院很少出现拥挤的情况。例如，位于贝尔蒙（Belmont）（就在波士顿郊外）的首批之一的麦克莱恩（McLean）精神病院，在其建成后的前 12 年中平均每年有 50 个病人入住，员工和病人的比例接近 2∶1（Beam，2001）。它在基于约克郡模式的基础上发展出了一种进步的道德治疗项目，对户外治疗活动（例如园艺）给予重视。麦克莱恩更像一个大学校园而不是一个精神病院，分散开的建筑矗立在由弗雷德里克·劳·奥姆斯代德（Frederick Law Olmsted，以设计位于纽约的中央公园而出名）设计的公园似的环境中。另一方面，

---

① 他的医学训练包括在苏格兰的爱丁堡大学的停留。正像我们在第 5 章提到的那样，爱丁堡是大不列颠最重要的医学教育中心，达尔文曾在爱丁堡大学学习，试图成为一名医生，但没有获得成功。

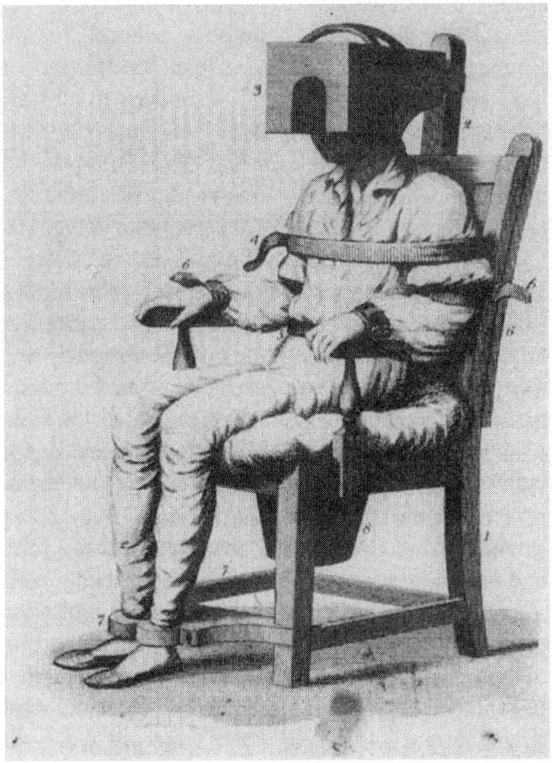

图 12—1　本杰明·拉什为约束和“平静”激动的精神病人而设计的镇定椅，来自 Bell (1980)。

贫穷的精神病人常常蜷缩在监狱或者在“公立救济院”（救济院）里甚至流浪乡野。然而，在美国人口膨胀尤其城市地区人口开始增加的时候，心理疾病病人的数量也成比例地增长，他们对公共支持的需要变得日益明显。作为回应，创立了为富裕者和贫穷者而设计的大的国有基金精神病院，但最后收容的大部分是贫穷者。从图 12—2（a）中可以对其概貌略知一二，这是一张 1877 年在马萨诸塞州的伍斯特（Worcester）创办的精神病院的明信片。伍斯特精神病院是一个经典的“柯克布赖德设计”的例子——一种两边带有长长的翼的中央管理建筑，一边安置女性，一边安置男性（Grob，1983）。表现更好的病人被安置在靠近中心的地方，而更“易兴奋的”病人一般被安置在远离中心的地方。图 12—2（b）展示了地基平面图。精神病院一般坐落在乡村地区，或者在各州的地理中心（即对所有市民来说到达的距离相等，但也是“目不能及”），由于它们大多收容无能力者，它们很快成 347
为政府财政支撑的非常拥挤的、超出想象的污秽不堪的看护性的机构而不是治疗性的机构。

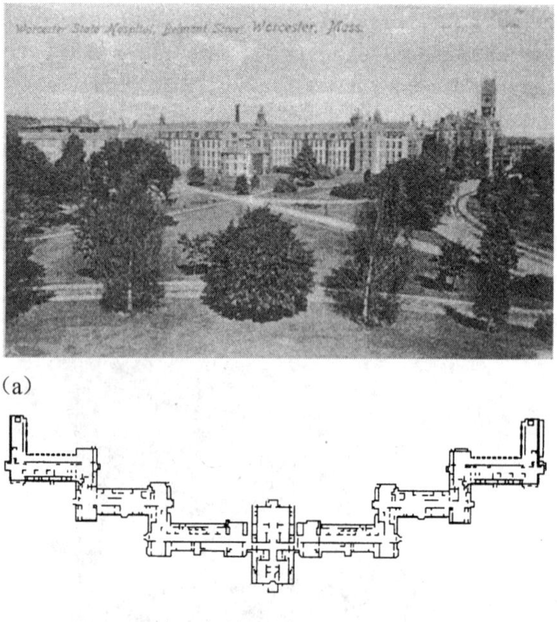

(a) (b)

图 12—2 (a) 关于在 1877 年开放的马萨诸塞州的伍斯特精神病院的明信片。这所精神病院成为伍斯特州立医院，1991 年大火的发生地点现在被废弃。(b) 地基平面图显示了精神病院的柯克布赖德设计。伍斯特精神病院是典型的柯克布赖德设计。

改善这些精神病院的照料条件成为由多罗西娅·迪克斯（Dorothea Dix）(1802—1887）发起的一项猛烈的运动所关注的焦点。迪克斯（图 12—3）是一位新英格兰的教育家，她对那些不幸的人的普遍关注促使她去检查收容在公共机构里面的人们的治疗条件。1841 年，她在马萨诸塞州开始了为期 18 个月的针对州内的监狱、医院、公立救济院以及其他任何可能收容贫穷的心理疾病患者的场所的巡视。她所遇到的是一种令人震惊的虐待和忽视问题，心理疾病患者的待遇与动物无异。他们经常被锁在厕所般大小的布满了他们的排泄物的阴冷房间的墙壁上，衣食条件极差，经常被打到顺服的程度，并且常常被遗弃。在其返回的途中，迪克斯写了一篇关于这种体系的严厉的诉状，在描写她所看到的细节的时候没有任何夸大其词。她的诉讼呈交给了马萨诸塞州的立法机构并导致了一系列的改革，包括一项增加投入以改善州内伍斯特地区的公共精神病院的举措。此次成功促使迪克斯在其他州重复她的做法——对机构进行系统巡视后就写一篇篇幅很长的详尽的陈述。到 1848 年，迪克斯运动已遍布除北卡罗来纳州、得克萨斯州、佛罗里达州以外的其他所有的州，迪克斯行程 60 000 英里，在此过程中观察到“超过 9 000 个白痴、癫痫患者、精神病人……缺乏合适的关照和保护”（Dix，1848，引自 Viney，1996，p. 22）。她的努力在 47 个针对低能者的精神病院和学校的创立中起到了作用（Viney & Zorich，1982）。尽管其中的许多机构因多年来扩大规模阻碍了有效的医护并在 20 世纪导致了拥挤和虐待问题的再次出现，但是她代表贫穷的心理疾病患者利益的努力显著地改善了那些无生存能力 348
者的生活条件。面对着她自身很差的健康状况（可能是肺结核）、艰苦的旅行条件以及普遍接受的有关妇女不值得去听信的观念，她能完成她所做的事情，这简直就是一个奇迹。

图 12—3　多罗西娅·迪克斯，心理健康改革的斗士，来自 Viney (1996)。

多罗西娅·迪克斯以及其他 19 世纪的改革家把他们的努力都倾注到了那些已患有心理疾病并生活在公共机构中的人的待遇上。通常，即便是在最好的环境下，护理上的进步就是为那些注定要在这些地方度过生命中的大部分或全部时光的人提供更好的生活条件。但进入 20 世纪后不久，另一种被称为心理卫生运动的改革运动开始了，它基于以下这些相关思想：（1）心理疾病可以被治疗；（2）通过适当的护理，它甚至能被预防。这项改革运动是由克利夫德·比尔斯（Clifford Beers，1876—1943）发起的。自己曾经是一名心理病人的比尔斯是唯一适合于讨论这一问题的人。比尔斯是耶鲁大学的一名毕业生，而且显然已经在纽约一家保险公司找到了工作并安定下来，在伴随一年的抑郁症之后的一次自杀尝试后，他被送进了他居住超过三年的三所精神病院中的第一所。1903 年从第三所精神病院被释放出来之后，比尔斯把他的笔记编成了描写住院治疗的精神病人的生活状况的书。1908 年，《一颗找回自我的心》出版，比尔斯把来自威廉·詹姆斯的一封信作为序言，威廉·詹姆斯已经阅读过原稿并且希望支持比尔斯的事业。其他同时代的关于精神病院生活的揭露文章也有不少，但是比尔斯的书有着特殊的影响，因为它是由一位曾经有过痛苦经历的人写成的。比尔斯批评了他曾经遇到过的精神病医师，认为他们通常不称职并且太乐于使用惩罚性方法，但他保留了他对管理日常病房工作的服务人员的巨大非难。他纪实性地描述了遭受员工持续的口头上的和有时身体上的虐待之苦，并且呼吁改进服务人员的状况和专业培训。

由于比尔斯经历过精神病院的生活并在有生之年写了有关这方面情况的书，他书中的第二个信息是心理疾病可以治愈。这在当时医学界普遍认为被精神病院收治的心理疾病患者没有什么希望被治愈的情况下是一种重要的思想。1909 年，比尔斯成立了国家心理卫生委员会以促进预防的事业，他余生的岁月就是向公众宣传他有关心理疾病的思想，支持加强心理健康的项目，游说支持心理卫生诊所的创立（Williams，Bellis & Wellington，1980）。

心理疾病治疗的发展必然暗示了心理疾病诊断的进步。你可能了解关于诊断的现代版本——《精神障碍诊断和统计手册》（DSM-IV），但是本章的视窗提供了一些背景，甚至与冯特产生了联系。

视窗

诊断心理疾病

正如你从普通心理学或者是变态心理学课程中所了解的一样，精神病学家和临床心理学家的最有价值的工具之一是 DSM-IV，它是《精神障碍诊断和统计手册》的简写，现在已是第四版（1994）。它包含有对各种障碍症状的详细描述，基于数十年积累的研究之上。它像百科全书一般，描述了超过 400 种精神病学的诊断类别，按 17 大类排列，整本书将近 900 页。DSM-IV 只是对心理疾病分类的一系列尝试的最新结果。德国医生艾米·克雷培林（Emil Kraepelin，1856—1926）在诊断方面作出了一次重要的改进，看起来他采用
349 了一些他在冯特实验室里学到的东西，对一种被他命名为早发性痴呆即现在我们称之为精神分裂的精神障碍首次提出了清晰的见解。

1878 年，克雷培林在符茨堡大学获得了医学学位，专业是精神病学。在慕尼黑做精神病学的住院实习医生的时候，他了解到了正在莱比锡发展起来的新的实验室心理学，为了直接接触到冯特的实验室，克雷培林于 1882 年到达那里。他在莱比锡的两年时间里参与了几项研究项目，但是他没有能跟随冯特完成博士学位。19 世纪 80 年代，在精神病院和大学里几次短期的任职之后，他的重大转机在 1890 年到来——海德堡大学诊所精神病

学教授一职。这所颇具声望的诊所为克雷培林提供了大量病例，促使他开始了一次把病人分成独立的类别的过程，部分是基于症状基础之上，但主要还是基于可以被预期的各种结果（预测）之上。他因积累了大量的个体笔记卡片而著名，一个病人一张，在上面记录着每个病人的详细情况，从摄入性会谈收集的信息到最终的结果。克雷培林在海德堡大学工作了 13 年，然后去了慕尼黑，在那里担任大学诊所的主管一直到职业生涯结束。

1883 年，克雷培林为建立一种心理疾病的分类方案而开始了他的努力，他的“教科书”印刷了九个版次，最后一版在他去世的那一年出版。他的书的第一版，在他只有 27 岁的时候出版，显然是为了给他提供结婚的钱这一主要目的服务。第一版已经被描述成作为“没有特殊价值的无意义的纲要”（Shorter，1997，p. 102），但实际上它已经达到了 400 页并且开始确立了克雷培林的名声。到他去世的时候，第九版已经扩展成两卷本达到了 2 425页（Menninger，1963）。

1899 年出版的克雷培林的书的第六版是最著名的。在书中他区分了 13 种心理疾病，疾病等级从那些相对轻微的和有希望预后的（例如“恐怖神经症”）到更严重的精神错乱。在最严重等级中有被他定义为躁狂抑郁症和早发性痴呆的两种疾病（Havens，1965）。当时人们对躁狂症和抑郁症已经有所了解并且其“周期性状态”也被描述过，但是克雷培林提供了今天所知的双向精神错乱的首次全面描述。但正是克雷培林对早发性痴呆（dementia praecox）的论述才成就了他的名声。他使用了被粗略地翻译为“早熟痴呆”这一名称，以反映出这种使人衰退的心理混乱一般出现在生命的相对早期，经常出现在青春期后期这一事实。症状包括“在理解力上的、……定向上的、……注意上的、……记忆上的、……思维串上的、……判断上的、……情绪领域上的、……意志领域上的障碍”和“幻觉”（Kraepelin，引自 Sahakian，1968，p. 323）。值得注意的是，其中的一些症状反映了克雷培林在冯特实验室作学生的时候所学到的不同的认知过程。克雷培林认为早发性痴呆其中一个最明显的特征是不能集中注意力，他的理论类似于现代关于障碍的注意理论。他认为具有早发性痴呆的人的思维过程缺乏正常的统觉能力并且他们的注意能力极为有限。正常人能够集中他们的注意并能指引他们的心理活动沿着有意义的途径进行（即用冯特的术语来说，就是他们能统觉），而那些患有痴呆的人却不能。因此，他们的心理活动类似于任意联想。这就是那些共有症状之一——那些患有这种疾病的人常常发出的无意义短语串（“语词杂乱”）的原因。

克雷培林还认为这种形式的痴呆的预后不佳以至于任何有关康复的希望实质上是不可 350
能的。没多久，这种宿命论的预后就受到了一些精神病学家的挑战，他们提出了一些改善确实发生和/或发作要晚于青春期的病例。其中之一的研究者是尤金·布鲁勒（Eugene Blueler，1857—1939），他重新把这种障碍命名为精神分裂症，今天一直在使用。

早发性痴呆不是克雷培林感兴趣的唯一的精神衰退形式。他也探究了一种神秘地出现在中年人身上的并在形式上与非常年老的人表现出的症状相似的痴呆形式。克雷培林在海德堡的一位研究同事和亲密朋友对这种早熟痴呆做了更深入的研究，他就是阿洛伊斯·阿尔茨海默（Aloys Alzheimer，1864—1915），并以他的名字命名了这种可怕的疾病。

麦斯麦术和催眠

与此同时，有关心理疾病治疗的各种改革也正在进行，哲学家、心理学家以及内科医生正发展关于心理疾病的起因和定义特征的理论，并且改进对病人治疗的方法。我们已经知道了放血疗法在18世纪晚期和19世纪早期是一种流行的医学实践，并且在几家私立精神病院，各种形式的“道德治疗”被创立，通过奖励和惩罚去管理病人。不久我们将会看到，在弗洛伊德发展精神分析的时候，一种新的心理学治疗方法变得流行起来。不过，首先通过简要介绍催眠的历史来为弗洛伊德作一个铺垫还是必要的，催眠这种方法是弗洛伊德在巴黎学到的，他在简短尝试之后就予以摈弃而改用其他方法了。催眠术的产生与一位古怪的维也纳医师有关，他创造了一种建立在心理的或其他的疾病是苦恼之人的体内分布混乱的磁力的结果这一思想基础之上的偶尔有效的治疗。

麦斯麦术和动物磁性说

弗兰茨·安东·麦斯麦（Franz Anton Mesmer，1734—1815）职业生涯的开始相当传统。他于1776年在很有声望的维也纳大学获得了医学学位，而且开业行医也相当顺利。通过一次幸运的婚姻，他进入到了维也纳的高层社交圈子里，年轻的作曲家沃尔夫冈·阿马德尤斯·莫扎特（Wolfgang Amadeus Mozart）成为他的朋友之一。作为一名科学家，麦斯麦意识到当下的新发现特别是近期有关诸如电和磁等力的发现激起了他的兴趣。他确信磁力可以直接影响人，良好的健康状态是内部磁力正确分布的结果。但是，如果这些力分布不正确，疾病（或是生理的或是心理的）就会产生。如果你能想象出把两块磁铁的正极推到一块去的效果，你就能理解麦斯麦的疾病概念。疾病来源于互相排斥的力的不协调。于是，治疗就包括调整存在于身体内的力。麦斯麦发现他可以帮助许多病人，特别是那些遭受着有心理学根源障碍的痛苦的人，通过给他们服用含有大剂量铁质的药物，接着在他们的身上通磁。病人就会陷入一种“危象（crisis）状态”，即一种恍惚状态，当他们脱离了这种状态后，就会发现他们的健康状况改善了。麦斯麦把他的疾病治疗理论称为动物磁性说（animal magnetism）。当然他不会知道，但是他已经无意中揭示出了暗示对人类行为的力量，而且他还发现了后来被重新命名为催眠的治疗手段。

麦斯麦很快发现在没有磁铁的情况下他也能进行治疗。在确信他自己就具有特殊的磁力后，他便放弃了磁铁并开始直接通过用自己的手掠过病人的身体进行治疗。他也能通过按摩引起不适的病人身体的某个部分（例如一只明显麻痹的手臂），沿着神经通路并暗示 351
病情将会好转（Winters，1950）。麦斯麦获得了一些成功，这使他愈发确信他自己与众不同，结果引起了维也纳保守的医学界的普遍愤怒。在卷入了几次对他的磁力治疗效果的激烈争论之后，他发现自己在维也纳已不受欢迎。1777 年 5 月，他被维也纳大学医学院开除并且禁止他在城市中行医（Hoffeld，1980）。是离开的时候了。

为了找到一个思想更为开放的环境，1778 年，麦斯麦带着他的磁力疗法来到了巴黎，就在皮尼尔首次到达那里的同一年（Zilboorg，1941）。在他日益娴熟的技术以及“富有魅力的”人格的帮助下，他很快就吸引了大量病人以至于不能进行有效的治疗。为解决过度拥挤这个问题他创造了一种团体治疗形式。在一所位于巴黎最时尚地段之一的装修昂贵的诊所里面，病人小组围绕在麦斯麦著名的 baquet 周围。这是一种装有各种化学药品的木制箱子或盆子，并且有从里面向各个方向伸出来的铁棒。病人们会手拉手围绕在 baquet 周围，而麦斯麦常常会穿着淡紫色的长袍，从他们中间经过并且鼓励他们进入危象状态。毫无疑问，与已经被一种团体接触影响的许多个体相伴随的是此起彼伏的酣睡声和呻吟声。一旦大量的危象过去以后，病人们恢复了镇静，都声称他们自己比以往要好，离开诊所后就宣传这一疗法的极好效果。事实上，许多病人似乎是被治愈了，特别是那些我们今天所谓的心身疾病（例如，头痛、阵发性昏厥、消化问题）。

然而正像在维也纳一样，巴黎的医学界对麦斯麦也没有好印象。革命前期的巴黎是一个有着太多的不确定性和流动性的地方，充斥着信仰医治者和其他许诺为那个时代的焦虑提供简单答案的人（Hoffeld，1980）。在这种背景下，麦斯麦似乎只是另一种骗子。有关在今天被称为麦斯麦术（mesmerism）的麦斯麦的技术的有效性的疑问，由国王任命的法国皇家科学院（French Royal Academy of Sciences）的一个分会负责研究。作为领导者的是有名的本杰明·富兰克林（Benjamin Franklin），他是美国驻法国大使并且本身就是著名的科学家，一位电学研究的先驱和有名的新装置避雷针的发明者（Cohen，1995）。委员会还包括杰出的化学家氧气的发现者拉瓦锡（Lavoisier）、内科医生约瑟夫·吉约坦（Joseph Guillotin）。后者很快用他的名字命名了一种带有一个能以加速运动下落的钢刀的死刑装置，这一装置创造性地运用了牛顿的重力学原理。

正如可以从麦斯麦在维也纳的经历中预期到的一样，富兰克林委员会 1784 年报道的结论是麦斯麦的治疗形式没有任何科学基础。结论指出，一些病人确实受到了麦斯麦的帮助，但确切地说应把任何治愈归因于病人的信念而不是麦斯麦的“有磁性的”力量。正像本杰明·富兰克林在给他的一个正考虑去拜访一位麦斯麦术师的患病朋友的信中写到的那样，如果药物滥用的忧郁症患者“期望通过内科医生的一根手指或是一根铁棒指向他们而被治愈并能被说服克制服用药物，尽管他们搞错了原因但他们很可能也发现了很好的效果”（引自 Hoffeld，1980，p. 380）。麦斯麦没有理会委员会的报告并且继续对病人进行治疗，1792 年，麦斯麦离开了巴黎并在伦敦和德国两地短暂地生活了一段时间，他继续使用麦斯麦术直到 1815 年去世。

从麦斯麦术到催眠

富兰克林委员会的报告公布之后麦斯麦逐渐退出了历史舞台，但麦斯麦术本身却在欧洲继续传播，尽管主要是在娱乐层次上。就像现阶段的催眠师一样，麦斯麦术师旅行到了乡下并演示了让当地居民敬畏的显著的范例。很少有科学家给予注意，但是，有一位注意到了，他就是伦敦大学医学院教授，在隶属于学院的教学医院任职的一位高级内科医生约
352 翰·埃利奥特森（John Elliotson，1791—1868）。外部感觉缺失的示范激起了他的兴趣，在这种示范中，被催眠过的人没有表现出疼痛的感觉，甚至在被尖针戳刺的时候。埃利奥特森是思想开明的科学家中的一位，他经常对抗固有的信念——他因倡导一种其他医生拒绝使用的新的装置听诊器已经处于被怀疑之中（Boring，1950）。于是，当他开始给病人使用麦斯麦术的时候一些人瞠目结舌，19 世纪 30 年代后期，当他建议对麦斯麦术的麻醉效果进行一次系统研究的时候，暴风雨来临了。他的建议被医院委员会所否定，宣布在医院中任何对麦斯麦术的使用都是不合法的。埃利奥特森在抗议中辞职并且在其余生继续倡导麦斯麦术。

同时，其他的内科医生开始使用麦斯麦术减少外科手术的疼痛。例如，在 19 世纪 40 年代，大量有关切断手术的病例是在病人迷睡状态中进行的。最大规模的研究是由一位在印度工作的苏格兰内科医生詹姆斯·埃斯代尔（James Esdaile，1808—1859）完成的。1845 年，他总结了数百例用麦斯麦术诱导麻醉的外科手术。他报道说这些外科手术的死亡率低于 5%，而在那时外科手术通常的死亡率为 40%（Gravitz，1988）。需要注意的是，这些发生在诸如乙醚之类的化学麻醉品出现之前，并且外科手术是一种残酷的且重视速度要甚于精确性的行当，还有被牢牢地绑在手术台上尖叫的病人。因此，任何能减轻疼痛的方法就是一种受欢迎的新发明。虽然如此，医学界却改变得很慢，而且盛行的医学名言是，对于外科手术的成功而言，疼痛是有益的甚至是必须的，因为它是一种自然发生的现象。

麦斯麦术最终在 19 世纪 40 年代开始获得了声誉，部分原因是因为改换了名称。苏格兰内科医生詹姆斯·布雷德（James Braid，1795—1860），是保守的医学机构中一位受尊敬的成员，最初的时候攻击麦斯麦术，但是从他指导的研究中开始认识到了麦斯麦术的一些作用的有效性。因为他以为恍惚状态类似于一种睡眠状态，他给这一现象创造了一个新的术语。神经催眠学（neurypnology）是“neuro-hypnology”的缩写，结合了希腊名词神经（neuro）和睡眠（hypnos），被布雷德定义为“神经性睡眠”。很快，这一术语的开头部分被丢弃，于是这一现象被称为催眠学或者是催眠术（hypnotism）。布雷德发现催眠的迷睡状态可以通过让病人固定地凝视在他们视线之上的物体被诱导出来，他认为这一现象

的背后是注意的普遍固着。布雷德也强调了暗示在产生催眠效果上的重要性，在他报道了记忆可以从催眠的一个阶段持续到下一个阶段的时候，即使人在正常意识阶段的间隙没有回忆，他似乎认识到了潜意识过程的重要性（Boring，1950）。到了 1860 年，乙醚和氯仿的发现使得催眠在外科上的用途显得不再必要，这种现象在科学界中被认为是合法的并且值得研究。更进一步的发展和争论在法国发生了。

催眠术的争论

催眠术在布雷德的努力下获得了合法地位，但对它的解释却少有共识。在法国，有关催眠术的实质存在两种相反的观点，工作在省会南锡（Nancy）（位于巴黎东 180 英里处）的两位内科医生处于有时激烈争论的同一方，巴黎著名的萨伯特医院的强有力的院长站在了另一方。

所谓催眠的南锡学派起源于奥古斯特·利埃博（Auguste Liebeault，1823—1904）的好奇心，他是一位在南锡城外行医的谦逊的乡村医生，在被一本有关动物磁力的书激起兴趣之后决定对催眠进行一番尝试。他通过不收费的方式去招募新病人进行催眠治疗，他的成功使他在当地获得了一种传奇般的声誉。他很快吸引了一位生活在南锡附近的全国知名的内科医生伊波利特·伯恩海姆（Hippolyte Bernheim，1840—1919）的注意，他曾经到过利埃博的门诊以期望发现和揭露骗局。然而，他却成了一名信徒并成为南锡学派的领导者。

利埃博—伯恩海姆催眠理论的主要特点是暗示（suggestion）的概念，他们把它定义 353
为不加批判地接受一位催眠师暗示给的一种思想或一种命令，并且把它们转化成一种动作（Ellenberger，1970）。他们认为易受暗示性是一种像其他人格特质一样的人格特质，每个人易受暗示性的程度不同。催眠的易受暗示性由此被认为是一种正常的现象，不同的人经历着不同的强度水平。在他们的医学实践中，利埃博和伯恩海姆通过让病人凝视医生的眼睛，同时被要求进行深度放松从而诱导出催眠状态。一旦进入睡眠样的迷睡状态中，医生会暗示病人说症状已经离你而去（例如头痛）。症状常常正如医生所说的那样消失。

同时，位于巴黎的势力不断壮大的萨伯特医院已经成为了欧洲催眠研究的中心。它的领导者是让-马丁·沙可（Jean-Martin Charcot，1825—1893），因对癫痫病所进行的开拓性的工作而闻名整个欧洲。他是第一个鉴定出了癫痫病大发作的特征并且把它们从癫痫病小发作中区分出来的人。沙可也是一位研究癔症（hysteria）的专家，癔症具有广泛的症状，主要表现为神经机能失调，但是没有对神经系统的明显生理破坏。一些病人经历了癫痫病似的发作，其他人则产生了在神经学上不可能的麻痹（例如仅是手掌），还有一些人患有神经性痉挛、严重的头痛、感觉丧失（例如失聪）或者记忆丧失。①术语“癔症”来源

① 今天，这些症状中的大多数会让病人得到一个转换性障碍的诊断。

于意思为子宫的希腊单词，并且有一段时间曾认为只有女性才会患有这种障碍。然而到了沙可的那个时代，出现了大量男性癔症患者的病例（Sulloway，1979）。沙可的贡献是把癔症看做一种障碍严肃对待并寻找其起因。基于真正的障碍要有生理基础这样的唯物论信念之上的当时的医学观点认为，癔症患者只是装病以逃避责任，虚构了他们的症状。沙可由于积极正面地处理这个问题最终为他赢得了“神经症领域的拿破仑”的称号（Ellenberger，1970，p. 95）。

因为沙可观察到有关癔症的许多症状和催眠状态下所表现出来的现象相同，他由此认为癔症和受催眠的能力有着相同的潜在的病理学原因。因而，尽管南锡的催眠学家们认为易受暗示性是一种普遍的特质由此可作为一般的治疗工具，但是，沙可却宣称催眠术如果被不加选择地使用，那么它将是危险的。此外，他认为易受催眠性是潜在的癔症倾向的一种指示，沙可认为这是一种遗传的神经性障碍的结果。那么催眠术，是一种“（癔症患者）对抚摩、感官注视以及其他催眠诱导方式的先天易感反应”（Sulloway，1979，p. 46）。沙可声明，催眠术是有用的，主要是作为一种调查和影响那些遭受癔症痛苦之人的症状的方法。而且，由于一些病人实际上是诈病者，催眠就可以把真癔症患者和假冒者区分开来。沙可认为只有真正的癔症患者才可以被催眠。

在萨伯特，沙可以他对癔症的详细阐述和引人入胜的临床示范而著名。他可以挑选出他的“最好的”癔症病人，催眠他们，并且暗示给他们各种症状。很显然，沙可的病人为了“上台”的特权而相互竞争。可以想象到，他们是按照期望进行表演的。图 12—4 描绘了沙可正在对布兰彻·威特曼（Blanche Wittman）进行一次有关癔症的临床示范，她生动的表演使她在同伴中赢得了“癔症女王”这一头衔（Fancher，1990）。沙可也在他的病人身上用催眠暗示癔症症状的消除，并且宣布获得了一些成功。

来自南锡的医生坚决不同意沙可对于催眠的看法，认为他生动的临床示范只是表现出了暗示的效果。沙可的病人明确地知道对他们的期望是什么，症状一经被议论，他们就展现出来。一场激烈的辩论在 19 世纪 80 年代中期和 1888—1893 年爆发了，一个文献目录
354 索引资源列出了有关催眠实质的 801 种出版物（Sulloway，1979）！到 19 世纪 80 年代中期，大部分观察者都反对沙可关于催眠的思想而支持南锡的模式。[①]

在他的名声的高峰时期，来自欧洲各地的内科医生都到萨伯特去拜会沙可并学习他那引人入胜的讲演和示范。其中一位来自维也纳的年轻医生的思想将在整个 20 世纪产生反响。

---

① 第 8 章简要地介绍了曾经使年轻的阿尔弗雷德·比奈感到窘迫的有关催眠的一些研究，在其中他用磁铁所产生的表面上的成功效果被证明是暗示的结果。这项在萨伯特精神病院由沙可指导下的研究，病人不是别人，正是布兰彻·威特曼（Fancher，1990）。

图 12—4　沙可在萨伯特做的有关癔症的讲演的绘画，布兰彻·威特曼作为被催眠的癔症病人，来自 Gay (1988)。弗洛伊德买了此画的一张版画，挂在了他的咨询室中。

西格蒙德·弗洛伊德
(Sigmund Freud，1856—1939)：创立精神分析

弗洛伊德对西方文化有一种深刻的影响这一看法被广泛认可。鲜为人知的是他的思想的演变方式以及影响其思想的源头。事实上，学生在导论课和人格课上经常会遇到对弗洛伊德的歪曲的描述，如科学史学家弗兰克·萨洛韦（Frank Sulloway）(1979）所谓的不朽的“英雄神话”。按照萨洛韦的看法，弗洛伊德神话包括两个方面。首先，这包含弗洛伊德作为一名在一种一致敌对的环境中为了自己的思想而反对所有不公的孤独英雄的形象。其次，这一描述支持这种错觉，即英雄的理论绝对是弗洛伊德的原创，没有重要的先例。弗洛伊德神话的两个方面已经开始受到新近历史文献的质疑。正如我们将会看到的一样：(1）弗洛伊德事实上备受争议而且他的思想也不像一般描述的那样具有革命性；(2）他所有的主要概念在 19 世纪后期的相关的或是同样的思想中都有着可追溯的来源。弗洛伊德的天才不在于创造而在于综合与鼓吹——在于把各种思想编织成一种关于人类行为的

统一的理论并且在医学界内外积极地倡导这一理论。

足够有趣的是，弗洛伊德在创造自己的神话中发挥着作用，部分原因是由于他精选了其首位传记作者——恩斯特·琼斯（Ernest Jones），还在于他至少在两次场合（1885 年和 355 1907 年）中毁坏了他的论文和信件，由此很难去追溯他的思想根源。这些事情都发生在他成名之前的很长时间，在这些事情刚开始时，弗洛伊德就写信给他的未婚妻说她的信件是安全的，而且清楚地说明了他的目的：

> 一个目的……我差不多已经完成了，众多目的中的一个至今没出生的和不幸的人有一天将会怨恨……我的传记作者们。我已经销毁了过去 14 年中我所有的笔记、信件、科学文摘和我的论文手稿。至于信件，仅来自家里的被保留下来。亲爱的，你的信件永远没有任何危险。……对于传记作者们，就让他们烦恼去吧，我们没有想让他们做起来那么容易。他们每个人将会认为自己对“英雄的成长”的看法是对的，我已经期待着看着他们误入歧途。(引自 Sulloway，1979，p. 7)

这是一封非同一般的信。这个还不到 30 岁就如此确信有朝一日会有传记作者来写他的年轻人是谁?

早期生平和教育

弗洛伊德在奥地利的维也纳度过了他一生中的大部分时间。1860 年，在弗洛伊德四岁的时候，他父亲把日益扩大的家庭移居到了那里，弗洛伊德只是在 1938 年当纳粹威胁到他个人安全的时候才离开维也纳去了伦敦，就在他去世的前一年。弗洛伊德的智力天赋显现得比较早。他是一个中产阶级大家庭中的一个早熟的孩子，是在其兄弟姐妹中唯一一个被给予单独房间学习的人。他也被给予了一大笔购书津贴，据说当他有一次抱怨他的一个小妹妹的吵闹的钢琴课让他分心的时候，钢琴课就终止了，并且钢琴也被从屋子里搬了出来。

弗洛伊德是雅各布·弗洛伊德（Jacob Freud）和阿玛利亚·弗洛伊德（Amalia Freud）所生的八个孩子中的长子。阿玛利亚是雅各布的第三任妻子，年龄是雅各布的一半（20 岁比 40 岁）。弗洛伊德对其年轻母亲形成了一种强烈的感情依恋，而与他的父亲非常疏远并且看起来更像是爷爷般的感觉而不是父亲的感觉——家庭动力在弗洛伊德之后有关亲子关系的思想中毫无疑问产生了作用。尽管弗洛伊德出生于犹太家庭，但是宗教习惯却不占据家庭生活的核心地位，并且弗洛伊德之后回忆到他的父亲“允许（他）成长在完全忽视关于犹太教的所有问题的环境中”（引自 Gay，1988，p. 6）。但是，弗洛伊德的确顺利经历到了犹太教的一个方面，即维也纳普遍深入的反犹太主义。弗洛伊德青年时期看到维也纳的犹太人口在稳步地增长，由 1857 年占总人口数的 2%增长到 1880 年的 10%（Gay，1988）。尽管 19 世纪 60 年代自由主义的改革使犹太人的生活更容易，但是，1873

年的一次严重的经济萧条导致了一次众所周知的替罪羊的假定——犹太人应该对维也纳的问题负责并且成为政治的（和身体的）攻击和歧视的对象。就在同一年，在从大学预科（高中）带着崇高的荣誉毕业之后的弗洛伊德进入了著名的维也纳大学医学院。他很快就意识到了作为一名犹太人在由非犹太人统治的环境中所处的地位，但是他从不觉得在同伴中低人一等。事实上，正如可以从他的早期的出色表现中预料到的那样，他很快就成为一位学院明星。

在他开始医学院生活的时候，弗洛伊德没有最终行医的意图——他的激情在研究方面。他的导师，大学生理学院主任恩斯特·布吕克（Ernst Brücke），是在他的生命中产生最重要影响的人之一。通过布吕克，弗洛伊德沉浸在了 19 世纪关于生理学的唯物论者—机械论者—决定论者的时代精神之中（参见第 3 章）。布吕克曾经是伟大的约翰内斯·缪勒的学生，与赫尔姆霍茨和缪勒的其他学生一样，他在为寻求对所有生活行为的解释而还原为物理的、机械的力的运动中是一位领导者。虽然多年来弗洛伊德在寻求潜藏在心理过程中的生理机制方面的兴趣降低了，但是他从来没有在凡事必有因并且可以通过科学鉴别这一信念上动摇过。他后来关于梦不是随机事件而是有着深刻的潜在意义的思想，就是他关于心理事件具有基本的规律性和可预测性这一强烈信念的一个例证。

弗洛伊德沉迷于研究是他用了 8 年时间而不是通常的 5 年才获得医学学位的主要原
因。1876—1882 年在布吕克的实验室工作期间，他发表了有关各类物种的神经系统和鳗 356
鱼的性腺结构的文章；他还发展出了一项神经纤维着色的重要的研究技术。他的比较神经学的大部分研究带有强烈的进化含义，是由于达尔文里程碑式的文章发表还不到 20 年的时间并且其观点影响到了那个时代中所有生理学家的思想。事实上，达尔文的思想最终对弗洛伊德影响深远。首先，达尔文关于人性植根于其动物性的过去这一基本看法为弗洛伊德有关生物本能在激发行为上的重要性和行为不总是“理性的”事实的信念提供了支持。其次，弗洛伊德关于性动机的核心重要性的信念逻辑上来自于相当明显的一点，即是性及其导致的物种的延续为进化提供了真正的基础。

1883 年，获得医学学位之后的弗洛伊德有着继续作为一名研究者的全部意图，但是那时候他已坠入爱河并面临着作为一名实验室研究者财政上的不确定的未来。并且作为一名犹太人，很少有学术职位会对他开放。如果他想结婚，进行医学实践将是必要的。于是，在布吕克的建议下，弗洛伊德为了生活不情愿地在维也纳公众医院做三年的指导工作。在那段时间的五个月中，他得到了著名的脑解剖学家和精神病学教授西奥多·梅内特（Theodor Meynert，1833—1893）的指导。弗洛伊德早期跟随布吕克进行研究导致他在神经系统的障碍方面特别感兴趣，和梅内特相处的那段时间使他确定要专门研究那一领域。具有神经学上的问题的病人当然也包括癔症病人，弗洛伊德就是在跟随梅内特的经历中首次遇到了将会很快成为他毕生工作的焦点的这一类型的病人。1885 年，在他获得了一回准许跟随沙可在萨伯特学习六个月的旅行的时候，他扩展了其有关癔症的知识，并且开始学习关于催眠的相关知识。后来他在其执业的早期使用了催眠，但是由于它在探索潜意识心理方面是一种无效的技术而最终被放弃。

布洛伊尔和宣泄法

弗洛伊德在医学院时所结交的另一个重要关系是与著名的内科医师/神经学者约瑟夫·布洛伊尔（Joseph Breuer，1842—1925）的友谊，布洛伊尔以他对呼吸的自我调节过程的研究和对内耳中的半规管在维持平衡和平稳方面起作用的发现而著名。1880—1882年，当弗洛伊德仍在医学院学习的时候，布洛伊尔已经治疗着一例注定成为精神分析历史上标志性事件的使人困惑的癔症病例：安娜 O. 案例（Anna O. case）。它也是多年来精神分析真相如何被歪曲的一个实例。

安娜 O.（图 12—5）是布洛伊尔为伯莎·帕彭海姆（Bertha Pappenheim）创造的假名，一名在她 20 岁出头时伴随有一系列令人迷惑的癔症症状的有才干的妇女。[①] 在不同的时间她身体的右侧（要么左侧）表现出瘫痪和麻痹，她有一种持续性的神经性咳嗽，经历着视觉和听觉的丧失，形成了奇怪的饮食习惯（例如，仅靠吃橙子生活数个星期的时间），一段时间丧失了说德语的能力（但仍然保留着说英语的能力），经历着分裂的状态即她所谓的“缺席”（Sulloway，1979）。尽管安娜对其生活状况的普遍沮丧有助于这些问题的产生，但是她对其临终父亲的长期的护理照料看起来是突然引发了这些问题。作为一位有头脑的年轻妇女，安娜在一种始终压制着她的智慧和雄心的文化背景的家庭中长大。

357 根据对这一案例的传统描述，布洛伊尔找到了伴随其称之为宣泄法（catharsis）而来的成功。他发现如果安娜被指导沿着一种特殊的症状回溯到首次出现时的情境中，她会经历一次情感的释放，即布洛伊尔提到的“宣泄”，她会从症状中解脱。安娜称此为“谈话治疗”。例如，她曾经一度不能用玻璃杯喝水并认为这种做法很恶心。布洛伊尔让安娜沿着她的恐水症追溯到了她曾经亲眼看到一位妇女和她的狗共用一个杯子喝水的情境。一旦原初记忆被重新找回，她就获得了一次宣泄并且恐水症也消失了。按照这种方式，故事就如此继续着，在安娜余下的症状上布洛伊尔费力地使用着他的方法，在一年多的时间里，每个晚上见一次面。

安娜 O. 案例是一个引人入胜的故事，但是艾伦伯格（1972）的聪明的侦探工作表明这个案例并不像大多数的描述那样显明易懂。尽管宣泄法取得了一些成功，但是安娜的症状的消失常常是暂时的，最初诊断出来的癔症只是其问题中的一小部分（她也有精神病症状并且可能是一种多重人格障碍）。布洛伊尔结束了对她的治疗之后她只在一个疗养院度过了几次长期的禁闭就开始康复。同样，在传统描述中报道的几个事件事实上也是错误

---

① 当恩斯特·琼斯在他的弗洛伊德传记的第一卷中揭示出她的真实身份的时候，伯莎·帕彭海姆（1859—1936）的家人并不乐意（Jones，1953）。当她恢复了健康之后，伯莎成为德国妇女运动的一位领导者并曾写道：“如果在下一个世界中有任何公正可言的话，就应该是妇女制定法律，男人去生孩子”（引自 Sulloway，1979，p. 57）。原联邦德国政府在 1954 年发行了一张纪念她的邮票。

的。例如，根据琼斯所写的弗洛伊德传记中的记载，布洛伊尔的妻子不满于他和这样一位有吸引力的年轻女性长时间共处，在安娜产生了一种虚假的怀孕并把布洛伊尔作为孩子父亲的时候，他用他的宣泄魔法解除了这一症状并在忐忑不安中终止了治疗。随后第二天他便很快和他妻子去了威尼斯开始了第二次蜜月，在那里他妻子怀上了一个女儿（并且从那以后他们都生活得很幸福）。然而艾伦伯格却证明布洛伊尔没有一个案例笔记提到过一次虚假的怀孕，并且他女儿的生日和第二次蜜月的故事相冲突。

图 12—5　在布洛伊尔治疗期间的伯莎·帕彭海姆（安娜 O.），来自 Sulloway（1979）。

布洛伊尔把这个案例告诉了他的年轻同事弗洛伊德，它最终成为在他们合写的《癔症研究》（1895/1955）中所记述的有特色的几个案例中的首要案例。这本书经常被认为是精神分析的奠基事件。弗洛伊德认为，这个案例表明：（1）创伤性事件的记忆会被主动地压抑到潜意识中去，但是它却会表现为一种癔症症状继续影响人的行为；（2）癔症症状的

形式承担着一种与引起它的创伤性事件的象征性的关系，正像在恐水症的例子中表现的那
358 样；(3) 如果一个人获得了对原发事件的认识，那么症状将会解除。正像弗洛伊德后来在克拉克大学所做的一系列讲演中首篇所说的那样，“我们的癔症病人遭受着记忆恢复的痛苦。它们的症状是特殊的（精神创伤的）事件的残余和记忆的象征”（1909/1992，p. 16）。

弗洛伊德同时认为在这个案例中他觉察到了强烈的性欲暗流。安娜似乎不同寻常地依恋着她的父亲，并且在接近治疗的后期也对布洛伊尔形成了一种强烈的依恋。弗洛伊德最终把他提到的这种对治疗师的依恋称为移情（transference），并且认为它是康复之路上的重要一步。布洛伊尔承认性欲包含于这个案例中，但拒绝了弗洛伊德的有关所有神经症都有性的根源的看法，并在这一问题上与弗洛伊德决裂，由此结束了长期的友谊。这将不会是弗洛伊德第一次因对性动机的重要性的坚持而失去一位朋友。

创立精神分析

从19世纪80年代中期至90年代中期，弗洛伊德发展了他的神经病学实践，专攻癔症的治疗。他没有因缺少病人而苦恼。维多利亚时代的维也纳像其他的欧洲城市一样——性在婚姻中被看做是一种必需的罪恶，仅在繁衍后代上有好处，而性的快乐却被限制在男性寻找妓女上。结果包括虔诚的妻子令人沮丧的性需要，游荡的丈夫的挥之不去的罪恶，像弗洛伊德那样的治疗师的丰厚的收入。情况当然更加复杂——历史学家们继续争论着维多利亚时代的女性在性上是否都是受禁止的（例如，Sterns，1985）。尽管如此，当弗洛伊德试着去确立他的职业的时候，神经症症状在那时似乎是相当普遍。他对他的病人尝试着每种疗法，从常规的水疗法（类似于一种现代的旋涡浴，大概是为了缓解神经紧张）到催眠再到一种通过他按压病人的前额而要求他们找回被压抑的记忆的程序。他最终发现了一种将成为精神分析治疗的核心技术——自由联想（free association）。病人被安置在一个放松的地方（因而有了著名的长沙发）并被鼓励说出浮现于他们脑海中的任何东西，不带任何评判。对病人而言这常常被证明是相当困难的，他们将会表现出弗洛伊德所说的阻抗（resistance）——他们不能或者不情愿提到曾经发生在他们身上的事情。弗洛伊德欢迎阻抗，认为它们是他正触及病人问题的根源的确定迹象。例如，如果一位压抑的女病人拒绝告诉治疗师她被其姐夫所吸引，他看起来有一些像她的父亲并且共有着她爸爸的一些特殊习惯，弗洛伊德会迅速开始思考她的问题是如何可能来源于未解决的朝向她父亲的情感。

除自由联想外，弗洛伊德也用梦的分析（dream analysis）作为一种探索潜意识的手段。他第一次想到这个主意是在寻找对他自己进行精神分析的方法时，这是19世纪90年代末他所做的一项工作。他可以非常详细地回忆起他的梦，并且他发现不论是对于它们自身还是作为更进一步的自由联想的起点而言，它们提供了一种丰富的信息资源。1900年，他出版了被普遍认为是其最重要的著作——《梦的解析》。弗洛伊德的梦理论随后将在他的克拉克讲演的摘录中详细阐述。

性的重要性

随着弗洛伊德治疗癔症经验的增加，他更确信未解决的性问题是事件的核心。病人通过自由联想和梦的报告的方式用各自的途径回想过去常常似乎是在早年时曾经历过某种性创伤。到了 19 世纪 90 年代中期，弗洛伊德已经收集到关于这一主题的充足的案例从而提出了他著名的性诱惑假说（seduction hypothesis）。他认为癔症是童年期被父母或者其他成人性虐待的结果。弗洛伊德认为因为幼小的儿童不能理解正在发生着什么，所以经历被遗忘了，被深埋在了潜意识心理之中。在青春期到来而且这个人开始明白并体验到成熟性欲之后的某一天，长期埋没的记忆会以一种或更多种癔症症状的形式重新表现出来（Gleaves & Hernandez，1999）。 359

重要年份 1900

这一年以弗洛伊德的《梦的解析》的正式出版为标志。它看起来早了一年，但是弗洛伊德想把千禧年的出版日期印在他的书上。

还发生了下列事件：

- 物理学家马克斯·普朗克（Max Planck）确立了量子理论
- F. E. 多恩（F. E. Dorn）发现了氡
- 澳大利亚联邦成立
- D. F. 戴维斯（D. F. Davis）出席了一次以他的名字命名的草地网球世界杯
- 普契尼（Puccini）的歌剧，《托斯卡》（*Tosca*）在罗马首次登台亮相
- 下列人物出生：

斯宾塞·屈赛（Spencer Tracy），美国演员

阿龙·科普兰（Aaron Copeland），美国作曲家

- 下列人物逝世：

奥斯卡·王尔德（Oscar Wilde），英国作家

弗雷德里克·尼采（Friedrich Nietzsche），德国哲学家

弗洛伊德首次在 1896 年的维也纳精神病学和神经病学协会的一次会议上公开发表了他的性诱惑理论，会议由那个时代的性欲病理学的主要领导者理查德·冯·克拉夫特-艾宾格（Richard von Kraff-Ebbing）主持。演讲没有被医学界接受，克拉夫特-艾宾格甚至称弗洛伊德的理论是一个“科学的神话故事”（Gay，1988，p. 93）。弗洛伊德自己很快也开始怀疑虐待—癔症之间的关系强度，部分原因是因为他的病人的一些故事似乎经不住其他证据的考验。同时，弗洛伊德也被仅仅是因为童年时的性创伤而导致了后来的问题这一思想所困扰。对于儿童经历的所有其他的非性创伤事件又怎么解释（例如，严重的疾病，严重的摔伤）？为什么它们没有导致以后的精神病理学问题？这看起来不可能，弗洛伊德后来写道，“假定令人痛苦的性的影响如此强烈以至于在强度上超过了其他所有不快乐的影响。这必须是另一种性思想的特征能解释性的思想如何单独地服从于（病态的）压抑”

(引自 Sulloway，1979，p. 111)。

传统上认为弗洛伊德伟大的才智上的突破是放弃了他的性诱惑理论，并且用童年期的性事件不是真实的而是想象的，以及性欲不是始于青春期而是从婴儿期就以某些形式存在的思想所取代。这种普遍的童年期性欲的看法据推测是产生于 19 世纪 90 年代后期弗洛伊德的自我分析。这里可能存在一些对于弗洛伊德如何“英雄的”说明的事实，完全独立并且没有受到同时代思想的影响，他放弃了他的性诱惑假说并发展出了其著名的俄狄浦斯情结。但是，这也是弗洛伊德神话在运作的一个时代。弗洛伊德不是在一种才智真空里操控，创造着独一无二的思想。例如，哈夫洛克·霭理士（Havelock Ellis）等几位其他的著名“性科学家”也提出了把性的冲突扩展到婴儿期以及压抑的性欲和后来的精神病理学存在联系的观点。事实上，19 世纪 90 年代见证了一次有关性、童年期以及其他方面的图书的泛滥，弗洛伊德对此完全知晓（Sulloway，1979）。从此，包含有弗洛伊德自我分析的婴儿期性欲概念的起源，只是更加深入到了包括 19 世纪后期欧洲智力的背景中。

精神分析进入 20 世纪

到了世纪之交，弗洛伊德作为一名专攻癔症治疗的精神分析学家开始了他的职业生涯。通过《梦的解析》，他也开始发展出他的行为的普遍理论，并且在他以后的岁月中继续完善这一理论。《梦的解析》出版一年后，也就是 1901 年，弗洛伊德出版了《日常生活的心理病理学》，1905 年，他又出版了两本书：《性学三论》和《诙谐及其与潜意识的关系》。随着这些书的出版，在 20 世纪的第一个十年中弗洛伊德的名气缓慢但稳定地增长。在美国，他的理论吸引了克拉克大学的 G·斯坦利·霍尔的热情关注。正如你从第 6 章了
360 解的那样，霍尔广泛的兴趣范围包括儿童和青少年的研究，其中就包括他们的性发展。他在其两卷本的关于青春期的书中描述了布洛伊尔和弗洛伊德关于癔症的研究，并且早在 1904 年他就开设了关于性欲的课程（Rosenzweig，1992）。1909 年，为了庆祝克拉克大学建校 20 周年，霍尔邀请弗洛伊德到伍斯特接受一个名誉学位和作关于精神分析的讲演。几位其他的著名的“行为科学家”也作了报告并且在庆典上被授予学位，包括铁钦纳、著名的人类学家弗兰茨·博厄斯以及陪同弗洛伊德横渡大西洋的卡尔·荣格。还有其他心理学家到那里去听报告，包括詹姆斯、卡特尔、戈达德。这是弗洛伊德唯一一次到美国的访问并且回来时带着一种对这个国家相当大的厌恶，尤其是它的食物。尽管如此，他也会永远感谢霍尔，因为这给他带来了扩大精神分析国际声望的荣誉并且提供了“对我们的努力的首次官方认可”（引自 Gay，1988，p. 207）。

原始资料摘录

弗洛伊德在克拉克大学关于精神分析的讲演

从 1909 年的 9 月 7 日（星期二）至 11 日（星期六），弗洛伊德用德语给由教育家、

科学家、新闻界人士聚集起来的听众作了五篇重要的讲演。在第一篇讲演中，他对布洛伊尔表示了敬意并且阐述了精神分析在安娜 O. 案例中的起源。讲演中包含本章开篇有关遭受记忆痛苦的癔症病人的引文。第二篇讲演关注阻抗和压抑的相关过程并且阐述了弗洛伊德如何从催眠转变到把自由联想作为探寻潜意识的一种方法。以下的摘录来源于第三篇和第四篇讲演，引自詹姆斯·斯特雷奇（James Strachey）1977 年的一个翻译版。

第三篇讲演包括弗洛伊德的包含梦的显意和隐意之间的区别的梦理论以及他关于口误和其他所谓的过失的思想。在通过一些以关于自由联想进一步的讨论和荣格的相关的字词联想程序开讲之后，弗洛伊德开始讨论梦，以对美国实用主义的认可开始：

> 女士们先生们，我必须承认，我犹豫了很长一段时间，与其给你们就整个精神分析领域的概观泛泛而谈，还不如给你们就梦的分析详加解释。但我却被一种纯主观的并看起来次要的动机所阻止。在我看来，在一个致力于追求实际目标的国度里，以一位“释梦者”的身份出现甚是难堪，尤其在你们还没有了解到这种古老而又备受唾弃与嘲弄的艺术的重要性之前更是如此。实际上，梦的分析是通向潜意识领域的皇家大道，它也是精神分析的可靠基础，这一领域的每个工作者都应有此信念并接受训练。如果有人问我怎样才能成为一名精神分析师，我会回答说，“通过研究他本人的梦。”精神分析迄今所拥有的每一位反对者，带着一种令人不愉快的歧视，不是回避《梦的解析》中的任何见解，就是寻求用肤浅的异议掩盖它。相反，如果你能接受有关梦的生活中的各种问题的解释，那么，精神分析面对你的心理时所伴随的新奇问题，在向你呈现时将不会带有更多困难。(p. 33)

弗洛伊德对批评家们对《梦的解析》一书“回避任何评价”或对它肤浅地不予考虑的评论，以及其他几次他对没有人阅读这本书的抱怨，都有助于促进弗洛伊德神话。实际上最初销售的速度很慢——花了 6 年的时间才卖掉首批印刷的 600 本（Jones，1953）——但是这本书既没有被忽视也没有遭谴责。事实上，它受到了广泛评论，并且通常被赞颂为“划时代的发现”（Decker，1975）。 361

在声明了梦的重要性以后，弗洛伊德介绍了梦服务于愿望满足的功能这一中心思想。这容易在儿童的梦中看到，但是在成人的梦中就被伪装起来：

> 首先，不是所有的梦对梦者都陌生到不可理解、混乱不堪。如果你考察 18 个月以上大的年幼儿童的梦，你会发现它们非常简单且容易解释。小孩总是梦见在白天产生却没有实现的愿望在梦中得到了满足。要得到这样简单的解答你无需任何分析艺术，你所需要做的只是去询问孩子前天的经历（“做梦的那个白天”）。梦之谜的最满意的解决方案无疑将会是发现成人的梦也像儿童的那些梦——满足做梦的那个白天所产生的欲望。并且事实确实如此。如果梦能被更仔细地分析，那么这种解决方法上的困难就能被逐步克服。

首要并且最大的障碍，是成人的梦的内容通常难以理解并且看起来不像是愿望的满足。而答案就在此中。这些梦已经被迫扭曲，潜藏在它们之下的精神过程一开始就已经用完全不同的语言表达。你必须要区分出梦的显意——即你在早晨模糊地回忆起来的并且用语词困难地（并且，正像它看起来的那样，任意的）润饰的内容——和隐梦思想——即你必须假定存在于潜意识中的内容。这种在梦中的歪曲过程是与我们在探究癔症症状形成时所知的过程相同。它也表明正如在症状的形成中一样，心理动力的相互作用也会在梦的形成中起作用。梦的外显内容是潜意识中梦思维的歪曲的替代品，并且这种歪曲是自我防御力量——阻抗的产物。在清醒状态下，这些阻抗一起阻止受压抑的愿望进入意识之中，在浅度睡眠状态中它们虽有所减弱，但至少还有力量迫使这些愿望戴上伪装的面纱。之后，梦者不再能理解自己的梦的意义，就如癔症病人不能理解自己的症状的意义和联系一样。

……在你醒来之时可以从记忆中了解到的显梦，由此只能被描述为一种压抑愿望的伪装的满足。

另一种综合的方法亦可洞察梦中潜意识思想伪装成梦的外显内容的过程。我们称
362 这个过程为“梦的工作”。它能最充分地满足我们的理论兴趣，因为再无其他地方可以让我们探究无法预料的心理过程。这种过程存在于潜意识之中，或者更确切地说，存在于像意识与潜意识一样的两个分离的心理系统之间。在这些新发现的心理过程中，有两种最显著的心理特点的变化，即凝缩和移置。梦的工作是两个不同的心理组合相互作用而产生的结果的——也就是说，心理分裂的结果的——一种特殊情形。它在所有的根本点上看起来与伪装的作用一样，在压抑失败的时候，伪装使被压抑的情结变为症状。……

我也乐意让你们注意，梦的分析也已经显示给我们潜意识运用了一种特殊的象征主义，特别表现在性的情结上。这种象征主义的一部分性质会因人而异，但有些性质却很典型，看起来与我们设想的隐藏在神话和精灵故事背后的象征意义相一致。通过梦的帮助找到一种对这些民间心理创造物的解释看起来不是不可能。(pp. 34 - 36)

因此，梦的显意包含着作为服务于更深层更有意义的隐性梦意的象征图像。对弗洛伊德来说，正如你能猜到的一样，许多象征都含有性的内容。突起延长的物体象征着男性性特征，而任何象征容器的物体则代表女性。（一位弗洛伊德精神分析法的使用者分析有关一列火车通过一条隧道的梦的时候不会存在困难，正像阿尔弗雷德·希区柯克（Alfred Hitchcock）的《西北偏北》中的最后一幕那样。）凝缩和移置中都包含象征主义。在凝缩（condensation）中，两种或两种以上的潜在的或潜意识的思想合并成为一种单独的想法被象征为在显梦中记录的一种图像。例如，在一个包含有一个人犹豫去一座有一个大的（即伸长的）塔尖的教堂的梦中可能象征着性和道德之间的冲突。在移置（displacement）中，显梦中的一个细微部分可能是隐梦中的主要部分，反之亦然。于是，一个关于高尔夫比赛

的长梦可能包含有对选择去哪家俱乐部而犹豫不决的一个单独的片段。显梦的微小部分，对一名弗洛伊德主义者来说，可能实际上象征着关于某人的人生缺少方向的一种深层的问题（并且因为一间“俱乐部”被包括在内，性将确定地找到一种进行分析的途径）。

在第三篇讲演的末尾，弗洛伊德讨论了看起来很琐碎的事件，却对潜意识心理提供了另一种窥探。他也使他的决定主义信念明晰起来——甚至最简单的事件都指向一些可预料的潜意识动机：

> 值得疑问的现象是正常人和神经症病人都会表现出来的微小过失行为，它本身没有什么重要性可言：遗忘他本该知道而且有时确实知道的事情（例如，偶尔在回忆正确名字时存在的困难），谈话中我们自己经常出现的口误，类似的笔误和误读，行为表现的糟糕，丢掉物体或打碎它们。所有这些事情通常被看做一种无确定心理因素可寻的经验，不留心，不在意或者类似的情形而无批评地被忽略。这里还包括人们不经心而完成的动作或姿势。不用说，这些并没有什么心理上的重要性，例如，胡乱摆弄 363
> 物体、哼小调、触摸某人身体或衣服某个部位，等等。这些小事情，像过失行为和某些症状行为与偶然行为一样，在我看来并不是像人们通常心照不宣所认可的那样完全没有意义。它们总是具有某种意义，一般很容易并且肯定可以根据它们所发生的情况来加以解释。并且这再一次证明，这些小事使被阻挡的潜藏在个人自我意识之后的冲动和意图得以表达；或者说，这些小事事实上来自于相同的受压抑的愿望冲动和情结，我们已经知道它们是症状的创造者和梦的建构者。它们因此值得像症状一样被评价，并且如果它们被探查，正如梦一样，那么它们可能会导向对心理隐藏部分的揭露。……
>
> 你们早已注意到，精神分析学家的特点在于对心理生活中的确定意义有着特别强烈的信念。对他们而言，心理表现不存在琐碎、任意、偶然。作为一种规则，他们期望在没有这样的愿望被唤起的每种情况下找到充分的动机。事实上，他们准备为一种与这相同的心理事件找出几种动机，尽管看起来我们似乎有着对宣布它自己满足一种单独的精神原因的因果关系的天生渴望。(pp. 37 - 38)

弗洛伊德在克拉克讲演中没有给出这些弗洛伊德失误的任何例子，但是在《日常生活的心理病理学》中却有大量描述。例如，当一名讲演者在提到布洛伊尔和弗洛伊德合著的癔症一书时，把“布洛伊尔—弗洛伊德”的癔症理论说成是“弗洛伊尔—布洛伊德”的癔症理论，弗洛伊德则认为在这种错误的背后有一种敌对的动机。在另一个例子中，一名不能回忆起（即已经被压抑的）一个男人触犯过她哪个部位的病人，却很快地改换主题到她的避暑别墅。当被问及这座建筑位于哪里的时候，她说“靠近山腰”而不是“山谷”。

弗洛伊德的第四篇克拉克讲演是他的《性学三论》的一篇概要，包括对童年期性欲的讨论和俄狄浦斯情结。他通过声明以下内容开始：

> 最为重要的是我们已经发现了一件事情。精神分析研究以着实惊人的规律性从病人疾病的症状追溯到了来源于他们的性生活的印象。它向我们表明致病的愿望冲动具有性本能成分的性质，因而就有必要假定，性的障碍在疾病的致病因素中具有最重要的意义，这在两种性别中都成立。(p. 40)

弗洛伊德接下来尽力使他的听众确信他的主张，性动机回溯到童年期并且把这种性欲宽泛地定义为与“性感”区相联系的任何快乐的活动：

> 那么请抛开你的疑惑，和我一起考虑婴儿早期的性欲。儿童的性本能被证明是由许
> 364 多因素结合而成的，它可以分解成许多有着不同根源的组成部分。最重要的是，它仍与以后将承担起的生殖机能无关。它能够使儿童得到不同种类的快感，其中包括与性的快感类似或者有联系的那些快感。婴儿性快感的主要来源是身体特定部分的适当刺激特别是容易受刺激的区域：除了生殖器官之外，这些区域包括口唇、肛门和尿道口，以及皮肤和其他感觉表面。由于在婴儿性生活满足的第一阶段是从主体自己的身体上得到并与外部客体无关，我们命名这个阶段为自体性欲（来自于哈夫洛克·霭理士创造的一个词语）。我们把能使人获得性快感的重要的身体部位称为“性感区”。(pp. 43-44)

作为自体享乐行为的例子，弗洛伊德提到了诸如吮吸手指和天真无邪地抚弄生殖器之类的事情。他于是转向了对象选择的问题上来，这把他引向了俄狄浦斯情结：

> ……通过对儿童的直接观察和对成年人的分析研究，发现儿童与双亲的关系离不开随同的性兴奋因素。儿童把他的父母，特别是其中之一，作为他的性欲对象。在此过程中，这通常发生在来自其父母的某一暗示之后，他们的情感含有一个性活动的最清晰的特征，即使在其目的中是被禁止的一个性活动。父亲偏爱女儿而母亲更爱儿子是普遍规律。孩子也对这种情况作出反应，如果是儿子他就希望自己能够取代父亲，而女儿则希望取代母亲。这种出现在父母与孩子之间和兄弟姐妹之间的关系中的感情，不仅是积极的或深情的，也是消极的或敌对的。这样建立起来的情结注定会很快受到压抑，但它在潜意识中仍会产生巨大而持久的影响。我们不得不这样认为，这种情绪及其衍生物是神经症的核心情绪，因此我们可以预期在其他的精神生活领域遇到它，其影响也不会小。弑父娶母的俄狄浦斯王的神话毫无修饰地揭露了婴儿期愿望，这一愿望后来因乱伦问题而遭反对和抛弃。莎士比亚的《哈姆雷特》同样植根于乱伦情结的土壤中，却在一种更好的伪装之下。……
>
> 儿童把他的父母作为其所爱的首选对象是必然的和完全正常的。但是他的力比多(libido)并不会继续固着在第一个对象上，之后，他应该仅仅把他们作为一种原型，当在进行真正的对象选择时，他会逐渐从他们身上转移到其他人身上。如果年轻个体的社会适应不想面临危机，那么，孩子与其父母的分离就是一个不能回避的任务。当
> 365 压抑在本能成分作出选择时，以及后来双亲的影响有所减弱时——这些影响实际上是

压抑中能量消耗的原因——教育的任务就遇到了大量的问题，当然，这些问题目前总是不能以一种宽容的、不引起反感的方式进行处理。

女士们先生们，你们不要认为，这些有关儿童性生活和心理性欲发展的讨论已导致我们偏离了精神分析和治疗神经障碍的主题。你可以，如果你喜欢，把精神分析治疗看做不过是一种以克服童年期残迹为目的的教育的继续。(pp. 47 - 48)

弗洛伊德的第五次也是最后一次讲演阐述了移情对精神分析成功结果的重要性，并提出希望与性驱力相联系的心理能量，即个体的力比多可以被直接导向社会方面上有用的活动，他把这一过程称之为升华（sublimation）。

精神分析理论的演变

弗洛伊德在克拉克发表他的讲演的时候已经 54 岁了，但是他正开始发展其提出的作为他自己的元心理学（metapsychology）——关于人类行为和心理过程的一般理论。在接下来的 20 年中，这种元理论进展相当快，事实上，其中的许多与弗洛伊德联系最频繁的概念直到第一次世界大战之后，即在他六十八九岁的时候才出现（为了对理论的内容有一种更彻底的描述，提及了人格教科书中的所有理论）。弗洛伊德的元心理学在第一次世界大战后的一个主要变化，是他对破坏倾向正如性驱力在激发行为方面上有着一样强有力的作用的确信。

在第一次世界大战前的岁月中弗洛伊德并没有忽视攻击本能。他认为，男性朝向父亲的敌对情感是整个俄狄浦斯情结的一部分并且是性活动自身所包含的男性侵犯的元素。然而战争，伴随着看似无休止的残酷行径和骇人听闻的生命死亡，对弗洛伊德的思想有着深远的影响（Gay，1988）。1920 年，他写了《超越快乐原则》，其中他对在性动机中表现出来的作为生本能的厄洛斯（eros）与以侵略和自我毁灭的形式表现出来的作为死本能的萨纳托斯（thanatos）进行了区分。于是，他最终认为人类行为是由生命增强（性的）和生命毁灭（攻击的）两种本能联合驱动的。

虽然他对第一次世界大战的反思是他认为我们都有着本能的破坏倾向的看法的直接诱因，但是死亡本能的概念也植根于弗洛伊德对曾经遭遇的死亡的一种终生的无法释怀，并且他对其真实性的确信因为 20 世纪 20 年代发生在他生命中的事件而加强。在他写完《超越快乐原则》后不久，他的三个女儿中的一个死于流感大爆发。此后不久，他最喜爱的一个孙子死去并且一个侄女也自杀身亡。1923 年，一天要抽 20 支雪茄的弗洛伊德被诊断为口腔癌并且看到死神已经离自己不远。在接下来的 16 年中，他忍受了 33 次痛苦的外科手术并且不得不用一系列逐渐增大的假牙状的假体去替换掉他的部分上颚和下颚。弗洛伊德把所有这些事情看做证实死本能与生本能形影不离。

其他著名的弗洛伊德的概念也在他晚年被发展出来。包括他的被分成伊底、自我和超

我三个部分的人格的结构分析，还有他对焦虑和自我防御机制之间的关系的论述。弗洛伊
366 德在1923年出版的《自我与伊底》这本简短的书中首次论述了他的家喻户晓的人格三重结构——伊底、自我、超我。弗洛伊德写道，自我（ego），部分是意识的，部分又是潜意识的，位于人格的中心，试图在三种冲突的力量之间维持平衡：伊底、超我、现实世界。伊底（id），性和攻击本能驱力的贮藏室，持续地要求满足它的需要。另一方面，超我（superego），人所习得的道德价值，负责阻止本能的自由表达。自我还必须考虑在现实世界中起作用的环境因素，它通过弗洛伊德所谓的"知觉—意识"系统进入到这种体系中。根据弗洛伊德的观点，正常运作的自我，要以一位调停者的身份服务，把基于伊底的需要导向现实的和与道德价值相一致的方向。

对自我的要求必然会产生一些紧张。弗洛伊德把焦虑划分为三种形式，每一种形式都对应一种自我承受的压力。客观性焦虑（objective anxiety）（或者是"现实性"焦虑）是对觉察到的来自于外部世界的威胁的一种正常反应，基于人对过去危险情形的记忆。因此，水手在观察到一种"早晨的红色天空"时他们知道必须"提高警惕"，因为这意味着一场暴风雨即将到来。这种和记忆有关的知觉，能创造出客观性焦虑的一种可理解的水平。但是对精神分析学家而言更感兴趣的是焦虑的另外两种形式，神经性焦虑和道德性焦虑。在神经性焦虑（neurotic anxiety）中，人会对来自于伊底的冲动将会失去控制感到恐惧。过去因鲁莽的行为而遭受到惩罚的记忆导致了焦虑的情绪。在与道德性焦虑（moral anxiety）最密切的情感中，负罪感和羞耻感产生于个人将要违反超我严格的道德准则的一种感觉。

弗洛伊德论证到，焦虑感对自我而言是一种自我正要受到攻击的信号，它会通过防御进行反应。对客观性焦虑的反应是现实地处理环境（例如，水手装备好船以抵御暴风雨）或者是采取对抗/逃避反应，如果真实危险就在眼前。不过，因为神经性焦虑和道德性焦虑产生于内部，因而，其反应也必定来自内部，并且它们会以自我防御机制（defense mechanisms）的形式进行。防御的最一般形式是压抑（repression），通过自我的潜意识部分完成。在压抑中，不想要的冲动被主动地从意识中压入潜意识中。压抑也是其他防御机制中的一部分。例如，在投射（projection）中，个人的缺点不能被接受，所以它们被归因到其他某个人的身上。例如，不能接受自己内部敌意的人，可能确信围绕在他们自己身边的人都是与自己敌对的人。也就是说，他们压抑了自己的敌意并且把它投射到其他人身上。另一种常见的防御机制是反向形成（reaction formation），在其中不可接受的冲动被压抑并且用相反的冲动来替代。例如，对一名不喜欢的儿童的厌恶情感，对超我来说是不可接受的，被转换为一种夸张的关注程度并且不愿意允许任何关于这名儿童的负面感情表现出来（Hall，1954）。

弗洛伊德有关防御机制的思想通过他同为精神分析家的女儿安娜·弗洛伊德（Anna Freud，1895—1982）（图12—6）得到显著发展。作为精神分析家的职业生涯的准备部分，弗洛伊德为安娜进行了精神分析显然有些不顾风险。安娜通过了分析并且转入了一项

著名的事业。她是一位通过采用游戏治疗把精神分析实践扩展到儿童领域的先驱。显然，367 由于儿童缺少正常分析所需的口语流畅性，所以安娜通过给他们各种材料（例如妈妈和爸爸玩偶）并且让他们玩耍以探索儿童的心智。她也帮助父亲发展了他自己的理论，特别是在焦虑和防御之间的关系方面。实际上，通常在导论课本中的防御机制（投射、反向形成等）的列表更多的是她的研究成果而不是她父亲的。她在《自我与防御机制》（A. Freud，1937）中进行了清晰明白的阐述。弗洛伊德去世后，安娜成为她父亲名誉的一位狂热维护者，并且是“弗洛伊德神话”的合作者（Sulloway，1979）。

图 12—6　1928 年的弗洛伊德和他的女儿安娜，
就在安娜的儿童精神分析一书出版的那一年，来自 Gay（1988）。

弗洛伊德的追随者：忠诚与异议

在 20 世纪初的时候，弗洛伊德已经开始引起维也纳其他医生的兴趣。1902 年，他邀请他们中的 4 个人参加他周三晚上举办的讨论有关精神分析主题的聚会。到 1908 年这个小组扩大到了 20 人并且开始自称为维也纳精神分析协会。讨论是热烈的，但是独裁教条的弗洛伊德主导着这个会议并且很明显要把他的话作为定律。正如所料，当一些成员多年来继续热情地忠实于弗洛伊德的时候，其他一些人却不是那么顺从。首位主要的背叛者是最初在 1902 年会面的 5 个人中的一个。

阿尔弗雷德·阿德勒（Alfred Adler，1870—1937）受训于眼科学领域并且在维也纳大学医学院进行普通的实习，于 1895 年毕业。他读了《梦的解析》之后明显受到了弗洛伊德的思想的吸引，并且成为一位星期三晚上小组的热情的创始成员。然而，他很快开始怀疑弗洛伊德关于性动机的泛化看似的着迷。相反，他借鉴了他烦恼的童年，包括疾病和与他的一位哥哥相比时的自卑感，于是提出了自卑情结（inferiority complex）作为一种替代性理论的基础。他认为所有的婴儿在他们的能力上天生就不足，于是生活可以被看做是一种补偿这种自卑感的尝试。他同时指出在我们成长的时候，社会环境在我们前进的道路上设置了种种障碍的同时产生了需要克服的自卑感。阿德勒对社会因素的重要性的强调超越了生物学因素，以及他有关自卑感的作品和他认为行为大部分是由对将来有意识的计划而不是个体过去被压抑的事件所决定的信念，使其与弗洛伊德决裂。正式的分裂在 1911 年到来，在他被驱逐出维也纳精神分析协会的时候，带走了他的几名追随者。他接着创立了他称为个体心理学（individual psychology）的一种颇具竞争力的精神分析流派。阿德勒和弗洛伊德从来没有达成过一致，实际上盖伊（1988）用了一种相互厌恶的情感来描述了他们随后的关系，并且当阿德勒在 1937 年突然去世的时候，弗洛伊德还高兴于知道他会比他的竞争对手活得更长。

一次同样痛苦的决裂发生在弗洛伊德与瑞士精神病医生卡尔·荣格（Carl Jung，1875—1961）之间，荣格以在精神分裂症方面的开拓性研究而著名。荣格对弗洛伊德梦理论的赞扬和弗洛伊德对由荣格（1919）发展起来的字词联想（word association）任务的热情相一致，在早期互相通信之后，两人于 1907 年在维也纳见面。这一程序包括给病人一些准备好的字词表并让他们对每个词用闪现于脑海的第一个词语反应。同时，病人的反应用时间表示并且一些生理指标也被记录下来（Watson & Evans，1991）。荣格认为更长的反应时间和唤起（例如，逐渐增加的呼吸）可能表明一个特别的词语具有重要的情绪含义，一种类似于测谎仪的多种波动描写器的效度的基本原理。

荣格与弗洛伊德一起去美国参加了 1909 年的克拉克会议，在那里他作了关于字词联想程序的讲演。1911 年，弗洛伊德任命荣格为新成立的国际精神分析协会的第一任主席，部分原因是因为弗洛伊德认为任命既不是维也纳人也不是犹太人的荣格，会使协会看起来比实际情况更加国际化并且基础更广阔。同时，弗洛伊德开始用父子关系的称谓考虑荣格，甚至写信让荣格作为他的“继承人和皇太子”(引自 McGuire，1974，p. 218)。但是麻烦即将到来，1913 年，荣格走向了阿德勒的不归路，从内部圈子中被开除。

368 像阿德勒一样，荣格怀疑弗洛伊德对性的强调并且有一些他自己的思想。在他后来的学术生涯中，他发展出了所谓的分析心理学（analytical psychology），以便与弗洛伊德的精神分析相区别。他在一些方面超越了弗洛伊德。例如，在“个体”潜意识概念方面，类似于弗洛伊德对这一术语的使用，他增加了集体潜意识（collective unconscious）这一进化的概念，据说包含有我们祖先集体的经验。他相信在神话中发现的共同主题反映出一份共有的人类遗产。荣格也对人格理论做出了贡献，他对两种主要的人格类型进行了区分：内倾者和外倾者。

在阿德勒、荣格以及另一位叫做斯泰克尔（Stekel）的分析家背叛之后，弗洛伊德紧密团结了他的成员。在注定成为弗洛伊德亲自挑选的传记作家恩斯特·琼斯的建议下，弗洛伊德成立了一个被称做“委员会”的秘密的八人小组。他甚至给新的内部密室中的每位成员一枚金戒指。他们的任务是保卫正统的弗洛伊德主义、回应批评、控制各种精神分析组织，正如事后表明的那样，使弗洛伊德神话永存（Sulloway，1979）。

精神分析在美国

克拉克讲演使弗洛伊德在美国知识分子中出了名，但不是所有的与会者都印象深刻。身患疾病的威廉·詹姆斯，在他死于心脏病的那一年中，旅行到伍斯特听了弗洛伊德的第四次讲演并且两人私下里共处了一些时间。詹姆斯后来在写给一位同事的信中表达了希望弗洛伊德将他的有趣的思想推向极致，因为它们“总是能提供一些新信息让人性更容易理解”。另一方面，詹姆斯不得不“承认（弗洛伊德）给我个人的印象是一位沉迷在固定思想中的人。他的梦理论对我也没有任何用处，而且，‘象征主义’显然是一种最危险的方法”（引自 Rosenzweig，1992，p. 174）。

在随后一些年里，美国心理学家有机会去更多地了解弗洛伊德。对弗洛伊德有关精神分析的研究和文章的评论经常出现在《变态心理学杂志》上，但是许多学院心理学家发现，对他们的研究兴趣而言，精神分析或者是肤浅的，或者是令人讨厌的“非科学的”。由于自己在动机方面的兴趣以及一般的折中主义态度可能会和弗洛伊德学者有一致之处的哥伦比亚的罗伯特·伍德沃斯（第 7 章），却攻击精神分析更像是宗教而不是科学（Woodworth，1917）。他对精神分析家所使用的一种灵活的策略感到特别苦恼，无论何时受到攻击，他们就会把这种批评归因于攻击者部分程度上的一种潜意识阻抗，由此为一种重要的弗洛伊德概念提供了虚假支持。这是一种完全使人左右为难的规定：不管评论家是赞扬还是谴责他们，精神分析家都会声明支持弗洛伊德思想。对伍德沃斯来说，这种态度是潜意识的。让美国心理学家相当恼火的是，精神分析家声称一个人要想真正理解和评判精神分析，那他就必须经历一次完整的自我分析（Hornstein，1992）。

前一章已述及，一些具有行为倾向的心理学家（即约翰·多拉德和尼尔·米勒）在 20 世纪 30 年代晚期用一种他们可以理解的术语重新解释并尽力吸收了精神分析。例如，压抑不再是和不可接受的想法斗争并把它们推向潜意识深渊的某种神秘力量，可以被认为是“更合理的”作为对与负性情绪相联系的个人习得历史上的确定事件的无思想的一种反应。这仅仅是一个回避性条件反射问题——关于某种事件因与其相联系的焦虑的排除而被强化的非理性思想。其他的心理学家尝试把弗洛伊德的概念引入实验室并且对它们下了操作定义。例如，压抑可以根据人们是否意识到的在一种阈限水平上一闪而过的“肮脏的词语”来定义（例如，McGinnies，1949）。这种关于知觉防御的研究就其本身而言是有趣的，但这是否充分检验了弗洛伊德的思想又是另一个问题。

弗洛伊德的精神分析可能在学术界表现得不是很好，但它却对精神病学的医学实践产生了强大的影响，并且它抓住了普通大众的想象力。在 1912—1918 年，有 170 篇关于精 369

神分析的文章出现在医学杂志上，大约有 50 篇出现在《女士之家杂志》、《新民众》等流行杂志上（Green & Reiber，1980）。到 20 世纪 20 年代，精神分析十分流行以至于成为轻讽刺文学的对象。例如，在《新智慧手册》中，史蒂芬·李考克（Stephan Leacock）（1924）评论道，"一个人在每一方面都会涉及精神分析、自我暗示、催眠、精神病学、陶醉、以前从来没有考虑的事情"（p. 471）。一种更具嘲讽性的评论来自于铁钦纳从前的一名学生格拉斯·亚当斯（Grace Adams）在《大西洋月刊》上发表的一篇文章。提到克拉克会议，他解释说听众里面的心理学家并没有意识到他们正在收听未来之音，相反，他们认为"他们只是在听一位大胡子的外国人作一些完全荒谬的评论"（1934，p. 85）。亚当斯接着为精神分析对日常生活的侵入而哀伤，伴随着"它庄重的空话和高尚的爱管闲事"（p. 88）。例如，精神分析家可能对关于家务管理、表演业、银行业的细节一无所知，"他们却因对其特殊学科的精通能告诉一位家庭主妇、一位女演员或者是一位银行家如何执行他的任务而被接受"（pp. 86 - 87）。

尽管存在着批评和讽刺，但精神分析却存活了下来。它对医学界产生了重大的冲击，到 20 世纪 30 年代，在关于精神病学和神经病学的训练中通常包含有大量的弗洛伊德的方法（Hale，1971）。另外，精神分析机构在城市地区开始建立，特别是在美国东部，并且迎合了希望推进作为职业的精神分析家的认证的那些医学博士的需要。多年来，因反映在机构背景上的差异和各自的兴趣关注点的不同，学院心理学家和精神分析学家已经趋向于分道扬镳。

正确评价弗洛伊德

在其生命的尽头，弗洛伊德再一次被提及了他的犹太血统。不祥的征兆很快于 1933 年纳粹掌权后出现。正如你从格式塔那章了解的一样，犹太教授按照规定从他们的位置上被开除。另外，精神分析被列为"犹太科学"并在德国被定为不合法。很快，弗洛伊德的作品和其他犹太人（例如爱因斯坦）的书籍一起被公开烧毁。弗洛伊德挖苦地写到，世界似乎是正在进步："在中世纪他们会把我烧死，今天他们却只满足于烧掉我的书"（引自 Gay，1988，pp. 592 - 593）。1938 年 3 月，纳粹占领了奥地利。维也纳，一座伟大的文化与艺术之城，变成了一幕破败后的景象并且在它的街道上甚至是冷酷无情地对犹太人的谋杀。弗洛伊德不愿意离开维也纳，但是在纳粹支持者搜查了他的家并且盖世太保暂时扣留了他的女儿安娜之后才确信是该离开的时候了。他和其家人于 1938 年 7 月离开维也纳并重新定居在了伦敦，1939 年 9 月 23 日，在那里他因为癌症而去世。[①]

弗洛伊德对心理学的贡献的价值在近些年来已经成为了一个值得讨论的问题。一位批评家曾经极端地称精神分析是"20 世纪最惊人的智力骗局……（和）一个设计根本不可

① 弗洛伊德似乎从来没有领会到自身环境的动荡性，就像生活在那个时代的大多数人一样，他完全不知道罪恶蔓延的程度。在纳粹集中营里被杀害的 600 万人中就有他的四个姐妹（Fancher，1990）。

靠的巨大构造而且后继无人”（Medawar，引自 Sulloway，1979，p. 499）。仔细分析了弗洛伊德发表的病例史的学者们已经发现精神分析作为一种疗法在有效性的证据方面的不足；他已经由于放弃了最初的性诱惑理论而失去了揭示普遍的童年期性虐待的机会而受到了惩罚，并且他甚至已经被指责剽窃（Gay，1988）。另一方面，支持者们认为弗洛伊德对 20 世纪的一些重要思想的形成做出了贡献，而且他的影响超越了心理学并且深入到了西方文化中。当然，这个问题将不会在这里得到解决，或者是在最近的任何时间得到解决。能被列举出的是弗洛伊德影响的一些方面和对其研究的一些有代表性的批评。

贡献 370

现代学者已经揭示了弗洛伊德思想的许多来源和先辈。结果表明，他的思想被认为相当少的是原创。但是，任何想理解人性的尝试必须包含对其工作的严肃考虑。首先，尽管弗洛伊德没有发现潜意识，但是他使这一概念大众化，诸如压抑、防御等潜意识元素，并且思维的成分和“弗洛伊德式失误”已经成为了精神分析词典的一部分。弗洛伊德对潜意识动机的强调也提高了人们需要研究动机过程的意识。其次，我们现在把早期童年事件能显著地影响后来的发展视为理所当然。我们可能就弗洛伊德的早期发展模式，特别是俄狄浦斯情结及其衍生物会有争论，但是他却让我们更多地认识到了早期心理的可塑性。最后，在医学界赞成心理障碍及其治疗的生物学解释的时候，弗洛伊德指出一些问题在起源方面是心理上的，因此可以通过心理学的方法治疗。

批评

弗洛伊德和他同事的许多冲突都在于他对性动机强调的程度方面。布洛伊尔、荣格、阿德勒都在这一问题上与他不一致，并且我们现在认识到人类行为太复杂而不能简化为单一的宽泛动机。后弗洛伊德时代的精神分析学家已经逐渐关注于人际关系（“客体关系”）与社会环境在塑造人格上的作用（Pervin，1991）。对弗洛伊德过分强调性的批评是一个更广泛的问题的一部分——他常常夸大了案例。因而，尽管童年期显然是后期人格的一个重要的决定因素，但若像弗洛伊德所说的，人格结构在生命的前五年或六年内实质上已经被确定，就是一种夸大的说法。第三种对弗洛伊德经常的批评，通常是由习惯于对变量进行实验室控制的那些人提出的，即关于其研究的“科学地位”。由于依赖于个案研究这样一种有限的样本、存在把他的病人的资料改造成适合于其形式的过程中的过多偏差、他为其理论所定义的术语太宽泛而不能被充分检验等原因，弗洛伊德已经受到了批评。弗洛伊德在他个人观点上的教条性的坚持和他对其追随者的忠诚性的要求，已经与具有实证主义传统的科学家所要求的“客观性”发生了冲突。最后，弗洛伊德有关女性心理学的理论观点早已受到了广泛的批评，尽管人们必须慎重地意识到很少有人能从他们生活的社会背景中走出来。因此，弗洛伊德是一位持有关于大多数妇女居于次等地位的典型的维多利亚式态度的维多利亚式男性，这一点在其作品中有所体现。例如，他认为超我的发展从来没有在妇女身上完成过，她们嫉妒男性的地位，并且一名妇女最想实现的愿望就是生育男孩。弗洛伊德宣称这在解剖学上就已注定。在公平性方面，弗洛伊德从来不阻止甚至鼓励有能力的女性分析家的发展，最明显的例子就是他的女儿安娜。并且他也时常承认他对女性心理的贫乏的理解，曾经悲哀地问道"女人到底想要什么?"（引自 Gay，1988，p. 501）

弗洛伊德的宏大的理论，他的元心理学，多年来可能没有被整合到一起，但是其中的许多见解却已经经受了时间的考验。关于弗洛伊德的这个结论，他同时代的哈夫洛克·霭理士早在 1910 年就清楚地认识到了，这也是结束本章这一部分的恰当方式："但是，如果……弗洛伊德不时挑选一根非常细的线（将他的理论观点系在一起），那他就会经常在线上串起许多珍珠，而且，不论那根线是否绷断，这些珍珠都有价值"（Ellis，1910，引自 Sulloway，1979，p. 500）。

临床心理学在美国

今天，临床心理学家专注于各种类型的心理障碍的诊断和治疗，并且他们处于有关这些问题的研究的前沿。和精神病学家相比，临床心理学家是在研究生院而不是在医学院接
371 受训练，并且获得的是哲学博士或者是心理学博士学位而不是医学博士学位。很多人都有他们自己的私人职业，而其他人在美国退役军人管理局（VA）医院或是在私人诊所环境中工作。一些人把他们的职业与在学院和大学里面的学术职位结合在一起。一些人把弗洛伊德的概念运用到了他们的实践中，但是大多数人并不是这样。今天，在那些提供心理健康服务的组织中，他们构成了一个非常有影响力的团体。在第二次世界大战临近结束之时，大量的心理创伤产生的一种需要以至于医学团体特别是精神病学已不能应对，因此，临床心理学家大量涌现。因而，从某种意义上说，我们今天所了解的临床心理学（clinical psychology）大约有 50 年的历史了。

另一方面，美国心理学会 1996 年年会的一部分就致力于临床心理学的百年纪念。1896 年，在宾夕法尼亚大学校园创立第一个诊所的大部分工作是由心理学实验室主管——莱特纳·威特默承担的。这个事件毫无疑问是重要的，正如马上将要详尽阐述的，诊所在动荡的环境中成立，最终产生了现代临床心理学。然而存在于第二次世界大战前的临床心理学迥然不同于战后时代的这个学科。美国心理学会的百年纪念庆典作为一个有趣的事例，是关于通过历史学家和可能不只是被一种寻找历史事实的渴望所驱动的其他人（例如惯例计划者）的决定，某事件的重要历史意义如何会在这个事件发生很长时间以后才显现出来。因此，尽管威特默的心理诊所百年纪念在其自身价值方面值得庆祝，但是在临床医生面对着消费意识健康保健供应者——他们有时质疑支付充分的临床服务费用的价值，正尽力维持其地位的时候，他们很可能没有协调一致。作为一种职业来说，100 年看

起来要比 50 年更牢固。

莱特纳·威特默（Lightner Witmer，1867—1956）：建立第一个心理诊所

像许多其他的美国心理学家一样，莱特纳·威特默（图 12—7）受过基础的实验室培训，但他却是通过把心理学应用于解决现实世界的问题而一举成名。作为一名费城本地人，威特默在靠近其家乡的地方度过了生命中的大部分时光，他于 1888 年在附近的宾夕法尼亚大学获得学士学位，他在当地的一所学院预备学校任教的时候又在那里继续了研究生课程的学习。他不断变化的兴趣最终定在了心理学上，并且有一段时间曾作为实验室助手为宾夕法尼亚新心理学教授詹姆斯·麦基恩·卡特尔（第 8 章）服务。他也像卡特尔一样去了莱比锡大学，1892 年在冯特实验室获得了博士学位。他回到美国后，被任命为宾夕法尼亚大学实验室主管，卡特尔一年前已经去了哥伦比亚大学，而且他成为一位新实

图 12—7　作为宾夕法尼亚大学的一名学院成员的莱特纳·威特默。

372 验室心理学的热烈拥护者。威特默在 1893 年写给雨果·闵斯特伯格的一封有趣的信中显示出了他对研究的激情（引自第 7 章中的视窗），他在信中描述了一项通过故意让马把他甩下来而亲身进行的关于记忆和疼痛的心理学研究（Witmer，1893）。这个事件显然与他的个性是相符的——一位朋友后来回忆起在纽约的阿迪朗达克山脉（Adirondacks）度假的时候，威特默喜欢骑着他的没闸的自行车“顺着陡峭的山直接下去……把（他的）腿放在车把上”（Collins，1931，p. 9）。

尽管威特默狂热地献身于一种科学的心理学，但是像大多数美国心理学家一样，他相信心理学应该能改善人们的生活。因而，1896 年 3 月，当因上过其一门暑期课程而知道他本人的当地一位中学老师走进他的实验室时，他的兴趣被激发了。这位中学老师领来了她的一名学生，一名看起来不会学习怎样拼写的 14 岁学生，尽管他可以合理地胜任其他事情。威特默总是乐意尝试新的东西，答应提供帮助并很快发现了问题的部分原因是其视力不佳，经过一次矫正之后，这名男孩可以接受一种训练项目而且其拼写能力也有了一定程度的提高。这个插曲以及另一个关于一名有言语障碍的儿童的案例，把威特默实验室的一部分变成了一间心理诊所并开启了临床心理学，最终结果是临床心理学的建立成为 1996 年美国心理学会大会中好几天的座谈会及庆典的内容。

随着新心理诊所这一词汇的传播，威特默开始了观察其他与学校表现相关的有着生理学的、认知的以及行为上的问题的儿童案例，他在 1896 年剩余的时间里研究了大约 24 名儿童（McReynolds，1987）。1896 年 12 月，他在波士顿召开的美国心理学会年会上宣读了一篇论文，他在其中号召增加对关于其所遇到的各种问题的研究和发展能增加解决这些问题的专家数量的培训项目。1907 年，他创办了《心理诊所》杂志，其中包括案例学习描述、研究报告和理论文章。首批文章中包含一篇由威特默执笔的重要论文，它的题目是《临床心理学》，为这种新产生的专业给出了名称（Witmer，1907/1931）。在文章中，他描述了心理诊所前 10 年的发展并且再一次号召增加研究和训练。他促进了“一种新的职业的产生——心理学专家的产生，这些人应该在与学校系统的联系中通过对心理上和道德上发展迟缓的儿童的检查与治疗而找到他们的职业”（p. 346）。因而，临床心理学刚开始时诊治病人的范围相对狭窄——诊断和治疗存在与学校有关问题的儿童。今天，那个专业知识领域与学校心理学（school psychology）存在联系。事实上，学校心理学家也把威特默看做是他们的先驱之一，而且美国心理学会的学校心理学分会仍然给有前途的年轻的学校心理学家授予年度“莱特纳·威特默奖”（Baker，1988）。

到 1909 年，威特默的心理诊所已经扩大并且发展出了一种团队协作方法。参加这个项目的儿童将会由一名咨询医师给他作全面的医学检查，一名社会工作者整理一份他的家庭和学校成长史，威特默或者是他的其中一位助手用记忆、注意以及运动协调性等一套测验对其进行心理测验（Fernberger，1931）。威特默不喜欢书面智力测验，并且虽然他相信像比奈测验这样的评定可以提供有关各种能力的有趣的信息，但是他认为它们被过度使用并且智商分数本身没有多少价值（McReynolds，1996）。在汇总了所有的信息之后，儿童会被分成（1）患有一些可矫正的医学病症（例如，有缺陷的视力）但不需要特殊的训练（2）可能正患有某种医学疾病但更明显地是需要一些特殊的项目或是其他的环境干预（例如，改善营养），或是（3）严重的智力迟缓、不可治疗、需要看护（Baker，1988）。

不像他同时代的大多数人那样，威特默怀疑对像心理缺陷这种特质的遗传可能性的断言。他清楚地认识到了他所见到的学生在能力上的个体差异，他承认缺陷在某种程度上是遗传的并且不可改变。他认为智力严重迟缓的儿童，应该从社会上分离出来被送进特殊机构并且防止他们生育下一代。然而，他的心理诊所的真实存在表明了他的牢固信念，即一 373
些心理缺陷通过适当的训练和/或对环境的控制可以被矫正。因而，威特默和行为主义者持有同样的信念，那就是环境可以塑造行为。他相信如果过去的环境影响产生了在临床上观察到的问题行为，那么，将来的环境干预可以改变行为并且可以让还是学生的儿童更有能力。他把自己的方法看做是一种乐观的方法，认为强调遗传就是放弃改变的希望："把一种条件归因于环境，是为它的改善或治愈所做的事情的一种挑战；把它归因于遗传常常意味着我们合起双手没有作为"（Witmer，1911，p. 232）。威特默采用术语直生论（orthogenics）来指称"调查智力落后者与偏常者以及使那些被发现因一种或其他几种原因而滞后或偏常的人恢复到正常状态的方法"的这样一种策略（Witmer，1909，p. 122）。

威特默的心理诊所在 20 世纪前几十年里迅速发展，它总计的案例文档数量到 1931 年接近 10 000 例（Fernberger，1931）。它同时在诊断与治疗学龄儿童的问题的普通角色中增加了几项特殊功能。一种是治疗言语障碍的临床方法，是由 E. B. 特威姆耶（E. B. Twitmyer）在 1914 年发展出来的。[①] 另一种是职业心理诊所，青少年与成人在那里可以寻求到有关职业的测验和忠告。这是由莫里斯·维特莱斯（Morris Viteles）所创，他可以被加入到第 8 章工业心理学先驱的列表中。威特默的心理诊所也衍生出了大量的相同机构和变体，到第一次世界大战开始时大约有 24 所（Sexton，1965）。同时，其他力量也在起作用，以至于最终产生了现代临床心理学。

第二次世界大战前的临床心理学

第 8 章记述了心理测验运动的发展，本章简要地描述了来源于克利夫德·比尔斯的努力的心理卫生运动的趋势。两者的发展构成了临床心理学的历史。而且，第一次世界大战后，在美国心理学会内部存在几种有组织的使临床医生的工作职业化的努力。这是一项艰

---

① 特威姆耶在威特默指导下完成的论文，是一种有关膝跳反射的测验（Twitmyer，1905）。在他的研究课程中，他发现膝跳可以通过与膝盖骨腱的兴奋相联系的刺激引起。也就是说，当巴甫洛夫在俄国发现经典性条件反射之后不久，特威姆耶在美国作出了同样的发现。但是巴甫洛夫有理由得到这一荣誉，因为他承担了大量的研究项目。另一方面，特威姆耶在 1904 年美国心理学会会议上呈献了他的研究却被忽视之后，便放弃了条件反射的研究而进入了威特默的心理诊所中。

难的斗争。第一个问题是心理学的日益流行与战争测验项目的表面上的成功促使许多不合格的人宣称他们也可以提供心理学上的服务。一个关于这一窘境的例子是美国心理学会 1915 年通过的一项决议的效果，即测验必须要由那些经过训练的人才可以施测。然而，大多数掌管测验的人不属于美国心理学会，所以这项决议基本没有什么效果（Napoli，1981）。第二个问题是临床医生在主要是以学术环境为中心和对成员资格保持着严格的学术要求的美国心理学会中不太受欢迎。最后一个问题对临床医生来说，除非他们在像威特默那样的心理诊所中工作，否则，他们在医院或私人诊所这样的工作环境中通常处于较低的地位。他们常常仅限于主管基本的心理测验，而主要的诊断和治疗工作由精神病学家完成。并且这种医学团体没有希望获得自身的主权和地位。

美国心理学会内部为临床医生确立一种身份所做出的首次认真的努力是在 1917 年年会上，华莱士·沃林（J. E. Wallace Wallin）组织了一次“考虑创立一个新的为‘鼓励和促进在临床心理学领域的专业化服务’的协会的明智性”的会议（Wallin，1966，p. 107）。那年冬天在匹兹堡开会的 7 个人（包括利塔·霍林沃斯——参见第 8 章的视窗）组成了美
374 国临床心理学家学会（AACP）。然而，美国心理学会的领导者并没有为此感到高兴，却害怕美国心理学会最终会走向分裂。1919 年，在美国心理学会为临床心理学开辟了一个“部门”以及美国临床心理学家学会成员放弃他们的新组织并加入到美国心理学会的时候，双方达成了妥协。在 20 世纪 20 年代期间，临床心理学部门承担了大量的职业化问题，包括合适的培训、资格认证、道德规范，但是他们的努力却没什么成果。他们逐渐增加的会员数量产生的仅有的主要效果是美国心理学会在 20 世纪 20 年代中期放松了它的会员资格要求，产生了两种类别的会员：正式会员和准会员。到 20 年代结束时，准会员在数量上超过了正式会员（Napoli，1981）。

在 20 世纪 30 年代期间，临床心理学家（和其他具有应用兴趣的心理学家）继续奋力争取引起仍然以学术兴趣占主导的美国心理学会的重视。但是，甚至连最顽固的不愿改变的学者也不得不去面对大萧条这个现实。正如你从对勒温在 20 世纪 30 年代的经历的讨论中了解的那样（第 9 章，p. 269），在大萧条期间，要想找到学术职位变得越来越困难，使非学术雇佣成为了年轻心理学家的一种不断增长的需要。美国心理学会创立了诸如失业心理学家社会利用委员会和心理学与公共服务委员会这样的机构。尽管做出了这些努力，但是应用心理学家仍然感到需要有他们自己的组织，于是他们在 1937 年成立了一个机构——美国应用心理学会（AAAP）。到 1940 年它宣布拥有超过 600 名的成员，与接近 4 000 人的美国心理学会相比，它包含有临床、教育、咨询以及工业心理学部门（Hilgard，1987）。

美国应用心理学会继续存在至第二次世界大战结束，虽然独立于美国心理学会，但不是有意与它竞争——实际上，接近 90%的美国应用心理学会的成员也属于美国心理学会（Capshew，1999）。这个组织在有关培训和标准化的问题上取得了一些进步，但是在一代人身上发生的第二次世界大战的到来再一次改变了心理学。联合与互相依赖的国际精神在

学院心理学家和从业者之间形成了之前从未有过的一定程度的合作（并且从那以后就没有存在过）。结果是美国心理学会为了统一科学与应用兴趣而进行了一次完全的重组。它于 1943 年在纽约举办的一次“学会间”（intersociety）大会上产生，由 E. G. 波林主持，集合了 25 位来自几个不同组织的代表，但主要还是来自美国心理学会和美国应用心理学会。他们通过了美国心理学会的一种新结构，并一直沿用到今天。这种新的结构是一种伞状的组织，包括拥有特殊兴趣的“分会”，以及一种修订过的目标。尽管最初的美国心理学会把促进心理学作为一门“科学”描述成它的主要目标，但是扩大的视野把作为一种“专业”和作为一种“提升人类幸福的手段”加到了它的目标列表中（Napoli，1981，p. 127）。正如我们将在下一章中看到的那样，（1）由战争引起的美国心理学会的统一的景象没有持续很长时间，（2）战争在临床心理学的真正本质方面引起了一种意义重大的变化。

概要

心理疾病的早期治疗

● 在 18 世纪就要结束的时候，启蒙思想家们迫切要求在治疗心理疾病的方法上进行改革。在法国，菲利普·皮尼尔采用了“道德治疗”的概念，精神病院等机构的生活状况被改善，只依赖对病人身体的限制的倾向减少，为改善病人的行为做了直接的努力。英国约克郡收容所的威廉·图克也进行了类似的改革。他的模式在 19 世纪的美国被广泛效仿。本杰明·拉什被认为是现代精神病学的创立者，提出了一种作为解释心理疾病的方法的医学模型，并且发展了一种强调“改善”病人的血液和循环系统的条件的治疗方法。

● 在 19 世纪中期，多罗西娅·迪克斯成功促进了大型公共精神病院的改革以及给予贫穷的心理病人更好的待遇。在 20 世纪之交的时候，克利夫德·比尔斯，曾经患精神病， 375
发动了类似的改革，他也是强调预防的心理卫生运动领域的一位先驱。

● 心理疾病的分类在一位曾经跟随冯特做过研究的精神病学家艾米·克雷培林的努力下得到了快速发展。另外，克雷培林以他对早发性痴呆（以后更名为精神分裂症）的描述以及用引人注目的术语来描述它而著名。

麦斯麦术和催眠

● 在 18 世纪中期，弗兰茨·安东·麦斯麦发展出一种治疗癔症（表面上是神经系统障碍却没有真正的器官损坏）的程序，基于他认为障碍是人体内的磁力被打乱的结果这一信念之上。因为相信自己拥有磁力，他通过对病人“实施催眠”进行治疗并且成功治愈了一些患者。虽然他不知道其中的原因，但一般认为他的成功是暗示力量的结果，并且麦斯麦已经发现了一种最终以催眠术而闻名的程序。

● 19 世纪在诸如乙醚这样的药物被发现之前，麦斯麦术因英国医生约翰·埃利奥特森把它作为一种外科手术的麻醉方法以及另一位英国医生詹姆斯·埃斯代尔在印度的广泛使用而被拥护。它在詹姆斯·布雷德的努力下获得了进一步的科学可靠性，詹姆斯·布雷德把这个程序更名为“神经催眠学”，之后很快被称为催眠学或催眠术。

● 在 19 世纪中期的法国，在有关催眠术的本质上发展出了两种学派思想。根据“南锡”学派的利埃博和伯恩海姆的看法，催眠术是通过暗示的力量产生效果的一种正常现象，人们在受暗示性水平上存在差别。但是根据巴黎的沙可的看法，催眠的效果反映出了催眠的症状并且受暗示性是一种癔症神经症的迹象。

西格蒙德·弗洛伊德（1856—1939）：创立精神分析

● 弗洛伊德是心理学中最著名的人物之一。多年以来，一种弗洛伊德神话已经形成，这是一个错误的信念，认为弗洛伊德是一名为了自己的思想而与强大的反对者进行斗争的孤独英雄，并且他的思想是原创的，没有重要的先行者。最近的学术研究已经对这个神话的两个方面提出了质疑。

● 弗洛伊德接受过神经病学的训练并且通过与恩斯特·布吕克的接触，他受到了盛行于 19 世纪的生理学中的唯物论和决定论的影响。经济问题导致了他去从事神经病学的个人实践，在那里他开始对癔症的治疗产生兴趣。19 世纪 80 年代，他曾经跟随研究这一问题的两位主要的专家梅内特和沙可学习过。他也受到了达尔文的研究的极大影响。

● 通过和约瑟夫·布洛伊尔的合作，弗洛伊德了解到安娜 O. 案例，其中的癔症症状表明与被压抑的记忆有关，并且如果病人恢复了对一种症状首次出现时的事件环境的记忆，那么成功的治疗就会出现（明显地）。回忆产生了一种情感的释放或宣泄。弗洛伊德和布洛伊尔在 1895 年发表了《癔症研究》，这一般被看做是精神分析的奠基事件。

● 弗洛伊德相信癔症是由真实的或是想象的创伤事件被压抑到潜意识中导致的结果，精神分析的目的是把被压抑的记忆回复到意识表面以便可以获得对病人问题的原因的洞察。为了探索潜意识，弗洛伊德发展出了自由联想程序，病人在这一过程中被要求无论想到什么都要说出来；还有梦的分析，其中梦的表面的或者“明显的”内容要被检查以便找出潜在的或者“隐藏的”梦的内容。弗洛伊德认为所有的梦都反映了某种伪装的愿望的满足。他也相信所有事件都有原因，甚至是意外事故或者是口误（弗洛伊德式失误）都能找到潜意识的意图。

● 弗洛伊德相信性问题是癔症的一种关键的决定性因素。他起先认为癔症是由童年期性虐待的影响导致，但他之后却放弃了这种“性诱惑”假说，认为虐待的记忆实质上是起源于童年期想象出的性情感。由此导致了他的婴儿期性欲和俄狄浦斯情结理论的产生。

● 对精神分析的国际认可来自于 1909 年弗洛伊德被邀请去克拉克大学所发表的五篇讲演。他的讲演内容包括对安娜 O. 案例的描述、他的梦理论、弗洛伊德式失误以及婴儿期性欲。

● 弗洛伊德扶植了一个由忠实于精神分析的内部追随者组成的内部圈子。两个早期的皈依者，阿尔弗雷德·阿德勒和卡尔·荣格，两人都在性的问题上与弗洛伊德决裂并且创立了他们各自的思想学派，个体心理学（阿德勒）和分析心理学（荣格）。弗洛伊德的最忠实的追随者之一是他的女儿安娜，她以把精神分析扩展到儿童治疗领域而著名。 376

● 第一次世界大战以后，弗洛伊德的理论发展为包含如下主张（1）生（性）本能和死（攻击）本能都是人性的一部分；（2）人格结构以自我为中心，它在伊底的本能要求和超我的道德约束以及客观现实对行为的限制之间调停；（3）对自我的压力的三种来源中的每一种都能产生焦虑，自我通过诸如压抑、投射和反向形成等防御机制作出反应。

● 弗洛伊德的思想遭到了学院心理学家的一些怀疑，但在医学界和一般大众中更有影响力。他的贡献包括潜意识和压抑的概念、他对童年早期经验的重要性的强调和他对心理障碍的心理学本质的坚持。对他的批评包括他对性的过分强调、精神分析的科学地位问题以及他对女性心理学的阐述。

临床心理学在美国

● 莱特纳·威特默通常被认为于 1896 年创办了美国第一个治疗心理障碍的心理诊所。他的心理诊所关注“心理—教育”问题，类似于那些现代学校心理学家面临的——与学校表现有关的生理的、认知的以及行为上的问题。他相信他所研究的问题可以被治疗并且把他的治疗项目称为优生学。

● 第二次世界大战前，临床心理学家承担了心理测验服务的大部分工作却没有很高的地位，无论是在精神病学家所主导的临床环境中，还是在学院心理学家控制的美国心理学会中。1937 年成立的美国应用心理学会成为了一种使心理学实践专业化的方式。美国心理学会在第二次世界大战临近结束时进行了重组，扩展了它的任务，超越了科学，包含了心理学的职业化实践。

思考题

1. 说明启蒙时代的一般思想如何影响了皮尼尔。
2. 阐述“道德治疗”的实践，正如皮尼尔和图克采用的那样。
3. 说明什么样的人可能会成为本杰明·拉什的病人。
4. 作为心理健康改革的勇士，描述多罗西娅·迪克斯和克利夫德·比尔斯的工作。
5. 论述艾米·克雷培林对心理障碍分类的贡献。
6. 麦斯麦术背后的理论是什么？为什么这种治疗有时会起作用？
7. 解释催眠术这一术语的产生。
8. “南锡”学派对催眠术发展出的理论是什么？为什么沙可认为这种理论是危险的？

哪种方法盛行?

9. 解释所谓的弗洛伊德神话的两种主要的构成方面。弗洛伊德在维持这个神话的过程中的作用是什么?

10. 19 世纪唯物论思想和达尔文理论是如何影响到了弗洛伊德的思想的?

11. 描述安娜 O. 案例的传统版本,实际上发生了什么?弗洛伊德从这一案例中学到了什么(或认为他已经了解到了什么)?

12. 描述弗洛伊德探索潜意识所采用的方法。

13. 阐述弗洛伊德的"性诱惑"假说以及这一假说之后的发展。

14. 论述弗洛伊德的理论在第一次世界大战后的演变。

15. 安娜·弗洛伊德对她父亲的理论的贡献是什么?

16. 阿尔弗雷德·阿德勒和卡尔·荣格对弗洛伊德的精神分析所作的修正是什么?

17. 弗洛伊德的精神分析在美国对公众和学术圈的影响是什么?

18. 写一篇关于弗洛伊德对 20 世纪心理学的贡献和他受到批评的方面的分析性文章。

19. 莱特纳·威特默有时被认为是美国临床心理学的创立者。这种主张的基础是什么?为什么他能够被认为是学校心理学的创立者?
377

20. 描述第二次世界大战前的那个时期一位临床医生所做的有代表性的工作。

来自原始资料摘录的问题

1. 阐述弗洛伊德的梦理论。确定能在外显的和内隐的内容之间作出区分,并且给出他所谓的"梦的工作"的例子。

2. 弗洛伊德的决定论的信念在他的"弗洛伊德式失误"中是显而易见的。请作出说明。

3. 论述弗洛伊德关于童年期性欲的思想。

进一步阅读

Hornstein, G. A. (1992). The return of the repressed: Psychology's problematic relations with psychoanalysis, 1909—1960. *American Psychologist*, *47*, 254-263.

关于美国心理学家多年来对精神分析如何反应的一篇优秀的分析(作为一篇学术文章

而言，很诙谐）；展现了美国人如何先是公开地反对分析然后又试图把它合并到主流的实验心理学之中。

McReynolds，P.（1994）. *Lightner Witmer：His life and times*. Washington，DC：American Psychological Association.

威特默的权威传记，包括对他的临床工作和他所治疗的早期案例的详细描述，并涵盖了心理诊所在后来岁月中的扩充。

Rosenzweig，S.（1992）. *The historic expedition to America（1909）：Freud，Jung，and Hall the king-maker*. St. Louis：Rana House.

关于弗洛伊德美国之行信息的一种权威资料，虽然它缺少有关来龙去脉的分析，但是其多方面的脚注提供了一种细节的资源；对弗洛伊德的讲演的翻译给了读者一次用原著的方式阅读弗洛伊德的机会，并提供了一种关于弗洛伊德思想的好的概要。

Sexton，V. S.（1965）. Clinical psychology：An historical survey. *Genetic Psychology Monographs*，*72*，401-434.

有一些过时，却是对美国临床心理学的一种好的概括；包含有关心理测验、心理卫生、临床心理学在获得职业地位上的努力的信息；华生所写的一篇类似的但更老的文章（1953）也同样有用。

Sulloway，F. J.（1979）. *Freud：Biologist of the mind*. New York：Basic Books.

弗洛伊德的几部传记之一，并且是非常优秀的一部，集中于对弗洛伊德神话的分析；包含常被认为是弗洛伊德原创思想（例如婴儿期性欲）的同时代的来源的详尽论述；比另一本由盖伊（1988）所写的一流传记更具批判性。

第13章 心理学的实践者

用一种简单的方式描述我自己的变化，可以这样说：在我早期的职业生涯中我会不断地问一个问题，我如何去治疗、治愈或者改变当事人？但现在我会用这种方式表述这一问题：我怎样才能为当事人提供一种可用于他人格成长的关系？

——卡尔·罗杰斯，1961

本章预览与目标

378 在对心理学领域中的科学家和实践者之间基本的但有些人为划分的一种介绍性的讨论之后，本章将从上一章结束的部分继续——有关临床心理学的实践。你将会学到，第二次世界大战把精神病学家的助手变成了临床心理学家，由主要主管心理测验工作，成为能诊断和治疗整个心理和行为领域的障碍的经过高级训练的专业人员。同样也是在战后，基于弗洛伊德模式之上的传统的心理治疗因其可疑的效果而遭受着攻击，从而产生了可供选择的其他方法。这里被考虑到的供选择的方法是来源于行为主义者的条件反射原理的行为疗法，以及从一种自称为第三势力的取向中演化出来的治疗方法。“人本主义心理学”通过和其他两种势力，即精神分析和行为主义的对比确立了其独特的身份。其最有名的倡导者是亚伯拉罕·马斯洛和来访者中心疗法的创立者卡尔·罗杰斯。本章的原始资料摘录是罗杰斯总结他的治疗方法本质的一篇文章。

不过，心理学的职业实践远远超越了临床心理学以及它的表亲咨询心理学。应用的一个主要关注点，正像你从第8章所了解的，是在一般的商业和工业领域。现代工业/组织心理学继承了诸如由斯科特、闵斯特伯格、宾格翰姆等先驱开创的传统。本章将继续第8章对应用于商业和工业的心理学的讨论，突出介绍了通过考察在伊利诺伊州的霍桑的一家制造电话系统元件的工厂所做的一系列著名研究。阅读完本章之后，你应该能够：

- 理解在心理学的科学家和那些关注心理学的职业实践的人之间所作的历史划分的

原因

- 论述第二次世界大战对临床心理学发展的影响
- 比较用于临床心理学家研究生教育的博尔德模式和韦尔模式并描述两种方法的地位
- 论述艾森克对心理治疗效果的研究及其对临床心理学的影响
- 叙述作为一种"治疗"严重心理疾病的医学手段的脑叶切除术的历史 379
- 阐述行为疗法，特别是系统脱敏疗法的历史，并说明它和行为主义原理的联系
- 解释为什么人本主义心理学有时被称为心理学的"第三势力"
- 论述自我实现这一概念的发展以及它又如何适合于人本主义心理学的哲学
- 阐述罗杰斯的来访者中心疗法的实质，说明治疗氛围对来访者的个人成长为什么是至关重要的
- 论述工业心理学在20世纪20年代、30年代以及战后时代的重要发展
- 描述霍桑实验并进行批判分析

研究者和实践者

在上一章的结束部分，你知道了临床心理学家的一种职业化身份的最初线索。他们在1917年成立了昙花一现的美国临床心理学家学会，之后在美国心理学会中有了他们的一席之地，并且在1937年联合其他的应用心理学家组成了一个有活力的学会——美国应用心理学会（AAAP）。临近第二次世界大战结束的时候，他们在美国心理学会的重组中起了主要作用。新的美国心理学会不只是致力于对科学的追求，它也有了追加的所宣称的推动心理学成为一种职业并且促进人类福利的目标（Hilgard，1987）。第二次世界大战前，学院心理学支配着美国心理学会，但是到了战后，权力开始转变，一个转折点出现在1962年，那些从事非学术工作的心理学家首次在数量上超过了那些在学院和大学工作的心理学家（Tryon，1963）。

对工作在学术环境中的心理学家而言，这种变化不是一件好事。当然，学院/研究型心理学家早已不是第一次对美国心理学会不满。早在1898年，正是著名的莱特纳·威特默，在那时他对实验研究而不是他的新生的心理诊所更感兴趣，已经提议研究者应该从美国心理学会中分离出来形成他们自己的组织。G·斯坦利·霍尔以这种方式把这一想法传达给了铁钦纳：

> 一种来自威特默的方法是说，他想把你和我还有其他人联合起来组成一种新的心理学组织，这一组织会把实验室放在合适的基础上并排除掉混血者和极端主义者。你会考虑一下吗？（引自Goodwin，1985，p. 386）

威特默的抗议毫无效果，但是正如你从第 7 章（pp. 181 - 183）中了解到的那样，铁钦纳其后便很快成立了他的“实验者”小组（在 1904 年）。铁钦纳 1927 年去世之后它演变成了实验心理学家协会（Society of Experimental Psychologists），在今天仍然是著名研究者的一个荣誉协会。

甚至在 1962 年实践者的人数超过学者/研究者之前，后者已经对美国心理学会重组后的发展方向感到失望。他们特别关注年会的结构，战争过后年会的组织似乎越来越致力于实践问题，并且组织方式使得研究难以展示。正像一个小例子所反映的，1959 年，美国
380 心理学会决定不允许在任何展示中使用幻灯片，这一举动激怒了早已习惯于使用幻灯片来呈现他们的数据的实验者（Dewsbury & Bolles，1995）。这一事件有助于引发实验心理学家的一次主要的背叛，他们在 20 世纪 50 年代末组成了心理规律学协会（Psychonomic Society）。1960 年，它召开了第一次会议，致力于研究的展示（包括幻灯片），并且在今天仍然是实验心理学家的一个重要组织。

大多数心理规律学协会的成员同时仍是美国心理学会的成员，并且继续倡导有助于研究者/学者的环境。但是，美国心理学会继续把资源转向了心理学的实践，并且把大量精力集中在与实践者有关的问题上（例如，临床心理学家是否应该得到合法的处方权）。20 世纪 80 年代中期，研究者要求重组美国心理学会以恢复他们的一些地位，当努力失败后，一批著名的实验心理学家联合在一起组成了美国心理学协会（APS）。在头六个月内成员数量超过了 5 000 人，表明这个小组已经引起共鸣，美国心理学协会迅速成为一个心理学研究的强有力的倡导者，创办了一些高质量的杂志（例如《心理科学》），并且召开完全致力于研究的年会。2003 年在庆祝其成立 15 周年时，它的成员数量已经达到了 13 500 人。

这种反映在美国心理学会和美国心理学协会的历史中的研究者—实践者的分裂，很容易被夸大。大部分美国心理学协会的成员也属于美国心理学会，美国心理学会有一个很有活力的“科学董事会”，大多数美国心理学会的杂志是致力于研究的，并且在 2001 年，美国心理学协会创办了新杂志《公众利益的心理科学》，发表以研究为基础的与心理学的实践主题有关的文章，正像你从以下选取的文章标题中看到的那样：

《心理科学可以提高诊断的确定性》

《抑郁症的治疗和预防》

《高自尊会产生更好的表现、人际成功、幸福感或健康的生活方式吗?》

然而研究者/学者和实践者的分裂是一种真实存在，它代表了不同的价值体系和兴趣。接下来的两章将根据看待心理学世界的这两种方法去组织。本章将重提第 12 章结束时的话题，并且关注心理学的职业实践，特别是临床心理学和工业心理学；第 14 章将考察第二次世界大战之后有关心理学研究方面的进展。

现代临床心理学的诞生

正如你从上一章结束部分了解的那样，第二次世界大战之前，临床心理学家为了确立他们的作为一门独立的职业地位而斗争。例如，在 20 世纪 30 年代，他们一般受雇于精神病院或诊所，接受精神病学家的指导；他们的“实践”主要限制在实施心理和其他形式的测验；并且，由于实际上根本没有正式的临床训练形式可资利用，他们只能在工作中或类似于实习医生实习期的准备中提高自己的技能（Capshew，1999）。然而战争的残酷环境为那些给心理创伤患者提供专业服务的临床医生创造了一种永久的职位。第二次世界大战前已经控制了对心理疾病患者诊疗传送的有组织的精神病学，却被治疗的需要所淹没。正如在第一次世界大战中，应用心理学家通过各种测验项目继续贡献出他们的服务，但是在第二次世界大战中他们也获得了治疗那些在战争经历中受到心理伤害的人的经验。并且这种需要是巨大的。例如，在 1942 年恶意的太平洋战争的瓜达尔卡纳尔（Guadalcanal）战役中，40%的足够严重到要求撤退的伤亡人员是心理上的崩溃（Herman，1995）。此外，在第一批开具医疗退伍证明书的 150 万名士兵中，大约有 675 000 名（45%）是精神病学上的原因（Vandenbos，Cummings & DeLeon，1992）。当战争结束后，与 30 000 个因物理 381
伤害住院的人相比，有将近 44 000 名退伍军人在美国退役军人管理局医院遭受着由战争导致的各种心理障碍的痛苦（Sexton，1965）。仅靠精神病学已无法应付这样的诊疗量，于是被迫放弃了它在治疗上的垄断。另外，联邦政府认识到了需求的增加，发起了一个积极支持临床心理学研究生培训的项目。例如，在 1946—1947 学年中，退役军人管理局在 22 所大学资助的培训项目招收了 200 名学生（Capshew，1999）。

现代临床心理学家从这种环境中产生了——不再仅限于测验，而是逐渐作为一名内行的诊断医生和治疗师被认可；不再仅限于学校环境中的儿童和青少年，现在可以为他们之中任何需要帮助的人提供服务；不再受制于心理诊所环境之中，现在更可能发展成为一种私人职业；不再处于精神病学家的监督之下，而是逐渐与他们处于一种平等的地位。然而，当这种新的临床医生出现的时候，必要的标准化培训和某种资格认证形式很快就提上了日程。

博尔德模式

1947 年，伴随着联邦政府的财政支持，通过退役军人管理局和美国公共健康服务总署，美国心理学会成立了临床心理学培训委员会（CTCP）。它由大卫·沙科（David Shakow，1901—1981）负责，他在倡导其关于临床心理学家培训的思想方面早就相当积极。

作为伍斯特州立医院（参考前面的图 12—2）的首席心理学家，沙科已经成为最初美国应用心理学家学会一名活跃的成员，并且在第二次世界大战之前，已经担任着委员会培训临床医师的工作。沙科对临床心理学培训委员会的影响从委员会报告中经常提到的“沙科报告”这一事实中可以看到（Baker & Benjamin，2000）。在 1949 年夏末举办的为期 15 天的扩大会议期间，报告构成了有关临床培训审议的主要内容，这个会议吸引了 73 位临床心理学家和其他的专业人员前往博尔德（Boulder）的科罗拉多大学。

重要年份 1949

这一年以为培训临床心理学家而确立的科学家一实践者模式的博尔德会议为标志。还发生了下列事件：

- 在中国，在毛泽东的领导下，共产党的人民共和国宣布成立
- 北大西洋公约组织（NATO）成立
- 英国国会下议院承认爱尔兰共和国独立，以都柏林（Dublin）作为首都，但是确定北爱尔兰仍在联合王国之内
- 种族隔离制度在南非正式确立
- 亚瑟·米勒（Arthur Miller）的《一位推销员之死》获得了托尼奖和普利策奖
- 罗杰斯和哈默斯坦（Hammerstein）推出了《南太平洋》的第一项研究成果
- 苏联试验了它的第一个原子武器
- “橡皮泥”被发明
- 下列人物出生：

乔治·福尔曼（George Foreman）1973—1974 年度的世界重量级拳击冠军
约翰·贝卢什（John Belushi），喜剧作家和演员

- 下列人物逝世：

玛格丽特·米切尔（Margaret Mitchell），《飘》的作者
所罗门·古根海姆（Solomon Guggenheim），美国艺术品收藏家

博尔德会议提出了一种临床训练的设计蓝图，被完美地设计出来以对比沙科认为的作为任何临床心理学家应该掌握的三种主要的专业技术形式——他们应该是心理疾病诊断方面的专家，他们应该成为熟练的心理治疗师，并且他们还要能完成高质量的实验研究。因为“博尔德模式”把科学训练和心理学的实践完美地结合在一起，成为了临床训练中著名的科学家—实践者模式（Scientist-practitioner model)。这种培训包括对心理学原理的基
382 础知识和产生这些原理的研究方法的透彻教授；一种对心理测量学（心理学测验）、心理病理学、心理治疗的透彻的理解；一篇包含经验研究的博士论文；在一所专业化的临床诊所、美国退役军人管理局医院或者类似的机构中有一年的实习医师经历。所有的准备要用 4～5 年的时间才能获得临床心理学哲学博士学位。随着一种适当的培训模式和一种对他们的服务的强烈需要，临床心理学家的数量迅速增加，正如前面提到的那样，他们对美国

心理学会的影响也迅速提升。

艾森克研究：传统心理治疗的问题

博尔德会议为临床心理学家的培训提供了一种新的思想。大约同时，随着心理治疗新形式的发展，临床医生进行有效治疗的能力得到提高。这些方法中的两种，行为疗法和来访者中心疗法，将在本章中被特别介绍。它们是在传统的精神分析和相关的“内省”治疗被质疑是否真的有效的背景下发展和繁荣起来的。这种疑问在 1952 年发表的一篇简短的（6 页）文章中被夸大，文章由英国心理学家汉斯·艾森克（Hans Eysenck）所写，标题是：《心理治疗的效果：一次评估》。在文章中，艾森克考察了传统的心理治疗中的内省方法的功效，通过结合其他 19 种研究的报告结果——其中 5 种评价精神分析治疗，其余的 14 种评价所谓的“电”治疗。在缺少一个不接受治疗的控制组的情况下，艾森克结合了另外两种对缺少正式心理治疗的“神经症患者”的改善的调查（例如，来自于残疾人的保险声明）研究结果。当认识到这种对照组的问题时，艾森克宣布了一种大约 72%的缺少治疗的改善率（超过了两年的时间）。然而，在他看到接受心理治疗的病人的康复率时，他发现在弗洛伊德精神分析中报告改善的是微不足道的 44%的比例。电治疗的康复率相对好些，为 64%。但是仍然低于那些根本没有接受治疗者康复的比率。艾森克得出结论说不存在支持心理治疗效果的证据，正如当时被实践着的那样。他甚至激进地提出在心理治疗上的训练就是浪费时间。后来的研究揭示出了许多对艾森克的结论存有疑问的方法学问题，但是坏的影响已经造成。整个 20 世纪 50 年代和 60 年代期间，心理学家经常把艾森克的研究作为提议需要新方法替代传统的精神分析的证明。这些新方法中的两种包括来源于行为主义的治疗和来自于所谓的“人本主义”心理学的方法。但是在考察这些治疗方法之前，我们先看一下本章的视窗，其中记述了心理疾病治疗的医学方法史中一段不幸的时期。

视窗

医学手段——脑叶切除术、经眼眶额叶切断术及其他

19 世纪晚期，精神病学的实践主要以精神病院和对具有严重心理疾病的人的治疗为主。除了对病人进行照管外，很少能为他们提供别的服务，并且“治疗”常常等同于管制和镇静。随着弗洛伊德精神分析的出现，精神病学家开始了私人执业以及治疗具有轻度心理障碍的病人（Shorter，1997），从医学治疗转向了心理分析。那些患有严重障碍的病人的数量在 20 世纪稳步地增长，他们仍继续待在精神病院和医院，没有改善的希望。但是在 20 世纪 20 年代和 30 年代，几种新的医学治疗引起了人们的注意，带来了对绝望者提供某种帮助的希望。正像处于厚今说的危险之中的另一种教训，容易不考虑这些治疗中的 383
一些像庸医的误导思想的疗法。需要铭记的是，在看起来不怎么有效并且病人明显遭受着

痛苦的时候，精神病学界真诚地尝试给病人减轻一些痛苦。同时，特别是在20世纪30年代大萧条时期，精神病学家在通过表明他们的方法有一些可测量的效果以证明他们的收入是合理的时候感到了一些压力（Grob，1983）。尽管如此，一些技术看起来已经进入了相当广泛的实践领域，虽然在执行过程中对这些技术存在一种缺乏科学基础的怀疑，并且没有任何证据证明它们的治疗效果。例如，对脑叶切除术来说。

这个故事始于发表在1935年在伦敦召开的神经学第二次国际会议上的一篇论文。其中两位美国科学家卡利勒·雅各布森（Carlyle Jacobsen）和约翰·富尔顿（John Fulton）报告了一些有趣的研究。他们报告说外科手术对猩猩的额叶损害可以产生一种有益的效果。在外科手术之前，动物具有相当的攻击性，但是在外科手术进行完之后攻击性消失了，而且动物的心理功能似乎在其他方面并没有受到损害。通过破坏额叶和包括情绪行为在内的低级脑中枢的联系，研究者似乎已经找到了一种可以使易怒的猩猩平静下来的方法。当天的听众中有一位名叫埃加斯·莫尼兹（Egas Moniz）的葡萄牙神经精神病学家。他早已声名远扬并且备受尊敬，因他对创造脑血流图方法的发现已经被提名诺贝尔奖。这让莫尼兹想到了可以把雅各布森和富尔顿方法应用到严重错乱的（和激动的）精神病人身上（Grob，1983）。

在没有其他科学而只有雅各布森与富尔顿的灵长类研究作为支持的情况下，莫尼兹发展出了他所谓的前额脑白质切除手术（大概的意思是切除大脑皮层前额区域的白质），用一种他创造的称为脑白质切断器的装置进行。在头骨的两端钻过一系列小洞之后，刚好在太阳穴的前方上端的地方，细小的脑白质切断器可以成功地以一种固定的深度插入每个洞中并且从一边到另一边来回移动，由此切断连接额叶和前额叶及低级脑中枢的脑组织。到了1936年年初，莫尼兹已经在20名病人身上试验了这种程序，主要是在躁狂抑郁症或者是强迫症病人身上，这些人具有相当严重的自杀倾向或者是表现出危险征兆。莫尼兹报告说（没有任何实际的支持数据），这种程序非常成功（20个人中有14个“改善”）（Shorter，1997）。尽管许多病人之后变得异常冷漠、缺乏情感，以及手术康复之后情绪消极，莫尼兹认为与他们从严重障碍甚至是危及生命的症状中康复相比这仅是很小的代价。值得肯定的是，莫尼兹劝告说除非是在极端病例中并且是在所有可用于帮助病人的方法失败的情况下才可以使用这种程序。他因这项工作而获得了1949年的诺贝尔奖。

如果说莫尼兹对他的新方法的使用是谨慎的，那么另外两名美国神经学家在使用这种新方法时却没有莫尼兹那么谨慎。沃尔特·弗里曼（Walter Freeman）和詹姆斯·瓦特（James Watt）认为莫尼兹程序是治疗多种精神病学障碍的一项重要的突破，并且他们开始到处传播这一好消息，同时也完成了他们可以胜任的许多这样的手术。他们把这种方法更名为脑叶切除术，并且弗里曼在1946年发明了一种称为经眼眶额叶切断术的新技术。
384 它包括插入一种在设计上类似于碎冰锥的装置，通过眼眶进入前额叶和额叶。这种新的技术比莫尼兹的技术能更有效地切断更多的神经纤维，但是这也增加了切断一种重要的动脉的危险。但是弗里曼没有被偶然的死亡（大约 2.5%的病人）所吓住，继续积极地提倡这种新方法，部分原因是它可以比旧的莫尼兹技术完成得更迅速，并且可以在门诊病人的基础上完成（即单位时间内更多的脑叶切除术收入）。弗里曼的狂热引起了他和瓦特的关系的破裂，瓦特对于弗里曼对这一程序的过度的热情逐渐感到不安。弗里曼继续不屈不挠地坚持下去，甚至周游全国做着如图 13—1 那样的"示范"，在图中我们可以看到他正把他的经眼眶额叶切断术的脑白质切断器轻轻敲进一位病人的眼中，护士正抓住病人，旁观者正仔细地观察（而且千万别打喷嚏，拜托）。

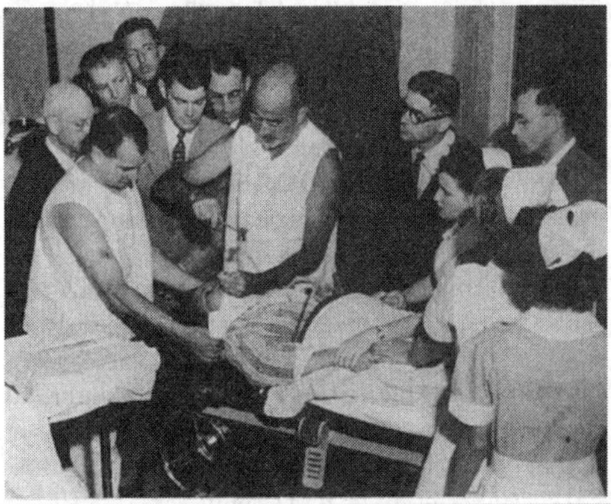

图 13—1　1949 年由沃尔特·弗里曼所做的一次关于经眼眶额叶切断术的示范。

到 1951 年，据估计（Grob，1991），尽管存在着对于这种程序逐渐增加的不安，但超过 18 000 名病人已经被实施了脑叶切除术。脑叶切除术在安定激动的病人方面确实有效，但是这常常导致病人人格的一种永久的改变，有的还产生了视觉呆滞。同时，这种程序时不时被简单地用于管理不守规矩的或是争执的病人身上。这种情形令人不安地在《飞越疯人院》中被描述，这是一本由肯·凯西（Ken Kesey）在 1962 年所写的小说，于 1975 年被拍成了电影并席卷了下一年的奥斯卡奖。随着一系列有效的安定药物的问世，脑叶切除术在 20 世纪 50 年代中期很快过时。

行为疗法

我们已经在第 10 章中了解到，像华生这样的倡导者的行为主义思想流行的一种原因是，希望通过诸如儿童抚养实践的改善这样的事情应用到日常生活中。如果行为主要是学习的结果，那么，推测起来适应不良的行为可能是并未学好并且可以用更具适应性的行为来替代。这条基本原理是华生用小阿尔伯特研究所阐述的思想的一部分。正如你从第 10

章了解的那样，尽管他和雷纳没有尝试去消除阿尔伯特对老鼠的恐惧，但是他们已经提出了几种基于有关条件反射原理之上的如何去做的提议。而且，其中的一些思想在 20 世纪 20 年代被检验，特别是玛丽·卡沃·琼斯（Mary Cover Jones），她因开创了行为治疗而常受赞誉。她在不同的儿童身上使用了华生所有的建议以及几种她自己的想法，并且因一种特殊的案例而出名，在其中她使用了一种她所谓的“直接条件作用”，通过在一名小男孩吃饭的时候逐渐地把兔子向靠近他的方向移动，消除了这名儿童对兔子的恐惧。

在 20 世纪 20 年代和 30 年代，存在几种有关条件反射原理如何被用于改变临床环境
385 下的行为的实例。例如，在苏联，研究者通过让酒（CS）和电击（UCS）配对从而把巴甫洛夫原理应用于治疗酒精中毒症，通过条件反射运动作用于最初看似瘫痪的肢体上来治疗癔症（Kazdin，1978）。在美国，赫巴特（Hobart）和威利·M·默沃尔（Willie M. Mowrer）基于条件反射原理，通过创造一种只要一湿就会响铃的婴儿床垫发展出了一种尿床症的治疗方法。默沃尔夫妇用他们这种程序的成功去反驳精神分析有关尿床症的概念，精神分析通常依赖于深层冲突来解释这一问题。相反，默沃尔认为，设想这一问题来源于没有认识到与膀胱张力有关的线索更简单些。他们相信如果条件反射是问题所在，那么它也是解决之道（Mowrer & Mowrer，1938）。

通过伦敦的艾森克和他的同事的研究以及一项来自于玛丽·卡沃·琼斯的研究的有效治疗技术的发展，行为治疗在 20 世纪 50 年代得到了推动。在伦敦马兹雷（Maudsley）医院，艾森克继续沿着 1952 年他对传统心理治疗的批判，通过聚集一批同事来检验发展出一种基于巴甫洛夫和赫尔的条件反射原理的新的治疗方法的可能性。到 1960 年，艾森克和他的同事已经收集了足够数量的条件反射原理的应用实例以证明出版首次在标题中包含“行为治疗”这一术语的书（Eysenck，1960）的正当性（Glass & Arnkoff，1992）。三年后，艾森克创办了《行为研究与治疗》，这是行为治疗的第一种刊物，标题清晰地诠释了艾森克的信念，即治疗方法除非通过研究证据表明它们的有效性才可以使用。

约瑟夫·沃尔普（Joseph Wolpe），一位在威特瓦特斯兰德大学（University of Witwatersrand）的南非人，基于琼斯的研究创立了一种称为系统脱敏（systematic desensitization）的程序（Wolpe，1958）。它至今仍然是最著名和最有效的行为治疗技术之一。沃尔普是一位医学博士，曾经受过传统精神分析程序的训练但对其不满。他开始研究学习理论，特别是赫尔的学习理论，在师从一名曾跟随赫尔的密友肯尼斯·斯彭斯（Kenneth Spence）学习过的在南非的美国心理学家时受益匪浅。

沃尔普通过研究猫的恐惧反应开始探索行为技术。在动物无论何时接触到食物都会遭到电击从而形成恐惧之后，沃尔普开始试图消除动物的恐惧。像琼斯一样，他也认为恐惧和进食是两种不相容的反应，所以他设法用进食反应代替恐惧反应。沃尔普实现了这一目的，他先在一间大概类似于电击发生的最初的房间中给动物喂食，进而在更接近于最初房间的环境中喂食，等等。换句话说，恐惧反应逐渐减弱，由对食物的渴望所取代（Kazdin，1978）。

在读过由芝加哥生理学家埃德蒙·雅各布森（Edmund Jacobson）所写的一本书之后，书中介绍了一种称为渐进放松（progressive relaxation）的技术（Jacobson，1929），沃尔普发现可以把这种方法应用到对恐怖症病人的治疗上。雅各布森已经用放松技术治疗神经障碍病人；沃尔普把这种程序视为他已经用于猫的进食反应的一种替代品。实质上，沃尔普的系统脱敏程序包含放松训练，一种“焦虑等级”的发明物，即一张逐渐增强的焦虑等级环境的列表。病人可以放松并想象最小焦虑的环境，进而逐渐升高等级。沃尔普发现，在经过一段时间之后，病人可以在他们最恐惧的对象面前保持放松。

随着多年以来的不断改进，沃尔普的方法在某些类型的焦虑问题上表现出了很好的效果（Paul，1966）。许多其他的行为治疗技术多年来也有改进，范围从基于斯金纳模式的代币经济/强化系统到综合了学习理论和认知心理学观点的认知行为治疗。与此有关的一篇很好的总结可以在卡兹丁（Kazdin）那里找到。

心理治疗的人本主义取向

人本主义心理学是作为一种革命开始的。它以知名的心理学“第三势力”的身份出现，反对它所认为的“机械的、非人化的、分等级的、精英主义的精神分析的统治和过度 386
科学的、冷酷的、人性淡漠的行为主义”（Cushman，1992，p. 55）。人本主义心理学家批评人类行为可以还原成压抑的生物本能或者是简单的条件反射过程的思想，反对有关于个体的过去经历可以决定他们的将来的思想，并且拒绝接受心理学的其他两个“势力”精神分析和行为主义的决定论假定。相反，他们提倡最能刻画人类品质的是自由意志和一种责任、目标感，一种有远见的毕生对生命意义的寻求，并且有一种朝向称为自我实现（self-actualization）的固有的成长倾向。自我实现意味着实现了一个人生命中的全部潜能。

最能与人本主义心理学联系在一起的是美国的两位心理学家亚伯拉罕·马斯洛（Abraham Maslow）和卡尔·罗杰斯（Carl Rogers）。马斯洛（1908—1970；图 13—2）曾经接受过作为一名实验心理学家的训练并且研究过灵长类动物的领地行为，但是后来用更具整体性的人本主义策略取代了他所认为的无效果的和还原论的科学方法。1934 年完成博士学位之后，他去了纽约并最终在布鲁克林学院（Brooklyn College）获得了一个教职，在那里他一直待到 1951 年，之后他去了布兰代斯大学（Brandeis University）（靠近波士顿）并且在那里度过了他的职业生涯。[①]马斯洛因他的需要层次模型而为所有学习普通

---

① 马斯洛确定无疑地影响了许多学生。他明确影响了埃利奥特·阿伦森（Elliot Aronson）的职业生涯，阿伦森是一位著名的社会心理学家，他是利昂·费斯廷格（Leon Festinger）（将在下一章重点介绍）的博士生。作为一名布兰代斯大学的学生，阿伦森偶然听到了马斯洛所作的有关偏见心理学的介绍性的讲演。这一话题吸引了阿伦森的注意，当还是一名成长在马萨诸塞州里维尔（Revere）城的艰苦的工人阶级中的犹太儿童时，他曾处于接受偏见行为结果的底端。阿伦森很快就把专业改成了心理学并且与马斯洛发展出了一种亲密持久的友谊。阿伦森在 1999 年获得了美国心理学会的心理学杰出贡献奖。

心理学的学生所熟知，该模型提出了一组需要系统，以一种金字塔结构排列，低层次的和最基本的需要在最底端，而自我实现的需要则在最顶端。要达到自我实现的需要就要按那个顺序依次满足在它之下的所有需要——生理需要、安全需要、爱与归属的需要、自尊的需要。马斯洛认为研究自我实现与一种检查心理障碍的方法比起来（例如，正如弗洛伊德所做），将会产生一种更健康的心理学。正如他用一句著名的引文形容的那样，“研究残疾的、发育不良的、不成熟的、不健康的样本只会产生出一种残疾的心理学。……对自我实现者的研究必须成为一门更普遍的心理科学的基础”（Maslow，1954，p. 234）。马斯洛履行了他自己的建议并进一步探究了自我实现这一概念，区分出看起来已经达到自我实现的真实的历史人物，然后在他们之间寻找共同点。这项研究以他对两位在纽约所认识的人的沉思非正式地开始——人类学家拉什·本尼迪克特（Ruth Benedict）和格式塔心理学家马克斯·惠特海默。他后来报告说，在研究本尼迪克特和惠特海默的时候，他意识到“他们这两种类型可以被归纳在一起。我在谈论一种人，不是有关两个不可比较的个体……我试图去发现这种类型是否可以在其他地方找到”（Maslow，1971，pp. 41-42），的确可以。通过各种技术，马斯洛识别出了许多看起来与本尼迪克特和惠特海默有相同品质的一些人。马斯洛发现自我实现者能正确地感知事实，具有高度的独立性和创造性，平易近人，他们
387 把自己的工作看做是一种事业或是一种天性的召唤而不仅仅是一种工作，他们具有严格的道德准则，时不时拥有马斯洛称为高峰体验（peak experiences）的强烈的快感或是满足感的时刻。

图 13—2　人本主义心理学家亚伯拉罕·马斯洛。

卡尔·罗杰斯和来访者中心疗法

人本主义心理学的第二位主要人物是卡尔·罗杰斯（Carl Rogers，1902—1987），来访者中心疗法的创始人，在20世纪60年代和70年代，这种方法吸引了大批临床医生。

罗杰斯（图 13—3）在家教极严的环境中长大，但是他尽力去实现自己的人生规划而不管他的早期经历。他在六个孩子中排行第四，在芝加哥郊区的一个极端守旧的新教徒家庭中长大，赞美艰苦的工作并把所有的享乐都视为有罪。正如罗杰斯（1961）后来回忆的那样："甚至碳酸饮料所具有的一种淡淡的有罪的香味，使我想起了自己买第一瓶汽水时的轻微的负罪感"（p. 5）。罗杰斯 12 岁的时候，他父亲把家搬到了位于威斯康星的一个大农场，部分原因是想让自己的孩子远离郊区的罪恶。他决定根据"科学农业"的原理经营农场，并且卡尔发展出了一种对来自经验科学的敏锐的欣赏力。这导致他在威斯康星大学农学院注册成为一名学生，但是当这名受庇护的年轻人发现了人与思想的一种光明新世界的时候，这份热情却迅速消退了。他转而去研究历史，并决定成为一名牧师，1924 年从威斯康星大学毕业之后进入了纽约联合神学院。联合神学院学生在这种自由的环境中被鼓励独立思考，罗杰斯（1961）"认为（他自己）从宗教工作中出来是正确的"（p. 8），并转入心理学领域。

图 13—3　卡尔·罗杰斯，来访者中心疗法的创始人。

罗杰斯从联合神学院穿过马路到哥伦比亚教师学院上课，在那里受到了利塔·霍林沃斯的影响（第 8 章）。霍林沃斯激发了罗杰斯在儿童指导工作方面的兴趣，并且首次想到他可以成为一名临床心理学家。罗杰斯完成了在纽约基于弗洛伊德理论的儿童指导机构的实习医师期，在那里他得到了一些关于潜意识过程的洞察力但却对精神分析产生了厌恶。

1931 年，他在哥伦比亚大学获得博士学位，后来在纽约罗切斯特（Rochester）的一个儿童指导心理诊所获得了作为一名职员式心理学家的职位，他在那里工作了 12 年。在那里他开始形成了他有关治疗的独特理论。因专业上的原因，他参加了美国心理学会会议，但是发现其中“看起来充满了关于老鼠的学习过程和实验室实验的论文……与（他）正在做的东西没有关系”（Rogers，1961，p. 12）。然而，当美国应用心理学会（AAAP）在 1937 年成立时，他成为一名积极的成员，1939 年，他倡导一种临床医生的培训模式，减少对研究的过度重视并增加诊断和治疗技术的指导性的实践。学术界没有理会他的提议，但是这种思想实质上却与 30 年之后以心理学博士学位的形式出现在伊利诺伊大学的思想相一致（Napoli，1981）。

388 罗杰斯本人在 1940 年进入学术界，接受了俄亥俄州立大学的一个职位。好批判式思考并且过于自信的研究生们所提供的激励强化了他关于治疗和人格本质的思想，结果导致了他的第一本书《咨询与心理治疗》在 1942 年问世。三年后，他去了芝加哥大学，成为一名心理学教授和咨询中心主任。1946 年，他当选为美国心理学会主席，是战后重组的第二任主席，对以研究为主的学者而言，这是美国心理学会已经开始转向实践者方向的一个明显征兆。罗杰斯在芝加哥大学度过了 12 年，并且四次回到威斯康星大学，在那里他有一个把心理学和精神病学结合起来的职位。在威斯康星的岁月却不尽如人意——他的来访者中心疗法被认为只与有轻微问题的正常人有关而遭到攻击，而罗杰斯想证明有严重心理障碍的来访者也会从中受益。他在当地一家医院开始了把治疗用于精神分裂症病人这样一种大胆的项目，但是结果却非常“模棱两可”（Lakin，1996）。这种结果与来自威斯康星大学以实验为导向的心理学院普遍冷漠的接纳结合在一起，导致了罗杰斯去寻找更具生命力之地。1961 年，他在加利福尼亚找到了这样的地方，在那里他接受了一名以前的学生的邀请，加入到了拉霍亚（La Jolla）西部行为科学学院（Western Behavioral Sciences Institute）的领导层中。几年之后，他在拉霍亚成立了当事人研究中心，在那里他把来访者中心疗法扩展到了团体环境中。

罗杰斯的来访者中心疗法的实质相当简单。首先，与人本主义心理学其中之一的奠基思想相一致，罗杰斯反对为使治疗有效，重要的是深入探究来访者过去的历史这种思想。其次，罗杰斯相信如果治疗师能成功地创造出一种合适的治疗环境，那么来访者就能够控制他或她的生活并能在自我实现的指导下成长。理想的治疗氛围包含几个方面，你将会在以下从罗杰斯 1954 年一次演讲的摘录中找到。

原始资料摘录

罗杰斯论创造一种治疗氛围

1961 年，罗杰斯在《个人形成论》这样一种总括性的标题下发表了一系列的论文和讲演。其中包含一篇自传体的文章，我已经从中选取了他的许多生活经历。书中也包含一篇基于他在奥伯林学院（Oberlin College）的一次演讲的题为《关于促进个人成长的若干假设》的论文（Rogers，1961a）。他以描述治疗的挑战开篇，以及对他发展来访者中心疗法的其中的一些影响：

> 面对着一个遭遇困难、内心冲突、正寻求和期望得到帮助的人，对我来说总是一种很大的挑战。我有知识、有资源、有心理的力量和技能吗？——我是否拥有帮助这样一个人的能力？
>
> 25 年来我一直尽力应对这种挑战。这促使我利用了自己专业知识的每个方面：在哥伦比亚教师学院所学的严格的人格测量方法；我在儿童指导机构做实习医师期间学到的弗洛伊德精神分析的洞察力和方法；随着我在与自己密切联系的临床心理学领域的继续发展；……以及其他大量而无法全部提及的资源。但是就其中的大部分而言，都还意味着要从我自己的经验和我的咨询中心同事们的经验中继续学习，就像我们自己已经竭力去发现治疗遭受痛苦的人们的有效方法那样。……（pp. 31 - 32） 389

罗杰斯描述了其基本的治疗哲学，用以表明他是如何逐渐地使自己远离了专业医生指导病人治疗课程的精神病学模式：

> 用一种简单的方式描述我自己的变化，可以这样说：在我早期的职业生涯中我会不断地问一个问题，我如何去治疗、治愈或者改变当事人？但现在我会用这种方式表述这一问题：我怎样才能为当事人提供一种可用于他人格成长的关系？
>
> 正是在我用第二种方式表述这个问题的时候，我意识到我所学到的所有东西要适用于自己所有的人际关系，并不只限于处理来访者的个人问题。正因如此，既然我们所有人都处于人际关系之中，那么，在我的经验中对我有意义的知识应该在你们的经验中对你们也具有意义。……（p. 32）

最后一段揭示了贯穿于罗杰斯的大部分文章中的一个主题。尽管他在治疗师试图帮助来访者的背景下发展出了他的治疗方法，但是，他相信他的程序在任何类型的人类关系中都同样有效。正如你将会看到的，他之后在论文中扩展了这一主题。他现在开始触及到重点，首先以一种一般的假说进行陈述，然后他详尽阐述了这一假说的三个方面：

> 我可以用如下的一句话陈述全部的假设。如果我能提供一种确定的关系类型，那么，对方将发现在其身上所固有的运用这种关系促进成长的能力，同时，个人的改变和人格发展将会产生。
>
> **关系**
>
> 但是这些术语究竟有着什么意义？请允许我把这个句子分成三个主要的短句并表明它们对我而言的一些意义。我能提供的这种类型的关系是什么？

> 我已经发现在关系中我越是真诚，关系就越具有帮助作用。这就意味着我需要意识到我自己的感情……而不是呈现表面上的一种虚假态度，但实际却在内心深处……持有另一种态度。真诚包含用我的言行举止乐意表达存在于自己内心的各种感情和态度。只有通过这种方式关系才具有真实性，真实作为一个首要条件看起来是非常重要的。只有通过提供存在于自己内心的真诚的事实，当事人才能成功地寻找到存在于他自己内心的真实。……
>
> 作为第二个条件，我发现我越是接纳和欣赏当事人，我就越能创造出一种能被他
> 390 所用的关系。我所谓的接纳是指对当事人的一种热情的关注，无条件地承认他是具有自我价值的人——不管他的状况、他的行为或者他的感情如何。……这意味着此刻对他的态度的一种接纳和尊重，不论他本人的态度是消极的或是积极的，不论它们与他过去所持有的态度是多么冲突。这种对当事人经验变化不定的各个方面的接纳会形成一种使他感到温暖和安全的关系，并且作为当事人因受到他人的欣赏和尊重所形成的安全感在助益性关系中是一种极其重要的因素。
>
> 我还发现这种关系如此重要，以至于我感觉到一种对理解的持续渴望——对于来访者对自己当下的感情和所传达信息的感受的敏感共情。接纳要包含理解才具有较大的意义。只有在我理解你感觉是那么恐怖、那么脆弱、那么伤感或者是那么古怪的感情和思想的时候——只有在我对它们的感受和你一样并且接受它们和你这个人的时候，你才会真正感到能够自由地探索内心以及通常被埋藏的经历中的所有隐秘的角落和令人恐惧的缝隙。……(pp. 33 - 44)

这三个特点是来访者中心疗法的实质。治疗师的工作不是诊断和治疗，而是去创造一种来访者能开始改变的健康的氛围。首先，治疗师必须是真诚的，暗含着治疗师自己必须情绪健康。尽管罗杰斯没有那样说，但是，这种真诚还使得治疗师能够作为一个在来访者身上所寻求的那种情绪健康的模范。其次，治疗师必须表现出罗杰斯在别处所称的无条件积极关注（unconditional positive regard)。这意味着接受一个人只因为是一个人而具有价值。在实际治疗过程中，这意味着避免贴标签。例如，我曾经听到过罗杰斯和一名遇到各种麻烦的青少年谈话的磁带。这个男孩非常具有防御性，谈话开始就说他想象得出罗杰斯有着大量处理不良少年的经验。罗杰斯只是非常平静地回答说他更愿意把这个男孩看做“麦克”。信息是——这个男孩是个人，而不是“不良少年”标签。有效的治疗师—来访者关系的第三个方面是共情（empathy)，遵循了人本主义哲学所提倡的现实就是个人知觉和经历的现实。于是，理解别人就需要尽力明白那个人如何看待事物。罗杰斯认识到一种对他人的完全理解是不可能的，但它却是必要的努力。这种努力包含罗杰斯所用的主要的治疗技术，称为回应（reflection)。这意味着理解来访者所说的一些话并用另一种方式表达，从而使来访者认为“治疗师理解我说的东西”。为了说明这一点，考虑一下来自罗杰斯一次治疗片段的文字记录的转述：

来访者：我认为从实用的角度来说我应该去解决一些……日常生活的问题。但是……我正努力解决的是……要比处理其他大量的……日常小事更为重要的问题。

治疗师：我不知道这样说是否会曲解你的意思，从一种实用的观点来看你应该花一些时间去彻底全面地考虑一些具体的问题。但是你会考虑到这样一来你可能就不是在寻找那个完整的你，并且你觉得这一点要比解决日常问题更为重要。

来访者：我认为是这样。我想就是这样。这可能就是我的意思。(Rogers, 1961b, p. 90) 391

在罗杰斯看来，如果治疗师成功地创造出了合适的治疗环境，那么好的事情将会发生，并且他没有对这种好的结果的确定性夸大其词：

……我会说当我心中持有这种我已经描述过的态度时，并且当事人在某种程度上又能体验到这些态度的时候，那么，我相信建设性的人格发展和变化将会合乎规律地发生——并且我是在经过长时间和仔细的考虑之后才使用了"合乎规律"一词。

改变的动机

对于关系我就说到这里。在我整个假设中的第二个短句的意思是个体能发现蕴藏在自身内部的为了成长而运用这种关系的能力。……我的经历已经使我得出结论，即个体内部具有这种走向成熟的能力和倾向，这种能力和倾向即使不是外显的，那么它也应该是潜在的。在一种合适的心理氛围中这种趋向就会释放出来，并变成事实的而不是潜在的东西。……不管有人称其为一种成长的倾向，一种朝向自我实现的动力，还是勇往直前的趋向，它都是生命中的推动力，并且归根结底，这种趋向是所有心理治疗所要依靠的。……这种趋向可能深深地埋藏在心理防御的一层又一层的外壳之下；它也可能藏在精致的用以否认其存在的面具之后；但是我坚信它存在于每个人的心里，并且只有在合适的条件下才能得到释放和表达。(p. 35)

这一段说明了人本主义信息中的另一个核心元素——每个人都有成长的潜能和走向自我实现道路的机会。罗杰斯假说的第三部分关注了成功治疗的结果（需要注意的是罗杰斯写于"中性语言"这一短语还未存在的时候）：

在这样一种关系中个体变得更加具有统一性和适应性。他很少表现出通常被冠以神经症或精神症这样的术语的性格特征，而更多表现出一种健康的和功能良好的人格特征。他改变了自己的观点，对自我的看法变得更现实。他变得更接近他的理想自我。他给予自己更高的评价。他更为自信并且能更好地引导自我。他对自己有了更好的理解，变得以更加开放的态度去对待自己的经历，更少地否认和压抑他的经验。……

在行为中他也表现出相似的变化。他更少因压力而感到沮丧并会从压力中更快地恢复过来。他的朋友会发现他在日常行为中将变得更加成熟。他更少防御、更具适应

能力、更能创造性地去应对环境。(p. 36)

罗杰斯通过回到在开头简要提到的一点上结束了他的论文——他不得不谈到应用于所有人际关系中的一种治疗关系：

392 ……看起来存在很多理由认为这种治疗关系只是人际关系的一个特例，并且同样的规律支配着所有这样的关系。由此似乎有理由假定如果父母和子女之间创造了一种像我们描述过的心理氛围，那么这个孩子将会变得更加自我导向、更加社会化、更加成熟。对教师来说如果他能在班上创造出这样一种关系，那么学生将会变成自发的学习者，更具有创造性，更加自律，更少有焦虑和他人的指导。如果管理者、军队或工业领导者，能在自己的组织中创造出这样一种氛围，那么职工将会变得更加有自我责任感，更富有创造性，能更好地适应新的问题，更好地……去合作。我们可能会看到一种人类关系的新领域正在产生，在其中如果存在确定性的态度条件，那么确定可辨的变化将会出现，这看起来是可能的。(p. 37)

作为一种对那些基于弗洛伊德观点的治疗中治疗师扮演着控制者角色的治疗的替代品，来访者中心疗法（开始称做非指导性治疗）和许多相似的人本主义疗法，迅速地在临床心理学家中变得流行起来。和分析式的方法比起来，它在概念上更容易掌握并且更明显地是在助人。它还基于一种对人类改变的潜能更乐观的评价之上，反映了罗杰斯自己对生活的控制能力和一种更普遍的认为如果个人努力地工作事情就可以改善的美国中部地区的信念。而且罗杰斯以他和他的学生进行的一个研究项目为基础能够证明这种治疗的有效性。可能是来源于他早期科学农业的经历，罗杰斯在完成对治疗结果的实验研究方面有着极大的兴趣，在接受治疗的人和等待治疗的控制组之间进行比较。他能够证明他的方法带来了人们生活中的可测量的积极变化（例如，Rogers，1954）。靠近摘录的最后一部分，他描述会发生的积极的变化，来源于他完成的研究结果。

人本主义心理学在20世纪60年代和70年代盛极一时。1961年创办了《人本主义心理学杂志》，大部分是通过马斯洛的努力，一年后美国人本主义心理学家学会成立，马斯洛在1968年当选为美国心理学会主席，并且美国心理学会在1972年设立了人本主义心理学分会（第32个分会）。它在美国历史中那段时期的流行并不奇怪。作为一种对精神分析和行为主义势力的反抗，它正好契合了以对现存权威大量的挑战为特征的时代背景。并且作为一种以个体（例如自我实现）为中心的哲学，它是由20世纪70年代的一些价值观组成的，这十年有时被称为“唯我的十年”① （Schulman，2001）。尽管它很流行，但是人本主义运动已经处在心理学的边缘。它已经受到了指责，因为其在有损团体的重要性的情况

① 指过分追求个人幸福与满足的20世纪70年代。——译者注

下过分强调自我，还因为它所反对的要比它所提出作为替代的更为清晰（例如，Farson，1978；Wertheimer，1978）。尽管如此，它还是对心理学的临床实践产生了重要影响，特别是通过罗杰斯的工作。

韦尔会议和心理学博士学位

在结束本章关于临床心理学的这部分内容之前，值得注意的是博尔德模式多年来是如何发展的和对它的一个重要的替代是如何发展的。正如你了解的那样，博尔德模式是为了给科学家和实践者提供一种理想的结合而设计的，一些人在进行高质量的研究的同时也能 393
提供有效的临床服务。尽管这种模式仍是临床医师培训所用的主要方法，但经常在达到理想目标方面的效果并不明显。例如，在研究者对博尔德模式头 50 年的分析中，本杰明（Benjamin）和贝克尔（Baker）（2000）报告说它“是一种被过分颂扬的、非常有害的模式，而且，根据某些人所说，即使曾经努力了，那也非常少”（p. 233）。问题出在哪里呢？

首先，因为学院心理学控制着临床训练项目，在许多情况下接受训练的科学家一方比实践者一方更受重视。到 20 世纪 50 年代后期，许多具有哲学博士学位的临床医师埋怨他们还没有为心理学的实践做好准备，而且，因为他们大部分是在临床环境下工作，不是在学术环境下，除了研究技能之外他们没有得到多少有用的东西。第二个相关问题是临床心理学教授，根据博尔德模式的建议，被期望“通过继续临床实践保持他们的临床技能”（Raimy，1950，p. 130）。大多数人是那么做了，但仅仅是在一种有限的程度上。在学术环境中，临床心理学教授承受着发表大量文章的普遍压力，并且这使他们要维持自身的临床技能显得非常困难。结果，研究生们通常接受不到有关如何进行临床工作的最好的训练。许多学院都持有这样一种态度，即学生会在他们持续一年的实习医生期间发展出所有必需的临床技能，但是最初的博尔德模式却清楚地表明，临床实践训练要用 4～5 年时间完成，并且实习医生期不应被看做是为先前缺少经验的人而准备的一个“维修店”（Stricker & Cummings，1992）。

对博尔德模式的批评导致了对另外一种模式的考虑，即强调临床心理学的实践而不是研究。事实上这种想法要先于博尔德模式。例如，在 20 世纪 20 年代中期，克莱恩（Crane）（1925）写了一篇题为《对心理学家培训之恳求》的文章。文章是在还没有关于临床心理学家的博士培训项目的情况下写成的（Capshew，1999），他认为典型的心理学中只强调传统主题领域（例如知觉、学习）内的基础研究的哲学博士培训是不恰当的。相反，他指出，应该给予有进取心的临床医师更多有关心理学实践方面的指导并且建议创造一种他称为“心理学博士”的新学位（Peterson，1992）。然而，由于当时临床心理学家没有地位，这种主张没有被施行。卡尔·罗杰斯在 1939 年提出的一种类似的想法也遭遇到了相同的命运（Napoli，1981）。

但是，到 20 世纪 60 年代，对博尔德模式的不满导致了开始提出有关认为临床医师应该学习他们的技能这方面的新建议。弥漫于 20 世纪 60 年代的普遍不满的氛围导致了几次为创造一种新的治疗方向的尝试。第一，美国心理学会一个有关培训的委员会提议探索可替代科学家—实践者的模式，包括突出临床实践和设立一种新学位，即心理学博士（Psy. D.）学位（美国心理学会，1967）。第二，在一种学术背景下的伊利诺伊大学决定采纳这项决议，由此于 1968 年在美国创立了第一个以大学为基础的心理学博士项目。伊利诺伊大学的威望迅速为心理学博士项目带来了一些尊重，其他大学很快也开始发展类似的项目。第三，心理学博士项目开始发展成为独立的职业心理学院，不再附属于大学。第一所职业心理学院在加利福尼亚创立——加利福尼亚职业心理学学院（California School of Professional Psychology）或简称为 CSPP。1970 年，两个校园开办了职业心理学院（圣弗朗西斯科和洛杉矶），两年后又增加了两个，分别是圣迭哥（San Diego）和弗雷斯诺（Fresno）。

正如对第二次世界大战后临床心理学家的明确的训练指导这样一种新的强烈需要导致了 1949 年的博尔德会议那样，对具有新心理学博士学位的临床医生的培训的某种程度标准化的需要则导致了 1973 年在科罗拉多的韦尔（Vail）召开了这方面主题的会议。韦尔会议的目的是使心理学博士学位合法化并且与心理学项目所产生的哲学博士学位之间进行明确的区分。实质上，哲学博士学位是为提供传统的科学家—实践者而设计的，而心理学博士学位则会产生实践者—科学家，他们熟悉研究，但培训主要是为了提供心理学服务。
394 尽管心理学博士学位项目花费了一些时间才获得了合法性的认可，但是，美国心理学会现在为哲学博士学位的博尔德模式项目和心理学博士学位的韦尔模式项目都提供资格认定。

临床心理学第二次世界大战后的发展的主要部分是它在心理健康护理提供者团体中逐渐提升的地位。正如你从第 12 章了解的那样，第二次世界大战前，临床心理学家在健康护理职业中处于相当低的地位并且经常处在精神病学家的监督之下。但是自从战争开始后，组织化的精神病学的霸权逐渐丧失。经过过去半个多世纪的发展，通过直接合法的斗争之后，临床心理学家已经获得了以下权利：（1）从精神病医院接收和治疗病人，（2）在法庭上作为专家证人（例如，在精神失常的案例中），（3）得到来自保险公司的第三方的报酬。目前，组织化的心理学和精神病学在处方权上存在摩擦，并且许多迹象都表明，不久之后，精神病医生将不再是唯一有权开精神药理学处方的人（Wiggins，1994）。

心理学和工商业领域

我们已经（在第 8 章）了解到心理学没有花费很长时间就进入了工商业领域。在 20 世纪之交过后不久，沃尔特·迪尔·斯科特就在写有关心理学在广告上的应用以及如何可使商业更有效率的著述（Scott，1903；1910）；雨果·闵斯特伯格正在做着将会出版《心理学和工业效率》（1913）一书的顾问工作，其中一些你已经在第 8 章的原始资料摘录中读过；沃尔特·宾格翰姆正在匹兹堡的卡内基学院成立他的应用心理学分会并为当地的商业做咨询工作；吉尔布莱斯夫妇正创立他们成功的工业咨询生意；霍林沃斯夫妇正忙着为可口可乐公司做咖啡因的研究。

20 世纪 20 年代期间，是美国的一段经济增长和繁荣时期（在 1921—1922 年的萧条期之后），此类心理咨询活动开始增加。由于在第一次世界大战中非常突出的陆军测验项目（第 8 章），心理学家发展测验的速度如同心理测验被印刷的速度一样快，应用到教育的同时也被用于商业，并且许多工商企业雇用心理学家去改进他们的人事部门，主要是通过开发用于员工选拔和评价的测验。这些成果中有一些产生了质量不佳的测验，一本著名的心理测验教科书的作者安尼·阿纳斯塔西（Anne Anastasi）总结道，“20 世纪 20 年代的测验繁荣期很可能更多的是阻碍了测验的进步而不是促进了测验的发展”（1993，p. 17）。[①]直到 20 世纪 20 年代晚期，信度和效度上存在的问题才减慢了测验“激增”的势头，并且表面上的事业成功在 20 世纪 20 年代孕育出了一种新的发展——为提供心理学咨询服务而成立的公司。

第一家提供心理咨询服务的公司是斯科特公司，由沃尔特·迪尔·斯科特在第一次世界大战结束不久之后创办（参见图 13—4 中的公告），但是它仅仅维持了几年时间，部分原因是由于斯科特在 1920 年被任命为西北大学的校长，因而公司没有了他的领导。另一个尝试是心理公司（Psychological Corporation），虽然它最初发展得很艰难，但至今仍然存在，而且非常成功。它是詹姆斯·麦基恩·卡特尔的构想，就是你在前面的章节中了解的那个人（第 4 章和第 8 章），他是冯特的一名博士生，心理测验中失败的高尔顿方法的积极促进者，并且是哥伦比亚大学心理学院成为心理学中一个最重要的研究生院的时期的主任（正如你了解的，他其中的两位学生是桑代克和伍德沃斯）。20 世纪 20 年代早期，卡特尔离开了学术界，是因为他的反战观点被哥伦比亚大学解雇。他继续担任《科学》杂志的主编，但是他也正寻找一种回到同辈心理学家中的方法。他也关注被误称为心理学专家的人数的增长和对心理学测验广泛兴趣的投资（Sokal，1981）。他为这个公司所定的理念
是要创造出一种具有在测验和实验方法论上被认可的专家资格且拥有博士学位的心理学家 395
的全国范围网络。这个公司也许会成为一个技术情报交换所，例如在圣路易斯的一家公司，它的人事部门需要心理学的测评，就可以联系位于纽约的心理公司（或者它计划的分支机构之一），就会被介绍给当地的已在公司登记的专业心理学家。心理学家会提供这项服务并得到他们的酬金，其中一半要归公司。

---

① 著名的测量教科书的第一版出现在 1954 年，并在阿纳斯塔西的一生中（1908—2001）经过 7 次再版。1997 年发行的第 7 版至今仍在印刷并且被广泛地用做教科书。

WALTER DILL SCOTT　L B HOPKINS　JOSEPH W HAYES
ROBERT C CLOTHIER　BEARDSLEY RUML　STANLEY B MATHEWSON

ANNOUNCE

THE SCOTT COMPANY

ORGANIZED

TO OFFER TO INDUSTRY METHODS LEADING TO THE SOLUTION OF PROBLEMS IN THE FIELD OF INDUSTRIAL PERSONNEL

TO SHARE WITH INDUSTRY THE RESULTS OF RESEARCH WHICH MAY PROVIDE A BETTER UNDERSTANDING OF THE SOCIAL ECONOMIC AND PSYCHOLOGICAL FACTORS IN INDUSTRIAL ADJUSTMENT

TO OFFER TO INDUSTRY A CONSULTING SERVICE WHICH COMBINES THE INDUSTRIAL AND SCIENTIFIC POINTS OF VIEW

751 DREXEL BUILDING
PHILADELPHIA

图 13—4　斯科特公司的成立通告，由心理学家组织的第一家商业咨询公司。

心理公司在 1921 年开办，卡特尔是它的第一任主管。它在原理方面有一种相当好的想法，但它却几乎迅速地陷入了困境，主要是由于卡特尔的领导风格。他对公司可以确切提供何种服务从来就不是非常清楚，使公司在签合同的时候犹豫不决，并且他没有一个好的经营头脑。例如，一直到 1925 年，公司的纯收入只有 51.75 美元，却要在纽约黄金地段上租用办公室并且要付给负责日常运作的人 2 500 美元；为了维持公司的正常运作，卡特尔不得不奉献出他自己收入中的 5 000 美元（Sokal，1981）。这种情况将不会持续下去，到 1926 年，卡特尔被董事会免了职。沃尔特·万·戴克·宾格翰姆（第 8 章，pp. 242 - 243）因具有在匹兹堡的卡内基学院经营应用心理学管理的经验并且与商业界有着良好联系，因而取代了卡特尔的位置。尽管心理公司在 20 世纪 30 年代的大萧条时期面临着困难，但是正像大多数商业机构那样，它还是存活了下来，并开始兴旺，特别是在第二次世界大战之后。1969 年，一家出版集团购买了这个公司，它的总资产达到了 250 万美元并且每年在心理测验上的销售额大约为 500 万美元（Sokal，1981）。

1932 年，随着一本以《工业心理学》作为简单标题的大而重要的教科书的出版，工业心理学领域在合法性上获得了更多的认可。这本书由莫里斯·维特莱斯（Morris Viteles）所写，他是莱特纳·威特默最著名的博士生。维特莱斯 1921 年在宾夕法尼亚大学跟随威特默完成了博士学位，其博士论文是一项有关对机动车雇员的能力测验的研究（McReynolds，1997）。两年后，威特默任命维特莱斯为心理诊所的一个名为职业指导诊所的新的部门的主管。它为商业提供测验和咨询服务，但主要是为高中和大学学生进入工作领域做准备这一目的而服务。维特莱斯在诊所度过了他余下的职业生涯，但也在费城地区的各种商业和工业机构担任顾问。他的咨询工作超越了通常的雇员选拔领域——维特莱斯为黄色计程车公司（Yellow Cab Company）进行了安全和事故预防的有价值的研究，他为贝尔电话公司开发了一种帮助管理者提高领导技能和更有效地参与公司决策制定的项目（Hilgard，1987）。

霍桑研究

20 世纪 20 年代的一个主要事件是延续到 20 世纪 30 年代的一系列应用研究实验的开始。这项研究导致了一种被认为在研究中多次证明了的效应的命名，今天一般都会出现在 396
工业心理学、社会心理学和研究方法的教科书上——即所谓的霍桑效应。名字来源于研究发生在伊利诺伊州的那座城市，即西部电器工厂的所在地。这家工厂为美国电话和电报公司（AT&T）制造设备。

1924 年，在霍桑所进行的伴随着一系列研究的实验延续了三年时间，用以检验照明条件对工人劳动生产率的影响。虽然它们看起来设计良好并且客观，但它们实际在某种程度上却是由电器工业部门所赞助，电器工业部门希望找到支持照明条件与生产率之间存在一种简单的相关这一信念的证据——工作环境中照明越充足，生产率越高（Gillespie，1991）。当然，这种证据将会有助于灯泡的销售。然而，对于这个行业而言，不幸的是，这项研究却没有显示出照明条件和劳动产量之间的一致关系。无论照明水平如何，甚至在照明很差的情况下，生产率都保持相同的水平。我们现在知道生产率是高度复杂的，会受到各种因素的影响。但是，在霍桑的有关照明研究的结果则是物理环境对于生产率而言不如“人的因素”重要的结论。工人们知道他们正处于一种研究中并且结果重要，所以，他们的生产率能维持高水平是因为他们感到被尊重。至少那是标准的解释。没有提到的是确定有助于维持高生产率的几种其他因素——例如，照明实验期间逐渐增强的监督水平（Gillespie，1991）。

照明实验结果被确认并且至少或者在某种程度上那是标准线，霍桑研究中最著名的研究是继电器装配测验房间（RATR）。在这项实验中，从工厂的一大组人员中选拔出 6 名女性劳动者。她们的工作是为电话装配电子中继设备。其中的 5 个人做实际的装配工作，第 6 个人给她们提供部分的帮助。图 13—5 从两个不同的角度展示了这个工作间。装配工作是一种耗时的、劳动力密集的、重复性的工作，要求每个继电器要有 35 个部分的装配。西部电器每年生产大约 700 万个继电器（Gillespie，1988），所以他们在让工人尽可能提高生产率上自然更有兴趣。

图 13—5　在霍桑工厂进行的继电器装配测验房间的实验工作安排。在左图中可以看到让完成的继电器滑落并可以计数其数量的滑道。右图的房间与工人所看到的一样。

第一个系列的继电器研究从 1927 年 5 月延续到了 1928 年 9 月。在那段时间里，研究了几种工作环境变量（并且实际上互相混杂）。在不同的时间里，在休息周期表、总工作时间和为不同的生产量而支付的奖金方面都有变化。这一通常的结果，类似于照明研究的
397 结果，即这个小组的生产率迅速达到了高的水平并且继续保持这样一种水平，即使是在工作条件变差的情况下。这个例子总是被关于声名狼藉的“第 12 次测验时期”所提及，即工人被通知每周的工作时间从 42 小时增加到 48 小时，并且休息期和免费午餐将会被取消（Gillespie，1988）。几乎肯定在所有研究方法的书中都会像这样描述这一结果：

> 几乎没有任何排除因素，不管发生了什么样的变化——不管休息日是多是少，也不管工作日是长是短，等等——妇女们总是倾向于制造越来越多的电话继电器。（Elmes，Kantowitz & Roediger，2003，p. 138）

根据推测，工人仍能维持生产率水平，因为他们相信他们是一个特殊的团体并且是关注的焦点——他们是实验的一部分。这项研究，和照明研究的相似的结果一起，是称做霍桑效应（Hawthorne Effect）这一概念的来源，此效应是因为人们知道他们正处于被研究之中其表现受到影响的倾向。这种效应在一种研究背景下可能是真实存在的，但是它是否真在西部电器公司发生过还不确定。

对在继电器装配测验房间实际上发生的事情进行仔细观察揭示出了一些有趣的值得考虑的解释。首先，尽管大量的研究特别强调处在这种特殊测验房间中的妇女是多么愉快，但是，事实上在最初的五名装配工之中有两名因不顺从和低产量不得不被剔除出房间。一名据说已经“加入了布尔什维克”（Bramel & Friend，1981）。要知道，苏联在 20 世纪 20 年代是全新的，并且“红色恐慌”对工业化的美国而言是一种威胁，结果导致了像对劳动

联盟此类事情的一种恐惧。在两名替代者中，其中一位特别热情和有才能并很快成为小组领导。她明显是因其“在常规车间中保持着作为最快的继电器装配工的纪录”而被选择(Gillespie，1988，p. 122)。她的努力对高的生产率水平贡献极大。

在分析继电器数据方面存在的第二个问题是一种简单的统计问题。在著名的第 12 个阶段，生产率是以每周的产量来记录而不是每小时的产量，但是与先前的测验阶段比起来，工人每周多工作了 6 小时。如果采用更恰当的每小时产量，生产率实际上是轻微地下降（Bramel & Friend，1981）。同时，妇女们似乎对这种变化很生气，但是不敢去抱怨，唯恐从测验房间中被剔除，由此会丢掉奖金（这里不存在对她们如此微妙的暗示以至于如果她们一团糟这样一种结果也会发生）。最后，这可能已经在继电器装配测验房间，也在一些其他的霍桑实验中，伴随着对生产率确定的奖赏，增长的工人生产率可能只是对成绩进行反馈的结果（Parsons，1974）。

到现在你会知道，历史事件必须要在它们的整个政治、经济、制度环境中去理解，霍桑研究也不例外。它描绘出了一幅关于工人不受特殊工作条件的影响而更关心在工业领域人际关系运动中被认为是特殊引导的虚假景象，并且导致公司为了创造出一种有关劳动和管理的快乐大家庭的印象而去强调雇员的人性化管理。在工人的需要长期被管理者忽视的背景下，关注工人的生活状况是一种意义重大的进步。但是，这样一种景象也有助于维持管理层的权力和阻止工会组织的努力，这让一些历史学家（例如，Bramel & Friend，1981）相信在西部电器公司所完成的研究的背后存在着真实的动机。

正确评价心理学实践

我们已经知道了第二次世界大战导致了现代临床心理学的产生。战争同样也对应用心理学的其他领域提供了推动力。正像在第一次世界大战中一样，心理学家深深地卷进了为选拔军官和士兵安置到军队中适合他们的工作岗位这类任务的开发测验中。第一次世界大 398
战期间进行了陆军甲种和陆军乙种测验；第二次世界大战期间进行了更加精细的测验，即陆军普通分类测验（AGCT）。它把士兵分为五种能力水平，有着作为一种测验的足够的信度，并且在教育水平理性的相关方面有着一定的效度（Capshew，1999）。战争也给研究人机关系工作的应用心理学家一次大的鼓励，并且战争产生了心理学中的一种新的潜在学科——工程心理学（engineering psychology）。这个领域以设计出能使人有效使用机器的发明物作为其目标。例如，一种设计良好的飞机驾驶舱，就会配有可以减少疲劳的椅子和避免知觉错误的装置。正如你从第 8 章了解的，这一领域的一位重要先驱是李连・吉尔布莱斯，他还以人类工程学而知名。

本章的重点是心理学在诊断和治疗具有心理和行为障碍（临床心理学）的患者身上的应用和心理学原理在促进商业（工业心理学）方面的运用。需要注意的是，应用心理学在其他领域的扩展并没有成为本章的一部分。这包括咨询心理学、学校心理学、司法心理学、教育心理学等领域。

美国心理学会的重组为美国心理学带来了一个极好的发展时期。应用心理学是美国心理学会新章程的受益者，新章程把促进心理学成为一种职业加入到了其最初的促进心理学的科学化这一目标之中。正像我们在本章开头所看到的，其中的一种结果是美国心理学会的科学家之间的一种不断增加的疏离情感。但是心理学的科学方面的一方在第二次世界大战之后的岁月中也繁荣起来，特别是采用了所谓的认知心理学这样一种主要的战后运动形式。认知心理学在第二次世界大战后飙升的故事，与对这一时期科学心理学的其他重要的历史里程碑事件的讨论一起，将会在下一章中讲述。

概要

研究者和实践者

● 美国心理学会 1945 年重组的一种结果，是心理学的职业实践者数量的明显增长。这并没有使学院心理学家处之泰然，他们的主要活动是教学和研究，并且他们在世界大战期间控制着美国心理学会。

● 由于认为美国心理学会正变得太关注于职业实践，心理学的科学家在 1960 年和 1988 年分别组成了心理规律学协会和美国心理学协会（APS）。

现代临床心理学的诞生

● 现代临床心理学产生于第二次世界大战的迫切需要。直到那时还控制着心理疾病治疗的精神病学，已经不能应付病例数量增长的形势。战争过后不久，在大卫・沙科的主持下，一次有关临床心理学家培训的会议在博尔德召开。结果是产生了以科学专家和诊断与治疗心理障碍的专家的联合为特征的一种培训模式。临床心理学家要获得哲学博士学位就必须完成基于研究的博士论文。

● 艾森克 1952 年所做的一项研究对心理治疗（例如，弗洛伊德的精神分析）形式的传统见解的效果提出了质疑，把注意力集中在了有关治疗效果的高质量研究的需要上，并且导致了几种新的治疗方法的发展，最著名的是行为疗法和各种人本主义疗法。

● 一种治疗心理疾病的有争议的医学方法是脑白质切断术，也叫脑叶切除术，20 世纪 30 年代由埃加斯・莫尼兹创造，因这项工作他获得了诺贝尔奖，但是他对这种程序的使用提出了警告。这一程序是基于通过切断额叶和低级脑中枢的联系，病人就可以更好地控制情绪。不谨慎的是沃尔特・弗里曼发展出了一种更有效的程序，通过眼眶进入，经眼眶额叶切断术。这种程序在 20 世纪 50 年代不再受欢迎——它的效果值得怀疑，它有时以可疑的理由使用，并且更好的治疗形式（药物）出现了。

● 行为治疗基于生活中的许多问题是学习的结果和经验会影响障碍的发展的思想。建 399
立在行为主义者原理基础之上的治疗方法在第二次世界大战前已经存在，但在第二次世界大战后，尤其是随着提出一种被称做系统脱敏疗法的治疗形式的约瑟夫·沃尔普的研究，它盛行起来。

● 人本主义心理学有时被称做心理学的“第三势力”，因为它反对精神分析和行为主义的决定论，倡导人能自由发展和控制他们自己的生活，而不是受制于他们的过去。人本主义心理学家相信所有的人都具有人格成长和自我实现的潜能，这一概念被亚伯拉罕·马斯洛所探索，他研究了自我实现者的代表的真实生活（例如马克斯·惠特海默）。自我实现者观察现实准确；他们具有独立性、创造性、主动性，他们是有道德的和不加做作投身于一种事业并且时不时会有高峰体验。

● 卡尔·罗杰斯反对传统的心理治疗并发展出了一种人本主义治疗方法。来访者中心疗法强调来访者积极成长的方面，据说如果治疗氛围是健康的就会发生。治疗师的工作就是去营造这种治疗氛围，其中包括成为一名自我实现者的模范（“真诚”），对来访者表现出无条件的积极关注，并表示出共情。回应的治疗技术是为有助于这一过程的实现而设计的。

● 1973 年，韦尔会议为临床医生发展出了一种新的训练模式，一种更多地关注于实践而不是研究并且不再必须要求完成基于研究的论文的模式。它导致了心理学博士学位的产生，而不是传统的哲学博士学位。今天，美国心理学会认可项目就是基于博尔德模式和韦尔模式。

心理学和工商业领域

● 在 20 世纪 20 年代期间，许多心理学家成为商业和工业顾问，这种发展的部分原因是由 20 世纪 20 年代对测验的极大兴趣所推动。心理学家也一起加入了为形成一种可以提供一系列服务的商业咨询中。斯科特公司就是第一家这样的公司，但是没有存在到 20 世纪 20 年代。心理公司在詹姆斯·麦基恩·卡特尔的领导下，一直存在着，但是直到卡特尔被开除才最终兴旺起来。

● 从 1924 年延续到 1933 年的霍桑研究，传统上被看做是如果工人被给予关心并提供健康的工作条件，那么生产率将会提高这一看法提供证据。生产率似乎并没有被诸如照明条件和工作间歇的改变等这些因素所影响；真正的问题似乎在于工人因自己是实验中的一部分而感受到的重要性（即传统的霍桑效应）。但是历史学家已经对在霍桑发生的事情的传统看法提出了质疑，并且霍桑研究有着对工作场所维持管理控制的作用。

● 第二次世界大战有助于工程心理学的创立和发展——一种探究人机关系的应用实验心理学的形式，目标是发展出人们能更有效地、舒适地、安全地使用的机器。

思考题

1. 学者/研究者和实践者之间的本质区别是什么?美国心理学会重组之后产生了什么影响?

2. 说明导致心理规律学协会和美国心理学协会产生的实质问题是什么?

3. 临床心理学家在第二次世界大战后的活动和第二次世界大战前的活动有什么不同?是什么带来了这种变化?

4. 比较关于临床医生的两种不同的训练模式——博尔德模式和韦尔模式。前者存在什么样的问题才导致了后者的产生?

5. 脑叶切除术发展的科学基础是什么?弗里曼如何改进了莫尼兹发明的程序?脑叶切除术在 20 世纪 50 年代中期之后几乎消失的原因是什么?

6. 汉斯·艾森克在他的评价心理治疗的研究的分析中发现了什么?艾森克的研究的影响是什么?

7. 解释沃尔普的系统脱敏疗法并说明它与行为主义原理存在怎样的关系。

8. 为什么人本主义心理学有时被称做心理学的"第三势力"?

9. 简要总结人本主义心理学的基本信念。

400 10. 阐述马斯洛有关自我实现的研究工作。他对自我实现者的特征的总结是什么?

11. 除了创立来访者中心疗法,罗杰斯也因他对治疗效果方面的兴趣而著名。解释他的个人生活历史如何会有助于他的这种兴趣。

12. 人本主义心理学在 20 世纪 60 年代和 70 年代非常流行,但是后来却逐渐衰落了。请作出解释。

13. 阐述心理公司的起源,它是如何被设计运行的,并且在它身上发生了什么事情。

14. 莫里斯·维特莱斯在 20 世纪 20 年代和 30 年代对工业心理学做出了什么样的贡献?

15. 大部分教科书是怎么描述霍桑效应的?

16. 霍桑照明研究的最初目的是什么?结果如何?对这一结果的传统解释是什么?

17. 霍桑的继电器装配测验房间的最初目的是什么?结果如何?对这一结果的传统解释是什么?在继电器装配测验房间中真正发生了什么?

18. 霍桑研究据说表明了与工人的关系是影响生产力的一个关键因素,但历史学家却对这一研究作了不同的分析。请作出解释。

来自原始资料摘录的问题

1. 根据罗杰斯的看法，指出有效治疗的三个必要条件。

2. 解释回应的治疗技术并说明它的目的。

3. 罗杰斯相信在来访者中心疗法中起作用的原理也适用于所有的人际关系。请作出解释。

进一步阅读

Gillespie，R. (1991). *Manufacturing knowledge: A history of the Hawthorne experiments*. New York：Cambridge University Press.

对从 1924 年持续到 1933 年的所有的霍桑研究的一次全面的描述与分析；表明实验结果如何解释了商业中的人际关系活动的合意方面，但是一种严密的分析质疑了所谓的霍桑效应的传统解释，一篇概要分析可以在 Gillespie（1988）那里发现。

History of psychology：The Boulder conference. (2000). *American Psychologist*, *55*, 233 - 254.

纪念以临床心理学家的训练为目标的博尔德的科学家—实践者模式成立 15 周年的一系列文章；包含早于博尔德模式的关于临床训练的文章，博尔德会议的影响，以及对博尔德模式的一系列看法。

Rogers，C. R. (1961). *On becoming a person*. Boston：Houghton Mifflin.

由罗杰斯撰写并汇编的一组文章；包含一篇开篇的自传体论文，几篇关于他的基本哲学观的论文，关于治疗结果研究的文章，和关于来访者中心疗法的文章，包含本章摘录中的文章。

Sokal，M. M. (1981). The origins of the Psychological Corporation. *Journal of the History of the Behavioral Sciences*, *17*, 54 - 67.

描述了心理学上最成功的应用事业之一的艰难开端；表明了卡特尔 19 世纪的心理学观如何让他不能进行有效领导的原因，并将这个故事较好地置于 20 世纪 20 年代到 30 年代的美国背景中。

第14章 战后时代的心理科学

研究认知过程的基本理由已经与研究其他任何事物的理由一样清楚：因为它们就在那里……认知过程确实存在，因此几乎不能采取非科学的方法去研究它们。

——乌里克·奈塞尔，1967

本章预览与目标

401 自第二次世界大战以来，学院心理学的最重要发展是现代认知心理学的诞生和发展。20世纪50年代，特别是20世纪60年代期间，美国心理学家开始转移他们的研究和理论兴趣。而在20世纪20年代和30年代，行为主义和对条件反射的基本定律的寻求占据了大多数实验室研究者的注意，战后时期见证了研究知觉、记忆、注意、意象和思维这些认知过程的兴趣的再现。这一转移是演变而不是革命——许多心理学家在行为主义全盛时期都对认知感兴趣，而且行为主义者，特别是斯金纳的追随者，在面对向认知心理学的转移时仍保持积极性和创造性。不过，1970年的学院心理学迥异于1950年。本章的大部分内容将考察认知心理学的崛起及其对心理学的其他分支学科的影响。原始资料摘录来自英国的弗雷德里克·巴特利特爵士的一系列人类记忆研究。它对认知心理学的重要性在其于1932年出版时并未立即得到认可，因为它是在新行为主义的全盛时期出现的。虽然它曾经被视为经典，但马克·吐温也许是正确的，他说经典就是一部每个人都能叫出名字但却无人曾读过的著作。读完摘录后，马克·吐温的评论将不再是正确的，至少对你来说是这样的。

在考察了认知心理学的崛起之后，本章倒数第三部分考察了心理学的其他四个突出的研究领域，即生理学或神经心理学、社会心理学、人格心理学和发展心理学。每一个领域都将突出一位杰出的历史人物的影响——他们分别是唐纳德·赫布、利昂·费斯廷格、戈登·奥尔波特和让·皮亚杰（Jean Piaget）。阅读完本章之后，你应该能够：

- 概述在新行为主义时期出现的认知研究的例子，特别是弗雷德里克·巴特利特爵士的研究
- 描述影响了认知心理学发展的心理学内部和心理学外部领域的因素
- 批判地考察心理学内部是否发生过一场“认知革命”这一问题 402
- 描述将认知心理学确立为心理学中的一股力量的里程碑式的研究（如短时记忆能力）
- 描述奈塞尔的第一部认知心理学著作的影响，并将其着重点与他的第二部认知著作对比
- 区分认知心理学和认知科学并描述后者对人工智能领域的贡献
- 批判地考察认知心理学对作为一个整体的心理学的影响
- 描述唐纳德·赫布对大脑的行为关系研究的贡献
- 描述利昂·费斯廷格对社会心理学研究的贡献
- 描述戈登·奥尔波特对人格研究的贡献
- 描述让·皮亚杰对发展心理学研究的贡献

认知心理学的到来（再次）

当心理学在 19 世纪后半叶开始将自己确立为一门独立的学科时，其目标指向对人类意识经验的科学理解，艾宾浩斯、冯特、屈尔佩、惠特海默、铁钦纳和其他先驱研究了诸如记忆、注意、知觉和思维等心理现象。美国心理学家也着手研究这些相同的问题，但转向机能的方向，并在 20 世纪早期对其进行了深入的研究。然后华生出现了，他说心理生活的研究是非科学的，每个人都应该是行为主义者，研究环境刺激与个体反应间的关系。当然，并不是每个人都听从于他，正如我们在第 10 章所看到的，华生的意旨经过很长一段时间才产生显著影响。然而，到 20 世纪 30 年代中期，行为主义已经成为美国心理学的一股力量，那时，大多数心理学实验室的最典型形象包括老鼠和迷津。然而，第二次世界大战后，兴趣又开始转移，认知过程的研究再次处于显要地位。这一次，方法不同且更为严谨，各种模型都基于一种新的技术突破点——电脑。但兴趣的主题仍是相同的。有些心理学家开始称他们自己为认知心理学家。一场在某种意义上是回到过去的新运动诞生了。在 20 世纪后半叶，认知心理学在美国心理学中已经是主导性的概念框架。

现代认知心理学的根基

尽管华生大力促进，但美国心理学还是没有在一夜之间成为行为主义，甚至当行为主义在美国心理学家中“流行”时，也不是每个人都加入了这一派别。在20世纪20年代、30年代和40年代，主要杂志的内容仍然包含大量描述记忆、知觉、注意、语言和思维这些认知主题的研究。在其他研究中，包括第11章中提到的著名的“斯特鲁普效应”研究（Stroop，1935），以及仍然在普通心理学著作中经常出现的詹金斯和达伦巴赫（Dallenbach）（1924）的一项研究。该实验考察了认知干扰对记忆的影响，表明在学习文字材料后，如果在学习和回忆间插入一段睡眠（即最小干扰），回忆可以改善。论述认知主题的
403 著作也在行为主义的全盛时期出现，甚至包括一部以《认知心理学》为题的著作（Moore，1939）。尽管其对认知的论述更多的是对本世纪早期的一种回顾，而不是呼吁一种新的认知取向（Knapp，1985），但它论述了20年后认知心理学家关注的许多相同主题。在理论战线方面，格式塔心理学家（第9章）促进了认知研究，并在20世纪30年代和40年代期间与行为主义者争论。

行为主义明显是一种美国现象，因此，发现（1）有几位重要的欧洲心理学家在行为主义鼎盛时期进行认知研究，和（2）大多数美国实验心理学家坚定地关注他们的老鼠在迷津的选择点处是否会左转或右拐，而对正在进行的认知研究漠然视之就不足为奇了。这些欧洲人包括著名的瑞士发展心理学家让·皮亚杰，他关于认知发展的观念最初出现于20世纪20年代（Piaget，1923/1959），但直到20世纪60年代才在美国产生影响。皮亚杰及其研究稍后将在本章有关发展心理学的研究部分作简要描述。第二个著名的人物是英国的弗雷德里克·巴特利特爵士，他于20世纪30年代以一种完全不同于艾宾浩斯的取向进行记忆研究（Bartlett，1932/1967）。

弗雷德里克·C·巴特利特（Frederick C. Bartlett，1886—1969）：建构记忆

1932年，一部以《记忆：一项实验和社会心理学的研究》为简要标题的短篇著作面世了。作者是来自英国剑桥大学的一位心理学家弗雷德里克·巴特利特。这部著作在美国遭到了忽视，在其发表三年后，一位美国评论者总结其总体上轻蔑的评论，认为这部著作“将在那些记忆研究者的书架上找到一个位置，但是对于那些其著作在对这一重要问题的理解中成为里程碑的作者来说，将不会将它保留在特定的章节中”（Jenkins，1935，p. 715）。在评论者心里，艾宾浩斯可能是一个“里程碑”。今天，巴特利特的著作被视为与艾宾浩斯的著作同等重要。稍后我们将提到它。

弗雷德里克·巴特利特出生并成长于英国的科茨沃尔德（Cotswolds）地区的农村，在伦敦的西北部，靠近牛津和埃文（Avon）河上游的斯特拉特福德（Stratford），他在家乡接受了大部分早期教育，他的第一个正式的高级学位是通过伦敦大学的函授课程获得

的。然后，他于 1914 年在剑桥大学的圣史密斯学院完成了一次更为传统的大学本科教育。第一次世界大战后不久，他继续在剑桥进行研究生学习并在第一次世界大战后不久完成作为其博士论文的记忆研究。因此，《记忆》研究在其出版前 15 年就完成了（Oldfield，1972）。在 20 世纪 20 年代，巴特利特成了剑桥心理学实验室的领头人，并着手在大不列颠建立为数不多的几所实验心理学中心之一。他主管这一实验室直至 1952 年退休，与其学生一起进行从飞行员疲劳到动物学习等主题的研究。他还将其记忆研究中的几个方法用于思维研究，其研究成果《思维：一项实验和社会研究》于 1958 年面世。然而，奠定他声誉的却是研究记忆的著作。以下摘录来自这部著作 1967 年的再版。

原始资料摘录

巴特利特论记忆

巴特利特的记忆著作开篇就提出了艾宾浩斯传统中研究的有用性问题，它强调机械重复对过于人为刺激的影响，即著名的无意义音节的记忆的影响及其联想主义的理论基础。相反，巴特利特主张，记忆研究应更关注记忆者的特性而不是刺激材料的本质，对记忆的 *404*
理解必须在现实情境的背景下，使用日常材料而不是人工的无意义音节进行。他还认为，是记忆者而不是由练习和重复所产生的消极积累的联想力量，积极地（actively）将材料组织成有意义的整体，即他所说的图式（schemata，即“schema”的复数形式）。巴特利特将这种图式界定为“过去反应或过去经验的积极组织，必须始终假设它在任何适应良好的机体反应中运作”（1932/1967，p. 201）。例如，由于我们的经验，我们将产生一个与死亡概念相关的图式。这一图式反过来将影响我们当下和未来对死亡和死去的知觉，并影响我们对这些经验的记忆。具有不同经验和来自不同文化的人将具有不同的死亡图式。

为了给他的主张提供经验支持，巴特利特进行了一系列关于知觉、想象和记忆的研究。记忆实验是最著名的，在此将摘录其中的两个。巴特利特将第一个实验称为描述法。

> 在这一系列实验中，我尽可能地努力避免威胁心理学实验室实验的人为性。因此，我放弃使用无意义音节，并全部采用至少部分可以被视为有趣和足够普通的材料。……
>
> 使用了一组 5 幅明信片图画（图 14—1）。每张卡片上都有一张海军或军人、军官或（征募的）人的脸部肖像。这些实验是在第一次世界大战早期完成的，那时，人们普遍对战争事务感兴趣。这些特殊的卡片之所以被选中是因为这些脸……足够相似从 *405*
> 而非常易于归类，同时，每张脸都有着明确的个性特征。（pp. 47 - 48）

图 14—1　巴特利特（1932）为其“描述法”选用的明信片刺激。

巴特利特将5张卡片正面朝下放在20个参与者中的每个人面前，而且总是摆成相同的顺序，给志愿者10秒钟去检查5张卡片中的每一张，当学习某一张时，其他4张正面朝下。然后，巴特利特用30分钟与参与者谈论和实验无关的话。间隔之后，要求参与者按照他们学习照片的顺序描述图片的内容，并询问他们一系列与图片有关的问题。你会看到，在巴特利特的描述中除了偶然的频率计数外，他的结果是以叙述形式描述的，而不是以概括的数据统计，他对方法的描述经常是模糊的。正如一位评论者提出的，巴特利特的研究最好被看做“有控制的证明，而不是真正的实验”（Roediger，1997，p. 489）。巴特利特对实验控制的草率态度在他描述向参与者提出的问题时显露无遗：

> 没有必要详细地提出问题，特别是当我依据我的判断认为是此刻的心理需要并毫不迟疑地采用它们或补充它们时。它们可能都在下列四种标题下被组织得很好：
>
> (1) 那些涉及有关位置和方向的；
>
> (2) 那些直接涉及具体细节的；
>
> (3) 那些在问题情境中没有呈现，而在其他系列中发现的暗示性细节；
>
> (4) 那些在系列的任何地方都没呈现的暗示性细节。(p. 49)

巴特利特发现了什么？首先是与“位置”有关，他指的是按照顺序准确回忆的能力。

他发现与现代的系列位置效应相类似的某种东西。对第一张面孔的回忆非常好，对开始和结尾处的面孔的回忆要好于中间的面孔。至于“对方向的关注”，他指的是脸部是向左还是向右；在此，他发现准确性很低——错误的选择超过一半。至于细节的准确性，即将细节从一张图片调换到另一张图片（“转换”），报告卡片中没有的细节（“引入”），巴特利特发现了很多错误：

> 20 个被试中只有 6 个人没有转换细节，而在一开始几乎每次都出现这种情况。……
>
> 四次涉及烟斗，四次涉及胡须，四次涉及徽章。也就是说，被转换最频繁的细节通常是突出的特征，那时，军帽徽章是我的被试相当感兴趣的事物。
>
> 在第一次自由描述脸部时，将外来的细节引入系列中发生 19 次，涉及 13 个被试。问题的影响——甚至是直接的事实的问题——对导致这种细节的引入可能非常强烈。……
>
> 或许最奇怪的是，与显著细节有关的引入似乎必定最易发生。然而，当我们认为细节的突出主要是由特殊的兴趣决定时，我们能够看到，这毕竟可能只是被期待的。例如，一个军官被试就对军帽徽章特别感兴趣。在他的描述中，他将这些改变成团级 406
> 的徽章，因为他在积极服役中，所以对此最为熟悉。(pp. 57 - 58)

尽管巴特利特的结果连同他的描述法没有得到详尽描述，但听起来非常像现代的目击者记忆研究——缺乏准确性，增添的细节不是最初看到的，引导性问题的负面影响。研究也证实了他的著作的主题之一，即强调记忆者的兴趣和态度（如军官对徽章感兴趣），而不是刺激材料本身的性质。在这部著作之前，巴特利特在一篇文章中阐明了这一点，它使人联想起格式塔心理学家在地理（刺激）和行为环境（知觉到的刺激）间作出的区别：

> 心理学家……不必对刺激望而生畏。刺激结构的一致性和简单性不能保证人为构造的反应的一致性和简单性，特别是在人类水平上。我们可以看看关于风景画家、自然主义者和地理学家一起在乡间漫步这一古老而熟悉的例证。据说，其中一个人注意并回忆风景的美丽，另一个人注意植物群和动物群的细节，第三个人注意土壤和岩石的构造。在这个例子中，每个观察者从呈现的情境中选出的刺激毫无疑问是不同的，而且很显然，回忆的记录也是不同的。(pp. 3 - 4)

巴特利特的记忆研究运用的最著名的是他所称做的“重复再造法”。给予参与者一段 328 个词语的故事，按他们自己的速度阅读两遍。这个故事是一个印第安民间传说，名叫“鬼魂的战争”。因此，这个故事反映了一种完全不同于 20 世纪初期的英国文化。而且，故事的某些元素从一个典型的英国人角度来讲似乎不“合乎逻辑”。故事的全貌如下：

一天晚上，两个来自伊古烈（Egulac）的青年男子来到河里抓海豹，当他们到达时，天空布满了雾气，也很寂静。然后，他们听到打斗的嘶喊声，他们想："这可能是打斗。"他们逃到岸边，躲在一块木头后面。就在那时，几艘独木舟出现了，他们听到摇桨的声音，其中一艘独木舟向他们驶来。上面有五个人，他们说：

"你们觉得怎么样？我们想带你们一起。我们要到河的上游跟人打斗。"

一个年轻人说道："我没有箭。"

"箭就在舟里。"他们说。

"我不去。我可能会被杀死。我的亲戚不知道我去了哪里。但你，"他说，转向另一个人，"可以跟他们去。"

这样，一个年轻人去了，而另一个回家了。

然后，武士们来到河上游的一个村庄，它位于卡拉马（Kalama）的另一边。人们跳下水，他们打起来了，许多人被杀死了。但这时候，这个年轻人听到其中一个武士
407 说："快点，我们回家去！那个印第安人受伤了。"这时候，他想："噢，他们是鬼魂。"他并没有感到疼痛，但他们却说他被射伤了。

于是这些独木舟回到了伊古烈，这个年轻人爬上岸回到家里，并且生了一堆火。他告诉所有的人说："刚才我陪同鬼魂，然后我们去打斗了。我们的许多同伴被杀死了，袭击我们的那些人也有许多被杀死了。他们说我被射伤了，但我没感到疼痛。"

他全说出来了，然后，他沉默了。当太阳升起时，他跌倒在了地上。一些黑色的东西从他嘴里冒了出来。他的脸形变了样。人们又跳又叫着。

他死了。(p. 65)

除非你是这种特殊文化中的一员，我猜测你会发现这篇文章有点奇怪。巴特利特的20位参与者也这么认为（7个女性，13个男性）。读完这个故事15分钟后，要求他们尽其所能再创造。在从数小时到数月的间隔后引发添加的再创造。巴特利特甚至在6年后发现以前的一个参与者，并要求他回忆那个故事。巴特利特通过再创造十几篇真实回忆的故事，然后概括发现的错误类型而报告了结果。当然，整个回忆随时间的推移而下降，但对巴特利特来说，更有趣的是再创造的性质。参与者并非仅仅回忆得更少；他们的回忆受到他们需要的塑造，形成一个在他们自己的知识体系背景中连贯的、可以理解的故事。因此，"一些黑色的东西从嘴里冒了出来"，被一个参与者改变为"嘴在冒泡"，而另一个参与者将它改为灵魂离开了身体。鬼魂的模糊性（如果他们已经是鬼魂，怎么会被杀死呢?）也导致一个参与者断定"鬼魂"只是一个特殊部落的称谓；转变（或如巴特利特所称的"理性化"）"使得整件事更加可以理解"（p. 68）。其他人错误地回忆但都符合逻辑，"鬼魂"只在一些印第安人在战争中被杀之后才出现。总之，参与者在他们自己的文化观念以及他

们对战争和死亡的理解框架内回忆这个故事。在鬼魂研究和这部著作中报告的其他研究的基础上，巴特利特得出一些关于记忆的一般结论。首先，他证明人有使故事具有意义的需要：

> 在这些实验中，理性化有时被用于作为一个整体的故事，有时用于特殊的细节。在第一种情况下，过程表达了实际上被每一个受过教育的观察者感受到的需要，即一个故事应该有一个总的（意思）。一开始，很少存在一种简单的接受态度。呈现的每一个故事必然被作为一个整体与某些事情联系在一起，如果可能的话，也考虑到其细节。这……就是我所说的“意义背后的努力”……因素……在起作用。可以说，有一种不断努力要将最大限度可能的意思置入呈现的材料中……。
>
> 理性化给予作为一个整体的材料以合理的（意思），这只是整个过程的一部分。细节也必须处理，再创造的每一个环节都表明理性化过程是如何被用于特殊项目的。……与形式有关的理性化主要表现在把故事中的事件连接在一起；涉及材料细节的理性化通常通过连接既定的项目和故事之外的事物来实现，并且由观察者本人提供。这类似于我所说的“引入”，（并且）它有三种主要类型： 408
>
> 第一，存在这样一个过程，在其早期阶段的所有情况下都能够意识到，但后来产生未意识到的转换，所呈现的材料通过这种转换与故事以外的其他事物相连，但具有相同的一般本质。例如，在《鬼魂的战争》中，“黑色的东西”经常被解释为奄奄一息者的呼吸的物化。
>
> 理性的第二个过程……自始至终都是未意识到的。将“黑色的东西”转换为“嘴在冒泡”正是这种情况明显的例子。好几个被试将“岛”引入《鬼魂的战争》也是如此。
>
> 第三种理性化与第二种紧密相关。在这种情况下，一些特殊的、可能是孤立的细节被立即转换为一个更熟悉的特征。因此，“独木舟”成了“小船”，“摇桨”成了“划桨”……。
>
> 在所有情况下，理性化的一般功能都是相同的。它将提供可接受的、可理解的、令人舒适的、直接的材料，除去令人迷惑的元素。就这一点来说，它是所有知觉和（记忆）过程的一个强有力的因素。(pp. 84－89)

在其著作的第 10 章，巴特利特概括了一种记忆理论。正如“意义之后的努力”的描述所暗示的那样，记忆不仅仅是再创造完整记忆痕迹的活动；相反，它是一种积极的建构过程。

> 因此，我们必须更为经常地考虑实际上发生的事，而不是在我们说我们记住时才去考虑。第一个要除去的观点就是记忆基本上或完全是复制或再创造。在不断变化环

境的世界里，刻板的回忆毫不重要。……

在我收集的成千上万种例子中，……刻板的回忆是很少的，除少数例外，……个别痕迹的再度活跃看起来根本不像发生的事。……实际上，如果我们考察证据而不是前提，记忆更准确地来说，是一件建构的事情而不仅仅是再创造。……浓缩、加工和发明是一般记忆的普遍特征，所有这些经常包括最初属于不同“图式”的材料的混合。(pp. 204 - 205)

巴特利特从一位英国神经学家亨利·海德（Henry Head）那里借来图式这一术语。在说他不喜欢这个术语后（“同时，它太有限、太肤浅”——p. 201），巴特利特因为其理论而继续依赖它。正如前面所描述的，图式（schema的复数形式）可以被视为构成我们理解世界的一般概念，记忆依据它们得以构建。所以，例如，当巴特利特的参与者回忆“嘴在冒泡”而不是更为模糊的“黑色的东西从嘴里冒出来”时，人的疾病和死亡图式有助于记忆的建构。巴特利特关于记忆的观点在美国没有掀起多大波动，因为它是在新行为主义的鼎盛期出现的。只是到了20世纪60年代，认知心理学从多种来源中涌现出来以
409 后，该研究的重要性才开始被认可。他的记忆是建构的观点现在被广泛接受并成为对错误记忆（如Roediger & McDermott，1995）和目击者记忆（如Loftus，1979）这些现象的理解的中心。

影响的集中

产生现代认知心理学的影响既来自心理学内部，以对条件反射和联想主义原则的适应性的逐渐怀疑为形式，也来自心理学外部，通过在第二次世界大战背景下获得它们的原始动力或在冲突结束后发展的几门学科（Segal & Lachman，1972)。

在心理学内的影响

在20世纪40年代和50年代的心理学家中，越来越多的人关注条件反射和联想主义原则不能充分地解释所有的人类行为，特别是语言行为。尽管激进的行为主义者将心理事件还原为对刺激的精细肌肉反应（Watson)，或仅将它们视为在强化依随控制下的其他类型的行为（Skinner)，但是托尔曼和赫尔还是尝试探讨了“表象”问题。也就是说，他俩都意识到个体似乎在表象或外部世界的概念（如记忆）的影响之下行动。赫尔通过避免心灵主义概念并提出通过强化的经验而连接在一起的刺激和反应的内部序列而处理这一问题。并提出诸如用于引导行为的认知地图和期待这些内部概念。然而，两种取向在明确解释语言这种人类行为时都束手无策，并且在试图将语言纳入条件反射术语时都失败了。

重要年份 1932

这一年以巴特利特经典的记忆研究，《记忆：实验和社会心理学中的一项研究》的出版为标志。

还发生了下列事件：

- 阿梅莉亚·埃尔哈特（Amelia Earhart）成为第一个单人飞越大西洋的女性，用 13.5 小时从纽芬兰飞抵爱尔兰
- 开始在圣·弗朗西斯科建造金门大桥
- 杰克·夏基（Jack Sharkey）（美国）击败马克斯·施梅林（Max Schmeling）（德国）获得世界重量级拳击冠军
- 生于奥地利的阿道夫·希特勒被授予德国公民身份
- 奥尔德斯·赫胥黎（Aldous Huxley）出版《勇敢新世界》
- 约翰尼·魏斯穆勒（Johnny Weissmuller）制作他的第一部泰山（Tarzan）的电影，4 岁的秀兰·邓波儿（Shirley Temple）首次登上荧幕
- 下列人物出生：

约翰·厄普代克（John Updike），美国作家

安德鲁·扬（Andrew Young），美国人权领导者、政治家和外交家

西尔维娅·普莱斯（Sylvia Plath），美国作家

- 下列人物逝世：

乔治·伊斯曼（George Eastman），美国电报材料的发明者

约翰·菲力普·苏扎（John Philip Souza），美国进行曲作曲家

威廉·里格利（William Wrigley），美国口香糖产业的创立者

联想主义原则的准确性也招致怀疑，最著名的是神经心理学家卡尔·拉施里（第 3 章）的质疑，他是华生以前在约翰·霍普金斯的一位研究同事，但他长期批判华生简单的 S-R 阐述。1948 年，拉施里参加希克森（Hixon）专题讨论会，这是一次将心理学家、数学家、生理学家和精神病学家集中在一起，考察大脑皮层和行为间的关系 410
这一一般主题的跨学科会议。拉施里的讲话于三年后在专题论文集中发表，论述系列顺序问题和联想理论对此解释的普遍失败（Lashley，1951）。简言之，系列顺序问题（serial order problem）涉及如何根据皮层机制解释行为的线性顺序，这些行为包括从拉小提琴时一系列的手指动作到记忆一列单词到句子中语言的生成。联想理论的一个基本要旨是序列中邻近的元素被联结或“连接”在一起，因为它们是一起被经验的（即接近的）。拉施里主张，这一阐述是不完善的。例如，在拉小提琴这种复杂的运动机能中，行为的系列对一个元素来说进行得太快，以至于无法依靠对先前的元素的神经分析，并成为下一个元素的刺激。而且，一个句子的口头生成比词语的简单排列更复杂，正如句法规则和口误所证实的那样。因此，两个句子，一个是主动语态，另一个是被动语态，在句法结构上完全不同，却传达相同的意思。言语的某些错误，称为

首音互换，它包括对后来在句子中出现的词语或词语片段的预测。[①] 与一种基于线性联想链概念的皮层模型相反，拉施里主张，大脑是一个系统，它对复杂的行为模式进行有组织的控制。

拉施里的文章颇为人所接受，但和巴特利特的研究一样，它对认知心理学的发展的重要性没有被立即认可，正如心理学家/历史学家达里尔·布鲁斯（Darryl Bruce）（1994）在一次细心的引用分析中展现出来的那样。对这篇文章的引用在整个 20 世纪 50 年代以缓慢的速度渐增，然后在 20 世纪 60 年代中期显著增长，认知心理学在这 10 年中获得了最大的推动力。因此，系列顺序文章略早于这个时期。不过，它引发了大规模的评论，这些评论在战后时代发展起来并最终导致认知心理学的出现。

在心理学外的影响

其他与认知运动相关的事件发生在远离心理学的学科中。最关键的一个是计算机科学的发展，它因为第二次世界大战的军事需要，诸如对自动雷达跟踪系统这类东西的需求，而在 20 世纪 40 年代获得加速发展（Baars，1986）。当然，哲学家和心理学家将当代科技用做与人类行为相关的隐喻已经有一段很长的历史。其例证包括从笛卡儿在他的神经系统模型中使用水力花园图到华生认为电话交换控制板对应于刺激和行为关系背后的 S-R 联结。在战后时代，科学家很快就看到计算机和人脑间的对应关系。

计算机基本上是一个从环境中获得信息的工具，在其内部进行加工，并且生成某些输出物。照此类推，人脑可被视为做着相同的事情。数学家约翰·冯·纽曼（John von Neuman）于 1948 年在希克森专题讨论会上的一个公开致词中详细地探讨了这个比喻。这个类比在 20 世纪 50 年代只是偶然地重新出现，到 20 世纪 60 年代，听到以计算机语言描述认知现象及其刻画为计算机流程图的模型已是家常便饭。最著名的例子是阿特金森（Atkinson）和西弗林（Shiffrin）（1968）提出的模型，它很快成为导论性心理学著作中记忆章节的一个常见内容。图 14—2 中的一些计算机流程图形式是他们观点的简化，你可能对此熟悉。这个模型引进了著名的有限容量的短时记忆（STM）与长时记忆
411 （LTM）之间的区别，前者类似于计算机的随机存取存储器（RAM），后者被比喻为计算机的永久性记忆储存，而且它大量使用计算机术语。因此，人不仅仅是记忆事物，他们是“将信息从 STM 转换到 LTM”，而且他们不仅仅是回忆事物，他们“从 LTM 中提取信息”。

---

① 首音互换的一个例子是说“让我将你缝到你的床单上”而不是想表达的“让我带你去你的座位”。

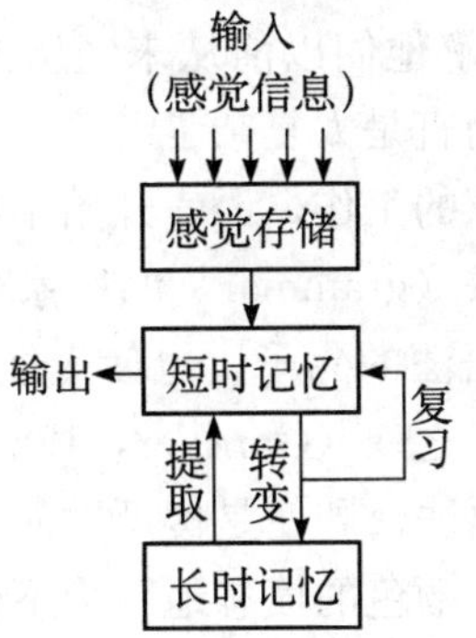

图 14—2　使用流程图证实像阿特金森和西弗林那样的两阶段记忆模型的一个典型的例子。

计算机比喻的一个优点就是，它提供一个在科学上受人尊重的方法来讨论复杂的内部心理过程，因而削减了行为主义的批判，即心理科学家不应该探讨介于反应和刺激之间的神秘的不可观察的实体，并避免了内省这个老问题。正如乔治·米勒（George Miller）提出的，“计算机给予我们一个可能处于信息加工系统之中的复杂性的存在证据。这使我们所有人都感到更为自由”（摘自 Baars，1986，p. 212）。更多的声誉来自以描述系统中信息流动这种方式进行的提炼。这伴随香农（Shannon）和韦弗（Weaver）于 1949 年发表的《交流的数学理论》一书而发生，这部著作介绍了信息理论（information theory）和比特（bit）的概念，即“二进制数字”的缩写。电工程师香农意识到了“正确”和“错误”的逻辑操作者与任何电磁继电器的“开”和“关”两种状态之间的联结。他与韦弗一起研究，将比特界定为在两个同样可能的选择间作出决定的信息量。因此，信息减少不确定性。例如，抛硬币包括一个比特的信息，因为它告诉我们两个可能的结果中哪一个是正确的。选择的数目每增加一倍，就增加一个比特的信息：有四种选择，它就用两个比特的信息来减少不确定性，有八种选择，它就用三个比特，等等。这个概念的重要性在于它提供了一种将信息单位标准化的方法，而不论信息所采取的形式（如抛硬币、掷骰子、数字、字母等）。比特最终对计算机科学来说比对认知心理学更重要，但在 20 世纪 50 年代，它增加了对心理的科学研究的进一步合法性。

心理学外的第三个发展领域是语言学，但它与心理学内部对行为主义的抨击相关。由麻省理工学院（MIT）的诺姆·乔姆斯基（Noam Chomsky，出生于 1928 年）领导，20 世纪 50 年代，语言结构和语言生成理论开始激增，它们超过了行为主义者可以想象的任何事物。1959 年，乔姆斯基受到心理学家们的关注，那时，他为《言语行为》一书撰写了一篇极为重要的评论，这部著作是 B. F. 斯金纳（1957）将语言纳入操作术语的创造性尝试（Chomsky，1959）。他主张，语言发展的产生对条件反射来说太迅速而无法相关。

即使我们每秒钟能学习一个句子，一生中也没有足够的时间去学习我们能够生成的所有句子。此外，人们通常创造和/或理解他们以前从未经历的句子。语言对于乔姆斯基所认为的过度简单的行为主义解释来说简直是太复杂了。

由于乔姆斯基和其他语言学家的工作，语言开始不再被视为作为条件反射和联想学习
412 结果的言语行为，而是对所谓语法（grammar）的一系列等级规则的应用的结果。这些规则使得个体产生无穷无尽的合乎语法的句子，也使人能够立刻辨别出不合乎语法的句子。例如，使用乔姆斯基最喜爱的例子之一（Gardner，1985），我们很容易将“无颜色的绿色观念愤怒地睡了”看做完全合乎语法，即使是傻瓜，而我们也不难拒绝以不同顺序出现的相同词语，即“睡着的观念绿色无颜色的愤怒地”为不合乎语法。乔姆斯基主张，我们使用的句子不是简单学习的结果，但必须遵循一种语法的系统运用。此外，语法使用的能力是人类独有的——乔姆斯基认为，语言是将人类最为清楚地区别于其他物种的特性。他认为，所有的语言都具有共同的原则，即他所说的语言普遍性（linguistic universals），人脑被构造为能自动理解这些普遍性（Chomsky，1966）。乔姆斯基和其他语言学家通过指出（1）和其他特殊物种行为一样，似乎存在一个语言发展的关键期，（2）试图将语言技能教给其他物种（如通过符号语言的使用）是失败的，以此来支持他们对语言的先天论主张。①

关于行为主义/联想主义的问题与计算机科学、信息论和语言学的发展一起，帮助改变了实验心理学家中的理智氛围。在20世纪50年代和60年代早期，几部里程碑式的著作导致了共识，即实验心理学与以前有所不同。有些人将这些事件视为心理学中的“革命”，即在本章的视窗中考察的问题。然而，无论是革命还是演变，很显然有几件事反映了实验心理学方向的改变。

视窗

什么革命

不容置疑，在20世纪60年代，对研究认知过程感兴趣的美国实验心理学家比前20年要多，与此同时，除了执著地献身的斯金纳的追随者还在坚持外，行为主义作为一股势力已经开始衰退。有些人将这种变化视为心理学中的革命（如 Segal & Lachman，1972；Sperry，1993），至少有两部著作记述了向认知的转变，它们的标题中都包含“认知革命”（Baars，1986；Gardner，1985）。另一方面，心理学家/历史学家托马斯·黎黑（Thomas

① 黑猩猩和其他灵长类动物已经成功地学会使用符号语言并用符号交流它们的需要，但语言学家和实验心理学家普遍认为，它们的学习是模仿，并没有展示出使用一种真正的规则一联合（rule-bound）语法的证据（参见 Anderson，1990，一篇评论）。

Leahey）（1992）主张，认知心理学的发展并不满足任何科学革命的公认标准。显然，解决这一问题需要对科学中的一场“革命”意味着什么进行解释。

1962 年，一部简短（172 页）但却重要的题为《科学革命的结构》的著作在学术界出现，它提出了一种看待科学进程的新方法，其作者托马斯·库恩从物理学家转向历史学家，他反对传统的基于启蒙运动的观点，即科学进程包括客观知识随时间推移的逐渐积累。相反，库恩的观点是，科学通过建立指导科学家达成一致的“范式”，然后从一个范式转移到另一个范式而在历史中前进。当这种转移发生时，一场革命就开始了。

库恩认为，所有的科学开始于“前范式阶段”。在此期间，学科内存在相互竞争的思 413
想派别，它们就基本概念和定义性问题进行争论。最终，这些派别中的一个获得了绝大多数的拥护者，并作为一个范式（paradigm）而建立。库恩的一个范式是科学界里的一个包罗万象的世界观，它将已知的东西组织进一个宏大的理论，决定术语如何被界定，科学家要解决什么问题，并指出合适的研究方法。牛顿物理学就是一个典型的例子。一旦范式建立，就存在一段常规科学（normal science）期，在此期间，范式指导用于为常规科学提供实验证据的研究。因为所有的范式都具有某些真理，研究的大部分都确实支持这个范式，但并不是所有都这样。异常的发现通常会被忽视或得到辩护，但有时，预测会一直失败，科学进入一段“危机”时期，在此期间，范式的信任开始衰退。最终，一位或两位创造性的科学家将提出一个新的观念，它将与由处于危机的范式所解释的所有其他事物一起来解释反常。如果这个新的观念足够强大并得到很好的倡导，它将成为一个新的范式，代替旧的那个。如果是这样，可以说一场革命就发生了。牛顿物理学被爱因斯坦物理学代替就是一个典型的例子。

库恩的观念已经被运用于心理学史。例如基尔希（Kirsch）（1977）声称，心理学的第一个范式可以称之为“心灵主义”，它包括冯特、构造主义者和机能主义者的思想。它的主要兴趣是人类意识经验的科学研究。然而，导致一场范式危机的内省问题引发了行为主义革命。帕拉默（Palermo）（1971）也提出了类似的主张，他认为，20 世纪 60 和 70 年代的心理学是第二次革命的中期，即从行为主义转向认知心理学。从心灵主义转向行为主义然后转向认知心理学具有某种直觉的吸引力，从宏观上看，存在一定程度的真理。

然而，黎黑（1992）认为，用库恩的外衣装扮心理学史会过度简化复杂的事件并使神秘永远存在。例如，关于所谓的认知革命，他主张：（1）行为主义者在太多的基本问题上没有达成一致（如 S-R 还是 S-O-R），因为行为主义在任何方面都与库恩范式最为接近；（2）从行为主义向认知的任何转移对于“革命”术语所具有的任何意思来说都太缓慢；（3）推动早期认知研究的不是对行为主义中的一场“危机”的知觉，而是其他各种因素；（4）认知心理学家们对太多的类似于库恩范式的认知心理学基础没有达成一致。

黎黑（1992）还作出有趣的提议，库恩于 1962 年出版的这部著作本身就有助于创造

“神话”，即一场认知革命正在进行。在反思那个时代时，研究者詹姆斯·詹金斯（James Jenkins）将其回忆为“一个非常振奋人心的时代。基本的假设是事物处于沸腾之中……新的一天即将来临。当然，每个人都随身携带一本库恩的（著作）的小印刷品”（摘自 Baars，1986，p. 249）。尽管没有否认变化确实正在发生，但黎黑总结到，“直到库恩的著作提出，人们才意识到革命”（p. 315）。值得关注的是，所有这些都发生于美国历史上一个特别动荡的时期。20 世纪 60 年代，反对越战和民权运动产生了一种氛围，在这种氛围
414 中，讨论推翻现存秩序，不相信任何年龄超过 30 岁的人，拒绝机构权威在大学校园里随处可见。在当时，我作为一名认知心理学专业的研究生，我能回忆起库恩的革命变化言论似乎如何与我的教授和同事产生共鸣。例如，那本著作是我们在一场“高级心理过程”专题讨论会上必须阅读的第一本书。它渲染了这一讨论长达一学期。通过阐述一种探究科学史的新方法，然后，在呼吁改变的文化洗礼中，库恩的著作可能有助于创造“认知革命”这一观念。

神奇的数字、选择性过滤器和测验—操作—测验—退出（TOTE）单元

也许乔治·A·米勒（George A. Miller，生于 1920）是第一个意识到信息论与心理学的关系的心理学家。米勒（图 14—3）于 1944—1948 年担任哈佛心理声学实验室的研究员，研究言语知觉，一个源自军事背景的问题——坐在吵闹的飞机里难以听见言语信息（Hilgard，1987）。由于此项研究而产生并提供给哈佛大学本科生的一门课程叫做“言语和交流心理学”，米勒就这门课程撰写了其第一部著作《语言和交流》（1951）。在香农和韦弗创作出他们的开创性研究（前面讨论过）后不久，米勒在《心理学评论》的一篇文章中将信息论引入心理学（Miller & Frick，1949）。然后，7 年后，他发表了一篇标题比在保守的学术杂志中正常出现的要怪异一些的文章——《神奇的数字 7±2：我们信息加工能力的某些限制》（Miller，1956/1994）。这篇文章的结论注定会成为导论性教科书的记忆章节的一个标准特征，文章本身也成了《心理学评论》杂志的百年历史中被引用最频繁的文章（Kintsch & Cacioppo，1994）。

这篇文章是 1955 年在东方心理学学会上的一次发言的书面版本，米勒在文中指明诸如比特和通道容量等信息论概念如何可以被用于描述我们在几种任务中加工信息能力的限度。文章的最后部分包括被引用得最频繁的信息，即米勒对瞬时记忆的有限能力所作的分析。他主张，根据被记忆的信息的类型，人一次只能加工五（单音节词）至九个（二进制数字）项目。由于意识到比特的信息量根据要学习的材料类型而存在显著变化，米勒引进
415 了一个新的术语，即组块（chunk），来指称瞬时记忆中保持的信息。因此，短时记忆的容量限度被确定为 7±2 个信息组块，这里的组块是一个小的、有意义的信息单元。此外，米勒运用重编码（recoding）这一信息论概念解释这一事实，即人类具有组织信息的能力，

因此可以将更多的信息压缩进每一个组块。用他的话来说，因为“记忆广度是一个固定的组块数，我们通过建立越来越大的组块，使每个组块包含比以前更多的信息，就能增加它所包含的信息的比特数”（Miller，1956/1994，p. 349）。米勒用学习摩尔斯电码的例子阐明这个论点。学习者首先听到作为单个单位的点和长划。然而，伴随着经验，这些声音的结合被重新编码（“组块”）为整个字母，然后是单词，然后是短语，因此，有经验的操作者实际上能在瞬时记忆中比新手保持更多的点和长划。

图 14—3 乔治·米勒。

20 世纪 50 年代中期也见证了几部来自英国的著作的出版，它们将信息论应用于研究注意，这是自冯特时代以来在很大程度上被忽视的一个认知现象。主要的推动者是巴特利特在剑桥的一个学生唐纳德·布罗德本特（Donald Broadbent，1926—1993），他最初在第二次世界大战期间对心理学发生兴趣，当时他正在英国空军接受飞行训练。尽管他驾驶的飞机的技术复杂性给他留下了深刻印象，但他因为工程师在设计驾驶舱仪器和操纵杆时没有将飞行员考虑在内而遭受挫折。测量仪器的相似性经常导致知觉和注意错误——例如，布罗德本特回忆到，有一次着陆时，他以为他正在 2 000 英尺的高度飞行，竟发现他看错了测量仪器，他其实正在以 2 000 转/秒的速度飞行（Broadbent，1980）。

第二次世界大战后，布罗德本特来到剑桥跟随巴特利特学习，最终被任命为巴特利特在那里的实验室，即应用心理学部的主管。20 世纪 50 年代，他和柯林·彻里（Colin Cherry），一位无线电通信教授，用双耳分听（dichotic listening）程序开创了对注意的现代研究，在这个程序中，参与者同时经验到两个通道的信息，分别通过耳机传输到每只耳朵。它们能够证明使用多种交流通道的能力的限度，例如，它表明在注意一个信息时，很少能够回忆出第二个信息（如 Cherry，1953）。布罗德本特在《知觉和交流》（1958）中概括了这一研究，并提出了一个简单的注意的选择性过滤器（selective filter）模型。他提出，当面临两股信息时，我们有限的能力系统在物理特征的基础上区分信息，使我们过滤出一个信息，选择另一个来注意并进一步加工。选择性注意的问题很快被导论性教科书称为"鸡尾酒会现象"，因为这个任务类似于试图同时听到两个谈话，这一问题一直是认知心理学研究的一个重要而充满活力的领域。

在 20 世纪 50 年代，向认知心理学转移的第三个例子采取了一本著作的形式。它以《计划与行为的结构》为题出版于 1960 年，这是创造 7±2 框架的乔治·米勒、专长于数学与计算机的哈佛实验心理学家尤金·格兰特（Eugene Galanter），以及著名的神经科学家卡尔·普瑞布兰姆（Karl Pribram）一起合作的结果。这部著作围绕着一种"计划"的观念，这种观念被界定为"机体中的任何等级过程，它能控制即将执行一系列操作的秩序"（Miller，Galanter & Pribram，1960，p. 16）。为了与迅速开始流行的计算机比喻保持一致，作者们明确地将这些计划比喻为计算机编写的程序。第二个主要概念是"意象"，作者们宽泛地将它界定为"机体关于自身及其世界的逐渐积累的、有组织的所有知识"（p. 17）。据说，这部著作的主要问题是"探索意象和计划之间的关系"（Miller，Galanter & Pribram，1960，p. 18）。

这部著作最为人铭记的可能是从控制论（cybernetics）（即对涉及控制任何有生命或
416 无生命体系中的原则的研究）领域借来反馈概念。他们激进地背离行为主义/联想主义传统，提出反馈系统可以代替反射弧而成为行为控制的基本单元。在反馈系统中，系统某一部分的操作所产生的结果被系统反馈和监督，从而影响其未来的运转。例如，恒温器和锅炉作为一个简单的反馈系统而一起运转。在寒冷的一天，恒温器传输给锅炉一个启动信号，增加恒温器读取的空气温度，并最终告诉锅炉停止。温度下降时，引起另一个从恒温器发出的重启锅炉的信号，如此往复。在长时间的运行中，反馈系统产生一个"稳固的状态"，一个不会偏离恒温器设定太多的温度。米勒及其同事为人类反馈系统创造了 TOTE 单元（TOTE unit）这一基本概念，TOTE 是测验—操作—测验—退出（Test-Operate-Test-Exit）的首字母缩写。如图 14—4 所示，它以一个在系统内寻找不一致的测验阶段开始（如在恒温器例子中，想要的温度和实际温度间的差别）。如果没有不一致，任何事都不会发生，如果有，减少不一致的操作就会发生。然后，另一个测验发生，如此往复直至不再有不一致。对于人类来说，这些 TOTE 单元是按照等级组织的，如图 14—5 中所示的例子，它代表作者的一个用锤钉钉子的双水平（two-level）系统。第一个测验是看钉子是否竖起来了；如果没有，就不需要锤；如果竖起来了，第二个水平的 TOTE 单元会用于改变钉子的状态。

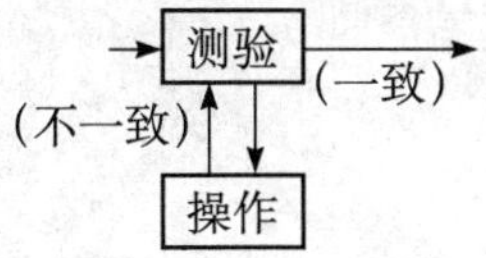

图 14—4　米勒、格兰特和普瑞布兰姆的《计划与行为的结构》所提出的基本的 TOTE 单元（测验—操作—测验—退出）。

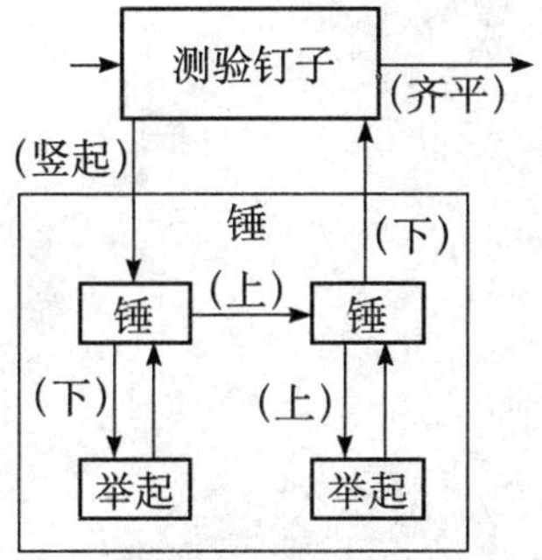

图 14—5　用来证明钉钉子的等级计划的 TOTE 单元，摘自米勒、格兰特和普瑞布兰姆（1960）。

奈塞尔和认知心理学的"命名"

米勒的 7±2 论文、英国对注意的研究和《计划》只是标志 20 世纪 50 年代期间实验心理学中的重要转向的三个显著事例，它们将迄今为止令人不满的心灵主义主题的研究合法化。这种推动力自 20 世纪 60 年代起继续增强，在这个动荡的年代里，改变现存的秩序已经成为一个熟悉的主题（在本章的视窗中再次提到）。此外，实验心理学从政府对所有科学研究的日益增加的资金投入中获益，这部分是由于在冷战期间试图在意识到苏联在太空中的成功时重新确立美国的科学霸权（如 1957 年将第一颗人造卫星——"人造地球卫星"——发射到预定轨道）。到 20 世纪 60 年代中期，研究已经充分到保证有一本书那么长的总结，认知心理学教科书开始出现，最突出的是 1967 年乌里克·奈塞尔的《认知心理学》，这部著作赋予米勒、布罗德本特和布鲁纳这些人的转变观念以一个特殊的名称。417
奈塞尔后来回忆收到"那些人的来信，说他们很高兴看到我赋予（这场运动）以一个名称，因为他们对我考察的所有主题都感兴趣，但这一领域还没有一个理论身份"（摘自 Baars，1986，p. 278）。在奈塞尔（图 14—6）之后，这一领域有了一个理论身份。

图 14—6　乌里克·奈塞尔。

作为一位哈佛的大学毕业生，乌里克·奈塞尔（Ulric Neisser，生于1928年）跟随乔治·米勒学习，他后来回忆说，米勒的言语和交流课程“涵盖了一些极其不同寻常的主题……（诸如）语言学、声学、发音生理学和工程数学”（Neisser，1988，p. 82）。奈塞尔对认知的兴趣是由经验引起的，他在本科毕业后又在斯瓦斯摩尔大学获得硕士学位，这里是接纳格式塔心理学家苛勒的家园，在1956年从哈佛获得心理声学博士学位之前，他在麻省理工学院继续其研究生学习。在回到康奈尔大学之前，即他现在任教的地方，他先后在布兰迪斯、康奈尔和埃默执教过。

在其开篇那一章中，奈塞尔（1967）以指出心理学的时代已经改变为开端：

> 在一代人之前，像这样的著作至少需要一章针对行为主义者立场来自卫。令人高兴的是，现在的意见氛围改变了，很少或不需要捍卫。实际上，刺激—反应理论家们自己以活力和热情创造了假设机制，并且很少感到良心的责备。研究认知过程的基本理由已经变得和研究任何其他事物的理由一样清晰：因为它们就在那里。……认知过程确实存在，因此几乎不能以非科学的方式研究它们。(p. 5)

至于认知心理学究竟意味着什么这个问题，奈塞尔认为，所有认知过程都是实验研究，对于认知，他指的是：

> ……感觉输入借之被转换、减少、加工、储存、提取和使用的全部过程。它与这些过程相关，甚至当它们在缺乏相关刺激的情境中运行时，如在意象和幻想中运行也是如此。诸如感觉、知觉、想象、保持、回忆、问题解决和思维等，都涉及认知的假设阶段或方面。(p. 4)

奈塞尔的《认知心理学》中令人满意的章节充满了关于人类信息教授能够转换信息的一些方法的丰富的实验细节。为了体现认知心理学的新颖，这部著作的 321 本参考书中的 60%都是 20 世纪 60 年代的 10 年间出版的研究（Weaver，1998）。该著作的大部分关注视觉和听觉信息的基本过程，但还有几章是关于记忆和语言的，还有简短的结论性的一章是关于记忆和思维之间的关系的。

认知心理学的演变

对认知心理学的兴趣在奈塞尔的著作于 1967 年出版后继续迅速增长。心理学系忙于创建认知实验室并聘请认知心理学家，召开认知研讨会，会议内容后来发表在编辑的著作中［如 1973 年索尔索（Solso）的洛约拉（Loyola）专题讨论会］，并建立像 S. W. L. M.（东南部记忆工作者）这样的非正规的网络。诸如《实验心理学杂志》这种传统的杂志给予更多的认知研究以显著地位，新杂志——《认知心理学》、《认知》、《认知科学》、《记忆和认知》分别于 1970 年、1972 年、1977 年和 1985 年出现。此外，认知心理学延伸到心理学的其他分支学科，如发展心理学、社会心理学、人格心理学和变态心理学。甚至是动物心理学也未能幸免——研究者开始研究“动物认知”（如 Flaherty，1985）。 418

认知心理学本身在内部于 20 世纪 70 年代发生变化，这次又是奈塞尔领导的。在《认知和现实》中，他主张，认知心理学的实验传统在产生重要的结果时，却没有提供足够的关于真实世界背景中信息加工的有用信息。他甚至批评他自己 1967 年的教科书过于强调纯粹的研究。相反，由于清楚地意识到巴特利特的影响，他呼吁更多关于他所提及的生态效度（ecological validity）——与人们试图适应他们的环境的日常认知活动相关的研究。奈塞尔（1976）极力主张，实验心理学家“必须努力理解在正常环境和有目的的自发性活动背景中发生的认知。这并非意味着实验室实验的结束，而是承诺研究那些在生态上重要的变量而非那些容易操纵的变量”（p. 7）。

奈塞尔对军队的关注被许多（但当然不是全部）认知研究者接受，20 世纪 80 年代和 90 年代见证了对诸如目击者记忆（如 Loftus，1979）这样的主题和学校中学习的长时回忆主题的逐渐研究，如西班牙（如 Bahrick，1984）。尽管这些事件过于靠近现在而难以作孤立的历史分析，但如果我们了解美国心理学中机能主义思想的历史，那么，向日常认知的转向就不足为奇了。有助于我们理解个体如何适应环境，并且具有实际运用的研究是那种总是与美国心理学的机能/实用精神产生共鸣的研究。

除了对生态效度感兴趣，心理学家研究兴趣演变的其他方面是认知科学（cognitive science）的创立，这是一个包括认知心理学、语言学、计算机科学、文化人类学，甚至认识论的跨学科领域。加德纳（Gardner，1985）将这一领域宽泛地界定为“基于经验，努力回答长期存在的认识论问题——特别是那些关于知识的本质及其成分、来源、发展和展开的问题”（p. 6）。“认知科学”这一术语于 20 世纪 70 年代开始出现，并于 1977 年以一本致力于它的杂志的命名而制度化。在《认知科学》的开篇评论中，科林斯（1977）指出，这一学科可以被称为“应用认识论或智力理论，但某些身处高位的人宣称它应该是认知科学，因此它就叫了这个名字”（p. 1）。

当然，值得关注的是，尽管名称相对来说是新的，但认知科学不是。新学科的最初活跃可以在战后时代看到，即上面提到的“心理学外的影响”（信息论、计算机科学、语言学）有助于心理学开始称之为“认知心理学”的出现。然而，从更广泛的视角来看，显然某些不仅是新心理学的东西正在发展，并且一些关键的研究者意识到了这一点。例如，乔治·米勒将认知科学的根源追溯到 1956 年在麻省理工学院召开的信息理论专题讨论会（Baars，1986），以及米勒和杰尔姆·布鲁纳（Jerome Bruner）于 1960 年在哈佛共同创立的认知研究中心，该中心明确地设计用来促进对认知的跨学科研究。布鲁纳后来回忆到，他和米勒认定“心理学是一个留给心理学家的过于复杂的领域，（因此）我们所需要的是
419 一个来自其他学科的同事的联盟，他们每个人都在他或她自己的背景下关注人类如何获得并运用知识”（Bruner，1988，p. 92）。

人工智能

认知科学家的一个重要的兴趣是人工智能（artificial intelligence）（AI）应用于计算机科学领域，它可以简单地界定为尝试考察机器能否以某种程度的智力来活动的领域。人工智能研究者对各种主题都感兴趣，但他们大体上可以分为两类。有些研究者主要对理解人类智力感兴趣，通过尝试编写模仿人类认知过程的计算机程序进行研究。例如，考察人类的问题解决。其理念是如果一台计算机能被设计用与人类相同的方法来解决问题，因此，编入计算机程序的问题解决策略可以被视为类似于人类的策略。这种方法被人工智能领域的两位非心理学家先驱赫伯特·西蒙（Herbert Simon，生于 1916）和阿兰·纽厄尔（Alan Newell，1927—1992）采纳。西蒙因决策研究于 1978 年获得了诺贝尔经济学奖，纽厄尔这位物理学家于 20 世纪 50 年代和 60 年代与西蒙合作研究思维的计算机模拟和问题解决。他们的第一次努力，即逻辑理论家（LT），是设计用于解决形式逻辑问题，而他们后来更具抱负的项目是通用问题解决者（GPS），目标指向一个更广泛的问题范围（Newell & Simon，1972）。

逻辑理论家和通用问题解决者都描述了计算机科学中的规则系统与启发式程序间的重

要区别。算法（algorithm）是一组规则，这些规则通过贯穿所有可能步骤的系统工作来保证产生一种解决方法。另一方面，启发法（heuristic）是一种更具创造性的策略或“拇指规则”，尽管它不保证一个解决方法，但比规则系统更有效。一个常见的字谜问题就能证实其区别。当要求重组字母“LTEAGST”以形成一个真正的单词时，规则系统方法将尝试每一个可能的字母组合直到找到一个解决方法。这对一台计算机来说不是问题，它非常迅速地进行操作，在此过程中不会感到厌烦。然而，人类可能试图通过启发法解决这个字谜，如“不考虑非正常的字母配对组合”。因此，在解决字谜过程中，解决者会尝试“SP”组合而不是“GT”（线索：这是整个第 9 章中都能看到的一个单词）。

最初被融入西蒙和纽厄尔的通用问题解决者启发式程序是手段—目的分析（means-ends analysis)。这是一个反馈系统，它包括用目标状态估计当下状态，辨别两者间的差别，并运用操作（一些行为）减少差别，用目标状态再次估计新的状态，如此往复，直至当下状态成为目标状态。纽厄尔和西蒙（1972）开发了一个项目，向人们提出问题（如阿拉伯数字问题）并要求他们通过描述正在发生的思维过程以将他们的思维外化，这一程序与内省有着有趣的相似性。然后，他们用一种试图模拟人类被试的所作所为的方法来编写通用问题解决者程序。因此，其目的是根据这样一个假设来理解人类思维，即他们是否能模拟它，使用计算机产生像人类那样的解决方法，那么他们将增加其对人类思维的理解。这种模拟策略被用于尝试研究从模型辨认到记忆到思维的认知过程，但是，对这种模拟的兴趣在 20 世纪 70 年代达到顶峰，部分原因是通用问题解决者在没能成为最初希望的“普遍”问题竞争者时被遗弃（Gardner，1985)。

人工智能的第二种取向是 20 世纪 80 年代以来更具主导性的一种取向，它创造一个计算机程序，该程序将使用可能是最有效的方式执行一些任务，而不考虑人类可能如何完成这项任务。也就是说，目标是创造智能地处理问题的专家系统。其结果是诸如能击败世界级人类选手的计算机化象棋程序、机器人和互动教学系统这样一些事物。人工智能的第二种运用所产生的问题是，是否可以说计算机会思考，这反过来导致关于思维的本质以及人们的思维本质是什么这一争论。也就是说，人工智能使心理学家总是感兴趣的一些问题长期存在。

真正的智力能否在计算机中发现，这一问题早在 20 世纪 50 年代就在杰出的英国数学 420
家阿兰·图灵（Alan Turing，1912—1954）的一篇题为《计算机和智能》的文章中提出了。图灵在确保盟军在第二次世界大战中的胜利方面发挥了作用，他帮助破译了德国所谓无懈可击的“莫名其妙（Enigma)”密码，因此，将德军的行动、战略等报告给盟军战略家。在其 1950 年的文章中，图灵描述了一个“模仿游戏”为决定计算机能否被认为会思维提供一系列标准。自此，这被称为图灵测验（Turing test)。图灵写到，想象这样一个情境，在一个房间里的人能询问处于第二个房间的人和计算机任何问题。在两组答案的基础上，提问者必须区分出人和机器。人试图让提问者相信他或她是人，而计算机也是如此。图灵认为，如果提问者不能根据答案将人和机器区分开，那么，必然可以得出结论，计算机智力和人类智力间不存在显著的差别——即计算机能像人那样思考。

作为思想者的计算机和作为思想者的人类等同这一观念有时指的是强人工智能，它遭到了尖锐的批判，最中肯的是约翰·塞尔（John Searle）的批判。强人工智能（strong AI）的支持者认为，思维在本质上是与规则相联合（rule-bound）的符号操作，是人类和计算机都具有的机能。塞尔尽管接受被称为弱人工智能（weak AI）的有效性，即计算机能产生关于人类思维的本质的重要洞见这一观念，但是他认为强人工智能不合理。为了证实这一点，塞尔描述了一个被称为中文屋问题（Chinese Room problem）（1990）的思维问题。想象你被隔离在一间屋子里，屋内有一本笨重的关于规则的书，书中详细说明组成汉字的所有笔画组合，你可以用这本书考察呈现给你的一系列笔画，这些笔画是以一个以汉语为母语的说话者提出的书面问题的形式呈现的，并使得你能够使用其他汉字符号作出准确的书面回答。即一个说汉语的人将用汉字符号写一个问题给你，你可以用你关于规则的书作出一个可以让提问者接受的回答。其实，你的回答可能与一个以汉语为母语的人所给出的回答无法区别，那意味着你将通过图灵测验。问题是这是否意味着你理解汉语，对于塞尔来说，答案是否定的。他主张，思维所包括的不仅仅是根据固定的规则进行的符号推论；它还包括语义——一种超越组织符号的规则的深层理解。计算机能用非常复杂的方式操作符号，但它们没有理解它们所做的，原因和你在中文屋里没有理解汉字是一样的。

你逐渐增加的心理学史知识能有助于你从某些方面提出关于思维的人工智能争论，因为这个问题不是新的，而只是古老的心—身（心—脑）问题的一种延伸。重新出现的心理学问题之一关系到单纯的机械解释对人类行为和心理过程的理解是否充足。从笛卡儿迷恋法国皇家花园中的水力驱动图，到19世纪认为所有生命功能都能还原为物质对象的运动的心理学家，再到华生机械的S-R模型将人类功能比喻为电话交换控制板，人类功能的机械比喻已经是家喻户晓。人工智能争论不可能解决这个问题。

对认知心理学的评价

尽管有些人认为认知心理学是一个无所不包的框架，甚至对于现代心理学来说是一个“范式”，但这场运动也受到了尖锐的批判。可以理解的是，最尖刻的批判者是20世纪下半叶主要的行为主义者B.F.斯金纳（第11章）。斯金纳反对假设的心理机制的创造，他认为，这太容易被具体化为“解释虚构”（回顾第11章，pp.334－335）。也就是说，认知
421 心理学家不是寻找环境中的行为的原因和这些原因所归属的某人的学习史（斯金纳认为），而是将这些假设机制转化为真实的因果实体。他主张，将回忆失败归咎于有限的短时记忆能力不能解释这个现象。斯金纳探索了认知观念在整个心理学领域的扩展，讽刺性地评论一个显示“认知”术语在心理学文献中的使用的图示，这个图显示1960年后的指数增长——“当今心理学存在一个这样的领域吗？在此领域中有些东西看起来不是通过给偶然

出现的名词添加诱人的形容词而获得的吗?”（Skinner，1987，p. 783）

对认知心理学的第二个普遍的批判源自计算机比喻，即将人比做机器，评论家指责这一观点忽视了人类行为的重要方面，如情绪动机（如 Zajonc，1980）和意向性（Searle，1980）。希尔加德（1980）回顾了 18 世纪心理活动的三分法——认知、情感（情绪）和意动（动机/行为）——提出类似的主张，即认知心理学探讨的只是整体的一部分。一个相关的批评是认知心理学有时忽视神经学事实，建立与对神经系统如何运作的认识相矛盾的心理过程模型。

尽管存在这些问题，但认知过程的研究实际上已经深入现代心理学研究的每一个领域。认知因素流行的重要的指征可能是表明这些过程对心理学有多么重要，甚至它们的重要性可能受到杰出行为主义者的质疑，以及它们对于界定它对人类究竟有何意义。

其他研究领域

在笛卡儿时代，即 17 世纪上半叶，严肃的学者们认为，获得对所有科学知识的理解是可能的，笛卡儿本人创作《世界》（完成于 1633 年，但直到他去世后才发表）的目的就在于此，这部著作包含从解释学到气象学的各种主题。当然，今天，在信息爆炸专业化的年代，没有人能希望获得一门科学的全部知识，更不用说所有科学的。甚至在像心理学这样一门特定的科学内，全面的知识实际上也是不可能的。例如，研究目击者记忆的认知心理学家可能对发展心理学的儿童依恋行为研究知之甚少。实际上，研究目击者记忆的认知心理学家几乎肯定会发现，要赶上认知心理学其他领域的文献是不可能的。

我们刚才看到，认知心理学主导了 20 世纪下半叶典型的学院/研究的兴趣。认知心理学概念也对心理学的其他各个分支学科有着重要影响。例如，在社会心理学中，很多关于“社会认知”的研究于 20 世纪 80 年代出现（如 Fiske & Taylor，1984）。但这些专业都有它们自己的沿革，既然对它们的一项综合分析超出了这本书的范围，那就让我们简要考察一下认知心理学之外的四个研究领域的一些历史。我将关注来自每个分支学科中的一位著名人物，并详细研究这个人物的影响，而不是试图拼凑一两串关于在每一个领域中都做出贡献的人的长长的名单（每一个名单都长）。将要考察的四个领域包括：（1）大脑和行为关系的研究，过去通常称为生理心理学，现在通常指神经科学；（2）社会心理学，研究行为如何受社会因素的影响；（3）人格心理学，研究各种人格性质的个别差异；（4）发展心理学，研究行为如何随年龄而变化。

脑与行为

422 心理学的一个长久的奥秘涉及导致身体、特别是神经系统变化的刺激事件与那些事件的心理经验间的关系。研究型心理学家们很久以前就放弃了用科学解决心—脑问题这一想法——这是一个哲学问题。因此，尽管研究者能极其详细地说明皮层中神经元的某些综合的运行与对从某个角度呈现的一条线的知觉间如何相关，但他们不能回答这个问题：这些神经元的触发究竟如何导致斜线的心理经验？意识到这一基本局限，生理心理学家们集中他们的注意力，通过考察大脑和神经系统的功能以及这些结构的活动如何对应于经验和行为以研究身体和心理事件的关系。

第3章概括了努力理解大脑的历史，关注过去200年中有关这方面研究的发展并以卡尔·拉施里为结尾。你将回想起拉施里在20世纪早期研究了功能定位问题，他赞同皮埃尔·弗卢龙这位一个世纪前伟大的法国神经学家的观点，即大脑运行更像一个整合的系统而不像一组具有不同功能的结构。可笑的是，拉施里1929年关于整体作用和等功的结论对大脑研究具有一种令人沮丧的影响，并且使行为主义者认为，不探讨神经系统，详细的条件反射研究照样能够进行。斯金纳（1938）强化了这一主张，他明确否认行为的生理学解释的必要性（Hilgard，1987）。

唐纳德·O·赫布（Donald O. Hebb，1904—1985）

对大脑和行为的兴趣被拉施里的一个学生唐纳德·O. 赫布再次激起，他是仅有的一位被选为美国心理学会主席的（1960年）加拿大心理学家。赫布在学术研究方面起步缓慢，勉强从大学毕业并因为其人际关系被纳入蒙特利尔的麦吉尔大学（McGill University）研究生项目。在麦吉尔，他遇到了巴甫洛夫以前的两位学生并学习了巴甫洛夫的条件反射技术。[①] 和巴甫洛夫一样，赫布对大脑和行为的关系感到好奇，但他怀疑巴甫洛夫的皮层模型。于1934年获得硕士学位后，赫布被鼓励向芝加哥提交申请，并跟随名声正旺的拉施里学习。拉施里接受了这位年轻的加拿大人，拉施里到哈佛后的第二年他就将赫布带去了。1938年，赫布在那里获得博士学位。然而，经济大萧条的持续影响，加上“生理心理学在1930—1950年期间处于长期的衰落”，他的就业前景渺茫（Hebb，1980，p. 287）。

赫布非常幸运地得到了麦吉尔的维尔德·潘菲尔德（Wilder Penfield）的研究助手一职，因为潘菲尔德正在寻找一个人研究大脑手术的行为影响。潘菲尔德刚刚开始其著名的癫痫病手术治疗研究，其中有些病人在颞叶电刺激时报告似乎完整的记忆（Penfield & Perot，1963）。这一研究也与拉施里的等功观念相一致——病人的心理功能甚至在他们的额叶的主要部分丧失后似乎也不会发生变化。赫布正好处于这个研究的中心，它对他有着

① 一位是鲍里斯·巴布金（Boris Babkin），他于1949年写的巴甫洛夫传记包括对巴甫洛夫实验室的描述，这是第10章282-283页内容的特色。

深刻影响——它“为我接下来的所有工作奠定了主要的研究方向，这是我在其他任何地方都得不到的”（Hebb，1980，p. 290）。由于这一经验和他的早期研究，赫布得出一般的结论，即人类智力在儿童早期发展，并且“对婴儿大脑的损伤会干扰这个过程，但成年期的系统损伤却不会使智力倒退”（p. 292）。因此，赫布认为，儿童早期经验对与智力相关的皮层发展至关重要。

赫布跟随潘菲尔德进行了两年研究，取得了丰硕的研究成果，之后他在安大略的女王大学（Queen's University）执教三年。1942 年，赫布回到拉施里身边，拉施里刚被任命为佛罗里达的耶克斯灵长类生物实验室主管，研究灵长类行为达五年之久。1947 年，当赫布被任命为麦吉尔的一名教授时，他的职业生涯画上了一个圆满的句号。一年内，赫布 423
被任命为系主任，他在麦吉尔结束了其卓越的职业生涯。

赫布以其 1949 年的著作《行为的组织》而闻名遐迩，该著作恢复了美国心理学家对大脑和行为关系的兴趣（Glickman，1996）。从其标题可以清楚地看出，这部著作不仅仅是对神经系统功能的描述。相反，赫布的目标是一种完全整合生理学和心理学的理论，而不仅仅是将心理学还原为生理学。正如他后来写到的，在对还原主义者思维的批判中，它“不可能以神经生理学概念代替心理学概念，无论是现在还是将来，但可能在两个言论领域间保持联络（术语的可翻译性）”（Hebb，1960，p. 744）。

赫布提出，皮层组织存在于他所说的“细胞团”和“位相序列”的发展中。一个细胞团（cell assembly）是基本的单元，涉及一组相互联合的神经元，因为它们被重复的感觉经验一起激活。赫布（1949）意识到其建构的联想主义根源，写到，“一般观念是古老的，即同时被反复激活的任何两个细胞团或细胞系统趋向于‘联结’，以至于一个活动促进另一个活动”（p. 70）。细胞团可以被感觉事件或其他细胞团激活。位相序列（phase sequences）是包含几个细胞团的合作的高级组织水平，对赫布来说，它们是生理的思维对等。细胞团和位相序列结合在一起，解释了这样一个事实，即不仅仅产生反应，还被大脑调节。你会认为这与罗伯特·伍德沃斯（第 7 章）和新行为主义者托尔曼与赫尔（第 11 章）的 S-O-R 公式中的“O”类似，但具有更清晰的生理性。

为了理解经验的影响并因此提供一种学习的生理解释，赫布提出，细胞团和位相序列的形成是因为邻近细胞的反复刺激在突触层次上产生变化。因此，赫布认为（1949），“当细胞 A 的轴突足够靠近兴奋细胞 B，并反复地……参与激活它，一些成长过程和新陈代谢变化在一个或两个细胞中发生，以至于 A 的效率，作为一个细胞激活 B 而逐渐增长”（p. 62）。这个观念被称为“赫布规则”，由于经验而变化的突触经常被称为赫布突触（Hebb synapses）。

赫布将其理论运用于从注意到情绪以及心理疾病这些主题，他的小册子和测量脑电波的脑电图描记器（EEG）这种技术发展相结合，促使对大脑和行为关系的兴趣的恢复。相关研究太复杂，在此无法描述，但 20 世纪 50 年代和 60 年代的一些更为重要的发展包括：

(1) 赫布的学生詹姆斯·奥尔兹（James Olds）和皮特·米尔纳（Peter Milner）(1954)发现大脑中的强化中心；(2) 运用EEG辨别睡眠阶段，尤金·阿瑟林斯基（Eugene Aserinsky）和纳什尼尔·克莱特曼（Nathaniel Kleitman）(1953)发现快速眼动睡眠；(3) 分裂脑手术刀发展，罗杰·斯佩里（Roger Sperry）(1961) 开发的控制癫痫和考察左右半球功能的方法；(4) 大卫·胡贝尔（David Hubel）和托尔斯腾·威塞尔（Torsten Wiesel）(1963) 辨别对应于视觉领域中的具体事件的皮层细胞（"特征觉察器"）。斯佩里、胡贝尔和威塞尔都因为他们的努力而获得了诺贝尔奖。

最近这些年，对大脑—行为联系的研究逐渐变得跨越学科。因此，认知科学综合了"生物心理学"、"神经心理学"、"行为神经科学"、"认知神经科学"甚至"社会认知神经科学"这几门学科，它们都涉及包括跨越学科界线的专业和包括心理学系、生物学系和计算机科学系的研究生培养。

社会心理学

社会心理学作为一门清晰可辨的心理学分支学科，在弗洛伊德·奥尔波特（Floyd
424 Allport，1890—1978）的努力下开始发展，他的兄弟戈登将在本章的人格心理学部分予以介绍。弗洛伊德在哈佛跟随雨果·闵斯特伯格学习，于1919年获得博士学位。他的学位论文是研究社会促进，即其他人对个体行为的影响，这项研究为奥尔波特的社会心理学取向奠定了基调。他在精神上是一位行为主义者，奥尔波特慎重地对比他的社会心理学和演变为现代社会学的一种不同观点，前者强调个体的行为及社会环境对它的影响，后者更重视团体过程（Parkovnick，2000）。例如，研究团体问题解决时，奥尔波特坚持认为最终的解释肯定在组成团体的个人行为中找到。从一个更为团体取向的立场来看，重点可能在于某些"团体过程"，这些团体过程将会影响手头问题的解决。奥尔波特批判通过将团体过程称做"团体错误"来解释行为的倾向（Danziger，2000）。1924年，奥尔波特在《社会心理学》(F. Allport，1924) 教科书中提出其观点，这本教科书将社会心理学确立为心理学系课程表中经常出现的一门课程（Hilgard，1987）。

利昂·费斯廷格（Leon Festinger，1919—1989）

奥尔波特在社会心理学领域对个体的强调受到了库尔特·勒温的挑战。我们已经看到除了许多其他贡献外，勒温（第9章，pp. 271－273）由于其领导研究以及大部分行为研究而成为社会心理学的一位重要先驱。格式塔对勒温的团体过程概念的影响是鲜明的——即将格式塔颂歌与社会心理学相关联，人们可能会说团体行为大于团体内个体成员行为的总和。勒温的影响相当广泛，他对其最著名的学生利昂·费斯廷格（图14—7）有着直接的影响，尽管费斯廷格的方法论取向强调比勒温更为严格的实验控制（Danziger，2000）。

图 14—7　利昂·费斯廷格。

利昂·费斯廷格出生并成长在纽约市，是东欧犹太移民的儿子。当他于 1939 年毕业于纽约城市大学（City College）时，他已经和他的一位大学老师马克斯·赫茨曼（Max Hertzman）在声名显赫的《实验心理学杂志》上发表文章（Hertzman & Festinger，1940）。赫茨曼也将费斯廷格引入勒温的观念中去，促使费斯廷格申请到艾奥瓦大学研究生院跟随勒温学习。三年后，费斯廷格于 1942 年在勒温的指导下获得了哲学博士学位，并与勒温保持联系直至勒温于 1947 年去世。第二次世界大战期间，费斯廷格担任飞机驾驶员的选拔和训练委员会的统计学家；第二次世界大战后，他重新回到波士顿麻省理工学院的勒温身边，勒温在那里刚刚创立了团体动力学研究中心。勒温去世后，费斯廷格成为将该中心转移到密歇根大学的小组成员。费斯廷格于 1951 年从密歇根大学来到明尼苏达大学，然后于 1965 年来到斯坦福大学，再后来于 1968 年回到了家乡纽约，他在纽约的社会研究新院（New School for Social Research）接替施陶丁格（Staudinger）的教授职位直 425
至去世（Zajonc，1990）。费斯廷格在斯坦福任职期间确立了自己的声誉并吸引了一些后来成为杰出社会心理学家的学生，如埃利奥特·阿伦森。多年来，他的学生一直热切地忠实于他，即使他可能是一位严厉的指派工作者，并且无法忍受不明确的想法（Brehm，1998）。

费斯廷格完成了关于几个社会心理学主题的重要研究，但他因为发表了可能是社会心理学至今所见到的最重要的理论而为人们所铭记，即认知失调理论。费斯廷格于 1954 年草拟了一种观点，1957 年，他以著作的形式首次详细地对其观点进行了描述（Festinger，1957）。这一理论的影响是重大的。一本社会心理学教科书将给予你关于该理论及其著名研究的更好描述，但一般来说，认知失调理论可以概括如下：

- 人们被激发在其思维、感受和行动中保持一致；
- 无论何时，只要人具有两个或更多相互不一致的思维，就会出现一种认知失调（cognitive dissonance）状态，认知失调是一种情绪和认知不适的状态；
- 无论何时，只要人们体验到失调，他们就会被激发去减少失调并回到一种内部一致的状态。

想要证实这个理论，可以考察一下费斯廷格经常使用的一个例子，即吸烟的聪明人。和所有人一样，吸烟者想要保持一致。但存在两种不一致的思维——“我吸烟”和“有研究表明吸烟会使我丧命”。假设这个人不是在自杀，这些思维就会产生失调，这个人就会被激发去减少失调。可以用几种途径来解决失调：这个人可以停止吸烟，可以质疑证据的有效性，或可能将其他元素补充到这个情境中，例如，说每个人都必须死，尽管吸烟可能不理想，但它有助于控制体重。好理论的一个标准是它们产生研究，以此来衡量，费斯廷格的失调理论异常多产，它实际上产生了数以百计的实验，并运用于从决策的后果到虚伪的影响等情境（Harmon-Jones & Mills，1999）。

从历史立场来看，费斯廷格的研究是重要的，因为它在社会心理学中创立了一个实验传统，这个传统以精巧地展现欺骗的研究背景为特征（Korn，1997）。这些研究环境被设计用来包含实验的研究参与者，从而让他们对引起失调的情境的“真实”反应得以测量，这个理论给出了一个强有力的检验。也许最著名的例子是费斯廷格和一位斯坦福研究生麦瑞·卡尔史密斯（Merrill Carlsmith）（Festinger & Carlsmith，1959）所做的一项研究。报名参与实验的学生首先用一个小时完成一系列令人难以置信的枯燥任务，然后用一个煞费苦心的欺骗诱导他们告诉下一个似乎会参与的人说这项研究确实有趣。因此，卡尔史密斯（他经手这项研究）相信参与者会撒谎，即一个产生失调的情境（“我是一个诚实的人”与“我刚才告诉某一个人一个非常枯燥的实验确实有趣”失调）。作为奖励，参与者将会因为他们的谎言而被支付 1 美元或 20 美元。随后，询问参与者对这项实验的真正想法是什么，这显然是心理学系进行的调查的一部分（另一个欺骗）。结果呢？那些被支付 20 美元的学生仍然认为实验是枯燥的，但那些被支付 1 美元的学生却改变了他们的态度，认为实验终究还是有些趣味的。费斯廷格和卡尔史密斯总结到，在面临撒谎失调时，被支付 20 美元的参与者认为这是一个小谎言，并且为了 20 美元也是值得的，从而证明这个谎言是正确的。然而，那些被支付 1 美元的参与者没有为这个谎言作充分的辩解，所以确信他们的确没有撒谎——这项研究终究还是有趣的。因此，失调减少的一个效果是态度和信念的改变。

费斯廷格和卡尔史密斯（1959）的研究是源自费斯廷格实验室研究的典型代表。它们
是精心设计的产物，经常需要很长时间的演练。例如，关于卡尔史密斯的表现，阿伦森 426
（1991）后来写到：

> 我在利昂的实验室里当研究生时期最清晰的记忆包括利昂和我在实验之前经历的激动人心而又冗长乏味的时间。训练并指导麦瑞·卡尔史密斯这位非常早慧的大学本科生去操作，直到他弄懂为止。起初，麦瑞……他坚持以僵硬单调的方式传达他的意思，我们不停地让他排练这个程序，一次又一次，直到他最终变得有说服力。(p. 216)

对这些设计出的产物的关注导致社会心理学家所说的实验现实（experimental reality）（Aronson，1999）——研究的参与者完全融入研究情境，他们表现得似乎真正处于创造出的情境。当然，这意味着费斯廷格的研究的参与者通常在研究的真正目的方面受到欺骗，这使得勒温的研究成为许多关于研究中的欺骗道德的讨论的话题（如 Korn，1997）。费斯廷格后来指出，他于 1964 年停止研究社会心理学，主要是因为他在寻求新的挑战（他在考古学中找到了），但还因为他发现对道德烦恼研究的逐渐关注。费斯廷格对问题并不敏感，他严厉批判给予精神错乱的士兵服用麦角酸二乙基酰胺（LSD）来观察他们的反应的军队研究（参见 Thomas，1985 年对这个不幸的插曲的更多研究）。然而，与之相对比，他发现“为了研究一些重要问题而被暂时欺骗的人”很少有危险（Festinger，1980，p. 249）。不过，费斯廷格的程序奠定了基调，20 世纪 60 年代和 70 年代的社会心理学研究因为其高水平的欺骗而为人所知。

费斯廷格研究项目的另一个遗产是关于研究设计。费斯廷格在研究主题上显然受到勒温的影响，但费斯廷格认为勒温的研究设计取向相当肤浅并且需要更为严密的控制。同样是在 20 世纪 50 年代早期，英国统计学家罗纳德·费舍尔（Ronald Fisher）爵士于 20 世纪 20 年代发展的方差分析（ANOVA）被广泛用做分析数据的方法（Rucci & Tweney，1980）。[1] 方差分析完全符合费斯廷格的研究设计，它考虑到操作变量（如 1 美元对 20 美元）的主效应的准确分析，以及变量间的交互作用。如丹齐格（Danziger，2000）也观察到的，方差分析于 20 世纪 50 年代被广泛运用于更为传统的实验心理学领域，通过将方差分析逻辑运用于他的研究中，费斯廷格帮助增进社会心理学的科学声誉，当时，这门学科未受到实用主义者的高度重视。

---

① 费舍尔在农业研究背景下发展 ANOVA，例如，他会考察肥料的类型和数量对谷物产量的影响。他于 20 世纪 20 年代（Fisher，1925）在一本普通统计学教科书中出版其关于 ANOVA 的研究，但他对此项技术的最详细描述出现在 10 年后（Fisher，1935）。如果你在一门统计学课程中对此项技术熟悉，并记得计算一个“*F* 率”或从一个 SPSS 打印材料中阅读，那么，你可能已经猜到“*F*”代表检验的发明者。

费斯廷格可能于 1964 年脱离了社会心理学研究，但他的影响还继续存在。例如，从 1999 年第一部题为《认知失调：社会心理学的关键理论的进展》一书的修订版（Harmon-Jones & Mills，1999）的出版显然可见失调的经久不衰。它包括费斯廷格以前的学生和以前的那些学生的学生所写的章节。该书不仅仅是对半个世纪以来的失调理论的概括，它还作出展望，其修订者认为“失调研究的前景一定会像过去 40 年里的理论研究一样振奋人心”（pp. 18 - 19）。

费斯廷格大量吸烟，于 1989 年死于肝癌。或许考虑到他经常引用吸烟者的失调例子，或许为最终减少失调，据说他在患病期间就宣称，“让所有人都知道这不是肺癌!”（摘自 Zajonc，1990，p. 662）

人格心理学

本章中出现的大多数研究，其目的都是为了理解一些关于行为认知过程的普遍原则。
427 因此，当米勒宣称短时记忆能力的有限性，当赫布详细阐述细胞团的行为，以及当费斯廷格讨论失调减少过程时，他们都是在描述可能会影响人类的一般性原则。这是一个名叫一般规律研究法（nomothetic）的科学取向。另一方面，还有一种关注独特个体的详细分析和考察决定一个个体如何异于其他人的方法的科学取向。一种注重独特个体的科学策略采取一种特殊规律研究法（idiographic）。一般规律研究法与特殊规律研究法的区别有时要归功于本章这一部分介绍的心理学家戈登・奥尔波特，但雨果・闵斯特伯格（奥尔波特的一位老师）也使用这些术语，其区别最初是由德国哲学家温德尔班（Windelband）于 19 世纪提出的（Hilgard，1987）。

人格心理学兼具一般规律研究法和特殊规律研究法的元素。人格研究者寻找普遍原则（如影响羞怯行为的因素），他们还细心地考察个体，用与其相关的特质来衡量个体，决定一个人的特质如何异于另一个人（弗雷德的羞怯水平与泰德的对比）。“人格”的概念在很大程度上是 20 世纪的创造，而其创造者正如你将要看到的，是戈登・奥尔波特。

戈登・奥尔波特（Gordon Allport，1897—1967）

社会心理学和人格心理学有着重要的历史联系，包括家族关系。戈登・奥尔波特（图 14—8）出生在印第安纳州，成长在俄亥俄州的克利夫兰，是其父母的第四个男孩。他和他的兄弟们都被教育要珍视努力工作、自我牺牲、强烈的道德准则，以及在服务他人的责任中体现出来的某种理想主义（Bruner，1968）。你在本章已读到戈登的一位哥哥——弗洛伊德在 1924 年撰写的社会心理学教科书是使社会心理学成为一门被认可的心理学分支学科的重要一步。戈登于 1937 年出版的一本题为《人格：心理学解释》（G. Allport，1937）的著作对人格心理学有着完全相同的影响。奥尔波特兄弟都出现在哈佛 1919 年的毕业典礼上，戈登完成了其本科学习，而弗洛伊德则成为一位哲学博士。

图 14—8　戈登·奥尔波特。

从哈佛毕业后，奥尔波特没有确定自己的未来，而是在土耳其伊斯坦布尔的一所由美国资助的男子学校教授英语和社会学，用一年的时间来考虑这个问题。他的哥哥当时已经是哈佛的一位讲师，在哥哥的催促下，奥尔波特向研究生院提交了申请并被接纳，还获得了一份奖学金。遵照弗洛伊德的提议，他选择刚出现的人格主题作为其学位论文的主题。他的主题偏离了主流实验心理学，这在他于 1921 年被哈佛的赫伯特·兰菲尔德（Herbert Langfeld）邀请在铁钦纳的克拉克大学实验主义者的一次会议上展现其工作时表现得一览无余，赫伯特·兰菲尔德是这些会议的常客。正如波林（1967）后来在其团体历史中写的： 428

> 对大卫·卡茨（David Katz）的颜色表现模式作了很长的讨论，之后，兰菲尔德被邀请做一个报告，他推举戈登·奥尔波特来讲述他的人格分析。奥尔波特的发言后紧接着是一段长长的沉寂，然后铁钦纳说："正如我们所说的，颜色表现模式是。……"社会心理学和人格心理学对实验主义者和动物心理学来说都是禁忌。铁钦纳后来问兰菲尔德，"你让他研究那个是为了什么？"（p. 323）

奥尔波特没有被阻止，他只用了两年时间就于1922年获得了其关于人格特质研究的博士学位。然后，在作为新的社会伦理系的一位讲师回到哈佛前，他又经研究许可在欧洲观光游历了两年。他在欧洲开设了一门人格课程，这最终导致其著名的教科书于1937年面世（Allport，1937）。许多年后，他成熟的人格观出现在《人格的模式和成长》（Allport，1961）一书中。他在哈佛待了两年，然后到达特茅斯（Dartmouth），待了四年，1930年他被怂恿回到了哈佛，他在这里结束了其卓越的职业生涯。

尽管根据一般规律研究法传统来进行研究，但奥尔波特是特殊规律研究法理想的支持者，即每个人都具有独特的人格，很多都可以通过细心的个体研究获得了解。在奥尔波特的人格概念中，个体人格的基本单元是特质（trait），他指的是一种特殊的思维、感受和行为模式，这种行为模式是一个人的特征和将其区别于其他人的途径。一种特质是“一种高级习惯，尽管它更加泛化”（Nicholson，2003，p. 154）。奥尔波特辨别出三种在普遍性和重要性上不同的特质变体——基本的、核心的和次要的。基本特质（cardinal traits），并非所有人都有，是一个人身上处于主导地位的品质，描述一个人的基本特质时，将使这个人等同于他人，并且那个人的大多数行为都与这个特质相关。例如，可能用对权力的需求这种基本特质来描述拿破仑。核心特质（central traits）约有12个特性，它们提供关于个体的合理准确的概述。例如，它们是推荐信中常用的描述性术语（Hilgard，1987）。次级特质（secondary traits）是比较不明显的特征，在相对较少的行为中展现，可能仅仅为个体的密友们所知。

与他对特殊规律研究法的感情相一致，奥尔波特提倡将个案研究（case study）这种对个人的深入分析作为研究人格的一种方法。从1937年直至1967年去世，奥尔波特担任《变态和社会心理学杂志》的编辑或副编辑，负责编辑该杂志中的许多篇个案研究文章（Pettigrew，1969）。尽管他本人只完成了一个详细的个案研究，但这是一个著名的研究：《来自珍妮的信》（1965）。这个厚得像一本书的研究描述了“珍妮·马斯特森（Jenny Masterson）”（一个虚假的名字）的人格，它基于对一位中年妇女12年间写给一对年轻已婚夫妇的301封信的仔细分析（Hall & Lindzey，1970）。而且奥尔波特还根据一般规律研究法传统进行了研究，部分地为他选择的人格领域赢得了“科学”合法性，那时（20世纪30年代），心理学基本上为一般规律研究法的新行为主义实验研究所主导，哈佛大学的心理学为模范实验主义者E. G. 波林（Nicholson，2003）的出现所主导。例如，奥尔波特与巴特利特的学生，一位来自英国的访问教授菲利普·弗农（Philip Vernon）一起开发了《一项价值研究》（Allport & Vernon，1931），即衡量个人价值系统的强度的检验，它基于德国心理学家爱德华·施普兰格（Eduard Spranger）开发的6种“理想类型”理论。这6种类型是理论的、审美的、社会的、政治的、经济的和宗教的，奥尔波特和弗农还开发了一种流行的自我报告调查以衡量每一种类型的强度。

奥尔波特在弗洛伊德的精神分析理论风行于美国的时代出名，值得一提的是奥尔波特并不痴迷于精神分析理论。他不拒绝潜意识概念，但并不认为它是理解某人人格的基本要素。他也认为弗洛伊德对性的强调是过度的，他反对我们的过去对我们的现在和未来具有压倒性的影响这一观念。精神分析人格衡量策略的出现也没有给他留下深刻印象，最好的例子是赫尔曼·罗夏（Hermann Rorschach）于1921年开发的墨迹测验，它的流行足以让人们在20世纪20年代创作出38篇文章，在20世纪30年代创作出230多篇文章（Klopfer，1973）。这种投射“测验”假设人不能用自我报告准确地描述他们的人格，因为人格的大部分据说都深埋于潜意识中。对模糊的刺激（墨迹）作出反应后，“真实的”人格可以通过解释过程推论出来，因此，争论就产生了。奥尔波特没有买它的账。相反，也许因为他冷静的理性，他坚信，人能理解自己并能因此而准确地对自我报告人格记录表作出反应。奥尔波特认为精神分析策略（1953，摘自 Hall & Lindzey，1970）： *429*

> ……似乎标志着长达一个世纪的非理性主义时代的顶峰，以及此后的不信任。被试没有权利被信任吗？……个体的意识报告因为不可靠性而被拒绝，其动机的当下推动力因为要追溯其在早期形成阶段的所为而被忽视。个体失去了被信任的权利。在他忙于将当下的生活推向未来时，大多数（精神分析师）却忙于回溯过去。（p. 280）

奥尔波特对弗洛伊德的精神分析的批判恰如其分，且从理性的角度来说也是合理的。然而，他的反感情绪在某种程度上可能也受到他与弗洛伊德在维也纳的一次会面的影响，那时，他正在从土耳其返回的途中，也就是在他开始研究生学习之前。在匆忙地与弗洛伊德约定会面并被领进著名的办公室（带有长沙发）后，奥尔波特发现自己不知如何以一种可能给这位伟人留下深刻印象的方式展开谈话。他描述了他在一辆电车上亲眼目睹的小事，希望获得一个简洁的弗洛伊德式的解释，一个小男孩似乎过于关注肮脏：“他不停地对其母亲说，‘我不想坐在那里……不要让那个肮脏的男人坐在我旁边’”（Allport，1967，摘自 Nicholson，2003，p. 69）。奥尔波特显然期望弗洛伊德给出母子关系的分析，但相反的是，他“将其和蔼的治疗目光固定在我身上，然后说，‘那个男孩就是你吧？’”（p. 69）

奥尔波特实际上被视为“现代人格心理学之父”，最近的一篇传记《创作人格》（Nicholson，2003）的标题恰好就说明了这一点。正是奥尔波特主要负责进行19世纪的“性格”研究，并将其转化为20世纪的“人格”研究。同样值得关注的是，他在其兄弟的社会心理学领域也做出了重要贡献（《偏见的本质》，1954），并凭借其深邃的洞察力探究宗教心理学（《个体及其宗教》，1950）。

由于其对人格心理学的贡献以及对特殊规律研究法心理学的倡导，戈登·奥尔波特在其职业生涯期间赢得了许多荣誉和奖赏，但他珍视的财产是一部两卷本的论文集，由他以前的55位哲学博士生出版并在临近其职业生涯晚期时呈现给他。在他的自传中，奥尔波特（1967）写到，他的学生们“呈现给我两卷他们自己的精装版著作，写有如下题词：‘来自他的学生们——感谢他对他们个性的尊重。’这是一项完美的荣誉，我对其珍视高于所有其他的”（p. 24）。

发展心理学

对发展的兴趣有着一段长远的历史，这可以追溯到心理学的诞生。我们已经看到，天赋—教养问题是永恒的。自从心理学作为一门学科诞生，心理学家对发展的兴趣就很高，
430 包括从G·斯坦利·霍尔在20世纪之交发起的儿童研究运动到弗洛伊德和行为主义者们（不过，当然由于不同的原因）所表现出的对早年重要性的强调。在新行为主义的鼎盛时期，一位瑞士心理学家很快就跻身于20世纪最著名的心理学家行列，他细心地考察了年幼儿童包括他自己的孩子的认知发展。

让·皮亚杰（Jean Piaget，1896—1980）

选修发展心理学中的一门课程的所有学生都知道让·皮亚杰这个名字，并可能回忆起看到一张六七岁的学龄儿童凝视两个不同尺寸容器的水平面的照片。皮亚杰在创造复杂认知现象的简要证明方面是一位大师，他的容积任务对话就是其中颇为人知的一个，在这项任务中，“前运算”儿童通常不能辨别出一种液体的容积在转移到一个更高或更矮的容器时是保持不变的。

让·皮亚杰（图14—9）是一个土生土长的瑞士人，除了一些简短的间断外，他的大部分时间都是在瑞士度过的。和前面提到的约翰·斯图尔特·穆勒和弗朗西斯·高尔顿非常相似，他也是一个早慧的孩子。他还是一个学童时就对生物科学产生了浓厚的兴趣，他在10岁时就在一本地方博物学杂志上发表了一页长的对白化病侏儒的描述。他将大部分青春岁月用在收集软体动物并进行分类上，发表了几篇文章，甚至被赋予日内瓦一所声名远播的图书馆的软体动物馆长一职，他因为还有两年的高中没读完而不得不推辞（Piaget，1952）。他18岁时就获得了学士学位。又用了3年时间，于1918年获得生物学博士和软体动物专家这一国际声誉。

在其求学期间，皮亚杰也对认识论的哲学问题，特别是我们如何获得我们关于世界的知识这一问题产生兴趣。他广泛阅读哲学和心理学（包括威廉·詹姆斯和西格蒙德·弗洛伊德）著作，并在其获得生物学博士学位后，决定更深入地考察这一问题。当于1919年遇见以比奈—西蒙测验著称的泰奥多尔·西蒙时，出现了一次机遇，他邀请这位年轻的生物学家在巴黎的比奈实验室研究智力测验项目。随后，皮亚杰又用了几年研究学龄儿童的文字智力。他最初的任务是将英国心理学家西里尔·伯特（Cyril Burt）开发的推理测验标准化，但他在这样做时发现，他对儿童是否能正确地回答问题不感兴趣，而对他们回答问题时所使用的思维过程感兴趣。特别令人有所启发的是，儿童得出错误答案时所包含的
431 认知过程。为了探索这些策略，皮亚杰开始询问儿童如何解决问题。他从这些经验中总结到，儿童的认知不仅在量上，还在质上异于成人。即儿童不仅比成人知道的少，他们还以

完全不同的方式思考。最终，这一洞见导致皮亚杰著名的认知发展阶段理论的产生。

图 14—9　让·皮亚杰及其两位最喜爱的被试，摘自 Popplestone and McPherson (1994)。

在比奈实验室的经历，以及基于其成果的发表，使得皮亚杰随后于 1921 年被授予日内瓦儿童研究的一个研究所主管一职。20 世纪 20 年代，他还在日内瓦和纳沙泰尔（他的家乡）大学执教，并发表许多文章和五部著作。五部著作中的第一部《儿童的语言和思维》（1923/1959）在皮亚杰快 30 岁时为他赢得了一项国际声誉（Brainerd，1996）。

皮亚杰及其妻子生育了三个孩子，1925 年和 1927 年生了两个女儿，1931 年生了一个儿子。皮亚杰是不会错失良机的，所以，他和妻子在三个孩子成长时对他们进行系统的观察。皮亚杰的一个重要教训是，他在比奈实验室中使用的言语询问对前语言婴儿来说是没有用的——必须使用其他观察程序。例如，他通过观察婴儿系统地重复行为这一倾向推断婴儿正在习得因果关系，并且他通过指出婴儿是否会寻找看不见的物体而创造出著名的“物体恒常性”概念。就在这些年，即 20 世纪 30 年代，皮亚杰发展了一些其最著名的儿童认知的论证，并阐述了其认知发展阶段理论（Brainerd，1996)。[1] 他将其方法称为发生认识论（genetic epistemology)，使用“发生”术语指称发展过程，而不是遗传（即以G·斯坦利·霍尔早在一个世代之前就以相同的方式使用这个术语)。也就是说，皮亚杰关注的是准确地确定知识如何在个体内部形成，这些知识是由他所称做图式（schemata）的这些心理结构来代表的。[2] 他认为，儿童是其知识的积极缔造者，而不是其经验的消极接受者，并且他认为，形成“整体”的知识结构不能被还原为它们的元素。当然，后一点与格式塔心理学（第9章）相关，皮亚杰非常了解而且很欣赏格式塔心理学家，因为他们给皮亚杰指明他并不是独自在阐述一个基于“整体的结构（structures-of-the-whole)”的理论。正如他提出的，“与苛勒和惠特海默的工作相联系……给我留下（一个）深刻的印象。……我非常高兴地得出结论，我以前的研究并不完全是愚蠢的，因为一个人根据有组织的整体的附属部分这一核心假设不仅可以设计一种一致的理论，还可以设计一系列出色的实验”(Piaget，1952，p. 248)。

20世纪50年代初期，皮亚杰在日内瓦大学（University of Geneva）建立了他自己的研究所，即国际发生认识论中心，并在其余生中一直担任主管（Voyat，1981)。然而，他在欧洲虽有声望，但在美国他还是相对不知名的，部分原因是并非他的所有研究都被翻译成英文，还因为美国为行为主义所占领。他在美国并非完全不知名——他跻身于1929年耶鲁国际会议的年轻国际心理学家团体之中（其他人：巴甫洛夫和勒温)，哈佛在1930年庆祝它诞生300周年的会议上授予皮亚杰一项荣誉学位（Kessen，1996)。同样，正如你可能在最后一段引文中可以发现的，著名的《自传体心理学史》系列的编辑们（包括E. G. 波林）认为将皮亚杰纳入他们的第四版是合适的，它于1952年面世。不过，皮西杰的工作直到20世纪60年代才在美国广为人知，正好是在认知心理学处于美国实验室心理学最前沿的时候。在社会科学研究委员会（Kessen & Kuhlman，1962）于1960年主办的
432 一次致力于他在戴德姆、马萨诸塞的工作的会议上，约翰·弗拉维尔（John Flavell）发表了《让·皮亚杰的发展心理学》(1963)，在此之后，皮亚杰的观念登上了舞台，他开始逐渐奠定了其直至今日20世纪最有影响力的心理学家之一的地位（Kessen，1996)。

研究心理学展望

第13章开篇描述了现代心理学中研究心理学原理的那些人即研究者/学院派与运

---

① 正如你所了解的，这些阶段是感觉运动（0～2岁），前运算（2～7岁），具体运算（7～11岁）和形式运算（11岁至成年）。具体来说，涉及任何一本发展心理学教科书。

② 因此，不依赖巴特利特，皮亚杰得出一个类似的关于认知结构的结论，并使用相同的术语——图式。

用这些原理的那些人即实践者之间的分裂。第 13 章关注后者，而本章关注前者。对于这两章来说，重要的是要指出表面现象很少被忽视。第 13 章注重临床和工业心理学，而省去了应用心理学、学院心理学、社会心理学、康复心理学和司法心理学等其他主要领域，这里只列举了一些。类似地，本章注重认知心理学，然后从生理心理学、社会心理学、人格心理学和发展心理学中了解认知心理学的发展。浏览任何现代导论性的教科书你就会知道，许多都被省略了。但我的目标绝不是对 20 世纪后 2/3 时间的心理学的描述的综合。相反，我的部分目的是为你提供心理学家变化多端的兴趣的一瞥，部分是指明他们之间的一些相互关系，部分是诱使你对这些主题产生兴趣并深入地研究它们。最后一章阐述多样性的主题并以一个简短的关于是否有一种或多种心理学的讨论结束。

概要

认知心理学的到来（再次）

第二次世界大战后，心理学家逐渐介入了心理过程的研究，这一主题是心理学早期先驱者们的一个核心兴趣。在美国，认知心理学运动在 20 世纪 50 年代、60 年代和 70 年代逐渐发展，这时，行为主义成为一支并不强大的势力，这种变化与其说是革命，不如说是演变。

在行为主义主导美国心理学期间（20 世纪 30 年代和 40 年代），一些美国研究者（如斯特鲁普）仍然研究认知主题，从未像美国人那样迷恋于行为主义的欧洲心理学家们对心理过程的理解做出了重要贡献。英国的弗雷德里克·巴特利特就是一个重要的例子。他批判基于实验室、无意义音节类型进行的记忆研究，他提出，记忆研究应该强调现实生活环境。他认为，记忆是建构的并受到图式即一个人对现象世界的基本概念的影响。他的“鬼魂的战争”研究表明，记忆受到一个人的文化的独特图式的影响。

● 在心理学内部，认知运动在行为主义者/联想主义者传统内产生的问题中获得动力。在 1948 年的希克森专题讨论会上，拉施里指出，联想主义原则不能解释系列顺序，行为主义似乎不能解释语言行为。

● 在心理学外部，计算机科学、信息论和语言学的发展有助于认知心理学的演变。研究者们开始创造将计算机程序用做一个比喻并将个体的概念强调为一个信息加工者而不是一个刺激的反应者的认知过程模型。乔姆斯基主张，斯金纳的行为主义与语言研究不相关，并提出一种先天主义语言发展解释。

● 在 20 世纪 50 年代的 10 年中，出现了几篇里程碑式的论文和几部著作。其中包括米勒的论短时记忆（7±2）的有限的信息加工能力的论文，布罗德本特的论选择性注意的研究以及米勒、格兰特和普瑞布兰姆论“计划”的著作，这部著作的特色是 TOTE 单元形式的信息反馈观念，它是反射弧概念的一个替代。

● 认知心理学扩展到了心理学内的其他专业领域。此外，认知科学的跨学科领域与认知心理学同时演变。认知科学包括心理学、计算机科学（如人工智能)、语言学、人类学和认识论。人工智能领域包括人类认知过程的计算机模拟研究和计算机智能行动的专家系统的发展。研究者在机器思维与人类思维类似程度上没有达成一致意见。

其他研究领域

● 除了认知心理学外，在心理学家感兴趣的其他研究主题中也有重要的发展。重要发展的产生是由于理解（1）大脑和行为的关系，（2）社会环境对个体行为的影响，（3）人的个性的本质，和（4）人类发展的过程。

● 在 20 世纪下半叶，对大脑—行为关系研究的兴趣逐渐增长。兴趣是由技术（如 EEG）激发的，但特别是由赫布的研究和理论化激发的。赫布的大脑模型主要研究细胞团，即相连神经元的相互作用的结合，以及位相序列，即细胞团的组织和思维的神经对等。赫布突触是由于一些学习过程而经历结构变化的突触。

● 弗洛伊德·奥尔波特和库尔特·勒温是社会心理学的重要先驱，但利昂·费斯廷格（勒温的一个学生）发展了 20 世纪最重要的社会心理学理论，即认知失调理论。费斯廷格的实验以其设计的精巧和精致及其对欺骗的广泛运用而著称。

● 戈登·奥尔波特是特殊规律研究法传统的一位捍卫者，与研究一般原则的一般规律研究法相反，这种传统强调深入的个案研究。为了让人格心理学成为心理学的一个研究主题，奥尔波特比任何人都要做得多。他认为，可以用人的基本特质、核心特质和次级特质来描述其特征。

● 在发展心理学中，20 世纪最重要的人物是瑞士心理学家让·皮亚杰，他的发生认识论（即对理解个体的知识的成长和发展的兴趣）和认知发展阶段理论在美国心理学家从行为转向对认知过程感兴趣后最终在美国产生影响。

思考题

1. 描述一个研究的例子证明甚至在行为主义鼎盛时期对认知心理学的兴趣。
2. 什么是系列顺序问题？为何它为行为主义创造了问题？
3. 描述认知心理学的发展如何受到计算机科学和信息理论的影响。
4. 乔姆斯基主张，行为主义没能解释语言。他的主张是什么？

5. 根据托马斯·库恩的模式描述科学革命如何发生。

6. 视窗的材料中一场认知“革命”没有真正发生。请解释。

7. 乔治·米勒就 STM 的本质作出了什么发现？

8. 描述布罗德本特如何研究选择性注意以及他的结论是什么。

9. 关于认知心理学的“计划”著作的影响是什么？

10. 考察本章描述的奈塞尔的两部著作。每一部著作的影响是什么？

11. 认知心理学和认知科学间的区别是什么？

12. 用一个字谜问题区别规则系统和启发式程序。 434

13. 什么是人工智能以及它如何与图灵测验相关？

14. 区别强人工智能和弱人工智能，并理解中文屋问题如何导致人对一个的喜爱超过另一个。

15. 人们认为是赫布恢复了大脑和行为关系研究的兴趣。请解释。

16. 描述赫布的皮层组织和经验对大脑的影响的观点。

17. 弗洛伊德·奥尔波特和库尔特·勒温用不同的方法阐述社会心理学概念。他们有何不同？

18. 描述费斯廷格的认知失调理论。

19. 描述费斯廷格对社会心理学的研究本质的影响。

20. 区别心理学的一般规律研究法和特殊规律研究法取向。

21. 描述戈登·奥尔波特对人格心理学的影响。为何说他“创造了”人格？

22. 为何皮亚杰称自己是一位发生认识论者？为何他的工作对他后来在美国得到认可是重要的？

来自原始资料摘录的问题

1. 描述巴特利特对艾宾浩斯记忆方法的批评。他的方法论有何不同？

2. 从巴特利特的“描述”方法来看，关于一系列明信片的视觉记忆他发现了什么？

3. 描述“鬼魂的战争”研究并用它解释为何巴特利特认为记忆是建构的。必须将“图式”术语加入你的答案中。

进一步阅读

Baars, B. J. (1986). *The cognitive revolution in psychology*. New York: Guilford Press.

详细的认知运动的描述，取自认知心理学代表革命性地离开行为主义这一方面；值得一提的是，包括与关键人物的广泛访谈，如B. F. 斯金纳、乔治·米勒、乌里克·奈塞尔和诺姆·乔姆斯基。

Bruce, D. (1994). Lashley and the problem of serial order. *American Psychologist*, *49*, 93-103.

一个非常值得阅读的关于拉施里在希克森专题讨论会上提出的论系列顺序的文章的描述，其在当时以及后来对不同读者的影响；表明拉施里的文章没有立即被视为认知心理学的突破，但是，一旦认知心理学被确立，其重要性终将被认可。

Korn, J. H. (1997). *Illusions of reality: A history of deception in social psychology*. Albany, NY: SUNY Press.

对社会心理学研究中的欺骗的使用及其运动的道德意义的一个全面而中肯的分析；包括关于勒温、费斯廷格和斯坦利·米尔格拉姆的工作的全部章节，斯坦利·米尔格拉姆在20世纪60年代和70年代的服从研究似乎总是包括在研究方法教科书的道德章节中。

Leahey, T. H. (1992). The mythical revolutions of American psychology. *American psychologist*, *47*, 308-318.

对科学的一场"革命"所必需的几种标准的模式的一个细心描述，随后分析为何行为主义和认知心理学虽是心理学史的重要发展却不能被视为革命。

Nicholson, I. A. M. (2003). *Inventing personality: Gordon Allport and the science of selfhood*. Washington, DC: American Psychological Association.

一部奥尔波特的智力传记，关注他的职业生涯的前半部分，指明他如何拾起19世纪的"性格"研究并将之转变为20世纪的人格研究；强调奥尔波特对心理学的特殊规律研究法取向的倡导，并将他的工作和他的生活置于当代社会、政治和机构的背景中。

第 15 章 连接心理学的过去和现在

但有一种感觉，即我们绝对就是我们的历史。我们的历史是我们的约束力。

——西格蒙德·科克（Sigmund Koch），1992

本章预览与目标

本章必然是不完善的——心理学在过去的 30～40 年间呈指数形式增长，它需要属于自己的著作以便宽泛地概述其历程（几百页的导论性心理学教科书仅仅是浮光掠影）。本章更为合适的目标是考察近些年来形成的一些重要趋势。心理学在近些年里发生变化的一种方式是在多样性的领域。女性和少数民族团体成员发现难以介入在历史上被白种男性主宰的领域，但是，在第二次世界大战后期发生了一些改进，特别是在过去的 20 年里，尤其是对于女性来说。心理学的其他最近趋势会在本章的第二部分得到概述，这样做将突出本书的主题之一——要理解现在就必须理解过去。本章以讨论心理学能否被视为一门统一的学科结束。阅读完本章之后，你应该能够： 435

- 描述心理学中日渐增加的多样性的指征
- 描述女性和少数民族在心理学的进展中面临的阻碍
- 描述伊里诺·吉布森的职业生涯和贡献
- 描述肯尼思和玛米·克拉克的生活与贡献，特别是他们的工作对 1954 年布朗诉教育部（Brown v. Board of Education）一案的决策所产生的影响
- 概括心理学的五种当前趋势并指明对它们的理解如何需要了解过去
- 理解为何可以说心理学是多学科，而不仅仅是一门学科
- 理解作为统一力量的历史在心理学中的作用

心理学的发展和多样性

436 在过去的 100 年里，有组织的心理学的发展的一个指征在于其最大的专业组织，即美国心理学会会员的数据。从 1892 年 G·斯坦利·霍尔的研究开始直至 20 世纪 20 年代中期，美国心理学会展现出稳定但不引人注意的扩展。到世纪之交时，由起初的 31 位特许会员上升为约 125 位，到第一次世界大战结束时约 375 位（Fernberger，1932，p. 5）。然而，随着学会会员身份（于 1925 年）的确立，上升曲线改变了方向，如图 15—1 所示。第二次世界大战后，全部会员攀升至约 5 000 人，如图 15—2 所示，从那时起稳步上升，至 1990 年达到 70 000 人（Bulatao，Fulcher & Evans，1992）。21 世纪初，全美国心理学会成员迅速上升至 100 000 人。[①] 而且，未来一定会持续增长——心理学跻身于大学校园最受欢迎的科目行列，每年都出现新的研究生培养计划，申请进入研究生院的人远远超过可提供的位置。

与体现在美国心理学会会员名册中的扩展一起，心理学多年来也变得更为多样。这种多样性的一个形式就是专业化。正如你从上两章中所了解的，心理学家已不再仅仅是心理学家，他们是发展心理学家、社会心理学家、工业心理学家、临床心理学家、认知心理学家和人格心理学家，等等。甚至这些标签也是过于宽泛的，举个例子来说，不能希望发展心理学家通晓其所有分支领域，但是必须在其中进一步专精，这可能通过形成在婴儿记忆、青少年同伴关系或老年人推理过程方面的专长来实现。心理学逐渐多样性的第二种形式在于介入这个领域的人色彩纷呈。20 世纪 90 年代后，心理学家比以往更可能是女性和/或非白种人。

心理学史上的女性

本书已经多次考察了心理学中的女性问题。从第 6 章中，你可以回顾诸如玛丽·卡尔金斯、玛格丽特·沃斯伯恩和克利斯廷·莱德-富兰克林这些先驱女性所经历的困难，她们或者不能获得全职的学术职位（莱德-富兰克林），或者被限制在没有研究生项目的小型女子学院执教（卡尔金斯和沃斯伯恩）。后一问题在 20 世纪 20 年代实际上加剧了，当时许多小型学院开始用男性来代替女性教授以“提升”它们的声望（Diehl，1992）。如第 7 章所描述，前进中的另一个长期存在的阻碍是女性被科学心理学家们最重要的非正式交际圈排除在外。尽管由于部分原因是大学所需，康奈尔大学允许一些女性进入其研究生项

① 据美国心理学会会员办公室称，2003 年 8 月，全美国心理学会成员约为90 000人。

目，但 E. B. 铁钦纳却将她们挡在他的实验主义者"俱乐部"之外。在铁钦纳于 1927 年去世之后，这个小组重组为实验心理学家协会（SEP）并决定接纳女性，但事实上阻碍仍然存在。沃斯伯恩和怀俄明的朱恩·唐尼（June Downey）（在出席任何会议前去世）这两位女性成为这个新小组的特许成员，沃斯伯恩甚至于 1931 年[①]在瓦萨主持一次实验心理学家协会会议。然而，该小组在 20 世纪 40 年代和 50 年代初的照片中没有出现过女性面孔，直至 1958 年才有其他女性被选入（Furumoto，1988）。尽管在数量上相对较小，但实验心理学家协会组成了一个影响学术雇用和进展的密切网络（Goodwin，1985）。[②] 因此，多年来，该组织对女性的排斥使得她们根本不可能形成成功的科学生涯。尽管有这些不平等，438 但有些人做到了，一个很好的例子是第二次世界大战后最受称赞的发展心理学家之一伊里诺·吉布森。

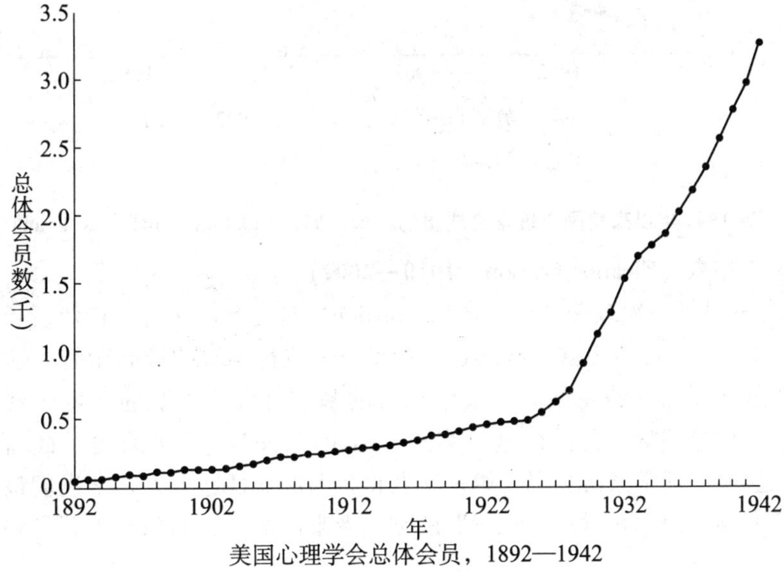

图 15—1　1892—1942 年美国心理学会会员的增长，引自 Bulatao，Fulcher & Evans（1992）。

---

① 斯坦福的沃尔特·迈尔斯出席了 1931 年的瓦萨会议并记录了沃斯伯恩对铁钦纳的一次有趣的评论。迈尔斯 1931 年 4 月 1 日的日记包括这一记录："沃斯伯恩对 T 的态度。他从未发现任何事情，他没有创造任何仪器或方法，他完全不是一位实验者。……他的伟大之处在于他的学习和他做一场演讲的能力。"沃斯伯恩显然也认为，铁钦纳之所以"给予她很多"，部分原因是"他们的年龄非常相仿"（Miles，1931）。

② 实验心理学家协会主要作为令人尊敬的实验心理学家的一个荣誉协会而存在至今。约有 200 位会员，约 30 位是女性。大部分女会员都是在 20 世纪 90 年代的 10 年间被选拔出来的（Goodwin，2001）。

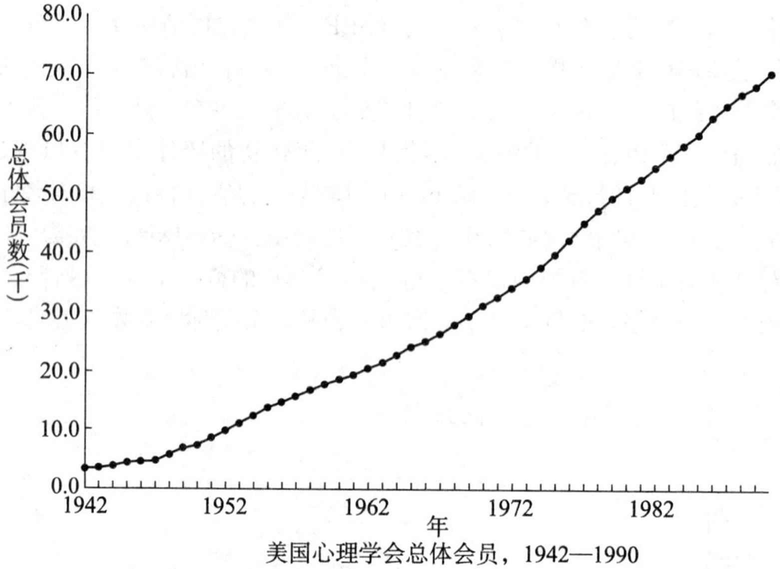

图 15—2　自 1942 年以来美国心理学会成员的增长，摘自 Bulatao，Fulcher & Evans（1992）。

伊里诺·吉布森（Eleanor Gibson，1910—2002）

在 1992 年 6 月的一次玫瑰花园（Rose Garden）典礼上，乔治·布什授予伊里诺·吉布森（图 15—3）国家科学奖章，这是总统能授予一位科学家的最高荣誉。这一奖赏是因为吉布森关于从深度知觉的发展到阅读中包含的基本过程等主题的终生研究。到那时为止，另外只有 9 位心理学家曾获得这一奖励（Kent，1992）。吉布森也是此前自唐尼和沃斯伯恩被选入实验心理学家协会以来第一次获得提名的女性。今天，学生们最可能将吉布森作为用于研究婴儿深度知觉的“视崖”的创立者来回忆。她的职业生涯是一个坚持不懈的例子。

吉布森最初在史密斯学院对心理学产生兴趣，这是一所位于马萨诸塞州西部为女性开办的文学艺术学院。在这里，她从哈维·卡尔的一个学生那里学会操作迷津中的老鼠并跟随 E. G. 波林的一个学生学习心理学史。大学四年级时，她选修了史密斯学院新来的德国教授库尔特·考夫卡的一门课程，但发觉这段经历没有吸引力——这位格式塔心理学家所做的只不过是阅读其先前关于格式塔心理学著作中的一点笔记（Koffka，1935）。她在来自普林斯顿的实验心理学家詹姆斯·吉布森（James Gibson）所教授的一门实验室课程中运气更佳。詹姆斯·吉布森后来成为 20 世纪最著名的认知研究者之一。伊里诺同时爱上了这门实验室课程和这位教授。毕业后，她在史密斯学院又待了一年，获得一项硕士学位并嫁给了她最喜爱的教师。

图 15—3　1992 年，伊里诺·吉布森接受国家科学奖章。

由于完全沉迷于心理学研究，吉布森于 1935 年前往耶鲁，渴望在著名的罗伯特·耶克斯的灵长类实验室工作。然而，她在那里很快就遇到了一个与史密斯所庇护的完全不同的世界。她克服了一些困难获得预约与耶克斯会面，他似乎很奇怪她为何在那里。当她说自己希望为他工作时，“（他）站起身来走向门，打开门并说道，‘在我的实验室里没有女性’”（Gibson，1980，p. 246）。尽管感到愤怒并有些失落，但吉布森执拗地拒绝离开耶鲁，并最终使得新行为主义者克拉克·赫尔认可了她的能力并在他的指导下于 1938 年获得博士学位。回到史密斯学院后不久，她辗转到了纽约的伊萨卡，这时，她的丈夫被康奈尔大学聘请。反裙带关系规则阻止了她在康奈尔大学工作，这是许多嫁给教授的女性心理学家面临的一个主要问题，但她再次坚持。吉布森作为一个不计报酬的“研究助手”而工作，通过争取一系列富有竞争性而有声望的研究资金而坚持了 16 年。就在这些年里，她创造了视崖并与里查德·沃克（Richard Walk）完成了关于深度知觉的开创性研究（如 Gibson & Walk，1960）。当康奈尔大学于 1966 年取消了裙带关系规则时，吉布森立即成为一位全职教授。1974 年，她被提名为苏珊·林·塞齐资助心理学教授（Susan Linn Sage Endowed Professor of Psychology），尽管她从未真正退休，但她还是于 1980 年被提名为荣誉退休教授（Pick，1994）。她一直是一位活跃的学者直至 1994 年，她在讨论心理学的未来这一主题时，积极主张根植于一种发展取向的机体—环境相互作用的理论（Gibson，1994）。在她于 2002 年去世后不久，一个以前的学生描述了她作为一位教师的技能： 439

对她的学生来说，她是一位非常特别的导师。她激发我们的好奇心并从一开始就

> 把我们当做她开始寻求关于发展的知识的合作者。她随时可以进行交谈，并迫切地讨论某人的观念。她具有一种令人惊奇的拿捏一个学生最不完善的观念的诀窍，略作沉思，然后返还给学生——带着对它的称赞——几乎无法辨认，因为它已经转化为一个非常好的观念，详细、清晰并经常变得像一项精密的研究计划那样精确。她的标准非常高，以身作则，同时慷慨地给予分数。她的科学以严格和聪颖的实验设计为特征，注意实验程序中的细节，并非常关注所研究问题的概念和理论基础。(Pick，2003，p. 26)

伊里诺·吉布森只是一个极具天赋的科学家的一个例子，她在前进途中面临阻碍仅仅因为她是一个女性。在20世纪60年代和70年代，状况有所改善，这时，女性运动作为公民权的部分推动力而出现。1964年的公民权法案禁止针对女性以及少数民族的歧视，1972年，第九条（Title IX）尤其禁止高等教育中的性别歧视（Russo，1988)。20世纪60年代和70年代创立关于女性地位的委员会，而在1973年，美国心理学会为女性心理学创建了一个分会（第35分会——女性心理学协会)。今天，心理学中的女大学生在数量上超过男性，比例为二比一，有60%的心理学博士学位授予女性。尽管大多数的教员还是男性，但变化正在发生——女性教员在心理学研究生部门中的比例从20世纪80年代的1/5转变为10年后的1/3（“Sex，Race/Ethnicity Data，”1995)。

心理学史上的少数民族

与女性一样，少数民族成员在心理学的大部分历史中作壁上观。然而，与女性情况不同，黑人和大多数少数民族在第二次世界大战后没有什么重要的收获，少数民族在心理学中仍然是代表名额不足。例如，1991年，只有14%的学士学位、11%的硕士学位和9%的博士学位授予少数民族（“Sex，Race/Ethnicity Data，”1995)。其中，约1/2授予非洲裔美国学生，1/4授予西班牙学生，剩下的授予亚裔美国人和印第安人。目前，美国心理学会由种族少数民族招收、保持和培训委员会经手这一问题，美国心理学会的教育事务委员会有一个关于民族多样性的专门小组。

尽管少数民族心理学家们所面临的阻碍和女性至少一样大，但他们还是为心理学历史做出了贡献。我们已经看到诸如惠特海默和勒温这些背井离乡的欧洲犹太心理学家成为美国心理学的主要人物。他们在面临反犹太主义时做到了这一点，尽管这里的反犹太主义不像在纳粹德国那么强烈，不过也以微妙的形式发生着。格式塔心理学家已闻名遐迩，足以确保其职位，但寻找工作对于其他犹太心理学家来说就不是那么容易了，特别是在经济大
440 萧条期间工作岗位紧缺时。正如历史学家安德鲁·温斯顿（Andrew Winston）(1996）所指出的，20世纪30年代的推荐信经常强化对犹太人的成见，他们狡诈而算计、对可察觉的细节过于敏感、好争论、排他并防御性地攻击。他们也许会因为有一封信指出他们具有这些品质而注定失去学术职位的候选资格，而事实上，即使他们得到赞扬，说虽然他们可

能是犹太人，但他们不像“典型”的犹太人，他们的境遇也几乎没有什么改善。例如，罗伯特·伍德沃斯在推荐他的一个学生时这样写道，“正如他的名字所显示的，(他是）一个犹太人，但我保证你会发现他是一个非常令人满意的同事……合作并渴望融入团体”（摘自 Winston，1996，p. 30)。

然而，与非裔美国人所遭遇到的相比，犹太人所面临的困境就相形见绌了。至少没有人指责犹太人缺乏智力。另一方面，黑人的基本能力经常受到质疑，这一点在心理学形成期间尤为真切。正如你从第 6 章了解的那样（pp. 147 - 148)，像弗朗西斯·萨姆纳这样的学者们在试图获得研究生教育并在学术界求职时都面临巨大阻碍。萨姆纳最终在华盛顿找到了通往霍华德大学的道路，在这里，他在一所历史上的黑人大学里建立了最为卓越的心理学项目。他最杰出的两位学生是肯尼思和玛米·菲普斯·克拉克。

肯尼思·B·克拉克（Kenneth B. Clark，生于 1914）和玛米·菲普斯·克拉克（Mamie Phipps Clark，1917—1983)

1954 年 5 月 17 日，美国最高法院颁布了一项被视为 20 世纪最重要的法庭决议之一的法令。在处理一件反对堪萨斯州托皮卡教育部的案件时，法庭以无异议的 7 比 0 投票宣布，“‘隔离但平等’的原则在公共教育领域是没有立足之地的。隔离的教育设施在本质上是不公平的”（摘自 Morison，1965，p. 1 086)。布朗诉教育部一案的裁决颠倒了另一个时期的早期决定；1896 年，法庭在普莱西诉弗格森（Plessy v. Ferguson）案中作出裁决，即隔离白人和黑人的公共设施（如学校、厕所）是合法的，只要提供给黑人的设施与提供给白人的那些是等质的。通过宣布“隔离但平等”的原则违反宪法，布朗决议为 20 世纪 60 年代和 70 年代的公民权运动铺平了道路。布朗决议对心理学史的重要性是显著的，因为法庭的决议受心理学家证明隔离对年轻非洲裔美国人的负面效应这一研究的影响，并明确提到这一研究。尽管并非有助于这项决议的唯一一项研究，但肯尼思和玛米·菲普斯·克拉克（图 15—4）完成的关于黑人儿童的自尊研究也标志着心理学在美国历史中的紧要关头所做出的贡献。[①]

肯尼思·B·克拉克出生在巴拿马运河区，在纽约市公立学校体系中接受教育，并来到华盛顿的霍华德大学学习。玛米·菲普斯是一个很少见的人——一个在相对富裕的环境中成长的非裔美国人。她的父亲是阿肯色州温泉城的一位医生，尽管她在成长时“学会了不要去做的事情”（摘自 Lal，2002，p. 21)，但她摆脱了作为黑人每天所面临的许多侮辱，在南部成长。玛米也找到了她通向霍华德的道路，她在这里计划学习数学。然而，那个计划在遇到她未来的丈夫时改变了，丈夫说服她一起成为一名心理学专业的学生。肯尼思和玛米都在霍华德大学完成了学士学位和硕士学位（肯尼思是 1935 年和 1936 年；玛米是

① 在此项决议中，最高法院没有具体引用克拉克夫妇完成的研究，但确实引用了肯尼思·克拉克对于隔离对发展的影响这一问题相关的所有社会科学研究所作的普遍概括（Keppel，2002)。

1938年和1939年)，并且都在哥伦比亚大学获得了博士学位（1940年和1943年)。他们在玛米于1938年从霍华德大学毕业之前几个月私奔。

图15—4 肯尼思和玛米·菲普斯·克拉克。

克拉克夫妇因之成名的研究源自于玛米在20世纪30年代后期写的硕士论文并从中发展而来（Lal，2002)，且后来被概括为“黑人儿童的种族认同的偏爱”（Clark & Clark，
441 1947)。该研究程序最终以“玩偶研究”而知名，其中包含了北部和南部的早期学龄黑人和白人儿童。呈现四个玩偶给他们，淡色皮肤的一个女性和一个男性以及黑色皮肤的一个女性和一个男性，并问他们一系列问题，包括“给我指出你愿意一起玩的玩偶”，“给我指出看起来坏的玩偶”和“给我指出看起来像你的玩偶”（摘自Phillips，2000，p.147)。他们发现，黑人儿童表现出对白人玩偶的偏爱并倾向于认为黑人玩偶“坏”。在有些情况下，儿童甚至认为他们看起来更像白人玩偶。在一种略微不同的程序中，给予儿童玩偶和蜡笔并告诉他们给这些玩偶涂颜色。黑人儿童总是给那些比他们自己皮肤淡的玩偶涂颜色（Herman，1995)。克拉克夫妇总结到，隔离的有害影响之一是黑人儿童的自尊受到伤害。如果童年期塑造了成人的话，那么，这些后果将具有持续的有害影响。

布朗诉教育部的法律策略源自四个不同的州法院对相同的基本问题的争论——推翻隔离但公平的原则。法律策略的一位制定者是舍古德·马歇尔（Thurgood Marshall)，他后来成为第一个被提名到最高法院任职的非洲裔美国人。他这样解释：

> 如果你的汽车撞倒了我的当事人，你将必须付清费用，作为一个律师，我的职责就是让专家们去鉴定造成了多大的伤害。我们迫切需要学校案件中的那类证据。当鲍勃·卡特（Bob Carter）带着肯·克拉克（Ken Clark）的玩偶测验来到我这里时，我

认为它对证明这些被隔离的年轻人所受的伤害来说是一个有希望的方式。（摘自 Kluger，1987，p. 316）

肯尼思·克拉克检验了四宗案件中的三宗以为最高法院案件做准备，甚至将玩偶带在身边展示给陪审团（Benjamin & Crouse，2002）。这些案件以布朗决议告终，尽管决议文本中没有引用“玩偶研究”，但审判长厄尔·沃伦（Earl Warren）的决议明确提到了社会科学家们的专家证明的重要性，这些证明检验了隔离对黑人儿童的影响（Jackson，2000）。

在于 1943 年获得其博士学位后，玛米·克拉克在里弗代尔儿童收容所（Riverdale Home for Children）任职，为无家可归的黑人儿童提供心理服务。1946 年，在其丈夫的支持和父亲的资助下，她在哈勒姆建立了北部儿童发展中心并成为执行主管。该中心为哈勒姆的年轻人和他们的家庭提供咨询与治疗，并且是跨学科团队治疗取向的一个模型——克拉克的全体工作人员包括“精神病医生、心理学家、社会工作者、个案工作者、教师和儿科咨询医师”（Lal，2002，p. 25）。与此同时，肯尼思加入纽约城市大学的教员行列并开始了一段卓越的学术生涯，这在其于 1970 年被选为美国心理学会主席时达到了顶点。 442
他是第一个，也是迄今为止仅有的一个入主这个办公室的非洲裔美国人。

正如前面所指出的，少数民族成员在今天的心理学中不占优势。不过，美国心理学会这些年来做出了一些组织上的努力以创造一种包容的氛围。例如，1950 年，美国心理学会委员会通过了一项决议，即只在没有明显的歧视行为的城市举行年会。例如，1957 年的会议从迈阿密转移到了纽约，后来得知，有些旅馆不接纳黑人（Smith，1992）。主要通过肯尼思·克拉克任美国心理学会主席期间的努力，美国心理学会还于 1972 年成立了心理学的社会和道德责任委员会（Pickren & Tomes，2002）；它反过来促成了今天的少数民族事务委员会。美国心理学会的少数民族成员项目于 1974 年开始为研究生学习提供财政补助，并于 1987 年成立了第 45 分会，即少数民族问题心理学研究协会。

当代心理学的趋向

第 1 章包括理解心理学的现在就要知道其过去的一些事情这一观点，是 E. G. 波林在展开第 1 章的引言中生动地提出的一个论点。我希望你将从心理学史课程和这本书中所学到的与从其他心理学课程中积累的知识相结合，以促进你对当前心理学的理解。这本书结束前的部分简洁地确定了五种当代心理学趋势，如果对心理学史的一些事情一无所知就不能正确理解其中的任何一种。在我看来，这些趋势是：

1. 对大脑和行为关系的逐渐研究，伴随着神经科学术语被添加到逐渐增长的分支学科名称中（如认知神经科学）。激动人心的技术革新推动了这一发展，但我们当前的理解基于对大脑研究的一段长期历史（第 3 章），而且所包含的基本问题（如心—身问题，功能的定位）仍深深植根于哲学和生理学史（第 2 章和第 3 章）。

2. 进化思维的蓬勃回归，伴随着先天—后天问题向先天这一端的转移。第 5 章讲述了达尔文的故事及其在心理学的形成期间的影响。这一影响的一方面是用演变机制解释一些行为并因此倒向先天—后天问题的先天这一端的倾向。进化解释脱离了行为主义时期美国心理学的时尚，行为主义造成了向争论的后天这一端的转移。然而，最近平衡似乎又往回转移。行为遗传，即研究基因对行为和心理过程的影响，获得了许多关注，并且进化心理学已经在心理学课程表中获得一席之地，现在已有几种教科书了（如 Buss，1999）。

3. 现代计算机能力为研究带来的重大变化。研究方法的历史是一个值得拥有自己的教科书的主题，但你已经接触到了它的一些组成部分——伍德沃斯的教科书（“哥伦比亚圣经”—— 第 8 章）以及方差分析（ANOVA）对社会心理学中的研究设计的影响（第 14 章）。伍德沃斯的教科书和方差分析的一个影响是相对忽视有关的研究设计，但最近几年，随着能够迅速执行高度复杂的多元分析（如多元回归）的统计软件的发展，它们日益普通（并更为复杂）。

443 4. 心理学实践者的逐渐专业化。正如你从第 13 章的开始部分所得知的，学院/研究者和那些专门从事心理学实践的人之间有着一段尴尬的历史。了解这一历史的一些事情有助于理解这些团体之间的紧张并展望任何弥补它们间的隔阂的尝试。

5. 心理学的逐渐分裂。这需要在本章中拥有完全属于其自己的一部分，它将结束这本书。

未来：一种心理学还是多种心理学

显然，心理学在 20 世纪下半叶展现出巨大的发展并逐渐专业化，因此，值得考察这一领域是否在任何情况下都可以被说成是统一的。在 21 世纪初，是有一种心理学还是有多种心理学呢？

首先，这一问题暗示心理学曾经是统一的，但不清楚心理学是否曾经是一门连贯的学科。它在早期，即它试图形成一个与生理学和哲学分离的身份时，可能接近过统一，但即使在那时也显然存在强烈的反对。铁钦纳和其他研究心理学的人之间的冲突就是这个问题非常确凿的例证，美国心理学会内各个机构间长期存在的争论也是如此。正如第 12 章和 13 章所讨论的，心理学家—实践者在第二次世界大战前的 20 年对美国心理学会感到不满，但 1945 年的重组使得美国心理学会更为吸引他们。然而，重塑美国心理学会的战时合作精神很快就烟消云散了，那些想让美国心理学会保持其作为科学心理学的推动者这一传统角色的人和那些将该组织视为推动心理学实践的一个工具的人之间产生了冲突。科学心理学家的挫折产生了 1960 年的心理经济学会，并试图进一步重组美国心理学会，包括在 20 世纪 80 年代的那次失败尝试，这次失败直接导致美国心理学协会（APS）的创立。21 世纪初的心理学至少在组织上似乎更多是以分裂而不是统一为特征。

就现代心理学作为一门理智学科来说，很少有评论者愿意将它视为一个统一的领域，除了在机构的意义上，尽管新的跨学科领域正在发展，但大多数心理学家继续在“心理学系”接受培训（Hilgard，1987），并且一种相当一致的定义——行为和心理过程的科学——出现在大多数现代导论性教科书中。在庆祝 1879 年冯特实验室建立 100 周年的美国心理学会专题讨论会上谈论分裂问题时，经历 E. G. 波林的传统实验心理学训练的乔治·米勒“发现了其他几种心理学，都要求标签的专有权，都争夺追随者，并且每一个都蔑视其他的。简言之，我发现心理学是一座智力动物园”（Miller，1992，p. 40）。只要通过考察美国心理学会的 53 个分会中的几个专业分会，就能够获得对这座动物园里的物种范围的理解：

3 实验心理学

7 发展心理学

14 工业/组织心理学

12 临床心理学

16 学校心理学

22 康复心理学

25 行为分析

26 心理学史

28 心理药理学和药物滥用

30 心理催眠

36 宗教心理学

38 健康心理学

52 国际心理学

许多心理学家不只属于一个分会，但显然在美国心理学会的大伞下表现出广为多样的兴趣。而且，由美国心理学协会代表的一些实验心理学领域甚至进一步扩展专业的范围。很难想象一位研究神经移植 X 对记忆的影响的神经心理学家、一位研究儿童的平行游戏的发展心理学家、一位开发一种操作评估程序的工业心理学家和一位强奸危机中心的咨询师 444
之间有着许多共同点。

也许最合理的是假设心理学不是一门单独的学科，而是学科的集合。心理学的一位重要理论家西格蒙德·科克多年来主张这一观点，即建议“心理学”术语应该为更为多元的“心理研究”这一标签所代替（Koch，1993）。他将这视为在其他科学中发现的一种类似的历史过程——例如，生物学包括一个宽泛的“生物研究”范围（如植物学、动物学）。类似地，记忆研究者和前美国心理学协会主席戈登·鲍尔（Gordon Bower）在美国心理学会的一次关于“心理学的分裂”的专题讨论会上提出，一种更为积极的意义源自将这种现象称为“专业化”而不是“分裂”（Bower，1993）。尽管“心理学”这一术语没有被“心理研究”代替，但大多数心理学家都同意科克和鲍尔的一般观点，即心理学今天的确是许多分支学科，每一个专业都各司其职。鲍尔用一棵正在成长的树这一比喻来阐述他的观点，将心理学的发展和多样化比喻成一棵树的成长过程，随着年轮的增长而产生越来越多的分支。他将个体心理学比喻为一只“小昆虫，它以一根非常细的树枝上的一片多汁的树叶为生，并可能与另一个以同一片树叶为生的昆虫交流”（p. 905）。

如果在现代心理学中存在任何意义上的统一力量，除了源自“心理学系”的学术分类的机构性力量和在普通心理学教科书中发现的定义性力量，还可以认为它源自心理学史。正如科克（1992）提出的，“有一种感觉，即我们绝对就是我们的历史。我们的历史是我们的约束力”（p. 966）。不管某人现在的专业是什么，都存在共同的根源（按照树的比喻来说，是一棵树干和一个根系）和相似的主题，其中许多在本书中已经讨论过。我希望你在这些字里行间所读到的将诱使你学习更多将心理学家们联系在一起的东西，并加深你对心理学丰富遗产的理解。

概要

心理学的发展和多样化

● 心理学在其作为一门独立的学科的100多年期间展现出蓬勃的发展，由于它的发展，心理学家们的兴趣变得更为专业化。贯穿其大部分历史，最重要的心理学家都是白人和男性，这一情况现在正在改变，特别是更多的女性进入这一领域。尽管在20世纪的大部分时间里，女性都被排除在心理学的内部圈子之外，但有些人做出了重要贡献。伊里诺·吉布森就是第二次世界大战后最重要的一个例子。她克服了“作为科学家的女性”这一消极的成见并成为一位最重要的发展心理学家，以其深度知觉（视崖研究）和阅读研究著称。

● 少数民族，包括犹太人和非洲裔美国人，在整个心理学史中也面临歧视。黑人尤其不得不面对源自20世纪早期的偏见，即相信白种男性天生的种族优势和隔离但（并非如此）平等的学校这种社会政策。肯尼思和玛米·菲普斯·克拉克完成的黑人儿童自尊研究有助于取消1954年的布朗诉教育部决议中黑人和白人隔离但平等的教育这一观念。

当代心理学中的趋向

● 现代心理学中显然存在五种趋向——神经科学中渐增的兴趣、进化心理学的发展、计算机的延续影响、渐增的职业化水平和渐增的专业化。不了解关于历史的一些事情就无法完全理解其中每一个趋势。

一种心理学还是多种心理学

● 20 世纪后期的心理学不是一门统一的学科，随着关于其基本问题的争论的再次发 445
生，它可能从来都不曾是一门统一的学科。现代心理学以渐增的专业化为特征，用科克的一系列心理研究的观念来代替一个单独领域这一观念可能更为适合。然而，心理学中的一支统一力量仍处于该学科的历史之中。

思考题

1. 描述铁钦纳实验主义者和实验心理学家协会对女性在实验心理学中的机会的影响。
2. 伊里诺·吉布森在通向杰出的发展心理学家生涯的道路上面临什么困难？
3. 为何一些犹太教授在美国难以找到学术职位，特别是在 20 世纪 30 年代？
4. 布朗诉教育部决议的实质是什么？它战胜的前一项决议是什么以及心理学起到了什么作用？
5. 描述克拉克的玩偶研究以及它们如何对布朗诉教育部一案做出贡献。
6. 描述现代心理学中的五种明显趋势。
7. 解释为何用“psychologies”术语而不是“psychology”可能更好。
8. 心理学由于什么原因可以被视为一门统一的学科？

进一步阅读

Guthrie，R. V.（1976）. *Even the rat was white：A historical view of psychology*. New York：Harper & Row.

一部记述 19 世纪和 20 世纪早期的心理和种族的小册子，它包括关于早期研究的章节，这些研究对比黑人和白人在许多量表上的表现以及基于优生的法律的影响；包括有一章那么长的关于萨姆纳的传记信息以及对其他几位非洲裔美国心理学家（如赫尔曼·卡纳迪、克拉克夫妇）的贡献的简要概述。

History of psychology：The contributions of Kenneth B. and Mamie Phipps Clark.（2002）. *American Psychologist*，*57*，19－59.

描述克拉克夫妇的生活、工作和影响的一组四篇文章（*by Lal*，*Keppel*，*Benjamin & Crouse*，*and Pickren & Tomes*），从北部中心到布朗决议再到社会和道德责任部的成立。

Koch，S.（1992）. Postscript：The second century of psychology at age 12 and the American Psychological Association at age 100. In S. Koch & D. E. Leary（Eds.），*A century of psychology as science*（pp. 951－968）. Washington，DC：American Psychological Association.

一大堆章节的最后部分，这些章节讨论过去的 100 多年（多 12 年）心理学的发展；一本书的重新发行和更新，该书于 1985 年首次面世，它基于 1979 年庆祝冯特实验室建立 100 年的专题讨论会；对科克关于心理学的学科地位的观念的一次流畅的描述。

Winston，A. S.（1996）. "As his name indicates"：R. S. Woodworth's letters of reference and employment for Jewish psychologists in the 1930s. *Journal of the History of the Behavioral Sciences*，*32*，30－43.

对罗伯特·伍德沃斯在学术界和其他领域的排斥性雇佣做法的背景下，特别是在 20 世纪 30 年代期间，为犹太心理学家所写的推荐信的一次细致分析；避免简单地谴责伍德沃斯为反犹太主义的现代主义，用这些信来描述在当时的非犹太人社会中什么被认为是理所当然的。

参考文献

Adams, G. (1934, January). The rise and fall of psychology. *The Atlantic Monthly*, 82–92.

Allport, F. H. (1924). *Social psychology*. Boston: Houghton Mifflin.

Allport, G. W. (1937). *Personality; A psychological interpretation*. New York: Holt.

Allport, G. W. (1950). *The individual and his religion.* New York: Macmillan.

Allport, G. W. (1954). *The nature of prejudice*. Cambridge, MA: Addison-Wesley.

Allport, G. W. (1961). *Pattern and growth in personality*. New York: Holt, Rinehart, & Winston.

Allport, G. W, (1965). *Letters from Jenny*. New York: Harcourt, Brace, & World.

Allport, G. W. (1967). Gordon Allport. In E. G. Boring & G. Lindzey (Eds.), *A history of psychology in autobiography. Vol. 5* (pp. 3–25). New York: Appleton-Century.

Allport, G. W., & Vernon, P. E. (1931). *A study of values*. Boston: Houghton.

Anastasi, A. (1954). *Psychological testing*. New York: Macmillan.

Anastasi, A. (1993). A century of psychological testing: Origins, problems, and progress. In T. K. Fagan & G. R. VandenBos (Eds.), *Exploring applied psychology: Origins and critical analyses* (pp. 13–36).Washington, DC: American Psychological Association.

Anderson, J. R. (1990). *Cognitive psychology and its implications* (3rd ed.). New York: Freeman.

Angell, J. R. (1904). *Psychology*. New York: Holt.

Angell, J. R. (1948). The province of functional psychology. In W. Dennis (Ed.), *Readings in the history of psychology* (pp. 439–456). New York: Appleton-Century-Crofts. (Original article published 1907)

Appleby, J., Hunt, L., & Jacob, M. (1994). *Telling the truth about history*. New York: W. W. Norton.

Aronson, E. (1991). Leon Festinger and the art of audacity. *Psychological Science, 2*, 213–217.

Aronson, E. (1999). *The social animal* (8th ed.). New York: W. H. Freeman.

Asch, S. E. (1968). Wolfgang Köhler: 1887–1967. *American Journal of Psychology, 81*, 110–119.

Aserinsky, E., & Kleitman, N. (1953). Regularly occurring periods of eye motility and concomitant phenomena during sleep. *Science, 118*, 273–274.

Ash, M. G. (1985). Gestalt psychology: Origins in Germany and reception in the United States. In C. E. Buxton (Ed.), *Points of view in the modern history of psychology* (pp. 295–344). New York: Academic Press.

Ash, M. G. (1992). Cultural contexts and scientific change in psychology: Kurt Lewin in Iowa. *American Psychologist, 47*, 198–207.

Atkinson, R. C., & Shiffrin, R. M. (1968). Human memory: A proposed system and its control processes. In K. W. Spence & J. T. Spence (Eds.), *The psychology of learning and motivation: Advances in research and theory* (pp. 89–195). New York: Academic Press.

Averill, L. A. (1982). Recollections of Clark's G. Stanley Hall. *Journal of the History of the Behavioral Sciences, 18*, 341–346.

Baars, B. J. (1986). *The cognitive revolution in psychology*. New York: Guilford Press.

Babkin, B. P. (1949). *Pavlov: A biography*. Chicago: University of Chicago Press.

Bache, R. M. (1895). Reaction time with reference to race. *Psychological Review, 2*, 475–486.

Baddeley, A. (1990). *Human memory: Theory and practice*. Boston: Allyn & Bacon.

Bahrick, H. P. (1984). Semantic memory content in permastore: 50 years of memory for Spanish learned in school. *Journal of Experimental Psychology: General, 113*, 1–29.

Bakan, D. (1966). The influence of phrenology on American psychology. *Journal of the History of the Behavioral Sciences, 2*, 200–220.

Baker, D. B. (1988). The psychology of Lightner Witmer. *Professional School Psychology, 3*, 109–121.

Baker, D. B., & Benjamin, L. T., Jr. (2000). The affirmation of the scientist-practitioner: A look back at Boulder. *American Psychologist, 55*, 241–247.

Balance, W. D. G., & Bringmann, W. G. (1987). Fechner's mysterious malady. *History of Psychology Newsletter, 19 (1,2)* , 36–47.

Baldwin, J. M. (1913). *History of psychology: A sketch and an interpretation.* New York: Putnam.

Barker, R., Dembo, T., & Lewin, K. (1941). Frustration and regression: An experiment with young children. *University of Iowa Studies in Child Welfare, 18*, No. 1.

Barone, D. F. (1996). John Dewey: Psychologist, philosopher, and reformer. In G. A. Kimble, C. A. Bonneau, and M. Wertheimer (Eds.), *Portraits of pioneers in psychology, Volume II* (pp.

47–61). Washington, DC: American Psychological Association.

Bartlett, F. C. (1958). *Thinking: An experimental and social study*. London: Allen & Unwin.

Bartlett, F. C. (1967). *Remembering: A study in experimental and social psychology*. Cambridge, UK: Cambridge University Press. (Original work published 1932)

Bayton, J. A. (1975). Francis Sumner, Max Meenes, and the training of black psychologists. *American Psychologist, 30*, 185–186.

Beam, A. (2001). *Gracefully insane: The rise and fall of America's premier mental hospital*. NY: Perseus Books.

Beers, C. W. (1908). *A mind that found itself.* New York: Longmans Green.

Bell, C. (1965). Bell on the specificity of sensory nerves, 1811. In R. J. Herrnstein & E. G. Boring (Eds.), *A sourcebook in the history of psychology* (pp. 23–26). Cambridge, MA: Harvard University Press. (Original work published 1811)

Bell, L. V. (1980). *Treating the mentally ill: From colonial times to the present*. New York: Praeger Publishers.

Benjamin, L. T., Jr. (1993). *A history of psychology in letters*. Dubuque, IA: Brown & Benchmark.

Benjamin, L. T., Jr. (1996). Harry Hollingworth: Portrait of a generalist. In G. A. Kimble, C. A. Bonneau, & M. Wertheimer (Eds.), *Portraits of pioneers in psychology, Volume II* (pp. 119–135). Washington, DC: American Psychological Association.

Benjamin, L. T., Jr. (2000). Hugo Münsterberg: Portrait of an applied psychologist. In G. A. Kimble & M. Wertheimer (Eds.), *Portraits of pioneers in psychology. Volume IV* (pp. 112–129). Washington, DC: American Psychological Association.

Benjamin, L. T., Jr., & Baker, D. B. (2000). Boulder at 50: Introduction to the section. *American Psychologist, 55*, 233–236.

Benjamin, L. T., Jr., & Crouse, E. M. (2002). The American Psychological Association's response to Brown v. Board of Education. *American Psychologist, 57*, 38–50.

Benjamin, L. T., Jr., Durkin, M., Link, M., Vestal, M., & Accord, J. (1992). Wundt's American doctoral students. *American Psychologist, 47*, 123–131.

Benjamin, L. T., Jr., Rogers, A. M., & Rosenbaum, A. (1991). Coca-Cola, caffeine, and mental deficiency: Harry Hollingworth and the Chattanooga trial. *Journal of the History of the Behavioral Sciences, 27*, 42–55.

Bergin, A. E. (1971). The evaluation of therapeutic outcomes. In A. E. Bergin & S. L. Garfield (Eds.), *Handbook of psychotherapy and behavior change: An empirical analysis*. New York: John Wiley & Sons.

Berkeley, G. (1948). An essay towards a new theory of vision. In A. A. Luce & T. E. Jessup (Eds.), *The works of George Berkeley, Bishop of Cloyne. Vol. 1.* London: Thomas Nelson & Sons. (Original work published 1709)

Berkeley, G. (1957). *Treatise concerning the principles of human knowledge*. Indianapolis: Bobbs-Merrill. (Original work published 1710)

Binet, A., & Henri, V. (1965). Alfred Binet (1857–1911) and Victor Henri (1872–1940) on the psychology of individual differences. In R. J. Herrnstein & E. G. Boring (Eds.), *A sourcebook in the history of psychology* (pp. 428–433). Cambridge, MA: Harvard University Press. (Original work published 1895)

Bingham, W. V. (1952). Walter Van Dyke Bingham. In E. G. Boring, H. S. Langfeld, H. Werner, & R. M. Yerkes (Eds.), *A history of psychology in autobiography. Vol. 4* (pp. 1–26). Worcester, MA: Clark University Press.

Bjork, D. W. (1983). *The compromised scientist: William James in the development of American psychology*. New York: Columbia University Press.

Bjork, D. W. (1993). *B. F. Skinner: A life*. New York: Basic Books.

Blodgett, H. C. (1929). The effect of the introduction of reward upon the maze performance of rats. *University of California Publications in Psychology, 4*, 113–134.

Blumenthal, A. L. (1975). A reappraisal of Wilhelm Wundt. *American Psychologist, 30*, 1081–1088.

Blumenthal, A. L. (1980). Wilhelm Wundt and early American psychology: A clash of cultures. In R. W. Reiber & K. Salzinger (Eds.), *Psychology: Theoretical-historical perspectives* (pp. 25–42). New York: Academic Press.

Boakes, R. (1984). *From Darwin to behaviourism: Psychology and the minds of animals*. New York: Cambridge University Press.

Boorstin, D. J. (1971). *Democracy and its discontents: Reflections on everyday America*. New York: Random House.

Boorstin, D. J. (1983). *The discoverers*. New York: Vintage Books.

Boring, E. G. (1929). *A history of experimental psychology*. New York: Century.

Boring, E. G. (1942). *Sensation and perception in the history of experimental psychology*. New York: Appleton-Century-Crofts.

Boring, E. G. (1950). *A history of experimental psychology* (2nd ed.). Englewood Cliffs, NJ: Prentice-Hall.

Boring, E. G. (1950). The influence of evolutionary theory upon American psychological thought. In R. I. Watson & D. T. Campbell (Eds.), *History, psychology, and science: Selected papers by Edwin G. Boring, Harvard University* (pp. 159–184). New York: John Wiley.

Boring, E. G. (1961). *Psychologist at large: An autobiography and selected essays*. New York: Basic Books.

Boring, E. G. (1961). Edward Bradford Titchener, 1867–1927. In E. G. Boring (Ed.), *Psychologist at large: An autobiography and selected essays* (pp. 246–265). New York: Basic Books. (Original work published 1927)

Boring, E. G. (1963a). Eponym as placebo. In R. I. Watson & D. T. Campbell (Eds.), *History, psychology, and science: Selected papers by Edwin G. Boring, Harvard University* (pp. 5–25). New York: John Wiley.

Boring, E. G. (1963b). Fechner: Inadvertent founder of psychophysics. In R. I. Watson & D. T. Campbell (Eds.), *History, psychology, and science: Selected papers by Edwin G. Boring, Harvard University* (pp. 126–131). New York: John Wiley.

Boring, E. G. (1967). Titchener's Experimentalists. *Journal of the History of the Behavioral Sciences, 3*, 315–325.

Boring, E. G., Langfeld, H. S., & Weld, H. P. (1939). *Introduction to psychology*. New York: John Wiley.

Bouchard, T. J., Jr., & McGue, M. (1981). Familial studies of intelligence. *Science, 212,* 1055–1059.

Bower, G. H. (1993). The fragmentation of psychology? *American Psychologist, 48*, 905–907.

Brainerd, C. J. (1996). Piaget: A centennial celebration. *Psychological Science, 7*, 191–195.

Bramel, D., & Friend, R. (1981). Hawthorne, the myth of the docile worker, and class bias in psychology. *American Psychologist, 36*, 867–878.

Bregman, E. O. (1934). An attempt to modify the emotional attitudes of infants by the conditioned response technique. *Journal of Genetic Psychology, 45*, 169–198.

Brehm, J. W. (1998). Leon Festinger: Beyond the obvious. In G. A. Kimble & M. Wertheimer (Eds.), *Portraits of pioneers in psychology. Volume III* (pp. 329–344). Washington, DC: American Psychological Association.

Breuer, J., & Freud, S. (1955). *Studies on hysteria.* New York: Basic Books. (Original work published 1895)

Bridgman, P. W. (1927). *The logic of modern physics.* New York: Macmillan.

Brigham, C. C. (1923). *A study of American intelligence.* Princeton, NJ: Princeton University Press.

Bringmann, W. G., Balance, W. D. G., & Evans, R. B. (1975). Wilhelm Wundt 1832–1920: A brief biographical sketch. *Journal of the History of the Behavioral Sciences, 11*, 287–297.

Bringmann, W. G., Bringmann, N. J., & Balance, W. D. G. (1980). Wilhelm Maximilian Wundt 1832–1920: The formative years. In W. G. Bringmann & R. D. Tweney (Eds.), *Wundt studies: A centennial collection* (pp. 13–32). Toronto: C. J. Hogrefe.

Bringmann, W. G., Bringmann, N. J., & Ungerer, G. A. (1980). The establishment of Wundt's laboratory: An archival and documentary study. In W. G. Bringmann & R. D. Tweney (Eds.), *Wundt studies: A centennial collection* (pp. 123–157). Toronto: C. J. Hogrefe.

Broadbent, D. E. (1980). Donald E. Broadbent. In G. Lindsey (Ed.), *A history of psychology in autobiography. Vol. 7* (pp. 39–73). San Francisco: Freeman.

Broadbent, D. E. (1958). *Perception and communication.* London: Pergamon Press.

Broca, P. (1965). Paul Broca (1824–1880) on the speech center, 1861. In R. J. Herrnstein & E. G. Boring (Eds.), *A sourcebook in the history of psychology* (pp. 223–229). Cambridge, MA: Harvard University Press. (Original work published 1861)

Brown, R., & McNeill, D. (1966). The tip of the tongue phenomenon. *Journal of Verbal Learning and Verbal Behavior, 5*, 325–327.

Browne, J. (1995). *Charles Darwin: A biography. Vol. 1. Voyaging*. New York: Knopf.

Brozek, J., Watson, R. I., & Ross, B. (1970). A summer institute on the history of psychology: Part II. *Journal of the History of the Behavioral Sciences, 6*, 25–35.

Brubacher, J. S., & Rudy, W. (1976). *Higher education in transition: A history of American colleges and universities, 1636–1976* (3rd ed.). New York: Harper and Row.

Bruce, D. B. (1986). Lashley's shift from bacteriology to neuropsychology, 1910–1917, and the influence of Jennings, Watson, and Franz. *Journal of the History of the Behavioral Sciences, 22,* 27–44.

Bruce, D. B. (1991). Integrations of Lashley. In G. A. Kimble, M. Wertheimer, & C. L. White (Eds.), *Portraits of pioneers in psychology* (pp. 306–323). Washington, DC: American Psychological Association.

Bruce, D. B. (1994). Lashley and the problem of serial order. *American Psychologist, 49*, 93–103.

Bruner, J. S. (1968). Gordon Willard Allport: 1897–1967. *American Journal of Psychology, 81,* 279–284.

Bruner, J. S. (1988). Founding the Center for Cognitive Studies. In W. Hirst (Ed.), *The making of cognitive science: Essays in honor of George A. Miller* (pp. 90–99). New York: Cambridge University Press.

Buckley, K. W. (1989). *Mechanical man: John Broadus Watson and the beginnings of behaviorism.* New York: Guilford Press.

Bulatao, E. Q., Fulcher, R., & Evans, R. B. (1992). Appendix: Statistical data on the American Psychological Association. In R. B. Evans, V. S. Sexton, & T. C. Cadwallader (Eds.), *The American Psychological Association: A historical perspective* (pp. 391–394). Washington, DC: American Psychological Association.

Burnham, J. C. (1972). Thorndike's puzzle boxes. *Journal of the History of the Behavioral Sciences, 8*, 159–167.

Buss, D. M. (1999). *Evolutionary psychology: The new science of the mind.* Boston: Allyn & Bacon.

Calkins, M. C. (1894). Association I. *Psychological Review, 1*, 476–483.

Calkins, M. C. (1896). Association II. *Psychological Review, 3*, 32–49.

Calkins, M. C. (1930). Mary Whiton Calkins. In C. Murchison (Ed.), *A history of psychology in autobiography, Vol. 1* (pp. 31–62). Worcester, MA: Clark University Press.

Calkins, M. W. (1906). A reconciliation between structural and functional psychology. *Psychological Review, 13*, 61–81.

Calkins, M. W. (1907). *The persistent problems of philosophy.* New York: Macmillan.

Calkins, M. W. (1913). Psychology and the behaviorist. *Psychological Bulletin, 10*, 288–291.

Camfield, T. M. (1973). The professionalization of American psychology, 1870–1917. *Journal of the History of the Behavioral Sciences, 9*, 66–75.

Capshew, J. H. (1996). Engineering behavior: Project Pigeon, World War II, and the conditioning of B. F. Skinner. In L. D. Smith & W. R. Woodward (Eds.), *B. F. Skinner and behaviorism in American culture* (pp. 128–150). Bethlehem, PA: Lehigh University Press.

Capshew, J. H. (1999). *Psychologists on the march: Science, practice, and professional identity in America, 1929–1969.* New York: Cambridge University Press.

Capshew, J. H., & Hearst, E. (1980). Psychology at Indiana University: From Bryan to Skinner. *Psychological Record, 30*, 319–342.

Carmichael, L. (1957). Robert Mearns Yerkes, 1876–1956. *Psychological Review, 64*, 1–7.

Carr, E. H. (1961). *What is history?* New York: Vintage Books.

Carr, H. A. (1925). *Psychology: A study of mental activity*. New York: Longmans, Green.

Carr, H. A. (1935). *An introduction to space perception*. New York: Longmans, Green.

Carr, H. A., & Watson, J. B. (1908). Orientation in the white rat. *Journal of Comparative Neurology and Psychology, 18*, 27–44.

Cashman, S. D. (1993). *America in the gilded age* (3rd ed.). New York: New York University Press.

Cattell, J. M. (1885). The influence of the intensity of the stimulus on the length of the reaction time. *Brain, 8*, 512–515.

Cattell, J. M. (1886). The time it takes to see and name objects. *Mind, 11*, 63–65.

Cattell, J. M. (1895). Report of the Secretary and Treasurer for 1894. *Psychological Review, 2*, 149–152.

Cattell, J. M. (1948). Mental tests and measurements. In W. Dennis (Ed.), *Readings in the history of psychology* (pp. 347–354). New York: Appleton-Century-Crofts. (Original work published 1890)

Cherry, E. C. (1953). Some experiments on the recognition of speech with one and with two ears. *Journal of the Acoustical Society of America, 25*, 975–979.

Chomsky, N. (1959). Review of Skinner's Verbal Behavior. *Language, 35*, 26–58.

Chomsky, N. (1966). *Cartesian linguistics*. New York: Harper & Row.

Clark, K., & Clark, M. (1947). Racial identification and racial preferences in Negro children. In T. M. Newcomb & E. L. Hartley (Eds.), *Readings in social psychology* (pp. 169–178). New York: Holt.

Cohen, E. (1991, Fall). Psychology's attic. *Akron, 6(1)*, 12–19.

Cohen, I. B. (1995). *Science and the founding fathers*. New York: W. W. Norton.

Coleman, S. R. (1996). Skinner's progress during the 1930s: Reflexes, operants, and apparatuses. In L. D. Smith & W. R. Woodward (Eds.), *B. F. Skinner and behaviorism in American culture* (pp. 109–127). Bethlehem, PA: Lehigh University Press.

Collins, A. (1977). Why cognitive science? *Cognitive Science, 1*, 1–2.

Collins, J. (1931). Lightner Witmer: A biographical sketch. In R. A. Brotemarkle (Ed.), *Clinical psychology: Studies in honor of Lightner Witmer* (pp. 3–9). Philadelphia, University of Pennsylvania Press.

Colp, R., Jr. (1986). "Confessing a murder:" Darwin's first revelations about transmutation. *Isis, 77*, 9–32.

Conley, J. J. (1984). Not Galton, but Shakespeare: A note on the origin of the term "nature and nurture." *Journal of the History of the Behavioral Sciences, 20*, 184–185.

Coon, D. J. (1992). Testing the limits of sense and science: American experimental psychologists combat spiritualism, 1880–1920. *American Psychologist, 47*, 143–151.

Coon, D. J. (1994). "Not a creature of reason": The alleged impact of Watsonian behaviorism on advertising in the 1920s. In J. T. Todd & E. K. Morris (Eds.), *Modern perspectives on John B. Watson and classical behaviorism* (pp. 37–63). Westport, CT: Greenwood Press.

Costall, A. (1993). How Lloyd Morgan's Canon backfired. *Journal of the History of the Behavioral Sciences, 29*, 113–122.

Cottingham, J. (1986). *Descartes*. New York: Basil Blackwell.

Crane, L. (1925). A plea for the training of psychologists. *Journal of Abnormal and Social Psychology, 20*, 228–233.

Cravens, H. (1992). A scientific project locked in time: The Terman genetic studies of genius, 1920s–1950s. *American Psychologist, 47*, 183–189.

Croce, P. J. (1995). *Science and religion in the era of William James: Eclipse of certainty, 1820–1880*. Chapel Hill: University of North Carolina Press.

Cronbach, L. J. (1957). The two disciplines of scientific psychology. *American Psychologist, 12*, 671–684.

Cronbach, L. J., Hastorf, A. H., Hilgard, E. R., & Maccoby, E. E. (1990). Robert R. Sears (1908–1989). *American Psychologist, 45*, 663–664.

Crutchfield, R. S. (1961). Edward Chace Tolman: 1886–1959. *American Journal of Psychology, 74*, 135–141.

Cushman, P. (1992). Psychotherapy to 1992: A historically situated interpretation. In D. K. Freedheim (Ed.), *History of psychotherapy: A century of change* (pp. 21–64). Washington, DC: American Psychological Association.

Dallenbach, K. M. (1913). The measurement of attention. *American Journal of Psychology, 24*, 465–507.

Danziger, K. (1980). The history of introspection reconsidered. *Journal of the History of the Behavioral Sciences, 16*, 241–262.

Danziger, K. (2000). Making social psychology experimental: A conceptual history, 1920–1970. *Journal of the History of the Behavioral Sciences, 36*, 329–347.

Darwin, C. (1839). *Journal of researches into the geology and natural history of the various countries visited by the H.M.S. Beagle*. London: Henry Colburn.

Darwin, C. (1871). *The descent of man, and selection in relation to sex*. London: Murray.

Darwin, C. (1872). *The expression of the emotions in man and animals*. London: Murray.

Darwin, C. (1877) A biographical sketch of an infant. *Mind, 2*, 285–294.

Darwin, C. (1958). Autobiography. In F. Darwin (Ed.), *The autobiography of Charles Darwin and selected letters* (pp. 5–58). New York: Dover.

Darwin, C. (1958). *On the origin of species by means of natural selection, or the preservation of favoured races in the struggle for life*. New York: Mentor Books. (Original work published 1859)

Davidson, J. W., & Lytle, M. H. (1982). *After the fact: The art of historical detection*. New York: Knopf.

Decker, H. S. (1975). "The Interpretation of Dreams": Early reception by the educated German public. *Journal of the History of the Behavioral Sciences, 11*, 129–141.

Degler, C. N. (1991). *In search of human nature: The decline and revival of Darwinism in American social thought*. New York: Oxford University Press.

Dennett, D. C. (1995). *Darwin's dangerous idea: Evolution and the meanings of life*. New York: Simon & Schuster.

Dennis, P. M. (1984). The Edison questionnaire. *Journal of the History of the Behavioral Sciences, 20*, 23–37.

Dennis, W. (Ed.). (1948). *Readings in the history of psychology*. New York: Appleton-Century-Crofts.

Denny-Brown, D. (1952). Charles Scott Sherrington: 1857–1952. *American Journal of Psychology, 65*, 474–477.

Descartes, R. (1960). *Discourse on method* (L. J. Lafleur, Trans.). Indianapolis: Bobbs-Merrill. (Original work published 1637)

Descartes, R. (1969). Passions of the soul. In E. S. Haldane & G. R. T. Ross (Trans.) *The philosophical works of Descartes, Volume I* (pp. 329–427). New York: Cambridge University Press. (Original work published 1649)

Desmond, A., & Moore, J. (1991). *Darwin: The life of a tormented evolutionist*. New York: W. W. Norton.

Dewey, J. (1886). *Psychology*. New York: Harper.

Dewey, J. (1899). *The school and society*. Chicago: University of Chicago Press.

Dewey, J. (1900). Psychology and social practice. *Psychological Review, 7*, 105–124.

Dewey, J. (1948). The reflex arc concept in psychology. In W. Dennis (Ed.), *Readings in the history of psychology* (pp. 355–365). New York: Appleton-Century-Crofts. (Original work published 1896)

Dewsbury, D. A. (1984). *Comparative psychology in the twentieth century*. Stroudsburg, PA: Hutchinson Ross.

Dewsbury, D. A. (1990). Early interactions between animal psychologists and animal activists and the founding of the APA committee on precautions in animal experimentation. *American Psychologist, 45*, 315–327.

Dewsbury, D. A. (1990). Whither the introductory course in the history of psychology? *Journal of the History of the Behavioral Sciences, 26*, 371–377.

Dewsbury, D. A. (1992). Triumph and tribulation in the history of comparative psychology. *Journal of Comparative Psychology, 106*, 3–19.

Dewsbury, D. A. (1994). John B. Watson: Profile of a comparative psychologist and proto-ethologist. In J. T. Todd & E. K. Morris (Eds.), *Modern perspectives on John B. Watson and classical behaviorism* (pp. 141–144). Westport, CT: Greenwood Press.

Dewsbury, D. A. (1996). Robert M. Yerkes: A psychobiologist with a plan. In G. A. Kimble, C. A. Bonneau, & M. Wertheimer (Eds.), *Portraits of pioneers in psychology. Vol. II* (pp. 87–105). Washington, DC: American Psychological Association.

Dewsbury, D. A., & Bolles, R. C. (1995). The founding of the Psychonomic Society. *Psychonomic Bulletin and Review, 2*, 216–233.

Diagnostic and statistical manual of mental disorders (4th ed.)(1994). Washington, DC: American Psychiatric Association.

Diamond, I. T. (1985). A history of the study of the cortex: Changes in the concept of the sensory pathway. In G. A. Kimble & K. Schlesinger (Eds.), *Topics in the history of psychology. Vol. 1* (pp. 305–387). Hillsdale, NJ: Lawrence Erlbaum Associates.

Diehl, L. A. (1992). The discovering of Iva Lowther Peters: Transcending male bias in the history of psychology. In J. C. Christer & D. Howard (Eds.), *New directions in feminist psychology: Practice, theory, and research* (pp. 101–115). New York: Springer.

Dollard, J., Doob, L. W., Miller, N. E., Mowrer, O. H., & Sears, R. R. (1939). *Frustration and aggression*. New Haven: Yale University Press.

Donnelly, M. E. (Ed.). (1992). *Reinterpreting the legacy of William James*. Washington, DC: The American Psychological Association.

Dorn, H. (1972). Ernst Heinrich Weber. In C. C. Gillespie (Ed.), *Dictionary of scientific biography. Vol. XIV.* New York: Charles Scribner's Sons.

Duncan, C. P. (1980). A note on the 1929 International Congress of Psychology. *Journal of the History of the Behavioral Sciences, 16*, 1–5.

Duncker, K. (1945). On problem solving. *Psychological Monographs, 58, Whole No. 270.* (Original work published 1935)

Ebbinghaus, H. (1908). *Psychology: An elementary textbook* (M. Meyer, Trans.). Boston: D. C. Heath.

Ebbinghaus, H. (1964). *Memory: A contribution to experimental psychology* (H. A. Ruger & C. A. Bussenius, Trans.). New York: Dover. (Original work published 1885)

Ebbinghaus, H. (1965). Hermann Ebbinghaus (1850–1909) on the completion test. In R. J. Herrnstein & E. G. Boring (Eds.), *A sourcebook in the history of psychology* (pp. 433–437). Cambridge, MA: Harvard University Press. (Original work published 1897)

Eiseley, L. (1958). *Darwin's century: Evolution and the men who discovered it.* New York: Doubleday.

Ellenberger, H. F. (1970). *The discovery of the unconsciousness.* New York: Basic Books.

Ellenberger, H. F. (1972). The story of "Anna O": A critical review with new data. *Journal of the History of the Behavioral Sciences, 8*, 267–279.

Elliott, M. H. (1928). The effect of change of reward on the maze performance of rats. *University of California Publications in Psychology, 4*, 19–30.

Elmes, D. G., Kantowitz, B. H., & Roediger, H. L., III. (2003). *Research methods in psychology* (7th ed.). St. Paul, MN: West.

Emde, R. N., Plomin, R., Robinson, J., Corley, R., DeFries, J., Fulker, D. W., Resnick, J. S., Campos, J., Kagan, J., & Zahn-

Waxler, C. (1992). Temperament, emotion, and cognition at fourteen months: The MacArthur longitudinal twin study. *Child Development, 63*, 1437–1455.

English, H. B. (1929). Three cases of "conditioned fear response." *Journal of Abnormal and Social Psychology, 24*, 221–225.

Estes, W. K. (1981). The bible is out. *Contemporary Psychology, 26*, 327–330.

Evans, R. B. (1972). E. B. Titchener and his lost system. *Journal of the History of the Behavioral Sciences, 8*, 168–180.

Evans, R. B. (1984). The origins of American academic psychology. In J. Brozek (Ed.), *Explorations in the history of psychology in the United States* (pp. 17–60). Lewisburg, PA: Bucknell University Press.

Evans, R. B., & Cohen, J. B. (1987). "The American Journal of Psychology": A retrospective. *American Journal of Psychology, 100*, 321–362.

Evans, R. B., Sexton, V. S., & Cadwallader, T. C. (1992). *The American Psychological Association: A historical perspective*. Washington, DC: American Psychological Association.

Eysenck, H. J. (1952). The effects of psychotherapy: An evaluation. *Journal of Consulting Psychology, 16*, 319–324.

Eysenck, H. J. (Ed.). (1960). *Behaviour therapy and the neuroses*. London: Pergamon.

Fancher, R. E. (1985). *The intelligence men: Makers of the IQ controversy*. New York: W. W. Norton.

Fancher, R. E. (1990). *Pioneers of psychology* (2nd ed.). New York: W. W. Norton.

Farr, R. M. (1983). Wilhelm Wundt (1832–1920) and the origins of psychology as an experimental and social science. *British Journal of Social Psychology, 22*, 289–301.

Farson, R. (1978). The technology of humanism. *Journal of Humanistic Psychology, 18*, 5–35.

Fearing, F. (1930). *Reflex action: A study in the history of physiological psychology.* New York: Hafner.

Fernberger, S. W. (1931). The history of the psychological clinic. In R. A. Brotemarkle (Ed.), *Clinical psychology: Studies in honor of Lightner Witmer* (pp. 10–36). Philadelphia: University of Pennsylvania Press.

Fernberger, S. W. (1932). The American Psychological Association: A historical summary, 1892–1930. *Psychological Bulletin, 29*, 1–89.

Ferrier, D. (1876). *The functions of the brain*. New York: Putnam.

Ferster, C. B., & Skinner, B. F. (1957). *Schedules of reinforcement*. New York: Appleton-Century-Crofts.

Festinger, L. (1957). *A theory of cognitive dissonance*. Evanston, IL: Row, Peterson, & Co.

Festinger, L. (1980). Looking backward. In L. Festinger (Ed.), *Retrospections on social psychology* (pp. 236–254). New York: Oxford University Press.

Festinger, L., & Carlsmith, J. M. (1959). Cognitive consequences of forced compliance. *Journal of Abnormal and Social Psychology, 58*, 203–211.

Finger, S. (2000). *Minds behind the brain: A history of the pioneers and their discoveries*. New York: Oxford University Press.

Fisher, R. A. (1925). *Statistical methods for research workers*. London: Oliver & Boyd.

Fisher, R. A. (1935). *The design of experiments*. London: Oliver & Boyd.

Fiske, S. T., & Taylor, S. E. (1984). *Social cognition*. Reading, MA: Addison-Wesley.

Flaherty, F. C. (1985). *Animal learning and cognition*. New York: McGraw-Hill.

Flavell, J. H. (1963). *The developmental psychology of Jean Piaget*. Princeton, NJ: Van Nostrand Reinhold.

Flourens, P. (1978). Phrenology examined (C. D. Meigs, Trans.). In D. N. Robinson (Ed.), *Significant contributions to the history of psychology. Series E. Volume II.* Washington, DC: University Publications of America. (Original work published 1846)

Forrest, D. W. (1974). *Francis Galton: The life and work of a Victorian genius*. New York: Taplinger.

Frank, J. D. (1978). Kurt Lewin in retrospect—A psychiatrist's view. *Journal of the History of the Behavioral Sciences, 14*, 223–227.

Freeman, F. N. (1922). The mental age of adults. *Journal of Educational Research, 6*, 441–444.

Freeman, F. S. (1977). The beginnings of Gestalt psychology in the United States. *Journal of the History of the Behavioral Sciences, 13*, 352–353.

Freud, A. (1928). *Introduction to the technique of child analysis*. New York: Nervous and Mental Disease Publishing Co.

Freud, A. (1937). *The ego and mechanisms of defense*. New York: International Universities Press.

Freud, S. (1938). *The interpretation of dreams*. In A. A. Brill (Ed. & Trans.), *The basic writings of Sigmund Freud* (pp. 179–549). New York: Random House. (Original work published 1900)

Freud, S. (1938). *The psychopathology of everyday life*. In A. A. Brill (Ed. & Trans.), *The basic writings of Sigmund Freud* (pp. 33–178). New York: Random House. (Original work published 1901)

Freud, S. (1938). *Three contributions to the theory of sex*. In A. A. Brill (Ed. & Trans.), *The basic writings of Sigmund Freud* (pp. 551–629). New York: Random House. (Original work published 1905)

Freud, S. (1938). *Wit and its relation to the unconscious*. In A. A. Brill (Ed. & Trans.), *The basic writings of Sigmund Freud* (pp. 631–803). New York: Random House. (Original work published 1905)

Freud, S. (1959). *Beyond the pleasure principle* (J. Strachey, Trans.). New York: Bantam Books. (Original work published 1920)

Freud, S. (1959). *The ego and the id* (J. Strachey, Trans.). New York: Bantam Books. (Original work published 1923)

Freud, S. (1977). *Five lectures on psycho-analysis* (J. Strachey, Trans.). New York: W. W. Norton. (Original work published 1909)

Fritsch, G., & Hitzig, E. (1965). Gustav Fritsch (1838–1927) and Eduard Hitzig (1838–1907) on cerebral motor centers, 1870.

In R. J. Herrnstein & E. G. Boring (Eds.), *A sourcebook in the history of psychology* (pp. 229–233). Cambridge, MA: Harvard University Press. (Original work published 1870)

Fuchs, A. H. (2000). Contributions of American mental philosophers to psychology in the United States. *History of Psychology, 3*, 3–19.

Fuchs, A. H., & Viney, W. (2002). The course in the history of psychology: Present status and future concerns. *Journal of the History of the Behavioral Sciences, 5*, 3–15.

Furumoto, L. (1979). Mary Whiton Calkins (1863–1930): Fourteenth president of the American Psychological Association. *Journal of the History of the Behavioral Sciences, 15*, 346–356.

Furumoto, L. (1988). Shared knowledge: The Experimentalists, 1904–1929. In J. G. Morawski (Ed.), *The rise of experimentation in American psychology* (pp. 94–113). New Haven, CT: Yale University Press.

Furumoto, L. (1989). The new history of psychology. In I. S. Cohen (Ed.), *The G. Stanley Hall lecture series. Vol. 9* (pp. 9–34). Washington, DC: American Psychological Association.

Furumoto, L. (1991). From "paired associates" to a psychology of self: The intellectual odyssey of Mary Whiton Calkins. In G. A. Kimble, M. Wertheimer, & C. L. White (Eds.), *Portraits of pioneers in psychology* (pp. 56–72). Washington, DC: American Psychological Association.

Furumoto, L. (1992). Joining separate spheres—Christine Ladd-Franklin, woman-scientist (1847–1930). *American Psychologist, 47*, 175–182.

Galef, B. G., Jr. (1998). Edward Thorndike: revolutionary psychologist, ambiguous biologist. *American Psychologist, 53*, 1128–1134.

Gall, F. J. (1965). Franz Joseph Gall (1758–1828) on phrenology, the localization of the functions of the brain, 1825. In R. J. Herrnstein & E. G. Boring (Eds.), *A sourcebook in the history of psychology* (pp. 211–220). Cambridge, MA: Harvard University Press. (Original work published 1825)

Gallistel, C. R. (1981). Bell, Magendie, and the proposals to restrict the use of animals in neurobehavioral research. *American Psychologist, 36*, 357–360.

Galton, F. (1874). *English men of science: Their nature and nurture.* London: Macmillan.

Galton, F. (1883). *An inquiry into human faculty and its development.* London: Macmillan.

Galton, F. (1891). *Hereditary genius.* New York: D. Appleton. (Original work published 1869)

Galton, F. (1908). *Memories of my life.* London: Methuen.

Galton, F. (1965). Galton on mental capacity, 1883. In R. J. Herrnstein & E. G. Boring (Eds.), *A sourcebook in the history of psychology* (pp. 421–423). Cambridge, MA: Harvard University Press. (Original work published 1883)

Gantt, W. H. (1973). Reminiscences of Pavlov. *Journal of the Experimental Analysis of Behavior, 20*, 131–136.

Gardner, H. (1985). *The mind's new science: A history of the cognitive revolution.* New York: Basic Books.

Garrett, H. E. (1951). *Great experiments in psychology* (3rd ed.). New York: Appleton-Century-Crofts.

Gay, P. (1988). *Freud: A life for our time.* New York: W. W. Norton.

Gibson, E. J. (1980). Eleanor Gibson. In G. Lindsey (Ed.), *A history of psychology in autobiography. Vol. 7* (pp. 239–271). San Francisco: Freeman and Company.

Gibson, E. J. (1994). Has psychology a future? *Psychological Science, 5*, 69–76.

Gibson, E. J., & Walk, R. D. (1960). The "visual cliff." *Scientific American, 202*, 64–71.

Gilbreath, F. B., & Gilbreath, L. M. (1916). *Fatigue study: The elimination of humanity's greatest unnecessary waste.* New York: Sturgis & Walton.

Gilbreath, F. B., & Gilbreath, L. M. (1917). *Applied motion study.* New York: Sturgis & Walton.

Gilbreth, F. B., Jr., & Carey, E. G. (1949). *Cheaper by the dozen.* New York: Bantam.

Gilderhus, M. T. (2000). *History and historians: A historiographic introduction* (4th ed.). Upper Saddle River, NJ: Prentice-Hall.

Gillespie, R. (1988). The Hawthorne experiments and the politics of experimentation. In J. G. Morawski (Ed.), *The rise of experimentation in American psychology* (pp. 114–137).

Gillespie, R. (1991). *Manufacturing knowledge: A history of the Hawthorne experiments.* New York: Cambridge University Press.

Gillies, D. (1993). *Philosophy of science in the twentieth century: Four central themes.* Oxford, UK: Blackwell Press.

Glass, C. R., & Arnkoff, D. B. (1992). Behavior therapy. In D. K. Freedheim (Ed.), *History of psychotherapy: A century of change* (pp. 587–628). Washington, DC: American Psychological Association.

Gleaves, D. H., & Hernandez, E. (1999). Recent formulations of Freud's development and abandonment of his seduction theory: Historical/scientific clarification or a continued assault on truth? *History of Psychology, 2*, 324–354.

Glickman, S. E. (1996). Donald Olding Hebb: Returning the nervous system to psychology. In G. A. Kimble, C. A. Bonneau, & M. Wertheimer (Eds.) *Portraits of pioneers in psychology. Vol. II* (pp. 227–244). Washington, DC: American Psychological Association.

Goddard, H. H. (1910). Four hundred feeble-minded children classified by the Binet method. *Journal of Genetic Psychology, 17*, 387–397.

Goddard, H. H. (1912). *The Kallikak family: A study in the heredity of feeble-mindedness.* New York: Macmillan.

Goddard, H. H. (1913). The Binet tests in relation to immigration. *Journal of Psycho-Asthenics, 18*, 105–107.

Goddard, H. H. (1917). Mental tests and the immigrant. *Journal of Delinquency, 2*, 243–277.

Goddard, H. H. (1928). Feeblemindedness: A question of definition. *Journal of Psycho-Asthenics, 33*, 219–227.

Goldstein, E. B. (1996). *Sensation and perception* (4th edition). Pacific Grove, CA: Brooks/Cole.

Goodenough, F. L. (1950). Edward Lee Thorndike: 1874–1949. *American Journal of Psychology, 63*, 291–301.

Goodwin, C. J. (1985). On the origins of Titchener's Experimentalists. *Journal of the History of the Behavioral Sciences, 21*, 383–389.

Goodwin, C. J. (1987). In Hall's shadow: Edmund Clark Sanford (1859–1924). *Journal of the History of the Behavioral Sciences, 23*, 153–168.

Goodwin, C. J. (1991). Misportraying Pavlov's apparatus. *American Journal of Psychology, 104*, 135–141.

Goodwin, C. J. (1991). Using psychologists' letters to teach about introspection. *Teaching of Psychology, 18*, 237–238.

Goodwin, C. J. (1993, August). *Experimental psychology first-hand: The diaries of Walter Miles.* American Psychological Association, Toronto, Canada.

Goodwin, C. J. (2001, August). *Reorganizing Titchener's experimentalists.* American Psychological Association, San Francisco, CA.

Gould, S. J. (1981). *The mismeasure of man.* New York: W. W. Norton.

Gravitz, M. A. (1988). Early uses of hypnosis as surgical anesthesia. *American Journal of Clinical Hypnosis, 30*, 201–208.

Gray, J. A. (1979). *Ivan Pavlov.* New York: Viking.

Gray, P. H. (1962). Douglas Alexander Spalding: The first experimental behaviorist. *Journal of General Psychology, 67*, 299–307.

Green, M., & Rieber, R. W. (1980). The assimilation of psychoanalysis in America. In R. W. Rieber & K. Salzinger (Eds.), *Psychology: Theoretical-historical perspectives* (pp. 263–304). New York: Academic Press.

Greenwood, J. D. (2003). Wundt, Volkerpsychologie, and experimental social psychology. *History of Psychology, 6*, 70–88.

Grmek, M. D. (1972). François Magendie. In C. C. Gillespie (Ed.), *Dictionary of scientific biography. Vol. IX.* New York: Scribner.

Grob, G. N. (1983). *Mental illness and American society, 1875–1940.* Princeton, NJ: Princeton University Press.

Grob, G. N. (1991). *From asylum to community: Mental health policy in modern America.* Princeton, NJ: Princeton University Press.

Grob, G. N. (1994). *The mad among us: A history of the care of America's mentally ill.* New York: Free Press.

Gundlach, H. U. K. (1986). Ebbinghaus, nonsense syllables, and three-letter words. *Contemporary Psychology, 31*, 469–470.

Guthrie, E. R. (1935). *The psychology of learning.* New York: Harper and Brothers.

Guthrie, R. V. (1976). *Even the rat was white: A historical view of psychology.* New York: Harper & Row.

Guttman, N. (1977). On Skinner and Hull: A reminiscence and projection. *American Psychologist, 32*, 321–328.

Haldane, J. B. S. (1954). Introducing Douglas Spalding. *British Journal of Animal Behavior, 2*, 1–11.

Hale, N. G., Jr. (1971). *Freud and the Americans: The beginnings of psychoanalysis in the United States, 1876–1917.* New York: Oxford University Press.

Hall, C. S. (1954). *A primer of Freudian psychology.* New York: World Publishing Company.

Hall, C. S., & Lindzey, G. (1970). *Theories of personality* (2nd ed.). New York: John Wiley & Sons.

Hall, G. S. (1887). Editorial. *American Journal of Psychology, 1*, 3–4.

Hall, G. S. (1890–1891). Review of "The Principles of Psychology." *American Journal of Psychology, 3*, 578–591.

Hall, G. S. (1904). *Adolescence.* New York: Appleton.

Hall, G. S. (1922). *Senescence: The last half of life.* New York: Appleton.

Hall, G. S. (1923). *Life and confessions of a psychologist.* New York: Appleton.

Hall, G. S. (1948). The contents of children's minds. In W. Dennis (Ed.), *Readings in the history of psychology* (pp. 255–276). New York: Appleton-Century-Crofts. (Original work published 1883)

Hannush, M. J. (1987). John B. Watson remembered: An interview with James B. Watson. *Journal of the History of the Behavioral Sciences, 23*, 137–152.

Harlow, J. M. (1869). *Recovery from the passage of an iron bar through the head.* Boston: Clapp.

Harmon-Jones, E., & Mills, J. (Eds.). (1999). *Cognitive dissonance: Progress on a pivotal theory in social psychology.* Washington, DC: American Psychological Association.

Harris, B. (1979). Whatever happened to Little Albert? *American Psychologist, 34*, 151–160.

Harrower-Erickson, M. R. (1942). Kurt Koffka: 1886–1941. *American Journal of Psychology, 55*, 278–281.

Hartley, D. (1971). *Observations on man, his frame, his duty, and his expectations. Volume I.* New York: Garland. (Original work published 1749)

Havens, L. L. (1965). Emil Kraepelin. *Journal of Nervouse and Mental Disease, 141*, 16–28.

Hawkins, H. (1960). *Pioneer: A history of the Johns Hopkins University, 1874–1899.* Ithaca, NY: Cornell University Press.

Hebb, D. O. (1949). *The organization of behavior.* New York: John Wiley.

Hebb, D. O. (1959). Karl Spencer Lashley (1890–1958). *American Journal of Psychology, 72*, 142–150.

Hebb, D. O. (1960). The American revolution. *American Psychologist, 15*, 735–745.

Hebb, D. O. (1980). D. O. Hebb. In G. Lindsey (Ed.), *A history of psychology in autobiography. Vol. 7* (pp. 273–303). San Francisco: Freeman and Company.

Heidbreder, E. (1933). *Seven psychologies.* New York: Appleton-Century-Crofts.

Heims, S. (1978). Kurt Lewin and social change. *Journal of the History of the Behavioral Sciences, 14*, 238–241.

Helmholtz, H. (1965). Hermann Ludwig Ferdinand von Helmholtz (1821–1894) on the three-color theory of vision and visual specific nerve energies, 1860. In R. J. Herrnstein & E. G. Boring (Eds.), *A sourcebook in the history of psychology* (pp. 223–229). Cambridge, MA: Harvard University Press. (Original work published 1860)

Henle, M. (1974). E. B. Titchener and the case of the missing element. *Journal of the History of the Behavioral Sciences, 10*, 227–237.

Henle, M. (1980). The influence of Gestalt psychology in America. In R. W. Rieber & K. Salzinger (Eds.), *Psychology: Theoretical-historical perspectives* (pp. 177–190). New York: Academic Press.

Henle, M. (1986). One man against the Nazis—Wolfgang Köhler. In M. Henle (Ed.), *1879 and all that: Essays in the theory and history of psychology* (pp. 225–237). New York: Columbia University Press.

Herman, E. (1995). *The romance of American psychology: Political culture in the age of experts*. Berkeley, CA: University of California Press.

Hertzman, M., & Festinger, L. (1940). Shifts in explicit goals in a level of aspiration experiment. *Journal of Experimental Psychology, 27*, 439–452.

Hicks, L. H., & Ridley, S. E. (1979). Black studies in psychology. *American Psychologist, 34*, 597–602.

Hilgard, E. R. (1948). *Theories of learning*. New York: Appleton-Century-Crofts.

Hilgard, E. R. (1957). Lewis Madison Terman: 1877–1956. *American Journal of Psychology, 70*, 472–479.

Hilgard, E. R. (1964). *Introduction to Dover Edition of "Memory: A contribution to experimental psychology."* New York: Dover.

Hilgard, E. R. (1967). Kenneth Wartinbee Spence: 1907–1967. *American Journal of Psychology, 80*, 314–318.

Hilgard, E. R. (1980). The trilogy of mind: Cognition, affection, and conation. *Journal of the History of the Behavioral Sciences, 16*, 107–117.

Hilgard, E. R. (1982). Robert I. Watson and the founding of Division 26 of the American Psychological Association. *Journal of the History of the Behavioral Sciences, 18*, 308–311.

Hilgard, E. R. (1987). *Psychology in America: A historical survey*. San Diego: Harcourt Brace Jovanovich.

Hindeland, M. J. (1971). Edward Bradford Titchener: A pioneer in perception. *Journal of the History of the Behavioral Sciences, 7*, 23–28.

Hoffeld, D. R. (1980). Mesmer's failure: Sex, politics, personality, and the zeitgeist. *Journal of the History of the Behavioral Sciences, 16*, 377–386.

Hofstadter, R., & Hardy, C. D. (1952). *The development and scope of higher education in the United States*. New York: Columbia University Press.

Hollingworth, H. L. (1916). *Vocational psychology: Its problems and methods*. New York: D. Appleton and Company.

Hollingworth, H. L. (1990). *Leta Stetter Hollingworth: A biography*. Bolton, MA: Anker Publishing. (Original work published 1943)

Hornstein, G. A. (1992). The return of the repressed: Psychology's problematic relations with psychoanalysis, 1909–1960. *American Psychologist, 47*, 254–263.

Hothersall, D. (1995). *History of psychology* (3rd ed.). New York: McGraw-Hill.

Hubel, D. H., & Wiesel, T. N. (1963). Receptive fields of cells in the striate cortex of very young, visually inexperienced kittens. *Journal of Neurophysiology, 26*, 994–1002.

Hull, C. L. (1920). Quantitative aspects of the evolution of concepts. *Psychological Monographs, 28*, No. 123.

Hull, C. L. (1928). *Aptitude testing*. Yonkers-on-Hudson, NY: Word Book.

Hull, C. L. (1933). *Hypnosis and suggestibility: An experimental approach*. New York: Appleton-Century.

Hull, C. L. (1943). *Principles of behavior*. New York: Appleton-Century-Crofts.

Hull, C. L. (1952a). *A behavior system*. New Haven, CT: Yale University Press.

Hull, C. L. (1952b). Clark L. Hull. In E. G. Boring, H. S. Langfeld, H. Werner, & R. M. Yerkes (Eds.), *A history of psychology in autobiography. Vol. 4* (143–162). Worcester, MA: Clark University Press.

Hume, D. (1969). *A treatise of human nature* (E. C. Mossner, Ed.). Baltimore: Penguin. (Original work published 1739–1740)

Hunter, W. S. (1919). *General psychology*. Chicago: University of Chicago Press.

Hunter, W. S. (1949). James Rowland Angell, 1869–1949. *American Journal of Psychology, 62*, 439–450.

Izard, C. E. (1977). *Human emotions*. New York: Plenum.

Jackson, J. P., Jr. (2000). The triumph of the segregationalists? A historiographic inquiry into psychology and the Brown litigation. *History of Psychology, 3*, 239–261.

Jacobson, E. (1929). *Progressive relaxation*. Chicago: University of Chicago Press.

James, W. (1891, December 20). *Letter to M. W. Calkins*. Calkins Papers, Wellesley College, Wellesley, MA.

James, W. (1950). *Principles of psychology. Vol. 1*. New York: Dover. (Original work published 1890)

James, W. (1950). *Principles of psychology. Vol. 2*. New York: Dover. (Original work published 1890)

James, W. (1961). *Psychology: The briefer course*. New York: Harper & Row. (Original work published 1892)

Jaynes, J. (1969). The historical origins of "ethology" and "comparative psychology." *Animal Behaviour, 17*, 601–606.

Jaynes, J. (1969). Edwin Garrigues Boring: 1886–1968. *Journal of the History of the Behavioral Sciences, 5*, 99–112.

Jeffreys, M. V. C. (1967). *John Locke: Prophet of common sense*. London: Methuen.

Jenkins, J. G. (1935). Review of Remembering by F. C. Bartlett. *American Journal of Psychology, 47*, 712–715.

Jenkins, J. G., & Dallenbach, K. M. (1924). Minor studies from the psychological laboratory of Cornell University: Oblivescence during sleep and waking. *American Journal of Psychology, 35*, 605–612.

Johnson, M. G., & Henley, T. B. (Eds.). (1990). *Reflections on "The Principles of Psychology."* Hillsdale, NJ: Lawrence Erlbaum.

Johnston, T. D. (2003). Three pioneers of comparative psychology in America, 1843–1890. *History of Psychology, 6*, 14–51.

Jonçich, G. (1968). *The sane positivist: A biography of Edward L. Thorndike.* Middletown, CT: Wesleyan University Press.

Jones, E. (1953, 1955, 1957). *The life and work of Sigmund Freud (Vols. 1–3).* New York: Basic Books.

Jones, M. C. (1924a). The elimination of children's fear. *Journal of Experimental Psychology, 7,* 382–390.

Jones, M. C. (1924b). A laboratory study of fear: The case of Peter. *Pedagogical Seminary, 31*, 308–315.

Joynt, R. J. (1973, October). Phrenology in New York State. *New York State Journal of Medicine,* 2382–2384.

Jung, C. G. (1919). *Studies in word association.* New York: Moffat-Yard.

Kant, I. (1952). *Critique of judgment* (J. C. Meredith, Trans.). Oxford: Oxford University Press. (Original work published 1788)

Kant, I. (1959). *Critique of practical reason.* (T. K. Abbott, Trans.). New York: Longmans, Green. (Original work published 1790)

Kant, I. (1965). *Critique of pure reason.* (N. K. Smith, Trans.). New York: St. Martin's. (Original work published 1781)

Katona, G. (1940). *Organizing and memorizing.* New York: Columbia University Press.

Kazdin, A. E. (1978). *History of behavior modification: Experimental foundations of contemporary research.* Baltimore: University Park Press.

Kent, D. (1992, September). E. Gibson, A. Newell receive National Medal of Science. *APS Observer, 5(1),* 14–15.

Keppel, B. (2002). Kenneth B. Clark in the patterns of American culture. *American Psychologist, 57*, 29–37.

Kessen, W. (1996). American psychology just before Piaget. *Psychological Science, 7*, 196–199.

Kessen, W., & Kuhlman, C. (Eds.). (1962). Thought in the young child: Report of a conference on intellective development with particular attention to the work of Jean Piaget. *Monographs of the Society for Research in Child Development, 27* (Serial No. 83).

Kevles, D. J. (1968). Testing the Army's intelligence: Psychologists and the military in World War I. *Journal of American History, 55*, 565–581.

Kimble, G. A. (1991). Psychology from the standpoint of a mechanist: An appreciation of Clark L. Hull. In G. A. Kimble, M. Wertheimer, & C. L. White (Eds.), *Portraits of pioneers in psychology.* Washington, DC: American Psychological Association.

King, D. B. (1992). Evolution and revision of the Principles. In M. E. Donnelly (Ed.), *Reinterpreting the legacy of William James* (pp. 67–75). Washington, DC: The American Psychological Association.

King, H. (1955). *The history of the telescope.* London: Griffin.

Kinnaman, A. J. (1902). Mental life of two Macacus rhesus monkeys in captivity. II. *American Journal of Psychology, 13*, 173–218.

Kintsch, W. (1985). Reflections on Ebbinghaus. *Journal of Experimental Psychology: Learning, Memory, and Cognition, 11*, 461–463.

Kintsch, W., & Cacioppo, J. T. (1994). Introduction to the 100th anniversary issue of the *Psychological Review. Psychological Review, 101*, 195–199.

Kirsch, I. (1977). Psychology's first paradigm. *Journal of the History of the Behavioral Sciences, 13*, 317–325.

Klein, A. G. (2002). *Forgotten voice: A biography of Leta Stetter Hollingworth.* Scottsdale, AZ: Great Potential Press.

Klein, D. B. (1970). *A history of scientific psychology: Its origins and philosophical background.* New York: Basic Books.

Kline, L. W. (1899). Suggestions toward a laboratory course in comparative psychology. *American Journal of Psychology, 10*, 399–430.

Klopfer, W. G. (1973). The short history of projective techniques. *Journal of the History of the Behavioral Sciences, 9*, 60–65.

Kluger, R. (1987). *Simple justice: The history of* Brown v. Board of Education *and black America's struggle for equality.* New York: Knopf.

Knapp, T. J. (1985). Contributions to the history of psychology: XXXIX. T. V. Moore and his Cognitive Psychology of 1939. *Psychological Reports, 57*, 1311–1316.

Koch, S. (1992). Postscript: The second century of psychology at age 12 and the American Psychological Association at age 100. In S. Koch & D. E. Leary (Eds.), *A century of psychology as science* (pp. 951–968). Washington, DC: American Psychological Association.

Koch, S. (1992). Wundt's creature at age zero—and as centenarian: Some aspects of the institutionalization of the "new psychology." In S. Koch & D. E. Leary (Eds.), *A century of psychology as science* (pp. 7–35). Washington, DC: American Psychological Association. (Original work published 1985)

Koch, S. (1993). "Psychology" or "the psychological studies"? *American Psychologist, 48,* 902–904.

Koffka, K. (1922). Perception: An introduction to Gestalt-theorie. *Psychological Bulletin, 19*, 531–585.

Koffka, K. (1924). *The growth of the mind: An introduction to child psychology* (R. M. Ogden, Trans.). New York: Harcourt, Brace. (Original work published 1921)

Koffka, K. (1935). *Principles of Gestalt psychology.* New York: Harcourt, Brace.

Köhler, W. (1926). *The mentality of apes* (E. Winter, Trans.). New York: Harcourt, Brace. (Original work published 1917)

Köhler, W. (1947). *Gestalt psychology.* New York: Liveright. (Original work published 1929)

Köhler, W. (1969). *Gestalt psychology.* In D. L. Krantz (Ed.), Schools of psychology: A symposium (pp. 69–85). New York: Appleton-Century-Crofts. (Original work published 1967)

Korn, J. H. (1997). *Illusions of reality: A history of deception in social psychology.* Albany, NY: SUNY Press.

Korn, J. H., Davis, R., & Davis, S. F. (1991). Historians' and chairpersons' judgments of eminence among psychologists. *American Psychologist, 46*, 789–792.

Krantz, D. L. (1969). The Baldwin-Titchener controversy. In D. L. Krantz (Ed.), *Schools of psychology: A symposium* (pp. 1–19). New York: Appleton-Century-Crofts.

Kroll, J. (1973). A reappraisal of psychiatry in the Middle Ages. *Archives of General Psychiatry, 29*, 276–283.

Kuhn, T. S. (1962). *The structure of scientific revolutions.* Chicago: University of Chicago Press.

Lakin, M. (1996). Carl Rogers and the culture of psychotherapy. *The General Psychologist, 32*, 62–68.

Lal, S. (2002). Giving children security: Mamie Phipps Clark and the racialization of child psychology. *American Psychologist, 57*, 20–28.

Landy, F. J. (1992). Hugo Münsterberg: Victim or visionary? *Journal of Applied Psychology, 77*, 787–802.

Landy, F. J. (1993). Early influences on the development of industrial/organizational psychology. In T. K. Fagan & G. R. VandenBos (Eds.), *Exploring applied psychology: Origins and critical analyses* (pp. 83–118). Washington, DC: American Psychological Association.

Larson, C., & Sullivan, J. J. (1965). Watson's relation to Titchener. *Journal of the History of the Behavioral Sciences, 1*, 338–354.

Lashley, K. S. (1929). *Brain mechanisms and intelligence.* Chicago: University of Chicago Press.

Lashley, K. S. (1951). The problem of serial order in behavior. In L. A. Jeffress (Ed.), *Cerebral mechanisms in behavior: The Hixon symposium* (pp. 112–146). New York: John Wiley.

Lathem, E. C. (1994). *Bernard Bailyn on the teaching and writing of history: Responses to a series of questions.* Hanover, NH: University Press of New England.

Leacock, S. (1924, March). A manual of the new mentality. *Harper's Monthly Magazine, 47*, 480.

Leahey, T. H. (1979). Something old, something new: Attention in Wundt and modern cognitive psychology. *Journal of the History of the Behavioral Sciences, 15*, 242–252.

Leahey, T. H. (1981). The mistaken mirror: On Wundt's and Titchener's psychologies. *Journal of the History of the Behavioral Sciences, 17*, 273–282.

Leahey, T. H. (1992). The mythical revolutions of American psychology. *American Psychologist, 47*, 308–318.

Leary, D. E. (1992). William James and the art of human understanding. *American Psychologist, 47*, 152–160.

Leibnitz, G. W. (1982). *New essays on human understanding* (P. Remnant & J. Bennett, Trans.). New York: Cambridge University Press. (Original work published 1765)

Lesch, J. E. (1972). George John Romanes. In C. C. Gillespie (Ed.), *Dictionary of scientific biography. Vol. XI.* New York: Scribner.

Lewin, K. (1931). Environmental forces in child behavior and development. In C. Murchison (Ed.), *Handbook of child psychology* (pp. 94–127). Worcester, MA: Clark University Press.

Lewin, K. (1935). *A dynamic theory of personality* (D. K. Adams & K. E. Zener, Trans.). New York: McGraw-Hill.

Lewin, K. (1936). *Principles of topological psychology* (F. Heider & G. M. Heider, Trans.). New York: McGraw-Hill.

Lewin, K. (1937). Cark Stumpf. *Psychological Review, 44*, 189–194.

Lewin, K., Lippitt, R., & White, R. (1939). Patterns of aggressive behavior in experimentally created "social climates." *Journal of Social Psychology, 10*, 271–299.

Lewis, R. W. B. (1991). *The Jameses: A family narrative.* New York: Farrar, Straus, & Giroux.

Ley, R. (1990). *A whisper of espionage.* Garden Park, NY: Avery Publishing Group.

Leys, R., & Evans, R. B. (1990). *Defining American psychology: The correspondence between Adolf Meyer and Edward Bradford Titchener.* Baltimore, MD: The Johns Hopkins University Press.

Lippit, R., & White, R. K. (1943). The "social climate" of children's groups. In R. G. Barker, J. S. Kounin, & H. F. Wright (Eds.), *Child behavior and development* (pp. 485–508). New York: McGraw-Hill.

Lippmann, W. (1922a). A future for tests. *New Republic, 33*, 9–10.

Lippmann, W. (1922b). The abuse of tests. *New Republic, 32*, 297–298.

Lloyd, M. A., & Brewer, C. B. (1992). National conferences on undergraduate education. In A. E. Puente, J. R. Matthews, & C. B. Brewer (Eds.), *Teaching psychology in America: A history* (pp. 263–284). Washington, DC: American Psychological Association.

Locke, J. (1960). *Two treatises on government.* New York: Cambridge University Press. (Original work published 1690)

Locke, J. (1963). *Some thoughts concerning education.* Germany: Scientia Verlag Aalen. (Original work published 1693)

Locke, J. (1963). *An essay concerning human understanding.* Germany: Scientia Verlag Aalen. (Original work published 1690)

Loftus, E. F. (1979). *Eyewitness testimony.* Cambridge, MA: Harvard University Press.

Logan, C. A. (2002). When scientific knowledge becomes scientific discovery: The disappearance of classical conditioning before Pavlov. *Journal of the History of the Behavioral Sciences, 38*, 393–403.

Macfarlane, D. A. (1930). The role of kinesthesis in maze learning. *University of California Publications in Psychology, 4*, 277–305.

Mach, E. (1914). *Analysis of sensations.* La Salle, IL: Open Court. (Original work published 1886)

MacLeod, C. M. (1992). The Stroop task: The "gold standard" of attention measures. *Journal of Experimental Psychology: General, 121*, 12–14.

MacMillan, M. B. (1986). A wonderful journey through skull and brain: The travels of Mr. Gage's tamping iron. *Brain and Cognition, 5*, 67–107.

Madigan, S., & O'Hara, R. (1992). Short-term memory at the turn of the century: Mary Whiton Calkins's memory research. *American Psychologist, 47*, 170–174.

Magendie, F. (1965). François Magendie (1783–1855) on spinal nerve roots, 1822. In R. J. Herrnstein & E. G. Boring (Eds.), *A sourcebook in the history of psychology* (pp. 19–22). Cambridge, MA: Harvard University Press. (Original work published 1822)

Malone, J. C. (1991). *Theories of learning: A historical approach.* Belmont, CA: Wadsworth.

Marrow, A. J. (1969). *The practical theorist: The life and work of Kurt Lewin.* New York: Basic Books.
Maslow, A. H. (1954). *Motivation and personality.* New York: Harper.
Maslow, A. H. (1971). *The farther reaches of human nature.* New York: Viking.
Mayer, R. E. (1992). *Thinking, problem solving, cognition* (2nd ed.). New York: Freeman.
Mazlish, B. (1975). *James and John Stuart Mill: Father and son in the nineteenth century.* New York: Basic Books.
McCullough, D. (1992). *Brave companions: Portraits in history.* New York: Simon & Schuster.
McDougall, W. (1908). *Introduction to social psychology.* London: Methuen.
McGinnies, E. (1949). Emotionality and perceptual defense. *Psychological Review, 56*, 244–251.
McGuire, W. (Ed.). (1974). *The Freud/Jung letters.* Princeton, NJ: Princeton University Press.
McReynolds, P. (1987). Lightner Witmer: Little-known founder of clinical psychology. *American Psychologist, 42*, 849–858.
McReynolds, P. (1996). Lightner Witmer: The father of clinical psychology. In G. A. Kimble, C. A. Bonneau, & M. Wertheimer (Eds.), *Portraits of pioneers in psychology. Vol. II* (pp. 63–71). Washington, DC: American Psychological Association.
McReynolds, P. (1997). *Lightner Witmer: His life and times.* Washington, DC: American Psychological Association.
Menninger, K. (1963). *The vital balance: The life process in mental health and illness.* New York: Viking Press.
Merton, R. K. (1961). Singletons and multiples in scientific discovery: A chapter in the sociology of science. *Proceedings of the American Philosophical Society, 105*, 470–486.
Micale, M. S. (1985). The Salpêtrière in the age of Charcot: An institutional perspective on medical history in the late nineteenth century. *Journal of Contemporary History, 20*, 703–731.
Miles, W. R. (1928, March 29). *Diary entry.* Walter Miles papers, Archives of the History of American Psychology, University of Akron, Akron, Ohio.
Miles, W. R. (1929). *Diary insertion* (Box 1165, Folder 4). From the Walter R. Miles papers, Archives of the History of American Psychology, Akron, Ohio.
Miles, W. R. (1930). On the history of research with rats and mazes: A collection of notes. *Journal of General Psychology, 3*, 324–337.
Miles, W. R. (1931, April 1). *Diary entry.* Walter Miles papers, Archives of the History of American Psychology, University of Akron, Akron, Ohio.
Mill, J. S. (1869). *The subjection of women.* London: Longmans, Green, Reader, and Dyer.
Mill, J. (1948). Analysis of the phenomena of the human mind. Excerpt in W. Dennis (Ed.), *Readings in the history of psychology* (pp. 140–154). New York: Appleton-Century-Crofts. (Original work published 1829)
Mill, J. S. (1987). *The logic of the moral sciences.* LaSalle, IL: Open Court Classics. (A reprinting of the sixth book of Mill's *A system of logic, ratiocinative and inductive, being a connected view of the principles of evidence, and the methods of scientific investigation*; Original work published 1843)
Mill, J. S. (1989). *Autobiography.* London: Penguin. (Original work published 1873)
Miller, G. A. (1951). *Language and communication.* New York: McGraw-Hill.
Miller, G. A. (1956/1994). The magic number seven plus or minus two: Some limits on our capacity for processing information. *Psychological Review, 63*, 81–97.
Miller, G. A. (1992). The constitutive problem of psychology. In S. Koch & D. E. Leary (Eds.) *A century of psychology as science* (pp. 40–45). Washington, DC: American Psychological Association.
Miller, G. A., & Frick, F. C. (1949). Statistical behavioristics and sequences of responses. *Psychological Review, 56*, 311–324.
Miller, G. A., Galanter, E., & Pribram, K. H. (1960). *Plans and the structure of behavior.* New York: Holt.
Miller, N. E., & Dollard, J. (1941). *Social learning and imitation.* New Haven, CT: Yale University Press.
Mills, J. A. (1988). The genesis of Hull's Principles of Behavior. *Journal of the History of the Behavioral Sciences, 24*, 392–401.
Mills, W. (1899). The nature of animal intelligence and the methods of investigating it. *Psychological Review, 6*, 262–274.
Minton, H. L. (1987). Lewis M. Terman and mental testing: In search of the democratic ideal. In M. M. Sokal (Ed.), *Psychological testing and American society, 1890–1930* (pp. 95–112). New Brunswick, NJ: Rutgers University Press.
Minton, H. L. (1988). *Lewis M. Terman: Pioneer in psychological testing.* New York: New York University Press.
Monastersky, R. (1997, March 1). The call of catastrophes. *Science News, 151*, 20.
Montague, H., & Hollingworth, L. S. (1914). The comparative variability of the sexes at birth. *American Journal of Sociology, 20*, 342.
Moore, T. V. (1939). *Cognitive psychology.* Philadelphia: Lippincott.
Moorehead, A. (1969). *Darwin and the Beagle.* New York: Harper & Row.
Morawski, J. G. (1986). Organizing knowledge and behavior at Yale's Institute of Human Relations. *Isis, 77*, 219–242.
Morgan, C. L. (1903). *An introduction to comparative psychology.* London: Walter Scott. (Original work published 1895)
Morgan, M. J. (1977). *Molyneux's question.* New York: Cambridge University Press.
Morison, S. E. (1965). *The Oxford history of the American people.* New York: Oxford University Press.
Moskowitz, M. J. (1977). Hugo Münsterberg: A study in the history of applied psychology. *American Psychologist, 32*, 824–842.
Mowrer, O. H., & Mowrer, W. M. (1938). Enuresis—a method for its study and treatment. *American Journal of Orthopsychiatry, 8*, 436–459.

Münsterberg, H. (1908). *On the witness stand.* New York: The McClure Company.

Münsterberg, H. (1909). *Psychotherapy.* New York: Moffat, Yard.

Münsterberg, H. (1913). *Psychology and industrial efficiency.* New York: Houghton Mifflin.

Murchison, C. (Ed.). (1926). *Psychologies of 1925.* Worcester, MA: Clark University Press.

Murchison, C. (Ed.). (1930). *Psychologies of 1930.* Worcester, MA: Clark University Press.

Murphy, G., & Ballou, R. O. (Eds.). (1960). *William James on psychical research.* New York: Viking.

Napoli, D. S. (1981). *Architects of adjustment: The history of the psychological profession in the United States.* Port Washington, NY: Kennikat Press.

Neisser, U. (1967). *Cognitive psychology.* New York: Appleton-Century-Crofts.

Neisser, U. (1976). *Cognition and reality.* San Francisco: Freeman and Company.

Neisser, U. (1988). Cognitive reflections. In W. Hirst (Ed.), *The making of cognitive science: Essays in honor of George A. Miller* (pp. 81–88). New York: Cambridge University Press.

Neugebauer, R. (1978). Treatment of the mentally ill in medieval and early modern England: A reappraisal. *Journal of the History of the Behavioral Sciences, 14*, 158–169.

Newell, A., & Simon, H. A. (1972). *Human problem solving.* Englewood Cliffs, NJ: Prentice-Hall.

Newman, E. B. (1944). Max Wertheimer: 1880–1943. *American Journal of Psychology, 57*, 428–435.

Nicholson, I. A. M. (2003). *Inventing personality: Gordon Allport and the science of selfhood.* Washington, DC: American Psychological Association.

Nicolai, G. F. (1907). Die physiologische methodik zur erforschung der tierpsyche, ihre möglichkeit und ihre anwendung [The physiological method for research in animal psychology, its method and application]. *Journal für Psychologie und Neurologie, 10*, 1–27.

Ogden, R. M. (1951). Oswald Külpe and the Würzburg school. *American Journal of Psychology, 64*, 4–19.

Oldfield, R. C. (1972). Frederick Charles Bartlett: 1886–1969. *American Journal of Psychology, 85*, 133–140.

Olds, J., & Milner, P. (1954). Positive reinforcement produced by electrical stimulation of septal area and other regions of rat brain. *Journal of Comparative and Physiological Psychology, 47*, 419–427.

Olton, D. S. (1979). Mazes, maps, and memory. *American Psychologist, 34*, 583–596.

O'Donnell, J. M. (1979). The crisis of experimentalism in the 1920s: E. G. Boring and his uses of history. *American Psychologist, 34*, 289–295.

O'Donnell, J. M. (1979). The clinical psychology of Lightner Witmer: A case study of institutional innovation and intellectual change. *Journal of the History of the Behavioral Sciences, 15*, 3–17.

O'Donnell, J. M. (1985). *The origins of behaviorism: American psychology, 1870–1920.* New York: New York University Press.

O'Sullivan, J. J., & Quevillon, R. P. (1992). 40 years later: Is the Boulder model still alive? *American Psychologist, 47*, 67–70.

Palermo, D. (1971). Is a scientific revolution taking place in psychology? *Science Studies, 1*, 135–155.

Palmer, R. R. (1964). *A history of the modern world* (2nd ed.). New York: Alfred A. Knopf.

Parkovnick, S. (2000). Contextualizing Floyd Allport's Social Psychology. *Journal of the History of the Behavioral Sciences, 36*, 429–441.

Parsons, H. M. (1974). What happened at Hawthorne? *Science, 183*, 922–932.

Pastore, N. (1990). Espionage. *Journal of the History of the Behavioral Sciences, 26*, 366–371.

Paul, G. L. (1966). *Insight vs. desensitization in psychotherapy.* Palo Alto, CA: Stanford University Press.

Pavlov, I. P. (1906, November). The scientific investigation of the psychical faculties or processes in the higher animals. *Science, 24*, 613–619.

Pavlov, I. P. (1928). *Lectures on conditioned reflexes* (W. H. Gantt, Trans.). New York: International Publications.

Pavlov, I. P. (1960). *Conditioned reflexes: An investigation of the physiological activity of the cerebral cortex* (G. V. Anrep, Trans.). New York: Dover. (Original work published by Oxford University Press in 1927)

Penfield, W., & Perot, P. (1963). The brain's record of auditory and visual experience. *Brain, 86*, 595–696.

Perin, C. T. (1942). Behavior potentiality as a joint function of the amount of training and the degree of hunger at the time of extinction. *Journal of Experimental Psychology, 30*, 93–113.

Perloff, R., & Naman, J. L. (1996). Lillian Gilbreth: Tireless advocate for a general psychology. In G. A. Kimble, C. A. Bonneau, & M. Wertheimer (Eds.), *Portraits of pioneers in psychology. Vol. II* (pp. 107–116). Washington, DC: American Psychological Association.

Pervin, E. J. (1991). *Introduction to personality* (5th ed.). New York: HarperCollins.

Peterson, D. R. (1992). The doctor of psychology degree in professional psychology. In D. K. Freedheim (Ed.), *History of psychotherapy: A century of change* (pp. 829–849). Washington, DC: American Psychological Association.

Pettigrew, T. F. (1969). Gordon Willard Allport, 1897–1967. *Journal of Personality and Social Psychology, 12*, 1–5.

Phillips, L. (2000). Recontextualizing Kenneth B. Clark: An Afrocentric perspective on the paradoxical legacy of a model psychologist-activist. *History of Psychology, 3*, 142–167.

Piaget, J. (1952). Jean Piaget. In E. G. Boring, H. S. Langfeld, H. Werner, & R. M. Yerkes (Eds.), *A history of psychology in autobiography. Vol. 4* (pp. 237–256). New York: Russell & Russell.

Piaget, J. (1959). *The language and thought of the child.* London: Routledge and Kegan Paul. (Original work published 1923)

Pick, A. (2003). A role model for generations. *APS Observer, 16(4)*, 26.

Pick, H. L., Jr. (1994). Eleanor J. Gibson: Learning to perceive and perceiving to learn. In R. D. Parke, P. A. Ornstein,

J. J. Rieser, & C. Zahn-Waxler (Eds.), *A century of developmental psychology* (pp. 527–544). Washington, DC: American Psychological Association.

Pickren, W. E., & Tomes, H. (2002). The legacy of Kenneth B. Clark to the APA: The Board of Social and Ethical Responsibility for Psychology. *American Psychologist, 57*, 51–59.

Pillsbury, W. B. (1955). Harvey A. Carr: 1873–1954. *American Journal of Psychology, 67*, 149–151.

Poffenberger, A. T. (1940). Leta Stetter Hollingworth: 1886–1939. *American Journal of Psychology, 53*, 299–301.

Poffenberger, A. T. (1957). Harry Levi Hollingworth: 1880–1956. *American Journal of Psychology, 70*, 136–140.

Poffenberger, A. T. (1962). Robert Sessions Woodworth: 1869–1962. *American Journal of Psychology, 75*, 677–689.

Popplestone, J. A. (1975). Retrieval of primary sources. *Journal of the History of the Behavioral Sciences, 11*, 20–22.

Popplestone, J. A. (1987). The legacy of memory in apparatus and methodology. In W. Traxel (Ed.), *Ebbinghaus-Studien 2* (pp. 203–215). Passau: Passavia Universitätsverlag.

Popplestone, J. A., & McPherson, M. W. (1984). Pioneer psychology laboratories in clinical settings. In J. Brozek (Ed.) *Explorations in the history of psychology in the United States* (pp. 196–272). Lewisburg, PA: Bucknell University Press.

Popplestone, J. A., & McPherson, M. W. (1994). *An illustrated history of American psychology.* DuBuque, IA: Brown & Benchmark.

Porter, J. P. (1904). A preliminary study of the psychology of the English sparrow, *American Journal of Psychology, 15*, 313–346.

Prentice, W. C. H. (1951). Edgar John Rubin: 1886–1951. *American Journal of Psychology, 64*, 608–609.

Prytula, R. E., Oster, G. D., & Davis, S. F. (1977). The "rat rabbit" problem: What did John B. Watson really do? *Teaching of Psychology, 4*, 44–46.

Radbill, S. X. (1972). Robert Whytt. In C. C. Gillespie (Ed.), *Dictionary of scientific biography. Vol. XIV.* New York: Scribner.

Raimy, V. C. (Ed.). (1950). *Training in clinical psychology.* Englewood Cliffs, NJ: Prentice-Hall.

Ramón y Cajal, S. (1999). *Advice for a young investigator.* (Trans. N. Swanson & L. W. Swanson). Cambridge, MA: MIT Press.

Raphelson, A. C. (1973). The pre-Chicago association of the early functionalists. *Journal of the History of the Behavioral Sciences, 9*, 115–122.

Reed, J. (1987). Robert M. Yerkes and the mental testing movement. In M. M. Sokal (Ed.), *Psychological testing and American society, 1890–1930* (pp. 75–94). New Brunswick, NJ: Rutgers University Press.

Restak, R. (1984). *The brain.* Toronto: Bantam Books.

Restle, F. (1957). Discrimination of cues in mazes: A resolution of the "place-vs.-response" question. *Psychological Review, 64*, 217–228.

Richards, R. J. (1983). Why Darwin delayed, or interesting problems and models in the history of science. *Journal of the History of the Behavioral Sciences, 19*, 45–53.

Richardson, J. T. E. (2003). Howard Andrew Know and the origins of performance testing on Ellis Island, 1912–1916. *History of Psychology, 6*, 143–170.

Rilling, M. (2000). How the challenge of explaining learning influenced the origins and development of John B. Watson's behaviorism. *American Journal of Psychology, 113*, 275–301.

Robinson, D. N. (1981). *An intellectual history of psychology* (2nd ed.). New York: Macmillan.

Robinson, J. K., & Woodward, W. R. (1996). Experimental analysis of behavior at Harvard: From cumulative records to mathematical models. In L. D. Smith & W. R. Woodward (Eds.), *B. F. Skinner and behaviorism in American culture* (pp. 254–272). Bethlehem, PA: Lehigh University Press.

Roediger, H. L., III. (1985). Remembering Ebbinghaus. *Contemporary Psychology, 30*, 519–523.

Roediger, H. L. III. (1997). Remembering. *Contemporary Psychology, 42*, 488–492.

Roediger, H. L. III, & McDermott, K. B. (1995). Creating false memories: Remembering words not presented in lists. *Journal of Experimental Psychology: Learning Memory, and Cognition, 21*, 803–814.

Rogers, C. R. (1942). *Counseling and psychotherapy.* Boston: Houghton Mifflin Company.

Rogers, C. R. (1954). Changes in the maturity of behavior as related to therapy. In C. R. Rogers & J. A. Precker (Eds.), *Psychotherapy and personality change* (pp. 215–237). Chicago: University of Chicago Press.

Rogers, C. R. (1961a). Some hypotheses regarding the facilitation of personal growth. In C. R. Rogers (Ed.), *On becoming a person* (pp. 31–38). Boston: Houghton Mifflin.

Rogers, C. R. (1961b). Some directions evident in therapy. In C. R. Rogers (Ed.), *On becoming a person* (pp. 73–106). Boston: Houghton Mifflin.

Rohles, F. H., Jr. (1992). Orbital bar pressing: A historical note on Skinner and the chimpanzees in space. *American Psychologist, 47*, 1531–1533.

Romanes, G. J. (1886). *Animal Intelligence.* New York: D. Appleton. (Original work published 1882)

Rosenzweig, S. (1992). *The historic expedition to America (1909): Freud, Jung, and Hall the king-maker.* St. Louis: Rana House.

Rosnow, R. L., & Rosenthal, R. (1993). *Beginning behavioral research.* New York: Macmillan.

Ross, D. (1969). The "zeitgeist" and American psychology. *Journal of the History of the Behavioral Sciences, 5*, 256–262.

Ross, D. (1972). *G. Stanley Hall: The psychologist as prophet.* Chicago: University of Chicago Press.

Rubin, E. (1958). Figure and ground. In D. C. Beardslee & M. Wertheimer (Eds.), *Readings in perception* (pp. 194–203). Princeton, NJ: Van Nostrand. (Original work published 1915)

Rucci, A. J., & Tweney, R. D. (1980). Analysis of variance and the "second discipline" of scientific psychology: A historical account. *Psychological Bulletin, 87*, 166–184.

Ruse, M. (1979). *The Darwinian revolution: Science red in tooth and claw.* Chicago: University of Chicago Press.

Russo, N. F. (1988). Women's participation in psychology: Reflecting and shaping the social context. In A. N. O'Connell & N. F. Russo (Eds.), *Models of achievement: Reflections of eminent women in psychology. Vol. 2* (pp. 9–27). Hillsdale, NJ: Lawrence Erlbaum.

Rutherford, A. (2003). B. F. Skinner's technology of behavior in American life: From consumer culture to counterculture. *Journal of the History of the Behavioral Sciences, 39,* 1–23.

Ryalls, J. (1984). Where does the term "aphasia" come from? *Brain and Language, 21,* 358–363.

Ryan, W. C. (1939). *Studies in early graduate education.* New York: Carnegie Foundation.

Sahakian, W. S. (Ed.). (1968). *History of psychology: A source book in systematic psychology.* Itasca, IL: F. E. Peacock.

Sahakian, W. S. (1975). *History and systems of psychology.* New York: John Wiley.

Samelson, F. (1981). Struggle for scientific authority: The reception of Watson's behaviorism in 1913. *Journal of the History of the Behavioral Sciences, 17,* 399–425.

Samelson, F. (1985). Organizing for the kingdom of behavior: Academic battles and organizational policies in the twenties. *Journal of the History of the Behavioral Sciences, 21,* 33–47.

Sanford, E. C. (1910, August 8). *Letter to E. B. Titchener.* Titchener papers, Cornell University Archives, Ithaca, NY.

Satariano, W. A. (1979). Immigration and the popularization of social science, 1920 to 1930. *Journal of the History of the Behavioral Sciences, 15,* 310–320.

Scarborough, E., & Furumoto, L. (1987). *Untold lives: The first generation of American women psychologists.* New York: Columbia University Press.

Schlereth, T. J. (1991). *Victorian America: Transformations in everyday life.* New York: HarperCollins.

Schulman, B. J. (2001). *The seventies: The great shift in American culture, society, and politics.* Cambridge, MA: Perseus.

Schultz, D. P. (1981). *A history of modern psychology* (3rd ed.). New York: Academic Press.

Schultz, D. P., & Schultz, S. E. (1987). *A history of modern psychology* (4th ed.). San Diego: Harcourt, Brace, Jovanovich.

Scott, W. D. (1903). *The theory and practice of advertising.* Boston: Small & Maynard.

Scott, W. D. (1910). *Human efficiency in business.* New York: Macmillan.

Scott-Kakures, D., Castagnetto, S., Benson, H., Taschek, W., & Hurley, P. (1993). *History of philosophy.* New York: HarperCollins.

Scripture, E. W. (1895). *Thinking, feeling, doing.* New York: Chautauqua-Century Press.

Searle, J. R. (1980). Minds, brains, and programs. *Behavioral and Brain Sciences, 3,* 417–424.

Sechenov, I. M. (1965). *Reflexes of the brain.* Cambridge, MA: MIT Press. (Original work published 1863)

Sechzer, J. A., (1983). The ethical dilemma of some classical animal experiments. *Annals of the New York Academy of Sciences, 406,* 5–12.

Segal, E. M., & Lachman, R. (1972). Complex behavior or higher mental processes: Is there a paradigm shift? *American Psychologist, 27,* 46–55.

Sex, race/ethnicity data available. (1995, Winter). *Trends in Education: APA Education Directorate News, 2(1),* 2–3.

Sexton, V. S. (1965). Clinical psychology: An historical survey. *Genetic Psychology Monographs, 72,* 401–434.

Shakow, D. (1930). Hermann Ebbinghaus. *American Journal of Psychology, 42,* 505–518.

Shannon, C. E., & Weaver, W. (1949). *The mathematical theory of communication.* Urbana: University of Illinois Press.

Sherrington, C. S. (1906). *The integrative action of the nervous system.* New Haven, CT: Yale University Press.

Shorter, E. (1997). *A history of psychiatry: From the era of the asylum to the age of Prozac.* New York: Wiley.

Simon, L. (1998). *Genuine reality: A life of William James.* Chicago: University of Chicago Press.

Simonton, D. K. (1994). *Greatness: Who makes history and why.* New York: Guilford Press.

Singer, C. A. (1957). *A short history of anatomy and physiology from the Greeks to Harvey.* New York: Dover.

Skinner, B. F. (1938). *The behavior of organisms: An experimental analysis.* New York: Appleton-Century-Crofts.

Skinner, B. F. (1945). An operational analysis of psychological terms. *Psychological Review, 52,* 270–277.

Skinner, B. F. (1948). *Walden two.* New York: Macmillan.

Skinner, B. F. (1953). *Science and human behavior.* New York: Macmillan.

Skinner, B. F. (1956). A case history in scientific method. *American Psychologist, 12,* 221–223.

Skinner, B. F. (1957). *Verbal behavior.* New York: Appleton-Century-Crofts.

Skinner, B. F. (1960). Pigeons in a pelican. *American Psychologist, 15,* 28–37.

Skinner, B. F. (1979). *The shaping of a behaviorist.* New York: Knopf.

Skinner, B. F. (1981). Pavlov's influence on psychology in America. *Journal of the History of the Behavioral Sciences, 17,* 242–245.

Skinner, B. F. (1987). Whatever happened to psychology as the science of behavior? *American Psychologist, 42,* 780–786.

Skinner, B. F. (1990). Can psychology be a science of the mind? *American Psychologist, 45,* 1206–1210.

Small, W. S. (1901). Experimental study of the mental processes of the rat. II. *American Journal of Psychology, 12,* 206–239.

Smith, L. D. (1992). On prediction and control: B. F. Skinner and the technological ideal of science. *American Psychologist, 47,* 216–223.

Smith, L. D. (1996a). Knowledge as power: The Baconian roots of Skinner's social meliorism. In L. D. Smith & W. R. Woodward (Eds.), *B. F. Skinner and behaviorism in American culture* (pp. 56–82). Bethlehem, PA: Lehigh University Press.

Smith, L. D. (1996b). Conclusion: Situating B. F. Skinner and behaviorism in American culture. In L. D. Smith & W. R. Woodward (Eds.), *B. F. Skinner and behaviorism in American culture* (pp. 294–315). Bethlehem, PA: Lehigh University Press.

Smith, L. D., Best, L. A., Cylke, V. A., Stubbs, D. A. (2000). Psychology without p values: Dadat analysis at the turn of the century. *American Psychologist, 55*, 260–263.

Smith, M. B. (1992). The American Psychological Association and social responsibility. In R. B. Evans, V. S. Sexton, & T. C. Cadwallader (Eds.), *The American Psychological Association: A historical perspective* (pp. 327–345). Washington, DC: American Psychological Association.

Sobel, D. (1995). *Longitude: The true story of a lone genius who solved the greatest scientific problem of his time.* New York: Walker.

Sobel, D. (2000). *Galileo's daughter: A historical memoir of science, faith, and love.* New York: Penguin.

Sokal, M. M. (1971). The unpublished autobiography of James McKeen Cattell. *American Psychologist, 26*, 626–635.

Sokal, M. M. (1981a). The origins of the Psychological Corporation. *Journal of the History of the Behavioral Sciences, 17*, 54–67.

Sokal, M. M. (Ed.). (1981b). *An education in psychology: James McKeen Cattell's journal and letters from Germany and England, 1880–1888.* Cambridge, MA: The MIT Press.

Sokal, M. M. (1984). The Gestalt psychologists in behaviorist America. *American Historical Review, 89*, 1240–1263.

Sokal, M. M. (1987). James McKeen Cattell and mental anthropometry: Nineteenth-century science and reform and the origins of psychological testing. In M. M. Sokal (Ed.), *Psychological testing and American society* (pp. 21–45). New Brunswick, NJ: Rutgers University Press.

Sokal, M. M. (1992). Origins and early years of the American Psychological Association, 1890–1906. *American Psychologist, 47*, 111–122.

Sokal, M. M., & Rafail, P. A. (1982). *Guide to manuscript collections in the history of psychology and related areas.* Millwood, NY: Kraus International.

Solso, R. L. (Ed.). (1973). *Contemporary issues in cognitive psychology: The Loyola symposium.* Washington, DC: V. H. Winston.

Spalding, D. A. (1873). Instinct, with original observations on young animals. *Macmillan's Magazine, 27*, 282–293.

Spence, K. W. (1952). Clark Leonard Hull: 1884–1952. *American Journal of Psychology, 65*, 639–646.

Sperry, R. W. (1961). Cerebral organization and behavior. *Science, 133*, 1749–1757.

Sperry, R. W. (1993). The impact and promise of the cognitive revolution. *American Psychologist, 48*, 878–885.

Spillman, J., & Spillman, L. (1993). The rise and fall of Hugo Münsterberg. *Journal of the History of the Behavioral Sciences, 29*, 322–338.

Spurzheim, J. G. (1978). Outlines of phrenology. In D. N. Robinson (Ed.), *Significant contributions to the history of psychology. Series E. Volume II.* Washington, DC: University Publications of America. (Original work published 1832)

A stash in the stacks. (1996, August/September). *Civilization, 3(4)*, 15.

Sterns, C. Z. (1985). Victorian sexuality: Can historians do it better? *Journal of Social History, 18,* 625–634.

Stetson, G. R. (1897). Some memory tests of whites and blacks. *Psychological Review, 4,* 285–289.

Steudel, J. (1972). Johannes Peter Müller. In C. C. Gillespie (Ed.), *Dictionary of scientific biography. Vol. IX.* New York: Scribner.

Stevens, S. S. (1935). The operational definition of concepts. *Psychological Review, 42,* 517–527.

Stocking, G. W., Jr. (1965). On the limits of "presentism" and "historicism" in the historiography of the behavioral sciences. *Journal of the History of the Behavioral Sciences, 1,* 211–217.

Stricker, G., & Cummings, N. A. (1992). The professional school movement. In D. K. Freedheim (Ed.), *History of psychotherapy: A century of change* (pp. 801–828). Washington, DC: American Psychological Association.

Stroop, J. R. (1992). Studies of interference in serial verbal reactions. *Journal of Experimental Psychology: General, 121,* 15–23. (Original work published 1935)

Strunk, O., Jr. (1972). The self-psychology of Mary Whiton Calkins. *Journal of the History of the Behavioral Sciences, 8,* 196–203.

Sulloway, F. J. (1979). *Freud: Biologist of the mind.* New York: Basic Books.

Sulloway, F. J. (1982). Darwin and his finches: The evolution of a legend. *Journal of the History of Biology, 15,* 1–53.

Swazey, J. P. (1972). Charles Scott Sherrington. In C. C. Gillespie (Ed.), *Dictionary of scientific biography. Vol. XII.* New York: Scribner.

Taylor, D. W. (1972). Santiago Ramón y Cajal. In C. C. Gillespie (Ed.), *Dictionary of scientific biography. Vol. XI.* New York: Scribner.

Temkin, O. (1947). Gall and the phrenological movement. *Bulletin of the History of Medicine, 21*, 275–321.

Terman, L. M. (1906). Genius and stupidity: A study of some of the intellectual processes of seven "bright" and seven "stupid" boys. *Pedagogical Seminary, 13*, 307–373.

Terman, L. M. (1924). The mental test as a psychological method. *Psychological Review, 31*, 93–117.

Terman, L. M. (1925). *Genetic studies of genius. Vol. 1. Mental and physical traits of a thousand gifted children.* Stanford, CA: Stanford University Press.

Terman, L. M. (1932). Trails to psychology. In C. Murchison (Ed.), *A history of psychology in autobiography. Vol. II* (pp. 297–332). Worcester, MA: Clark University Press.

Terman, L. M., & Oden, M. H. (1947). *Genetic studies of genius. Vol. 4. The gifted child grows up: Twenty-five years' follow-up of a superior group.* Stanford, CA: Stanford University Press.

Terman, L. M., & Oden, M. H. (1959). *Genetic studies of genius. Vol. 5. The gifted group at mid-life: Thirty-five years' follow-up of the superior child.* Stanford, CA: Stanford University Press.

Thomas, E. (1995). *The very best men.* New York: Simon & Schuster.

Thomson, K. S. (1975). HMS Beagle, 1820–1870. *American Scientist, 63*, 664–672.

Thorndike, E. L. (1899). A reply to "The nature of animal intelligence and the methods of investigating it." *Psychological Review, 6*, 412–420.

Thorndike, E. L. (1900). Comparative psychology. *Psychological Review,* 7, 424–426.

Thorndike, E. L. (1936). Edward Lee Thorndike. In C. Murchison (Ed.), *A history of psychology in autobiography. Vol. 3* (pp. 263–270). Worcester, MA: Clark University Press.

Thorndike, E. L. (1948). Animal intelligence. In W. Dennis (Ed.), *Readings in the history of psychology* (pp. 377–387). New York: Appleton-Century-Crofts. (Original work published 1898)

Thorndike, E. L., & Woodworth, R. S. (1901). The influence of improvement in one mental function upon the efficiency of other functions. I. *Psychological Review, 8*, 247–261.

Thorndike, E. L. (2000). *Animal intelligence: Experimental studies.* New Brunswick, NJ: Transaction Publishers. (Original work published 1911)

Thorndike, R. L. (1991). Edward L. Thorndike: A professional and personal appreciation. In G. A. Kimble, M. Wertheimer, and C. L. White (Eds.), *Portraits of pioneers in psychology* (pp. 139–151). Washington, DC: American Psychological Association.

Titchener, E. B. (1895). Note. *American Journal of Psychology, 7*, 448–449.

Titchener, E. B. (1898). Postulates of a structural psychology. *Psychological Review,* 7, 449–465.

Titchener, E. B. (1899). *An outline of psychology.* New York: Macmillan. (Original work published 1896)

Titchener, E. B. (1901). *Experimental psychology: A manual of laboratory practice. Vol. 1: Qualitative experiments. Part 1: Student's manual; part 2: Instructor's manual.* New York: Macmillan.

Titchener, E. B. (1905). *Experimental psychology: A manual of laboratory practice. Vol. 2: Quantitative experiments. Part 1: Student's manual; part 2: Instructor's manual.* New York: Macmillan.

Titchener, E. B. (1905). Review [of Thorndike's *Elements of Psychology*]. *Mind, 56*, 552–554.

Titchener, E. B. (1906, June 6). *Letter to L. N. Wilson.* Wilson Papers, Clark University, Worcester, MA.

Titchener, E. B. (1909). *A text-book of psychology.* New York: Macmillan.

Titchener, E. B. (1914). On "Psychology as the behaviorist views it." *Proceedings of the American Philosophical Society, 53*, 1–17.

Titchener, E. B. (1921). Wilhelm Wundt. *American Journal of Psychology, 32*, 161–178.

Todd, J. T. (1994). What psychology has to say about John B. Watson: Classical behaviorism in psychology textbooks, 1920–1989. In J. T. Todd & E. K. Morris (Eds.), *Modern perspectives on John B. Watson and classical behaviorism* (pp. 75–107). Westport, CT: Greenwood Press.

Todd, J. T., & Morris, E. K. (1986). The early research of John B. Watson: Before the behavioral revolution. *The Behavior Analyst, 9*, 71–88.

Todes, D. P. (1997). From the machine to the ghost within: Pavlov's transition from digestive physiology to conditional reflexes. *American Psychologist, 52*, 947–955.

Tolman, E. C. (1922). A new formula for behaviorism. *Psychological Review, 29*, 44–53.

Tolman, E. C. (1932). *Purposive behavior in animals and men.* New York: Appleton-Century-Crofts.

Tolman, E. C. (1938). The determiners of behavior at a choice point. *Psychological Review, 45*, 1–41.

Tolman, E. C. (1942). *Drives toward war.* New York: D. Appleton-Century Company.

Tolman, E. C. (1948). Cognitive maps in rats and men. *Psychological Review, 55*, 189–208.

Tolman, E. C. (1952). Edward Chace Tolman. In E. G. Boring, H. S. Langfeld, H. Werner, & R. M. Yerkes (Eds.), *A history of psychology in autobiography, Vol. 4* (pp. 323–339). Worcester, MA: Clark University Press.

Tolman, E. C. (1959). Principles of purposive behavior. In S. Koch (Ed.), *Psychology: A study of a science. Study 1. Volume 2* (pp. 92–157). New York: McGraw-Hill.

Tolman, E. C., & Honzik, C. H. (1930). Introduction and removal of reward, and maze performance in rats. *University of California Publications in Psychology, 4*, 257–275.

Tolman, E. C., & Nyswander, D. B. (1927). The reliability and validity of maze-measures for rats. *Journal of Comparative Psychology, 7*, 425–460.

Tolman, E. C., Ritchie, B. F., & Kalish, D. (1946a). Studies in spatial learning. II. Place learning versus response learning. *Journal of Experimental Psychology, 36*, 221–229.

Tolman, E. C., Ritchie, B. F., & Kalish, D. (1946b). Studies in spatial learning. I. Orientation and the short-cut. *Journal of Experimental Psychology, 36*, 13–24.

Tolman, E. C., Tryon, R. C., & Jeffress, L. A. (1929). A self-recording maze with an automatic delivery table. *University of California Publications in Psychology, 4*, 99–112.

Tolstoy, L. (1942). *War and peace* (L. Maude and A. Maude, Trans.). New York: Simon and Schuster.

Triplett, R. G. (1982). The relationship of Clark L. Hull's hypnosis research to his later learning theory: The continuity of a life's work. *Journal of the History of the Behavioral Sciences, 18*, 22–31.

Tryon, R. C. (1963). Psychology in flux: The academic-professional polarity. *American Psychologist, 18*, 134–143.

Turing, A. M. (1950). Computing machinery and intelligence. *Mind, 59*, 433–460.

Turner, R. S. (1972). Hermann von Helmholtz. In C. C. Gillespie (Ed.), *Dictionary of scientific biography. Vol. VI.* New York: Scribner.

Turner, R. S. (1982). Helmholtz, sensory physiology, and the disciplinary development of German psychology. In W. R.

Woodward & M. G. Ash (Eds.), *The problematic science: Psychology in nineteenth-century thought* (pp. 147–166). New York: Praeger.

Twitmyer, E. B. (1905). Knee-jerks without stimulation of the patellar tendon. *Psychological Bulletin, 2*, 43–44.

Valentine, C. W. (1930). The innate bases of fear. *Journal of Genetic Psychology, 37*, 394–420.

Vandenbos, G. R., Cummings, N. A., & DeLeon, P. H. (1992). A century of psychotherapy: Economic and environmental influences. In D. K. Freedheim (Ed.), *History of psychotherapy: A century of change* (pp. 65–102). Washington, DC: American Psychological Association.

Veysey, L. R. (1965). *The emergence of the American university*. Chicago: University of Chicago Press.

Viney, W. (1996). Dorothea Dix: An intellectual conscience for psychology. In G. A. Kimble, C. A. Bonneau, & M. Wertheimer (Eds.), *Portraits of pioneers in psychology. Vol. II* (pp. 15–31). Washington, DC: American Psychological Association.

Viney, W., & Zorich, S. (1982). Contributions to the history of psychology: XXIX. Dorothea Dix and the history of psychology. *Psychological Reports, 50*, 211–218.

Voyat, G. (1981). Jean Piaget: 1896–1980. *American Journal of Psychology, 94*, 645–648.

Vrooman, J. R. (1970). *René Descartes: A biography*. New York: Putnam.

Wade, N. J. (1994). Hermann von Helmholtz. *Perception, 23*, 981–989.

Wallin, J. E. W. (1966). A red-letter day in APA history. *Journal of General Psychology, 75*, 107–114.

Warner, L. H., & Warden, C. J. (1927). The development of a standardized animal maze. *Archives of Psychology, 15* (No. 92).

Warren, R. M. (1984). Helmholtz and his continuing influence. *Music Perception, 1*, 253–275.

Washburn, M. F. (1908). *The animal mind*. New York: Macmillan.

Washburn, M. F. (1932). Margaret Floy Washburn. In C. Murchison (Ed.), *A history of psychology in autobiography. Vol. 2* (pp. 333–358). Worcester, MA: Clark University Press.

Watson, J. B. (1903). *Animal education: An experimental study of the psychical development of the white rat, correlated with the growth of its nervous system.* Chicago: University of Chicago Press.

Watson, J. B. (1907). Kinesthetic and organic sensations: Their role in the reactions of the white rat to the maze. *Psychological Review Monograph Supplements, 8 (#33)*.

Watson, J. B. (1909). Some experiments bearing upon color vision in monkeys. *Journal of Comparative Neurology and Psychology, 19*, 1–28.

Watson, J. B. (1910, February). The new science of animal behavior. *Harper's Monthly Magazine, 120*, 346–353.

Watson, J. B. (1913). Psychology as the behaviorist views it. *Psychological Review, 20*, 158–177.

Watson, J. B. (1914). *Behavior: An introduction to comparative psychology*. New York: Holt.

Watson, J. B. (1916). The place of the conditioned reflex in psychology. *Psychological Review, 23*, 89–116.

Watson, J. B. (1926, June). How we think: A behaviorist's view. *Harper's Monthly Magazine, 153*, 40–45.

Watson, J. B. (1928). *Psychological care of infant and child.* New York: W. W. Norton.

Watson, J. B. (1930). *Behaviorism* (2nd ed.). New York: W. W. Norton. (Original work published 1924)

Watson, J. B. (1936). Autobiography. In C. Murchison (Ed.), *A history of psychology in autobiography. Vol. 3* (pp. 271–281). Worcester, MA: Clark University Press.

Watson, J. B., & Morgan, J. J. B. (1917). Emotional reactions and psychological experimentation. *American Journal of Psychology, 28*, 163–174.

Watson, J. B., & Rayner, R. (1920). Conditioned emotional reactions. *Journal of Experimental Psychology, 3*, 1–14.

Watson, R. I. (1953). A brief history of clinical psychology. *Psychological Bulletin, 50*, 321–346.

Watson, R. I. (1960). The history of psychology: A neglected area. *American Psychologist, 15*, 251–255.

Watson, R. I., & Evans, R. B. (1991). *The great psychologists: A history of psychological thought* (5th ed.). New York: HarperCollins.

Weaver, K. A. (1998). Capturing the fervor of cognitive psychology's emergence. *Teaching of Psychology, 25*, 136–138.

Webb, M. E. (1988). A new history of Hartley's "Observations on Man." *Journal of the History of the Behavioral Sciences, 24*, 202–211.

Weiner, J. (1994). *The beak of the finch.* New York: Vintage Books.

Wertheimer, M. (1967). Gestalt theory. In W. D. Ellis (Ed.), *A source book of Gestalt psychology* (pp. 1–11). London: Routledge and Kegan Paul. (Original talk delivered 1924)

Wertheimer, M. (1967). Laws of organization in perceptual forms. In W. D. Ellis (Ed.), *A source book of Gestalt psychology* (pp. 71–88). London: Routledge and Kegan Paul. (Original work published 1923)

Wertheimer, M. (1982). *Productive thinking*. Chicago: University of Chicago Press. (Original work published 1945)

Wertheimer, M. (1978). Humanistic psychology and the humane but tough-minded psychologist. *American Psychologist, 33*, 739–745.

White, M. (1997). *Isaac Newton: The last sorcerer.* Reading, MA: Perseus Books.

White, R. K. (1978). Has "field theory" been "tried and found wanting"? *Journal of the History of the Behavioral Sciences, 14*, 242–246.

Wiggins, J. G., Jr. (1994). Would you want your child to be a psychologist? *American Psychologist, 49*, 485–492.

Williams, D. H., Bellis, E. C., & Wellington, S. W. (1980). Deinstitutionalization and social policy: Historical perspectives and present dilemmas. *American Journal of Orthopsychiatry, 50*, 54–64.

Williams, S. B. (1938). Resistance to extinction as a function of the number of reinforcements. *Journal of Experimental Psychology, 23*, 506–521.

Windholz, G. (1986). A comparative analysis of the conditional reflex discoveries of Pavlov and Twitmyer, and the birth of a paradigm. *Pavlovian Journal of Biological Science, 21*, 141–147.

Windholz, G. (1997). Ivan P. Pavlov: An overview of his life and psychological work. *American Psychologist, 52*, 941–946.

Windholz, G., & Lamal, P. A. (1985). Köhler's insight revisited. *Teaching of Psychology, 12*, 165–167.

Winston, A. S. (1990). Robert Sessions Woodworth and the "Columbia Bible": How the psychological experiment was redefined. *American Journal of Psychology, 103*, 391–401.

Winston, A. S. (1996). "As his name indicates": R. S. Woodworth's letters of reference and employment for Jewish psychologists in the 1930s. *Journal of the History of the Behavioral Sciences, 32*, 30–43.

Winters, B. (1950). Franz Anton Mesmer: An inquiry into the antecedents of hypnosis. *Journal of General Psychology, 43*, 63–75.

Wissler, C. (1965). Clark Wissler (1870–1947) on the inadequacy of mental tests. In R. J. Herrnstein & E. G. Boring (Eds.), *A sourcebook in the history of psychology* (pp. 442–445). Cambridge, MA: Harvard University Press. (Original work published 1901)

Witmer, L. (1893, July 14). *Letter to Hugo Münsterberg*. Münsterberg papers, Boston Public Library, Boston, MA.

Witmer, L. (1909). The study and treatment of retardation: A field of applied psychology. *Psychological Bulletin, 6*, 121–127.

Witmer, L. (1911). Criminals in the making. *The Psychological Clinic, 4*, 221–238.

Witmer, L. (1931). Clinical psychology. In R. A. Brotemarkle (Ed.), *Clinical psychology: Studies in honor of Lightner Witmer* (pp. 341–352). Philadelphia: University of Pennsylvania Press. (Original work published 1907)

Wolpe, J. (1958). *Psychotherapy by reciprocal inhibition*. Palo Alto, CA: Stanford University Press.

Woodworth, R. S. (1917). Some criticisms of the Freudian psychology. *American Journal of Psychology, 12*, 174–194.

Woodworth, R. S. (1918). *Dynamic psychology*. New York: Columbia University Press.

Woodworth, R. S. (1921). *Psychology*. New York: Holt.

Woodworth, R. S. (1931). *Contemporary schools of psychology*. New York: Ronald Press.

Woodworth, R. S. (1938). *Experimental psychology*. New York: Holt.

Woodworth, R. S. (1958). *Dynamics of behavior*. New York: Holt.

Woodworth, R. S., & Schlosberg, H. (1954). *Experimental psychology* (2nd ed.) New York: Holt.

Wright, R. (1994). *The moral animal*. New York: Vintage Books.

Wundt, W. (1904). *Principles of physiological psychology* (5th ed.)(E. B. Titchener, Trans.). New York: Macmillan. (Original work published 1873–1874)

Yerkes, R. M. (1911). *Introduction to psychology*. New York: Holt.

Yerkes, R. M. (Ed.). (1921). Psychological examining in the United States Army. *Memoirs of the National Academy of Sciences, 15*, 1–890.

Yerkes, R. M., & Morgulis, S. (1909). The method of Pawlow in animal psychology. *Psychological Bulletin, 6*, 257–273.

Yoakum, C. S., & Yerkes, R. M. (1920). *Army mental tests*. New York: Holt.

Young, R. M. (1972). Franz Joseph Gall. In C. C. Gillespie (Ed.), *Dictionary of scientific biography. Vol. V.* New York: Scribner.

Zajonc, B. F. (1980). Feeling and thinking: Preferences need no inferences. *American Psychologist, 35*, 151–175.

Zeigarnik, B. (1967). On finished and unfinished tasks. In W. D. Ellis (Ed.), *A source book of Gestalt psychology* (pp. 300–314). London: Routledge and Kegan Paul. (Original work published 1927)

Zilboorg, G. (1941). *A history of medical psychology*. New York: W. W. Norton.

术语表

A

467 **损毁法（Ablation）**：研究大脑的一种方法，由弗卢龙首创，通过损伤脑的局部来确定某一脑区的功能。

绝对阈限（Absolute Threshold）：生理连续体上的一点，随着物理刺激的增加导致的对刺激刚好有感觉的那一点。

调节（Accommodation）：贝克莱描述的一种视觉现象；当物体靠近或远离人的时候，眼睛的晶状体改变形状的倾向。

算法（Algorithm）：在数学和计算机科学领域中，通过尝试穷尽所有可能的解决办法确保找到一个问题的最终解决办法的一套规则。

分析心理学（Analytical Psychology）：荣格的心理学理论，在许多方面不同于弗洛伊德的理论，包括减少对性的强调。

轶事法（Anecdotal Method）：一种以收集案例的形式支持某种原理或理论的研究方法；这与罗曼尼斯和比较心理学的产生有关；同时也被颅相学家所使用；对这种证据的强大的信心导致个人会忽视不支持某种假说的反例。

动物磁性说（Animal Magnetism）：麦斯麦及其同时代的人所持有的一种信念，认为活的有机体受磁力的影响，对磁力的恰当使用可以治愈疾病。

动物精气（Animal Spirits）：有人曾经相信（例如笛卡儿）神经系统所固有的并且是作为肌肉运动背后的驱动力的一种假设的实体。

安娜 O. 案例（Anna O. Case）：布洛伊尔治疗的一个著名的癔症案例，他和弗洛伊德共同在《癔症研究》一书中作了记述；这个案例让弗洛伊德对癔症病人遭受着源自创伤记忆的痛苦有所洞察；多年来具体细节已经被歪曲。

拟人论（Anthropomorphism）：把人的特性归到非人类实体的倾向；与罗曼尼斯和比较心理学的产生有关。

似动（Apparent Motion）：惠特海默所研究的关于静止的刺激在特定的环境下看起来好像运动的一种现象。

统觉（Apperception）：一种高水平的意识状态，在这种状态中我们会把全部的注意集中在某个对象上并完全认识它；莱布尼茨最先提出这一概念；冯特心理学中的核心概念。

双趋冲突（Approach-Approach Conflict）：勒温认为，一个人不得不在两个具有正效价的目标中作出选择而导致冲突产生的一种情境。

趋避冲突（Approach-Avoidance Conflict）：勒温认为，由同时具有接近和躲避倾向的一个目标而引发一个人产生冲突的一种情境。

档案馆（Archive）：历史学家使用的未出版的资料的贮藏室。

神创论（Argument From Design）：通过讨论需要一种超越存在（例如上帝）的创造去解释自然中极度复杂之物；与佩利神父有关。

陆军甲种测验（Army Alpha）：第一次世界大战期间，由耶克斯编制的对能自由读写的士兵的能力进行测试的团体智力测验。

陆军乙种测验（Army Beta）：第一次世界大战期间，由耶克斯编制的对没有读写技能的士兵的能力进行测试的团体智力测验。

人工智能（Artificial Intelligence）：对机器是否可以在行为上表现出一定的智力水平的研究。

联想（Association）：洛克的观点，类似于牛顿的万有引力；一种可以吸引观念的力。

联想主义（Associationism）：哲学思想中的一个流派，和经验主义有关，强调思想和经验之间形成联系所遵循的规则。

原子论（Atomism）：认为理解自然最好通过把复杂的事物分解为它的最小、最基本的元素（与整体论相反）。

特性（Attributes）：在铁钦纳的体系中，是划分意识经验的不同元素的方式。例如，感觉元素具有性质、强度、持续性和清晰性这些特性。

被试流失（Attrition）：纵向研究中被试退出研究时的方法论问题；在推孟的天才儿童的纵向研究中这个问题要明显轻一些。

双避冲突（Avoidance-Avoidance Conflict）：勒温认为，一个人不得不在两个具有负效价的 468
目标中作出选择而导致冲突产生的一种情境。

B

行为环境（Behavioral Environment）：格式塔心理学家的观点，这是指人觉察到的环境，与物理环境相对（地理环境）。

行为主义者宣言（Behaviorist Manifesto）：华生1913年写的支持行为主义者研究心理学的方法的一篇论文。

贝尔—马戎第定律（Bell-Magendie Law）：认为脊髓神经的后根控制感觉而前根控制运动的一种观点，有时被看做一种“多重复合”的例子。

双眼视觉（Binocular Vision）：运用两只眼睛的视觉，在深度视觉中起作用。

比特（Bit）：“binary digit”的缩写，使在两个选择对象之间的抉择得以作出的信息数量。

放血疗法（Bloodletting）：本杰明·拉什倡导的一种医学技术。除了别的方法以外，放血被认为能减轻由循环系统过度紧张所引起的心理障碍。

博尔德模式（Boulder Model）：培训临床心理学家的科学家—实践者模式的另一个名称。

黄铜器具心理学（Brass Instrument Psychology）：威廉·詹姆斯用来（嘲讽地）描述德国反应时和心理物理学研究的术语，这些研究严重依赖于用黄铜所造的仪器。

C

笛卡儿二分法（Cartesian Dichotomy）：来自于笛卡儿，人类（心灵＋身体）和动物（仅具有一种机械的身体）之间的区别。

个案研究（Case Study）：包括对单一个体的一种深入分析的研究方法；被奥尔波特作为一种探索人格的方法所提倡。

灾变说（Catastrophism）：地质学上的理论，地质变化不是频繁地发生而是作为像《圣经》中所说的洪水那种灾难性事件的结果。

宣泄法（Catharsis）：在弗洛伊德精神分析理论中，在一个人获得了一些问题的潜意识起源的洞察之后所产生的一种情绪的释放，是安娜O.案例的关键部分。

原因和结果（Cause and Effect）：休谟的联想律之一。休谟认为我们不能确定事件的根本起因，只能确定事件有规则地一起发生。

细胞团（Cell Assembly）：赫布所认为的神经系统的一个基本单元，是由于重复的共同活动而连接在一起的一组神经元。

生物链（Chain of Being）：认为地球上所有的物种可以按照它们的复杂性水平安放到线性模型上的信念。

中文屋问题（Chinese Room Problem）：塞尔提出的一种思维问题，指可以通过图灵测验却仍然不能支持强人工智能的问题。

组块（Chunk）：米勒所指的一种有意义的信息单元，短时记忆容量有7±2个信息组块。

来访者中心疗法（Client-Centered Therapy）：罗杰斯创立的一种人本主义心理治疗方法。这一理论认为治疗变化的责任最终属于来访者本人，而治疗师的作用只是创造出一种能引导出这种变化的氛围。

临床法（Clinical Method）：由布罗卡首创的研究大脑的方法，通过尸体解剖得出某些行为和认知能力的缺陷与脑损伤有关。

临床心理学（Clinical Psychology）：对行为和心理障碍进行诊断和治疗的心理学领域，由威特默命名。

闭合（Closure）：格式塔组织原则，为了觉察到对象整体，我们的知觉所具有的一种补全缺失部分的倾向。

认知失调（Cognitive Dissonance）：费斯廷格提出的一种理论，因同时持有两种不一致的想法或者表现出一种与自己的信念不一致的行为而导致的一种认知上不协调的状态。

认知地图（Cognitive Map）：托尔曼的概念，一种假设的对于迷津的空间记忆，其获得仅仅是经历迷津的一个结果（即不需要强化）。

认知科学（Cognitive Science）：包括认知心理学、语言学、计算机科学、文化人类学和认识论在内的多学科的交叉领域。

集体潜意识（Collective Unconscious）：荣格的概念，认为潜意识包含我们祖先的集体经验，在各种文化下的神话中所反映出的共同主题。

比较心理学（Comparative Psychology）：研究物种之间的相似性和差异性，最初起源于达尔文进化论中的存在于物种间的连续性思想的影响。

填空测验（Completion Test）：艾宾浩斯为了测量学校儿童的心理疲劳而设计的心理测验。由于它关注更高级的心理活动，先于比奈后来使用过的方法。

复杂观念（Complex Idea）：洛克的概念，是由简单观念复合而成的观念。

复合实验（Complication Experiment）：19世纪的一种反应时实验，唐德斯的减法反应时方法就是它的一种典型应用，其中的原理是从更"复杂"任务的反应时间中减去简单任 469
务的反应时间。

伴随变化（Concomitant Variation）：来自米勒的逻辑，检验事件X的变化是否和事件Y的变化相联系的方法。

凝缩（Condensation）：在弗洛伊德梦的分析中，发生在两个或更多的潜意识想法联合成一种象征时的梦中。

有条件的刺激（Conditional Stimulus）：指任何在巴甫洛夫的条件作用中的刺激将会被配合一种无条件刺激从而产生出一种条件反应（例如声音）。

条件反射（Conditioned Reflex）：巴甫洛夫的条件作用的结果。通过把条件（条件性）刺激（例如声音）配合一种无条件刺激（例如食物）出现，条件刺激最终诱导出一种条件反应或反射。

联结主义（Connectionism）：桑代克的学习模型，强调刺激情境和因试误学习而变得更强的反应之间的联结的发展与加强。

意识态度（Conscious Attitudes）：在符茨堡学派中，指诸如犹豫、怀疑这样的心理过程，产生在无意象思维研究中。

意识（Consciousness）：觉察到的感觉。如何研究它成了19世纪晚期和20世纪早期颇受争议的主题。

能量守恒（Conservation of Energy）：与赫尔姆霍茨有关的概念并且还被他用来与生机说论战。提出一个系统内总的能量是恒定不变的，即便是系统内部发生了改变。

接近（Contiguity）：休谟的联想律之一并且是哈特莱的基本定律：一起经历的事件，不管是同时（空间连续性）还是继时（时间连续性）发生的，彼此之间都有联系。

辐合（Convergence）：贝克莱描述的视觉现象：在物体逐渐接近人的时候，眼部肌肉使眼睛朝向“交叉”方向的一种倾向。

聚合操作（Converging Operations）：指一系列的研究，每个都有导致相同的普遍结论的主要结构的不同的操作定义。

相关（Correlation）：评价两个变量之间的关系程度的统计方法。这一概念最初来源于高尔顿和他的智力研究。

关键期（Critical Period）：一些本能行为（例如印刻）必须在一个限定的时间框架中形成，如果它们终究要发展的话。这一概念与洛伦茨和其他的欧洲习性学家有关，但是斯波尔丁也提出过。

控制论（Cybernetics）：对包含在控制和维持任何生命或者非生命系统中的原理（例如反馈）的研究。反馈环被米勒、格兰特、普瑞布兰姆借用到了测验—操作—测验—退出单元上。

D

达尔文的雀科鸣鸟（Darwin's Finches）：他的进化论的关键资料来自加拉帕戈斯群岛上的不同种类的雀科鸣鸟，在具有不同生态系统的岛上的鸟演化出了不同的适应性机制（例如鸟嘴的形状）。

分化降低（Dedifferentiation）：勒温的概念，在压力下产生的一种过程，人在这种过程中颠倒了正常的分化过程，并且回复到一个更早的、更初级的行为方式，类似于弗洛伊德的退行。

防御机制（Defense Mechanisms）：在弗洛伊德理论中，行为或者思维的方式，起到保护自我对抗焦虑的作用。

早发性痴呆（Dementia Praecox）：克雷培林使用的术语，照字面意思是指未成熟前的一种痴呆，这种障碍后来被命名为精神分裂症。

因变量（Dependent Variable）：在研究中作为一种实验研究的结果而被测量的任何变量，由伍德沃斯介绍使用。

派生观念（Derived Ideas）：笛卡儿的概念，来源于一个人在世界中的经验的观念。

决定论（Determinism）：认为宇宙中所有的事件都有前因的一种哲学观点。

双耳分听实验（Dichotic Listening）：研究选择性注意的一种方法，被试戴着耳机，用一只耳朵接收一种信息，另一只耳朵接收另一种信息。

差别阈限（Difference Threshold）：两个刺激间的差异首次被觉察到的物理连续体上的一点。

分化（Differentiation）：勒温提出的概念，儿童生活空间变得更加复杂的一个发展过程；对巴甫洛夫来说，指辨别力，就是区分两种刺激的能力。

神经系统的直接作用（Direct Action of the Nervous System）：达尔文的情绪表现原理，认为一些表情（例如脸红）是由伴随着强烈感受到的情绪的生理唤起的副作用。

移置（Displacement）：在弗洛伊德梦的分析中，显性内容的次要部分可能就是隐性内容的主要部分，反之亦然。

颅骨说（Doctrine of the Skull）：颅相学的观点，认为头骨的外形反映了脑的形状，通过测量头骨的形状能够对官能进行测量。

梦的分析（Dream Analysis）：弗洛伊德精神分析的奠基石。对弗洛伊德来说，梦就是通往潜意识心灵的“皇家大道”，为了了解梦的更深层或隐性内容需要对梦的表面或显性内 470
容进行分析。

训练课程（Drill Courses）：基本的实验室技术的教学课程，在19世纪晚期的美国大学中占主导地位。

驱力（Drive）：关于动机过程的术语（例如饥饿驱力），由伍德沃斯作为介于刺激和反应之间的一种中介因素的例子而引入到了心理学之中；对赫尔来说这是一种重要的中介变量。

驱力降低（Drive Reduction）：赫尔的学习理论的核心概念。学习需要强化物，强化物是指任何可以减少一种强烈动机（例如饥饿）的刺激（例如食物）。

二元论者（Dualist）：在心—身问题上，相信心理和身体是两种彼此分离的有区别的实体的人（例如笛卡儿）。

E

生态记忆（Ecological Memory）：在记忆发生的日常情境中研究的记忆。

生态效度（Ecological Validity）：在认知心理学中，与理解日常的认知活动相关的研究被认为具有生态效度。

自我（Ego）：在弗洛伊德理论中，它是人格的中心，是作为伊底和超我的需要以及现实的约束之间的调停者。

共情（Empathy）：在认知和情感上理解另外一个人所体验着的东西的能力。根据罗杰斯的观点，这是治疗成功的重要先决条件。

经验主义者（Empiricist）：一些相信我们对于世界的知识是由我们在其中的经验所构成的人，这一思想学派会把英国哲学家诸如洛克、贝克莱、穆勒联系在一起。

工程心理学（Engineering Psychology）：心理学的分支，关于研究物体采用什么样的设计才能改善人们对它们的使用（例如，减少知觉错误，减少疲劳）。

启蒙时期（Enlightenment）：从 18 世纪中期到 19 世纪晚期的一段历史时期，以真正的知识可以通过运用科学和理性获得并且进步是必然的、更好的这一信念为特征。

认识论（Epistemology）：关注研究人类知识的本质和起源的一个哲学分支。

名祖（Eponyms）：用相关的一些重要历史人物命名的历史时期或者运动（例如达尔文的生物学）。

平衡（Equilibrium）：勒温认为，在所有的需要已经被满足的时刻的一种稳定状态。

等功（Equipotentiality）：和拉施里有关的原理，认为如果脑的某一部分被破坏，其他区域能够发挥相同的功能（在一定程度上）。

工效学（Ergonomics）：关于为避免人的错误而进行的如何更好地设计系统和设备的研究，由吉尔布莱斯开拓。

厄洛斯（Eros）：在弗洛伊德的理论中，给予生本能的名称并且在性驱力中表现。

习性学（Ethology）：在自然环境中对动物行为的研究，这会联想到洛伦茨，但是却源自斯波尔丁的研究。

优生学（Eugenics）：高尔顿创造的术语，指关于提高物种特别是人种质量的各种方法（例如选择性养育）。

进化心理学（Evolutionary Psychology）：20 世纪晚期心理学的发展，来源于达尔文的思想，提出实际上所有的人类行为，特别是社会行为，必须在一种进化背景中作为自然选择的产物进行理解。

实验性神经症（Experimental Neurosis）：在巴甫洛夫的条件反射研究中，在训练对两种刺激辨别力之后发生的一种情绪反应，由于使刺激太相似以至于不能区分。

解释虚构（Explanatory Fictions）：斯金纳认为，作为刺激与反应之间的中介而提出的假设结构，错误地被用做对行为现象的解释（例如，由于短时记忆的有限性只能回忆少许字词）。

外在史（External History）：探究可以影响到某种学科历史的学科（例如，社会的、政治的、工业的、经济的）的外部因素的历史。

消退（Extinction）：在巴甫洛夫的条件反射中，随着在没有一种无条件刺激伴随下的条件刺激的重复呈现，相对应的条件反应逐渐消失的现象。

F

官能心理学（Faculty Psychology）：流行于 19 世纪早期和中期的一种研究心理学的方法，

来源于苏格兰实在论，强调心灵的真实存在，他们认为心灵有着许多先天的特征（“官能”），例如智力和判断。

场论（Field Theory）：与勒温和托尔曼相关的概念。对勒温而言，来源于他要理解行为就要知晓在一种特定的时间内作用在一个人身上的所有的力的信念；对托尔曼而言，反映出了他的新行为主义受到格式塔心理学家影响的程度。

图形—背景（Figure-Ground）：格式塔组织原则，阐明了把整个图形从它们的背景中分离 471
出来的一种基本知觉倾向。

异质外壳（Foreign Hull）：勒温认为，它指在人们生活空间之外的所有事件，因此在一种既定的时刻对个体没有影响。

司法心理学（Forensic Psychology）：心理学在法律上的应用，由闵斯特伯格开拓。

形质（Form-Quality）：正如冯·厄棱费尔描述的那样，指某一实体（例如，一段旋律、一个方形）的整个的质先于它的各个元素（例如，音符、线段）存在。

分段法（Fractionation）：符茨堡的屈尔佩实验室提出的一种方法，这种方法是把复杂的事件分解成片段（“分段化”），而后对每个部分进行单独的内省。

自由联想（Free Association）：在弗洛伊德的精神分析中，探索潜意识的一种方法，其中病人在没有内部监督机制的情况下去描述他们想到的任何事情。

弗洛伊德式失误（Freudian Slip）：一种表面的意外、错误或者口误，弗洛伊德认为它们都是某一潜意识动机的一种反映。

功能固着（Functional Fixedness）：由于不能想出用不同于物体一般用途的一种方式去使用物体而无法解决某个问题。

机能主义（Functionalism）：受到大多数美国早期心理学家支持的心理学流派，重点在于从进化论的角度出发对人的意识经验进行研究，关注于研究各种心理和行为过程的适应性价值。

G

泛化（Generalization）：从第一种刺激中习得的一种反应出现在类似于先前刺激的第二种刺激呈现之后的反应倾向。

发生认识论（Genetic Epistemology）：皮亚杰心理学，探究知识在个体内部的发展方式。

发生心理学（Genetic Psychology）：强调心理进化和发展的方法，包括发展心理学、比较心理学、变态心理学，与霍尔相关。

地心说（Geocentric）：古代的天文学观点，把地球看成是已知的宇宙的中心。

地理环境（Geographical Environment）：格式塔心理学家认为，这是指物理环境，与知觉到的环境（行为环境）形成对照。

格式塔组织原则（Gestalt Organizing Principles）：格式塔心理学家描述的知觉原则，总结了感觉现象被组织成为一种整体的、有意义的图形的方式。

好的连续（Good Continuation）：格式塔组织原则，向一个平滑流畅的方向组织知觉的一种倾向。

语法（Grammar）：允许一种语言中所有可能的句子的产生以及对非句子的识别和拒绝的规则的集合。

H

习惯强度（Habit Strength）：赫尔认为，它是影响行为的一种中介变量，是强化尝试（$_{S}H_{R}$）次数的正函数。

霍桑效应（Hawthorne Effect）：在实验心理学中，是指当被试知道他们正处于实验中的时候对实验结果的影响，因研究完成于霍桑的西部电器公司伊利诺伊工厂而得名。

赫布突触（Hebb Synapses）：赫布认为，突触会因学习的结果而改变它的结构。

日心说（Heliocentric）：由哥白尼提出并由伽利略详细阐述的把太阳置于已知宇宙中心的天文学观点。

启发法（Heuristic）：在数学和计算机科学领域，一种创造性的单凭经验来做的方法，尽管并不保证会产生一种解决问题的办法，但很可能会产生一种方法，而且将会比算法（例如，手段目的分析）更有效。

厚古的（Historicist）：从事件发生之时恰当的认识和价值的角度对历史事件的一种解释。

历史编纂学（Historiography）：有关历史的著作、历史的方法论和理论。

整体论（Holism）：格式塔心理学的哲学基础，认为整体（例如，复杂观念）要大于它们的组成元素（例如，感觉、简单观念）的总和，和原子论相反。

人本主义心理学（Humanistic Psychology）：由罗杰斯、马斯洛和其他人发起的运动，作为一种对行为主义和精神分析的决定论假设的反对，认为人以自由意志、对意义的寻求、自我实现的潜能为特征。

催眠术（Hypnotism）：一种高度受暗示性的状态，由麦斯麦、埃利奥特森开创，由布雷德命名。

假设—演绎体系（Hypothetico-Deductive System）：赫尔所采用的一般方法，认为研究假设是从理论的有效假定推断而来的，并且研究结果支持这一理论或使得理论得以修正。

癔症（Hysteria）：表现出许多具有神经性损害症状（例如，瘫痪）的障碍，但事实上根本就不存在这种损坏。

472

I

伊底（Id）：在弗洛伊德的理论中，指人格的一部分，表现出性和攻击的基本生物本能。

观念（Ideas）：休谟认为，观念是感觉印象的“微弱摹本”。

特殊规律研究法（Idiographic）：关注个体案例的深度分析的一种研究方法，也考察一个个体和另一个体的差别，和一般规律方法相对而言。

无意象思维（Imageless Thought）：不能进一步还原为心理意象的任何心理过程。铁钦纳认为无意象思维不存在，他相信所有的思维都包含义象。

印象（Impressions）：休谟认为，它是基本的感觉，经验的原始资料。

印刻（Imprinting）：新孵化出的小鸭（和其他相关的物种）跟随它们遇到的第一个移动物体的本能趋向。是与洛伦茨相关的概念，但斯波尔丁和华生也观察到过。

自变量（Independent Variable）：在研究中可以被研究者直接操控的任何变量，由伍德沃斯介绍的用法。

个体差异（Individual Differences）：最初是指一个特定物种成员内的个体变异，对于心理学来说，成为对区分不同个体的特征（例如智力）的较为普遍的研究。

个体心理学（Individual Psychology）：比奈和阿德勒都使用过的名词。比奈认为，心理学应该主要关注区分和测量个体差异（例如心理测验）而不是一般规律；阿德勒认为，个体心理学是他自己的精神分析版本，强调社会因素在个体发展中的作用。

归纳法（Inductive）：一种获得知识的方法，强调一般的科学原理是对搜集到的大量资料的概括，是与弗朗西斯·培根爵士相关的概念。

自卑情结（Inferiority Complex）：与阿德勒相关的概念，他认为人类的许多行为可以被视为补偿自卑感的一种尝试。

信息论（Information Theory）：心理学外部的有助于发展认知心理学的一种影响；关注信息建构（比特）和加工的方式。

习得性特征的遗传（Inheritance of Acquired Characteristics）：这种理论认为，特征形成是个体一生中的经验的结果，可以通过生物学机制遗传给下一代，是与拉马克相关的概念。

天赋观念（Innate Idea）：存在的或可以在直接经验缺乏的情况下通过推理被推论出来的观念（笛卡儿以物质客体在空间上的“扩展”的观念作为例子）。

顿悟（Insight）：格式塔心理学家认为，它是指发生在个体重新组织了问题情境的元素成为一种新的结构之时的一种突如其来的问题解决。

本能（Instinct）：当采用学习和经验的术语这种可替代的解释被排除掉的时候，行为被说成是本能的。开拓性的工作由早期的比较心理学家特别是斯波尔丁完成。

智力商数（Intelligence Quotient）：斯腾创造的术语并被推孟用在了斯坦福—比奈测验中。“智商”等于心理年龄除以实际年龄，所得结果再乘以 100。

相互作用论者（Interactionist）：认为身体和心理可以直接相互影响的二元论者。

内在史（Internal History）：在没有考虑外在的、背景的因素的影响下，有关一门学科的观念、理论、成果的历史。

内部知觉（Internal Perception）：冯特的内省版本，其中“观察者”对操控的刺激作出简短的口头反应（例如，在反应时或心理物理学实验中）。

中介变量（Intervening Variables）：托尔曼和赫尔所使用的概念，在刺激和反应之间作为中介的假设的内部因素（例如，托尔曼的认知地图，赫尔的习惯强度）。

内省（Introspection）：体验某种现象的方法，而后对这一现象的意识经验给出一种描述。

内省习惯（Introspective Habit）：内省法扩展练习的结果，这是在一种经验产生的时候去做关于这种经验的心理笔记的一种分离能力。

同型论（Isomorphism）：对格式塔心理学家而言，是指知觉经验和其下的生理事件在功能上等价的观念。

J

詹姆斯—兰格情绪理论（James-Lange Theory of Emotion）：认为强烈的情绪在本质上是伴随着对一些情绪诱发事件的知觉的生理反应的理论。

最小可觉差（jnd）：几乎刚刚能觉察到两种刺激之间的差异（在重量、颜色、音调方面等）的点。

约斯特定律（Jost's Law）：如果两种联结有着相同的强度，额外的练习会增强更早的联结而不是更新一些的。

473

L

潜伏学习（Latent Learning）：托尔曼的概念，是指不会在一种动物的行为中表现出来但确实发生了的学习。

效果律（Law of Effect）：桑代克认为在问题解决中有效的行为将会增强（stamp in）而无效的行为将会减弱（stamp out）的原理。

练习律（Law of Exercise）：桑代克认为通过额外的练习，刺激和反应之间习得的联系将会增强的原理。

力比多（Libido）：弗洛伊德的概念，是指与性驱力相联系的心理能量。

生活空间（Life Space）：勒温的概念，指一个人可以操控的领域，在一种特定的时刻包含影响一个人的行为的所有因素。

语言普遍性（Linguistic Universals）：乔姆斯基的概念，指所有语言所共有的一般原则，作为支持语言是人类所固有的这一信念的证据。

劳埃德·摩尔根准则（Lloyd Morgan's Canon）：吝啬原则，对某种现象的最好解释的表述就是采用最少假设的那一种。摩尔根认为没有必要对一个既存物种提出超越其生存水平的需要之外的心理能力。

脑叶切除术（Lobotomy）：20 世纪 30 年代由莫尼兹首创的外科程序，包含切断脑皮层和低级脑中枢之间的联系。最初是为治疗严重的心理疾病而设计的，但是在发现很勉强的治疗效果和经常性的滥用之后被放弃。

机能定位（Localization of Function）：关于大脑的特定部分是否有着特定功能的问题。

逻辑实证主义（Logical Positivism）：与维也纳团体相联系的哲学运动，扩展了实证主义者的思想。在理论事件和观察事件之间作了区分，并且描述了通过操作定义把两者联系起来的方法。

M

整体活动（Mass Action）：和拉施里相联系的原理，提出一种等势上的限制。大脑被损坏的数量越大，大脑的剩余区域接管脑功能的困难就越大。

唯物论（Materialism）：认为仅有的实在就是物理实在以及有生命的物质可以被还原为物理和化学特性的哲学立场，被 19 世纪的大多数生理学家所持有，与生机说相反。

手段—目的分析（Means-End Analysis）：用于 GPS（通用问题解决者）上的主要的启发法，纽厄尔和西蒙创造的对逻辑的一种计算机模拟，包含有识别出当前状态和目标状态之间的差异的一种反馈系统，而后应用一系列的操作去减少这种差异直到差异消失。

机械论者（Mechanist）：用机械术语解释身体动作的人。

记忆鼓（Memory Drum）：在一种记忆实验中呈现词语刺激的装置，由 G. E. 缪勒发明。

心理年龄（Mental Age）：对比奈的心理水平的误翻，表明一名儿童的心理能力水平，用年作单位进行记录。

心理时间测定（Mental Chronometry）：对 19 世纪的反应时研究的称呼，其目的是去测量各种心理事件所花费的时间。

心理水平（Mental Level）：比奈用来表明儿童的心理机能的术语，那些需要矫正的人得分低于实际年龄标准两个水平。

心理定势（Mental Set）：在符茨堡大学实验室，有关事先给予观察者的让他们以一定方式思考的一些说明的影响。对格式塔心理学家而言，指一种固定的、习惯了的思维方式。

心理测验（Mental Test）：为测量心理活动或能力而设计的任何测验，由卡特尔在 1890 年引入的术语。

精英领导制（Meritocracy）：建立在心理上最优秀者应该是领导者这一思想基础之上的一种社会模式，被大多数心理测验者特别是推孟所支持。

麦斯麦术（Mesmerism）：催眠术的早期说法，和麦斯麦有关；认为癔症和其他障碍通过使用磁铁可以被治愈。

元心理学（Metapsychology）：弗洛伊德的概念，关于人类行为和心理过程的原因的一种普遍理论。

调整法（Method of Adjustment）：心理物理学方法，按照费希纳的描述，被试在实验中直接控制一种物理刺激，调整到它几乎刚刚被觉察出为止。

契合法（Method of Agreement）：来源于穆勒的逻辑，一种关于提出的原因无论什么时候出现，结果也会出现的方法。

恒定刺激法（Method of Constant Stimuli）：心理物理学方法，按照费希纳的描述，各种不同的物理刺激强度按随机顺序呈现。

差异法（Method of Difference）：来源于穆勒的逻辑，一种关于提出效果的缺失总是伴随着一种提议原因的缺失的方法。

极限法（Method of Limits）：心理物理学方法，按照费希纳的描述，是指递增序列（刺激首先在阈限以下，然后逐渐增加直到被觉察出）和递减序列（刺激首先在阈限以上，然后逐渐减少直到不再被觉察到）交替进行的方法。

474 **整体行为（Molar Behavior）**：托尔曼认为，行为的广泛形式是目标导向的，与作为行为的一种还原主义模式的结果的分子行为相对。

单子（Monads）：莱布尼茨的概念，物理和心理实在的基本元素。

道德性焦虑（Moral Anxiety）：在弗洛伊德的理论中，内疚或羞耻感来源于对违反个人道德准则的恐惧。

轻度低能（Moron）：戈达德为了标记心理年龄的得分在8～12岁的青少年或成人而发明的一个术语。

运动性失语症（Motor Aphasia）：是在布罗卡的病人坦恩身上发现的，病人言语器官正常、智力正常，但是在用口头表达思想时却严重无能。

多重性（Multiple）：同时或接近同时发现某种现象，用于支持研究历史的时代精神和自然主义方法的重要性。

N

本土主义（Nativism）：一种极端的民族主义倾向，外来人口被认为是劣等的和危险的，以20世纪20年代的美国为特征，有助于限制移民。

先天论者（Nativist）：支持先天思想的存在，或更普遍地相信一些知识、才能或能力是先天的人。

自然选择（Natural Selection）：达尔文进化论的中心思想，认为在生存竞争中，那些具有适应性变异的有机体更可能存活下去（即：被自然选择）并把它们的特征传给下一代。

自然主义（Naturalistic）：一种强调环境的和情境的力量在历史形成中的重要性的研究历史的方法。

新行为主义（Neobehaviorism）：出现在20世纪30年代的行为主义运动，与托尔曼、赫尔和其他人相联系。

神经性焦虑（Neurotic Anxiety）：在弗洛伊德的理论中，焦虑是人对基于伊底的冲动将会失去控制的恐惧的结果。

神经催眠学（Neurypnology）：布雷德为了反映出他认为催眠和睡眠状态有关这一看法而创造的术语。

一般规律研究法（Nomothetic）：一种研究方法，关注对所有个体应用一种标准程度的一般原理的发现，与特殊规律方法相对。

无意义音节（Nonsense Syllables）：辅音字母—元音字母—辅音字母的联合，艾宾浩斯在他的关于联想的形成和保持的研究中发明并用做刺激材料。

常规科学（Normal Science）：在库恩研究科学史的方法中，是指在一种范式控制下并且科学家的行为通过范式的约束被塑造的时期。

O

客观性焦虑（Objective Anxiety）：在弗洛伊德的理论中，指由来源于现实的一种真实的威胁而产生的焦虑。

观察者（Observer）：对参与 19 世纪晚期和 20 世纪早期的心理学实验的人的称呼，如此称谓是因为主要的活动是通过内省观察本人的心理活动。

操作（Operant）：由有机体发出的并被行为的直接后果所控制的任何行为。

操作性条件作用（Operant Conditioning）：斯金纳的条件作用，其中一种行为产生后，行为的直接后果决定了它将来发生的可能性。

操作定义（Operational Definition）：采用一种具体的、可观察的操作规则的定义（例如，饥饿＝24 小时没有进食）；更一般地说，指定义精确性的科学术语。

操作主义（Operationism）：科学概念应该是采用用于测量那些概念的一种操作规则的术语进行定义的哲学立场。

检眼镜（Ophthalmoscope）：用于检查视网膜的装置，由赫尔姆霍茨发明。

拮抗过程理论（Opponent Process Theory）：与赫林有关的颜色视觉理论，认为颜色感觉细胞是按拮抗配对方式分布的（例如，红—绿，蓝—黄）。

直生论（Orthogenics）：威特默为帮助那些具有与学校有关的问题（例如，学习障碍）的人康复的治疗方法所创造的术语。

P

配对联想学习（Paired-Associate Learning）：流行的学习方法，刺激配对呈现。一段学习时间过后，刺激呈现并必须给出与其相联系的反应。由卡尔金斯发明。

范式（Paradigm）：在库恩的研究科学史的方法中，决定着哪些问题要去解决以及用于解决它们的方法的一种总括性的理论。

平行论（Parallelism）：关于心—身问题的二元论观点，与莱布尼茨以及其他人相联系，认为心灵和身体是各自独立的和非相互作用的，但却处于一种完美的和谐之中。

高峰体验（Peak Experience）：在人本主义心理学中，指一种罕有的极度的快乐、满足、完满的体验。

周期性机能（Periodic Function）：20 世纪早期用于有关断言处于月经期的妇女无能的概念。

475 **人差方程（Personal Equation）**：计算一位天文学家减去另一位天文学家的反应时间，因不同天文学家之间的不同反应时会产生出不同的天文测量而被需要。

人格主义（Personalistic）：研究历史的一种方法，强调在塑造历史事件中的人及其作用。

微觉（Petites Perceptions）：莱布尼茨的概念，在意识水平之下的知觉，但是对更高水平的知觉是有必要的。

位相序列（Phase Sequences）：赫布的概念，指比起细胞团来皮层组织的一种更高水平，其中由细胞集的联合所构成（细胞团的结合在此中形成）。

Phi 现象（Phi Phenomenon）：惠特海默说明似动的术语，用以避免“似”动不是真正知觉到的而是幻觉的这样的含义。

松果腺（Pineal Gland）：被笛卡儿选择用来作为心—身交互作用场所的脑的一部分。

实证主义（Positivism）：与孔德相联系的哲学观，他认为唯一确定的知识只有通过客观的、公开的可观察的事件获得。

实用主义（Pragmatism）：19 世纪晚期美国几位哲学家所持有的观点，最著名的是威廉·詹姆斯，要通过它们在帮助人适应环境的有用性上来判断某种思想的价值。

图形优化趋势（Pragnänz）：格式塔知觉的组织原则（翻译——“好的图形”），我们的知觉尽可能贴切地映照现实的一种倾向。

厚今的（Presentist）：从当代知识和价值的角度对历史事件的一种解释。

第一性的质（Primary Qualities）：洛克认为，一些物体的性质天生就固有，而不管是否知觉得到（例如，空间的外延）。

初级强化物（Primary Reinforcers）：赫尔认为，指不用学习的强化物（例如，食物）。

一手资料（Primary Source）：在某一历史事件发生的同时或差不多时间所写的或创作的材料，例如，通信、日记、演讲、会议记录、大学报告。

对立原则（Principle of Antithesis）：达尔文的情绪表现原则，认为一些彼此相反的情绪会反映在同样相对立的表现上。

有用的联系习惯原则（Principle of Serviceable Associated Habits）：达尔文的信念，认为情绪表现是进化力量的产物，某些表现（例如嘲笑）最初有着一些生存功能。

知觉问题（Problem of Perception）：赫尔姆霍茨认为，它是指由人类知觉非常卓越但是一些身体结构（例如，眼睛、耳朵）看起来却有着设计缺陷这一事实引出的窘境。

改良教育（Progressive Education）：与杜威有关的概念，强调让学生成为一名积极的学习者（做中学）的一种教育方法。

渐进放松（Progressive Relaxation）：逐渐地和系统地放松主要肌肉群的技术，由雅各布森首创并被沃尔普用在了系统脱敏疗法中。

投射（Projection）：弗洛伊德防御机制中的一种，指把不想要的人格特征归到其他人的身上。

接近（Proximity）：格式塔知觉组织原则，指把非常接近的物体“归到”一起的一种观察倾向。

心理物理学（Psychophysics）：指对物理刺激和人对这些物理刺激的知觉之间的关系的研究，由韦伯和（主要是）费希纳开创。

心理学博士（Psy. D.）：授予经过韦尔模式培训的临床心理学家的学位，韦尔模式比博尔德科学家—实践者模式更加强调实践和更少看重研究技能。

目的性（Purposiveness）：托尔曼认为，是指目标指向性并被他认为是学习行为的一种普遍特征。

R

理性主义者（Rationalist）：强调到达真理时对推理和逻辑的使用的哲学传统，与笛卡儿有关。

反向形成（Reaction Formation）：弗洛伊德防御机制的一种，不可接受的冲动被压抑并且用它们的反面去代替。

反应势能（Reaction Potential）：根据赫尔的看法，在既定时间的一种反应将会发生的可能性，依赖于诸如驱力和习惯强度（SER）这些因素。

复演论（Recapitulation）：霍尔的理论，来自于生物学中一种相似的思想，认为个体的发展反映了个体所在物种的进化历程。

重编码（Recoding）：米勒认为，是指为了增加每个组块的信息量而重组信息的一个过程。

回应（Reflection）：罗杰斯为了表明治疗师可以共情而使用的治疗技术，包括用另一种方式重述来访者的意见以表示理解。

反射弧（Reflex Arc）：行为的基本单元，由生理学家简化成刺激产生感觉、中枢过程产生思想和运动反应。杜威反对这种分析，他认为这种反射弧应该被看成是使个体适应环境的一种协调的单元。

强化物（Reinforcer）：当作为某一行为的直接结果紧随其后出现时，任何具有增强行为的 476

作用的刺激。

信度（Reliability）：指重复的测量产生相同结果的程度。托尔曼有关迷津的一些研究关注影响迷津实验信度的因素。

间接联想（Remote Associations）：被不止一个单独的项目所分隔开的列表项目之间的非直接的联想，由艾宾浩斯做了研究。

重复（Repetition）：对哈特莱和其他英国哲学家来说，它是指最直接地影响到一种联想强度的因素。

复制（Replication）：指重复一种实验以判断其效度和普适性的过程。

压抑（Repression）：弗洛伊德防御机制的一种，不想要的冲动或者创伤记忆被驱逐出意识并进入到了潜意识之中。

相似（Resemblance）：休谟的联想律之一，彼此相似的物体将会被联系在一起。

阻抗（Resistance）：在弗洛伊德的精神分析中，发生在一个人不能自由联想的时候，并表明（对弗洛伊德来说）被压抑事实的存在。

共鸣说（Resonance Theory）：赫尔姆霍茨提出的听觉理论，不同的声音频率会刺激位于沿着耳蜗（在内耳可见）基底膜的不同部位的受体。

应答性条件作用（Respondent Conditioning）：有时用于巴甫洛夫的领域或者被斯金纳称为经典性刺激条件的术语。

倒摄抑制（Retroactive Inhibition）：来自介于学习刺激项目表和对它回忆之间的某一活动的干扰。

S

S-O-R 模式（S-O-R Model）：由伍德沃斯提出，承认介于刺激与反应之间的有机体的重要性。

节省法（Savings Method）：艾宾浩斯使用的对记忆的测量方法，基于最初学习一些无意义音节列表所需时间和一段时间之后重新学习列表所需时间的差异。

强化时间表（Schedules of Reinforcement）：指对反应的数量或类型和强化物的传递之间的关系的确切说明，无论何时强化不会依随每个行为。

图式（Schemata）：皮亚杰和巴特利特都使用的有关假设的表征知识的心理结构的术语。

经院哲学（Scholasticism）：与接受教会和亚里士多德权威智慧的理性的仔细运用相结合的教育传统。

学校心理学（School Psychology）：关注于治疗具有与学校相关问题的儿童和青少年项目的发展的心理学领域（例如学习障碍）。虽然威特默没有使用这一术语，但却是由他开创的。

科学家—实践者模式（Scientist-Practitioner Model）：强调一种研究论文的临床心理学的哲学博士学位的培训模式，也被称为博尔德模式。

第二性的质（Secondary Qualities）：洛克认为，一些物体的属性依赖于对它们的存在的知觉（例如颜色）。

次级强化物（Secondary Reinforcers）：赫尔的概念，通过与初级强化物相联系而习得的强化物（例如金钱）。

二手资料（Secondary Source）：在某一历史事件发生一段时间后所写或创作的材料，用于总结或分析那个事件。

性诱惑假说（Seduction Hypothesis）：弗洛伊德最初的信念，癔症来源于实际的童年期性虐待。

选择性过滤器（Selective Filter）：布罗德本特的概念，一种选择性注意模型，强调基于物理特点（例如音调）分离信息的一种倾向，于是只关注一种信息，而过滤掉其他信息。

自我实现（Self-actualization）：人本主义心理学家认为人们完全实现了他们的全部潜能的一种状态。

自我心理学（Self Psychology）：卡尔金斯持有的研究心理学的理论取向，受詹姆斯的影响，认为所有的意识最终都是自我意识。

感觉性失语症（Sensory Aphasia）：以不能理解言语和可以说出话语但话语结果却是以不一致和/或者不合逻辑为特征的一种障碍。

系列学习（Serial Learning）：艾宾浩斯使用的一种程序，包括记忆一些语词刺激表（例如无意义音节），之后以它们被呈现的确切顺序进行回忆。

系列顺序问题（Serial Order Problem）：用神经病学的术语解释行为事件序列的问题，拉施里作为传统的 S-R 行为主义模式不能解决的一种问题提出。

塑造（Shaping）：指通过强化接近最终行为的相继的近似行为来发展出一种复杂行为的操作程序。

符号—格式塔（Sign-Gestalt）：托尔曼的概念，指在刺激和动物对选择路径 A 超过选择路径 B 的结果的一种期望之间习得的关系的中介变量。

相似（Similarity）：格式塔知觉组织原则，彼此相似的物体被“归于”一起的一种知觉 477
倾向。

简单观念（Simple Ideas）：洛克的概念，指来自于感觉经验或者是简单反应的思想。

社会契约（Social Contract）：提出在提供公共利益的政府和同意遵守法律、交纳赋税的被统治者之间存在一个隐性的契约。

社会达尔文主义（Social Darwinism）：关于进化的力量是自然的和不可避免的并且任何去扰乱它们（例如，通过为穷困者创造项目）的尝试都是误入歧途的并且注定要失败的信念，和斯宾塞有关。

空间接近（Spatial Contiguity）：根据哈特莱的观点，在两种事件同时被经验到的时候，它们就被联系起来。

空间总和（Spatial Summation）：谢灵顿描述的过程。个体刺激没有产生出一种反应，但是几种彼此在空间上接近的同时的刺激将会产生出一种反应，支持谢灵顿的突触主张。

物种问题（Species Problem）：物种的起源问题，被面对《圣经》记载而逐渐增加的不确定性的启蒙思想家所关注。

神经特殊能（Specific Energy of Nerves）：贝尔和缪勒提出的学说，不同的感觉神经传递不同的能量，指出我们是通过我们的神经系统的活动间接地感知世界。

唯灵论（Spiritualism）：19 世纪盛行的信念，关于死后生活以及与死者交流的能力的信念。威廉·詹姆斯是一位有关唯灵论主张需要被严肃评价这一观点的狂热信徒。

刺激控制（Stimulus Control）：在一种刺激环境中，一种行为受到有规则的强化，就可以说这种刺激获得了对行为的刺激控制。

刺激错误（Stimulus Error）：根据铁钦纳的看法，正确的内省应避免这种错误，这是用报告意识经验的结果取代意识经验本身的一种倾向。

强人工智能（Strong AI）：人工智能的研究取向，认为机器智力和人类智力最终是等价的（参见弱人工智能）。

构造主义（Structuralism）：和铁钦纳相联系的心理学流派，关注对人类意识经验的组成元素的区分，主要是通过基本实验法和内省法。

生存竞争（Struggle for Existence）：达尔文理论的重要思想，来源于马尔萨斯。马尔萨斯认为人口的增长最终会超过食物的供应，为了有限的资源而产生了竞争。

主观唯心主义（Subjective Idealism）：贝克莱的概念，物质世界的实在不能通过确定性决定的哲学观点，但是我们可以确定我们自身知觉的实在。

升华（Sublimation）：弗洛伊德的概念，一种与性和攻击相联系的心理能量将会被引导为社会可接受的活动的过程。

减数法（Subtractive Method）：测量心理事件的持续时间的方法，由唐德斯首创，指更“复杂”任务的反应时间减去简单任务的反应时间。

无声言语（Subvocal Speech）：华生对思维的定义。

暗示（Suggestion）：指不加批判地接受来自他人的一种观念或命令的能力，暗藏在催眠之下并且是南锡学派的利埃博和伯恩海姆所持有的催眠理论的核心。

超我（Superego）：在弗洛伊德的理论中，指反映个人道德价值的人格的一部分。

问卷法（Survey Method）：来源于达尔文关于情绪的问卷和高尔顿关于各种主题的问卷的方法，通常认为是高尔顿创造的。

突触（Synapse）：神经元之间的物理空间，由谢灵顿首次提出。

系统脱敏（Systematic Desensitization）：恐惧反应被一种不相容的反应（例如放松）所取代的行为治疗程序，琼斯首创，沃尔普命名。

系统的实验内省（Systematic Experimental Introspection）：与屈尔佩和铁钦纳相联系的内

省形式，在复杂的心理事件之后进行详细的内省描述，一种比冯特的内省更加详尽的形式。

T

时间接近（Temporal Contiguity）：根据哈特莱的观点，接连地经历两种事件的时候，它们就被联系到一起。

时间总和（Temporal Summation）：谢灵顿描述的过程，个体刺激没有引发出一种反应，但是在时间上接近的几种刺激将会产生出一种反应，支持谢灵顿关于突触的主张。

萨那托斯（Thanatos）：在弗洛伊德的理论中，赋予死亡本能的名称并表现在攻击性上。

阈限（Thresholds）：意识连续体上的一点，从没有意识觉知到一些觉知（绝对阈限）或从对一种刺激的觉知不同于另一种刺激（差别阈限）的一种意识，与莱布尼茨相联系，韦伯和费希纳使其开始成为实验心理学中的一个主题。

拓扑学（Topology）：非数量化的空间几何学的数学领域，勒温把它作为自己的场论的一种基础。 478

测验—操作—测验—退出单元（TOTE Unit）：取代反射弧的反馈单元（测验—操作—记录—单元），由米勒、格兰特、普瑞布兰姆提出，并且受到了控制论发展的影响。

迁移（Transfer）：在一种情境中的学习对另一种情境中的学习的影响，可以是正向的也可以是负向的，是伍德沃斯和桑代克的开拓性研究。

移情（Transference）：在弗洛伊德的精神分析中，发生在当病人对治疗师产生了一种强烈的情感依恋的时候。

尝试错误学习（Trial and Error Learning）：桑代克对他的处于迷箱中的猫的行为的解释——它们通过尝试各种行为直到触到一个有效的开关而逃脱。也被摩尔根采用给从院子中逃出的狗的行为提供一种吝啬解释。

三色说（Trichromatic Theory）：颜色视觉的扬—赫尔姆霍茨理论，提出眼中存在三种不同的颜色—感光细胞，每一种都对应于一种最基本的颜色（红、绿、蓝）。颜色视觉被认为是这些细胞的各种相互激活的联合的结果。

趋向性（Tropisms）：被迫的运动，对特定刺激的自动反应，由洛布研究。

图灵测验（Turing Test）：在人工智能领域，由图灵提出的为了区分人和计算机的一种思维问题。

双生子研究（Twin Studies）：由高尔顿首次提出的作为一种表明智力的遗传性的方法。

两点阈（Two-Point Threshold）：对触及皮肤的两个点的知觉由“知觉为一个点”变为“知觉为两个点”的那个点，被韦伯广泛地研究。

U

无条件积极关注（Unconditional Positive Regard）：罗杰斯的概念，提出不是条件性的在特殊行为上对来访者的一种关注，来访者只因是人就有价值。

无条件反射（Unconditioned Reflex）：巴甫洛夫的概念，任何不需要学习的刺激—反应的联结（例如，食物—唾液）。

无条件刺激（Unconditioned Stimulus）：任何能产生一种特定的反射应答的刺激（例如，食物引出唾液）。

潜意识推理（Unconscious Inference）：赫尔姆霍茨的概念，我们觉知以外的一种过程，我们的知觉通过它会受到过去经验的影响。

均变论（Uniformitarianism）：地质学理论，由莱尔首先提出，认为地质变化是逐渐发生的，经过一个长的时期，并且作为诸如像侵蚀这样有规则现象的结果。

V

效价（Valence）：勒温的概念，用于描述一种事物被人评价为有价值（正效价）或者没有价值（负效价）。

变异性假说（Variability Hypothesis）：与妇女相比，有关男人在大多数特质上有着更大程度的变异的思想，因此用进化的术语来说是处在一种选择性的有利地位。

向量（Vector）：勒温的概念，关于一种渴求的目标的方向。

生机论（Vitalism）：关于超出生命体的物理和化学元素之外所存在的一种“生命力”或者生机力的信念；与唯物论相反。

意志主义（Voluntarism）：冯特的心理学体系，如此称谓是由于他对心理积极地组织信息这一思想的强调。

冯·雷斯托夫效应（Von Restorff Effect）：从其他要去学习的信息中以某种方式突出的信息的逐渐增强的回忆。

W

弱人工智能（Weak AI）：人工智能的研究取向；认为机器智力能为人类智力的本质提供一种独特的洞察，但是不认为机器智力和人类智力完全相等（也参见强人工智能）。

韦伯定律（Weber's Law）：当刺激 A 在强度上增加，人为了觉察到刺激 A 和刺激 B 之间的差异就需要两种刺激间逐渐的更大的差异。标准刺激的大小除以最小可觉差是一个常数。

白纸（White Paper）：洛克为说明心理产生时的本质所定的术语，来源于亚里士多德。通过经验获得的知识类似于在这种白纸上写东西。

字词联想测验（Word Association Test）：一种与高尔顿和荣格相联系的用于探查心理联想的本质的程序，包括用到达头脑中的第一个反应词对某个刺激词作出反应。

Z

蔡加尼克效应（Zeigarnik Effect）：用勒温的一个学生的名字命名，有关人们对未完成任务比已完成的任务更容易回忆的一种倾向。

时代精神（Zeitgeist）：某个特定历史时期的整个的智力、政治、文化风气。

照片、文本与插图来源说明

479

照片来源说明

第 1 章

图 1—1 Harvard Alumni Bulletin 允许。

图 1—2 Rick Zaidan / Zaidan Photography。

第 2 章

图 2—1 纽约公共图书馆（The New York Public Library）允许。

图 2—2 来自勒内·笛卡儿的《形而上学沉思录》。

图 2—4 The Granger Collection。

第 3 章

图 3—2 The Granger Collection。

图 3—3 来自 M. B. 麦克米伦（M. B. MacMillan）：《脑与认知》，1986，pg. 85。经 Academic Press 允许复制。

图 3—4 Rues des Archives /Granger Collection。

图 3—7 Science Photo Library / Photo Researchers。

第 4 章

图 4—4 美国心理学史档案馆（Archives of the History of American Psychology）允许，阿克伦（Akron）大学。

图 4—5 克拉克大学档案馆（Clark University Archives）。

第 5 章

图 5—1 The Granger Collection。

图 5—2 经剑桥大学图书馆（Cambridge University Library）负责人的允许复制。

图 5—3 来自达尔文：《人类和动物的情绪表现》，1872。Murray Publishers，Ltd。

图 5—5 Corbis。

第 6 章

图 6—1 克拉克大学档案馆。

图 6—2 和图 6—3：Houghton 图书馆允许，哈佛大学。

图 6—4 美国心理学史档案馆允许，阿克伦大学。

图 6—5（a）和图 6—5（b）：克拉克大学档案馆。

图 6—7 Photo by Partridge，韦尔斯利学院档案馆（Wellesley College Archives）允许。

第 7 章

图 7—1 美国心理学史档案馆允许，阿克伦大学。

图 7—3（a）来自铁钦纳：《实验心理学》，卷 2，1905，MacMillan Publishing。

图 7—3（b）来自铁钦纳：《实验心理学》，卷 2，1905，MacMillan Publishing。

图 7—4 美国心理学史档案馆允许，阿克伦大学。

图 7—7 新英格兰大学出版社（University Press of New England）允许复制。

图 7—8（a）和图 7—8（b）：罗伯特·莫恩斯·耶克斯论文、草稿和档案，耶鲁大学图书馆（Yale University Library）。

第 8 章

图 8—1 来自 E. E. 斯克里普彻，（1895），《思维、情感、行为》。Meadville，PA：Chautauga-Century Press。

图 8—2，图 8—3，图 8—4，图 8—6，图 8—10：美国心理学史档案馆允许，阿克伦大学。

图 8—8 国家研究委员会（National Research Council）允许。经 National Academy Press 许可转载。

图 8—11 UPI / Corbis-Bettmann。

第 9 章

图 9—1 UPI / Corbis-Bettmann。

图 9—2 美国心理学史档案馆允许，阿克伦大学。

图 9—3 特克拉（Thelka）作图。来自 W. 苛勒的《人猿的智慧》，1926，Routeledge，Ltd，经许可复制。

图 9—4（c）匹兹堡动物园和 PPG 水族馆（The Pittsburgh Zoo & PPG Aquarium）允许。

图 9—7 来自苛勒的《人猿的智慧》，1926，Routeledge，Ltd，经许可复制。

第 10 章

图 10—2 International Publishers，Co. 允许，经许可复制。

图 10—3（a）伊利诺伊大学理事委员会（Board of Trustees of the University of Illinois）1991 版权，经许可复制。

图 10—3（b）来自 G. F. 尼科莱（G. F. Nicolai），《探索动物心理的生理学方法，它们的 meglichkeit 及其应用》，1907。《心理学和神经病学杂志》，10：1-27。

图 10—5 美国心理学史档案馆允许，阿克伦大学。

图 10—6（a），图 10—6（b），图 10—6（c）：来自约翰・B・华生的《婴儿和儿童的心理护理》。W. W. Norton & Company，1928 年版权。经 W. W. Norton & Company 允许使用。

图 10—7 和图 10—8：美国心理学史档案馆允许，阿克伦大学。

第 11 章

图 11—2 和图 11—8：美国心理学史档案馆允许，阿克伦大学。

图 11—10 UPI / Corbis-Bettmann。

图 11—11 罗伯特・W・阿兰（Robert W. Allan ）的允许，拉斐德学院（Lafayette College）心理学系。

第 12 章

图 12—1 国家医学图书馆（National Library of Medicine）允许。

图 12—3 Corbis。

图 12—2（a）来自罗伯特・福斯特（Robert Foster）的收藏。

图 12—4 国家医学图书馆允许。

图 12—5 弗兰克・J・萨洛韦（Frank J. Sulloway）允许。

图 12—6 玛丽・埃文斯（Mary Evans）/西格蒙德・弗洛伊德版权。

图 12—7 宾夕法尼亚大学档案馆（University of Pennsylvania Archives）。

第 13 章

图 13—1 Bettmann / Corbis Images。

图 13—2 Ted Polumbaum / LIFE 版权。

图 13—3 Bettmann / Corbis Images。

图 13—5（左）和图 13—5（右）：AT&T Archives 的财产。经 AT&T Archives 的允许转载。

第 14 章 480

图 14—3 J. T. 米勒（J. T. Miller）1998 年版权。

图 14—6 艾默里大学（Emory University）允许。

图 14—7 Francis Bello/Photo Researchers 的版权。

图 14—8 Bettmann / Corbis Images。

图 14—9 美国心理学史档案馆允许，阿克伦大学。

第 15 章

图 15—3 乔治·布什总统图书馆和博物馆（George Bush Presidential Library and Museum）允许。

图 15—4（左）和图 15—4（右）：美国心理学史档案馆，罗伯特·V·古斯里论文，阿克伦大学。

文本与插图来源说明

（所标页码为原书页码，即本书边码）

第 1 章

13－14 页：《时代精神和美国心理学》，D. 罗斯（D. Ross），1969，《行为科学史杂志》，5，p. 257，1969 年版权。经 John Wiley & Sons，Inc. 许可转载。

第 2 章

29－33 页：《心灵的感情》来自《笛卡儿哲学著作》，卷 1，笛卡儿著，伊丽莎白·S·霍尔丹（Elizabeth S. Haldane）和 G. R. T. 罗斯（G. R. T. Ross）译，纽约：剑桥大学出版社（Cambridge University Press）。（最初著作出版于 1649 年。）1969 年版权，经许可转载。

45－48 页：来自 J. S. 米尔斯（J. S. Mills）的《自传》，纽约：Penguin Books Ltd.（最初著作出版于 1873 年。）1989 年版权。

第 3 章

63 页：来自 R. M. 沃伦（R. M. Warren）的《赫尔姆霍茨及其后续影响》，《音乐知觉》，1，p. 257。1984 年版权。经加利福尼亚大学出版社（University of California Press）

和沃伦博士许可转载。

70－73页：来自布罗卡引用赫恩斯坦（Herrnstein）和波林（Boring）的《心理学史的原始资料》，1965，剑桥，MA：哈佛大学出版社（Harvard University Press）。(初版于1861年。)

图3—5：来自弗里奇（Fritsch）和希齐格（Hitzig）引用赫恩斯坦和波林的《心理学史的原始资料》，1965，剑桥，MA：哈佛大学出版社。(初版于1870年。)

图3—6：来自E.G.波林的《实验心理学史》，1950，Englewood Cliffs，NJ：Prentice Hall，1950年版权。经弗兰克·波林（Frank Boring）的许可转载。

图3—8和图3—9：来自K.S.拉施里（K.S.Lashley）的《脑机制和智力》，1963，(最初著作出版于1929年。)1963年版权。经Simon & Schuster的许可转载。

第4章

图4—2和图4—3：来自E.G.波林的《实验心理学史中的感觉和知觉》，1942。1942年版权。经弗兰克·波林的许可转载。

97－99页：来自M.M.苏卡尔（M.M.Sokal）(Ed.)的《心理学教育：詹姆斯·麦基恩·卡特尔的旅行和来自德国与英国的信件》，1981，剑桥，MA：MIT Press。1981年版权。经MIT Press的许可转载。

102－107页：来自H.艾宾浩斯的《记忆：对实验心理学的贡献》，1964，纽约：Dover Publications。(最初著作出版于1885年。)1964年版权。

110页：来自R.M.奥格登（R.M.Ogden）的《奥斯瓦尔德·屈尔佩和符茨堡学派》，1951，《美国心理学杂志》，64，p.9。1951年版权。伊利诺伊大学出版社认为不受版权限制。

第5章

图5—4：来自罗伯特·伯克斯（Robert Boakes）的《从达尔文到行为主义》，1984，剑桥，MA：剑桥大学出版社（Cambridge University Press）。1984年版权。

第6章

151－154页：来自W.詹姆斯的《心理学原理》，卷1，1950，纽约：Dover Publications。(初版于1890年。)1950年版权。

154－157页：来自W.詹姆斯的《心理学简编》，1961，纽约：Harper Collins。(初版于1892年。)1961年版权。

159－160页：来自E.B.铁钦纳的《1906年6月6日给L.N.威尔逊的信》，转载自在克拉克大学档案馆发现的威尔逊论文。

162 页：来自 L. A. 埃夫里尔（L. A. Averill）的《克拉克的 G・斯坦利・霍尔的回忆》，1982，《行为科学史杂志》，18，p. 342。1982 年版权。经 John Wiley & Sons，Inc. 的许可转载。

164 页：来自 R. W. 迈尔斯（R. W. Miles）的《论老鼠和迷津研究史》，1930，《普通心理学杂志》，3，p. 331。1930 年版权。经海伦・德怀特・里德教育基金会（Helen Dwight Reid Educational Foundation）许可转载。由 Heldref Publications 出版，华盛顿。

第 7 章

177 页：来自 E. G. 波林的《爱德华・铁钦纳，1867—1927》，1927，《美国心理学杂志》，38，p. 489。1927 年版权。伊利诺伊大学出版社认为不受版权限制。

185－186 页：来自 E. C. 桑福德（E. C. Sanford）的《1910 年 8 月 8 日给 E. B. 铁钦纳的信》。经 Division of Rare and Manuscript Collections 的许可转载自铁钦纳的论文，康奈尔大学图书馆（Cornell University Library）。

186 页：来自莱特纳・威特默的《1893 年 7 月 14 日给雨果・闵斯特伯格的信》。经波士顿公共图书馆的保管员（Trustees of the Boston Public Library）的允许转载自《闵斯特伯格论文》。

188 页：来自 J. B. 华生的《行为主义者眼中的心理学》，1913，《心理学评论》，20，p. 164。1913 年版权。在美国心理学会不受版权限制之内。

197－202 页：来自 E. L. 桑代克的《动物智慧：实验研究》，2000 年版权属 Transaction Publishers。经出版商的许可转载。没有来自出版商的许可明确禁止进一步复制或传播。

第 8 章

图 8—6 和图 8—7：来自约卡姆（Yoakum）和耶克斯（Yerkes）的《心理测验》，1920，纽约：Henry Holt & Company 公司。1920 年版权。

图 8—8：来自 J. S. 古尔德（J. S. Gould）的《人的误测》（p. 178），1981，纽约：W. W. Norton。1981 年版权。

236－242 页：来自 H. 闵斯特伯格的《心理学和工业效率》，1913，波士顿，MA：Houghton Mifflin 公司。1913 年版权。

第 9 章

258－262 页：来自 W. 苛勒的《人猿的智慧》，1926，UK：Routledge Ltd。1926 年版权。经 Routledge 的许可转载。

图 9—8 和图 9—9：五个图按照说明来自马克斯・惠特海默的《创造性思维》，1982，纽约：Harper Collins Publishers。（最初著作出版于 1945 年。）1959 年版权属瓦伦丁・惠

特海默（Valentin Wertheimer）。版权延续到1987年属迈克尔·惠特海默（Michael Wertheimer。）经 Harper Collins Publishers 的许可转载。

图9—10：来自K. 邓克尔（K. Duncker）的《论问题解决》，1945，《心理学专题著
481 作》，卷1，p. 2。1945年版权。

表9—1：来自R. 利皮特（R. Lippit）和R. K. 怀特（R. K. White）的《儿童行为与发展》（G. R. Barker，J. S. Kounin & H. F. Wright，Eds.），1943，NY：McGraw Hill。1943年版权。

274页：来自R. K. 怀特（R. K. White）的《〈场论〉已经试用并发现想要的东西了吗?》，1978，《行为科学史杂志》，卷14，pp. 245 - 246。1978年版权。经John Wiley & Sons，Inc. 许可转载。

第10章

图10—1：来自I. P. 巴甫洛夫的《论条件反射的讲演》(W. H. Gantt，Trans.)，1928，纽约：International Publishers。1928年版权。经International Publishers Co.，Inc. 的许可转载。

285 - 286页：来自I. P. 巴甫洛夫的《条件反射：一项中央皮质的生理活动探索》，（G. V. Anrep，Trans.），1960。(最初著作出版于1927年。）1927年版权。经牛津大学出版社（Oxford University Press）的许可转载。

288页：来自W. R. 迈尔斯（W. R. Miles）的《迈尔斯论文》（裁剪自日记）。经美国心理学史档案馆的许可转载，阿克伦大学。

294 - 298页：来自J. B. 华生的《行为主义者眼中的心理学》，1913，《心理学评论》，20，pp. 158，164，163，167。1913年版权。在美国心理学会不受版权限制之内。

第11章

图11—3（a)、图11—3（b）和图11—4：来自E. C. 托尔曼的《动物和人的目的性行为》。经Irvington Publishers，Inc. 的许可转载。1932年版权属Appleton-Century-Crofts。

图11—5：来自E. C. 托尔曼、B. F. 里奇（B. F. Ritchie）和D. 卡利什（D. Kalish）的《空间学习研究II. 位置学习与反应学习》，1946，《实验心理学杂志》，36，p. 223。1946年版权。在美国心理学会不受版权限制之内。

320页、图11—6（a）和图11—6（b)：来自E. C. 托尔曼《老鼠和人的认知地图》，1948，《心理学评论》，55，p. 208。1948年版权。在美国心理学会不受版权限制之内。

图11—9（a）和图11—9（b)：来自C. L. 赫尔的《行为原理》，1943。1943年版权属Appleton-Century-Crofts。经拉什·赫尔·洛（Ruth Hull Low）夫人和理查德·洛

(Richard Low) 博士的许可转载。

330－334 页：来自 B.F. 斯金纳的《科学和人类行为》，1953，纽约：MacMillan。经培生教育出版集团（Pearson Education）的一个分公司 Prentice Hall 的许可转载。

第 12 章

360－365 页：来自西格蒙德・弗洛伊德的《精神分析五讲》，詹姆斯・斯特雷奇（James Strachey）译，1961，纽约：W. W. Norton。1961 年翻译版权属詹姆斯・斯特雷奇，经 W. W. Norton & Company 公司许可转载。

第 13 章

388－392 页：来自卡尔・R・罗杰斯的《个人形成论》。1961 年版权，延续到 1989 年属卡尔・R・罗杰斯。经 Houghton Mifflin 公司许可转载。所有权利保留。

图 13—4：美国心理学史档案馆允许，阿克伦大学。

第 14 章

404－408 页：来自 F.C. 巴特利特的《记忆：一项实验和社会心理学的研究》，1967，(最初著作出版于 1932 年)，剑桥，UK。经剑桥大学出版社许可转载。

图 14—4 和图 14—5：来自乔治・A・米勒（George A. Miller）、尤金・格兰特（Eugene Galanter）和卡尔・H ・普利布兰姆（Karl H. Pribram）的《计划与行为的结构》，1960。转载纽约：亚当斯（Adams）、班尼斯特（Bannister）、考克斯（Cox），1986，p. 26 和 p. 36。

426 页：来自 E. 阿伦森（E. Aronson）的《利昂・费斯廷格和大胆的艺术》，《心理科学》，2，1991。经 Blackwell Publishers 许可转载。

428 页：来自 E. G. 波林的《铁钦纳的实验者》，《行为科学史杂志》，3，1967 年版。经 John Wiley & Sons，Inc. 许可转载。

429 页：来自 C. S. 霍尔（C. S. Hall）和 G. 林赛（G. Lindzey）的《人格理论》，第 2 版，纽约：John Wiley & Sons，Inc. 。1970 年版权。经出版商的许可转载。

第 15 章

图 15—1 和图 15—2：来自 E. Q. 布拉托（E. Q. Bulatao）、R. 富尔彻（R. Fulcher）和 R. B. 埃文斯（R. B. Evans）的《美国心理学会：一种历史视角》（R. B. Evans，V. S. Sexton & T. C. Cadwallader，Eds.），1992，华盛顿：美国心理学会。1992 年版权属美国心理学会，经美国心理学会和伊丽莎白・Q・布拉托（Elizabeth Q. Bulatao）的许可转载。

436 页：来自 W. R. 迈尔斯（W. R. Miles ）的《迈尔斯论文》（从 1931 年 4 月 1 日的日记开始进入）。经美国心理学史档案馆的许可转载，阿克伦大学。

439 页：来自 A. 皮克（A. Pick）的《一代楷模》，《APS 观察员》，16（4），2003。经美国心理学协会的许可转载。

441 页：来自 R. 克鲁格（R. Kluger）的《简单公正：布朗诉教育委员会的历史和非洲裔美国人争取平等的斗争》，1987，纽约：兰登书屋（Random House）。

人名索引

（所标页码为原书页码，即本书边码）

主题索引

（所标页码为原书页码，即本书边码）

大事年表 1800—2000

1800—1805
德国博物学家特雷维拉努斯（Treviranus）创造术语“生物学”
刘易斯（Lewis）和克拉克（Clark）探险开始

1805—1810
达尔文和林肯出生在同一天
欧文（Irving）的《里普·万·温克尔》

1810—1815
拉普拉斯（Laplace）提出中心极限定理
美国首个私立精神病院（费城）
奥斯汀（Austen）的《傲慢与偏见》
英国人烧毁华盛顿城

1815—1820
拿破仑在滑铁卢战败
加拉德特（Gallaudet）在美国创建第一所聋哑学校
雪莱（Shelley）的《法兰肯斯坦》

1820—1825
史考特（Scott）的《艾文豪》

马戎第发表论感觉/运动神经
防止虐待动物协会（S. P. C. A.）在伦敦成立
伊利运河竣工

1825—1830
库珀（Cooper）的《最后的莫希干人》
阿伯翰（Upham）的《心灵哲学纲要》
首个打字机专利

1830—1835
伦敦大桥开放
纽约出现首个马拉手推车
施普茨海姆的《颅相学大纲》
雨果的《巴黎圣母院》

1835—1840
皇家海军舰艇猎犬号和达尔文返回英国
达尔文阅读马尔萨斯的人口论
英国女王维多利亚的加冕礼

1840—1845
缪勒的《人类生理学手册》
普（Poe）的《莫尔格街谋杀案》
J. S. 穆勒的《逻辑学》/弗卢龙反驳颅相学

1845—1850
得克萨斯（Texas）和佛罗里达（Florida）成为州
爱尔兰土豆饥荒开始
C. 勃朗特（C. Brönte）的《简·爱》/E. 勃朗特（E. Brönte）的《呼啸山庄》
菲尼斯·盖奇的头痛
狄更斯的《大卫·科波菲尔》

1850—1855
费希纳的心理物理学洞见

梅尔维尔（Melville）的《莫比·迪克》
斯托（Stowe）的《汤姆叔叔的小屋》
赫尔姆霍茨论神经冲动速度
斯宾塞的《心理学原理》

1855—1860
伯顿（Burton）和斯皮克（Speke）探险尼罗河
达尔文的《物种起源》
费希纳的《心理物理学纲要》
首次英国高尔夫球公开赛

1860—1865
布罗卡对坦恩的尸体进行解剖
美国内战开始
林肯的葛底斯堡讲演

1865—1870
诺贝尔发明炸药
克鲁马努人（Cro-Magnon）骨架在法国被发现
穆勒的《论妇女的屈从》
快船卡蒂·萨克（Cutty Sark）下水

1870—1875
卡罗尔（Carroll）的《险恶用心》
达尔文的《情绪表现》
首张彩色照片
冯特的《生理心理学原理》

1875—1880
吐温（Twain）的《汤姆索亚历险记》
贝尔发明电话
吉尔伯特（Gilbert）和沙利文（Sullivan）的《H. M. S. 比奈佛》
冯特在莱比锡的实验室
布洛伊尔开始治疗安娜 O.

1880—1885
宾果（Bingo）游戏创立
布鲁克林（Brooklyn）大桥开放
约翰·霍普金斯大学成立美国首个心理学研究实验室
高尔顿的人体测量实验室在伦敦开放

1885—1890
艾宾浩斯的《论记忆》
斯蒂文森（Stevenson）的《化身博士》
霍尔创办《美国心理学杂志》
林姆斯基-高沙可夫（Rimsky-Korsakov）交响曲：《天方夜谭》
“开膛手杰克”的伦敦谋杀

1890—1895
詹姆斯的《心理学原理》
霍尔创办美国心理学会/铁钦纳到达康奈尔
移民中心在艾利斯岛成立
芝加哥博览会（世界博览会）

1895—1900
伦琴（Roentgen）发现 X 射线
杜威论反射弧/威特默的心理诊所成立
桑代克的迷箱研究
王尔德的《不可儿戏》
弗洛伊德的《梦的解析》

1900—1905
斯茂（Small）的迷津学习研究
铁钦纳的《手册》第一版
巴甫洛夫获得诺贝尔奖
普朗克提出量子理论
道尔（Doyle）的《巴什克维尔猎犬》
巴里（Barrie）的《彼得·潘》

1905—1910
卡尔金斯成为首位美国心理学会女主席
沃斯伯恩的《动物心理》
弗洛伊德的克拉克讲演
鲍威尔（Powell ）创办男童子军
福斯特（Foster）的《看得见风景的房间》
杜波伊斯创办美国有色人种协会（NAACP）

1910—1915
惠特海默的似动研究
华生的行为主义者宣言
S. S. 泰坦尼克号撞冰山沉没
第一次世界大战爆发/巴拿马运河开通
爱因斯坦提出相对论

1915—1920
推孟的斯坦福—比奈智力测验
陆军甲种测验/陆军乙种测验
华生与雷纳的小阿尔伯特研究
里根（Rockne）被任命为圣母大学教练
华顿（Wharton）的《纯真年代》

1920—1925
弗洛伊德的《自我和伊底》
苛勒的《人猿的智慧》
甘地进行 21 日绝食抗议
斯科普斯（Scopes）“猴子审判”

1925—1930
萨姆纳在霍华德大学开始任职
国际会议在耶鲁召开
勒温提出 B=*f*（P，E）
拉什（Ruth）打出 60 个棒球本垒打

美国股市崩溃

1930—1935
巴特利特的《记忆》
考夫卡的《格式塔心理学原理》
卡彭（Al Capone）因逃税被捕
希特勒任德国总理
格什温（Gershwin）的歌剧《乞丐与荡妇》

1935—1940
应用心理学家组建美国应用心理学会
伍德沃斯的“哥伦比亚圣经”
希尔加德与马奎斯的《条件作用和学习》
柏林奥林匹克运动会，杰西·欧文斯（Jesse Owens）夺得 4 金
斯坦贝克（Steinbeck）的《人与鼠》
德国人入侵波兰，第二次世界大战爆发

1940—1945
赫尔的《行为原理》
惠特海默的《创造性思维》
珍珠港袭击，美国加入战争
《卡萨布兰卡》获奥斯卡奖
原子弹投向日本，战争结束

1945—1950
斯伯克（Spock）的《婴儿与儿童抚养》
拉施里的《论系列位置效应的希克森专题讨论会论文》
用于临床培训的博尔德模式
晶体管在贝尔实验室发明
吉尔布莱斯与卡利的《儿女一箩筐》

1950—1955
布莱伯利（Bradbury）的《火星纪事》
罗杰斯的来访者中心疗法

阿尔伯特·史怀哲（Albert Schweitzer）获得诺贝尔和平奖
斯金纳的《科学与人类行为》
首部詹姆斯·邦德（James Bond）小说

1955—1960
首版韦氏成人智力量表（WAIS）出版
米勒的 7±2 论文/布鲁纳论思维
梅塔留斯（Metalius）的《寻找佩顿》
苏联人发射人造地球卫星
沃尔普的《交互抑制心理治疗》
卡斯特罗（Castro）在古巴推翻巴蒂斯塔（Battista）

1960—1965
《计划与行为的结构》
柏林墙建立
库恩的《科学革命的结构》
凯西的《飞越疯人院》
美国总统肯尼迪在达拉斯（Dallas）遇刺
纳德（Nader）的《危险无时不在》

1965—1970
美国心理学会第 26 分会，《行为科学史杂志》，阿克伦（Akron）档案馆成立
卡波特（Capote）的《冷血》
奈塞尔的《认知心理学》
暗杀：M. L. 金（M. L. King），R. 肯尼迪（R. Kennedy）
阿特金森与西弗林的记忆模型（STM. /LTM）
马斯特斯（Masters）和约翰逊（Johnson）登上《时代》周刊封面

1970—1975
反战期间的肯特州（Kent State）枪击事件
恐怖主义者在慕尼黑奥林匹克运动会上杀死以色列运动员
《教父》获奥斯卡奖
生态学家洛伦茨、廷伯格和冯·弗里施获诺贝尔奖

1975—1980
尼古拉斯（Nicklaus）赢得第 5 届马斯特斯和第 4 届 PGA 冠军
美国 200 周年庆典
古斯里的《甚至老鼠都是白的》
贝让（Begin）和萨达特（Sadat）获诺贝尔和平奖
冯特实验室 100 周年纪念

1980—1985
圣・海伦斯火山喷发
诺贝尔奖：胡贝尔与威塞尔（视觉）和斯佩里（裂脑）
越南纪念馆（姓名墙）
太空飞船首航
首张给予心理学家荣誉的邮票：李连・吉尔布莱斯
臭氧层空洞被发现

1985—1990
心理学文献光盘首次可用
美国心理学协会（APS）成立
霍金（Hawking）的《时间简史》
柏林墙被拆除

1990—1995
斯金纳在波士顿的美国心理学会上的最后一次公共讲演
美国心理学会百年纪念
飓风安德鲁扫荡佛罗里达
弗洛伊德第 4 次出现在《时代》周刊封面

1995—2000
俄克拉何马城的联邦政府大楼被炸
美国心理学会最初分裂 50 年
美丽星期五协议（北爱尔兰）

A History of Modern Psychology, 2nd edition by C. James Goodwin
ISBN: 8/0-471-41565-0

图书在版编目（CIP）数据

现代心理学史：第 2 版/（美）古德温著；郭本禹等译．
北京：中国人民大学出版社，2008
（心理学译丛·教材系列）
ISBN 978-7-300-09563-9

Ⅰ．现…
Ⅱ．①古…②郭…
Ⅲ．心理学史-西方国家-现代
Ⅳ．B84-095

中国版本图书馆 CIP 数据核字（2008）第 119005 号

心理学译丛·教材系列
现代心理学史（第 2 版）
[美] C·詹姆斯·古德温　著
郭本禹　吕英军　司群英　王健　等译
郭本禹　司群英　校

出版发行	中国人民大学出版社		
社　　址	北京中关村大街 31 号	**邮政编码**	100080
电　　话	010－62511242（总编室）		010－62511398（质管部）
	010－82501766（邮购部）		010－62514148（门市部）
	010－62515195（发行公司）		010－62515275（盗版举报）
网　　址	http://www.crup.com.cn		
	http://www.ttrnet.com(人大教研网)		
经　　销	新华书店		
印　　刷	河北涿州星河印刷有限公司		
规　　格	185 mm×235 mm　16 开本	**版　　次**	2008 年 12 月第 1 版
印　　张	42.25 插页 2	**印　　次**	2008 年 12 月第 1 次印刷
字　　数	891 000	**定　　价**	88.00 元

John Wiley 教学支持信息反馈表
www. wiley. com

老师您好，若您需要与 John Wiley 教材配套的教辅（免费），烦请填写本表并传真给我们。也可联络 John Wiley 北京代表处索取本表的电子文件，填好后 E-mail 给我们。

原书信息

原版 ISBN：
英文书名（Title）：
版次（Edition）：
作者（Author）：

配套教辅可能包含下列一项或多项

教师用书（或指导手册）	习题解答	习题库	PPT 讲义	学生指导手册（非免费）	其他

教师信息

学校名称：
院 / 系名称：
课程名称（Course Name）：
年级 / 程度（Year / Level）：□大专 □本科 Grade：1 2 3 4 □硕士 □博士 □MBA □EMBA
课程性质（多选项）：□必修课 □选修课 □国外合作办学项目 □指定的双语课程
学年（学期）：□春季 □秋季 □整学年使用 □其他（起止月份__________）
使用的教材版本：□中文版 □英文影印（改编）版 □进口英文原版（购买价格为____元）
学生：______个班共______人

授课教师姓名：
电话：
传真：
E-mail：
联系地址：
邮编：

约翰威立股份有限公司北京代表处
John Wiley & Sons (Asia) Pte Ltd
北京市海淀区北太平庄路 18 号，城建大厦 A 座 506-509 室（邮政编码 100088）
TEL：86-10-82255050　　FAX：86-10-82255877
E-mall：ksong@wiley. com. sg